RÖMISCHES RECHT
IN EINEM BAND

HERAUSGEGEBEN VON LISELOT HUCHTHAUSEN

BIBLIOTHEK DER ANTIKE
RÖMISCHE REIHE

RÖMISCHES RECHT

IN EINEM BAND

ZWÖLFTAFELGESETZ

GAIUS · INSTITUTIONEN

AUS DEN DIGESTEN

CICERO · REDE FÜR SEXTUS ROSCIUS AUS AMERIA

CICERO · AUS DEN ZWEI BÜCHERN RHETORIK

AUFBAU-VERLAG

BERLIN UND WEIMAR

1989

AUSGEWÄHLT, AUS DEM LATEINISCHEN
ÜBERSETZT, EINGELEITET UND KOMMENTIERT
VON LISELOT HUCHTHAUSEN

AUSWAHL UND ÜBERSETZUNG DER DIGESTEN
VON GOTTFRIED HÄRTEL

3. Auflage 1989

Einbandgestaltung Horst Erich Wolter
Lichtsatz INTERDRUCK Graphischer Großbetrieb
Leipzig – III/18/97
Druck und Binden LVZ-Druckerei „Hermann Duncker“, Leipzig III/18/138
Printed in the German Democratic Republic
Lizenznummer 301. 120/146/89
Bestellnummer 611 516 1
00990

ISBN 3-351-01334-5

EINLEITUNG

Recht, Gesetz, Gericht – bei diesen Begriffen denken die meisten Menschen zunächst an aufregende Kriminalfälle und an Strafgerichtsbarkeit. Diese Seite des Rechtswesens fällt jedem durch Zeitungsberichte, Filme, Romane ins Auge, und man vergißt darüber leicht, daß erfreulicherweise nur ein Bruchteil aller Bürger je mit dem Strafgesetzbuch in Konflikt kommt, während alle in der vielfältigsten Weise in zivilrechtliche Beziehungen verflochten sind: als Lohn- oder Gehaltsempfänger, als Versicherter, als Käufer, Mieter, Erbe, als Verkehrsteilnehmer oder Mitglied einer Arbeiterwohnungsbaugenossenschaft – kurz, überall dort, wo Beziehungen zu unseren Mitmenschen finanzielle Aspekte haben, wo Forderungen zu stellen, Verpflichtungen zu erfüllen und die wechselseitigen Rechtsverhältnisse korrekt zu fixieren sind. Das Gebiet des Zivilrechts ist also ungleich größer und für die meisten Staatsbürger sehr viel wichtiger als das des Strafrechts.

Sowohl der bei uns, in den sozialistischen Staaten, übliche Ausdruck „Zivilrecht" wie der im Kapitalismus gebräuchliche Terminus „bürgerliches Recht" (= Privatrecht) sind hergeleitet von dem lateinischen ius civile, decken sich aber weder damit noch untereinander.

Das Zivilrecht regelt (nach § 1 des Zivilgesetzbuches der DDR von 1975) „Beziehungen, die von den Bürgern zur Befriedigung ihrer materiellen und kulturellen Bedürfnisse mit Betrieben sowie untereinander eingegangen werden. Es schützt das sozialistische Eigentum, die Persönlichkeit und das persönliche Eigentum der Bürger."

Das Familienrecht ist folgerichtig in der DDR aus dem Zivilrecht im engeren Sinne ausgegliedert, da nicht finanzielle Gesichtspunkte hierfür bestimmend sind, sondern u. a. die Entwicklung und Festigung der Familie und der Familienmoral sowie die gesellschaftliche Funktion der Familie. Im kapitalistischen Recht steht dem „bürgerlichen" oder „Privatrecht", das die Beziehungen der Staatsbürger untereinander regelt, das „öffentliche Recht“ gegenüber, das alle gesellschaftlichen Beziehungen regelt, an denen der Staat in Ausübung staatlicher („öffentlicher“) Gewalt beteiligt ist. Diese Trennung kennt das sozialistische Recht nicht, da es in seiner Gesamtheit der Entfaltung der sozialistischen Gesellschaft und aller ihrer Bürger, dem Schutz unserer Gesellschaftsordnung und der Wahrung der Rechte der Bürger dient.

Der zugrunde liegende Begriff des ius civile ist dem des bürgerlichen Rechts verwandter als dem des sozialistischen Zivilrechts. Aber da das Recht in der Antike an die Person gebunden war, werden unter diesem Terminus nur solche Rechtsbeziehungen erfaßt, die zwischen römischen Bürgern vorkamen, während Beziehungen zu oder unter Nichtrömern, auch innerhalb des römischen Hoheitsgebietes, nicht darunter fallen (s. unten S. XVIf.). Sollen auch sie mit einbegriffen sein, so sprechen wir von „Privatrecht“ und umfassen mit diesem Begriff, den wir in Zukunft stets verwenden werden, neben dem „Sachenrecht“ (Schuldrecht, Erbrecht etc.) auch das „Personenrecht“, das außer dem, was wir „Familienrecht“ nennen könnten (wenn der Inhalt auch, der Gesellschaftsform entsprechend, wesentlich anders ist als im Sozialismus), die Fülle der Bestimmungen enthält, die das Verhältnis zwischen Herrn und Sklaven sowie die Möglichkeiten und Folgen der Freilassung des letzteren regeln. Diesem wichtigen Rechtszweige ist in der vorliegenden Auswahl ein breiter Raum gewidmet, aus dem öffentlichen Recht (ius publicum) ist das Strafrecht, nicht das Staats- und Verwaltungsrecht berücksichtigt.

Eigentumsverhältnisse sind der juristische Ausdruck der Produktionsverhältnisse. Deshalb ist das Studium des römischen Rechts und speziell des Privatrechts eine erstrangige Quelle historischer Erkenntnis. Hier zeichnen sich Machtverhältnisse vielfach deutlicher ab als in zeitgenössischen Geschichtsdarstellungen und literarischen Werken. Illusionen, die dort (nur teilweise bewußt) genährt werden, können in diesem kalten Licht nicht aufkommen. Gesetze und Rechtspraxis zeigen das Wesen der Sklavenhalterordnung ganz ungeschminkt. Der „lautlose“ Klassenkampf wird sichtbar, der auf dem Boden der Rechtsordnung, nicht mit Waffengewalt, geführt wurde, erbarmungslos und ohne Pause, aber über spektakulären Ereignissen wie Kriegen und großen Aufständen leicht vergessen wird: Begünstigung des ökonomisch Stärkeren; das Bemühen, die Unterdrückten in ihrer Lage festzuhalten; die Verschärfung von Strafen und anderen Zwangsmaßnahmen in Krisenzeiten; in der Spätantike sogar eine nicht nur faktische, sondern rechtlich sanktionierte Ungleichheit vor dem Gesetz besonders im Strafrecht. Andererseits verzeichnen wir auch Erfolge der Ausgebeuteten, und gelegentlich wird im Interesse der Erhaltung des Staates in seiner Funktionsfähigkeit auch der Versuch unternommen, den Schwächeren gegen Übergriffe des Stärkeren zu schützen. In Auseinandersetzungen zwischen gleichgestellten Partnern schließlich tritt das Bemühen zutage, Lösungen zu finden, die beiden Teilen gerecht werden.

Die eben erwähnten Beziehungen zwischen gleichgestellten Partnern waren naturgemäß durchaus nicht selten, und mit der Entwicklung Roms wuchs das Interesse daran, mit Ausländern bzw. Nichtbürgern in wirtschaftlich gleichberechtigte Beziehungen treten zu können. Was nämlich hätte einen griechischen oder karthagischen Kaufmann bewegen sollen, in dieser Stadt Geschäfte zu machen, wenn Verträge nicht geschützt worden wären? Wie hätte Rom in Messina oder Antiochia Rechtsschutz für seine Bürger erreichen können, wenn es nicht zu entsprechenden Regelungen bereit gewesen wäre? Und gerade bei den auf diesem Gebiet gefundenen Lösungen liegt ein weiterer Grund für ein Interesse am römischen Recht, das über das rein Historische hinausreicht: Während das Personenrecht lediglich geschichtlich für uns wichtig ist, sind die Bestimmungen aus dem Sachenrecht häufig so gut durchdacht und den Bedingungen der einfachen Warenproduktion – in der es schon recht komplizierte Beziehungen geben kann! – so vorbildlich angepaßt, daß sie fortwirkten, auch als das Römische Imperium längst zusammengebrochen war. Eine besondere Neubelebung erfuhr das römische Recht in der Zeit des niedergehenden Feudalismus, als das europäische Bürgertum begann, sich zu emanzipieren, deswegen, weil im Recht der antiken Sklavenhaltergesellschaft bereits das Privateigentum an den Produktionsmitteln fest verankert war und man hier Anregungen und Vorarbeiten für das fand, was man selber brauchte. Jedoch ist das fortlebende „Römische Recht“ mit dem alten nur noch verwandt, nicht identisch. Ein Vergleich antiker Bestimmungen über Erbrecht, Bürgschaft, Geschäftsführung (Handeln) für andere mit denen des neuen Zivilgesetzbuches der DDR, das gegenwärtig im Entwurf vorliegt, zeigt jedoch ein Fortwirken der Tradition (z. B. in Hinblick auf Kategorien und Definitionen), aber auch den durch die Beseitigung der Ausbeutung gewandelten Charakter der Rechtsverhältnisse.

Über das Fortleben des römischen Rechts wird am Schluß der Einleitung ausführlicher zu sprechen sein. Betrachten wir zunächst seine historische Entwicklung.

Man kann sich bei dieser Betrachtung nicht nur auf die Gesetze beschränken, sondern muß auch die Rechtspraxis einbeziehen. Denn – um ein Beispiel zu nennen – es gelang im Rom des 2. Jahrhunderts v. u. Z. den freien Kleinproduzenten zwar, die Lex Marcia (vgl. Gaius IV 23) durchzudrücken, ein Gesetz, das den Wucher verbot und unter Strafe stellte, aber es war unmöglich, den Wucher tatsächlich zu beseitigen. Die ökonomischen Verhältnisse waren stärker. Die Plebejer selbst mußten das Gesetz umgehen, da sie nicht imstande waren, die reichen Sklavenhalter und Grundbesitzer zu zwingen, Geld ohne Zinsen zu verleihen. Andererseits aber waren sie auf Darlehen angewiesen, weil sie sich selbst nicht die notwendigen Rücklagen erwirtschaften konnten. Ähnliche Beispiele lassen sich leicht auch aus anderen Gesellschaftsformationen anführen, z. B. das Gesetz über gleiche Entlohnung von Männern und Frauen für gleiche Arbeit in kapitalistischen Staaten.

Für das Studium der Rechtsverhältnisse im römischen Sklavenhalterstaat wäre eine Beschränkung auf die Gesetze auch aus einem anderen Grunde unmöglich: eine Gesetzessammlung, die mit dem Zivilgesetzbuch vergleichbar wäre, ist aus Rom nicht erhalten. Alle Gesetze aus der republikanischen und der frühen Kaiserzeit sind aus Zitaten bei den verschiedensten Schriftstellern mühsam und stets fragmentarisch rekonstruiert, und selbst das berühmte Corpus Iuris aus dem 6. Jahrhundert u. Z. hat, wie wir sehen werden, einen anderen Charakter.

Ein „Gesetzbuch“ ist in Rom überhaupt nur einmal, und zwar zu einem sehr frühen Zeitpunkt, im 5. Jahrhundert v. u. Z., geschaffen worden, das Zwölftafelgesetz, dessen Bestimmungen, soweit wir sie rekonstruieren können, entsprechend primitiv sind. Diese Tatsache überrascht im ersten Moment, denn unter römischem Recht stellt man sich gemeinhin ein festgefügtes, ja ein starres System vor. Ein System entwikkelte sich allerdings tatsächlich, nur wurde es lange Zeit nicht fixiert und war keineswegs starr, sondern höchst elastisch. Das eben ist der Grund, weshalb seine Nachwirkungen so weitreichend waren.

Römisches Recht war weniger Gesetzesrecht als Juristenrecht. Das bedeutet, daß die Gesetze nur einen Ausgangspunkt bildeten – das Zwölftafelgesetz ist in den folgenden fünfhundert Jahren durch eine erstaunlich geringe Zahl von Gesetzen ergänzt worden. Die Interpretation der Gesetze, ihre Anwendung auf inzwischen gewandelte ökonomische Verhältnisse machte dagegen den wesentlichen Teil der Rechtspraxis aus.

Dabei gab es in Rom lange Zeit nichts, was einer juristischen Fakultät, einer Rechtsschule auch nur entfernt ähnlich gesehen hätte. Die wissenschaftliche, theoretische Beschäftigung mit Rechtsfragen lag den Römern zunächst ganz fern. Die Mitglieder des obersten Priesterkollegiums, die Pontifices, befaßten sich zwar schon früh mit Rechtsproblemen, aber ganz vom praktischen Standpunkt aus: Wie ist in einer konkreten Situation zu entscheiden? Wie kann man ein Schuldverhältnis bestimmter Art begründen? Wenn eine brauchbare Lösung gefunden war, so wurde sie nur sehr selten Grundlage eines neuen Gesetzes, sie ging vielmehr in den Wissensschatz ein und wurde in Zukunft weiter verwendet. Trotz der anfänglich überragenden Stellung der Priester in Rechtsfragen entwikkelte sich in Rom kein „Priesterrecht“ wie in manchen orientalischen Staaten, denn die Pontifices wurden in Rom nicht zur Kaste, sondern blieben wie alle römischen Priester stets Mitglieder der Bürgergemeinde, aus der sie sich auch, teils durch

Wahl, teils durch Kooption, rekrutierten. Die Rechtskenntnis blieb auch nicht dauernd auf diesen Kreis beschränkt. Bereits im 3. Jahrhundert v. u. Z. finden wir anerkannte Juristen, die nicht Priester waren, und gerade sie trugen zur Publizierung der gewonnenen Rechtskenntnisse bei.

In jedem Staat spiegelt sich der Klassenkampf im Rechtswesen wider – aber in Rom läßt sich das besonders gut beobachten, z. T. deswegen, weil hier juristische Fragen in der Öffentlichkeit ein starkes Interesse fanden. Das Recht entsteht mit dem Staat. Es hat die Funktion, die bestehenden Machtverhältnisse zu sichern: Dadurch, daß es von Ausbeutern *und* Ausgebeuteten anerkannt wird, ermöglicht es reguläre Beziehungen zwischen ihnen, einen unblutigen Klassenkampf mit politischen und gesetzlichen Mitteln. Dadurch wird das Bestehen des Staates gesichert, der bei einem andauernden offenen Kampf aller gegen alle seinen Schutz- bzw. Unterdrückungsfunktionen nicht gerecht werden könnte. „Anerkennen" ist freilich ein relativer Begriff, denn auch die Rechtsverhältnisse selbst sind Gegenstand des Klassenkampfes, das geltende Recht muß den sich verändernden Eigentums- und politischen Machtverhältnissen immer wieder angepaßt werden. Auf diesem Gebiet entwickelte die herrschende Klasse in Rom eine – noch nicht erklärte – besondere Fähigkeit. Es gelang ihr nicht nur einmal, sondern mehrmals im Laufe der über tausendjährigen Geschichte Roms, bedrohliche soziale Bewegungen durch rechtzeitige wohlberechnete Zugeständnisse aufzufangen und dadurch den Staat nach innen und außen funktionstüchtig zu erhalten. Man muß bei dieser Betrachtung allerdings den berühmten Satz von Karl Marx aus dem Vorwort zur zweiten Ausgabe (1869) des „18. Brumaire des Louis Bonaparte" im Auge behalten, „daß nämlich im Alten Rom der Klassenkampf nur innerhalb einer privilegierten Minorität spielte, zwischen den freien Reichen und den freien Armen, während die große produktive Masse der Bevölkerung, die Sklaven, das bloß passive Piedestal für jene Kämpfer bildete". Denn die Sklaven, die juristisch nicht als Person galten und nur Rechtsobjekte, keine Rechtssubjekte waren (wenn sich auch z. B. Gaius III 73 erweist, daß hier aus praktischen Rücksichten doch einiges de facto anders aussah als de iure), hatten nicht die Möglichkeit, sich legal in die Klassenkämpfe einzuschalten.

Das *Zwölftafelgesetz* ist das erste Ergebnis solcher inneren Auseinandersetzungen, das für uns greifbar ist, allerdings in ziemlich trümmerhafter Gestalt.

Der Überlieferung nach wurde im Jahre 451 v. u. Z. eine Kommission von zehn Männern, die Dezemvirn, mit der Aufgabe betraut, das geltende Recht zu fixieren, damit es für jedermann nachprüfbar werde. Das war ein Sieg des minderberechtigten Bevölkerungsteils, der Plebejer, über deren Herkunft bisher von der Wissenschaft keine völlige Klarheit erzielt werden konnte. Gegenüber den Patriziern (das heißt denjenigen, „die Väter haben", also den Alt-Eingesessenen) waren sie jedenfalls politisch und folgerichtig auch rechtlich benachteiligt. Bis zur Aufzeichnung der Zwölftafeln war nicht nur die Rechtsprechung, sondern auch die genaue Kenntnis des Rechtes ein eifersüchtig gehütetes Privileg der Patrizier, so daß ein Plebejer in einem Rechtsstreit von vornherein im Nachteil war. Die von der Kommission aufgezeichneten Gesetze erwiesen sich als lückenhaft und wurden im folgenden Jahr (450 v. u. Z.) von einer neuen Kommission ergänzt, auf zwölf erzenen Tafeln eingegraben und auf dem Forum aufgestellt.

Von diesen Tafeln ist keine Spur erhalten. Sie sollen bei der Eroberung Roms durch die Gallier am Anfang des 4. Jahrhunderts v. u. Z. vernichtet worden sein. Aber auch sonst ist nicht das kleinste Bruchstück inschriftlich überliefert. Wir besitzen auch keine Abschrift, und sei sie noch so unvollständig, sondern nur einzelne Erwähnungen bei verschiedenen Schriftstellern, bestenfalls kürzere Zitate, die überdies oft unter philologischen, nicht unter juristischen Gesichtspunkten ausgewählt sind. Gesprochen wird im Lateinischen fast immer von *dem* Zwölftafelgesetz, obwohl es sich um eine Sammlung einzelner Bestimmungen handelt.

Der fragmentarische Zustand der Überlieferung hat Ende des vorigen Jahrhunderts zu einem heftigen Streit über die Geschichtlichkeit des Zwölftafelgesetzes geführt. Man ging so weit, nicht nur die Abfassung der Gesetze ins 4., ja ins 3. Jahrhundert v. u. Z. vorzudatieren, sondern behauptete sogar, es habe sich bestenfalls um eine private Sammlung älterer Einzelgesetze gehandelt. Dagegen wurde mit Recht eingewandt, „die Römer hätten sich eine solche Sammlung weder um 300 noch um 200 als ihr Grundgesetz aufreden lassen" (Bernhard Kübler) – daß die Gesetze am Anfang des 1. Jahrhunderts v. u. Z. von den Schülern auswendig gelernt wurden, bezeugt Cicero aus seiner Jugend. Außerdem ist der Charakter der erhaltenen Verfügungen nicht nur altertümlich in der Sprache, sondern entspricht auch inhaltlich durchaus einem primitiven Staatswesen, wie es das römische um 450 v. u. Z. gewesen sein muß, nicht dem höheren Entwicklungsstande des 4. oder gar des 3. Jahrhunderts. Das bedeutet natürlich nicht, daß die Überlieferung in allen Einzelheiten stimmen müßte, und auch die Möglichkeit, daß einzelne Gesetze später in die Sammlung eingefügt sein könnten, ist zu erwägen.

Die Römer sollen sich vor der Kodifikation auch in Griechenland Anregungen gesucht haben. Diese Tradition ist nicht völlig abzulehnen. Jedoch wird sich das Interesse hauptsächlich auf formale Fragen wie Gliederung der Materie, Formulierung von Gesetzen etc. erstreckt haben, der Inhalt des Zwölftafelgesetzes ist völlig römisch, und direkte Anregungen können bestenfalls in Einzelfällen von den damals wirtschaftlich bereits höher entwickelten griechischen Städten ausgegangen sein. Andererseits war ein indirekter griechischer Einfluß auf dem Wege über Etrurien und die süditalischen Städte schon eine ganze Zeit wirksam.

Die Wiederherstellung der Reihenfolge der erhaltenen Fragmente wurde bereits im 16. Jahrhundert versucht. Ein festes Geländer fand aber erst Rudolf Schöll, der die etwa 20 im Corpus Iuris enthaltenen Fragmente aus dem von Gaius verfaßten Kommentar zum Zwölftafelgesetz als Wegleitung nahm. Auf seiner Ausgabe (1866) fußen die neueren von Bruns (bearbeitet von Mommsen und Gradenwitz), Girard und Riccobono.

Die Zuordnung bestimmter Gesetze zu bestimmten Tafeln bleibt aber stets einigermaßen hypothetisch, und vor allem läßt sich der Beweis, daß irgendeine Materie im Zwölftafelgesetz *nicht* behandelt worden sei, kaum führen: wir haben immer noch weit mehr Lücken als Text!

Wesentlich ist, daß mit diesem Gesetzeswerk, das niemals außer Kraft gesetzt wurde, solange das Imperium Romanum bestand, die Gleichheit der Plebejer und Patrizier vor dem Gesetz – genaugenommen: vor dem Privat- und Strafrecht – anerkannt wurde. Man wird sich dabei freilich an das Wort von Anatole France erinnern, daß das Gesetz in Frankreich „Armen wie Reichen verbiete, unter Brücken zu nächtigen“: daß ein Patrizier in die Lage geriet, die harten Bedingungen der Schuldvollstreckung (Tafel III) am eigenen Leibe zu verspüren, kam gewiß selten und schon gar nicht ohne subjektives Verschulden vor, während zwei aufeinanderfolgende Mißernten einen Kleinbauern bereits an den Rand des Ruins treiben konnten. Das Privateigentum am Grund und Boden war, wie wir den Gesetzen entnehmen können, bereits ausgebildet, der paterfamilias[1] hatte das Recht, testamentarisch frei über sein Vermögen zu verfügen. Dabei muß allerdings darauf hingewiesen werden, daß das Gesetz V 2 zwar von den römischen Juristen später stets in dieser Weise ausgelegt wurde, daß aber unter den modernen Gelehrten keineswegs Einhelligkeit darüber besteht, wie groß der Umfang seiner Verfügungsgewalt Mitte des 5. Jahrhunderts v. u. Z. tatsächlich war. Spuren der Gentilordnung zeigen sich nur noch in V 5: für den Fall, daß jemand ohne Testament stirbt und keine Verwandten im Mannesstamm hinterläßt, sollen die „Gentilgenossen“ erben.

Die erhaltenen Bestimmungen spiegeln die Verhältnisse einer bäuerlichen Bevölkerung, die in enger Siedlungsgemeinschaft (d. h. nicht in weit auseinander liegenden Einzelgehöften wie bei den Germanen) lebt: das Nachbarschaftsrecht ist gut ausgebildet (VI 7, VII 7). Die persönliche Rache ist schon ausgeschaltet, der Staat behält sich die Bestrafung des Verbrechers vor. Dabei wird die Talion – Auge um Auge, Zahn um Zahn – durch die Möglichkeit zu gütlicher Einigung eingeschränkt (VIII 2), und selbst eine Scheidung zwischen Mord und Totschlag auf der einen und fahrlässiger Tötung auf der anderen Seite bahnt sich an (VIII 12, 24a).

1 Juristische Fachausdrücke sind im Register des Bandes erklärt.

Es ist zu beachten, daß in dem vorliegenden Band nur die im Wortlaut erhaltenen Gesetze aufgenommen sind. Aus Angaben, die besagen, irgendeine Praxis gehe auf die Zwölftafeln zurück, lassen sich noch wesentlich mehr Aussagen gewinnen, in größerer Zahl z. B. aus den Institutionen des Gaius – diese Stellen sind im Register dieser Ausgabe unter dem Stichwort Zwölftafelgesetz zusammengestellt.

Zwischen dem Zwölftafelgesetz und dem eben erwähnten Lehrbuch des Gaius liegt ein Zeitraum von nahezu sechshundert Jahren, aus dem uns nur spärliche Fragmente sowohl von Gesetzen als auch von juristischen Schriften erhalten sind. Überblicken wir die Geschichte dieses halben Jahrtausends, so umfaßt es die Entwicklung Roms von einem unbedeutenden bäuerlichen Gemeinwesen zu einem mächtigen, den gesamten Mittelmeerraum und Westeuropa bis zum Atlantik und zur Nordseeküste umspannenden Reich. Die Sklaverei, die im 5. Jahrhundert v. u. Z. nur eine geringe Rolle gespielt hatte, wurde in diesem Zeitabschnitt zu einem entscheidenden ökonomischen Faktor. In harten Auseinandersetzungen erzwangen die Plebejer den Zugang zu allen Wahlämtern bis hinauf zum Konsulat. Eine neue Oberschicht von reichen Patriziern und Plebejern bildete sich heraus, die herrschende Klasse der Sklavenhalter. In sich war sie durchaus nicht einheitlich, sondern geteilt in die sich oft befehdenden Gruppen der Nobilität, des Amtsadels, der hauptsächlich das große Grundeigentum in Händen hatte, und der Ritter, meistens plebejischer Herkunft, deren Vermögen vorwiegend im Handel und im Wucher, in der Landwirtschaft oft in Großpachtungen von Staatsland angelegt war. Beide Gruppen beteiligten sich in unterschiedlicher Weise an der Ausbeutung, ja Ausplünderung der eroberten Gebiete. Ihnen gegenüber standen die freien bäuerlichen und handwerklichen Kleinproduzenten und eine wachsende Zahl von proletarii, Armen ohne eigene Einkommensquelle, die schließlich in den Berufsheeren, die seit dem 1. Jahrhundert v. u. Z. das Milizheer verdrängten, Versorgung und eine Organisationsform fanden. Dadurch wurden sie zu einem beachtlichen Gegner im Klassenkampf, so daß sie von der herrschenden Klasse Zugeständnisse erzwingen konnten.

Die Sklaven, denen jede Möglichkeit zur politischen Organisation, zum *legalen* Kampf fehlte, erhoben sich seit der Mitte des 2. Jahrhunderts in einigen machtvollen Aufständen, deren berühmtester der Spartakusaufstand 74–71 v. u. Z. war. Aufstände gab es auch immer wieder unter der freien Bevölkerung der eroberten Gebiete. Der römische Staat geriet in eine tiefe Krise. Die Basis der herrschenden Klasse reichte nicht mehr aus, um die Funktionstüchtigkeit des Staates zu garantieren. Wenn auch die Sklavenhalterordnung noch nicht abgewirtschaftet hatte – für die nächsten zweihundert Jahre mindestens war die Entwicklung der Produktivkräfte über diese Produktionsverhältnisse noch nicht hinaus –, die inneren Gegensätze z. B. zwischen Römern und Bundesgenossen, Römern und Provinzialen und innerhalb der Bürgerschaft selbst, modifiziert durch das Vorhandensein großer Massen für die Wirtschaft unentbehrlicher, mit ihrem Los keineswegs zufriedener Sklaven, drohten das riesige Reich zu zersprengen. Eine Erweiterung der herrschenden Klasse und eine straffe Zentralisierung der Regierungsgewalt war notwendig geworden: nach jahrzehntelangen inneren Wirren wurde schließlich die Republik 31 v. u. Z. durch die Militärmonarchie, den Prinzipat des Augustus, abgelöst, und Rom erreichte im 1. und 2. Jahrhundert u. Z. den Gipfel seiner Macht.

Im Laufe der sechshundert Jahre, die wir soeben überblickt haben, begann die „vollkommenste Ausbildung des auf Privateigentum beruhenden Rechtes, die wir kennen" (Engels), um ganz genau zu sein, es bildete sich ein Recht der einfachen Warenproduktion unter den besonderen Bedingungen der „Betriebssklaverei" heraus: dieser von dem ungarischen Rechtshistoriker Elemér Pólay benutzte Ausdruck bezeichnet recht gut die Anonymität der Sklaven dieser Periode im Vergleich zur früheren patriarchalischen Haussklaverei. Das sonst häufig gebrauchte Wort „Massensklaverei" bezieht sich auf die insgesamt vorhandenen Sklavenmengen, besagt aber nicht, daß im einzelnen landwirtschaftlichen oder handwerklichen Betrieb stets „Massen" eingesetzt worden wären. Das kam auf den Latifundien vor, war aber nicht die allgemeine Regel.

Wie hat man sich die Entwicklung des Rechtes, ausgehend

von den Zwölftafeln, vorzustellen? Wir greifen zurück in das 4. Jahrhundert v. u. Z. Ein geschlossenes Gesetzeswerk wurde, wie gesagt, nicht noch einmal herausgegeben, vielmehr wurden von Fall zu Fall einzelne Gesetze vom Konsul oder Prätor vorgeschlagen, von der Volksversammlung beschlossen und vom Senat gebilligt. Diese Gesetze galten für römische Bürger und nur für sie. Immer stärker aber machte sich die Notwendigkeit geltend, auch mit den Nachbarn in Italien und mit Kaufleuten aus dem weiteren Mittelmeerraum und schließlich mit Einwohnern des Römischen Reiches, die nicht das Bürgerrecht besaßen, privatrechtliche Verträge schließen zu können. Aus den Zwölftafeln kennen wir nur die negative Bestimmung, die es dem Nichtrömer unmöglich machte, durch Ersitzung Eigentum speziell an Grund und Boden in Rom zu erwerben (III 7). Jetzt aber brauchte man positive Bestimmungen.

Diese wurden nicht durch Gesetze geschaffen, sondern durch die Edikte der Gerichtsmagistrate, der Ädile und besonders der Prätoren.

Ein solches Edikt veröffentlichte der betreffende Magistrat zu Beginn seiner Amtszeit auf weißgrundierten Holztafeln (Album); es enthielt vor allem Rechtsmittel: der Prätor erklärte, welche Klagen er gewähren und welche Einreden er dagegen zulassen werde, unter welchen Umständen er durch Wiedereinsetzung in den ursprünglichen Stand ein Urteil unwirksam machen werde u. ä. Dabei berücksichtigte er die wirtschaftliche Entwicklung, indem er einerseits neue Verfahren einführte, andererseits alte stillegte, die er als überholt ansah, denn er konnte die Gewährung von Klagen verweigern, selbst wenn die Parteien sie beantragten und eine Grundlage dafür im Gesetz vorhanden war. Im Hinblick auf Nichtbürger verfuhr der Prätor gelegentlich so, daß er bestimmte, ein Fremder solle einen Prozeß so führen, „als ob er römischer Bürger sei" (vgl. Gaius IV 37). Auf diese Weise machte er ihm Rechtsmittel zugänglich, die sonst nur Bürgern offenstanden. Auf dem Wege über das Edikt wurden auch die urtümlichen, noch von den Priestern gestalteten Rechtsakte, bei denen es auf die genaue Ausführung einer rituellen Handlung mit vorgeschriebenen begleitenden Worten ankam, nach und nach durch einfachere Formen verdrängt, indem der Prätor erklärte, er werde auch diese als Grundlage eines Rechtsanspruches gelten lassen. Der archaische Formalismus der alten Rechtsakte ließ „einerseits den Rechtsakt schon beim geringsten Formverstoß scheitern" (ein Beispiel gibt Gaius IV 11), gab „aber andererseits dem formrichtigen Akt die volle der Form entsprechende Wirkung selbst dann, wenn sie vom Handelnden nicht gewollt" (Max Kaser) war (dazu vgl. Gaius III 176). Es ist klar, daß bei Rechtsakten, bei denen bestimmte Handlungen vollzogen und bestimmte Worte gesprochen werden mußten, die Plebejer im Nachteil waren, solange die Formeln nicht ohne weiteres allgemein zugänglich waren. Erst im Jahre 304 v. u. Z. publizierte der Ädil Gnaeus Flavius diese Formeln, und erst damit war die Vormachtstellung der Pontifices in dieser Hinsicht gebrochen. Diese altertümlichen (Klag)Formeln und die Formen des Prozesses vor dem Magistrat hießen „Legisaktionen".

Seit dem 3. Jahrhundert v. u. Z. anerkannte der Prätor, zunächst im Verkehr mit Nichtrömern, auch einfachere, nicht an einen bestimmten Wortlaut gebundene Rechtsakte, z. B. bei der Eigentumsübertragung, die sich bald auch im Verkehr der Bürger untereinander größerer Beliebtheit erfreuten, so daß die alten Formen fast gänzlich aus dem Verkehr verschwanden (vgl. Gaius III 93, IV 30).

Das Edikt wurde zwar jedes Jahr neu veröffentlicht, aber nicht jedes Jahr neu formuliert. Bewährte Maßnahmen seines Vorgängers behielt der folgende Prätor bei, Veränderungen wurden nur schrittweise eingeführt, so daß die Kontinuität gewahrt blieb.

Seit der Prinzipatszeit wurde der kaiserliche Erlaß mehr und mehr zu dem Mittel, mit dem die Zentralgewalt auf aktuelle Bedürfnisse reagierte. Das Edikt wurde im Jahre 129 u. Z. unter Hadrian einer Endredaktion unterzogen und durfte dann nicht mehr geändert werden, so daß es seine alte Funktion, das Recht gewandelten Verhältnissen anzupassen, nicht mehr ausüben konnte.

Die *Praxis der Rechtsprechung* in Rom wich so stark von dem modernen Gerichtsverfahren ab, dem bürgerlichen wie dem sozialistischen, daß wir in unsere Auswahl eine vor dem Geschworenengericht gehaltene Rede aufgenommen haben, um dem Leser ein farbigeres Bild der römischen Wirklichkeit zu geben, als es durch eine bloße Beschreibung möglich wäre. Es ist eine der berühmtesten antiken Gerichtsreden überhaupt, die im Jahre 80 v. u. Z. von *Marcus Tullius Cicero*, dem damals sechsundzwanzigjährigen Anfänger, *für Sextus Roscius aus Ameria* gehalten wurde, der des Vatermordes angeklagt war. Gehalten – das heißt frei gesprochen, nicht etwa abgelesen – und veröffentlicht vom Verfasser nach seinem Entwurf und dem Verhandlungsstenogramm. Zum besseren Verständnis sind zunächst einige Ausführungen über den römischen Prozeß erforderlich.

In republikanischer Zeit gab es in Rom keine Rechtsanwälte, die von Berufs wegen die Führung fremder Prozesse übernommen hätten. Es gab allerdings Rechtsgelehrte, denen man ein Problem vorlegen konnte, und Redner, die vor bestimmten Gerichtshöfen eine fremde Sache führten. Letztere mußten zwar auch über juristische Kenntnisse verfügen, zogen aber in vielen Fällen einen Gutachter heran. Beide Tätigkeiten waren jedoch ehrenamtlich. Sie steigerten das Ansehen und den Einfluß des Betreffenden, blieben aber unbezahlt und waren infolgedessen Mitgliedern der herrschenden Klasse vorbehalten, die ihren Klienten gegenüber zum Rechtsbeistand sogar moralisch verpflichtet waren. Einen Redner um die Führung eines Prozesses zu bitten war aber nur in ganz bestimmten Fällen sinnvoll. Die meisten privatrechtlichen Entscheidungen wurden von einem Einzelrichter getroffen, einem Privatmann, keinem besoldeten Beamten (daher die Bezeichnung „Privatrichter"), der vom zuständigen Prätor vorgeschlagen wurde und von beiden Parteien gebilligt werden mußte. Dieser Privatrichter erhielt vom Prätor eine unter Mitwirkung der Parteien zusammengestellte genaue schriftliche Anweisung (Prozeßformel) darüber, was er zu prüfen und wie er zu urteilen habe, wenn ein bestimmter Tatbestand sich als gegeben erweise. Daher sprechen wir vom „Formularprozeß". In einer Verhandlung vor dem Privatrichter war für einen Redner kein Raum. Der Kläger konnte beweisen, daß er eine Forderung an den Beklagten hatte, oder er konnte es nicht, danach richtete sich das Urteil; und dieser Beweis war nicht durch Reden, sondern durch die Vorführung von Zeugen oder die Vorlage von Dokumenten zu erbringen. Nach der Beweisführung hatte der Richter auch keine Möglichkeit, von der Anweisung des Prätors abzuweichen und irgendwelche besonderen Umstände zu berücksichtigen – hier wäre reden ebenfalls zwecklos gewesen. Nützlich war nur die Befragung eines Juristen *vor* dem Prozeß, um sich über mögliche Einreden etc. zu informieren.

Das eigentliche Feld forensischer Beredsamkeit waren die weit weniger zahlreichen Prozesse, die vor einer Geschworenenbank geführt wurden und bei denen es auf die Bewertung von Indizien, die Auslegung von Urkunden und Gesetzen ankam – also die öffentlichen Verfahren bei bestimmten schweren Verbrechen, die als staatsgefährdend galten, wie Mord, Landesverrat, Fälschung, Religionsfrevel oder unerlaubte Geldannahme in einer amtlichen Stellung (letzteres der Fachausdruck für Bestechlichkeit oder Mißbrauch des Amtes zu Erpressungen), aber auch einige komplizierte privatrechtliche Streitigkeiten, z. B. die Klage wegen lieblosen Testamentes und Testamentsanfechtungen aus anderen Gründen.

Nicht nur in den vermögensrechtlichen Streitigkeiten waren Kläger und Beklagter Privatpersonen, sondern auch in Strafrechtsfällen gab es keinen „Staatsanwalt". Im Prinzip konnte jeder Bürger, der nicht wegen bestimmter Delikte oder Verhaltensweisen für ehrlos erklärt war, die Anklage, auch in fremder Sache, erheben. In vielen Fällen bestand sogar eine Verpflichtung dazu. Wenn z. B. jemand unter verdächtigen Umständen starb, konnte die Erbschaft blockiert werden, bis sich die Unschuld des Erben herausstellte. Dieser reinigte sich von dem Verdacht am besten dadurch, daß er den Mörder gerichtlich verfolgte. Er brauchte die Anklage allerdings nicht selbst zu erheben, sondern konnte einen anderen damit beauftragen. In anderen Fällen – besonders wenn der Staat finanziell interessiert war – gab es sogar eine Prämie für den erfolgreichen Ankläger. Erwiesene Verleumdung aber wurde ziemlich hart bestraft, um Mißbräuchen vorzubeugen.

Die Verhandlungen vor dem Geschworenengericht, die auf

dem Forum, unter freiem Himmel, stattfanden, lockten ein zahlreiches Publikum an. Ein Sieg oder eine ehrenvolle Niederlage konnte dem Redner – manchmal traten sogar mehrere Verteidiger, selten mehrere Ankläger auf – in seiner politischen Karriere nicht unbeträchtlich voranhelfen. Daher sind solche Reden in größerer Zahl überliefert und in noch größerer dem Inhalt nach bekannt. Die privatrechtlichen Fälle darunter sind stets ungeheuer verwickelt und dem Nicht-Fachmann schwer zugänglich, da sie bei unserer fragmentarischen Gesetzeskenntnis meistens schwere Interpretationsprobleme bieten. Die in dieser Ausgabe vorgelegte Verteidigungsrede Ciceros für Roscius erschließt sich inhaltlich leichter und zeigt außerdem mit ihrer Fülle von vermögensrechtlichen Bezügen sehr gut die starke Verflechtung von Politik und Rechtsprechung in Rom.

Der Kriminalfall braucht hier nicht näher erläutert zu werden, die Rede spricht für sich. Aber zur technischen Seite und zur Person des Redners noch einige Bemerkungen:

Die Rolle des Verteidigers brachte größeres Ansehen als die des Anklägers – einmal, wie Cicero es sinngemäß ausdrückt, weil es für anständiger galt, seinen Ruhm der Rettung als dem Verderben anderer zu verdanken (vgl. Rosciusrede 83), aber auch, weil sie größere Anforderungen stellte. Der Ankläger konnte seine Rede zu Hause Wort für Wort auswendig lernen (ablesen war, wie gesagt, verpönt) – der Verteidiger aber, der an zweiter Stelle sprach, konnte sich nur in großen Zügen vorbereiten und mußte unter Umständen aus dem Stegreif auf unerwartete Argumente des Gegners eingehen, wenn es auch zu seiner Kunst gehörte, sie möglichst vorauszusehen.

Hierbei blieb er freilich nicht völlig auf seine Intuition angewiesen. Lange vor den Römern hatten die Griechen – in den griechischen Kolonien in Süditalien und Sizilien noch eher als im Mutterlande – die Rhetorik zu einer praktischen Wissenschaft entwickelt, die von ihren Gegnern bissig als „die Kunst, die schlechtere Sache stärker zu machen“ bezeichnet wurde. Dies harte Urteil ist aber nicht ganz wörtlich zu nehmen, denn die Fähigkeit, schlagende Argumente zu finden, sie in die passenden Worte zu kleiden und zu einer überzeugenden Rede zusammenzufügen und diese Rede dann auch noch überzeugend vorzutragen, kommt ja auch dem Vertreter der besseren Sache zugute. Soviel allerdings ist wahr: die Rhetorik gibt die Mittel in die Hand, einen bestimmten Standpunkt plausibel zu begründen – und den entgegengesetzten desgleichen. Es gehörte geradezu zu den Standardübungen, eine Handlungsweise erst zu verteidigen und dann mit ebenso überzeugenden Gründen zu verdammen. Das Ziel der Rhetorik ist nicht die Wahrheitsfindung, sie läßt sich in den Dienst der gerechten wie der ungerechten Sache stellen. Für die römische Rechtswissenschaft aber war die Bekanntschaft mit der Rhetorik durchaus nützlich: die rhetorische Schulung bestand zu einem guten Teil im Erwerb der Fähigkeit, ein gegebenes Problem schnell und sicher einzuordnen und für den konkreten Fall die Gesichtspunkte zu finden, unter denen er mit anderen zu vereinen war – denn alle Regeln waren allgemeiner Natur, und ihre Anwendung in der Praxis erforderte Geschick, Erfahrung und ein geschultes Abstraktionsvermögen. Diese Beschäftigung mit der Rhetorik wirkte sich befruchtend auch auf das juristische Denken aus. Eine Wechselwirkung zwischen dem Vordringen der Rhetorik in Rom und den ersten Versuchen zu einer systematischen Darstellung des Rechts ist anzunehmen. Große Bedeutung hatten in diesem Zusammenhang Q. Mucius Scaevola, der in der Rosciusrede erwähnt wird, und besonders Servius Sulpicius Rufus (gest. 43 v. u. Z.) – leider sind von ihren Werken nur dürftige Fragmente erhalten.

Cicero selbst hat in seiner Jugend einen Rhetorikkursus – wahrscheinlich sogar mehrere – mitgemacht wie die überwiegende Zahl der jungen Römer seines Standes. Er verarbeitete das Gelernte, indem er es niederschrieb und ihm eine eigene Form zu geben suchte, erfand auch wohl eigene Beispiele dazu. Diese Jugendschrift – *Zwei Bücher Rhetorik* oder *Die Sammlung von Material und Beweisgründen* (Rhetoricorum libri duo qui sunt de inventione rhetorica) – umfaßt, wie aus dem Titel hervorgeht, nicht das gesamte Gebiet der Eloquenz. Es finden sich darin so starke Übereinstimmungen mit der umfangreicheren anonymen „Rhetorik für Herennius“ – die früher ebenfalls Cicero zugeschrieben wurde und dieser Tatsache ihre Überlieferung verdanken dürfte –, daß man lange zweifelte, ob ein Verfasser vom anderen abgeschrieben habe. Heute aber neigt man mehr der Ansicht zu, daß beide Bücher auf eine gemeinsame Quelle zurückgehen.

Aus dieser Jugendschrift Ciceros ist am Ende des vorliegenden Bandes ein kurzer Auszug abgedruckt, der besonders auf die Anweisungen orientiert ist, die für die Rosciusrede eine Rolle spielen: Aufwertung des Angeklagten, Abwertung des Anklägers, Umwertung von Indizien und allgemein die Gestaltung der verschiedenen Abschnitte einer Rede nach den besonderen Umständen des Falles. Diese Anweisungen – denen Cicero in der Rosciusrede noch genauer folgt als in späteren Reden aus einer Zeit, als er sein Fach schon souverän beherrschte – waren aber durchaus keine Geheimlehre. Man kann voraussetzen, daß die Geschworenen, die stets aus der oberen Schicht der Bürgerschaft, in diesem Mordprozeß sogar aus dem Senat stammten, die einschlägige Literatur genausogut kannten wie Ankläger und Verteidiger. Jeder von ihnen konnte schon am nächsten Tage in einer dieser Funktionen vor einem anderen Gerichtshof plädieren. Mochte auch keiner von ihnen ein Cicero sein – eine Rede fachmännisch beurteilen konnten sie alle.

Cicero wurde durch die Verteidigung des Roscius sogleich berühmt. Daß er sich in diesem Falle auf eine nicht ganz ungefährliche Sache eingelassen hatte, dürfen wir ihm glauben: der Diktator Sulla, dessen Günstling und Freigelassener Chrysogonus in der Rede eine so unrühmliche Rolle spielt, war unberechenbar und konnte erbarmungslos zuschlagen. Cicero, dessen Wirken als Schriftsteller und Politiker umfassend zu würdigen hier nicht der Ort ist, veröffentlichte viele seiner eigenen Reden und mehrere theoretische Schriften zu Fragen der Rhetorik. Seine Leistung auf diesem Gebiet überstrahlte die seiner Vorgänger in den Augen der Mitwelt und Nachwelt derartig, daß wir über die Reden anderer hauptsächlich durch seine Analysen unterrichtet sind. Er war ein homo novus, d. h., er gehörte zu den wenigen Männern, denen der Aufstieg in die Nobilität gelang, obwohl sie nicht zu einer der „großen Familien“ gehörten, eben auf Grund seiner Beredsamkeit, die er im Dienste mächtiger Einzelpersonen und Gruppierungen, besonders aus dem Ritterstande, einzusetzen wußte. Nach einem wechselvollen Leben, dessen Höhepunkt das Konsulat im Jahre 63 v. u. Z. bildete, das ihm aber auch eine längere Verbannung und – unter Caesar in den Jahren 48 bis 44 v. u. Z. – eine völlige politische Ausschaltung brachte, starb der berühmte Redner 43 v. u. Z. auf Befehl des Marc Anton, und sein Kopf wurde auf der Rednertribüne aufgesteckt, wo er seine größten Erfolge errungen hatte: Cicero hatte sich der Schaffung der Militärmonarchie bis zuletzt erbittert widersetzt.

Obgleich er nicht aus aristokratischen Kreisen stammte, trat dieser homo novus sein Leben lang für die Erhaltung, allenfalls Modifizierung der republikanischen, das heißt in Rom der aristokratischen Regierungsform ein, wie es bereits in seiner ersten öffentlichen Rede deutlich wird. Er stemmte sich gegen den Lauf der Geschichte. Aus der Rosciusrede sieht man aber auch, daß die Geburt der Militärmonarchie, zu deren Vorläufern und Wegbereitern Sulla objektiv gehörte, mit einer solchen Fülle von, milde gesprochen, unerfreulichen Begleiterscheinungen einherging, daß Ciceros Abscheu vor dieser Lösung der auch für ihn durchaus erkennbaren schweren Probleme des Staates nicht ganz unverständlich ist. Er war ein bewußter Vertreter der herrschenden Klasse und ihrer Politik. Sein Humanismus – der subjektiv gewiß ehrlich war – hat nichts Revolutionäres. Seine siegreichen Gegner gehörten der gleichen Klasse an wie er, sie vertraten lediglich eine andere Strategie und Taktik, nicht etwa eine echte revolutionäre Lösung.

Wir haben bereits erwähnt, daß es zwischen Gerichtsrednern und Juristen in Rom eine Art Arbeitsteilung gab. Man muß aber hinzufügen, daß juristische Kenntnisse in einem recht beachtlichen Umfang zur Allgemeinbildung bzw. zur politischen Grundausbildung jedes männlichen Mitgliedes der herrschenden Klasse, speziell aber der Nobilität gehörten. Der Weg zum obersten Amt, dem Konsulat, führte nur über die Prätur; und die Prätoren waren im Krieg hohe Offiziere, im Frieden aber für die Rechtsprechung, namentlich in allen privatrechtlichen Fragen, verantwortlich. Zwar ließen sie sich juristisch beraten und hatten zu diesem Zweck ein Konsilium von Juristen zur Seite, aber die Verantwortung trugen sie doch selbst. Von der Qualität ihrer Amtsführung wurden ihre Chancen für die spätere Wahl zum Konsul mitbestimmt. Nach seinem Amtsjahr in Rom wurde der Prätor oft Statthalter einer Provinz und hatte dort – neben der Militäraufsicht – die gesamte Jurisdiktion in der Hand; er brauchte also eine solide Ausbildung auf diesem Gebiet. Außerdem aber war zur Durchführung der Prozesse in Rom, später auch in Italien und im übrigen Reichsgebiet, soweit Bürger beteiligt waren, eine verhältnismäßig große Anzahl von Männern erforderlich, die die Qualifikation hatten, als Privatrichter zu wirken. Sie wurden, wie die Geschworenen der öffentlichen Prozesse, der Oberschicht entnommen, wer nicht mindestens Ritter war, kam für diese Aufgaben nicht in Betracht. Das war in der athenischen Sklavenhalterdemokratie anders gewesen. Dort wurden die Geschworenen besoldet (private Einzelrichter gab es nicht), das Amt war jedem freien Bürger zugänglich und wurde vorzugsweise von Vertretern der ärmeren Bevölkerungsschichten versehen. Auch dies ein Zeichen dafür, daß Rom zwar jahrhundertelang eine Republik, aber nie eine Demokratie war.

Einen regelrechten juristischen Lehrbetrieb gab es in republikanischer Zeit nicht. Junge Männer aus vornehmer Familie schlossen sich einem bekannten Juristen an, hörten ihm zu, wenn er Recht sprach und Gutachten erteilte. Sie erhielten hier und da einen Hinweis, wurden ins Gespräch gezogen, durften sich später auch selbst an einem vorgetragenen Problem versuchen und Fragen zu ihrer Lektüre stellen – Cicero schildert uns das in seinem „Laelius" aus eigener Erinnerung. Seit der Prinzipatszeit aber wurden die gewählten Magistrate weitgehend durch besoldete Beamte ersetzt, die eine bestimmte Qualifikation nachweisen mußten. Eine derartige Laufbahn stand nun auch Söhnen aus weniger hochgestellten Familien offen. Damit ergab sich das Bedürfnis, auf nicht zu teure und nicht zu langwierige Weise sich z. B. die juristischen Kenntnisse zu erwerben, die für eine Verwaltungskarriere notwendig waren. Mit der Zeit bildeten sich förmliche Rechtsschulen heraus, in denen Unterricht für ein festes Honorar erteilt wurde. In der frühen Prinzipatszeit kam bezahlter Unterricht noch so selten vor, daß von dem berühmten Juristen Masurius Sabinus ausdrücklich überliefert ist, er sei so arm gewesen, daß er habe Honorar nehmen müssen. Später hatten die Professoren an den Rechtsschulen von Rom, Berytos (Beirut) und Alexandria in Ägypten, seit dem 5. Jahrhundert auch in Konstantinopel, die ein festes Gehalt vom Staat empfingen, eben dieser Stellung wegen eine geachtete gesellschaftliche Position. In verschiedenen kleineren Provinzstädten gab es außerdem Rechtsschulen von niedrigerem Niveau.

Grundlage eines solchen Lehrbetriebes und gleichzeitig sein Ergebnis sind die *Institutionen des Gaius*, mit deren Betrachtung wir die Grenzen zur Prinzipatszeit überschreiten.

Es handelt sich dabei um ein Lehrbuch für Anfänger, das einzige Werk eines römischen Juristen, das nahezu vollständig auf uns gekommen ist. Die Handschrift wurde erst im Jahre 1816 von dem Finanzmann, Diplomaten und Historiker Barthold G. Niebuhr entdeckt. Sie ist auf Pergament geschrieben, aber abradiert, und darüber steht ein späterer Text. Leider sind bei der Wiederverwendung einige Blätter verlorengegangen, vieles ist trotz größter Mühe nur undeutlich oder nicht mehr zu lesen, so daß etwa ein Zehntel des ursprünglichen Textes fehlen dürfte. In einigen Punkten wird die Textherstellung durch zwei in Ägypten gefundene, auf Papyrus geschriebene Bruchstücke erleichtert, die 1927 („O") und 1933 („F") veröffentlicht wurden. Jedoch scheint es sich zu erweisen, daß mindestens das Fragment F auf eine andere Tradition – der Gaiusforscher H. L. W. Nelson meint: eine frühere Fassung des Werkes – zurückgeht.

Gaius behandelt im ersten der vier Bücher das Personenrecht, wobei er besonders ausführlich die verschiedenen Formen der Freilassung, ihre Wirkung und die Beschränkungen, die es staatlicherseits in dieser Richtung gab, berücksichtigt. Im zweiten und dritten Buch wird das Sachenrecht abgehandelt, besonders gründlich das Erbrecht, und im vierten Buch der Prozeß, d. h. die verschiedenen Klagen, die Aufstellung der Prozeßformel etc. Erfreulicherweise hatte Gaius Interesse für rechtshistorische Probleme, und wir verdanken ihm eine

Reihe der wichtigsten Angaben über Rechtsakte, die zu seiner Zeit längst außer Gebrauch waren, wie z. B. über die Legisaktionen im Anfang des vierten Buches. Man hat Gaius vorgeworfen, sein Buch sei nicht vollständig genug – der gesamte Komplex der Mitgift z. B. wird nur am Rande erwähnt. Aber er schrieb für Anfänger, die erst einen Überblick über die Materie bekommen sollten, und hatte also allen Grund, sich nicht zu tief in Einzelheiten einzulassen. Außerdem hatte er eine Anzahl weitergehender Bücher geschrieben, auf die er seine Schüler hinweisen konnte, z. B. den oben erwähnten Kommentar zum Zwölftafelgesetz.

Gaius schreibt sehr schlicht, ohne allen rhetorischen Schmuck – der Unterschied zu Ciceros flammender Rede ist sehr auffallend. Er meidet auch die Synonyme, die sonst dazu dienen, den Stil gefälliger zu gestalten. Wenn er einen Begriff eingeführt und mit einem bestimmten Wort bezeichnet hat, so bleibt er in Zukunft bei diesem Terminus – das ist pädagogisch äußerst geschickt. Außerdem bemüht sich der Autor in vielen Fällen mit gutem Erfolg um Systematik in der Darlegung. Sehr wahrscheinlich geht die Einteilung der Verträge (III 89ff.) auf ihn zurück, auch von der Abstufung der Schmälerung der Rechtsfähigkeit, wie sie I 158–162 erklärt wird, ist das anzunehmen. In dieser Hinsicht war er sogar vielen seiner berühmten Zeitgenossen und Nachfolger überlegen, die die „kasuistische Methode", das Ausgehen vom konkreten Einzelfall, noch lange beibehielten. Aber gerade sein pädagogisches Geschick hat Gaius bei vielen neuzeitlichen Rechtshistorikern in den Ruf eines Rechtslehrers von bescheidenen geistigen Qualitäten gebracht, ein Urteil, dessen Revision sich erst in neuester Zeit anbahnt.

Das Vorurteil gegen Gaius war wohl teilweise dadurch begründet worden, daß er unter den berühmten „klassischen" Juristen des 2. und 3. Jahrhunderts u. Z. – Ulpian, Papinian, Paulus, Celsus, Julian – offensichtlich ein Außenseiter war. Sie alle sind uns gut bekannt, ihre Lebensdaten sind gesichert, wir wissen, welche Ämter sie bekleideten, und aus den erhaltenen Fragmenten können wir erkennen, daß sie sich gegenseitig schätzten: sie zitieren einander, berufen sich aufeinander –

den Namen des Gaius erwähnt keiner von ihnen. Was ist das überhaupt für ein Name? Einer der häufigsten römischen Vornamen, nicht geeignet, einen Menschen von anderen zu unterscheiden. Gentilname und cognomen aber sind unbekannt! Nur noch einige römische Kaiser sind wie Gaius mit dem bloßen Vornamen in die Geschichte eingegangen. Von unserem Autor wissen wir weder, woher er kam, noch wo er lebte und lehrte, nur die Zeit seines Wirkens wird einigermaßen sicher abgegrenzt durch Bestimmungen, die er noch als gültig erwähnt, und Erlasse, die er bereits kannte. Er war jedenfalls unter Antoninus Pius (138–161) auf der Höhe seiner Wirksamkeit und könnte allenfalls noch die Regierungszeit des Commodus (180–192) erlebt haben. Über Gaius ist viel und Widersprechendes geschrieben worden, viel Scharfsinn hat man darauf verwandt, aus den Institutionen und den erhaltenen Fragmenten anderer Schriften Schlüsse auf seine Herkunft und seine Wirkungsstätte zu ziehen – aber beweisen läßt sich nichts.

Mochten ihn jedoch gleichzeitige und spätere Kollegen ignorieren, totzuschweigen war er nicht. Sein Lehrbuch muß sich recht bald durchgesetzt haben und lange in Gebrauch gewesen sein, denn eins der in Ägypten gefundenen Fragmente (O) stammt aus dem 3. Jahrhundert u. Z., und der Veroneser Codex, der spätestens aus der ersten Hälfte des 6. Jahrhunderts, wahrscheinlich aber schon aus dem 5. stammt, war offenbar ein billiges Gebrauchsexemplar: er enthält zahlreiche Abkürzungen im Text und viele Schreibfehler. Übrigens hat die Ansicht einiges für sich, das Original unserer Gaiushandschrift oder mindestens das des Fragmentes F sei das „Kollegheft" eines Studenten, die ganze Ausgabe also eine vermutlich unautorisierte Publikation einer solchen Mitschrift aus dem Unterricht. Über ein ähnliches Verfahren beklagt sich der Rhetoriklehrer Quintilian im 1. Jahrhundert u. Z. bitter (Institutio oratoria, praefatio 7). Dadurch würden sich dann einige scheinbare Nachlässigkeiten des Autors als Hörfehler des Studenten erklären.

Gaius steht historisch auf der Schwelle zur Spätantike. Bereits zu seinen Lebzeiten begann die Krise des antiken Sklavenhalterstaates sichtbar zu werden. Ursache dieser Krise waren die Widersprüche in der auf Sklaverei beruhenden antiken Produktionsweise, die an ihre Entwicklungsgrenzen stieß. Aus den leidenschaftslosen, von jeder Gehässigkeit freien Ausführungen des Gaius über die Vermietung von Gladiatoren (III 146) wird schlagartig deutlich, was es bedeutet: einen Menschen als Sache ansehen. Daran änderten auch die I 53 zitierten Schutzbestimmungen prinzipiell gar nichts. Aus zahlreichen anderen Regelungen ergibt sich im Gegensatz dazu, welche wichtigen ökonomischen Aufgaben Sklaven nicht selten anvertraut wurden (z. B. IV 71–74a), wie selbständig einige von ihnen wirtschafteten. Aber infolge der Tatsache, daß der Sklave in der Kaiserzeit politisch geradeso rechtlos blieb wie zur Zeit der Republik, daß er juristisch nicht als Person anerkannt wurde, war eine Entwicklung der *Klasse* der Sklaven abgeschnitten – nur dem einzelnen Unfreien blieb die Hoffnung auf Freilassung, d. h. auf Übergang in eine andere Klasse. Dadurch aber wurde die Entwicklung eines Klassenbewußtseins mit all den positiven Folgen, die das für den bewußt geführten Klassenkampf hätte haben können, gebremst, um nicht zu sagen verhindert. Die Krise verstärkte sich, da der Nachschub von Sklaven (insbesondere von qualifizierten oder leicht qualifizierbaren Menschen) infolge der sich ungünstig entwickelnden Situation an den Grenzen versickerte. Lang dauernde innere Kämpfe um die Macht – es gab Zeiten, in denen die durchschnittliche Regierungsdauer eines Kaisers wenig über zwei Jahre betrug – erschütterten das Reich im 3. Jahrhundert. Die Verstärkung des Heeres und des Beamtenapparates, um sowohl die Verteidigung als auch das zur Erhaltung des Heeres notwendige Steueraufkommen zu sichern, erfolgte auf Kosten einer immer mehr verelendenden Bauernschaft, die zum größten Teil nicht nur Steuern, sondern auch Renten aufzubringen hatte, während die Mitglieder des Senatsadels, inzwischen allerdings längst aus ganz anderen Familien, ja Reichsteilen stammend als zur Zeit der Republik, riesige Latifundien in ihren Händen vereinigten, sich der Steuerzahlung meistens erfolgreich entziehen konnten und ein verschwenderisches, parasitäres Leben führten. Noch einmal wurde unter Diokletian (284–305) und Konstantin (306–337) der drohende Zusammenbruch durch eine Verwaltungs-, Militär- und Steuerreform aufgefangen. Die letzten Kräfte des Reiches wurden mobilisiert und in vielen Wirtschaftszweigen eine Zwangswirtschaft eingeführt. Die Kolonen, ursprünglich freie Kleinpächter, wurden an die Scholle gebunden und in ihrer Rechtsstellung den Sklaven angenähert, Handwerker durften ihren Beruf nicht wechseln etc. Ob es möglich gewesen wäre, daß sich auf der Grundlage des Kolonats in Italien und den westlichen Reichsteilen ein eigenständiger Feudalismus entwickelt hätte, wie weit schon Vorformen oder Anfänge desselben bestanden, als die Westhälfte des Reiches unter den massierten und ständig wiederholten Angriffen der durch die Völkerwanderung in Bewegung gesetzten Scharen zusammenbrach, ist Gegenstand lebhafter Diskussion unter den Historikern; auch innerhalb der sozialistischen Altertumswissenschaft ist man hier noch zu keinem abschließenden Ergebnis gekommen, das übrigens schon deshalb schwer zu erzielen ist, weil gerade für diese Periode literarische Zeugnisse weitgehend fehlen. Bemerkenswert ist jedenfalls, daß die römische Rechtswissenschaft nicht daranging, den Kolonat, der bereits zur Zeit des Gaius bestand, grundsätzlich zu verarbeiten. Die neuen, zukunftweisenden Züge, die dem modernen Forscher im nachhinein so deutlich erscheinen, haben die Zeitgenossen offensichtlich kaum gesehen. Man begnügte sich mit den ohnehin recht schwach entwickelten Regelungen zum Miet- und Dienstvertrag – Gesetze gab es dafür offenbar überhaupt nicht. Daß etwa ins Personenrecht eine neue Rubrik „De colonis" aufgenommen wäre, in der diese besondere Form der Abhängigkeit charakterisiert würde – „Hörige" in Abgrenzung von Sklaven einerseits und Vollfreien andererseits –, erwartet man vergeblich. Die Tatsache, daß der sonst so klare Spiegel der Produktionsverhältnisse, den Gesetz und Rechtspraxis gewöhnlich bilden, sich in diesem Punkte als mindestens getrübt erweist – denn es lassen sich allerdings eine ganze Anzahl von Bestimmungen und Entscheidungen auffinden, die auf Kolonen und Kolonat Bezug haben, nur eben nichts Grundsätzliches –, wird verschieden gedeutet. Hier liegen noch Probleme, die der näheren Erforschung bedürfen. Auf alle Fälle wurde die Entwicklung der westlichen Reichshälfte durch den Zusammenbruch des Staates gewaltsam in eine neue Bahn gelenkt.

Die Osthälfte des Reiches dagegen, ökonomisch ohnehin stärker und von den Erschütterungen der Völkerwanderungszeit nicht so stark in Mitleidenschaft gezogen, überdauerte. Unter Justinian (527–565) kam es sogar noch zu einem glanzvollen, aber kurzen und im Grunde trügerischen Aufschwung. Sogar Italien wurde zeitweilig zurückerobert. Der großangelegte Versuch einer Restauration der Sklavenhaltergesellschaft unter christlichen Vorzeichen war jedoch zum Scheitern verurteilt, das oströmische Reich entwickelte sich in der Folge zu einem Feudalstaat von allerdings recht anderer Prägung als das fränkische und später das Heilige Römische Reich Deutscher Nation im Westen. Bis zum 7. Jahrhundert gehörten noch Syrien, Obermesopotamien und das reiche Ägypten zum Reich der Rhomäer, wie sie selbst es nannten, zum Reich von Byzanz, wie wir es nennen. Lange Zeit konnten Kleinasien und große Teile des Balkans behauptet werden, bis sich vor dem Ansturm der Türken das Gebiet bis auf die Hauptstadt Konstantinopel verengte. Diese wurde dann 1453 nach langer Belagerung erobert.

Dem Restaurationswillen Justinians verdanken wir die Kodifikation des römischen Rechts im Corpus Iuris. Hier beantwortet sich nun die Frage, wie es möglich ist, daß von den Schriften der berühmten Juristen und auch von den Gesetzen nur Bruchstücke vorhanden sind, obwohl doch ganz offensichtlich in der herrschenden Klasse Roms ein lebhaftes Interesse an juristischen Fragen bestand, so daß sicher in der Antike ebenso viele Handschriften dieses Gebietes in Umlauf waren wie etwa von den Werken Ciceros, die uns nahezu vollständig überliefert sind: Die juristischen Texte wurden durch das Corpus Iuris überflüssig gemacht, was den praktischen Wert anging, und der Kaiser tat außerdem das Seine, um ihr Verschwinden durch ein Benutzungsverbot zu beschleunigen. Das hatte folgende Ursachen:

Wie bereits erwähnt, blieb das Zwölftafelgesetz nominal

geltendes Recht, wurde aber durch das prätorische Edikt und durch Gesetze korrigiert und ergänzt. Hinzu kamen als Rechtsquellen die Gutachten bekannter Juristen, oft von ihnen selbst gesammelt und herausgegeben, die sogenannten Responsa, Antworten auf Anfragen, weiterhin Kommentare zum Edikt und zu Gesetzen und – seit der Prinzipatszeit – kaiserliche Erlasse und Senatsbeschlüsse, die auf Anregung, um nicht zu sagen auf Befehl des Kaisers gefaßt wurden (vgl. Gaius I 1–8 und Digesten 1,3–4) – eine unübersehbare, ungegliederte Masse, in die auch die von privater Seite mehrmals unternommenen Versuche, wenigstens die kaiserlichen Erlasse zu sammeln, nicht viel Ordnung bringen konnten. Eine Verfügung, die demjenigen mit strengen Strafen droht, der einen gefälschten kaiserlichen Erlaß heranzieht (Digesten 48,10,33) zeigt, welche Gefahren hier verborgen lagen.

Selbst der fleißigste Jurist konnte diesen Wust von gültigen Bestimmungen, die sich zudem noch oft widersprachen, nicht mehr überblicken, geschweige denn ein Beamter, der in einer abgelegenen Provinzstadt Recht zu sprechen hatte. Mittlerweile war nämlich der Formularprozeß von dem sogenannten Kognitionsverfahren verdrängt worden, in dem ein Beamter die Untersuchung führte und das Urteil sprach. Es blieb dabei aber die Möglichkeit erhalten, daß z. B. der Provinzstatthalter einen Prozeß nur „instruierte“, dann aber Untersuchung und Urteilsfindung an einen seiner Unterbeamten delegierte, nicht mehr mit der Prozeßformel, sondern mit einer dienstlichen Anweisung. Die Möglichkeiten der Parteien, auf den Prozeßverlauf bestimmend einzuwirken, waren dabei geringer als früher. Man muß bedenken, daß gerade in den Provinzen, deren Bewohner 212 u. Z. alle das römische Bürgerrecht erhalten hatten, soweit sie frei geboren waren, die juristischen Kenntnisse der meisten Menschen auch gar nicht ausgereicht hätten, um als Partei in einem Formularprozeß zu bestehen.

Es häuften sich bei dieser Lage der Dinge die Anfragen an den Kaiser selbst, was in bestimmten Fällen zu tun, wie zu entscheiden sei, und das rief wieder eine Flut von Reskripten aus der kaiserlichen Kanzlei hervor – manchmal mit Rechtsauskünften, die bequem aus dem Anfängerlehrbuch des Gaius zu beantworten gewesen wären.

Die Kaiser Theodosius II. und Valentinian, die gemeinsam regierten, versuchten den gordischen Knoten zu durchhauen, indem sie im Jahre 426 u. Z. das „Zitiergesetz" erließen. Sie bestimmten, daß hinfort nur die Ansichten der Juristen Ulpian, Papinian, Paulus, Gaius und Modestin – die mittlerweile alle mindestens 150 Jahre tot waren! – bei der Entscheidung von Rechtsproblemen herangezogen werden sollten. Bei unterschiedlicher Meinung sollte Stimmenmehrheit, bei Stimmengleichheit, d. h., falls nicht alle sich zu einer Frage geäußert hatten, die Stimme Papinians entscheiden. Nur wenn dies letzte Auskunftsmittel versagte (wenn Papinian sich also „der Stimme enthielt"), durfte der Richter der Ansicht folgen, die er für richtig hielt. Als probat erwies sich diese Lösung aber nicht – sie berücksichtigte ja auch in keiner Weise die Tatsache, daß die ökonomische Entwicklung fortgeschritten war und daß sich daraus neue Probleme ergaben.

In dieser Situation faßte Justinian, beraten von dem bedeutenden Juristen Tribonian, den Beschluß, eine radikale Änderung herbeizuführen und das geltende Recht in einem großen Corpus kodifizieren zu lassen. Das Werk war zunächst in drei Teilen konzipiert: Institutionen – Digesten – kaiserliche Erlasse.

Die Institutionen – ein nunmehr für das gesamte Reich verbindliches Anfängerlehrbuch mit Gesetzeskraft – lehnten sich stark an Gaius an. Sie können daher auch heute in vielen Fällen herangezogen werden, wo der Text der Veroneser Handschrift aussetzt. Die historischen Passagen sind aber resolut eliminiert, überhaupt ist viel darin modernisiert worden.

Die *Digesten* – der Titel bedeutet etwa „Sammlung juristischer Texte" – sind weit mehr als das, was ihr Name besagt. Aus ihnen ist im vorliegenden Bande eine Auswahl präsentiert. Das Programm des Kaisers und seiner Berater war ein grandioser Reformplan, die „Verbindung der Konservierung von Vergangenheitswerten mit der Anpassung an eine geistig auf ganz anderer Basis stehende, sozial und wirtschaftlich ganz anders geartete Gegenwart" (Leopold Wenger): Es sollte aus der Masse der Schriften der Juristen, denen von früheren Kaisern das ius respondendi, das Recht, verbindliche Gutachten zu erteilen, verliehen worden war („Gaius noster" – Unser Lehrer Gaius – ist berücksichtigt, obwohl er nicht in diese Gruppe gehört), ein einheitliches Werk ohne Wiederholungen und ohne Widersprüche in thematischer Ordnung geschaffen werden. Im Hinblick auf die Auswahl hatte die siebzehnköpfige Kommission unter Leitung Tribonians, der namhafte Rechtslehrer, aber auch praktische Juristen angehörten, freie Hand, war also nicht durch das Zitiergesetz gebunden. Mehr noch: Unrichtiges, Überflüssiges, Unvollkommenes sollte gestrichen werden, und die Juristen erhielten die ausdrückliche Befugnis, erforderlichenfalls Änderungen vorzunehmen, ohne das im Text zu kennzeichnen. All das ist nachzulesen in der großen Konstitution „De Conceptione Digestorum", die dem Werk vorangesetzt ist. Der Kaiser befahl, daß bei jedem Zitat die Herkunft genau und ohne Abkürzungen angegeben werden sollte. Gewohnheitsmäßig abgekommenes Gesetzesrecht sollte keine Aufnahme mehr finden.

Für die Zukunft bestimmte Justinian, daß Juristenzitate nur noch in der Form Gültigkeit haben sollten, wie sie von seiner Kommission aufgenommen worden seien, also u. U. abweichend vom Original. Alles, was von ihr nicht aufgenommen worden war, verlor jede Geltung. Damit war das Urteil über die Originalwerke gesprochen. Sie waren aus Unterricht und Praxis verbannt und wurden also, wo nicht vernichtet bzw. ausradiert und überschrieben (denn Pergament war teuer!), so doch nicht mehr abgeschrieben und gerieten bald in Vergessenheit.

Aus den Digesten und aus verstreuten anderen Zitaten hat Otto Lenel das Erhaltene in seinem berühmten Werk „Palingenesia" (Wiedergeburt), 1887–1889, gesammelt und geordnet; von Paulus hat sich im Westen des Reiches ein schmales Bändchen stark überarbeiteter „Sententiae" erhalten, von denen sogar viele Wissenschaftler der Ansicht sind, sie seien überhaupt nur der größeren Wirkung wegen unter seinen berühmten Namen gestellt worden und das Werk eines unbedeutenden späteren Schreibers. Die Handschrift der Institutionen des

Gaius stammt, wie wir gesehen haben, schon aus der Zeit *vor* Justinian und wurde später einem anderen Zweck zugeführt.

Eine Kommentierung der Digesten verbot der Kaiser streng, damit nicht, wie er sagte, durch die wortreichen Erklärungen der Gelehrten der Sinn unnötig verunklärt werde. Eine wörtliche Übertragung ins Griechische aber mußte er gestatten, war doch in seinem Reiche das Griechische die allgemeine Verkehrssprache. Er selbst hatte Latein als Fremdsprache gelernt und gab trotz seiner Begeisterung für alles Römische Erlasse in griechischer Sprache heraus. Zweisprachigkeit mindestens war unumgänglich. Am längsten hielt sich das Lateinische noch als Kommandosprache im Heer, aber kurze Zeit nach Justinian war es bereits völlig verdrängt – die Kodifikation war also im letzten möglichen Moment erfolgt. So sind die Digesten unter ihrem griechischen Namen „Pandekten" – die Allumfassenden – bekannter geworden als unter dem lateinischen. Es entbehrt dabei nicht einer gewissen Komik, daß gerade dieser Name auch in die neuzeitliche juristische Praxis übernommen wurde, und das zu einer Zeit, als Griechischkenntnisse unter den Juristen des „Abendlandes" so selten waren, daß der lapidare Satz geprägt wurde: „Graeca non leguntur" – Griechisches liest man nicht –, der sich auf die juristischen Texte in dieser Sprache bezog, die in den Digesten nur vereinzelt, im dritten und vierten Teil des Corpus Iuris aber häufiger vorkommen.

In der am 16. Dezember 533 u. Z. erlassenen, nach dem lateinischen Anfangswort mit „Tanta" bezeichneten Konstitution „an den Senat und alle Völker" berichtet Justinian die Vollendung des Riesenwerkes. In nur drei Jahren hatte die Kommission 2000 Bücher mit insgesamt drei Millionen Zeilen durchgearbeitet und daraus die Sammlung der 50 Bücher Digesten mit ihren 150000 Zeilen exzerpiert – eine wahrhaft imponierende Leistung, auch wenn Vorarbeiten existierten.

Die Digesten enthalten im ersten Buch nach einigen einleitenden Titeln (man teilt die Bücher in tituli und die tituli in fragmenta ein, während in anderen Werken von Kapiteln und Paragraphen gesprochen wird), die einen kurzen Abriß der Rechtsgeschichte und der Rechtsquellen bieten, eine Darstellung der Rechtssubjekte und -objekte sowie eine Aufstellung der Verwaltungsorgane des Reiches und ihrer Aufgaben. In den Büchern 2–4 werden Gerichtsverfassung und Prozeßprobleme behandelt. Es folgen in den Büchern 5–11 die Normen der erb- und eigentumsrechtlichen Klagen, weiter (ohne Anspruch auf Vollständigkeit der Aufzählung) die Rechtsmittel gegen ungerechtfertigte Bereicherung eines Partners auf Kosten des anderen, die sogenannte Kondiktionenlehre, in der Hauptsache eine Entwicklung der nachgaianischen Zeit (vgl. Gaius II 79). Verschiedene Verträge, vor allem das Kaufrecht, sind in den Büchern 12–19 behandelt, im Buch 20 das Pfandrecht, in den Büchern 23–25 das Ehe- und Ehegüterrecht, 26–27 das Vormundschaftsrecht. 11 Bücher, mehr als ein Fünftel des Werkes, befassen sich mit Testament, Vermächtnis und Intestaterbfolge (28–38), einem Gebiet, das in dieser Breite nur die reiche Oberschicht, die herrschende Klasse interessierte. Dem Freilassungsrecht ist das 40. Buch gewidmet, den Verbalverträgen, mündlichen Abmachungen vor Zeugen, die also im römischen Recht selbst in dieser späten Zeit noch nicht völlig vom schriftlichen Vertrag verdrängt waren, die Bücher 45 und 46.

Nur zwei der 50 Bücher, 47 und 48, die „libri terribiles“ (die schrecklichen Bücher), wie der Kaiser sie nennt, sind dem Strafrecht gewidmet. Im 49. Buch geht es vor allem um das Rückkehrrecht, d. h. um die Rechtsstellung aus der Kriegsgefangenschaft befreiter oder losgekaufter Personen (durchaus nicht nur Soldaten!), und um besondere Rechtsfragen des Militärs wie Desertion, Verfügungsgewalt über das beim Militär Erworbene, Privilegien der Veteranen. Im letzten Buch werden Fragen der städtischen Verwaltung, öffentliche Arbeiten, Steuern etc. behandelt, und den Abschluß bilden zwei umfangreiche und in unserer Auswahl recht ausführlich zitierte tituli: 50,16 „Bedeutung der Wörter“ und 50,17 „Rechtsregeln“.

Diese beiden Abschnitte sind für den, der einen Zugang zum römischen Recht sucht, als Einführung recht geeignet. Der erste führt in die juristische Begriffswelt ein und macht gleichzeitig deutlich, welche Schwierigkeit darin liegt, Wörter der natürlich gewachsenen Sprache, die in der Mehrzahl ein nicht ganz fest umrissenes Bedeutungsfeld haben, für den rechtswissenschaftlichen Gebrauch eindeutig festzulegen. Denn in den meisten Fällen handelt es sich nicht um Neuprägungen, wie sie z. B. heute in der Kybernetik oder Bionik bewußt geschaffen werden, sondern um die wissenschaftliche Verwendung von Wörtern der Alltagssprache (vgl. z. B. 50,16,11.12.41.43). Manches erscheint vielleicht auf den ersten Blick selbstverständlich und gar nicht erläuterungsbedürftig – aber gerade diese Wörter markieren manchmal Stellen, an denen jemand durch die Maschen des Gesetzes zu schlüpfen versuchen konnte, und zeigen, wie sorgfältig man bei der Formulierung von Gesetzen und Verträgen zu Werke gehen mußte – und muß (z. B. 50,16,1.137). Die Rechtsregeln des letzten Abschnittes – bei denen man übrigens eine starke interpolatorische, d. h. verändernde Tätigkeit der justinianischen Juristen feststellen zu können glaubt – waren im Unterricht eine Hilfe und Gedächtnisstütze. Sie sind aus der Fülle der Einzelfälle und der sie regelnden Gutachten abstrahiert und formulieren die leitenden Gesichtspunkte in kurzen schlagwortartigen Sätzen. Es sind also keine Gesetze, aber der Geist der Gesetze spricht aus ihnen, und sie sind in ihrer einprägsamen Formulierung auch dem Nichtjuristen verhältnismäßig leicht zugänglich.

In unsere Auswahl sind weiterhin Abschnitte über die Rechtsquellen (1,3–4) und das Personenrecht (1,5–7) aufgenommen. Diese Materie wird auch von Gaius behandelt, und es bietet sich also die Möglichkeit des Vergleichs im Hinblick auf die Form der Darstellung, aber auch in bezug auf inhaltliche Einzelheiten, die in den Digesten als einem Handbuch naturgemäß eingehender behandelt werden als im Lehrbuch des Gaius.

Das Problem der Ehe und Mitgift (durch letztere sollte die Frau für den Fall einer Scheidung, die in Rom für beide Partner sehr leicht zu bewerkstelligen war, gesichert werden) ist aus den Digesten ausführlich übernommen, ebenfalls die Scheidungsformalitäten (23,1–4; 24,1–3). Danach folgt ein recht umfangreicher Einblick in die beiden „schrecklichen Bücher“.

Auch im sozialistischen Recht hat ein Diebstahl und ein Raub neben der strafrechtlichen eine zivilrechtliche Seite: der Geschädigte kann gegen den Täter eine Klage auf Ersatzleistung erheben. Bei Gaius wird nur diese privatrechtliche Seite behandelt, die allerdings in Rom schon strafenden Charakter hatte, weil mehrfacher Ersatz geleistet werden mußte und Ehrlosigkeit die Folge einer Verurteilung war (III 182–208). Auch in den Digesten geht es zunächst um diese Seite der Problematik (47,2 und 8). 47,9 zeigt dann die Möglichkeit der strafrechtlichen Verfolgung, die den Dieb in der Kaiserzeit auf alle Fälle traf, wenn der Diebstahl unter die 47,11 behandelten „außerordentlichen Verbrechen" zu rechnen war, so bei den Viehdieben (47,14) und den Einbrechern (47,18). In diesen Fällen entfiel die Privatklage.

Während diese Straftaten auf dem Verwaltungswege geahndet, d. h. von einem dafür zuständigen Beamten im Schnellverfahren und mit weitgehender Ermessensfreiheit, was die Höhe der Strafe anlangt, abgeurteilt wurden – wobei man gegen Personen „niederen Standes" oft sehr summarisch vorging und die Prügelstrafe, die in republikanischer Zeit keinen römischen Bürger treffen durfte, nicht selten in Anwendung kam –, wurden die in 48,1–15 behandelten und als staatsgefährdend angesehenen Verbrechen im öffentlichen Verfahren, d. h. vor einem Geschworenengericht, verhandelt. Es blieb allerdings immer die Möglichkeit, daß der Kaiser selbst einen Prozeß zur eigenen Entscheidung an sich zog.

Von 48,17 an geht es dann um die Prozeßführung im Kriminalverfahren, die peinliche Befragung und die Strafen. Dabei wird die Bevorzugung der honestiores, der „Vornehmeren", zu denen auch die Veteranen und die Dekurionen der kleinen Landstädte gehörten, so daß man honestiores nicht geradezu mit „Angehörige der herrschenden Klasse" gleichsetzen kann, noch weit auffälliger als im Privatrecht (vgl. 48,19,28).

Der dritte Teil des Corpus Iuris ist der Codex Iustinianus, eine Sammlung kaiserlicher Erlasse im weitesten Sinne – der Band enthält auch mehr als 2500 an Privatpersonen gerichtete Auskünfte zu Rechtsproblemen, sogenannte Reskripte – von der Zeit Hadrians (117–138) bis zu Justinian selbst. Thematisch sind sie in Anlehnung an die Digesten geordnet. Der Kaiser ließ die erste Fassung aus dem Verkehr ziehen, da sie nicht befriedigte, und war damit absolut erfolgreich: es blieb keine Spur davon, wir besitzen nur die zweite, den Codex repetitae praelectionis, was man etwa als „Zweite, verbesserte Auflage" übersetzen könnte. Einige Zeit später wurde noch ein vierter Ergänzungsband herausgegeben, die sogenannten Novellen, d.h. neue Erlasse Justinians und seiner nächsten Nachfolger.

Ein Thema von erstrangiger Wichtigkeit für die Rechtsgeschichte, das wir hier nur andeutungsweise behandeln können, ist die Frage nach dem Verhältnis der fragmenta in den Digesten und im Codex Iustinianus zu den Originalen. Wieviel haben Tribonian und seine Kommission geändert? Was haben sie gestrichen, und was haben sie hinzugesetzt? Justinian hat, wie wir gesehen haben, alles getan, was in seinen Kräften stand, um zu verhindern, daß diese Frage gestellt wurde, geschweige denn beantwortet werden konnte, indem er verfügte, daß die Texte nur noch in der Digestenfassung zitiert werden durften, damit niemand auf die Idee kommen sollte, etwa mit dem Original gegen sein Gesetzeswerk zu polemisieren.

Jahrhundertelang war seiner Vorsichtsmaßnahme Erfolg beschieden: erst im 19. Jahrhundert setzte die Interpolationenforschung mit Macht ein – und schoß auch gleich ein Stück über das Ziel hinaus. Manches ist gewiß einleuchtend: der „zuständige Richter" etwa, an den ein Anfragender im Gutachten verwiesen wird, ist meistens eine Interpolation für den im Original genannten Prätor. Aber man hat auch aus sprachlichen Gründen, die der neuesten Forschung nicht immer Stich halten, einzelne Wörter und Sätze, weil sie „unklassisch" wirkten, als byzantinische Interpolation verdächtigt und gestrichen. Andererseits gibt es wieder sachliche Gründe, die nach Änderung oder Umdeutung des Originals geradezu verlangten; z. B. mußte der Aussage eines heidnischen Autors unter Umständen ein anderer Sinn untergelegt werden, weil inzwischen das Christentum Staatsreligion war, etwa 48,13,1, wo im Original religiosus steht; die neue Verwaltungsstruktur mußte berücksichtigt werden; im Privatrecht war der Formularprozeß dem Kognitionsverfahren gewichen. Wenn also in den Digesten weiterhin „Einreden" des Beklagten behandelt werden, so hatte sich in der Handhabung des Verfahrens doch allerlei geändert, seit Gaius das gleiche Thema im vierten Buch seiner Institutionen darstellte, und die entsprechenden Zitate mußten von der Kommission teils beschnitten, teils erweitert werden – und an solchen Stellen läßt sich dann auch einiges nachweisen. Sobald man aber zu Einzelaussagen über einzelne Rechtsgeschäfte kommt, wird die Beurteilung sehr schwierig, und man ist heute wieder vorsichtiger in der Annahme von Interpolationen als noch vor dreißig Jahren.

Zur Zeit Justinians stand das oströmische Reich, wie wir oben ausgeführt haben, bereits auf der Schwelle des Feudalismus, war also in der Entwicklung der Produktionsverhältnisse weiter als das Imperium Romanum im 2. und 3. Jahrhundert u. Z., der Zeit, aus der das Werk des Gaius und die meisten Juristenzitate stammen. Das Römische Reich in seiner Gesamtheit war nie eine wirtschaftliche Einheit gewesen. Neben hochentwickelten Gebieten mit entfalteter Warenproduktion gab es solche, die kaum der Urgesellschaft entwachsen waren und deren Bewohner eben erst von den Römern den Gebrauch des Geldes kennenlernten. Dies wirtschaftliche Binnengefälle war für alle größeren antiken Reiche typisch, es behinderte die Herausbildung eines einheitlichen Wirtschaftsrechtes nicht wenig. Erst im Feudalismus finden wir ökonomisch einigermaßen einheitliche Territorien. Das oströmische Reich war auf diesem Wege bereits ein Stück vorangeschritten, es umfaßte ein wirtschaftlich verhältnismäßig einheitliches, und zwar ziemlich hoch entwickeltes Gebiet; die Voraussetzungen einer einheitlichen Rechtsentwicklung waren also besser, zumal der schwere ökonomische Rückschlag, ja Kulturabbruch, der weite Gebiete der westlichen Reichshälfte im Gefolge der germanischen Eroberung betraf, dem byzantinischen Gebiet erspart blieb.

War also die subjektive Absicht Justinians insgesamt restaurativ – obwohl man seine Rückwärtsgewandtheit auch nicht überschätzen sollte –, so zeichnen sich in seinem Werk dennoch zukunftweisende Züge gegenüber dem originalen klassischen römischen Recht ab, und gerade dadurch konnte später so gut an das Corpus Iuris angeknüpft werden. Im Codex Iustinianus, der verhältnismäßig viele eigene Konstitutionen des Kaisers enthält, wird das noch wesentlich deutlicher als in den Digesten. Elemér Pólay hat diese Züge sehr klar herausgearbeitet:

1. Grundsätzliche Normen nehmen zu (Rechtsregeln!).

2. Der Geltungsbereich normativer Vorschriften wird ausgedehnt. Zum Beispiel wurde die Möglichkeit, für eine andere Person Besitz unmittelbar zu erwerben, die noch zu Gaius' Zeit auf einen engen Kreis unmittelbar abhängiger Personen beschränkt war (Gaius II 89–95), zunächst auf den freien Bevollmächtigten und von Justinian auf weitere Personen ausgedehnt (zum *Eigentums*erwerb für andere kommt es aber nicht). Erbpachtverträge konnten zunächst nur von Gemeinden mit einzelnen Personen abgeschlossen werden (Gaius III 145, Erbzins); das Justinianische Recht gibt diese Möglichkeit auch Privatpersonen untereinander – das wird wichtig für die feudale Entwicklung. Der Wirkungsbereich der Lex Aquilia (Gaius III 210–219) wird von der Verletzung fremder Sklaven und Haustiere ausgedehnt auf Körperverletzung an Freien, damit auf dieser Grundlage z. B. die Kosten für den Arzt herausgeklagt werden können.

3. Rechtsnormen, welche die gleichen Gegenstände verschieden behandelten, werden vereinheitlicht: Gaius berichtet z. B. I 196 von verschiedenen Möglichkeiten der juristischen Bestimmung der Pubertät. Das Justinianische Recht akzeptiert den Standpunkt der Prokulianer als verbindlich. Den Streit um die Frage, ob ein Kauf Gültigkeit habe, wenn festgelegt werde, daß ein Dritter den Preis bestimmen solle (Gaius III 140), entscheidet Justinian ebenfalls eindeutig: der Kauf ist gültig, falls nicht der Dritte sich weigert oder nicht in der Lage ist, den Preis zu schätzen. Der in seiner Bedeutung verblaßte Unterschied zwischen quiritischem und bonitarischem Eigentum wird aufgehoben. Vor allem aber setzt Justinian fest, daß jeder Freigelassene römischer Bürger wird. Die Möglichkeit, einen Sklaven zum Freigelassenen mit Latinischem Recht zu machen, mit all ihren Vorteilen für den Patron und ihren Nachtei-

len für den Freigelassenen (vgl. Gaius I 66–81, III 55–76 und das Register), wird von Justinian in einem großen Erlaß feierlich aufgehoben (Codex 7,6), nachdem die Stellung der dediticii, deren „Freiheit am wenigsten wert war" (Gaius I 26, vgl. I 12–15 und III 74–76), schon früher abgeschafft worden war.

4. Lösungen des klassischen Rechts werden verfeinert und differenziert, z. B. im Erbrecht und im Obligationenrecht.

5. Überlebter Formalismus wird beseitigt, z. B. bei der Emanzipation (vgl. Gaius I 132) und beim Testament (vgl. Gaius II 104), es genügt nun im ersten Fall eine protokollarische Erklärung vor Gericht, im zweiten ein Privattestament mit Zeugen oder eine Art notarielles Testament, das bei Gericht hinterlegt wird.

Das alles sind selbstverständlich keine plötzlich neu auftretenden Tendenzen, geschweige denn „Erfindungen", sondern die Entwicklung in einer früher angebahnten Richtung wird damit fortgeführt. In den historischen Betrachtungen des Gaius finden wir Beispiele dafür, daß sich das Recht seiner Zeit in entsprechender Weise von dem der republikanischen Zeit unterschied, z. B. IV 23 zum zweiten Punkt, I 111 zum fünften.

Geradezu einen Qualitätssprung bedeutet die Tatsache der Kodifikation selbst. Es war eine große Leistung der Kommission, daß sie diesen mächtigen und vergleichsweise ungeordneten Stoff bewältigte, selbst wenn bei der Anordnung und bei den vorgenommenen Veränderungen Wünsche offenblieben und sich gelegentlich – aber wie selten! – doch Wiederholungen und Widersprüche einschlichen. Das bedeutet nicht, daß dies Werk eine Frucht plötzlicher genialer Eingebung wäre: Es werden „Digesten" verschiedener Juristen zitiert; wir wissen von der Existenz zweier Sammlungen kaiserlicher Erlasse aus der Zeit Diokletians (Codex Gregorianus und Codex Hermogenianus, um 300 u. Z.); erhalten ist die auf Anregung des Kaisers Theodosius II. im Jahre 438 u. Z. veröffentlichte Sammlung von Kaisergesetzen seit Konstantin – der Gedanke lag also gleichsam in der Luft, und man konnte sich auf Vorarbeiten stützen. Aber „daß die Kodifikation mit ihrer Klarheit, Systematik, Übersichtlichkeit, logischen Einheit, allgemeinen Faßbarkeit die höchststehende Form der Rechtserzeugung bildet, ist durch die Rechtsgeschichte glänzend bewiesen" (Elemér Pólay).

Das Corpus Iuris wurde sofort bei seinem Erscheinen in Kraft gesetzt und in vielen Exemplaren verbreitet – natürlich nur im Machtbereich des oströmischen Kaisers, dem bald nach Justinian im Westen nur noch ein Stück von Unteritalien und Sizilien und das Exarchat von Ravenna verblieben.

In Westeuropa erfolgte der Einfluß des römischen Rechts zunächst auf einem anderen Wege, nämlich über Gesetzbücher, die gotische und burgundische Könige zum Gebrauch ihrer Untertanen römischer Herkunft aufzeichnen ließen und die ein stark vereinfachtes römisches Recht, das sogenannte Vulgarrecht, enthielten (Lex Romana Visigotorum, Lex Romana Burgundionum). Sie griffen dabei auf den Codex Theodosianus zurück.

In Italien ging die Kenntnis des Corpus Iuris allerdings auch in den folgenden Jahrhunderten nicht völlig verloren, jedoch las man in dieser Zeit weniger die auf einem recht hohen theoretischen Niveau stehenden Digesten, sondern mehr den Codex mit seinen zahlreichen einfachen Rechtsauskünften. In der katholischen Kirche wurde das römische Recht z. B. stets als Ergänzung des Kanonischen Rechtes herangezogen.

Die eigentliche Rezeption des römischen Rechts begann aber erst mit der Entstehung der Rechtsschulen in Pavia und Bologna im 11. Jahrhundert, von denen aus es als „Mittel zur Stützung der frühbürgerlichen Emanzipation seinen Siegeszug durch das ganze damalige Europa antrat" (Johannes Irmscher). Anlaß (aber nicht Ursache) war die Auffindung einer fast noch antiken Digestenhandschrift, des berühmten Florentiner Codex – benannt nach seinem Aufbewahrungs-, nicht nach seinem Fundort, der nicht mehr zu ermitteln ist –, welcher sich heute in Rom befindet. Die Handschrift stammt aus dem frühen 7., vielleicht schon aus dem 6. Jahrhundert, und man glaubte lange, sie sei das Handexemplar Justinians gewesen. Auf sie gehen alle späteren Ausgaben im Grunde zurück –

außer ihr gibt es nur noch ein paar kleine Fragmente, die selbständig erhalten sind.

Die italienischen Glossatoren und Kommentatoren betrachteten das Digestenrecht völlig unhistorisch, sie deuteten es ganz naiv auf die Verhältnisse *ihrer* Zeit. Auch war es zwar das wichtigste, aber doch nur *ein* Element ihres Rechtssystems, in das auch einheimisches Gewohnheitsrecht, einheimische Gesetze und kirchenrechtliche Bestimmungen gleichwertig eingebaut wurden. In dieser, nicht in der originalen Form wurde das Pandektenrecht in Europa rezipiert. Marx schrieb zu dieser Problematik 1864 an Lassalle: „...die mißverstandene Form ist gerade die allgemeine und auf einer gewissen Entwicklungsstufe zum allgemeinen *use* (Gebrauch) verwendbare."

Gefördert wurde die Rezeption dadurch, daß z. B. die Hohenstaufenkaiser schnell erkannten, daß dieses Recht, das mit dem Nimbus des Imperium Romanum gleichsam umhüllt war, allein durch diese Tatsache ihrer angefochtenen Zentralgewalt eine gewisse Rückenstärkung sowohl den Partikulargewalten im Innern als auch der Kirche gegenüber verleihen konnte, und seine Anwendung deswegen wohlwollend förderten. Auch in Frankreich bildete sich bald ein Bündnis zwischen den bürgerlichen Juristen und der Krone. Es fand sich sogar eine Möglichkeit, die Souveränität des französischen Königs dem deutschen Kaiser gegenüber, der ja als Rechtsnachfolger des römischen Imperators auftrat, mit Hilfe einer kleinen juristischen Spitzfindigkeit zu begründen, so daß die in dem Universalitätsanspruch des römischen Rechts liegende Schwierigkeit behoben war – zumal die realen Machtverhältnisse es dem Kaiser verboten, seine Ansprüche ernsthaft durchzusetzen, weil es ihm schwer genug fiel, sich in den eigenen Landen zu behaupten.

Einen wesentlichen Anteil an der Verbreitung römischen Rechtsgutes und römischen Rechtsdenkens in Deutschland hatte übrigens auch die katholische Kirche. Da der Arm des Bischofs dem verurteilten Schuldner gegenüber wesentlich weiter reichte als der der weltlichen Obrigkeit, deren Machtbereich in dem zerrissenen Heiligen Römischen Reich Deutscher

Nation oft nur allzu klein war, riefen auch Laien nicht selten das geistliche Gericht an, zumal dort die Prozeßkosten niedriger lagen und die Erledigung wesentlich schneller vor sich ging. Man nahm es dabei in Kauf, daß nach römischen Prinzipien (in dem oben erklärten modernisierten Sinne) geurteilt wurde. Wenn Kleriker an einer privatrechtlichen Streitigkeit beteiligt waren, kam der Fall ohnehin vor das geistliche Gericht, das außerdem z. B. alle Fälle an sich zog, in denen ein Eid eine Rolle spielte oder das Verhalten einer Partei als „Sünde" klassifiziert werden konnte.

Insgesamt erfolgte die Rezeption des römischen Rechts in Deutschland jedoch wesentlich später als in Frankreich und Italien, sie wurde gehemmt durch die feudale Zersplitterung, das Überwiegen der zentrifugalen Kräfte. Wir sprechen in Deutschland vom Gemeinen (d. h. allgemeinen) Recht im Gegensatz zu den Partikularrechten, die stärker vom altdeutschen Recht beeinflußt waren. Das von der Zentralgewalt gestützte Gemeine Recht hatte eine fortschrittliche Funktion, denn „die weitere geschichtliche Entwicklung des Eigentums konnte nur darin bestehen, daß es sich, wie auch geschehen, zum reinen Privateigentum fortbildete. Diese Entwicklung mußte aber einen mächtigen Hebel finden im römischen Recht, das alles das schon fertig enthielt" (Engels).

Aber, wie gesagt, es gelang den deutschen Kaisern nur ungenügend, sich den Partikulargewalten gegenüber durchzusetzen. Das Ergebnis des Bauernkrieges, der frühbürgerlichen Revolution in Deutschland, war eine Stärkung der Stellung der Landesfürsten, und durch den Dreißigjährigen Krieg wurde das Land ökonomisch nochmals zurückgeworfen, so daß die Entstehung eines starken Bürgertums immer wieder gehemmt wurde. Das hatte auch auf die Entwicklung einer der Bourgeoisie gemäßen Rechtsordnung hemmende Auswirkungen. Als in Frankreich die konsequente Weiterentwicklung des Rechts zu einem Recht der Bourgeoisie im Code Napoléon erfolgte, profitierten davon Teile Süd- und Westdeutschlands wenigstens zeitweise – zu einem entsprechenden Versuch aus eigenen Kräften fehlten alle Vorbedingungen.

Schließlich setzten sich aber auch in Deutschland die zwingenden Bedürfnisse der kapitalistischen Wirtschaft durch; 1896 wurde das Bürgerliche Gesetzbuch geschaffen, übrigens unter Rückgriff auf eine ganze Reihe von Kategorien des römischen Rechts.

Inzwischen war bereits die Wissenschaft vom römischen Recht in seiner ursprünglichen Form und seiner Entwicklung innerhalb der Geschichte der Sklavenhaltergesellschaft – die Romanistik – entstanden. Als ihren Begründer kann man Friedrich Karl von Savigny (1779–1861) bezeichnen, der das römische Recht, zunächst einmal das Justinianische, aus dem darum angewachsenen neuzeitlichen Pandektenrecht (usus modernus Pandectarum) herausschälte, d. h. aus der Anwendung römischer Rechtssätze auf zeitgenössische Verhältnisse seit dem Mittelalter. Savigny war seinen Anschauungen nach aber eher feudal als bürgerlich, er stand als preußischer Minister der Revolution von 1848 ablehnend gegenüber, wenn er auch die Exzesse der Reaktion mißbilligte. Entsprechend erkannte er zwar eine Entwicklung des Rechtes, hielt sie aber für rein evolutionär. Er schrieb dem absolut gesehenen „Recht" eine Art pflanzenmäßigen Wachstums zu, genährt bestenfalls von einem „Volksgeist". Rudolf von Jhering (1818–1892), der temperamentvolle Autor der vielgelesenen Schrift „Kampf ums Recht", erkannte die Dialektik von Gesellschafts- und Rechtsentwicklung – für die Vergangenheit! – bereits ganz deutlich und sprach klar aus, daß jeder Fortschritt auf rechtlichem Gebiet in harten Kämpfen den Mächten des Gestern habe abgerungen werden müssen. Vor den Bestrebungen der Arbeiterklasse, nunmehr ihren Interessen einen Niederschlag im Recht zu verschaffen, hört sein Verständnis dann ganz unvermittelt auf, so daß an diesem Beispiel Größe und Begrenzung der bürgerlichen historischen Rechtswissenschaft einmal eminent deutlich werden.

Wir übergehen viele berühmte Namen des 19. Jahrhunderts – nach Deutschland wurde verständlicherweise Italien zu einem geradezu klassischen Lande der Romanistik – und weisen nur ganz kurz auf den erbitterten Streit zwischen „Germanisten" und „Romanisten" in Deutschland hin, der Interesse weit über die Grenzen der Gelehrtenwelt hinaus erregte und in den, besonders in sogenannten populärwissenschaftlichen Artikeln, viel nationalistisches Vorurteil einfloß. Die Vertreter eines Primats des „deutschen Rechts", das vom römischen Recht „überfremdet" worden sei, beantworteten die Frage nicht, stellten sie kaum, unter welchen ökonomischen Bedingungen die von ihnen so gepriesenen bäuerlichen Weistümer ihre Berechtigung gehabt hatten und welche ganz besonderen gesellschaftlichen Entwicklungen es in England (aber nicht in Schottland) ermöglichten, daß ein germanisches Recht so weitergebildet wurde, daß es kapitalistischen Bedingungen entsprach. Ein absoluter Tiefpunkt in dieser Hinsicht war erreicht, als die „deutschrechtliche Richtung" in der Zeit der faschistischen Diktatur den Lehrbetrieb an den deutschen Universitäten völlig beherrschte. Das römische Recht wurde aus der Lehre verbannt. Eine Anzahl bedeutender bürgerlicher Gelehrter mußte emigrieren, darunter der Heidelberger Professor Ernst Levy und der polnische Romanist Rafael Taubenschlag aus Kraków.

Nach dem Zusammenbruch des Faschismus stand vor der jungen sozialistischen Staats- und Rechtswissenschaft der DDR eine fast unübersehbare Fülle brennendster aktueller Aufgaben im Zusammenhang mit dem Aufbau eines neuen, antifaschistisch-demokratischen und dann sozialistischen Staatswesens, so daß die Probleme der Rechtsgeschichte jahrelang notgedrungen in den Hintergrund treten mußten. Erst seit etwa fünfzehn Jahren beginnen wir uns dieser Problematik intensiver zuzuwenden – charakteristischerweise nunmehr von der Seite der Alten Geschichte her ebenso wie von der Rechtswissenschaft aus. Wir können dabei auf einen gewissen Vorlauf in anderen sozialistischen Ländern, etwa in der Volksrepublik Ungarn und der Volksrepublik Polen, zurückgreifen.

Unsere Ausgabe soll dazu beitragen, das Interesse für das römische Recht zu wecken, und als eine erste Einführung den Zugang zu dieser Materie erleichtern.

ZWÖLFTAFELGESETZ

TAFEL I

1. Wenn der Kläger vor Gericht lädt, soll der Beklagte gehen. Wenn er nicht geht, soll ein Zeuge zugezogen werden. Dann soll der Kläger ihn ergreifen.

2. Wenn er Ausflüchte macht oder fliehen will, soll der Kläger Hand an ihn legen.

3. Wenn Krankheit oder hohes Alter (am Ausbleiben) schuld sind, soll der Kläger ein Lasttier geben. Wenn der Beklagte das nicht will – einen Wagen mit Verdeck braucht er nicht zu stellen.

4. Für einen Grundeigentümer soll ein Grundeigentümer Vindex sein. Für einen proletarius soll Vindex sein, wer will.

6. Wo sie die Sache gütlich beilegen, soll der Prätor (?) dazu sprechen.

7. Wenn sie es nicht beilegen, sollen sie auf dem Komitium oder auf dem Forum vor dem Mittag den Fall kurz vorbringen. Beide zusammen und persönlich sollen sie kommen und sprechen.

8. Nach dem Mittag soll der Prätor dem Anwesenden den Streitgegenstand zusprechen.

9. Wenn beide anwesend sind, soll der Sonnenuntergang die letzte Frist der Verhandlung bedeuten.

TAFEL II

2. Wenn eine ernste Krankheit oder ein vorher festgelegter Termin mit einem Fremden - - -, wenn eins dieser Dinge für den Privatrichter, den Schiedsmann oder den Beklagten zutrifft, so soll der Termin deshalb verschoben werden.

3. Wem das Zeugnis verweigert worden ist, der soll jeden zweiten Tag vor das Haus (des Zeugen) gehen, um laut Klage zu führen.

TAFEL III

1. Für eine anerkannte Schuld und bei gerichtlich zugesprochenen Schulden sollen 30 Tage Erfüllungsfrist rechtens sein.

2. Danach soll das Handanlegen gestattet sein. Den Schuldner soll er vor Gericht führen.

3. Wenn (der Schuldner) das Urteil nicht erfüllt oder niemand für ihn Vindex wird, so soll er ihn mit sich führen; er soll ihn fesseln mit einer Schnur oder mit Fußfesseln von 15 Pfund Gewicht, nicht mehr – wenn er will, weniger.

4. Wenn er will, soll er vom Eigenen leben. Wenn er nicht vom Eigenen lebt, soll der, der ihn gefesselt hält, ein Pfund Speltweizen pro Tag geben. Wenn er will, soll er mehr geben.

6. Am dritten Markttag (nundinae) sollen sie Teile von ihm schneiden. Wenn sie zu viel oder zu wenig abschneiden, soll das nicht als Betrug gerechnet werden.

7. Gegen einen Fremden soll ewige Gültigkeit des Rechtsanspruchs bestehen.

TAFEL IV

2. Wenn der Vater den Sohn dreimal verkauft hat, so soll der Sohn von der Gewalt des Vaters frei werden.

TAFEL V

3. Wie einer verfügt hat in Hinsicht auf sein Vermögen oder die Vormundschaft über seine Sache, so soll es rechtens sein.

4. Wenn ohne Testament stirbt, wer einen unmittelbaren Erben nicht hat, so soll der nächste Agnat den Nachlaß (familia) haben.

5. Wenn kein Agnat vorhanden ist, so sollen die Gentilgenossen den Nachlaß haben.

7a. Wenn einer geisteskrank ist, so sollen die Agnaten und Gentilgenossen über ihn und sein Vermögen die Gewalt haben.

TAFEL VI

1. Wenn einer eine Verbindlichkeit (nexum) eingeht oder etwas manzipiert, soll es so rechtens sein, wie er mündlich feierlich versprochen hat.

7. Einen gemeinsamen Balken in Gebäuden oder einem Weingarten, der fortlaufend stützt, soll man nicht herauslösen.

TAFEL VII

7. Den Weg sollen sie instand halten. Wenn sie ihn nicht geschottert haben, soll man das Zugvieh treiben oder mit ihm fahren, wo man will.

TAFEL VIII

1. Wer ein Schmähgedicht gesungen hat, - - -

2. Wenn er ein Glied verstümmelt hat, soll Talion gelten, falls er sich nicht mit dem Geschädigten gütlich einigt.

3. Wenn einer mit der Hand oder dem Knüppel einem Freien den Knochen gebrochen hat, soll er eine Strafe von 300 As zahlen, wenn einem Sklaven, eine von 150 As.

4. Wenn er eine Beleidigung (iniuria) verübt hat, sollen 25 As die Strafe sein.

8a. Wer Früchte aus dem Feld beschworen hat, - - -

8b. - - - und du nicht fremde Saat durch Zauberei an dich herübergezogen hast, - - -

12. Wenn einer nachts einen Diebstahl (furtum) begangen hat und wenn der Geschädigte ihn erschlagen hat, so soll er mit Recht erschlagen sein.

13. Bei Tag - - -, wenn er sich mit der Waffe verteidigt, - - - und der Geschädigte soll Leute zusammenrufen.

16. Wenn er klagt wegen eines Diebstahls, der nicht offenkundig (nec manifestum) ist, soll der Schuldige den Schaden durch Zahlung des Doppelten gutmachen.

21. Wenn der Patron den Klienten betrügt, so soll er sacer sein.

22. Wer sich hat als Zeugen anrufen lassen oder Waagehalter gewesen ist, soll ehrlos sein und nicht mehr zeugnisfähig, wenn er sich weigert, Zeugnis abzulegen.

24a. Wenn das Geschoß jemandem mehr aus der Hand geglitten als absichtlich geschleudert ist, ⟨wird ein Sühnebock gestellt.⟩

TAFEL IX

[*Kein Gesetz im Wortlaut erhalten.*]

TAFEL X

1. Einen Toten soll man innerhalb der Stadt weder begraben noch verbrennen.

2. - - - mehr als das darf er nicht tun, das Scheiterhaufenholz darf er mit der Axt nicht glätten.

4. Die Frauen sollen ihre Wangen nicht zerkratzen, und sie sollen kein Klagegeschrei beim Leichenbegängnis anstimmen.

5a. Von einem Toten soll man nicht die Gebeine sammeln, um dann noch ein Leichenbegängnis zu halten.

7. Wer einen Ehrenkranz selber oder durch sein Vermögen ehrenhalber oder durch besondere Tüchtigkeit erworben hat, dem wird er beigegeben.

8. - - - und Gold soll er nicht ins Grab geben. Aber wenn jemandem die Zähne mit Gold befestigt sind, so soll es ohne Schaden sein, wenn man ihn mit diesem Gold begräbt oder verbrennt.

TAFEL XI

[*Kein Gesetz im Wortlaut erhalten.*]

TAFEL XII

2a. Wenn ein Sklave einen Diebstahl begangen oder einen Schaden angerichtet hat, - - -

3. Wenn er zu Unrecht die vindiciae erhalten hat, so soll der Prätor, wenn der Gegner will, drei Schiedsleute geben, und nach deren Urteil soll - - - durch Verdoppelung des Ertrages den Schaden gutmachen.

GAIUS

INSTITUTIONEN

ERSTES BUCH

[RECHTSNORMEN UND RECHTSQUELLEN]

1. Alle Völker, die durch Gesetze oder Gewohnheiten geleitet werden, befolgen teilweise ihr eigenes, teilweise das allen Menschen gemeinsame Recht. Denn das Recht, das ein Volk sich selber gibt, ist ihm allein eigen und heißt ius civile, das bedeutet etwa: das einem Staat (civitas) eigentümliche Recht; das Recht aber, das die natürliche Vernunft unter allen Menschen begründet, wird in völlig gleicher Weise bei allen Völkern befolgt und heißt ius gentium, das bedeutet etwa: das Recht, das alle Völker befolgen. Das römische Volk befolgt also teilweise sein eigenes, teilweise das gemeinsame Recht aller Menschen. Wie sich das im einzelnen verhält, werde ich von Fall zu Fall darlegen.

2. Die Rechtsvorschriften des römischen Volkes bestehen aber aus Gesetzen, Volksbeschlüssen, Senatsbeschlüssen, kaiserlichen Erlassen, Edikten derer, die das Recht haben, Edikte zu erlassen, und den Auskünften der Rechtsgelehrten.

3. Ein Gesetz (lex) ist Befehl und Verfügung des populus. Ein Volksbeschluß (plebiscitum) ist Befehl und Verfügung der Plebs. Plebs und populus unterscheiden sich aber dadurch, daß mit dem Wort populus sämtliche römischen Bürger unter Einschluß der Patrizier bezeichnet werden, mit dem Wort Plebs aber die übrigen Bürger mit Ausnahme der Patrizier. Daher sagten in früheren Zeiten die Patrizier, Volksbeschlüsse gälten nicht für sie, da sie ohne ihre Genehmigung zustande gekommen seien. Aber später wurde die Lex Hortensia erlassen, die bestimmte, daß Volksbeschlüsse für den gesamten populus gelten sollten. Auf diese Weise wurden sie also den Gesetzen gleichgestellt.

4. Ein Senatsbeschluß (senatus consultum) ist Befehl und Verfügung des Senats. Er hat Gesetzeskraft, wenn das auch angezweifelt worden ist. 5. Ein kaiserlicher Erlaß (constitutio principis) ist alles, was ein Kaiser durch Dekret (decretum),

d. h. mündlich verkündete Entscheidung, Edikt oder Schreiben (epistula) anordnet, und man hat nie daran gezweifelt, daß er Gesetzeskraft hat, da der Kaiser selbst die höchste Staatsgewalt durch ein Gesetz empfängt. 6. Das Recht, ein Edikt zu erlassen, haben die Magistrate des römischen Volkes. Aber am bedeutungsvollsten ist das Recht in den Edikten der beiden Prätoren, des Stadtprätors und des Fremdenprätors – in den Provinzen haben die Statthalter entsprechende Befugnisse in der Rechtspflege –, und in den Edikten der kurulischen Ädilen – in den senatorischen Provinzen haben die Quästoren die entsprechenden Befugnisse in der Rechtspflege; in die kaiserlichen Provinzen werden nämlich überhaupt keine Quästoren entsandt, daher wird dies Edikt dort nicht erlassen. 7. Die Auskünfte der Rechtsgelehrten (responsa prudentium) sind Ansichten und Meinungen derjenigen, die die kaiserliche Genehmigung haben, Rechtssätze zu schaffen. Wenn ihre Ansichten übereinstimmen, so hat das, was sie sagen, Gesetzeskraft. Wenn sie aber uneinig sind, hat der Richter die Wahl, welcher Ansicht er sich anschließen will. Das steht in einem Reskript des verstorbenen Kaisers Hadrian.

8. Alle Rechtsnormen, die wir anwenden, beziehen sich entweder auf Personen oder auf Sachen oder auf Rechtshandlungen. Zuerst wollen wir die Personen betrachten.

[PERSONENRECHT: EINTEILUNG DER PERSONEN]

9. Und zwar besteht die Haupteinteilung im Hinblick auf die Rechtsstellung der Personen darin, daß alle Menschen entweder frei sind oder Sklaven. 10. Von den Freien sind wieder die einen ingenui, die anderen libertini. 11. Ingenui sind alle, die freigeboren sind, libertini diejenigen, die aus rechtmäßiger Sklaverei freigelassen sind. 12. Von den Freigelassenen gibt es wieder drei Kategorien; denn sie sind entweder römische Bürger oder Latiner oder rechnen zu den dediticii. Diese Gruppen wollen wir im einzelnen betrachten; zuerst die dediticii.

[DEDITICII]

13. Und zwar bestimmt die Lex Aelia Sentia, daß Sklaven, die von ihrem Herrn zur Strafe in Ketten gelegt oder gebrandmarkt oder wegen eines Vergehens unter der Folter verhört und dabei überführt worden sind oder die zur Strafe zum Kampf gegen Menschen oder wilde Tiere in der Arena ausgeliefert oder in die Gladiatorenschule gegeben oder ins Gefängnis geworfen worden sind, nur Freie in der gleichen Rechtsstellung wie die peregrini dediticii werden, wenn sie später vom gleichen oder von einem anderen Herrn freigelassen werden.

14. Peregrini dediticii heißen aber diejenigen, die in der Vergangenheit die Waffen gegen das römische Volk erhoben und sich dann, besiegt, auf Gnade und Ungnade ergeben haben. 15. Wir wollen also feststellen, daß Sklaven, die eine solche entehrende Strafe erlitten haben, niemals – auf welche Art und in welchem Alter sie auch freigelassen sein mögen, und selbst wenn sie mit umfassendstem Recht Eigentum ihres Herrn waren – römische Bürger oder Latiner werden; wir werden sie vielmehr in jedem Fall als zu den dediticii gehörig betrachten.

[FREILASSUNG ALS LATINER ODER RÖMISCHER BÜRGER]

16. Wenn aber ein Sklave keine derartige entehrende Strafe erlitten hat, so wird er bei seiner Freilassung entweder römischer Bürger oder Latiner. 17. Denn wenn in seiner Person die folgenden drei Bedingungen zusammentreffen, daß er älter als dreißig Jahre ist, daß er quiritisches Eigentum seines Herrn ist und daß er durch eine rechtmäßige und gesetzliche Form der Freilassung (manumissio) die Freiheit erhält, d. h. durch Berühren mit der vindicta, durch Eintragung in die Bürgerliste oder durch Testament, so wird er römischer Bürger, wenn aber eine der Bedingungen nicht zutrifft, so wird er Latiner.

18. Die Forderung im Hinblick auf das Alter des Sklaven wurde durch die Lex Aelia Sentia eingeführt. Denn dies Gesetz

legte fest, daß Sklaven, die jünger wären als dreißig Jahre, nur dann nach ihrer Freilassung römische Bürger werden sollten, wenn sie durch Berühren mit der vindicta freigelassen würden, nachdem zuvor ein rechtmäßiger Grund für ihre Freilassung vor einem Beirat nachgewiesen wäre. 19. Ein rechtmäßiger Grund zur Freilassung liegt z. B. vor, wenn jemand seinen leiblichen Sohn oder seine leibliche Tochter, seinen leiblichen Bruder oder seine leibliche Schwester, sein Pflegekind oder den Erzieher seiner Kinder oder einen Sklaven, den er als Bevollmächtigten (procurator) haben will, oder eine Sklavin, die er heiraten will, vor dem Beirat freiläßt.

20. In der Stadt Rom wird ein Beirat aus je fünf römischen Senatoren und Rittern, die mündig sein müssen, hinzugezogen, in den Provinzen einer aus zwanzig Rekuperatoren, die römische Bürger sind. In den Provinzen geschieht es am jeweils letzten Tag der periodischen Gerichtssitzungen, aber in Rom finden Freilassungen vor dem Beirat an bestimmten Tagen statt. Dagegen ist es üblich, Sklaven, die älter sind als dreißig Jahre, zu beliebiger Zeit freizulassen, ja sogar „im Vorübergehen“ finden Freilassungen statt, zum Beispiel wenn der Prätor oder der Prokonsul auf dem Weg ins Bad oder ins Theater ist. 21. Außerdem kann ein noch nicht dreißigjähriger Sklave bei seiner Freilassung römischer Bürger werden, wenn sein zahlungsunfähiger Herr ihn im Testament zum Erben einsetzt und gleichzeitig freiläßt. - - - 22. - - - Menschen heißen Junianische Latiner; Latiner deshalb, weil sie rechtlich den Koloniallatinern angeglichen sind, Junianisch deshalb, weil sie nach der Lex Iunia die Freiheit erhalten, während sie früher als Sklaven galten.

23. Die Lex Iunia gestattet jedoch nicht, daß sie selbst ein Testament machen, in einem Testament bedacht oder testamentarisch zum Vormund eingesetzt werden. 24. Wenn ich aber gesagt habe, daß sie nicht in einem Testament bedacht werden können, so ist das so zu verstehen, daß sie nicht direkt als Erbe oder Empfänger eines Vermächtnisses eingesetzt werden können; indirekt, durch ein fideïcommissum, können sie bedacht werden. 25. Diejenigen aber, die zu den dediticii zählen, können auf keine Art testamentarisch bedacht werden,

ebensowenig wie ein Peregrine, und sie können auch selbst kein Testament machen; das ist jedenfalls die gängigste Ansicht. 26. Am wenigsten wert ist also die Freiheit derer, die zu den dediticii zählen, und weder durch ein Gesetz noch durch einen Senatsbeschluß noch durch einen kaiserlichen Erlaß wird ihnen ein Zugang zum römischen Bürgerrecht eröffnet. 27. Außerdem ist es ihnen verboten, sich in Rom oder innerhalb eines Umkreises von 100 Meilen von Rom aufzuhalten, und wenn sie gegen dies Verbot verstoßen, so sollen sie selbst samt ihrem Vermögen öffentlich versteigert werden unter der Bedingung, daß sie weder in Rom noch innerhalb eines Umkreises von 100 Meilen von Rom als Sklaven arbeiten noch jemals wieder freigelassen werden dürfen; wenn sie aber doch freigelassen werden, so sollen sie Staatssklaven werden. Auch diese Bestimmungen sind in der Lex Aelia Sentia enthalten.

[ERWERB DES BÜRGERRECHTS]

28. Latiner dagegen können auf vielerlei Weise zum römischen Bürgerrecht gelangen. 29. Nehmen wir gleich die Lex Aelia Sentia: Wenn ein Mann, der im Alter von weniger als dreißig Jahren freigelassen und Latiner geworden war, eine römische Bürgerin oder eine Koloniallatinerin oder eine Frau in der gleichen Rechtsstellung wie er selbst geheiratet hat und die Eheschließung von nicht weniger als sieben volljährigen römischen Bürgern als Zeugen hat bestätigen lassen und wenn er einen Sohn gezeugt hat, so gibt ihm dies Gesetz, sobald der Sohn ein Jahr alt ist, das Recht, zum Prätor oder in den Provinzen zum Statthalter zu gehen und nachzuweisen, daß er eine Frau gemäß der Lex Aelia Sentia geheiratet und von ihr einen einjährigen Sohn hat. Und wenn derjenige, vor dem der Nachweis geführt wird, die Sache bestätigt, dann sollen der Latiner selbst und seine Frau, falls auch sie die gleiche Rechtsstellung hat, und der Sohn, falls auch er die gleiche Rechtsstellung hat, römische Bürger werden. 30. Ich habe aber in bezug auf den Sohn deshalb die Worte „falls auch er die gleiche Rechtsstellung hat“ hinzugesetzt, weil das Kind nach einem vor kurzem

auf Veranlassung des verstorbenen Kaisers Hadrian gefaßten Senatsbeschluß als römischer Bürger geboren wird, falls die Ehefrau eines Latiners römische Bürgerin ist.

31. Zwar hatten nach der Lex Aelia Sentia nur diejenigen, die im Alter von weniger als dreißig Jahren freigelassen und Latiner geworden waren, dies Vorrecht, das römische Bürgerrecht zu erwerben, jedoch ist es später durch einen Senatsbeschluß, der während des Konsulats von Pegasus und Pusio gefaßt wurde, auch denen zugestanden worden, die im Alter von über dreißig Jahren freigelassen und Latiner geworden sind.

32. Übrigens: selbst wenn der Latiner stirbt, bevor er den Nachweis wegen seines einjährigen Sohnes erbringen kann, so kann die Mutter für ihn den Nachweis erbringen, und auf diese Weise wird sie selbst römische Bürgerin, wenn sie Latinerin gewesen ist. - - - auch wenn der Sohn bereits römischer Bürger ist, weil seine Mutter römische Bürgerin ist, muß sie doch den Nachweis erbringen, damit er seines Vaters unmittelbarer Erbe (suus heres) wird. 32a. Was ich aber von einem einjährigen Sohn gesagt habe, ⟨soll auch von einer einjährigen Tochter gelten.⟩ 32b. ⟨Übrigens erlangen nach der Lex Visellia Freigelassene, die Latiner geworden sind, quiritisches Recht, gleich ob sie bei der Freilassung unter oder über dreißig Jahre alt waren,⟩ d. h., sie werden römische Bürger, wenn sie sechs Jahre in Rom bei der Schutz- und Löschtruppe (vigiles) gedient haben. Später soll noch ein Senatsbeschluß gefaßt worden sein, der ihnen nach dreijähriger Dienstzeit das römische Bürgerrecht zuspricht. 32c. Ebenso erhalten nach einem Edikt des Kaisers Claudius Latiner quiritisches Recht, wenn sie ein seetüchtiges Schiff gebaut haben, das mindestens 10000 modii Getreide faßt, und wenn dieses Schiff oder eines, welches das erste ersetzt, sechs Jahre Getreide nach Rom transportiert hat. 33. Außerdem ist von Kaiser Nero verordnet worden, daß ein Latiner, der ein Vermögen von 200000 Sesterzen oder mehr hat, quiritisches Recht erhalten soll, wenn er in Rom ein Haus gebaut hat, das ihn mindestens die Hälfte seines Vermögens kostet. 34. Schließlich hat der Kaiser Trajan angeordnet, daß ein Latiner zu quiritischem Recht kommen soll, wenn er in der

Stadt Rom drei Jahre lang eine Mühle betrieben hat, die täglich mindestens 100 modii ⟨Getreide mahlt.⟩ - - - 35. Außerdem können diejenigen, die im Alter von mehr als dreißig Jahren freigelassen und Latiner geworden sind, ⟨durch eine Wiederholung des Freilassungsaktes⟩ quiritisches Recht erhalten ⟨wie diejenigen, die im Alter von weniger als dreißig Jahren freigelassen sind, bei Erreichung des dreißigsten Jahres. Wenn ein Junianischer Latiner von seinem quiritischen Eigentümer⟩ durch Berührung mit der vindicta, durch Eintragung in die Bürgerliste oder durch Testament ⟨nochmals⟩ freigelassen wird, so wird er römischer Bürger und Freigelassener desjenigen, der die zweite Freilassung durchgeführt hat. Also: wenn ein Sklave dein bonitarisches, aber mein quiritisches Eigentum ist, so kannst du ihn ohne meine Mitwirkung durch Freilassung zum Latiner machen, wiederholt kann die Freilassung aber nur von mir werden, nicht von dir, und dadurch wird er mein Freigelassener. Aber auch wenn er auf eine der anderen Arten quiritisches Recht erhalten hat, wird er mein Freigelassener. Dir aber fällt das Besitzrecht an dem Vermögen zu, das er bei seinem Tode hinterläßt, ganz gleich, auf welche Weise er das quiritische Recht erhalten hat. Wenn der Sklave aber bonitarisches und quiritisches Eigentum *eines* Herrn ist, so kann er natürlich sowohl Latiner werden als auch quiritisches Recht erhalten, wenn er von diesem freigelassen wird.

[FREILASSUNGSBESCHRÄNKUNGEN]

36. ⟨Jedoch nicht jeder, der Lust hat, darf eine Freilassung vornehmen. 37. Denn wer⟩ freiläßt, um seine Gläubiger oder seinen Patron zu betrügen, handelt ohne rechtliche Wirkung, da die Lex Aelia Sentia in diesem Fall der Freigabe entgegensteht. 38. Ebenso darf nach dem gleichen Gesetz ein Eigentümer, der noch nicht zwanzig Jahre alt ist, nur durch Berührung mit der vindicta freilassen, und zwar wenn vor dem Beirat der rechtmäßige Grund der Freilassung nachgewiesen ist. 39. Rechtmäßige Gründe für eine Freilassung liegen z. B. vor, wenn jemand seinen Vater, seine Mutter, seinen Erzieher oder

einen Pflegebruder freiläßt. Aber auch die Gründe, die ich weiter oben für einen Sklaven, der jünger als dreißig Jahre ist, aufgeführt habe, können im vorliegenden Fall herangezogen werden. Ebenso können umgekehrt die Gründe, die ich bei dem noch nicht zwanzig Jahre alten Eigentümer angegeben habe, auch auf den unter dreißig Jahre alten Sklaven ausgedehnt werden. 40. Da also für diejenigen Eigentümer, die noch nicht zwanzig Jahre alt sind, durch die Lex Aelia Sentia eine bestimmte Art der Freilassung festgelegt ist, ergibt es sich, daß jemand, der das vierzehnte Lebensjahr vollendet hat, zwar ein Testament machen und darin einen Erben einsetzen und Vermächtnisse aussetzen kann, aber, wenn er noch nicht zwanzig Jahre alt ist, keinem Sklaven auf diesem Wege die Freiheit schenken darf. 41. Und wenn ein Eigentümer, der noch nicht zwanzig Jahre alt ist, einen Sklaven auch nur zum Latiner machen will, so muß er trotzdem die Berechtigung der Freilassung vor dem Beirat nachweisen, und erst dann kann er ihn formlos unter Freunden freilassen.

42. Außerdem ist durch die Lex Fufia Caninia eine bestimmte Begrenzung für die testamentarische Freilassung von Sklaven festgesetzt worden. 43. Denn wer mehr als zwei und nicht mehr als zehn Sklaven hat, darf bis zur Hälfte von ihnen freilassen; wer aber mehr als zehn und nicht mehr als dreißig Sklaven hat, darf bis zu einem Drittel davon freilassen; aber wer über dreißig und nicht mehr als hundert hat, erhält die Möglichkeit, bis zu einem Viertel davon freizulassen. Wer endlich über hundert und nicht mehr als fünfhundert hat, darf nicht mehr als ein Fünftel freilassen, und wer mehr als fünfhundert hat, darf auch nicht mehr freilassen, sondern das Gesetz schreibt vor, daß es niemandem erlaubt sein soll, mehr als hundert freizulassen. Wenn aber jemand überhaupt nur einen oder zwei Sklaven hat, so fällt er nicht unter das Gesetz und hat also vollkommen freie Hand bei der Freilassung. 44. Auch diejenigen, die ohne Testament freilassen, fallen überhaupt nicht unter das Gesetz; wer also durch Berührung mit der vindicta, durch Eintragung in die Bürgerliste oder formlos, unter Freunden freiläßt, kann seinen Sklaven samt und sonders die Freiheit schenken – natürlich nur, wenn der Freigabe kein Hinde-

rungsgrund entgegensteht. 45. Was ich aber von der Zahl der Sklaven, die testamentarisch freigelassen werden dürfen, gesagt habe, ist so zu verstehen, daß von der Anzahl, von der die Hälfte, ein Drittel, ein Viertel, ein Fünftel freigelassen werden kann, immer mindestens so viele freigegeben werden dürfen, wie bei der nächstniedrigeren Zahl erlaubt gewesen wäre. Und das ist in dem Gesetz selbst festgelegt: es wäre ja vollkommen widersinnig, wenn der Besitzer von zehn Sklaven fünf die Freiheit schenken dürfte, weil ihm erlaubt ist, bis zur Hälfte dieser Anzahl freizulassen, jemand, der zwölf Sklaven hätte, dürfte aber nur vier freilassen – vielmehr dürfen diejenigen, die mehr als zehn und ⟨weniger als fünfzehn haben, weiterhin fünf freilassen, obgleich das mehr als ein Drittel der tatsächlichen Anzahl ist.⟩ - - -

46. Denn wenn auch im Testament die Namen der Sklaven, die freigelassen werden sollen, kreisförmig angeordnet sind, wird keiner von ihnen frei, weil keine Rangfolge der Freilassung zu erkennen ist; denn die Lex Fufia Caninia hebt alles auf, was getan ist, um sie zu umgehen. Es gibt sogar besondere Senatsbeschlüsse, durch die alles für ungültig erklärt wird, was zur Umgehung dieses Gesetzes ersonnen wurde.

47. Überhaupt muß man wissen, daß die Bestimmung der Lex Aelia Sentia, nach der eine Freilassung zum Zwecke des Betruges an den Gläubigern unwirksam ist, auch für Peregrinen gilt – das hat der Senat auf Veranlassung des Kaisers Hadrian beschlossen –, während die übrigen Bestimmungen dieses Gesetzes für die Peregrinen nicht gelten.

[RECHTLICH SELBSTÄNDIGE UND ABHÄNGIGE PERSONEN]

48. Es folgt eine weitere Einteilung des Personenrechts. Manche Personen sind nämlich rechtlich selbständig (sui iuris), andere stehen in einem Abhängigkeitsverhältnis. 49. Von den Personen, die in einem Abhängigkeitsverhältnis stehen, unterstehen wieder die einen der Gewalt (potestas), andere sind in der manus, andere im mancipium eines anderen.

50. Betrachten wir zunächst diejenigen, die in einem Abhängigkeitsverhältnis stehen. Wenn wir wissen, wer zu diesem Personenkreis gehört, so wissen wir gleichzeitig, wer rechtlich selbständig ist. 51. Und zuerst wollen wir diejenigen betrachten, die der Gewalt eines anderen unterstehen.

[GEWALT]

52. Sklaven unterstehen der Gewalt (potestas) ihres Herrn. Diese Gewalt ist eine Erscheinung des ius gentium, denn wir können bei allen Völkern einheitlich feststellen, daß die Herren ihren Sklaven gegenüber Gewalt über Leben und Tod haben; und was durch einen Sklaven erworben wird, das wird für den Herrn erworben.

53. Aber heutzutage dürfen weder römische Bürger noch andere Menschen, die unter der Herrschaft des römischen Volkes leben, Sklaven übermäßig und ohne Grund mißhandeln. Denn nach einem Erlaß unseres zu den Göttern erhobenen Kaisers Antoninus Pius soll derjenige, der ohne Grund seinen eigenen Sklaven getötet hat, ebenso zur Verantwortung gezogen werden wie jemand, der einen fremden Sklaven getötet hat. Aber auch schon allzu große Härte der Herren wird durch einen Erlaß des gleichen Herrschers unter Strafe gestellt: denn auf die Frage einiger Provinzstatthalter, was mit Sklaven geschehen solle, die sich zu den Tempeln der Götter oder zu den Standbildern der Kaiser flüchteten, befahl er, daß die Eigentümer gezwungen werden sollten, die Sklaven zu verkaufen, wenn ihre Roheit unerträglich erscheine. Und beides geschieht zu Recht: mißbrauchen nämlich dürfen wir unser Recht nicht. Aus diesem Grunde wird auch Verschwendern die Verwaltung ihres Vermögens entzogen.

54. Übrigens: da es bei den römischen Bürgern eine zweifache Form des Eigentums gibt – denn der Sklave kann bonitarisches oder quiritisches Eigentum seines Herrn sein oder beides zugleich –, so werden wir sagen, daß ein Sklave der Gewalt seines Herrn immer dann untersteht, wenn er dessen bonitarisches Eigentum ist, auch wenn er nicht gleichzeitig sein quiriti-

sches Eigentum ist. Denn wer nur das bloße quiritische Eigentum an einem Sklaven hat, gilt nicht als Inhaber der Gewalt.

55. Ebenso unterstehen unsere Kinder, soweit sie in einer rechtlich anerkannten Ehe (iustae nuptiae) gezeugt sind, unserer Gewalt. Dies ist ein den römischen Bürgern eigentümliches Recht. Denn es gibt kaum andere Menschen, die eine derartige Gewalt über ihre Söhne haben wie wir. Darauf spielte der verstorbene Kaiser Hadrian in dem Edikt an, das er im Hinblick auf diejenigen herausgab, die ihn für sich und ihre Kinder um das römische Bürgerrecht baten. Ich übersehe nicht, daß auch nach Ansicht der Galater die Kinder der Gewalt der Eltern unterstehen.

56. ⟨Also haben römische Bürger ihre Kinder in ihrer Gewalt,⟩ wenn sie römische Bürgerinnen zur Frau haben oder auch Latinerinnen oder Peregrinen, mit denen sie das conubium haben. Da nämlich die Wirkung des conubiums darin besteht, daß die Kinder in der Rechtsstellung dem Vater folgen, ergibt sich, daß sie nicht nur römische Bürger werden, sondern auch der Gewalt ihres Vaters unterstehen. 57. Daher wird auch gewöhnlich bestimmten Veteranen durch kaiserlichen Erlaß das conubium mit den Latinerinnen oder Peregrinen gewährt, die sie als erste nach ihrer Entlassung aus dem Militärdienst geheiratet haben, und die Kinder aus dieser Ehe werden römische Bürger und unterstehen der Gewalt ihres Vaters.

[EHEHINDERNISSE]

58. ⟨Aber wir dürfen doch nicht jede Frau heiraten,⟩ mit manchen ist uns die Ehe verboten. 59. Zwischen Personen nämlich, die in gerader aufsteigender oder absteigender Linie miteinander verwandt sind oder als so verwandt gelten, können keine Ehen geschlossen werden, und zwischen ihnen gibt es kein conubium, z. B. zwischen Vater und Tochter, Mutter und Sohn, Großvater und Enkelin. Und wenn solche Personen sich verbinden, spricht man von einer frevelhaften und blutschänderischen Ehe, und das geht so weit, daß sie auch dann

keine Ehe eingehen können, wenn ihr verwandtschaftliches Verhältnis nur durch Adoption zustande gekommen ist. Selbst wenn die Adoption aufgehoben wird, bleibt diese Rechtslage bestehen. Also kann ich ein Mädchen, das durch Adoption für mich an die Stelle einer Tochter oder Enkelin getreten ist, selbst dann nicht heiraten, wenn ich sie emanzipiert habe. 60. Auch für die Personen, die in der Seitenlinie verwandt sind, gilt eine ähnliche, aber nicht so strenge Regelung. 61. Zwischen Bruder und Schwester ist die Ehe allerdings verboten, ob sie nun nur den Vater oder die Mutter oder beide Elternteile gemeinsam haben; aber wenn ein Mädchen durch Adoption meine Schwester geworden ist, so kann zwar keine Ehe zwischen uns geschlossen werden, solange die Adoption besteht; wenn aber durch Emanzipation die Adoption aufgehoben ist, kann ich sie heiraten; aber auch wenn ich emanzipiert bin, gibt es kein Ehehindernis mehr. 62. Die Tochter seines Bruders darf man heiraten; diese Anschauung setzte sich durch, als der verstorbene Kaiser Claudius seine Nichte Agrippina heiratete; die Tochter seiner Schwester aber darf man nicht heiraten. Das ist auch so in kaiserlichen Erlassen ausgesprochen. 63. Ebenso ist es nicht erlaubt, die Schwester der Mutter oder des Vaters zu heiraten; auch nicht eine Frau, die einmal meine Schwiegermutter, Schwiegertochter, Stieftochter oder Stiefmutter war. Ich habe aber „einmal war" gesagt, denn wenn die Ehe noch besteht, durch die ein solches Verwandtschaftsverhältnis zustande gekommen ist, kann sie aus einem anderen Grunde nicht meine Frau sein, nämlich weil eine Frau nicht zwei Männer oder ein Mann zwei Frauen haben kann.

64. Wenn daher jemand eine frevelhafte und blutschänderische Ehe geschlossen hat, so ist er, rechtlich gesehen, weder verheiratet, noch hat er Kinder. Und die Kinder, die aus dieser Verbindung hervorgehen, haben juristisch zwar eine Mutter, keinesfalls aber einen Vater; sie unterstehen deshalb auch nicht seiner Gewalt, ebensowenig wie Kinder, die die Mutter in regellosem Geschlechtsverkehr empfangen hat. Denn auch die gelten als vaterlos, da bei ihnen der Vater außerdem noch ungewiß ist. Daher nennt man diese Kinder gewöhnlich

spurii, entweder nach dem griechischen Wort sporádēn (verstreut) oder sozusagen als Verkürzung von „sine patre filii" (Söhne ohne Vater).

[NACHTRÄGLICHER ERWERB DER VÄTERLICHEN GEWALT]

65. ⟨Manchmal aber kommt es vor, daß Kinder, die bei der Geburt nicht sogleich⟩ der väterlichen Gewalt unterstehen, später doch noch dieser Gewalt unterstellt werden. 66. So z. B. wenn ein Latiner nach der Lex Aelia Sentia geheiratet und einen Sohn gezeugt hat, einen Latiner, wenn die Mutter Latinerin, einen römischen Bürger, wenn sie römische Bürgerin war, so wird er ihn zunächst nicht in seiner Gewalt haben, ⟨aber wenn er später den Ehenachweis bringt und das quiritische Recht erhält,⟩ so beginnt er ihn in diesem Augenblick in seiner Gewalt zu haben. 67. Ebenso: wenn ein römischer Bürger aus Unkenntnis eine Latinerin oder eine Peregrine in dem Glauben geheiratet hat, sie sei römische Bürgerin, und einen Sohn gezeugt hat, so untersteht dieser nicht seiner Gewalt, weil er nicht einmal römischer Bürger ist, sondern Latiner oder Peregrine: d. h., er hat die gleiche Rechtsstellung wie seine Mutter, weil nur dann der Sohn dem Vater in der Rechtsstellung folgt, wenn zwischen den Eltern conubium besteht. Aber nach einem Senatsbeschluß ist es erlaubt, den Irrtum gerichtlich nachzuweisen, und so kommen auch seine Frau und sein Sohn zum römischen Bürgerrecht, und von dem Augenblick an beginnt der Sohn der Gewalt des Vaters zu unterstehen. Das gleiche gilt, wenn jemand in Unkenntnis eine Frau geheiratet hat, die zu den dediticii zählt, nur daß die Frau nicht römische Bürgerin wird.

68. Ebenso: wenn eine römische Bürgerin irrtümlicherweise einen Peregrinen geheiratet hat, da sie ihn für einen römischen Bürger hielt, so ist es ihr erlaubt, den Irrtum gerichtlich nachzuweisen, und so gelangen auch ihr Sohn und ihr Ehemann zum römischen Bürgerrecht, und gleichermaßen beginnt damit der Sohn der Gewalt des Vaters zu unterstehen. Das glei-

che gilt, wenn sie einen Peregrinen als einen Latiner nach der Lex Aelia Sentia geheiratet hat, denn auch für diesen Fall wird durch einen Senatsbeschluß besonders vorgesorgt. Entsprechendes gilt, wenn sie jemanden, der zu den dediticii zählt, als einen römischen Bürger oder einen Latiner nach der Lex Aelia Sentia geheiratet hat, nur daß natürlich, wer zu den dediticii zählt, in seiner Rechtsstellung bleibt und daher der Sohn, obgleich er römischer Bürger wird, nicht der Gewalt des Vaters unterstellt wird.

69. Ebenso: wenn eine Latinerin nach der Lex Aelia Sentia einen Peregrinen in dem Glauben geheiratet hat, er sei ein Latiner, kann sie nach einem Senatsbeschluß, wenn ein Sohn geboren ist, den Irrtum gerichtlich nachweisen, und so werden sie alle römische Bürger, und der Sohn beginnt der Gewalt des Vaters zu unterstehen. 70. Dasselbe ist festgelegt, wenn ein Latiner irrtümlicherweise eine Peregrine als Latinerin oder römische Bürgerin nach der Lex Aelia Sentia geheiratet hat. 71. Außerdem darf ein römischer Bürger, der sich für einen Latiner gehalten und deshalb eine Latinerin geheiratet hat, nach der Geburt eines Sohnes den Irrtum gerichtlich nachweisen, als ob er nach der Lex Aelia Sentia geheiratet hätte. Ebenso ist denen, die sich für Peregrinen gehalten haben, obwohl sie römische Bürger waren, und deshalb eine Peregrine geheiratet haben, durch einen Senatsbeschluß gestattet, nach der Geburt eines Sohnes den Irrtum gerichtlich nachzuweisen. Daraufhin wird die Ehefrau römische Bürgerin, und auch der geborene Sohn gelangt nicht nur zum römischen Bürgerrecht, sondern geht auch in die Gewalt des Vaters über. 72. Alles, was ich von einem Sohn gesagt habe, ist auch von einer Tochter zu verstehen. 73. Und was den gerichtlichen Nachweis des Irrtums angeht, so spielt das Alter des Sohnes keine Rolle, ⟨nur wenn der Nachweis von jemand erbracht wird, der glaubte, unter der Lex Aelia Sentia zu heiraten,⟩ so kann der Fall nicht behandelt werden, wenn der Sohn oder die Tochter noch jünger ist als ein Jahr. Ich vergesse nicht, daß es in einem Reskript des verstorbenen Kaisers Hadrian so ausgedrückt ist, als ob bei einem Nachweis des Irrtums ⟨der Sohn ein Jahr alt sein müsse.⟩ - - -

74. Ob der Peregrine, der irrtümlicherweise eine römische Bürgerin geheiratet hat, nach dem Senatsbeschluß die Möglichkeit hat, vor Gericht den Fall darzulegen, ist in Frage gestellt worden. - - - das ist ihm in einem Falle extra bewilligt worden. Aber als ein Peregrine irrtümlicherweise eine römische Bürgerin geheiratet und nach der Geburt eines Sohnes auf andere Weise das römische Bürgerrecht erhalten hatte, reskribierte der Kaiser Antoninus, daß es ihm ebenso freistünde, vor Gericht den Fall darzulegen, als ob er Peregrine geblieben wäre. Daraus schließe ich, daß auch der Peregrine den Fall vor Gericht darlegen darf. 75. Aus dem Gesagten geht hervor, daß das Kind aus einer Ehe zwischen einem römischen Bürger und einer Peregrinen ebenso wie das aus einer Ehe zwischen einem Peregrinen und einer römischen Bürgerin selbst Peregrine ist, daß aber dieser Mangel nach dem Senatsbeschluß, wie ich es oben erläutert habe, behoben werden kann, wenn eine solche Ehe unter irrtümlichen Voraussetzungen geschlossen worden ist. Wenn aber kein Irrtum vorlag, ⟨sondern⟩ sie in voller Kenntnis ihrer Rechtsstellung die Verbindung eingegangen sind, so wird der Mangel einer solchen Ehe in keinem Fall aufgehoben. 76. Wir sprechen aber natürlich von denen, zwischen denen kein conubium besteht. Denn sonst, wenn ein römischer Bürger eine Peregrine, mit der er conubium hat, heiratet, wird, wie ich auch oben gesagt habe, eine rechtlich anerkannte Ehe geschlossen, und der Sohn dieser Eheleute ist römischer Bürger und untersteht der Gewalt seines Vaters.

[BESONDERE FÄLLE]

77. Wenn daher eine römische Bürgerin einen Peregrinen heiratet, mit dem sie conubium hat, bringt sie natürlich einen Peregrinen zur Welt, und dieser ist der rechtlich anerkannte Sohn seines Vaters, als ob er ihn mit einer Peregrinen gezeugt hätte. Heute ist nach einem Senatsbeschluß, der auf Betreiben des verstorbenen und zu den Göttern erhobenen Kaisers Hadrian zustande gekommen ist, das Kind der rechtlich anerkannte Sohn seines Vaters, selbst wenn kein conubium zwi-

schen der römischen Bürgerin und dem Peregrinen bestanden hat.

78. Wenn ich aber gesagt habe, daß das Kind Peregrine wird, wenn kein conubium zwischen der römischen Bürgerin und dem Peregrinen besteht, so ist das durch die Lex Minicia festgelegt, daß es nämlich in der Rechtsstellung dem schlechter gestellten Elternteil folgt. Wenn andererseits ein römischer Bürger eine Peregrine heiratet, mit der er nicht das conubium hat, so legt das gleiche Gesetz fest, daß aus dieser Verbindung ebenfalls ein Peregrine hervorgehen soll. Und im ersten Fall ist die Lex Minicia besonders nötig, denn ohne dies Gesetz müßte das Kind in seiner Rechtsstellung der anderen Seite folgen, weil nach dem ius gentium das Kind von Personen, zwischen denen kein conubium besteht, die Rechtsstellung der Mutter erhält. Daß das Gesetz aber vorsieht, daß das Kind eines römischen Bürgers und einer Peregrinen selbst Peregrine wird, erscheint überflüssig, denn auch ohne dies Gesetz würde es das nach dem ius gentium ohnehin geworden sein. 79. Diese Regel führt so weit, ⟨daß das Kind eines römischen Bürgers und einer Latinerin als Latiner geboren wird, obgleich die Lex Minicia für diejenigen, die heute Latiner genannt werden, nicht gilt, denn unter der Bezeichnung „Peregrinen" werden in diesem Gesetz nicht nur⟩ fremde Völkerschaften, sondern auch diejenigen erfaßt, die Latiner heißen; das bezieht sich aber auf andere Latiner, nämlich die, welche damals eigene Völker und Gemeinwesen bildeten und zu den Peregrinen gezählt wurden. 80. Nach dem gleichen Prinzip wird andererseits das Kind eines Latiners und einer römischen Bürgerin als römischer Bürger geboren, ob nun die Ehe nach der Lex Aelia Sentia oder anders geschlossen ist. Es gab allerdings auch Juristen, die die Ansicht vertraten, daß das Kind aus einer nach der Lex Aelia Sentia geschlossenen Ehe Latiner sei, weil offensichtlich in diesem Falle durch die Leges Aelia Sentia und Iunia das conubium zwischen den Eltern gewährt werde – und das conubium bewirkt immer, daß das Kind die Rechtsstellung des Vaters erhält –, während es bei einer anders geschlossenen Ehe nach dem ius gentium in seiner Rechtsstellung der Mutter folge und deswegen römischer Bürger werde. Aber wir halten uns an den

in einem Senatsbeschluß auf Anraten des verstorbenen Kaisers Hadrian ausgesprochenen Rechtssatz, daß in jedem Falle das Kind eines Latiners und einer römischen Bürgerin römischer Bürger sein solle. 81. In Übereinstimmung damit legt der erwähnte Senatsbeschluß auf Anraten des verstorbenen und zu den Göttern erhobenen Kaisers Hadrian fest, daß das Kind eines Latiners und einer Peregrinen und ebenso umgekehrt das eines Peregrinen und einer Latinerin in seiner Rechtsstellung der Mutter folgen soll. 82. Auch das stimmt damit überein, daß das Kind einer Sklavin und eines Freien nach dem ius gentium Sklave, dagegen das einer Freien und eines Sklaven freigeboren ist. 83. Aber wir müssen darauf achten, ob nicht ein Gesetz oder eine Verfügung mit Gesetzeskraft die Regel des ius gentium in einem speziellen Falle geändert hat. 84. Z. B. war es nach dem Senatusconsultum Claudianum möglich, daß eine römische Bürgerin, die mit einem fremden Sklaven mit Einwilligung seines Eigentümers zusammen lebte, auf Grund dieser Vereinbarung selbst frei blieb, während ein Kind aus dieser Verbindung Sklave wurde. Denn der Senatsbeschluß bestimmt, daß das, was zwischen ihr und dem Eigentümer dieses Sklaven abgemacht ist, gültig sein soll. Aber später wurde der verstorbene Kaiser Hadrian durch die unbillige Härte der Regelung und die rechtliche Anomalie bewogen, die Regel des ius gentium wieder in Kraft zu setzen, nach der die Frau, wenn sie selbst frei bleibt, auch ein freies Kind zur Welt bringt. 85. ⟨Andererseits können nach der Lex - - -⟩ die Kinder einer Sklavin und eines Freien frei sein: denn durch dies Gesetz wird festgelegt, daß Kinder, die ein Mann von einer fremden Sklavin hat, die er für eine Freie hielt, frei sein sollen, falls es Jungen sind, wenn es aber Mädchen sind, sollen sie dem Eigentümer der Mutter gehören. Aber in diesem Falle wurde der verstorbene Kaiser Vespasian durch die rechtliche Anomalie bewogen, die Regel des ius gentium wiederherzustellen, so daß sie auf jeden Fall, auch wenn es Jungen sind, Sklaven des Eigentümers der Mutter sind. 86. Aber der Teil des erwähnten Gesetzes ist noch gültig, daß die Kinder einer Freien und eines fremden Sklaven selber Sklaven sind, wenn sie wußte, daß ihr Partner ein Sklave war. Daher folgt nur dort, wo ein solches Gesetz nicht besteht, das Kind nach dem ius gentium in seiner Rechtsstellung der Mutter und ist deshalb frei.

87. Es ist also sonnenklar, daß in den Fällen, in denen das Kind in seiner Rechtsstellung der Mutter und nicht dem Vater folgt, es auch nicht der Gewalt des Vaters unterstehen kann, selbst wenn dieser römischer Bürger ist. Und deshalb greift, wie ich weiter oben ausgeführt habe, in gewissen Fällen, wenn infolge eines Irrtums keine rechtmäßige Ehe geschlossen wurde, der Senat ein und hilft dem Mangel der Ehe ab und bewirkt auf diese Weise in den meisten Fällen, daß der Sohn der Gewalt des Vaters unterstellt wird. 88. Aber wenn eine Sklavin von einem römischen Bürger empfangen hat, dann freigelassen und römische Bürgerin geworden ist und dann das Kind zur Welt bringt, so wird es zwar römischer Bürger wie sein Vater, aber es untersteht nicht der Gewalt des Vaters, weil es nicht in rechtmäßiger Ehe empfangen ist und kein Senatsbeschluß eine solche Zeugung legalisiert.

89. Die Bestimmung aber, daß das Kind frei ist, wenn eine Sklavin es von einem römischen Bürger empfangen hat und vor seiner Geburt freigelassen wurde, beruht auf der natürlichen Vernunft: denn wer außerehelich empfangen ist, erhält seine Rechtsstellung nach der Zeit seiner Geburt; wenn die Kinder also von einer Freien geboren werden, so werden sie Freie, und es macht nichts aus, von wem die Mutter sie empfangen hat, als sie noch Sklavin war; aber diejenigen, die ehelich empfangen werden, erhalten ihre Rechtsstellung nach der Zeit der Empfängnis. 90. Wenn also eine schwangere römische Bürgerin verbannt und dadurch zur Peregrinen wird und dann ein Kind zur Welt bringt, machen viele Juristen einen Unterschied und meinen, wenn sie in rechtmäßiger Ehe empfangen habe, sei das Kind römischer Bürger, wenn es aber aus außerehelichem Verkehr stamme, sei es Peregrine. 91. Ebenso: wenn eine schwangere römische Bürgerin nach dem Senatusconsultum Claudianum Sklavin wird, weil sie mit einem fremden Sklaven gegen den Willen und das ausdrückliche Verbot seines Eigentümers geschlechtlichen Verkehr gehabt hat, so machen viele Juristen einen Unterschied und meinen, wenn das Kind in rechtmäßiger Ehe empfangen sei, so werde es römischer Bürger, wenn es

aber aus dem außerehelichen Verkehr stamme, werde es Sklave desjenigen, dessen Sklavin die Mutter geworden sei. 92. Auch wenn eine Peregrine in außerehelichem Verkehr ein Kind empfangen hat, danach römische Bürgerin wird und es zur Welt bringt, so ist es römischer Bürger, wenn sie es aber von einem Peregrinen nach den Gesetzen und Sitten der Peregrinen ehelich empfangen hat, so wird es nach einem Senatsbeschluß, der auf Anraten des verstorbenen Kaisers Hadrian zustande kam, nur dann römischer Bürger, wenn auch seinem Vater das römische Bürgerrecht gewährt wird. 93. Wenn ein Peregrine für sich und seine Kinder das römische Bürgerrecht erbeten hat, so werden seine Söhne nur dann seiner Gewalt unterstellt, wenn der Kaiser das ausdrücklich bestimmt. Das tut er nur dann, wenn er nach Prüfung des Falles zu der Ansicht kommt, daß das den Söhnen nützt. Besonders sorgfältig und genau prüft er den Fall bei Unmündigen und Abwesenden; das wird so in einem Edikt des verstorbenen Kaisers Hadrian festgelegt. 94. Ebenso: wenn jemand zusammen mit seiner schwangeren Frau das Bürgerrecht empfängt, so wird das Kind zwar, wie ich oben gesagt habe, römischer Bürger, aber es wird dennoch nicht der Gewalt des Vaters unterstellt, und das wird in einem Aktenvermerk des verstorbenen und zum Gott erhobenen Kaisers Hadrian festgelegt. Wenn also jemand, der weiß, daß seine Frau schwanger ist, für sich und sie beim Kaiser um Gewährung des Bürgerrechts nachsucht, so muß er ihn gleichzeitig bitten, daß er das erwartete Kind nach der Geburt unter seiner Gewalt haben darf.

95. Anders liegt der Fall derer, die nach Latinischem Recht mit ihren Kindern zum römischen Bürgerrecht gelangen, denn deren Kinder werden ihrer Gewalt unterstellt. Dies Recht ist einigen Peregrinengemeinden vom römischen Volk oder vom römischen Senat oder vom Kaiser gewährt worden. 96. ⟨Hierbei sind zwei Stufen zu unterscheiden,⟩ denn es gibt volles und geringeres Latinisches Recht. Volles Latinisches Recht liegt vor, wenn sowohl die gewählten Dekurionen als auch diejenigen, die ein höheres Amt oder eine Magistratur bekleiden, das römische Bürgerrecht erhalten, geringeres Latinisches Recht,

wenn nur diejenigen, die ein höheres Amt oder eine Magistratur bekleiden, das römische Bürgerrecht erlangen; das ist in verschiedenen kaiserlichen Schreiben festgelegt.

[ADOPTION]

97. Es unterstehen jedoch nicht nur unsere leiblichen Kinder nach dem, was ich gesagt habe, unserer Gewalt, sondern auch diejenigen, die wir adoptieren. 98. Eine Adoption geschieht aber auf zweierlei Weise: mit Zustimmung des Volkes oder durch die Gerichtsgewalt eines Magistrats, nämlich des Prätors. 99. Mit Zustimmung des Volkes adoptiert man Personen, die rechtlich selbständig sind. Diese Art der Adoption heißt adrogatio, weil der Adoptierende gefragt wird (rogatur bzw. interrogatur), ob er will, daß derjenige, den er im Begriff ist zu adoptieren, sein rechtmäßiger Sohn sei, und der Adoptierte wird gefragt, ob er das geschehen lassen will; und das Volk wird gefragt, ob es dem zustimmt. Durch die Gerichtsgewalt eines Magistrats adoptiert man diejenigen, die unter der Gewalt eines Verwandten in aufsteigender Linie stehen, ob sie nun Nachkommen ersten Grades sind, wie Sohn oder Tochter, oder entfernteren Grades, wie Enkel, Enkelin, Urenkel, Urenkelin. 100. Und die Adoption, die mit Zustimmung des Volkes geschieht, findet nur in Rom statt, die ebengenannte aber auch häufig in den Provinzen vor dem Statthalter. 101. Ebenso werden Frauen nicht mit Zustimmung des Volkes adoptiert, denn diese Rechtsauffassung hat sich durchgesetzt; vor dem Prätor aber oder in den Provinzen vor dem Prokonsul oder dem Legaten werden regelmäßig auch Frauen adoptiert. 102. Ebenso ist es unter bestimmten Umständen erlaubt und unter anderen verboten, einen Minderjährigen vor dem Volk zu adoptieren. Denn nach einem Schreiben unseres gnädigsten Kaisers Antoninus Pius, das er an das Priesterkollegium der Pontifices richtete, ist es unter gewissen Bedingungen erlaubt, wenn ein rechtmäßiger Grund zur Adoption vorliegt. Vor dem Prätor aber und in den Provinzen vor dem Prokonsul oder Legaten kann man Menschen jedes Alters adoptieren. 103. Das aber ist

beiden Arten der Adoption gemeinsam, daß auch Leute, die nicht zeugen können, z. B. von Natur Impotente, adoptieren können. 104. Frauen aber können auf keine Art adoptieren, weil nicht einmal ihre leiblichen Kinder unter ihrer Gewalt stehen. 105. Ebenso: ob nun jemand mit Zustimmung des Volkes oder vor dem Prätor oder vor dem Provinzstatthalter einen Menschen adoptiert hat – er kann ihn in jedem Falle einem anderen zur Adoption übergeben. 106. Aber auch, ob ein Jüngerer einen Älteren adoptieren kann, ist für beide Adoptionsarten strittig. 107. Eine Besonderheit der Adoption, die mit Zustimmung des Volkes geschieht, ist es, daß derjenige, dessen Gewalt Kinder unterstehen, nicht nur selbst unter die Gewalt des Adoptierenden gerät, wenn er sich adoptieren läßt, sondern auch seine Kinder werden der Gewalt des anderen unterstellt, sozusagen als Enkel.

[PERSONEN IN DER MANUS]

108. ⟨Jetzt wollen wir zu den Personen übergehen, die in der manus sind,⟩ auch das ist eine Rechtsform, die nur römischen Bürgern zukommt. 109. Unter der Gewalt stehen Personen männlichen und weiblichen Geschlechtes, in die manus dagegen kommen nur Frauen. 110. Vorzeiten kamen die Frauen auf drei verschiedene Arten in die manus, durch Ersitzung (usus), confarreatio und Scheinkauf (coëmptio). 111. Durch Ersitzung gelangte die Frau in die manus, die ein volles Jahr mit dem Manne ehelich zusammen lebte; sie wurde von ihm sozusagen auf Grund des einjährigen Besitzes durch Ersitzung erworben, ging in die Familie des Mannes über und nahm dort die Rechtsstellung einer Tochter ein. Daher ist im Zwölftafelgesetz bestimmt, daß eine Frau, die nicht auf diese Art in die manus ihres Mannes kommen wolle, jedes Jahr drei Nächte hintereinander von zu Haus fortbleiben und auf diese Art die Ersitzungsperiode jedes Jahres unterbrechen solle. Aber dies ganze Rechtsverhältnis ist zum Teil durch Gesetze aufgehoben, zum Teil auch durch gewohnheitsmäßige Nichtanwendung in Vergessenheit gekommen. 112. Durch confarreatio

gelangt die Frau in die manus mittels eines besonderen Opfers, das man dem Iuppiter Farrëus darbringt; dabei wird ein Kuchen aus Speltweizen (far) gebraucht, daher der Name con*far*reatio. Es werden außerdem noch mehrere Formalitäten mit feierlichem Ritual und in Gegenwart von zehn Zeugen vollzogen, um diese Rechtsform der Ehe zu begründen. Dieses Rechtsverhältnis gibt es noch heute, denn zu bestimmten höheren Priesterwürden, nämlich zum Flamen Dialis, Martialis und Quirinalis und ebenso zum Opferkönig, können nur Männer gewählt werden, die aus einer durch confarreatio geschlossenen Ehe geboren sind, und sie können diese Priesterwürde nur bekleiden, wenn sie selbst ihre Ehe durch confarreatio geschlossen haben.

113. Durch Scheinkauf aber gelangt die Frau in die manus auf dem Wege der mancipatio, das heißt durch eine Art fiktiven Verkaufs: denn in Gegenwart von mindestens fünf volljährigen römischen Bürgern als Zeugen und einem Waagehalter kauft die ⟨Frau den Mann und⟩ der Mann die Frau, die in seine manus gelangt. 114. Einen Scheinkauf kann die Frau aber nicht nur mit ihrem Ehemann, sondern auch mit jemand anderem durchführen. Daher sagt man, der Scheinkauf werde zum Zwecke der Heirat oder zu fiduziarischem Zweck vorgenommen. Wenn die Frau nämlich den Scheinkauf mit ihrem Mann durchführt, um bei ihm die Rechtsstellung einer Tochter einzunehmen, spricht man von einem Scheinkauf zum Zwecke der Heirat; wenn sie aber zu einem anderen Zwecke den Scheinkauf durchführt, sei es mit ihrem Mann oder mit einem Fremden, z. B. um einer Vormundschaft zu entgehen, spricht man von einem Scheinkauf zu fiduziarischem Zweck. 115. Damit verhält es sich folgendermaßen: Wenn eine Frau von den Vormündern, die sie hat, loskommen und einen anderen Vormund haben will, so führt sie mit Zustimmung ihrer Vormünder einen Scheinkauf durch. Dann wird sie von dem Partner remanzipiert an denjenigen, den sie selbst bestimmt, und von diesem durch Berührung mit der vindicta freigelassen. Von dem Augenblick an ist der Freilasser ihr Vormund. Ihn nennt man „fiduziarischen Vormund“, wie weiter unten näher ausgeführt werden wird. 115a. Früher wurde ein fiduziarischer

Scheinkauf auch zum Zwecke einer Testamentserrichtung durchgeführt. Damals hatten Frauen nämlich mit wenigen Ausnahmen nur dann das Recht, ein Testament zu machen, wenn sie nach vollzogenem Scheinkauf remanzipiert und freigelassen worden waren. Aber diese Notwendigkeit des Scheinkaufs hat der Senat auf Anraten des verstorbenen Kaisers Hadrian aufgehoben. 115b. - - - beginnt sie nichtsdestoweniger die Rechtsstellung einer Tochter einzunehmen, denn wenn die Ehefrau überhaupt aus irgendeinem Grunde in der manus ihres Mannes ist, so ist die geltende Meinung, daß sie damit die Rechte einer Tochter erlangt.

[PERSONEN IM MANCIPIUM]

116. Als letztes muß ich noch erklären, welche Personen im mancipium sind. 117. Also: alle Kinder, ob männlichen oder weiblichen Geschlechts, die unter der Gewalt des Vaters stehen, können von ihm in der gleichen Weise wie Sklaven manzipiert werden. 118. Dasselbe ist rechtsgültig für diejenigen Personen, die in der manus sind; denn Frauen können von dem, der sie durch Scheinkauf erworben hat, auf die gleiche Art manzipiert werden; obgleich also nur dann die Frau bei demjenigen, der den Scheinkauf vollzogen hat, rechtlich die Stelle einer Tochter einnimmt, wenn sie seine Ehefrau ist, kann dennoch auch eine Frau, die nicht mit ihm verheiratet ist, also nicht rechtlich Tochterstelle einnimmt, von ihm manzipiert werden. 118a. Meistens werden diese Personen nur dann vom Vater oder scheinbaren Käufer manzipiert, wenn der Vater oder der scheinbare Käufer sie aus der Abhängigkeit entlassen will, wie es weiter unten noch klarer werden wird. 119. Die mancipatio ist aber, wie ich oben bereits gesagt habe, eine Art fiktiven Verkaufs; auch dies ist eine Rechtsform, die nur römischen Bürgern zugänglich ist. Und dieses Geschäft geht folgendermaßen vor sich: Unter Hinzuziehung von mindestens fünf volljährigen römischen Bürgern als Zeugen und außerdem eines anderen Mannes von gleicher Rechtsstellung, der eine bronzene Waage halten muß und „Waagehalter" genannt wird, ergreift

derjenige, der ins mancipium empfängt, das Verkaufsobjekt und sagt: ICH ERKLÄRE, DASS DIESER MENSCH NACH QUIRITISCHEM RECHT MEIN EIGENTUM IST, UND ER SOLL MIR GEKAUFT SEIN MIT DIESEM KUPFERSTÜCK UND MITTELS DIESER BRONZENEN WAAGE. Dann schlägt er mit dem Kupferstück gegen die Waage und gibt demjenigen, von dem er ins mancipium erhält, das Kupferstück gleichsam als Kaufpreis. 120. In dieser Weise werden sowohl unfreie wie freie Personen manzipiert; auch das Eigentum an Tieren, die manzipierbar sind, dazu werden Rinder, Pferde, Maultiere und Esel gerechnet, und an Grundstücken in Rom und auf dem Lande, soweit diese manzipierbar sind, wie etwa die in Italien gelegenen, wird regelmäßig in derselben Art übertragen. 121. Nur in dem Punkt unterscheidet sich die mancipatio von Grundstücken von der der übrigen Objekte, daß unfreie und freie Personen sowie Tiere, die manzipierbar sind, nur in ihrer Anwesenheit manzipiert werden können – ja, derjenige, der ins mancipium empfängt, muß das, was ihm manzipiert wird, anfassen, daher heißt es ja *man-cip*atio, weil das Objekt mit der Hand (manus) ergriffen wird (capitur) –, Grundstücke aber werden gewöhnlich in Abwesenheit manzipiert. 122. Ein Kupferstück und eine Waage werden aber aus dem Grunde verwendet, weil früher nur Kupfergeld in Gebrauch war; es gab Asse, Doppelasse, Halb- und Viertelasse, aber es gab keine Gold- oder Silbermünzen, wie wir aus dem Zwölftafelgesetz sehen können. Die Kraft und Geltung dieses Geldes lag nicht in der Prägung, sondern im Gewicht, denn damals wog ein As ein Pfund (327 g) und ein Doppelas demnach zwei Pfund, danach heißt er auch Dupondius, sozusagen zwei Pfund (duo pondo), ein Name, der noch gebräuchlich ist. Auch die Halb- und Viertelasse waren in der entsprechenden Proportion zum Pfund ausgewogen. Deshalb zählte man das Geld früher nicht, sondern wog es zu; daher wurde der Sklave, dem die Verwaltung von Geld übertragen war, „dispensator" (Auswieger) genannt, und so heißt es noch heute.

123. ⟨Wenn nun jemand fragt, worin sich eine Frau, die eine Scheinkaufsehe vollzieht, von den anderen manzipierten Personen unterscheidet, so ist die Antwort:⟩ Wer eine Scheinkaufsehe vollzieht, wird nicht in unfreien Stand versetzt, dagegen

werden die vom Vater oder Scheinkäufer manzipierten Personen männlichen oder weiblichen Geschlechts in ein Sklavenverhältnis versetzt, in einem solchen Maße, daß sie von dem, in dessen mancipium sie sind, weder eine Erbschaft noch Vermächtnisse annehmen können, wenn sie nicht in dem gleichen Testament ausdrücklich freigelassen werden, wie es bei Sklaven vorgeschrieben ist. Aber der Grund des Unterschiedes liegt auf der Hand, da sie von Vätern und Scheinkäufern mit den gleichen Worten ins mancipium empfangen werden wie Sklaven. Das ist bei einer Scheinkaufsehe anders.

[FREIWERDEN VON DER GEWALT]

124. Jetzt wollen wir sehen, wie diejenigen, die von einem anderen abhängig sind, von dieser Abhängigkeit befreit werden können.

125. Und zuerst wollen wir diejenigen betrachten, die der Gewalt unterstehen. 126. Wie nun Sklaven von der Gewalt des Eigentümers frei werden, kann man daraus erkennen, was ich weiter oben über die Freilassung von Sklaven gesagt habe. 127. Diejenigen aber, die unter der Gewalt eines Verwandten direkt aufsteigender Linie stehen, werden bei seinem Tode rechtlich selbständig; aber dabei gibt es einen Unterschied: denn beim Tode des Vaters werden allerdings seine Söhne und Töchter auf alle Fälle rechtlich selbständig, wenn aber der Großvater stirbt, werden die Enkel und Enkelinnen nicht in jedem Falle rechtlich selbständig, sondern nur, wenn sie nicht nach dem Tode des Großvaters unter die Gewalt ihres Vaters fallen. Wenn daher beim Tode des Großvaters ihr Vater lebt und unter der Gewalt seines Vaters gestanden hat, kommen sie nach dem Hingang des Großvaters unter die Gewalt ihres Vaters; wenn dieser aber zu der Zeit, wenn der Großvater stirbt, entweder schon tot ist oder aus der Gewalt seines Vaters ausgeschieden ist, ⟨dann werden die Enkel, weil sie unter seine Gewalt⟩ nicht mehr fallen können, rechtlich selbständig. 128. Da aber jeder, der wegen eines Verbrechens nach der Lex Cornelia verbannt wird, das römische Bürgerrecht verliert,

folgt daraus, daß ebenso wie bei seinem Tode seine Kinder aufhören, seiner Gewalt zu unterstehen, weil er auf diese Weise aus der Zahl der römischen Bürger entfernt wird – denn es wäre vernunftwidrig, daß ein Mann in der Rechtsstellung eines Peregrinen einen römischen Bürger unter seiner Gewalt hätte. Entsprechend ist es, wenn jemand verbannt wird, der der Gewalt seines Vaters untersteht – er scheidet aus der Gewalt des Vaters aus, weil es ebenfalls vernunftwidrig wäre, daß ein Mann in der Rechtsstellung eines Peregrinen der Gewalt eines römischen Bürgers unterstünde. 129. Wenn aber der Vater oder Großvater in Gefangenschaft geraten ist, so ist das Rechtsverhältnis der Nachkommen, selbst wenn er Sklave der Feinde wird, wegen des Rückkehrrechts (ius postliminii) in der Schwebe; denn diejenigen, die in Gefangenschaft geraten, erhalten im Falle der Rückkehr alle ihre früheren Rechte zurück. Daher unterstehen die Nachkommen wieder seiner Gewalt, wenn er zurückkommt; wenn er aber dort gestorben sein sollte, so werden die Nachkommen allerdings rechtlich selbständig, aber man kann zweifeln, ob erst von dem Augenblick an, in dem der Vater bei den Feinden gestorben, oder schon von dem an, in dem er in Gefangenschaft geraten ist. Auch wenn der Sohn oder Enkel seinerseits in Gefangenschaft geraten ist, ist in entsprechender Weise wegen des Rückkehrrechtes die väterliche Gewalt ebenfalls in der Schwebe.

130. Außerdem scheiden Nachkommen männlichen Geschlechts aus der väterlichen Gewalt aus, wenn sie zum Flamen Dialis geweiht, solche weiblichen Geschlechts, wenn sie zur Vestalin auserwählt werden. 131. Früher, als das römische Volk noch Kolonien ins latinische Gebiet entsandte, schieden auch diejenigen aus der väterlichen Gewalt aus, die sich auf Geheiß ihres Vaters dazu gemeldet hatten, in eine latinische Kolonie zu gehen, weil sie dadurch Bürger einer anderen Stadt wurden.

132. Außerdem scheiden Kinder durch Emanzipation aus der väterlichen Gewalt aus. Ein Sohn scheidet durch dreimalige mancipatio, andere Nachkommen aber, seien sie männlichen oder weiblichen Geschlechts, scheiden durch einfache mancipatio aus der Gewalt des Vaters oder Großvaters aus:

das Zwölftafelgesetz spricht nämlich nur im Hinblick auf den Sohn von drei mancipationes, und zwar in folgenden Worten: WENN DER VATER DEN SOHN ⟨DREIMAL⟩ VERKAUFT HAT, SO SOLL DER SOHN VON DER GEWALT DES VATERS FREI WERDEN. Und die Formalitäten werden folgendermaßen abgewickelt: Der Vater manzipiert den Sohn irgendwem, der läßt ihn durch Berührung mit der vindicta frei, dadurch kehrt er unter die Gewalt des Vaters zurück; dieser manzipiert ihn von neuem, entweder dem gleichen oder einem anderen – aber es ist üblich, ihn dem gleichen zu manzipieren –, und dieser läßt ihn daraufhin ebenso mit der vindicta frei; dadurch kehrt er wieder unter die Gewalt des Vaters zurück; zum drittenmal manzipiert der Vater ihn dem gleichen oder einem anderen – aber es ist üblich, daß er dem gleichen manzipiert wird –, und durch diese mancipatio scheidet er aus der väterlichen Gewalt aus, auch wenn er noch nicht freigelassen ist, sondern noch im mancipium - - -

133. ⟨Wir müssen uns aber vor Augen halten, daß derjenige, dessen Gewalt ein Sohn und ein Enkel von diesem Sohn unterstehen, die freie Entscheidung hat, den Sohn aus der Gewalt zu entlassen, den Enkel aber in der Gewalt zu behalten und umgekehrt den Sohn in der Gewalt zu behalten und den Enkel freizulassen oder alle beide rechtlich selbständig zu machen. Dasselbe ist auch als für den Urenkel gültig zu verstehen.⟩

134. Es finden also drei mancipationes und zwei dazwischenliegende Freilassungen statt; und das pflegt zu geschehen, wenn ihn der Vater auf diese Art aus seiner Gewalt entläßt, damit er rechtlich selbständig wird. Danach wird er entweder dem Vater remanzipiert, und derjenige, der ihn adoptiert, beansprucht ihn von diesem vor dem Prätor als seinen Sohn, und da der Vater nicht widerspricht, wird er dem anderen vom Prätor als Sohn zugesprochen; oder er wird dem Vater nicht remanzipiert und der Adoptierende beansprucht ihn von dem, bei dem er zum drittenmal im mancipium ist; aber es ist allerdings einfacher, ihn dem Vater zu remanzipieren. Bei anderen Nachkommen, seien sie männlichen oder weiblichen Geschlechts, genügt, wie gesagt, *eine* mancipatio, und sie werden dann dem Vater oder Großvater remanzipiert oder auch nicht. Dasselbe geschieht üblicherweise auch in den Provinzen

vor dem Statthalter. 135. Ein Kind, das von einem zum ersten- oder zweitenmal manzipierten Sohn gezeugt ist, steht unter der Gewalt des Großvaters, auch wenn es nach der dritten mancipatio seines Vaters geboren wird; und folglich kann es vom Großvater emanzipiert oder zur Adoption gegeben werden. Aber ein Kind, das von einem Sohn gezeugt ist, der zum drittenmal manzipiert ist, wird nicht unter der Gewalt des Großvaters geboren, sondern Labeo wenigstens ist der Ansicht, daß es im mancipium dessen ist, in dessen mancipium auch der Vater ist; aber heutzutage gilt die Regel, daß seine Rechtsstellung in der Schwebe ist, solange der Vater im mancipium ist, daß es aber bei der Freilassung seines Vaters aus dem mancipium unter dessen Gewalt fällt; wenn dieser aber gestorben ist, während er im mancipium war, wird es rechtlich selbständig. 135a. Dasselbe ⟨soll natürlich von dem gelten, der von einem einmal manzipierten, aber noch nicht freigelassenen Enkel gezeugt ist, denn,⟩ wie ich oben gesagt habe, was bei einem Sohn drei mancipationes bewirken, das bewirkt eine bei einem Enkel.

136. ⟨Außerdem scheiden Frauen, die in die manus kommen, aus der Gewalt ihres Vaters aus. Aber bei der confarreatio der Frau des Flamen Dialis ist durch einen Senatsbeschluß (?) auf Vortrag⟩ des Maximus und Tubero festgelegt, daß sie nur in kultischer Hinsicht als in der manus befindlich gelten soll, in jeder anderen Hinsicht aber so angesehen werden soll, als sei sie nicht in die manus gekommen. ⟨Die Frauen aber, die durch Scheinkauf in die manus gekommen sind,⟩ werden von der väterlichen Gewalt frei, und es macht keinen Unterschied, ob sie in der manus ihres Mannes oder eines Fremden sind, obgleich nur diejenigen rechtlich die Stellung einer Tochter einnehmen, die in der manus des Ehemannes sind.

[AUSSCHEIDEN AUS DER MANUS]

137. ⟨Aus der manus aber scheiden Frauen in derselben Weise aus, in der Haustöchter von der väterlichen Gewalt befreit werden. So wie also Haustöchter durch eine mancipatio

aus der väterlichen Gewalt ausscheiden, so⟩ hören ⟨diejenigen, die in der manus sind, durch eine einzige mancipatio⟩ auf, in der manus zu sein, und wenn sie aus dem dadurch zustande gekommenen mancipium freigelassen sind, werden sie rechtlich selbständig. 137a. ⟨Zwischen einer Frau, die einen Scheinkauf mit einem Fremden, und der, die ihn mit ihrem Ehemann durchgeführt hat, besteht der Unterschied, daß jene den Scheinkäufer zwingen kann, sie an eine Person ihrer Wahl zu remanzipieren, diese aber ihren Mann⟩ genausowenig zwingen kann wie eine Tochter ihren Vater. Aber während eine Tochter, und wenn es nur eine Adoptivtochter ist, ihren Vater auf keine Weise zwingen kann, braucht die Ehefrau ihrem Mann nur einen Scheidebrief zu schicken, dann kann sie ihn ebenso zwingen, als wenn sie nie mit ihm verheiratet gewesen wäre.

[AUSSCHEIDEN AUS DEM MANCIPIUM]

138. Wer im mancipium ist, wird, da er als Sklave gilt, durch Berührung mit der vindicta, durch Eintragung in die Bürgerliste oder durch Testament rechtlich selbständig. 139. In diesem Falle kommt aber die Lex Aelia Sentia nicht zur Anwendung. Daher fragt man nicht, wie alt der Freilassende und der Freigelassene sind, ja nicht einmal danach, ob der Freilassende einen Patron oder einen Gläubiger hat; und nicht einmal die durch die Lex Fufia Caninia begrenzte Zahl kommt bei diesen Personen in Betracht. 140. Ja sogar gegen den Willen dessen, in dessen mancipium sie sind, können sie durch die Eintragung in die Bürgerliste die Freiheit erlangen, außer wenn der Vater jemanden mit der Bedingung ins mancipium gegeben hat, daß er ihm selbst remanzipiert werden soll: denn irgendwie bewahrt sich der Vater dann anscheinend die eigene Gewalt eben dadurch, daß er ihn aus dem mancipium zurückerhält. Und es heißt auch, daß gegen den Willen desjenigen, der ihn im mancipium hat, auch der nicht durch Eintragung in die Bürgerliste die Freiheit erlangen kann, den der Vater wegen eines Vergehens ins mancipium gegeben hat, z. B. weil er, d. h. der Vater,

an seiner Statt wegen Diebstahls verurteilt ist und ihn dem Kläger ins mancipium gegeben hat: denn der Kläger hat ihn dann an Geldes Statt.

141. Schließlich müssen wir uns vor Augen halten, daß man diejenigen, die man im mancipium hat, nicht entehrend behandeln darf, sonst wird man wegen Beleidigung belangt. Und die Menschen werden auch nicht lange in dieser Rechtsstellung festgehalten, sondern meistens geschieht es für ganz kurze Zeit, um der Form zu genügen, außer natürlich, wenn jemand wegen eines Vergehens manzipiert wird.

[VORMUNDSCHAFT UND PFLEGSCHAFT]

142. Gehen wir jetzt zu einer anderen Einteilung über. Denn von den Personen, die weder unter Gewalt stehen noch in der manus, noch im mancipium sind, sind die einen unter Vormundschaft (tutela) oder unter Pflegschaft (curatio), andere werden von keinem dieser Rechtsverhältnisse berührt. Wir wollen also zusehen, wer unter Vormundschaft und wer unter Pflegschaft steht, dann werden wir die anderen Personen erkennen, die von keinem dieser Rechtsverhältnisse berührt werden. 143. Aber zuerst wollen wir diejenigen betrachten, die unter Vormundschaft stehen.

[EINSETZUNG EINES VORMUNDS]

144. Es ist also dem Vater und Großvater erlaubt, Nachkommen, die ihrer Gewalt unterstehen, testamentarisch einen Vormund zu bestimmen, männlichen, soweit sie nicht mündig sind, weiblichen in jedem Alter, sogar dann, wenn sie verheiratet sind. Unsere Vorfahren wollten nämlich, daß auch erwachsene Frauen wegen ihres Leichtsinns unter Vormundschaft sein sollten. 145. Wenn daher jemand seinem Sohn und seiner Tochter testamentarisch einen Vormund bestimmt hat und beide volljährig werden, so wird zwar der Sohn von der Vormundschaft frei, die Tochter aber bleibt trotzdem unter Vor-

mundschaft: denn nach der Lex Iulia und Papia Poppaea werden die Frauen nur durch das Kinderrecht (ius liberorum) von der Vormundschaft frei. Von dieser Aussage nehme ich jedoch die Vestalinnen aus, die auch nach dem Willen unserer Vorfahren mit Rücksicht auf das Ansehen der Priesterwürde frei waren, und so ist es auch im Zwölftafelgesetz festgelegt. 146. Enkeln und Enkelinnen können wir aber nur dann testamentarisch einen Vormund bestellen, wenn sie nicht nach unserem Tode rechtlich unter die Gewalt ihres Vaters fallen. Wenn also mein Sohn zum Zeitpunkt meines Todes meiner Gewalt untersteht, so kann seinen Kindern nicht durch mein Testament ein Vormund bestimmt werden, obgleich sie meiner Gewalt unterstanden, natürlich weil sie nach meinem Tode der Gewalt ihres Vaters unterstehen werden. 147. Wie aber in mehreren anderen Fällen die nach dem Tode des Vaters geborenen Kinder wie bereits geboren behandelt werden, so ist auch in diesem Falle festgelegt worden, daß zu erwartenden nachgeborenen Kindern ebenso wie bereits geborenen im Testament ein Vormund bestellt werden kann, wenn sie nur rechtlich so gestellt sind, daß sie unter unsere Gewalt kämen, wenn sie bei unseren Lebzeiten geboren würden. Sie können wir auch als Erben einsetzen, während es nicht erlaubt ist, fremde nachgeborene Kinder als Erben einzusetzen. 148. Einer Ehefrau in der manus kann genau wie einer Tochter ein Vormund bestimmt werden, ebenso der Schwiegertochter in der manus des Sohnes genau wie einer Enkelin. 149. Rechtlich formvollendet kann ein Vormund aber folgendermaßen eingesetzt werden: DEN L. TITIUS GEBE ICH MEINEN KINDERN ALS VORMUND. DEN L. TITIUS GEBE ICH MEINER EHEFRAU ALS VORMUND. Aber auch wenn folgendermaßen geschrieben ist: FÜR MEINE KINDER oder FÜR MEINE EHEFRAU SOLL TITIUS VORMUND SEIN, gilt er als rechtsgültig eingesetzt. 150. Bei der Ehefrau in der manus ist auch die Wahl des Vormundes üblich, d. h., daß es erlaubt ist, ihr zu gestatten, sich selbst einen Vormund, der ihr genehm ist, zu wählen. Das geschieht folgendermaßen: MEINER EHEFRAU TITIA GEBE ICH DIE WAHL DES VORMUNDES. In diesem Fall ist es der Ehefrau erlaubt, einen Vormund zu wählen, entweder für alle Zwecke oder vielleicht nur für einen oder zwei. 151. Übrigens wird entweder volle oder begrenzte Wahl gegeben. 152. Die volle Wahl wird so gegeben, wie ich oben gesagt habe. Die begrenzte Wahl wird gewöhnlich folgendermaßen gegeben: MEINER EHEFRAU TITIA GEBE ICH DIE WAHL DES VORMUNDES NUR EINMAL oder NUR ZWEIMAL. 153. Diese Möglichkeiten der Wahl unterscheiden sich stark voneinander. Wenn die Frau die volle Wahl hat, kann sie einmal, zweimal, dreimal und öfter einen Vormund wählen; diejenige aber, die begrenzte Wahl hat, darf, wenn ihr nur einmal die Wahl gegeben ist, nicht öfter als einmal wählen, wenn nur zweimal, hat sie nicht die Möglichkeit, öfter als zweimal zu wählen. 154. Es heißt aber derjenige, der namentlich im Testament als Vormund eingesetzt wird, „Testamentsvormund", wer nach Wahl genommen wird, heißt „Wahlvormund".

[GESETZLICHER VORMUND – AGNATEN, KOGNATEN]

155. Diejenigen, denen durch Testament kein Vormund bestimmt ist, haben nach dem Zwölftafelgesetz ihre Agnaten als Vormünder, die heißen „gesetzliche Vormünder". 156. Agnaten sind aber Personen, die im Mannesstamm durch Verwandtschaft verbunden sind, sozusagen Verwandte von Vaters Seite her, z. B. ein Bruder vom gleichen Vater; ein Sohn oder Enkel des Bruders; ein Vaterbruder und dessen Sohn oder Enkel. Aber diejenigen Personen, die in weiblicher Linie verwandt sind, sind keine Agnaten, sondern anders, durch natürliches Recht, als Kognaten verwandt. So ist zwischen einem Onkel und seinem Schwestersohn keine agnatische Verwandtschaft, sondern kognatische. Ebenso ist der Sohn von meines Vaters Schwester oder von meiner Mutter Schwester nicht mein Agnat, sondern mein Kognat, und natürlich bin ich mit ihm ebenso verwandt, weil die Kinder in die Familie des Vaters, nicht in die der Mutter gerechnet werden. 157. Aber früher, zur Zeit des Zwölftafelgesetzes, hatten auch die Frauen ihre Agnaten zu Vormündern. Aber später wurde eine Lex Claudia erlassen, die im Hinblick auf die Frauen diese Vormundschaft aufhob; und so hat zwar ein unmündiger Junge

seinen erwachsenen Bruder oder den Onkel väterlicherseits zum Vormund, ein Mädchen aber kann einen solchen Vormund nicht haben.

158. Durch eine Schmälerung der Rechtsfähigkeit (capitis deminutio) wird zwar agnatische Verwandtschaft rechtlich aufgehoben, kognatische jedoch wird dadurch nicht verändert, weil eine bürgerrechtliche Maßnahme wohl Rechtsverhältnisse des ius civile, aber nicht natürliche Beziehungen umstoßen kann. 159. Eine Schmälerung der Rechtsfähigkeit ist aber eine Änderung der vorigen Rechtsstellung, und sie kommt auf dreierlei Weise vor; es gibt die schwerste, die leichtere – diese wird auch „mittlere Schmälerung" genannt – und die geringste. 160. Am schwersten ist die Schmälerung der Rechtsfähigkeit, wenn jemand gleichzeitig Bürgerrecht und Freiheit verliert, das geschieht denen, die sich der Eintragung in die Bürgerliste zu entziehen versuchen; sie sollen nach der Zensusordnung verkauft werden. Diese Bestimmung - - - die gegen dies Gesetz in der Stadt Rom ihre Wohnung genommen haben, ebenso Frauen, die nach dem Senatusconsultum Claudianum Sklavinnen der Eigentümer werden, mit deren Sklaven sie gegen den Willen und das ausdrückliche Verbot der Eigentümer geschlechtlich verkehrt haben. 161. Leichtere bzw. mittlere Schmälerung der Rechtsfähigkeit liegt vor, wenn jemand das Bürgerrecht verliert, die Freiheit aber behält. Das geschieht dem, der verbannt wird. 162. Am geringsten ist die Schmälerung der Rechtsfähigkeit, wenn Bürgerrecht und Freiheit erhalten bleiben, aber die Rechtsstellung des Menschen sich ändert; das geschieht bei denen, die adoptiert werden, ebenso bei denen, die einen Scheinkauf durchführen, und bei denen, die ins mancipium gegeben werden oder aus dem mancipium freigelassen werden, sogar in dem Maße, daß jemand, sooft er manzipiert oder freigelassen wird, jedesmal eine Schmälerung der Rechtsfähigkeit erleidet. 163. Und nicht nur durch die schwereren Schmälerungen der Rechtsfähigkeit wird das agnatische Verhältnis umgestoßen, sondern auch durch die geringste; wenn daher ein Vater eines von zwei Kindern emanzipiert hat, kann nach seinem Tode keines von beiden der Vormund des anderen auf Grund agnatischer Verwandt-

schaftsbeziehung sein. 164. Obwohl aber die Vormundschaft den Agnaten zukommt, kommt sie doch nicht allen zu, sondern nur denen, die am nächsten verwandt sind - - -

165. Ebenfalls nach dem Zwölftafelgesetz kommt die Vormundschaft über weibliche Freigelassene und unmündige männliche Freigelassene dem Patron und seinen Kindern zu. Auch diese Vormundschaft heißt „gesetzlich", nicht weil in diesem Gesetz ausdrücklich etwas über diese Vormundschaft bestimmt würde, sondern weil sie auf dem Wege der Gesetzesauslegung ebenso gültig geworden ist, als wenn sie durch die Worte des Gesetzes selbst eingeführt worden wäre. Deshalb nämlich, weil das Gesetz festgelegt hatte, daß die Erbschaft von männlichen und weiblichen Freigelassenen, wenn sie ohne Testament stürben, ihrem Patron und dessen Kindern zufallen solle, glaubten die alten Juristen, das Gesetz habe gewollt, daß ihnen auch die Vormundschaft zufalle, denn es hatte auch festgelegt, daß die Agnaten, die es zur Erbschaft berief, ebenfalls Vormünder sein sollten. 166. Nach dem Vorbild der Vormundschaft des Patrons haben auch andere Vormundschaftsformen Aufnahme gefunden, die man „fiduziarische" nennt. Das sind Vormundschaften, die einem deshalb zufallen, weil man eine freie Person, die einem vom Vater oder vom Scheinkäufer manzipiert bzw. remanzipiert worden ist, freigelassen hat. 167. Aber die Vormundschaft über weibliche und unmündige männliche Personen, die Latiner nach der Lex Aelia Sentia sind, fällt nicht auf jeden Fall dem Freilassenden und seinen Kindern zu, sondern demjenigen, dessen quiritisches Eigentum sie vor der Freilassung ⟨waren; wenn daher eine Sklavin dein quiritisches⟩, aber mein bonitarisches Eigentum ist, kann sie zwar, wenn sie nur von mir, nicht auch von dir freigelassen wird, Latinerin werden und ihr Vermögen fällt bei ihrem Tode mir zu, aber die Vormundschaft über sie steht dir zu: denn so wird es durch die Lex Iunia bestimmt. Wenn eine Sklavin daher von jemandem, dessen bonitarisches und zugleich quiritisches Eigentum sie war, durch Freilassung zur Latinerin gemacht wird, so stehen demselben Mann sowohl ihr Vermögen bei ihrem Tode als auch die Vormundschaft über sie zu.

[ABTRETUNG DER VORMUNDSCHAFT]

168. Agnaten und Patronen und denen, die freie Personen aus dem mancipium freigelassen haben, steht es frei, die Vormundschaft über eine Frau einem anderen gerichtlich abzutreten (in iure cedere); die Vormundschaft über unmündige Jungen aber darf man nicht abtreten, weil sie nicht als Belastung erscheint, da sie durch das Erreichen der Mündigkeit beendet wird. 169. Derjenige aber, dem die Vormundschaft abgetreten (cedere) wird, heißt deshalb Vormund cessicius. 170. Wenn er stirbt oder eine Schmälerung seiner Rechtsfähigkeit erleidet, so fällt die Vormundschaft an den zurück, der sie abgetreten hat: wenn auch der, der sie abgetreten hat, tot oder in seiner Rechtsfähigkeit geschmälert ist, geht die Vormundschaft von dem cessicius auf denjenigen über, der nach dem, der sie abgetreten hatte, als nächster zu dieser Vormundschaft verpflichtet war. 171. Aber was die Agnaten angeht, ist heute die Abtretung der Vormundschaft kein Problem mehr, da die Vormundschaft der Agnaten über Frauen durch die Lex Claudia aufgehoben ist. 172. Aber manche Juristen waren der Ansicht, daß auch der fiduziarische Vormund nicht das Recht habe, die Vormundschaft abzutreten, da er sie ja freiwillig übernommen habe. Wenn man das auch billigt, so darf man das Verbot doch nicht auf den Vater oder Großvater anwenden, der eine Tochter, Enkelin oder Urenkelin einem anderen unter der Voraussetzung ins mancipium gegeben hat, daß sie ihm selbst remanzipiert wird, und dann die Zurückgegebene freiläßt, denn der gilt gleichzeitig als der gesetzliche Vormund: und ihm muß man dieselbe Ehre erweisen wie einem Patron.

[BEANTRAGUNG EINES ANDEREN VORMUNDS]

173. Außerdem ist es durch einen Senatsbeschluß den Frauen gestattet, anstelle ihres abwesenden Vormundes einen anderen zu beantragen. Wenn dem Antrag stattgegeben ist, erlischt die Vormundschaft des vorigen, und es macht nichts aus,

wie weit dieser Vormund entfernt ist. 174. Es ist aber als Ausnahme festgelegt, daß es einer Freigelassenen nicht erlaubt sein soll, anstelle ihres abwesenden Patrons einen anderen Vormund zu beantragen. 175. In der gleichen Rechtslage wie der Patron ist auch der Vater oder Großvater, der dadurch, daß er die ihm remanzipierte Tochter, Enkelin oder Urenkelin freigelassen hat, die gesetzliche Vormundschaft erlangt hat. Seine Kinder gelten allerdings nur als fiduziarische Vormünder, die Kinder des Patrons aber erlangen die gleiche gesetzliche Vormundschaft, wie ihr Vater sie gehabt hat. 176. Aber manchmal wird es auch erlaubt, anstelle eines abwesenden Patrons einen anderen Vormund zu beantragen, z. B. um eine Erbschaft antreten zu können. 177. Dasselbe hat der Senat bewilligt, falls der Sohn des verstorbenen Patrons noch unmündig ist. 178. Denn auch in der Lex Iulia über Eheschließungen wird einer Frau, die in gesetzlicher Vormundschaft eines Unmündigen ist, erlaubt, zur Festsetzung der Mitgift (dos) beim Stadtprätor einen Vormund zu beantragen. 179. Der Sohn des Patrons wird allerdings, auch wenn er unmündig ist, Vormund der Freigelassenen, obwohl er keine Rechtshandlung seines Mündels genehmigen kann, da ihm selber nichts ohne die Genehmigung seines Vormundes zu tun erlaubt ist. 180. Ebenso wird einer Frau, wenn sie unter der gesetzlichen Vormundschaft eines Geisteskranken oder eines Stummen ist, durch den Senatsbeschluß gestattet, zur Festsetzung der Mitgift einen anderen Vormund zu beantragen. 181. Es ist klar, daß die Vormundschaft für den Patron und den Sohn des Patrons in diesen Fällen prinzipiell erhalten bleibt. 182. Weiterhin: wenn der Vormund eines oder einer Unmündigen als der unrechtmäßigen Bereicherung verdächtig der Vormundschaft enthoben wird oder wenn er wegen eines rechtlich anerkannten Entschuldigungsgrundes davon entbunden wird, hat der Senat beschlossen, daß an seiner Stelle ein anderer Vormund eingesetzt werden soll. Dadurch verliert der erste Vormund die Vormundschaft. 183. Dies alles wird in Rom und in den Provinzen ähnlich gehandhabt, natürlich mit dem Unterschied, daß in den Provinzen der Vormund beim Statthalter beantragt werden muß.

184. Früher, als noch die Legisaktionen üblich waren, wurde auch in dem Falle ein Vormund gegeben, wenn ein Rechtsstreit zwischen dem Vormund und seinem weiblichen oder unmündigen männlichen Mündel durchzuführen war: denn weil der Vormund in eigener Sache nicht die rechtliche Genehmigung erteilen konnte, wurde ein anderer eingesetzt, mit dessen rechtlicher Zustimmung die Legisaktio durchgeführt werden konnte. Der hieß „prätorischer Vormund", weil er vom Stadtprätor eingesetzt wurde. Aber nach Aufhebung der Legisaktionen sind einige Juristen der Ansicht, daß diese Art, einen Vormund einzusetzen, nicht mehr gebräuchlich sei, andere aber erklären, sie sei doch möglich, wenn es sich um eine satzungsgemäße Klage handele.

185. Wenn gar kein Vormund vorhanden ist, wird dem Mündel in Rom nach der Lex Atilia einer vom Stadtprätor und der Mehrheit der Volkstribunen bestimmt, den man „atilianischen Vormund" nennt; in den Provinzen geschieht das durch den Statthalter nach der Lex Iulia et Titia.

186. Und wenn daher für jemanden im Testament ein Vormund unter einer bestimmten Bedingung oder von einem bestimmten Termin an eingesetzt ist, kann ihm ein Vormund gegeben werden, solange die Bedingung nicht erfüllt oder der Termin noch nicht heran ist. Ebenso muß nach den genannten Gesetzen die Einsetzung eines Vormundes für die Zeit beantragt werden, in der noch kein Erbe feststeht, selbst wenn ein Vormund ohne weitere Bedingungen testamentarisch eingesetzt ist. Der vom Prätor eingesetzte Vormund wird entlastet, sobald jemand nach der Bestimmung des Testaments die Vormundschaft übernimmt. 187. Auch wenn der Vormund in Gefangenschaft gerät, muß nach diesen Gesetzen die Einsetzung eines Vormundes beantragt werden; dieser hört auf, Vormund zu sein, wenn der Kriegsgefangene in den Staat bzw. die Gemeinde zurückkehrt, denn bei seiner Rückkehr nimmt letzterer die Vormundschaft nach dem Rückkehrrecht wieder auf.

[GRUNDSÄTZLICHES ZUR VORMUNDSCHAFT]

188. Aus dem Gesagten geht hervor, wie viele Arten der Vormundschaft es gibt. Wenn wir aber fragen wollten, in wie viele Klassen diese Arten eingeteilt werden, so würde die Diskussion langwierig, denn über diese Frage waren die alten Juristen sehr geteilter Ansicht. Da ich dies Problem gründlicher in der Erklärung des Edikts und in meinen Büchern „Zu Quintus Mucius" behandelt habe, mag es einstweilen genügen, anzumerken, daß einige Juristen, wie Quintus Mucius, gesagt haben, daß es fünf Klassen gibt, andere drei, wie Servius Sulpicius, andere zwei, wie Labeo, und noch andere haben angenommen, es gebe so viele Klassen wie Arten.

189. Aber daß Unmündige unter Vormundschaft stehen, tritt nach dem Recht aller Staaten ein, weil es mit der natürlichen Vernunft in Einklang steht, daß derjenige, der noch nicht volljährig ist, durch die Vormundschaft eines anderen gelenkt wird, und es gibt fast keinen Staat, in dem es den Vätern nicht erlaubt ist, ihren unmündigen Kindern testamentarisch einen Vormund zu bestimmen, obgleich, wie ich oben gesagt habe, anscheinend einzig und allein die römischen Bürger ihre Kinder unter ihrer Gewalt haben. 190. Daß aber volljährige Frauen unter Vormundschaft stehen, dafür spricht eigentlich kein einleuchtender Grund. Denn wenn gewöhnlich angenommen wird, es geschehe, weil sie wegen ihres Leichtsinns oft getäuscht werden und weil es daher billig wäre, daß sie durch die Autorität eines Vormundes geleitet würden, so ist das mehr Schein als Wahrheit; denn volljährige Frauen führen selbst ihre Geschäfte, und in einigen Fällen gibt der Vormund der Form halber seine rechtliche Zustimmung; oft wird er sogar gegen seinen Willen vom Prätor gezwungen, seine Zustimmung zu geben. 191. Daher hat eine Frau auch der Vormundschaft wegen keine Klagmöglichkeit gegen den Vormund; aber wo ein Vormund die Geschäfte von unmündigen Jungen oder Mädchen führt, da legt er ihnen, wenn sie volljährig sind, im Vormundschaftsprozeß Rechenschaft ab. 192. Die gesetzliche Vormundschaft von Patron und Vater oder Großvater hat allerdings einige Kraft, wie man daraus ersieht, daß sie weder

gezwungen werden können, zu einer Testamentserrichtung noch zur Veräußerung von manzipierbaren Objekten noch zum Eingehen einer Verbindlichkeit (obligatio) seitens des Mündels ihre rechtliche Zustimmung zu geben, wenn nicht ein sehr triftiger Grund zur Veräußerung von manzipierbaren Objekten oder zum Eingehen einer Verbindlichkeit vorliegt. Das alles ist in ihrem eigenen Interesse so eingerichtet: weil sie die Erben ihrer Mündel sind, falls diese ohne Testament sterben, sollen sie weder durch ein Testament von der Erbschaft ausgeschlossen werden, noch soll die Erbschaft durch die Veräußerung der wertvolleren Vermögensteile und durch eingegangene Verbindlichkeiten im Werte gemindert an sie gelangen. 193. Bei den Peregrinen sind die Frauen nicht ebenso wie bei uns unter Vormundschaft, aber dennoch sind sie oft so gut wie unter Vormundschaft; so verlangt z. B. ein Gesetz der Bithynier, daß der Ehemann oder ein erwachsener Sohn die rechtliche Zustimmung gibt, wenn eine Frau ein Geschäft abschließt. 194. Von der Vormundschaft frei werden freigeborene Frauen durch das ⟨Dreikinderrecht, Freigelassene aber durch das Vierkinderrecht, soweit sie unter der gesetzlichen Vormundschaft ihres Patrons⟩ oder seiner Nachkommen stehen; denn die übrigen, die einen Vormund anderer Art haben, einen atilianischen oder einen fiduziarischen, werden auch durch das Dreikinderrecht von der Vormundschaft frei. 195. Es kann aber eine Freigelassene auf mehrere Arten zu einem Vormund anderer Art kommen, z. B. wenn sie von einer Frau freigelassen ist, dann muß sie nämlich nach der Lex Atilia die Einsetzung eines Vormundes beantragen, oder in den Provinzen nach der Lex Iulia et Titia: denn in der Vormundschaft der Patronin kann sie nicht sein. 195a. Ebenso: wenn sie von einer Person männlichen Geschlechts freigelassen ist und mit seiner Billigung einen Scheinkauf durchgeführt hat, dann aber remanzipiert und freigelassen ist, so hört sie auf, den Patron zum Vormund zu haben, beginnt aber unter der Vormundschaft dessen zu stehen, von dem sie freigelassen ist und der „fiduziarischer Vormund“ genannt wird. 195b. Ebenso muß die Freigelassene nach der Lex Atilia oder der Lex Iulia et Titia die Einsetzung eines Vormundes beantragen, wenn der Patron oder sein Sohn sich haben adoptieren lassen. 195c. Ebenso muß die Freigelassene auf Grund der gleichen Gesetze die Einsetzung eines Vormunds beantragen, wenn der Patron gestorben ist und keinen männlichen Erben in seiner Familie hinterlassen hat. 196. Personen männlichen Geschlechts aber werden von der Vormundschaft frei, wenn sie mündig sind. Für mündig sehen aber Sabinus und Cassius und andere Rechtslehrer denjenigen an, der in seiner körperlichen Beschaffenheit die Mannbarkeit erkennen läßt, d. h., der Kinder zeugen kann; bei denen aber, die nicht mannbar werden können, das sind die von Natur aus Impotenten, müsse man auf das Alter sehen, in dem sie normalerweise mannbar würden. Aber die Juristen der anderen Schule meinen, man müsse die Mannbarkeit nach dem Alter einschätzen, d. h., sie nehmen den als mündig an, der vierzehn Jahre alt ist - - -

[PFLEGSCHAFT – RECHENSCHAFTSPFLICHT]

197. - - - das Alter erreicht hat, in dem er seine Angelegenheiten selbst führen kann, eine Praxis, die, wie ich weiter oben berichtet habe, bei den Peregrinen üblich ist. 198. Aus dem gleichen Grunde werden üblicherweise auch in den Provinzen von den Statthaltern Vermögenspfleger eingesetzt.

199. Damit aber nicht das Vermögen Unmündiger und solcher Personen, die in Pflegschaft sind, von Vormündern oder Vermögenspflegern durchgebracht oder geschmälert wird, sorgt der Prätor dafür, daß Vormünder und Vermögenspfleger in dieser Hinsicht Rechenschaft ablegen. 200. Aber das ist nicht allgemein gültig; denn der testamentarisch eingesetzte Vormund wird nicht gezwungen, Rechenschaft abzulegen, weil seine Zuverlässigkeit und Sorgfalt vom Verfasser des Testaments selbst bestätigt ist, und auch der Vermögenspfleger, dem die Pflegschaft nicht durch das Gesetz zusteht, sondern der vom Konsul oder Prätor oder Provinzstatthalter eingesetzt ist, wird meistens nicht zur Rechenschaft gezwungen, weil da natürlich besonders rechtschaffene Männer ausgewählt werden.

ZWEITES BUCH

[EINTEILUNG DER SACHEN NACH DEM EIGENTÜMER]

1. Im vorigen Buch habe ich das Personenrecht dargestellt, jetzt wollen wir die Sachen betrachten. Diese sind entweder in Privatbesitz oder werden als außerhalb des Privatbesitzes liegend angesehen. 2. Die Haupteinteilung der Sachen ergibt zwei Klassen: denn sie sind entweder göttlichem oder menschlichem Recht unterworfen. 3. Göttlichem Recht unterworfen sind z. B. Objekte, die als sacer oder religiosus bezeichnet werden. 4. Sacer ist alles, was den himmlischen, religiosus das, was den unterirdischen Göttern geweiht ist. 5. Als sacer gilt aber nur das, was mit Zustimmung des römischen Volkes geweiht ist, z. B. indem ein Gesetz darüber erlassen oder ein Senatsbeschluß deshalb gefaßt wurde. 6. Religiosus aber wird etwas allein durch unseren Willen, etwa wenn wir einen Toten auf unserem Grund und Boden bestatten, vorausgesetzt, daß die Bestattung dieses Toten unsere Angelegenheit ist. 7. Nach Ansicht vieler Juristen wird aber auf Provinzialland der Ort nicht religiosus, weil dies Land Eigentum des römischen Volkes oder des Kaisers ist, wir aber als Besitzer oder Nutznießer gelten; allerdings wird er dennoch als religiosus angesehen, wenn er es auch nicht wirklich ist. Ebenso gilt in den Provinzen das, was eigentlich nicht richtig sacer ist, weil es nicht mit Zustimmung des römischen Volkes geweiht wurde, dennoch für sacer. 8. Auch geheiligte (sanctus) Dinge, wie Stadtmauern und -tore, sind in gewisser Weise göttlichem Recht unterworfen. 9. Was aber göttlichem Recht unterworfen ist, das gehört keinem Menschen, was jedoch menschlichem Recht unterworfen ist, gehört meistens irgend jemandem. Es kann aber auch sein, daß es niemandem gehört, denn die Objekte, die eine Erbschaft ausmachen, gehören niemandem, ehe jemand als Erbe ersteht--- 10. Die Dinge aber, die menschlichem Recht

unterworfen sind, dienen entweder dem öffentlichen oder dem privaten Gebrauch. 11. Was dem öffentlichen Gebrauch dient, gehört nach juristischer Auffassung keinem einzelnen; man nimmt nämlich an, daß es Eigentum der Allgemeinheit ist. Privatem Gebrauch dient, was einzelnen Menschen gehört.

[KÖRPERLICHE UND UNKÖRPERLICHE OBJEKTE]

12. Außerdem sind manche Objekte körperlich, andere unkörperlich (res corporales et incorporales). 13. Körperlich sind diejenigen, die man anfassen kann, wie Land, ein Mensch, ein Kleidungsstück, Gold, Silber und schließlich unzählige andere Sachen. 14. Unkörperlich sind diejenigen, die man nicht anfassen kann, wie das, was in einem Recht besteht, z. B. Erbschaft, Nießbrauch (ususfructus), Verbindlichkeiten, ganz gleich, in welcher Weise sie begründet worden sind. Und es tut nichts zur Sache, daß zu einer Erbschaft körperliche Objekte gehören und daß der Ertrag, der aus einem Stück Land gezogen wird, körperlich ist und daß das, was man uns aus irgendeiner Verbindlichkeit heraus schuldet, meistens körperlich ist, wie ein Grundstück, ein Sklave oder Geld: denn das Recht zur Erbfolge und das Nutzungsrecht und das Recht an einer Verbindlichkeit an und für sich sind unkörperlich. Zu der gleichen Klasse gehören die Rechte an städtischen und ländlichen Grundstücken. ⟨Rechte an städtischen Grundstücken sind z. B.⟩ das Recht, in die Höhe zu bauen und dem Nachbarn das Licht zu nehmen, oder das Recht, das Höherbauen zu verbieten, damit dem Nachbarn nicht das Licht genommen wird, ebenso ⟨das Recht, daß der Nachbar Regenwasser auf sein Grundstück oder in sein Haus durch eine Rinne oder durch die Traufe einlassen muß, ebenso das Recht, einen Kanal zur Ableitung des Unrats durch das Land des Nachbarn zu ziehen und Fenster nach seinem Grundstück hin zu bauen. Rechte an ländlichen Grundstücken sind das Recht auf den Durchgang für Menschen, Wagen und Vieh, ebenso das Recht, Tiere zu tränken und⟩ einen Wasserkanal durch das Nachbargrund-

stück zu leiten. Ein solches Recht an städtischen oder ländlichen Grundstücken bezeichnet man als Dienstbarkeit (servitus).

[MANZIPIERBARE UND NICHT MANZIPIERBARE OBJEKTE]

14a. Es gibt auch eine andere Einteilung der Sachen, denn sie sind entweder manzipierbar oder nicht manzipierbar. Manzipierbar sind ⟨z. B. ein Grundstück auf italischem Boden⟩, ebenso ein Gebäude auf italischem Boden, ⟨ebenso Sklaven und diejenigen Tiere, die gewöhnlich gezähmt und zum Ziehen oder Tragen benutzt werden, wie Rinder, Pferde, Maultiere, Esel, ebenso Dienstbarkeiten an ländlichen Grundstükken; denn Dienstbarkeiten an⟩ städtischen Grundstücken sind nicht manzipierbar. Ebenso sind grundsteuerpflichtige (stipendiarius) und steuerpflichtige (tributarius) Grundstücke nicht manzipierbar. 15. Aber wenn ich gesagt habe, daß die Tiere, die gewöhnlich gezähmt werden, manzipierbar sind, so ist die Frage, wie man das erkennen soll, weil sie nicht gleich bei der Geburt gezähmt werden. Und die Gelehrten unserer Schule sind jedenfalls der Ansicht, daß sie gleich, wenn sie geboren sind, manzipierbar sind; Nerva aber und Proculus und die übrigen Gelehrten der anderen Schule sind der Ansicht, daß sie nur dann manzipierbar sind, wenn sie gezähmt sind, und daß sie, wenn sie wegen zu großer Wildheit nicht gezähmt werden können, vom juristischen Standpunkt aus dann manzipierbar werden, wenn sie in das Alter kommen, in dem sie normalerweise gezähmt werden. 16. Aber wilde Tiere, wie z. B. Bären und Löwen, sind nicht manzipierbar, auch nicht die Tiere, die man halbwegs zu den wilden rechnet, wie Elefanten und Kamele. Und es tut nichts zur Sache, daß auch diese Tiere gewöhnlich gezähmt und zum Ziehen oder Tragen benutzt werden: denn nicht einmal den Namen dieser Tiere gab es zu der Zeit, als festgelegt wurde, daß bestimmte Objekte manzipierbar seien und andere nicht. 17. Ebenso ist fast alles, was unkörperlich ist, nicht manzipierbar, mit Ausnahme der Dienstbarkeiten an ländlichen Grundstücken, denn die sind anerkanntermaßen manzipierbar, obwohl sie zu den unkörperlichen Objekten gehören.

18. Es besteht aber ein großer Unterschied zwischen manzipierbaren und nicht manzipierbaren Objekten. 19. Denn die nicht manzipierbaren Objekte werden durch die bloße formlose Übergabe (traditio) vollständiges Eigentum des anderen, vorausgesetzt, daß sie körperlich sind und eine Übergabe zulassen. 20. Wenn ich dir daher ein Kleidungsstück oder Gold oder Silber übergeben habe, sei es von Verkaufs wegen (venditio), als Schenkung (donatio) oder aus einem beliebigen anderen Grunde, so wird der Gegenstand sofort dein Eigentum, vorausgesetzt, daß ich der Eigentümer bin. 21. In der gleichen Rechtslage sind Grundstücke in den Provinzen, von denen wir die einen grundsteuerpflichtig und die anderen steuerpflichtig nennen. Grundsteuerpflichtig sind diejenigen, welche sich in den Provinzen befinden, die als Eigentum des römischen Volkes gelten, steuerpflichtig sind diejenigen, welche sich in den Provinzen befinden, welche als Eigentum des Kaisers angesehen werden. 22. Manzipierbare Objekte aber werden einem anderen durch mancipatio übertragen, daher auch der Name. Was aber eine mancipatio bewirkt, das bewirkt auch eine Abtretung vor Gericht (in iure cessio). 23. Wie nun eine mancipatio vor sich geht, habe ich im vorigen Buch mitgeteilt. 24. Eine Abtretung vor Gericht aber geht folgendermaßen vor sich: Vor einem Magistrat des römischen Volkes, und zwar dem Prätor, faßt derjenige, dem das Objekt vor Gericht abgetreten wird, dies Objekt an und sagt so: ICH BEHAUPTE, DASS DIESER SKLAVE NACH QUIRITISCHEM RECHT MEIN EIGENTUM IST. Darauf, nachdem der eine vindiziert hat, fragt der Prätor den, der abtritt, ob er Einspruch erhebt. Wenn der das verneint oder schweigt, spricht er dem, der vindiziert hat, das Objekt zu, und das nannte man eine Legisaktio. Dies kann auch in den Provinzen vor dem Statthalter geschehen. 25. Meistens aber, ja fast immer bedient man sich der mancipatio: was man nämlich selbst in Gegenwart einiger Freunde tun kann, braucht man ja nicht unter größeren Schwierigkeiten vor dem Prätor oder dem Provinzstatthalter zu tun.

26. Wenn aber ein manzipierbares Objekt weder manzipiert noch vor Gericht abgetreten wird - - - 27. - - - müssen wir uns vor Augen halten, ⟨daß die Bemerkung der alten Juristen,⟩ es gebe nexus ⟨von Land in Italien⟩, aber nicht von Provinzialland, bedeutet: Land in Italien ist manzipierbar, Provinzialland nicht. Der Akt wurde nämlich in der alten Sprache anders genannt, ⟨und was für sie nexus war, das ist für uns mancipatio.⟩

28. Daß unkörperliche Objekte keine Übergabe zulassen, liegt auf der Hand. 29. Aber Rechte an städtischen Grundstükken können vor Gericht abgetreten, Rechte an ländlichen Grundstücken sogar manzipiert werden. 30. Der Nießbrauch kann nur vor Gericht abgetreten werden, denn der Eigentümer kann einem anderen den Nießbrauch vor Gericht abtreten, so daß der den Nießbrauch hat und er das bloße Eigentum an der Sache behält. Wenn der Nutznießer dem Eigentümer den Nießbrauch wieder abtritt, so bewirkt er, daß der Nießbrauch ihm verlorengeht und in volles Eigentum des anderen zurückverwandelt wird; wenn er ihn aber jemand anderem abtritt, so behält er sein Recht trotzdem: denn nach juristischer Ansicht wird durch eine solche Abtretung nichts bewirkt. 31. Aber dies gilt allerdings für Grundstücke in Italien, weil das Land selbst durch mancipatio oder durch Abtretung vor Gericht veräußert werden kann. Wenn sonst jemand an Provinzialgrundstücken Nießbrauch oder das Recht, einen Weg zu benutzen, Vieh zu treiben, Wasser durchzuleiten, in die Höhe zu bauen oder nicht zu dulden, daß in die Höhe gebaut wird, damit dem Nachbarn nicht das Licht genommen wird, und andere ähnliche Rechte begründen will, so kann er das nur durch formloses Übereinkommen (pactio) oder förmliche Forderung (stipulatio) erreichen, weil nicht einmal die Grundstücke selbst durch mancipatio oder Abtretung vor Gericht veräußert werden können. 32. Aber da auch ein Nießbrauch an Sklaven und anderen Lebewesen begründet werden kann, muß man wissen, daß der Nießbrauch daran auch in den Provinzen durch Abtretung vor Gericht begründet werden kann. 33. Wenn ich aber gesagt habe, daß Nießbrauch nur durch Abtretung vor Gericht veräußert werden kann, so ist das nicht unbedacht geschehen, ob-

gleich er auch durch eine mancipatio begründet werden kann, nämlich dadurch, daß er bei der mancipatio vom Eigentum abgezogen werden kann: es wird dann nämlich nicht der Nießbrauch selbst übertragen, sondern wenn er bei der mancipatio abgezogen wird, wird dadurch bewirkt, daß der eine den Nießbrauch, der andere das bloße Eigentum hat.

34. Auch eine Erbschaft kann nur durch Abtretung vor Gericht übertragen werden. 35. Denn wenn derjenige, dem die Erbschaft eines ohne wirksames Testament Gestorbenen (ab intestato) nach ius civile zusteht, sie einem anderen vor Gericht abtritt, ehe er sie angetreten hat, d. h., ehe er Erbe geworden ist, so wird derjenige, dem er die Erbschaft abgetreten hat, ebenso Erbe, als ob er selbst durch das Gesetz zur Erbschaft berufen worden wäre. Wenn er sie aber abgetreten hat, nachdem er die Erbschaft angetreten hat, so bleibt er trotzdem Erbe und wird deshalb den Gläubigern haftbar gemacht werden; die Außenstände aber werden dadurch hinfällig, und die Schuldner des Erblassers machen auf diese Weise einen Gewinn; die Erbmasse aber geht ebenso an denjenigen über, dem die Erbschaft abgetreten worden ist, als wenn ihm die einzelnen Bestandteile abgetreten worden wären. 36. Ein testamentarisch eingesetzter Erbe bewirkt nichts, wenn er die Erbschaft jemand anderem vor Gericht abtritt, ehe er sie angetreten hat; wenn er sie aber abtritt, nachdem er sie angetreten hat, geschieht dasselbe, was ich eben von dem gesagt habe, dem das Erbe eines ohne wirksames Testament Gestorbenen nach ius civile zusteht, wenn er sie vor Gericht abtritt, nachdem er sie angetreten hat. 37. Dasselbe behaupten die Gelehrten der anderen Schule von dem Zwangserben (necessarius heres), weil es ihrer Ansicht nach keinen Unterschied macht, ob jemand durch Antritt der Erbschaft oder gegen seinen Willen Erbe wird. Was das bedeutet, wird an gehöriger Stelle noch näher ausgeführt werden. Aber unsere Lehrer nehmen an, daß ein Zwangserbe nichts ausrichtet, wenn er die Erbschaft vor Gericht jemandem abtritt.

38. Verbindlichkeiten, wie sie auch zustande gekommen sein mögen, sind auf keine dieser Arten veräußerlich: denn wenn ich will, daß jemand das, was er mir schuldet, statt dessen

dir schulden soll, so kann ich das nicht auf eine der Arten, auf die körperliche Objekte einem anderen übertragen werden, bewirken; es ist vielmehr nötig, daß du, von mir ermächtigt, an ihn eine förmliche Forderung stellst; und die bewirkt, daß er von der Verbindlichkeit gegen mich frei und nunmehr dir haftbar wird. Das nennt man Schulderneuerung (novatio). 39. Ohne diese Schulderneuerung aber kannst du nicht im eigenen Namen die Schuld bei ihm einklagen, sondern mußt in meinem Namen als mein Prozeßvertreter (cognitor) oder Bevollmächtigter (procurator) vorgehen.

[QUIRITISCHES UND BONITARISCHES EIGENTUM – ERSITZUNG]

40. Man muß darauf hinweisen, daß es bei den Peregrinen nur eine Art des Eigentums gibt, denn dort ist einer entweder Eigentümer, oder er gilt nicht als Eigentümer. Diese Rechtsvorschrift befolgte früher auch das römische Volk: jeder einzelne war nämlich Eigentümer nach quiritischem Recht, oder er galt nicht als Eigentümer. Aber später erlitt das Eigentum eine Teilung, so daß an derselben Sache der eine quiritisches, ein anderer bonitarisches Eigentum haben kann. 41. Denn wenn ich dir ein manzipierbares Objekt weder manzipiert noch vor Gericht abgetreten, sondern es dir nur formlos übergeben habe, so wird das Objekt zwar dein bonitarisches Eigentum, es bleibt aber mein quiritisches Eigentum, bis du es durch längeren Besitz ersessen hast. Wenn die Ersitzung (usucapio) nämlich einmal abgeschlossen ist, wird das Objekt vollständig, d. h. quiritisch und bonitarisch, dein Eigentum, gerade so, als wenn es manzipiert oder vor Gericht abgetreten wäre.

42. Die Ersitzung von beweglichen Gütern wird in einem Jahr abgeschlossen, die eines Grundstücks oder eines Gebäudes in zwei Jahren, und so ist es im Zwölftafelgesetz festgelegt.

43. Übrigens steht uns die Ersitzung auch der Objekte zu, die uns nicht vom Eigentümer übergeben worden sind, ob sie nun manzipierbar sind oder nicht, wenn wir sie nur im guten Glauben (bona fides) angenommen haben, da wir glaubten,

daß derjenige, der sie uns übergab, der Eigentümer sei. 44. Das wurde anscheinend deshalb als gültig angenommen, damit die Eigentumsverhältnisse nicht zu lange im ungewissen sein sollten, da für den Eigentümer eine Frist von einem Jahr oder zweien genügte, um seinem Eigentum nachzuspüren, die Zeit, die dem Besitzer zur Ersitzung zugemessen wurde.

45. Aber manchmal kommt der Besitzer nicht zur Ersitzung, wenn er auch in noch so gutem Glauben ein fremdes Eigentum besitzt, z. B. wenn er ein gestohlenes oder gewaltsam weggenommenes Objekt in Besitz hat; denn das Zwölftafelgesetz verhindert die Ersitzung von gestohlenen, die Lex Iulia und die Lex Plautia die von gewaltsam weggenommenen Objekten. 46. Ebenso sind Provinzialgrundstücke der Ersitzung nicht zugänglich. 47. Auch Eigentum an manzipierbaren Dingen, die einer Frau gehörten, die unter der Vormundschaft ihrer Agnaten stand, konnte früher nicht durch Ersitzung erworben werden, außer wenn sie von ihr selbst mit Zustimmung des Vormundes übergeben worden waren, und so ist es im Zwölftafelgesetz festgelegt. 48. Ebenso liegt es auf der Hand, daß Eigentum an freien Menschen und an Objekten, die sacer oder religiosus sind, nicht durch Ersitzung erworben werden kann.

49. Wenn man aber gewöhnlich sagt, daß die Ersitzung von gestohlenem oder gewaltsam weggenommenem Gut durch das Zwölftafelgesetz verhindert werde, so bezieht sich das nicht darauf, daß der Dieb selbst oder wer sich etwas gewaltsam angeeignet hat, das Eigentum nicht durch Ersitzung erwerben kann – denn dem steht die Ersitzung schon aus einem anderen Grunde nicht zu, weil er ja im Bewußtsein der Unrechtmäßigkeit (mala fides) besitzt –, sondern auch kein anderer, auch nicht, wenn er von ihm im guten Glauben gekauft hat, hat das Recht zur Ersitzung. 50. Daher kommt es bei beweglichen Gütern kaum vor, daß jemandem, der nur im guten Glauben besitzt, die Ersitzung zusteht, weil ja derjenige, der eine fremde Sache verkauft und übergibt, einen Diebstahl begeht; und dasselbe trifft zu, wenn sie aus einem anderen Grunde übergeben wird. Aber manchmal liegt der Fall doch anders: denn wenn ein Erbe einen Gegenstand, der dem Verstorbenen geliehen

oder vermietet oder bei ihm hinterlegt (depositum) war, in dem Glauben verschenkt oder verkauft hat, daß er zum Erbgut gehöre, so begeht er keinen Diebstahl. Ebenso: wenn jemand, der den Nießbrauch einer Sklavin hat, ihr Kind in dem Glauben, es gehöre ihm, verschenkt oder verkauft hat, so begeht er keinen Diebstahl; ohne die Absicht zu stehlen begeht man nämlich keinen Diebstahl. Auch auf andere Weise kann es vorkommen, daß jemand, ohne daß ihm ein Diebstahl vorgeworfen werden könnte, eine fremde Sache einem anderen übergibt und so bewirkt, daß das Eigentum daran vom Besitzer durch Ersitzung erworben wird. 51. Auch in den Besitz eines fremden Grundstücks kann jemand ohne Gewaltanwendung kommen, wenn es entweder durch die Nachlässigkeit des Eigentümers ungenützt liegt oder weil der Eigentümer ohne Erben gestorben oder lange Zeit fortgewesen ist. Wenn er das Land jemandem übergeben hat, der es im guten Glauben annimmt, so kann der Besitzer das Eigentum daran durch Ersitzung erwerben. Und selbst wenn derjenige, der sich den ungenützten Besitz angeeignet hat, weiß, daß es ein fremdes Grundstück ist, so beeinträchtigt dies das Recht des im guten Glauben Besitzenden auf Ersitzung nicht, denn die Meinung derer, die annehmen, ein Grundstück könne gestohlen werden, hat keine Anerkennung gefunden. 52. Andererseits wiederum kommt es vor, daß jemand, der weiß, daß er fremdes Gut besitzt, das Eigentum daran durch Ersitzung erwirbt, z. B. wenn jemand von einem Stück aus einer Erbschaft, die der Erbe noch nicht angetreten hat, Besitz ergriffen hat, denn ihm ist die Ersitzung gestattet, wenn das Objekt nur so beschaffen ist, daß es eine Ersitzung zuläßt. Diese Art des Besitzes und der Ersitzung nennt man „anstelle des Erben" (pro herede). 53. Und so großzügig ist in dieser Hinsicht Ersitzung gestattet, daß sogar das, was mit dem Land zusammenhängt, in einem Jahr ersessen wird. 54. Aber der Grund, weshalb in diesem Falle eine einjährige Ersitzungsfrist für Immobilien festgelegt ist, liegt darin, daß man früher annahm, der Besitz von Erbstücken werde ebenso wie die Erbschaft selbst ersessen, und zwar in einem Jahre. Das Zwölftafelgesetz legt nämlich fest, daß Immobilien in zwei Jahren, alle anderen Objekte in einem Jahr ersessen werden sollen. Daher galt eine Erbschaft als zu den anderen Objekten gehörig, weil sie nicht Land ist. Und obgleich man später annahm, daß eine Erbschaft selbst nicht ersessen werden könne, blieb bei allen einzelnen Erbstücken, auch wenn es sich um Immobilien handelt, die einjährige Ersitzung bestehen. 55. Der Grund aber, weshalb überhaupt ein so unrechtmäßiger Besitz und solche Ersitzung gestattet worden sind, liegt darin, daß die alten Juristen wollten, daß Erbschaften recht schnell angetreten würden, damit jemand da sei, der die kultischen Handlungen vollzöge, worauf in jenen Zeiten sehr viel Wert gelegt wurde, und damit auch die Gläubiger jemand hätten, von dem sie das Ihre erhalten könnten. 56. Diese Art des Besitzes und der Ersitzung nennt man auch gewinnbringend (usucapio lucrativa), denn jemand zieht hier bewußt aus fremdem Eigentum Gewinn. 57. Aber heutzutage gibt es diese gewinnbringende Ersitzung nicht mehr, denn auf Anraten des Kaisers Hadrian ist ein Senatsbeschluß gefaßt worden, daß derartige Ersitzungen rückgängig gemacht werden können, und daher kann der Erbe von dem, der das betreffende Objekt ersessen hat, durch eine Erbschaftsklage (hereditatis petitio) das Objekt ebenso erlangen, als wenn der andere es noch nicht ersessen hätte.

58. Wenn jedoch ein Zwangserbe (necessarius heres) vorhanden ist, kann schon nach dem ius civile nichts „anstelle des Erben“ ersessen werden.

59. Bis heute kann auch aus anderen Gründen jemand bewußt fremdes Eigentum ersitzen. Denn wer jemandem ein Objekt in Form einer Sicherheitsübereignung (fiducia) manzipiert oder vor Gericht abgetreten hat, kann es innerhalb eines Jahres ersitzen, wenn er es wieder in Besitz genommen hat, nicht nur wenn es ein bewegliches Gut ist, sondern auch wenn es sich um Immobilien handelt. Diese Art der Ersitzung nennt man „Rückerwerb durch Ersitzung“ (usureceptio), weil wir das, was wir einmal gehabt haben, durch Ersitzung zurückerhalten. 60. Eine Sicherheitsübereignung wird aber entweder mit einem Gläubiger nach Pfandrecht vereinbart oder mit einem Freunde, damit unser Eigentum bei ihm um so sicherer ist. Wenn nun die Sicherheitsübereignung mit einem Freunde ver-

einbart ist, so ist der Rückerwerb durch Ersitzung natürlich immer berechtigt, wenn dagegen mit einem Gläubiger, so ist er immer dann berechtigt, wenn die Schuld bezahlt ist; wenn sie aber noch nicht bezahlt ist, so ist er unter der Bedingung berechtigt, daß der Schuldner den Gegenstand nicht vom Gläubiger gemietet oder sich seinen Besitz zur Benutzung von ihm ausgebeten hat. In diesem Fall ist gewinnbringende Ersitzung möglich. 61. Ebenso ist der Rückerwerb durch Ersitzung gestattet, wenn der frühere Eigentümer ein Objekt erworben hat, das dem römischen Volk verpfändet war und von diesem nun verkauft worden ist; aber in diesem Fall wird ein Grundstück erst in zwei Jahren durch Ersitzung wieder erworben. Und das ist mit der Redensart, aus der Praediatur werde durch Ersitzung zurückgewonnen, gemeint, denn wer vom Volke ein verpfändetes Grundstück kauft, wird Praediator genannt.

[VERÄUSSERUNG]

62. Manchmal kommt es vor, daß der Eigentümer nicht die Macht hat zu veräußern, ein Nicht-Eigentümer aber veräußern kann. 63. Denn ein Grundstück, das zur Mitgift gehört, darf der Ehemann nach der Lex Iulia gegen den Willen der Frau nicht veräußern, obgleich es ihm gehört, ob es ihm nun als Mitgift manzipiert oder vor Gericht abgetreten ist oder ob er es ersessen hat. Man zweifelt allerdings, ob diese Rechtsvorschrift nur für italische Grundstücke oder auch für solche in den Provinzen gilt. 64. Andererseits darf ein Agnat als Vermögenspfleger eines Geisteskranken nach dem Zwölftafelgesetz Eigentum des Geisteskranken veräußern, ebenso der Bevollmächtigte, ⟨wenn etwas verkauft werden muß, damit es nicht verdirbt,⟩ ebenso der Gläubiger einen ihm verpfändeten Gegenstand nach entsprechendem Übereinkommen, obwohl er nicht sein Eigentum ist. Aber das geschieht anscheinend deshalb, weil man annimmt, das Pfand werde mit Zustimmung des Schuldners veräußert, der sich früher damit einverstanden erklärt hat, daß es dem Gläubiger freistehen solle, das Pfand zu verkaufen, wenn die Schuld nicht bezahlt werde.

65. Aus dem, was ich gesagt habe, geht also hervor, daß einiges nach Naturrecht veräußert wird, das sind die Objekte, die durch formlose Übergabe veräußert werden – und einiges nach ius civile; denn das Recht auf mancipatio, Abtretung vor Gericht und Ersitzung ist auf römische Bürger beschränkt.

[MÖGLICHKEITEN DES ERWERBS OHNE KAUF]

66. Dennoch erwerben wir nicht nur das, was durch Übergabe unser wird, nach dem natürlichen Rechtsprinzip, sondern auch das, wovon wir deshalb Besitz ergreifen (occupare) können, weil es vorher herrenlos war, z. B. alles, was auf dem Lande, im Meer oder in der Luft gefangen wird. 67. Wenn wir daher ein wildes Tier oder einen Vogel oder einen Fisch gefangen haben, so beginnt, was immer wir gefangen haben, unser Eigentum zu sein, und gilt solange als unser Eigentum, wie wir es unter Kontrolle haben. Wenn es aber unserer Verwahrung entwichen und in die natürliche Freiheit zurückgekehrt ist, wird es wieder das Eigentum dessen, der davon Besitz ergreift, weil es aufhört, unser Eigentum zu sein. Daß es in die natürliche Freiheit zurückgekehrt ist, nimmt man an, wenn es uns aus den Augen gekommen ist oder wenn es zwar in Sichtweite, die Verfolgung aber schwierig ist.

68. Bei solchen Tieren aber, die gewohnheitsmäßig kommen und gehen, wie Tauben und Bienen, ebenso bei zahmen Hirschen, die in die Wälder zu gehen und zurückzukommen pflegen, halten wir folgende Regel als altes Herkommen fest: wenn sie aufgehört haben, die Neigung zum Wiederkommen zu haben, hören sie auch auf, unser Eigentum zu sein, und fallen dem zu, der Besitz von ihnen ergreift. Man nimmt an, daß sie die Neigung zum Wiederkommen verlieren, wenn sie die Gewohnheit aufgegeben haben, zurückzukommen.

69. Auch das beim Feind Erbeutete wird nach dem natürlichen Rechtsprinzip unser Eigentum.

70. Aber auch das, was uns durch Anschwemmung zuwächst, wird mit dem gleichen Recht unser Eigentum. Durch Anschwemmung wächst uns aber das zu, was der Fluß unserem

Lande so allmählich zufügt, daß wir nicht einschätzen können, wieviel in jedem Augenblick hinzugefügt wird. Das ist mit der Redensart gemeint, durch Anschwemmung wachse das zu, was so allmählich hinzugefügt werde, daß es unsere Augen täusche. 71. Wenn daher der Fluß ein Stück von deinem Grundstück abgerissen und zu meinem Grundstück hingetragen hat, so bleibt das Stück dein Eigentum. 72. Aber wenn mitten im Fluß eine Insel entstanden ist, so gehört sie all denen gemeinsam, die auf beiden Seiten des Flusses am Ufer Grundstücke besitzen. Wenn sie aber nicht mitten im Fluß liegt, so gehört sie denen, die an der am nächsten gelegenen Seite Grundstücke am Ufer haben. 73. Außerdem wird nach Naturrecht das, was auf unserem Boden von einem anderen gebaut ist, unser Eigentum, auch wenn der andere in seinem eigenen Namen gebaut hat, weil alles, was über den Grund und Boden emporragt, zum Land gehört. 74. Und noch viel mehr ist dies bei einer Pflanze der Fall, die jemand in unseren Boden gepflanzt hat, wenn sie nur Wurzel geschlagen hat. 75. Das gleiche trifft auch für das Getreide zu, das jemand auf unserem Boden gesät hat. 76. Aber wenn wir ihm die Frucht oder das Gebäude gerichtlich abfordern und ihm den Aufwand für das Gebäude oder die Setzlinge oder das Saatgut nicht erstatten wollen, so kann er uns mit der Einrede wegen Arglist (exceptio doli mali) abweisen, jedenfalls wenn er Besitzer im guten Glauben war.

77. Nach dem gleichen Rechtsgrundsatz ist allgemein anerkannt, daß das, was jemand auf meinem Papier oder Pergament schreibt, und sei es mit goldenen Lettern, mir gehört, weil das Geschriebene zum Papier oder Pergament gehört. Daher kann ich auch durch die Einrede wegen Arglist aus dem Felde geschlagen werden, wenn ich diese Buchrollen oder diese Pergamentblätter gerichtlich fordere (petere) und nicht den Aufwand für das Schreiben bezahle. 78. Aber wenn jemand auf meiner Tafel z. B. ein Bild gemalt hat, wird das Gegenteil allgemein anerkannt, daß nämlich eher die Tafel zum Bild gehöre. Für diesen Unterschied wird eigentlich kein ausreichender Grund angegeben. Jedenfalls kannst du nach diesem Rechtsgrundsatz mit der Einrede wegen Arglist aus dem Felde ge-

schlagen werden, wenn ich im Besitz der Tafel bin und du dein Bild verlangst, aber den Preis der Tafel nicht bezahlst; aber wenn du Besitzer der Tafel bist, so folgt daraus, daß mir eine Klage mit abgeänderter Grundformel (actio utilis) gegen dich gewährt werden muß; in diesem Falle kannst du mich mit der Einrede wegen Arglist zurückweisen, wenn ich nicht den Aufwand für das Malen bezahle, jedenfalls wenn du Besitzer im guten Glauben warst. Denn das ist klar, daß mir eine Klage wegen Diebstahl zusteht, wenn du oder ein anderer die Tafel heimlich entwandt hat.

79. Auch bei veränderter äußerer Beschaffenheit wird das natürliche Rechtsprinzip erforscht. Wenn du demnach aus meinen Trauben oder Oliven oder meinen Kornähren Wein oder Öl oder Korn gemacht hast, erhebt sich die Frage, ob dieser Wein, dies Öl oder dies Korn mir oder dir gehört. Ebenso wenn du aus meinem Gold oder Silber irgendein Gefäß hergestellt oder aus meinen Brettern ein Schiff oder einen Schrank oder eine Bank gezimmert hast, ebenso wenn du aus meiner Wolle ein Kleidungsstück oder aus meinem Wein und Honig Met oder aus meinen Arzneimitteln ein Wundpflaster oder eine Augensalbe hergestellt hast, erhebt sich die Frage, ob das, was du hergestellt hast, dir gehört oder mir. Einige Rechtsgelehrte glauben, man müsse auf die materielle Substanz sehen, d. h., daß offenbar demjenigen, dem das Material gehört, auch die Sache, die hergestellt ist, gehöre, und diese Ansicht haben vor allem Sabinus und Cassius vertreten. Andere aber sind der Ansicht, daß die Sache dem Hersteller gehöre, und das schien besonders den Gelehrten der anderen Schule richtig, aber auch, daß demjenigen, dem die materielle Substanz gehört, eine Klage wegen Diebstahl gegen den, der sie entwendet hat, offenstehe und gleichermaßen eine Personalklage auf Werterstattung (condictio), weil man zwar zugrunde gegangene Objekte nicht vindizieren, die Erstattung des Wertes aber von Dieben oder bestimmten anderen Besitzern gerichtlich fordern kann.

[ERWERB UND VERÄUSSERUNG DURCH PERSONEN UNTER VORMUNDSCHAFT]

80. Jetzt müssen wir uns vor Augen halten, daß weder eine Frau noch ein Unmündiger ohne Einwilligung des Vormundes ein manzipierbares Objekt veräußern kann, während ein nicht manzipierbares Objekt zwar eine Frau, aber nicht ein Unmündiger veräußern kann. 81. Wenn daher eine Frau jemandem ohne Zustimmung ihres Vormundes Geld geliehen hat, so geht er eine einklagbare Verbindlichkeit ein, weil sie das Geld in das Eigentum des Annehmenden überführt, da es bekanntlich ein nicht manzipierbares Objekt ist. 82. Aber wenn ein Unmündiger das gleiche getan hat, so geht der andere keine einklagbare Verbindlichkeit ein, weil der Unmündige sein Geld nicht in das Eigentum des Annehmenden überführen kann. Daher kann der Unmündige zwar seine Münzen gerichtlich zurückfordern, wenn sie noch irgendwo vorhanden sind, d. h. in der Prozeßformel erklären, daß sie sein quiritisches Eigentum seien, ⟨eine Frau aber kann keineswegs in dieser Art zurückfordern, sondern muß erklären, das Geld müsse ihr gegeben werden. Deshalb ist es in bezug auf den Unmündigen strittig, ob er in dem Fall, daß die Münzen, die er verliehen hat, von dem Annehmenden ausgegeben sind, das Geld mit irgendeiner Klage verfolgen kann, da er ja auch sonst ohne Zustimmung des Vormundes eine einklagbare Verbindlichkeit zu seinen Gunsten begründen kann.⟩ 83. Im Gegensatz dazu können manzipierbare Objekte ebenso wie nicht manzipierbare an Frauen oder Unmündige auch ohne Einwilligung ihres Vormundes bezahlt werden, denn es ist ihnen erlaubt, auch ohne Einwilligung des Vormundes ihre finanzielle Lage zu verbessern. 84. Wenn also ein Schuldner einem Unmündigen das Geld zurückzahlt, so überführt er das Geld ins Eigentum des Unmündigen, wird aber selbst nicht entlastet, weil der Unmündige ohne Einwilligung seines Vormundes keine Verbindlichkeit lösen kann, da ihm die Veräußerung irgendeines Objektes ohne Einwilligung des Vormundes nicht erlaubt ist. Er kann aber doch, wenn er durch das Geld bereichert worden ist und es dennoch gericht-

lich fordert, durch die Einrede wegen Arglist aus dem Felde geschlagen werden.

85. Einer Frau aber kann auch ohne Einwilligung ihres Vormundes rechtskräftig zurückgezahlt werden, denn wer zahlt, wird von der Verbindlichkeit entlastet, weil Frauen, wie ich eben gesagt habe, nicht manzipierbare Objekte auch ohne Einwilligung des Vormundes fortgeben können. Das ist jedoch so, wenn sie das Geld tatsächlich erhält. Aber wenn sie es nicht erhält, sondern nur den Empfang bestätigt und den Schuldner durch eine formale Quittierung (acceptilatio) ohne Einwilligung des Vormundes entlasten möchte, so steht das nicht in ihrer Macht.

[ERWERB DURCH RECHTLICH ABHÄNGIGE PERSONEN]

86. Wir erwerben aber nicht nur in eigener Person für uns, sondern auch durch diejenigen, die unserer Gewalt unterstehen, in unserer manus oder im mancipium sind, ebenso durch die Sklaven, an denen uns der Nießbrauch zusteht, ebenso durch freie Menschen und fremde Sklaven, deren Besitzer wir im guten Glauben sind. Diese Fälle wollen wir uns nun einzeln genau betrachten.

87. Was also unsere Kinder, soweit sie unserer Gewalt unterstehen, ebenso was unsere Sklaven durch mancipatio empfangen oder durch formlose Übergabe erlangen oder was sie durch förmliche Forderung oder aus irgendeinem anderen Anlaß erwerben, das wird für uns erworben. Wer nämlich selbst unserer Gewalt untersteht, kann nichts Eigenes haben; und deshalb kann er auch eine Erbschaft, wenn er zum Erben eingesetzt wird, nur auf unseren Befehl antreten; und wenn er sie auf unseren Befehl angetreten hat, so wird die Erbschaft für uns erworben, geradeso als ob wir selbst zum Erben eingesetzt worden wären. Und entsprechend wird natürlich auch ein Vermächtnis durch sie für uns erworben. 88. Dabei müssen wir nur wissen, daß durch einen Sklaven, der bonitarisches Eigentum des einen und quiritisches Eigentum des anderen ist, in jedem

Falle nur für denjenigen etwas erworben wird, dessen bonitarisches Eigentum er ist. 89. Aber nicht nur Eigentum, sondern auch Besitz wird uns durch diejenigen erworben, die unserer Gewalt unterstehen: denn wir gelten als Besitzer von allem, wovon sie Besitz erlangt haben. Daher schreitet auch die Ersitzung durch sie voran.

90. Aber durch diejenigen Personen, die wir in unserer manus oder im mancipium haben, wird uns Eigentum aus allen Rechtsgründen ebenso erworben wie durch diejenigen, die unserer Gewalt unterstehen. Ob auch Besitz erworben wird, ist umstritten, weil wir diese Menschen ja selbst nicht besitzen.

91. Im Hinblick auf die Sklaven, deren Nießbrauch wir nur haben, ist die allgemeine Ansicht, daß alles, was sie im Zusammenhang mit unseren Geschäften oder durch eigene Arbeit erwerben, für uns erworben ist; was ihnen aber aus anderen Gründen zufällt, das gehört ihrem Eigentümer. Wenn daher dieser Sklave zum Erben eingesetzt worden ist, so erwirbt er nicht für mich, sondern für seinen Eigentümer, auch das, was ihm als Vermächtnis hinterlassen worden ist. 92. Dieselbe Ansicht gilt allgemein im Hinblick auf diejenigen, die wir im guten Glauben besitzen, sei es ein Freier oder ein fremder Sklave. Denn was für den Nießbraucher gilt, wird auch für den im guten Glauben Besitzenden anerkannt. Daher gehört das, was außerhalb der beiden oben genannten Bereiche erworben worden ist, entweder dem Manne selbst, wenn er frei ist, oder seinem Herrn, wenn er ein Sklave ist. 93. Sobald aber ein im guten Glauben Besitzender das Eigentum an einem Sklaven ersessen hat, kann er aus allen Rechtsgründen durch ihn für sich erwerben, weil er auf diese Art sein Herr wird. Ein Nießbraucher aber kann nichts ersitzen, erstens, weil er nicht besitzt, sondern nur das Recht hat zu benutzen und Nutzen zu ziehen, zweitens, weil er weiß, daß es ein fremder Sklave ist. 94. Es ist umstritten, ob wir vermittels des Sklaven, an dem wir den Nießbrauch haben, irgendein Objekt besitzen oder ersitzen können, da wir ihn selbst nicht besitzen. Durch den aber, den wir im guten Glauben besitzen, können wir ohne Zweifel sowohl besitzen als auch ersitzen. Ich rede hier aber bei beiden Personen mit der Einschränkung, die ich eben gegeben habe,

das heißt, wenn sie etwas im Zusammenhang mit unseren Geschäften oder durch eigene Arbeit erwerben.

95. Aus dem Vorstehenden ergibt sich, daß wir durch Freie, die nicht unserer Gewalt unterworfen sind und die wir auch nicht im guten Glauben besitzen, ebenso durch fremde Sklaven, an denen wir nicht das Recht auf Nießbrauch haben und die nicht unser rechtmäßiger Besitz sind, auf keine Art etwas für uns erwerben können. Und das ist mit der Redensart gemeint, daß durch eine außenstehende Person nichts für uns erworben werden könne. Nur beim Besitz ist es umstritten, ob er durch einen Bevollmächtigten für uns erworben wird.

96. Schließlich muß man wissen, daß denen, die der Gewalt unterworfen, in der manus oder im mancipium sind, nichts vor Gericht abgetreten werden kann: da nämlich diese Personen kein Eigentum haben können, ist es natürlich folgerichtig, daß sie nicht vor Gericht erklären können, daß etwas ihr Eigentum sei.

97. Vorläufig genügt es, daß ich soweit auseinandergesetzt habe, auf welche Weise wir einzelne Objekte erwerben können: denn das Vermächtnisrecht, nach dem wir ebenfalls einzelne Objekte erwerben, werde ich günstiger an anderer Stelle behandeln. Wir wollen also jetzt sehen, auf welche Weise man die Gesamtnachfolge erwirbt.

[ERBSCHAFT UND TESTAMENTSERRICHTUNG]

98. Wenn wir zu Erben eines Menschen eingesetzt worden sind, wenn uns der Prätor den Besitz des Gesamtnachlasses (bonorum possessio) eines Verstorbenen gewährt hat, wenn wir die gesamte Habe eines Zahlungsunfähigen gekauft (bonorum emptio), wenn wir jemanden adoptiert oder eine Ehefrau in die manus aufgenommen haben, so geht das Vermögen des oder der Betreffenden an uns über. 99. Und zunächst wollen wir die Erbschaften untersuchen. Es gibt davon zwei Arten, denn sie können uns durch das Testament zufallen oder durch Intestaterbfolge. 100. Und das nächste ist, daß

wir diejenigen untersuchen, die uns durch ein Testament zukommen.

101. Anfangs gab es aber zwei Arten von Testamenten: denn man errichtete ein Testament entweder auf den Kalatkomitien, die zweimal im Jahr zu diesem Zweck abgehalten wurden, oder „in procinctu", d. h., wenn man sich zum Kriege rüstete: „procinctus" ist nämlich das marschbereite, bewaffnete Heer. Das eine Testament errichtete man also im Frieden und in aller Ruhe, das andere, wenn man im Begriff war, in die Schlacht zu ziehen. 102. Später kam eine dritte Art des Testaments hinzu, das „mit Kupferstück und Waage" errichtet wird: wer weder auf den Kalatkomitien noch in procinctu sein Testament gemacht hatte, manzipierte, wenn er plötzlich sein Ende nahen fühlte, einem Freunde seinen Nachlaß (familia), d. h. sein väterliches Erbe, und trug ihm auf, was er jedem nach seinem Tode zugeteilt wissen wollte. Das Testament heißt „mit Kupferstück und Waage", natürlich weil es mit Hilfe einer mancipatio errichtet wird. 103. Aber die beiden erstgenannten Arten des Testaments sind ganz abgekommen, allein das, welches mit Kupferstück und Waage errichtet wird, ist gebräuchlich geblieben. Allerdings wird es jetzt anders gehandhabt als früher. Denn früher nahm der Nachlaßkäufer (familiae emptor), d. h. derjenige, der vom Erblasser den Nachlaß durch mancipatio empfing, die Stelle des Erben ein, und deshalb trug der Erblasser ihm auf, was er jedem nach seinem Tode zugeteilt wissen wollte. Jetzt aber wird einer als Erbe im Testament eingesetzt, zu dessen Lasten auch Vermächtnisse vermacht werden können; ein anderer wird formal als Nachlaßkäufer hinzugezogen, um analog zum alten Recht zu verfahren. 104. Und dieses Rechtsgeschäft wird folgendermaßen durchgeführt: Der Erblasser zieht ebenso wie bei den anderen Manzipationsgeschäften fünf volljährige römische Bürger als Zeugen und einen Waagehalter hinzu, nachdem er sein Testament auf Wachstäfelchen niedergeschrieben hat, und manzipiert irgend jemandem formal sein Vermögen. Dabei spricht der Nachlaßkäufer folgende Worte: ICH ERKLÄRE, DASS DEIN VERMÖGEN UND GELD MIR ZUR BEWAHRUNG VERTRAUT IST, UND ES SOLL MIR MIT DIESEM KUPFERSTÜCK UND, wie einige hinzufügen, MIT DIESER BRONZE-

NEN WAAGE GEKAUFT SEIN, DAMIT DU NACH DEM RECHT DES RÖMISCHEN VOLKES EIN GÜLTIGES TESTAMENT ERRICHTEN KANNST. Dann schlägt er mit dem Kupferstück an die Waage und gibt das Stück dem Erblasser, sozusagen als Kaufpreis. Dann spricht der Erblasser und hält dabei die Testamentstafeln in der Hand: SO WIE ES AUF DIESEN TAFELN UND IN DIESEM WACHS GESCHRIEBEN IST, SO GEBE ICH, SO VERMACHE ICH, SO ERKLÄRE ICH VOR ZEUGEN, UND SO, QUIRITEN, SOLLT IHR MIR ZEUGNIS LEISTEN, und das nennt man Verkündung (nuncupatio), nuncupare heißt nämlich: „öffentlich nennen", und was der Erblasser auf den Testamentstafeln im einzelnen aufgeschrieben hat, das nennt und bestätigt er – so faßt man es auf – mit diesen allgemeinen Sätzen.

105. Unter den Zeugen darf aber niemand sein, der der Gewalt des Nachlaßkäufers oder des Erblassers selbst untersteht, weil wegen der Analogie zum alten Recht dies ganze Rechtsgeschäft, das zur Testamentserrichtung durchgeführt wird, als zwischen dem Nachlaßkäufer und dem Erblasser abgewickelt gilt. Denn früher nahm, wie ich gesagt habe, derjenige, dem der Nachlaß manzipiert wurde, die Stelle des Erben ein; daher wurde in dieser Sache das Zeugnis eines Hausgenossen abgelehnt. 106. Daher kann auch, wenn jemand, der der väterlichen Gewalt untersteht, als Nachlaßkäufer herangezogen wird, sein Vater nicht Zeuge sein, auch nicht einer, der der gleichen Gewalt untersteht, z. B. sein Bruder. Aber auch wenn ein Haussohn nach seiner Entlassung aus dem Heer ein Testament über das im Militärdienst Erworbene (peculium castrense) errichtet, darf weder sein Vater noch jemand, der der Gewalt des Vaters untersteht, als Zeuge hinzugezogen werden. 107. Vom Waagehalter werden wir dasselbe wie von den Zeugen als gesagt annehmen, denn auch er gehört zu den Zeugen. 108. Wer aber der Gewalt des Erben oder eines Vermächtnisempfängers untersteht, wessen Gewalt der Erbe selbst oder ein Vermächtnisempfänger untersteht oder wer der gleichen Gewalt unterworfen ist wie sie, der kann als Zeuge oder Waagehalter hinzugezogen werden, ja es geht so weit, daß sogar der Erbe oder ein Vermächtnisempfänger rechtsgültig hinzugezogen werden kann. Aber was den Erben angeht und je-

mand, der seiner Gewalt untersteht, und den, dessen Gewalt er untersteht, so sollten wir von diesem Recht besser keinen Gebrauch machen.

109. Aber diese genaue Beachtung der Formen bei der Errichtung eines Testaments ist den Soldaten durch kaiserliche Erlasse wegen ihrer allzugroßen geschäftlichen Unerfahrenheit erlassen worden: denn wenn sie auch weder die gesetzlich vorgeschriebene Zahl von Zeugen hinzugezogen noch den Nachlaß verkauft haben noch das Testament öffentlich verkündet haben, verfügen sie doch rechtsgültig über ihren Nachlaß. 110. Außerdem ist es ihnen gestattet, Peregrinen und Junianische Latiner als Erben einzusetzen oder ihnen ein Vermächtnis zuzuwenden, während es sonst Peregrinen nach den Prinzipien des ius civile untersagt ist, eine Erbschaft oder ein Vermächtnis anzunehmen, den Latinern aber durch die Lex Iunia. 111. Auch Unverheiratete, denen es durch die Lex Iulia verboten ist, eine Erbschaft oder ein Vermächtnis anzunehmen, ebenso orbi, d. h. Leute, die keine Kinder haben, welchen die Lex ⟨Papia verbietet, mehr als die Hälfte einer Erbschaft oder eines Vermächtnisses anzunehmen, erben aus dem Testament eines Soldaten den vollen Betrag⟩ - - -

112. Auf Anregung des verstorbenen Kaisers Hadrian ist ein Senatsbeschluß gefaßt worden, durch den es Frauen, die rechtlich selbständig (sui iuris) sind, erlaubt wurde, auch ohne vorhergehenden Scheinkauf ein Testament zu errichten, vorausgesetzt, daß sie nicht jünger seien als zwölf Jahre, natürlich so, daß diejenigen, die nicht von der Vormundschaft frei wären, nur mit Einwilligung des Vormundes ihr Testament machen dürften. 113. Die Frauen erscheinen also günstiger gestellt als die Männer, denn ein Junge, der noch nicht vierzehn Jahre alt ist, kann kein Testament errichten, auch nicht, wenn er es mit Einwilligung des Vormundes tun will, ein Mädchen aber kann es, denn sobald sie über zwölf Jahre alt ist, erhält sie das Recht, ein Testament zu errichten.

114. Wenn wir nun feststellen wollen, ob ein Testament gültig ist, müssen wir zuerst beachten, ob derjenige, der es errichtet hat, testierfähig war (testamenti factionem habere); dann, wenn das zutraf, werden wir untersuchen, ob er das Testament

entsprechend der Norm des ius civile errichtet hat, ausgenommen bei Soldaten, denen es, wie ich gesagt habe, wegen ihrer allzugroßen geschäftlichen Unerfahrenheit erlaubt ist, ein Testament zu machen, wie sie wollen oder wie sie können.

115. Damit das Testament nach dem ius civile gültig ist, genügt es jedoch nicht, daß man sich nach dem richtet, was ich oben über den Nachlaßverkauf, die Zeugen und die Verkündung gesagt habe. 116. Vor allem muß man untersuchen, ob die Einsetzung des Erben in der vorgeschriebenen Form erfolgt ist; denn wenn die Einsetzung anders formuliert ist, nützt es nichts, daß der Nachlaß so verkauft wird und daß man die Zeugen hinzuzieht und das Testament so verkündet, wie ich es oben beschrieben habe.

117. Die vorgeschriebene Form der Einsetzung ist folgende: SEI DU, TITIUS, MEIN ERBE. Aber auch folgende findet schon Billigung: ICH BEFEHLE, DASS TITIUS ERBE SEIN SOLL. Die folgende dagegen findet keine Billigung: ICH WILL, DASS TITIUS ERBE SEIN SOLL, aber auch die folgenden werden von den meisten Rechtsgelehrten abgelehnt: ICH SETZE TITIUS ZUM ERBEN EIN, und ebenso: ICH MACHE IHN ZUM ERBEN.

118. Zu beachten ist außerdem, daß eine Frau, die unter Vormundschaft steht, wenn sie ein Testament errichtet, es mit Zustimmung des Vormundes errichten muß, sonst macht sie nach dem ius civile ein ungültiges Testament. 119. Der Prätor jedoch verspricht den testamentarisch eingesetzten Erben den „Besitz des Gesamtnachlasses entsprechend den Testamentstafeln“ (bonorum possessio), wenn das Testament mit den Siegeln von sieben Zeugen gesiegelt ist, falls niemand vorhanden ist, dem nach Intestaterbfolgerecht die Erbschaft nach ius civile zustände, wie z. B. ein Bruder vom gleichen Vater her, ein Vaterbruder oder ein Brudersohn; und so können die schriftlich eingesetzten Erben die Erbschaft behalten: denn dasselbe ist auch rechtens, wenn aus einem anderen Grunde das Testament nicht gültig ist, z. B. wenn der Nachlaß nicht verkauft ist oder der Erblasser die Worte der Verkündung nicht gesprochen hat.

120. Aber wir wollen sehen, ob auch jetzt noch Bruder oder Vaterbruder, wenn sie leben, für stärker berechtigt gelten als

die schriftlich eingesetzten Erben. Denn in einem Reskript des Kaisers Antoninus Pius wird ausgesprochen, diejenigen, die entsprechend den Testamentstafeln eines nicht rechtsgültig errichteten Testaments den Besitz des Gesamtnachlasses vom Prätor erlangt hätten, könnten sich gegen Personen, die das Erbteil nach Intestaterbfolgerecht für ihr Eigentum erklären, mit der Einrede wegen Arglist verteidigen.

121. Dies gilt nun ganz sicher für Testamente, die von Männern errichtet sind, ebenso für Testamente von Frauen, die deshalb ungültig sind, weil sie z. B. den Nachlaß nicht verkauft haben oder die Worte der Verkündung nicht gesprochen haben. Ob dieses kaiserliche Reskript aber auch für die Testamente von Frauen gilt, die ohne förmliche Einwilligung des Vormundes errichtet wurden, werden wir sehen. 122. Ich spreche aber natürlich von den Frauen, die nicht der gesetzlichen Vormundschaft ihres Vaters oder Patrons unterstehen, sondern von denen, die Vormünder anderer Art haben, die auch gegen ihren Willen gezwungen werden können, die Zustimmung zu erteilen. Daß im übrigen die Ansprüche eines Vaters oder Patrons durch ein ohne seine Einwilligung errichtetes Testament nicht aus der Welt geschafft werden, ist völlig klar.

[ENTERBUNG]

123. Weiter: wer einen Sohn hat, der seiner Gewalt untersteht, muß darauf achten, daß er ihn entweder zum Erben einsetzt oder ausdrücklich enterbt; sonst, wenn er ihn mit Stillschweigen übergeht, wird er ein ungültiges Testament errichten, in dem Maße, wie wenigstens unsere Lehrer meinen, daß selbst dann niemand auf Grund dieses Testaments Erbe sein kann, wenn der Sohn noch zu Lebzeiten des Vaters gestorben ist, natürlich weil die Einsetzung von Anfang an nicht rechtsgültig war. Aber die Gelehrten der anderen Schule behaupten, daß der Sohn zwar, wenn er beim Tode seines Vaters noch lebt, die testamentarisch eingesetzten Erben hindert, die Erbschaft anzutreten, und nach Intestaterbfolgerecht Erbe wird; wenn er aber vor dem Tode des Vaters dahingegangen ist, sind

sie der Ansicht, die Erbschaft könne nach dem Testament angetreten werden, weil kein Sohn dem im Wege stehe; denn sie nehmen offensichtlich an, daß durch die Übergehung eines Sohnes das Testament nicht von allem Anfang an ungültig wird. 124. Wenn der Erblasser die übrigen Nachkommen übergangen hat, gilt das Testament. Aber diese übergangenen Personen treten zu den testamentarisch eingesetzten Erben anteilmäßig hinzu, nach Kopfteilen, wenn die Testamentserben auch unmittelbare Erben sind, wenn es Hausfremde sind, bekommen die Übergangenen die Hälfte des Erbes. Das heißt, wenn jemand beispielsweise drei Söhne als Erben eingesetzt hat und seine Tochter übergangen hat, so tritt die Tochter hinzu und wird Erbin eines Viertels und erlangt auf diese Weise das, was sie beim Tode des Vaters nach Intestaterbfolgerecht bekommen hätte. Aber wenn er Fremde zu Erben eingesetzt und seine Tochter übergangen hat, so tritt die Tochter hinzu und wird Erbin der Hälfte des Vermögens. Was ich von der Tochter gesagt habe, das ist auch von einem Enkel oder allen Nachkommen männlichen oder weiblichen Geschlechts zu verstehen. 125. Was ist nun rechtens? Wenn diese Personen nach dem, was ich gesagt habe, den testamentarisch eingesetzten Erben auch nur die Hälfte abziehen, verspricht der Prätor den Verwandten dennoch Besitz des Gesamtnachlasses gegen die Testamentstafeln; dadurch werden die hausfremden Erben von der Erbschaft vollkommen ausgeschlossen und zu formalen Erben (sine re heres). 126. Und diese Rechtsbestimmung war bei uns in Gebrauch, als ob zwischen Frauen und Männern kein Unterschied wäre. Aber vor kurzem hat der Kaiser Antoninus Pius in einem Reskript ausgesprochen, daß Frauen durch Besitz des Gesamtnachlasses nicht mehr bekommen dürften, als sie durch das Recht auf Hinzutreten bekommen würden. Das ist auch bei emanzipierten Frauen zu beachten, daß sie durch den Besitz des Gesamtnachlasses höchstens dasselbe haben sollen, was sie durch das Recht auf Hinzutreten bekommen hätten, wenn sie noch der Gewalt des Verstorbenen unterstanden hätten.

127. Aber wenn nun ein Sohn vom Vater enterbt wird, muß er ausdrücklich enterbt werden; anders kann er nicht hinrei-

chend enterbt werden. Als ausdrücklich enterbt gilt er aber, wenn er folgendermaßen enterbt wird: MEIN SOHN TITIUS SOLL ENTERBT WERDEN, oder so: MEIN SOHN SOLL ENTERBT SEIN, ohne Hinzufügung seines Namens.

128. Alle anderen Nachkommen, seien sie weiblichen oder männlichen Geschlechts, werden hinreichend „unter den anderen" enterbt, d. h. mit folgenden Worten: ALLE ANDEREN SOLLEN ENTERBT SEIN. Diese Worte werden gewöhnlich gleich nach der Einsetzung der Erben angefügt. Aber das ist so nach dem ius civile. 129. Denn der Prätor ⟨verlangt, daß⟩ alle Nachkommen männlichen Geschlechts, d. h. auch Enkel und Urenkel ⟨ausdrücklich enterbt werden sollen⟩ - - -

130. Auch Nachgeborene (postumi) müssen entweder als Erben eingesetzt oder enterbt werden. 131. Und in dem Punkte ist die Rechtslage aller gleich, daß das Testament zunächst gültig bleibt, wenn ein nachgeborener Sohn oder anderer Nachkomme, sei er männlichen oder weiblichen Geschlechts, übergangen wird, aber später durch die Geburt oder das anderweitige Hinzukommen eines oder einer Nachgeborenen umgestoßen und dadurch ganz und gar außer Kraft gesetzt wird. Wenn daher eine Frau, von der man einen nachgeborenen Sohn oder eine nachgeborene Tochter erwartete, eine Fehlgeburt gehabt hat, hindert nichts die testamentarisch eingesetzten Erben daran, die Erbschaft anzutreten.

132. Aber nachgeborene Personen weiblichen Geschlechts pflegt man entweder ausdrücklich oder „unter den anderen" zu enterben, mit der Einschränkung, daß ihnen irgendein Vermächtnis ausgesetzt wird, falls sie „unter den anderen" enterbt werden, damit es nicht aussieht, als ob sie nur aus Vergeßlichkeit übergangen seien. Personen männlichen Geschlechts aber gelten anerkanntermaßen nur für rechtsgültig enterbt, wenn sie ausdrücklich enterbt werden, und zwar in folgender Weise: JEDER SOHN, DER MIR NACHGEBOREN WIRD, SOLL ENTERBT SEIN. - - -

133. Als Nachgeborene zählen auch diejenigen, die dadurch, daß sie an die Stelle unmittelbarer Erben treten, durch eine Quasi-Agnation unmittelbare Erben der Verwandten in aufsteigender Linie werden: Wenn z. B., sagen wir, ein Sohn

und durch ihn ein Enkel oder eine Enkelin meiner Gewalt unterstehen, so hat nur der Sohn, weil er im Verwandtschaftsgrad mir näher steht, die Rechte eines unmittelbaren Erben, obgleich auch der Enkel und die Enkelin der gleichen Gewalt unterstehen; aber wenn der Sohn zu meinen Lebzeiten stirbt, rückt der Enkel oder die Enkelin in seine Stelle ein, und sie erlangen die Rechte unmittelbarer Erben durch Quasi-Agnation.

134. Wie ich also meinen Sohn als Erben einsetzen oder enterben muß, um ein rechtsgültiges Testament zu errichten, muß ich auch einen Enkel oder eine Enkelin von diesem Sohn unbedingt als Erben einsetzen oder enterben, damit mir nicht das Testament auf diese Weise umgestoßen wird, d. h., damit nicht Enkel oder Enkelin, falls mein Sohn zu meinen Lebzeiten stirbt oder auf irgendeine Weise aus meiner Gewalt ausscheidet, dadurch, daß er oder sie in seine Stelle einrückt, durch Quasi-Agnation das Testament umstößt. Und das ist durch die Lex Iunia Vellaea vorgesehen, in der gleichzeitig die Art der Enterbung festgelegt ist, daß männliche Nachgeborene ausdrücklich, weibliche entweder ausdrücklich oder „unter den anderen" enterbt werden sollen, mit der Einschränkung, daß denen, die „unter den anderen" enterbt werden, irgendein Vermächtnis ausgesetzt werden soll.

135. Nach dem ius civile ist es nicht nötig, emanzipierte Nachkommen als Erben einzusetzen oder zu enterben, weil sie keine unmittelbaren Erben mehr sind. Aber der Prätor befiehlt, daß *alle* Nachkommen, sowohl weiblichen als auch männlichen Geschlechts, wenn sie nicht als Erben eingesetzt werden, enterbt werden sollen, die männlichen ausdrücklich, die weiblichen entweder ausdrücklich oder „unter den anderen". Denn wenn sie weder als Erben eingesetzt noch so, wie ich es eben gesagt habe, enterbt sind, verspricht ihnen der Prätor den Besitz des Gesamtnachlasses gegen die Testamentstafeln.

135a. Der Gewalt des Vaters unterstehen diejenigen nicht, denen zugleich mit ihm das römische Bürgerrecht verliehen worden ist, wenn der Vater bei der Verleihung des Bürgerrechts nicht vom Kaiser erbeten hat, daß sie seiner Gewalt unterstellt werden möchten, oder wenn es ihm auf seine Bitte hin nicht gewährt worden ist: denn diejenigen, die vom Kaiser der väterlichen Gewalt unterstellt worden sind, unterscheiden sich nicht von den unmittelbaren Erben. 136. Adoptivsöhne nehmen, solange die Adoption besteht, die Stelle leiblicher Söhne ein, wenn sie aber vom Adoptivvater emanzipiert sind, werden sie weder nach dem ius civile noch nach dem Edikt des Prätors zu seinen Nachkommen gerechnet. 137. Dadurch kommt es, daß sie andererseits, was ihren leiblichen Vater angeht, solange sie in der Adoptivfamilie verbleiben, unter die hausfremden Erben gerechnet werden; wenn sie dagegen von ihrem Adoptivvater emanzipiert worden sind, kommen sie in die gleiche Rechtslage, in der sie gewesen wären, wenn sie von ihrem leiblichen Vater emanzipiert worden wären.

[UNGÜLTIGE TESTAMENTE]

138. Wenn jemand nach der Errichtung eines Testaments einen Sohn adoptiert, entweder einen rechtlich selbständigen Menschen vor dem Volk oder vor dem Prätor jemanden, der der Gewalt seines Vaters unterstand, so wird in jedem Falle das Testament durch die Quasi-Agnation eines unmittelbaren Erben umgestoßen. 139. Dasselbe ist rechtens, wenn jemand nach der Errichtung des Testaments eine Ehefrau in die manus nimmt oder wenn er eine Frau, die in seiner manus war, heiratet: denn auf diese Weise beginnt sie, rechtlich die Stelle seiner Tochter einzunehmen, und wird gleichsam unmittelbare Erbin. 140. Und es nützt auch nichts, wenn die Frau oder derjenige, der adoptiert worden ist, in dem Testament bereits als Erbe eingesetzt ist, denn über ihre mögliche Enterbung Betrachtungen anzustellen, ist offenbar überflüssig, weil sie zur Zeit der Testamentserrichtung noch nicht zu den unmittelbaren Erben zählten. 141. Auch ein Sohn, der aus dem ersten oder zweiten mancipium freigelassen wird, stößt ein vorher errichtetes Testament um, weil er unter die Gewalt des Vaters zurückkehrt. Und es nützt nichts, wenn er in diesem Testament als Erbe eingesetzt oder enterbt worden ist. 142. Früher galt eine entsprechende Rechtsvorschrift auch im Hinblick auf die Person dessen, in dessen Namen auf Grund des Senatsbe-

schlusses ein Irrtum nachgewiesen war, weil er etwa von einer Peregrinen oder Latinerin geboren war, die sein Vater in der irrigen Annahme geheiratet hatte, sie sei römische Bürgerin: denn ob er von seinem Vater als Erbe eingesetzt oder enterbt war, ob der Irrtum bei Lebzeiten oder nach dem Tode seines Vaters nachgewiesen war – auf jeden Fall stieß er das Testament durch Quasi-Agnation um. 143. Jetzt aber stößt er nach dem neuen Senatsbeschluß, der auf Anregung des verstorbenen Kaisers Hadrian gefaßt worden ist, ebenso wie früher in jedem Fall das Testament um, wenn der Irrtum bei Lebzeiten des Vaters nachgewiesen wird; wenn das aber nach dem Tode des Vaters geschieht, so stößt er das Testament um, falls er übergangen ist, wenn er aber darin zum Erben eingesetzt oder ausdrücklich enterbt ist, so stößt er es nicht um, offensichtlich deshalb, damit nicht sorgfältig errichtete Testamente zu einem Zeitpunkt null und nichtig erklärt werden, da sie nicht mehr erneuert werden können.

144. Durch ein späteres Testament, das rechtsgültig errichtet ist, wird ein vorhergehendes umgestoßen, und es macht nichts aus, ob nach dem zweiten ein Erbe erstanden ist oder nicht; es wird nur darauf gesehen, ob einer hätte erstehen können; ja sogar, wenn der Erbe nach dem zweiten Testament, das rechtsgültig errichtet ist, sich weigert, die Erbschaft anzutreten, oder wenn er stirbt, ehe er sie antreten kann, sei es bei Lebzeiten oder nach dem Tode des Erblassers, oder wenn er die Bedenkzeit (cretio) zur Annahme verstreichen läßt oder eine Bedingung nicht erfüllt, unter der er zum Erben eingesetzt ist, oder wenn er durch die Lex Iulia als Unverheirateter von Erbschaften ausgeschlossen ist – in all diesen Fällen stirbt der paterfamilias praktisch ohne ein Testament; denn das frühere gilt nicht, da es von dem späteren umgestoßen ist, und das spätere hat ebenfalls keine Kraft, weil danach kein Erbe erstanden ist.

145. Noch auf eine andere Weise werden rechtskräftig errichtete Testamente ungültig; z. B. weil derjenige, der das Testament errichtet hat, eine Schmälerung seiner Rechtsfähigkeit erlitten hat; wie das geschehen kann, ist im ersten Buch erläutert [I 159–162]. 146. In diesem Falle sagt man, daß das Testa-

ment ungültig (inritus) wird, wobei auch sonst diejenigen, die umgestoßen (rumpi) werden, ungültig werden und diejenigen, die von vornherein nicht rechtsgültig errichtet werden, ungültig sind. Und auch die, welche rechtsgültig errichtet sind, aber später durch Schmälerung der Rechtsfähigkeit ungültig werden, kann man nichtsdestoweniger „umgestoßen" nennen. Aber weil es doch günstiger war, die einzelnen Gründe durch einzelne Benennungen voneinander zu unterscheiden, deshalb sagt man, daß einige nicht rechtsgültig errichtet, andere, die rechtsgültig errichtet sind, umgestoßen oder ungültig werden.

[PRÄTORISCHE ANERKENNUNG VON TESTAMENTEN MIT FORMFEHLERN]

147. Dennoch sind die Testamente, die von vornherein nicht rechtsgültig errichtet oder zwar rechtsgültig errichtet, aber später umgestoßen oder ungültig geworden sind, nicht völlig unnütz. Denn wenn die Testamentstafeln mit den Siegeln von sieben Zeugen gesiegelt sind, kann der testamentarisch eingesetzte Erbe „Besitz des Gesamtnachlasses gemäß den Testamentstafeln" beim Prätor beantragen, wenn nur der verstorbene Erblasser zur Zeit seines Todes römischer Bürger und rechtlich selbständig war. Denn angenommen, das Testament ist dadurch ungültig geworden, daß der Erblasser Bürgerrecht oder sogar Freiheit verloren hat oder, wenn er sich hat adoptieren lassen, zur Zeit seines Todes der Gewalt seines Adoptivvaters unterstand, so kann der testamentarisch eingesetzte Erbe nicht den „Besitz des Gesamtnachlasses gemäß den Testamentstafeln" beantragen.

148. Diejenigen aber, die nach den Tafeln eines Testaments, das entweder von vornherein nicht rechtsgültig errichtet oder zwar rechtsgültig errichtet, aber später umgestoßen oder ungültig geworden ist, den Besitz des Gesamtnachlasses zugesprochen erhielten, haben, wenn sie die Erbschaft behalten können, „tatsächlichen Besitz des Gesamtnachlasses" (bonorum possessio cum re), wenn die Erbschaft ihnen abverlangt werden kann, „formalen Besitz des Gesamtnachlasses" (bono-

rum possessio sine re). 149. Denn wenn jemand nach ius civile entweder im ersten oder im zweiten Testament als Erbe eingesetzt ist, während das andere nur prätorische Gültigkeit hat, oder wenn er nach Intestaterbfolgerecht der Erbe nach ius civile ist, so kann er ihnen die Erbschaft abverlangen. Wenn aber kein anderer nach ius civile Erbe ist, so können sie selbst die Erbschaft behalten, und die Kognaten, die vom gesetzlich fixierten Recht im Stich gelassen werden, haben keine rechtliche Handhabe gegen sie. 149a. Manchmal aber werden dennoch, wie wir oben bemerkt haben [II 120–121], die testamentarisch eingesetzten Erben eines an sich ungültigen Testaments den gesetzlichen Erben nach ius civile vorgezogen, z. B. wenn ein Testament nur deshalb nicht rechtsgültig errichtet ist, weil der Nachlaß nicht verkauft worden ist oder der Erblasser die Worte der Verkündung nicht gesprochen hat: denn wenn die Agnaten die Erbschaft verlangen, können sie nach einem Erlaß des Kaisers Antoninus Pius durch die Einrede wegen Arglist aus dem Felde geschlagen werden. 150. ⟨Bekanntlich wird nach der Lex Iulia den testamentarisch eingesetzten Erben die Erbschaft nicht entzogen, wenn sie auf Grund des Edikts als Besitzer des Gesamtnachlasses eingesetzt worden sind; denn nur dann⟩ verfällt nach diesem Gesetz das Vermögen und muß dem römischen Volk übertragen werden, wenn dem Toten niemand als Erbe oder Besitzer des Gesamtnachlasses ersteht.

[VERNICHTETE TESTAMENTE]

151. Es kann auch vorkommen, daß rechtsgültig errichtete Testamente durch gegenteilige Willensäußerung nichtig werden. Es ist aber klar, daß ein Testament nicht allein dadurch nichtig werden kann, daß der Erblasser später nicht mehr wollte, daß es gelten sollte. Im Gegenteil, es behält seine Gültigkeit nach dem ius civile sogar dann, wenn er die Bänder zerschneidet, die die Tafeln zusammenhalten. Ja, selbst wenn er es auskratzt oder die Tafeln verbrennt, hört das, was darauf gestanden hat, nicht auf zu gelten, wenn es auch schwierig ist, es zu beweisen. 151a. Was aber ist nun rechtens? Wenn jemand

nach Intestaterbfolgerecht den Besitz des Gesamtnachlasses vom Prätor erlangt hat und derjenige, der testamentarisch in dem vernichteten Testament zum Erben eingesetzt ist, fordert die Erbschaft, ⟨so wird er durch die Einrede wegen Arglist abgewiesen; wenn keiner nach Intestaterbfolge den Besitz des Gesamtnachlasses verlangt, so übernimmt das römische Volk die Erbschaft statt der testamentarisch eingesetzten Erben,⟩ so daß die Erbschaft ⟨auf keinen Fall⟩ an jemanden fällt, ⟨den der Erblasser ausschließen wollte, weil das als unwürdig gilt,⟩ und das wird so in einem Reskript des Kaisers Antoninus Pius festgelegt.

152. Die Erben werden eingeteilt in Zwangserben – unmittelbare *und* Zwangserben – hausfremde Erben.

[ZWANGSERBEN]

153. Ein Zwangserbe (necessarius heres) ist ein Sklave, der zusammen mit der Erbschaft die Freiheit erhält. Er wird deshalb so genannt, weil er auf alle Fälle, ob er will oder nicht, nach dem Tode des Erblassers sogleich frei und Erbe ist. 154. Daher pflegt jemand, der seine Vermögensverhältnisse für zweifelhaft ansieht, einen Sklaven an erster, zweiter oder späterer Stelle für frei und zum Erben zu erklären, damit lieber die gesamte Habe dieses Erben zwangsweise verkauft wird als die des Erblassers selbst, wenn die Gläubiger nicht befriedigt werden können, d. h., damit die Ehrlosigkeit, die sich aus einem Zwangsverkauf ergibt, lieber diesen Erben als den Erblasser trifft. Allerdings vertritt Sabinus nach Fufidius die Ansicht, er müsse von der Ehrlosigkeit verschont bleiben, weil er nicht durch eigene Schuld, sondern durch die rechtliche Zwangslage den Zwangsverkauf erleide. Aber unsere Rechtspraxis ist anders. 155. Für diesen Nachteil wird ihm jedoch der Vorteil gewährt, daß das, was er nach dem Tode seines Patrons erworben hat, sei es vor oder nach dem Zwangsverkauf, für ihn selbst aufbewahrt wird. Und selbst wenn der Ertrag der Versteigerung nur einen Bruchteil der Schulden deckt, kommt sein eigenes Vermögen nicht auf Grund dieser Erbschaft später

noch einmal zur Versteigerung, außer wenn ihm auf Grund dieser Erbschaft nachträglich etwas zugefallen ist, z. B. wenn er durch das, was ein Freigelassener des verstorbenen Patrons, der Latiner geworden ist, erworben hat, bei dessen Tode bereichert wird. Indessen kommt die gesamte Habe anderer Menschen oft noch mehrmals zur Versteigerung, wenn das Verkaufsergebnis beim erstenmal nur einen Bruchteil der Forderungen befriedigte und sie später wieder etwas erworben haben.

[UNMITTELBARE ERBEN]

156. Unmittelbare *und* Zwangserben sind zum Beispiel Sohn und Tochter, Enkel und Enkelin vom Sohne her und schließlich die übrigen, die der Gewalt des Verstorbenen unterstanden. Damit aber ein Enkel oder eine Enkelin unmittelbarer Erbe wird, genügt es nicht, daß er oder sie zum Zeitpunkt des Todes der Gewalt des Großvaters unterstand, sondern es ist nötig, daß ihr Vater bei Lebzeiten seines Vaters aufgehört hat, unmittelbarer Erbe zu sein, weil er zu Tode gekommen ist oder weil er auf irgendeine Art von seiner Gewalt frei geworden ist. Dann nämlich rücken Enkel oder Enkelin in die Rechtsposition ihres Vaters ein. 157. Unmittelbare Erben werden sie deshalb genannt, weil sie Hauserben sind und schon bei Lebzeiten des Vaters in gewisser Weise als Herren des Vermögens angesehen werden. Daher liegt, auch wenn jemand stirbt, ohne ein Testament gemacht zu haben, der erste Anspruch auf die Nachfolge bei den Nachkommen. Zwangserben heißen sie deswegen, weil sie auf jeden Fall, ob sie wollen oder nicht, ob ein Testament vorliegt oder nicht, Erben werden. 158. Aber ihnen gestattet der Prätor, die Erbschaft auszuschlagen, damit die gesamte Habe lieber unter dem Namen des Vaters zum Verkauf kommt. 159. Das gleiche ist rechtens für die Person der Ehefrau, die in der manus ist, weil sie die Rechtsstellung einer Tochter, und für die Schwiegertochter in der manus des Sohnes, weil sie die Rechtsstellung einer Enkelin einnimmt. 160. Ja, der Prätor gibt eine entsprechende Möglichkeit, die Erbschaft auszuschlagen, auch dem, der im manci-

pium ist, wenn er zum Erben und frei erklärt wird, obgleich er nur Zwangserbe und nicht auch unmittelbarer Erbe ist, weil er sozusagen die Stelle eines Sklaven einnimmt.

[HAUSFREMDE ERBEN]

161. Die übrigen, die der Gewalt des Erblassers nicht unterstehen, werden hausfremde Erben (extranei heredes) genannt. Dabei erscheinen auch eigene Nachkommen, die nicht unserer Gewalt unterstehen, wenn sie von uns als Erben eingesetzt werden, als hausfremd. Deshalb zählen auch diejenigen, die von ihrer Mutter zu Erben eingesetzt werden, zu den Hausfremden, weil Frauen nicht die Gewalt über ihre Kinder ausüben. Auch Sklaven, die testamentarisch als frei und zum Erben erklärt und später von ihrem Herrn noch vor seinem Tode freigelassen worden sind, zählen zu dieser Gruppe.

[BEDENKZEIT ZUR ANNAHME DES ERBES]

162. Hausfremden Erben aber wird die Möglichkeit gegeben, zu überlegen, ob sie die Erbschaft antreten wollen oder nicht.

163. Aber wenn jemand, der die Möglichkeit hat, die Erbschaft auszuschlagen, den Nachlaß angerührt hat oder wenn jemand, der überlegen darf, ob er die Erbschaft antreten will, es einmal getan hat, dann hat er später nicht mehr die Möglichkeit zurückzutreten, außer wenn er noch nicht 25 Jahre alt ist: denn den Menschen dieses Alters kommt der Prätor zu Hilfe, wenn sie eine nachteilige Erbschaft unbedacht angenommen haben, ebenso wie wenn sie in anderen Dingen getäuscht worden sind oder sich getäuscht haben. Ich weiß allerdings, daß der verstorbene Kaiser Hadrian auch einem Manne, der älter war als 25 Jahre, diese Vergünstigung gewährt hat, als nach Antritt der Erbschaft herauskam, daß große Schulden vorhanden waren, von denen er bei Erbschaftsantritt nichts wissen konnte.

164. Hausfremden Erben pflegt man eine Bedenkzeit (cretio) zu geben, d. h. eine Frist zum Überlegen, damit sie entweder innerhalb einer bestimmten Zeit die Erbschaft antreten oder, falls sie das nicht tun, beim Ablauf der Frist ausgeschlossen werden. Man nennt diese Bedenkzeit „cretio", weil das Verb cernere auch „entscheiden" oder „beschließen" heißt. 165. Wenn also folgendermaßen geschrieben ist: SEI DU, TITIUS, MEIN ERBE, müssen wir hinzufügen: UND DU SOLLST IN DEN NÄCHSTEN HUNDERT TAGEN, SOBALD DU ES WEISST UND KANNST, ENTSCHEIDEN. WENN DU NICHT SO ENTSCHEIDEST, SOLLST DU ENTERBT SEIN. 166. Und wer in dieser Form zum Erben eingesetzt ist, muß, wenn er Erbe sein will, innerhalb der Bedenkzeit entscheiden, d. h. folgende Worte sprechen: DA MICH PUBLIUS MEVIUS IN SEINEM TESTAMENT ALS ERBEN EINGESETZT HAT, TRETE ICH DIESE ERBSCHAFT AN UND ENTSCHEIDE SO. Denn wenn er nicht in dieser Form entschieden hat, wird er bei Ablauf der Bedenkzeit ausgeschlossen; und es nützt auch nichts, wenn er sich als Erbe beträgt, d. h., wenn er den Nachlaß wie ein Erbe behandelt. 167. Aber jemand, der ohne Bedenkzeit als Erbe eingesetzt ist oder der nach Intestaterbfolgerecht nach ius civile zur Erbschaft berufen wird, kann durch förmliche Entscheidung oder dadurch, daß er sich als Erbe beträgt, oder auch durch den bloßen Willen, die Erbschaft anzunehmen, Erbe werden. Und ihm steht es frei, zu jeder beliebigen Zeit die Erbschaft anzutreten, aber der Prätor pflegt auf Antrag der Gläubiger, die Nachlaßforderungen anmelden, einen Termin festzusetzen, bis zu dem er, wenn er will, die Erbschaft antreten soll. Wenn er es nicht tut, soll es den Gläubigern freistehen, Hab und Gut des Verstorbenen zu verkaufen. 168. Wie aber jemand, der mit Bedenkzeit als Erbe eingesetzt ist, nur Erbe wird, wenn er sich förmlich für die Erbschaft entschieden hat, so wird er auch nur ausgeschlossen, wenn er sich nicht innerhalb der Frist entschieden hat, die als Bedenkzeit festgesetzt ist. Wenn daher jemand vor dem gesetzlichen Termin beschlossen hat, die Erbschaft nicht anzutreten, und dieser Entschluß reut ihn später, so ist es möglich, daß er vor Ablauf der Bedenkzeit durch förmliche Entscheidung doch Erbe wird. 169. Aber wer ohne Bedenkzeit zum Erben eingesetzt ist und wer durch Intestaterbfolgerecht

durch das Gesetz berufen wird, wird zwar durch den bloßen Willen Erbe, aber auch bei einer gegenteiligen Entscheidung sofort endgültig von der Erbschaft ausgeschlossen.

170. Aber jede Bedenkzeit wird auf eine bestimmte Frist beschränkt. Dafür werden 100 Tage als annehmbare Zeit angesehen. Man kann sie aber trotzdem nach dem ius civile kürzer oder länger ansetzen. Eine zu lange verkürzt jedoch der Prätor zuweilen. 171. Und obgleich jede Bedenkzeit auf eine bestimmte Frist beschränkt ist, wird dennoch die eine „gewöhnliche Bedenkzeit", die andere „Bedenkzeit mit bestimmten Terminen" genannt. Die gewöhnliche ist die, welche wir oben erklärt haben, d. h. die, bei der die Worte: SOBALD DU ES WEISST UND KANNST zugesetzt werden; bei der mit bestimmtem Termin werden diese Worte ausgelassen und nur das übrige geschrieben.

172. Zwischen diesen Bedenkzeiten ist ein großer Unterschied: denn bei der gewöhnlichen Bedenkzeit werden die Tage erst von dem Augenblick an gerechnet, in dem der Betreffende weiß, daß er zum Erben eingesetzt ist, und entscheiden kann; wenn Bedenkzeit mit bestimmtem Termin gegeben ist, werden die Tage fortlaufend gezählt, auch für jemanden, der noch gar nicht weiß, daß er zum Erben eingesetzt ist. Ebenso wird für den, der aus irgendeinem anderen Grunde verhindert ist, sich zu entscheiden, und mehr noch, auch für den, der unter einer bestimmten Bedingung zum Erben eingesetzt ist, die Zeit angerechnet. 173. Daher heißt diese Bedenkzeit auch „fortlaufende" Bedenkzeit, weil die Tage fortlaufend gezählt werden. Aber weil diese Bedenkzeit große Härten mit sich bringt, wird die andere mehr gebraucht: daher heißt die auch „gewöhnliche" Bedenkzeit.

[ERBEN VERSCHIEDENEN GRADES]

174. Bisweilen setzen wir auch Erben zweier oder mehrerer Grade ein, und zwar in folgender Weise: SEI DU, LUCIUS TITIUS, MEIN ERBE. UND DU SOLLST IN DEN NÄCHSTEN HUNDERT TAGEN, SOBALD DU ES WEISST UND KANNST, ENTSCHEIDEN. WENN DU NICHT SO ENTSCHEIDEST, SOLLST DU ENTERBT SEIN. DANN SOLLST DU, ME-

VIUS, ERBE SEIN, UND DU SOLLST IN DEN NÄCHSTEN HUNDERT TAGEN ENTSCHEIDEN usw. Und danach können wir, sooft wir wollen, einen Erben einsetzen. 175. Es ist uns auch erlaubt, anstelle eines Erben sogar mehrere einzusetzen oder andererseits an die Stelle mehrerer einen oder mehrere. 176. Der im ersten Grade testamentarisch eingesetzte Erbe wird durch förmliche positive Entscheidung Erbe, und der Ersatzerbe wird ausgeschlossen. Wenn der erste nicht förmlich entscheidet, wird er ausgeschlossen, auch wenn er sich als Erbe beträgt, und der Ersatzerbe tritt an seine Stelle. Und wenn dann noch mehrere Grade sind, geschieht bei jedem einzelnen in entsprechender Weise das gleiche. 177. Aber wenn Bedenkzeit ohne Enterbung gegeben ist, d. h. mit folgenden Worten: WENN ER NICHT ENTSCHEIDET, DANN SOLL PUBLIUS MEVIUS ERBE SEIN, besteht der folgende Unterschied: Wenn er die förmliche Entscheidung unterläßt, sich aber als Erbe beträgt, so läßt er den Ersatzerben anteilmäßig zu, und beide werden zu gleichen Teilen Erben. Wenn er sich aber weder förmlich positiv entscheidet noch sich als Erbe beträgt, dann wird er freilich vollkommen ausgeschlossen, und der Ersatzerbe rückt in die ganze Erbschaft ein. 178. Aber Sabinus vertritt die Ansicht, solange der erste entscheiden und auf diese Weise Erbe werden könne, werde der Ersatzerbe nicht zugelassen, auch wenn der andere sich als Erbe betrage: wenn aber die Bedenkzeit zu Ende sei, dann werde der Ersatzerbe zugelassen, wenn der erste sich nur als Erbe betrage. Andere Rechtsgelehrte aber vertreten die Ansicht, auch wenn die Bedenkzeit noch laufe, könne der erste dadurch, daß er sich als Erbe betrage, den Ersatzerben anteilmäßig zulassen und späterhin nicht mehr zur Entscheidung für das Ganze zurückkehren.

[EINSETZUNG EINES NACHERBEN FÜR DEN MINDERJÄHRIGEN NACHKOMMEN]

179. Unseren unmündigen Nachkommen, die unserer Gewalt unterstehen, können wir nicht nur, wie ich oben gesagt habe, einen Ersatzerben geben, d. h. bestimmen, daß ein ande-

rer unser Erbe sein soll, falls sie nicht als Erben erstehen, sondern darüber hinaus festlegen, daß jemand *ihr* Erbe sein soll, wenn sie uns als Erben erstanden, aber vor Erreichung der Mündigkeit gestorben sind, z. B. folgendermaßen: SEI DU, MEIN SOHN TITIUS, MIR ERBE. WENN MEIN SOHN MIR NICHT ERBE WIRD ODER MEIN ERBE WIRD UND STIRBT, BEVOR ER MÜNDIG WIRD, DANN SOLL SEIUS ERBE SEIN.

180. In diesem Falle wird der Ersatzerbe Erbe des Vaters, falls der Sohn nicht als Erbe erstanden ist; wenn er aber als Erbe erstanden und vor der Mündigkeit gestorben ist, wird der Ersatzerbe Nacherbe des Sohnes. Deshalb sind das gewissermaßen zwei Testamente, eins des Vaters und eins des Sohnes, so als ob der Sohn sich selbst einen Erben bestimmt hätte; oder jedenfalls ist es ein Testament für zwei Erbschaften. 181. Damit übrigens das Kind nach dem Tode des Vaters nicht einen Anschlag auf sein Leben zu fürchten hat, ist es üblich, die gewöhnliche Einsetzung eines Ersatzerben offen vorzunehmen, d. h. an derselben Stelle, an der man den Unmündigen zum Erben einsetzt. Die gewöhnliche Einsetzung eines Ersatzerben beruft diesen aber zur Erbschaft für den Fall, daß das Kind überhaupt nicht als Erbe erstanden ist, was geschieht, wenn es bei Lebzeiten des Vaters stirbt: in diesem Falle können wir von dem Ersatzerben nichts Böses vermuten, da ja zu Lebzeiten des Erblassers niemand weiß, was in dem Testament geschrieben ist. Aber die Bestimmung, mit der wir einen Nacherben für den Fall berufen, daß ein Unmündiger als Erbe erstanden und vor der Erreichung der Mündigkeit gestorben ist, schreiben wir einzeln auf weitere Tafeln und verschnüren diese Tafeln gesondert mit einer Schnur und versiegeln sie gesondert mit Wachs und verbieten auf den vorigen Tafeln, daß die folgenden geöffnet werden, solange der Sohn lebt und noch unmündig ist. Aber bei weitem sicherer ist es, beide Arten der Erbeinsetzung einzeln auf weitere Tafeln niederzuschreiben und zu versiegeln; denn wenn die Einsetzungen so aufgeschrieben und getrennt sind, wie ich es oben beschrieben habe, kann man aus der ersten entnehmen, daß in der zweiten derselbe Ersatzerbe als Nacherbe eingesetzt ist.

182. Aber nicht nur, wenn wir unmündige Nachkommen zu

Erben eingesetzt haben, können wir in der Weise einen Ersatzerben bestimmen, daß der, den wir wollen, Erbe sein soll, wenn sie vor Erreichen der Mündigkeit sterben, sondern auch, wenn wir sie enterben. Wenn daher in diesem Falle der Unmündige aus Erbschaften, Vermächtnissen und Schenkungen dieser Verwandten etwas erworben hat, fällt das alles dem Ersatzerben zu. 183. Alles, was wir über die Einsetzung eines Nacherben oder Ersatzerben für unmündige Nachkommen, die als Erben eingesetzt oder enterbt sind, gesagt haben, das ist auch als für Nachgeborene gültig anzusehen. 184. Wenn wir aber einen hausfremden Erben eingesetzt haben, können wir nicht in der Form einen Nacherben einsetzen, daß ein anderer sein Erbe sein soll, wenn er die Erbschaft angetreten hat und innerhalb einer bestimmten Zeit gestorben ist, sondern nur das ist uns erlaubt, daß wir ihn durch ein fideïcommissum verpflichten, unsere Erbschaft ganz oder teilweise herauszugeben. Was es mit dieser Bestimmung auf sich hat, werde ich am passenden Ort erklären.

[EIGENE UND FREMDE SKLAVEN ALS ERBEN]

185. Ebenso wie Freie können auch Sklaven, sowohl unsere eigenen als auch fremde, als Erben eingesetzt werden. 186. Aber unser Sklave muß gleichzeitig für frei und zum Erben erklärt werden, d. h. in folgender Weise: MEIN SKLAVE STICHUS, DU SOLLST FREI UND ERBE SEIN oder ERBE UND FREI SEIN.

187. Denn wenn er ohne Freiheit zum Erben eingesetzt ist, kann er nicht Erbe sein, selbst wenn er inzwischen von seinem Herrn freigelassen ist, weil die Einsetzung im Hinblick auf seine Person zur Zeit der Testamentserrichtung nicht rechtskräftig war. Daher kann er sich, auch wenn er inzwischen verkauft ist, selbst auf Befehl seines neuen Herrn nicht für die Annahme der Erbschaft entscheiden. 188. Wenn er aber mit gleichzeitiger Freilassung zum Erben eingesetzt ist und in der gleichen Lage geblieben ist, wird er durch das Testament frei und daher Zwangserbe. Wenn er aber vom Erblasser selbst freigelassen worden ist, kann er nach eigener Entscheidung die

Erbschaft antreten. Wenn er aber verkauft worden ist, darf er nur mit Ermächtigung des neuen Herrn die Erbschaft antreten. Auf diese Weise wird sein Herr durch ihn zum Erben, denn er selbst kann in diesem Falle weder frei noch Erbe sein. 189. Auch wenn ein fremder Sklave zum Erben eingesetzt und in der gleichen Lage geblieben ist, darf er nur mit Ermächtigung seines Herrn die Erbschaft antreten; wenn er aber von ihm verkauft worden ist, sei es bei Lebzeiten des Erblassers oder nach seinem Tode, aber bevor er entscheiden konnte, darf er nur mit Ermächtigung seines neuen Herrn entscheiden; wenn er aber freigelassen ist, kann er nach eigener Entscheidung die Erbschaft antreten oder nicht. 190. Wenn aber ein fremder Sklave zum Erben eingesetzt ist mit gewöhnlicher Bedenkzeit, ist es so zu verstehen, daß die Frist erst läuft, wenn der Sklave selbst erfahren hat, daß er zum Erben eingesetzt ist, und kein Hindernis besteht, daß er seinen Herrn davon benachrichtigt, so daß er mit dessen Ermächtigung entscheiden kann.

[VERMÄCHTNISSE]

191. Nunmehr wollen wir die Vermächtnisse betrachten. Dieser Teil der Rechtswissenschaft scheint außerhalb der behandelten Materie zu liegen, denn wir sprechen ja von den Rechtsformen, durch die wir die Gesamt-Rechtsnachfolge erwerben. Aber da wir erschöpfend über die Testamente und die Erben, die im Testament eingesetzt werden, gesprochen haben, kann im folgenden mit gutem Grund dieses Gebiet des Rechtes behandelt werden.

192. Es gibt also vier Arten von Vermächtnissen. Wir vermachen etwas als Vindikationsvermächtnis (per vindicationem), als Verpflichtungsvermächtnis (per damnationem), als Duldungsvermächtnis (sinendi modo) oder durch Vorwegnahme, als Vorausvermächtnis (per praeceptionem).

[VINDIKATIONSVERMÄCHTNIS]

193. Ein Vindikationsvermächtnis vermachen wir auf folgende Weise: DEM TITIUS beispielsweise GEBE UND VERMACHE ICH DEN SKLAVEN STICHUS. Aber wenn nur eins von beiden Wörtern steht, wie ICH GEBE oder ICH VERMACHE, so ist es auch ein Vindikationsvermächtnis. Ebenso ist es nach der heutzutage vorherrschenden Meinung der Rechtsgelehrten ein Vindikationsvermächtnis, wenn folgendermaßen vermacht ist: TITIUS SOLL IHN NEHMEN oder FÜR SICH HABEN oder ERHALTEN. 194. Man nennt das aber deshalb Vindikationsvermächtnis, weil es nach Antritt der Erbschaft durch den Erben sofort quiritisches Eigentum des Vermächtnisempfängers wird, und wenn der Vermächtnisempfänger das Objekt von dem Erben oder irgendeinem anderen, der es besitzt, gerichtlich herausverlangt, so muß er vindizieren, d. h. erklären, daß das Objekt nach quiritischem Recht sein Eigentum ist. 195. Nur in dem Punkt sind die Gelehrten verschiedener Ansicht, daß zwar Sabinus und Cassius und die übrigen Lehrer unserer Schule der Ansicht sind, daß das, was in dieser Form vermacht ist, sofort nach Antritt der Erbschaft Eigentum des Vermächtnisempfängers wird, selbst wenn er nicht weiß, daß ihm ein Vermächtnis zugefallen ist, und daß es ist, als ob es nicht vermacht wäre, wenn er es erfahren und das Vermächtnis ausgeschlagen hat. Nerva aber und Proculus und die übrigen Gelehrten jener Schule sind der Ansicht, daß das Objekt nur dann Eigentum des Vermächtnisempfängers wird, wenn er gewollt hat, daß es ihm gehören soll. Aber heute befolgen wir offenbar nach einem Erlaß des verstorbenen Kaisers Antoninus Pius mehr den Rechtssatz, den Proculus vertreten hat. Denn als ein Junianischer Latiner durch Vindikationsvermächtnis einer Kolonie vermacht worden war, sagte er: „Die Dekurionen mögen bedenken, ob sie ihn haben wollen, ebenso als wenn er einem einzelnen hinterlassen wäre."

196. Aber nur solche Objekte kann man rechtskräftig durch Vindikationsvermächtnis vermachen, die quiritisches Eigentum des Erblassers selbst sind. Bei den Dingen dagegen, die nach Gewicht, Maß, Zahl gerechnet werden, ist die allgemein

akzeptierte Ansicht, daß es genügt, wenn sie zum Zeitpunkt des Todes quiritisches Eigentum des Erblassers waren, so z. B. Wein, Öl, Getreide, gezähltes Geld. Bei den übrigen Dingen aber ist die akzeptierte Ansicht, daß sie zu beiden Zeitpunkten quiritisches Eigentum des Erblassers sein müssen, d. h., als er das Testament errichtete und als er starb, sonst ist das Vermächtnis nichtig. 197. Aber das ist freilich nach ius civile so. Später aber ist auf Anregung des Kaisers Nero ein Senatsbeschluß gefaßt worden, in dem bestimmt ist, daß, selbst wenn jemand ein Objekt vermacht hat, das ihm niemals gehört hat, das Vermächtnis ebenso gültig sein soll, als ob es mit bestem Recht vermacht wäre. Das „beste Recht" aber ist das des Verpflichtungsvermächtnisses, durch das auch eine Sache, die fremdes Eigentum ist, vermacht werden kann, wie sich weiter unten zeigen wird. 198. Aber wenn jemand ein ihm gehörendes Objekt erst jemandem vermacht und dann nach der Errichtung des Testaments veräußert hat, sind die meisten Rechtsgelehrten der Ansicht, daß das Vermächtnis nicht nur nach ius civile nichtig sei, sondern auch nicht durch den Senatsbeschluß bestätigt werde. Das wird deshalb gesagt, weil auch in dem Falle, daß jemand ein ihm gehörendes Objekt durch Verpflichtungsvermächtnis vermacht und später veräußert hat, die meisten der Ansicht sind, wenn dem Vermächtnisempfänger das Vermächtnis auch formalrechtlich zustünde, so könne er doch, wenn er es gerichtlich fordere, mit der Einrede wegen Arglist zurückgewiesen werden, weil er das gleichsam gegen den Willen des Toten verlange.

199. Das jedenfalls steht fest, wenn zwei oder mehreren Personen die gleiche Sache durch Vindikationsvermächtnis vermacht ist, sei es gemeinsam, sei es einzeln, und alle das Vermächtnis annehmen, so steht sie den einzelnen anteilmäßig zu. Und der Anteil eines Bedachten, der ausfällt, wächst den übrigen zu. Gemeinsam wird aber folgendermaßen vermacht: TITIUS UND SEIUS GEBE UND VERMACHE ICH DEN SKLAVEN STICHUS, einzeln so: LUCIUS TITIUS GEBE UND VERMACHE ICH DEN SKLAVEN STICHUS. SEIUS GEBE UND VERMACHE ICH DEN GLEICHEN SKLAVEN.

200. Es ist umstritten, wem das, was unter einer Bedingung

durch Vindikationsvermächtnis vermacht ist, gehört, solange die Bedingung nicht erfüllt ist. Unsere Lehrer sind der Ansicht, daß es dem Erben gehört, nach dem Beispiel eines bedingt freigelassenen Sklaven (statuliber), d. h. eines Sklaven, der im Testament unter irgendeiner Bedingung freigelassen ist; von dem steht es fest, daß er inzwischen der Sklave des Erben ist; aber die Gelehrten der anderen Schule sind der Ansicht, daß das Objekt inzwischen niemandem gehört. Das trifft nach ihrer Ansicht erst recht für das zu, was ohne Bedingung vermacht ist, ehe der Bedachte das Vermächtnis annimmt.

[VERPFLICHTUNGSVERMÄCHTNIS]

201. Ein Verpflichtungsvermächtnis vermachen wir in folgender Weise: MEIN ERBE SOLL VERPFLICHTET SEIN, MEINEN SKLAVEN STICHUS ZU GEBEN. Aber auch wenn geschrieben ist: ER SOLL GEBEN, so ist es ein Verpflichtungsvermächtnis. 202. Durch diese Art des Vermächtnisses kann auch fremdes Eigentum vermacht werden, so daß der Erbe verpflichtet ist, es zu kaufen und zu geben oder den Schätzwert zu geben. 203. Auch ein solches Objekt, das noch nicht existiert, wenn es nur zukünftig existieren wird, kann durch Verpflichtungsvermächtnis vermacht werden, z. B. die Früchte, die ein bestimmtes Gut hervorbringen wird, oder das Kind, das von einer bestimmten Sklavin geboren werden wird. 204. Was aber so vermacht ist, wird nach Antritt der Erbschaft durch den Erben nicht sofort Eigentum des Bedachten wie bei einem Vindikationsvermächtnis, selbst wenn es bedingungslos vermacht ist, sondern es ist trotzdem Eigentum des Erben. Und so muß der Bedachte eine Personalklage anstrengen, d. h. erklären, daß der Erbe verpflichtet ist, es ihm zu geben, und dann muß der Erbe das Objekt, wenn es manzipierbar ist, manzipieren oder vor Gericht abtreten und den Besitz übertragen. Wenn es nicht manzipierbar ist, genügt es, wenn er es formlos übergibt. Denn wenn er ein manzipierbares Objekt nur übergeben und nicht manzipiert hat, wird es erst durch Ersitzung quiritisches Eigentum des Vermächtnisempfängers. Die Ersitzung

ist aber, wie ich auch anderen Ortes gesagt habe, bei beweglichen Gütern in einem, bei Immobilien in zwei Jahren abgeschlossen.

205. Und es besteht der folgende Unterschied zwischen diesem und dem Vindikationsvermächtnis: Wenn das gleiche Objekt zwei oder mehreren Personen durch Verpflichtungsvermächtnis vermacht ist, so kommt allerdings jedem ein Anteil zu, wie es beim Vindikationsvermächtnis rechtens ist, wenn es gemeinsam geschehen ist. Wenn es aber einzeln geschehen ist, hat jeder das Ganze zu bekommen. So geschieht es, daß der Erbe natürlich nur einem die Sache, dem anderen aber den Schätzpreis geben muß, und bei gemeinsam vermachten Objekten gehört der Anteil eines ausfallenden Vermächtnisempfängers nicht den übrigen, sondern bleibt in der Erbmasse. 206. Wenn ich aber gesagt habe, in einem Verpflichtungsvermächtnis bleibe zwar der Anteil eines Ausfallenden in der Erbmasse, bei einem Vindikationsvermächtnis aber wachse er den Mitbedachten zu, so müssen wir uns vor Augen halten, daß das vor der Lex Papia nach ius civile so war; nach der Lex Papia aber ist der Anteil des Ausfallenden verfallen (caducus) und gehört denjenigen unter den in diesem Testament genannten Erben und Vermächtnisempfängern, die Kinder haben. 207. Und obgleich bei der Vindikation verfallener Nachlaßteile die Erben mit Kindern den Vorrang haben und dann, wenn die Erben keine Kinder haben, die Mitvermächtnisempfänger mit Kindern kommen, wird doch in derselben Lex Papia bestimmt, daß ein Vermächtnisempfänger, der gemeinsam mit anderen bedacht ist, wenn er Kinder hat, den Erben vorgeht, selbst wenn diese auch Kinder haben. 208. Aber die meisten Rechtsgelehrten haben die Ansicht vertreten, daß es im Hinblick auf das Recht, das in der Lex Papia für die gemeinsam bedachten Vermächtnisempfänger festgelegt wird, nichts ausmacht, ob durch Vindikations- oder Verpflichtungsvermächtnis vermacht worden ist.

[DULDUNGSVERMÄCHTNIS]

209. Als Duldungsvermächtnis vermachen wir folgendermaßen: MEIN ERBE SOLL VERPFLICHTET SEIN, LUCIUS TITIUS ZU ERLAUBEN, DEN SKLAVEN STICHUS ZU NEHMEN UND FÜR SICH ZU HABEN.

210. Diese Art des Vermächtnisses gilt zwar mehr als das Vindikationsvermächtnis, aber weniger als das Verpflichtungsvermächtnis. Denn auf diese Weise kann der Erblasser nicht nur sein Eigentum gültig vermachen, sondern auch das seines Erben, während er sonst durch Vindikationsvermächtnis nur sein Eigentum, durch Verpflichtungsvermächtnis das jedes beliebigen Fremden vermachen kann. 211. Aber wenn das betreffende Objekt beim Tode des Erblassers diesem selbst oder seinem Erben gehört, so ist das Vermächtnis vollkommen gültig, auch wenn es zum Zeitpunkt der Testamentserrichtung keinem von beiden gehört hat. 212. Wenn aber dies Objekt erst nach dem Tode des Erblassers Eigentum des Erben geworden ist, ist es umstritten, ob das Vermächtnis gültig ist. Und die meisten Rechtsgelehrten sind der Ansicht, daß es ungültig ist. Also was ist nun richtig? Mag jemand ein Objekt vermacht haben, das weder jemals ihm gehört hat noch später jemals Eigentum des Erben geworden ist, so gilt es doch nach dem Senatusconsultum Neronianum ebenso, als ob es durch Verpflichtungsvermächtnis vermacht wäre. 213. Wie aber ein durch Verpflichtungsvermächtnis vermachtes Objekt nicht sofort bei Antritt der Erbschaft durch den Erben Eigentum des Bedachten wird, sondern so lange Eigentum des Erben bleibt, bis dieser Erbe es durch formlose Übergabe, mancipatio oder Abtretung vor Gericht zum Eigentum des Vermächtnisempfängers macht, so ist es auch beim Duldungsvermächtnis rechtens. Und daher gibt es auch wegen dieses Vermächtnisses eine Personalklage auf das, WAS DER ERBE NACH DEM TESTAMENT ZU GEBEN UND ZU LEISTEN VERPFLICHTET IST. 214. Es gibt jedoch auch Rechtsgelehrte, die der Ansicht sind, nach diesem Vermächtnis sei der Erbe nicht verpflichtet, zu manzipieren oder vor Gericht abzutreten oder zu übergeben, sondern es genüge, wenn er zulasse, daß der Bedachte sich das Objekt nehme; denn der Erblasser

habe ihm nichts weiter aufgetragen, als daß er zulassen, d. h. dulden solle, daß der Vermächtnisempfänger das Objekt für sich habe. 215. Eine ernstere Meinungsverschiedenheit als die genannte tritt bei dieser Art des Vermächtnisses auf, wenn du das gleiche Objekt zwei oder mehr Personen einzeln vermacht hast. Einige sind der Ansicht, daß beiden das Ganze geschuldet werde wie im Verpflichtungsvermächtnis; andere schätzen die Lage des besitzergreifenden Erben günstiger ein: denn weil durch ein derartiges Vermächtnis der Erbe nur verpflichtet wird, zu dulden, daß der Bedachte sich das Objekt nimmt, folgt, daß er – wenn er dem ersten gegenüber Duldung geübt und dieser sich das Objekt genommen hat – vor dem, der später das Vermächtnis gerichtlich einfordert, sicher ist, da er ja weder das Objekt hat, so daß er dulden könnte, daß der andere es nimmt, noch mit Arglist selbst dafür gesorgt hat, daß es bei ihm nicht mehr greifbar ist.

[VORAUSVERMÄCHTNIS]

216. Als Vorausvermächtnis vermachen wir in folgender Weise: LUCIUS TITIUS SOLL DEN SKLAVEN STICHUS VORWEG NEHMEN.

217. Aber unsere Lehrer sind der Ansicht, daß nur jemandem, der testamentarisch als Teilerbe eingesetzt ist, auf diese Weise etwas vermacht werden könne. „Prae-cipere“ bedeutet nämlich „vorweg nehmen“, was nur auf die Person dessen zutrifft, der zu einem Teil als Erbe eingesetzt ist, weil er außer dem Erbteil ein Vermächtnis vorweg haben soll. 218. Und daher ist das Vermächtnis ungültig, wenn es einem Außenstehenden vermacht wird; in dem Maße, daß Sabinus der Ansicht war, es könne nicht einmal nach dem Senatusconsultum Neronianum wiederhergestellt werden: „Denn“, so sagte er, „durch diesen Senatsbeschluß wird nur das bestätigt, was durch einen Ausdrucksfehler nach ius civile nicht gilt, nicht das, was wegen der Person des Bedachten selbst nicht geschuldet wird.“ Aber Julian und Sextus vertraten die Ansicht, auch in diesem Falle werde das Vermächtnis durch den Senatsbeschluß bestätigt,

denn auch in diesem Falle liege es am Ausdruck, daß das Vermächtnis nach ius civile ungültig sei. Das gehe klar daraus hervor, daß demselben Menschen mit anderen Worten rechtsgültig etwas vermacht werden könnte, z. B. durch Vindikationsvermächtnis, durch Verpflichtungsvermächtnis, durch Duldungsvermächtnis; wegen eines Mangels an der Person gelte ein Vermächtnis nur dann nicht, wenn es jemandem vermacht sei, der überhaupt kein Vermächtnis empfangen könne, z. B. einem Peregrinen. Denn im Hinblick auf den bestehe kein Recht zur testamentarischen Verfügung. In diesem Falle ist wirklich keine Gelegenheit zur Anwendung des Senatsbeschlusses. 219. Ebenso sind die Lehrer unserer Schule der Ansicht, daß der Bedachte etwas in dieser Form Hinterlassenes auf keine andere Art gerichtlich erlangen kann als durch eine Klage auf Nachlaßteilung (actio familiae erciscundae), die den Erben als Klage auf Erbteilung (actio de hereditate erciscunda) zugebilligt zu werden pflegt, „erciscere“ heißt nämlich soviel wie „teilen“; denn zu den Pflichten des Privatrichters gehöre es, daß dem Bedachten dabei das, was ihm als Vorausvermächtnis vermacht ist, zugesprochen werde. 220. Darum sehen wir, daß nach Ansicht der Lehrer unserer Schule nur das als Vorausvermächtnis vermacht werden kann, was Eigentum des Erblassers ist. Denn diesem Richtspruch werden nur diejenigen Objekte unterworfen, die zur Erbmasse gehören. Wenn daher der Erblasser etwas in dieser Weise vermacht hat, was ihm nicht gehört, so ist in jedem Fall nach ius civile dies Vermächtnis ungültig. Aber nach dem Senatsbeschluß wird es bestätigt. In einem bestimmten Falle geben sie aber zu, daß fremdes Eigentum durch ein Vorausvermächtnis hinterlassen werden kann, z. B. wenn jemand ein Objekt vermacht hat, das er einem Gläubiger als Sicherheitsübereignung manzipiert hat: denn sie glauben, daß durch die Befugnis des Privatrichters die Miterben gezwungen werden können, das Geld zu bezahlen und das Objekt auszulösen, so daß derjenige, dem es vermacht ist, es vorweg nehmen kann. 221. Aber die Gelehrten der anderen Schule sind der Ansicht, daß auch einem Außenstehenden durch Vorausvermächtnis etwas vermacht werden könne, gerade als ob so geschrieben würde: TITIUS SOLL DEN SKLAVEN STI-

CHUS NEHMEN (capito), wobei dann noch zum Überfluß das VORWEG (prae) hinzugefügt wäre. Und daher erscheine das Objekt als durch Vindikationsvermächtnis vermacht. Diese Ansicht soll durch einen Erlaß des verstorbenen Kaisers Hadrian bestätigt worden sein. 222. Nach dieser Ansicht kann das Objekt also, wenn es quiritisches Eigentum des Verstorbenen war, vom Vermächtnisempfänger vindiziert werden, sei er nun einer der Erben oder ein Außenstehender. Wenn es aber nur bonitarisches Eigentum des Erblassers war, so ist das Vermächtnis für einen Außenstehenden nach dem Senatsbeschluß gültig, dem Erben aber wird es auf Grund der Befugnis des Privatrichters in einer Klage auf Nachlaßteilung zugesprochen werden; wenn es aber dem Erblasser überhaupt nicht gehört hat, ist das Vermächtnis für den Erben wie für den Außenstehenden nach dem Senatsbeschluß gültig. 223. Wenn aber nur Erben, nach der Ansicht unserer Lehrer, oder auch Außenstehenden, nach der Ansicht der anderen, zu zweit oder mehreren dasselbe Objekt gemeinsam oder einzeln vermacht ist, so müssen die einzelnen ihre Anteile bekommen.

[BESCHRÄNKUNG DES VERFÜGUNGSRECHTS ÜBER DAS VÄTERLICHE ERBE]

224. Früher aber war es erlaubt, sein gesamtes väterliches Erbe in Vermächtnissen und Freilassungen zu erschöpfen und dem Erben nichts als den leeren Namen „Erbe“ zu hinterlassen. Und das schien das Zwölftafelgesetz zu gestatten, in dem festgelegt ist, daß das erfüllt werden solle, was ein jeder über sein Vermögen testamentarisch verfügt habe, mit folgenden Worten: WIE ER VERFÜGT HAT ÜBER SEIN VERMÖGEN, SOLL ES RECHTENS SEIN. Deshalb schlugen testamentarisch eingesetzte Erben die Erbschaft aus, und deshalb starben viele praktisch ohne Testament.

225. Daher wurde die Lex Furia erlassen, nach der es, wenige Personen ausgenommen, nicht erlaubt ist, mehr als 1000 As als Vermächtnis oder als Schenkung von Todes wegen zu empfangen. Aber dies Gesetz erreichte nicht, was es

wollte; wer nämlich beispielsweise ein väterliches Erbe von 5000 As hatte, konnte das ganze väterliche Erbe erschöpfen, indem er fünf Personen je 1000 As vermachte. 226. Daher ist später die Lex Voconia erlassen worden, in der festgelegt ist, daß niemandem erlaubt sein sollte, als Vermächtnis oder als Schenkung von Todes wegen mehr zu empfangen als die Erben. Nach diesem Gesetz schienen die Erben offensichtlich wenigstens etwas sicher zu haben. Aber dennoch entstand ein sehr ähnlicher Mißbrauch: denn wenn der Erblasser sein väterliches Erbe auf zahlreiche Vermächtnisempfänger aufteilte, konnte er den Erben so wenig hinterlassen, daß es denen nicht von Nutzen war, wegen so geringen Gewinns die Lasten der ganzen Erbschaft zu tragen. 227. Daher wurde die Lex Falcidia erlassen, in der festgelegt ist, daß man nicht mehr als drei Viertel in Form von Vermächtnissen hinterlassen darf. Daher muß der Erbe notwendigerweise ein Viertel der Erbschaft behalten, und diese Rechtsnorm befolgen wir heute. 228. Auch in bezug auf testamentarische Freilassungen beschnitt die Lex Fufia Caninia die unbeschränkte Freiheit, wie ich im ersten Buch berichtet habe [I 42–46].

[RICHTIGE REIHENFOLGE DER TESTAMENTARISCHEN VERFÜGUNGEN]

229. Was vor Einsetzung des Erben vermacht wird, ist ungültig, natürlich weil die Testamente die Kraft aus der Einsetzung des Erben empfangen, und deshalb sieht man die Einsetzung des Erben sozusagen als Hauptsache und Grundlage des gesamten Testaments an. 230. Aus demselben Grunde kann auch niemandem vor Einsetzung des Erben die Freiheit geschenkt werden. 231. Unsere Lehrer sind der Ansicht, daß man auch keinen Vormund an dieser Stelle einsetzen kann; aber Labeo und Proculus sagen, daß man einen Vormund einsetzen kann, weil durch die Einsetzung eines Vormundes die Erbschaft nicht geschmälert wird. 232. Auch was nach dem Tode des Erben vermacht wird, ist ungültig, d. h., wenn es in folgender Art geschieht: WENN MEIN ERBE TOT SEIN WIRD, GEBE UND

VERMACHE ICH ... oder SOLL MAN GEBEN ... Folgendermaßen aber wird rechtskräftig vermacht: WENN MEIN ERBE STIRBT, weil dann nicht nach dem Tode des Erben, sondern im letzten Augenblick seines Lebens etwas hinterlassen wird. Wiederum kann man nicht so vermachen: AM TAG, BEVOR MEIN ERBE STIRBT. Dafür sehe ich keinen einleuchtenden Grund. 233. Dasselbe ist auch als von Freilassungen gesagt zu verstehen. 234. Ob ein Vormund auch nach dem Tode des Erben ernannt werden kann, ist für diejenigen, die sich die Frage stellen, vielleicht dasselbe Problem, das in bezug auf den Vormund erörtert wird, der vor der Einsetzung des Erben ernannt wird.

[UNGÜLTIGE VERMÄCHTNISSE]

235. Als Strafe ausgesetzte Vermächtnisse sind ungültig. Ein Vermächtnis ist aber offenbar dann zur Strafe ausgesetzt, wenn es hinterlassen wird, um den Erben zu zwingen, etwas zu tun oder zu unterlassen, z. B. was in der Form vermacht wird: WENN MEIN ERBE SEINE TOCHTER TITIUS ZUR FRAU GIBT, SOLL ER SEIUS 10000 SESTERZEN GEBEN. Oder: WENN DU DEINE TOCHTER NICHT TITIUS ZUR FRAU GIBST, SOLLST DU TITIUS 10000 SESTERZEN GEBEN. Aber auch wenn jemand befohlen hat, daß Titius 10000 Sesterzen gegeben werden sollen, wenn der Erbe beispielsweise nicht innerhalb von zwei Jahren einen Grabstein hat setzen lassen, ist das Vermächtnis zur Strafe ausgesetzt. Kurz, schon auf Grund der Definition können wir nach vielen ähnlichen Fällen Umschau halten. 236. Auch die Freiheit kann man niemandem zur Strafe schenken, obwohl das bestritten worden ist. 237. Im Hinblick auf den Vormund aber gibt es nichts zu streiten, weil durch die Einsetzung eines Vormundes der Erbe nicht gezwungen werden kann, etwas zu tun oder zu lassen. Daher wird ein Vormund nicht zur Strafe gegeben, und ⟨wenn er so gegeben⟩ sein sollte, so wird es mehr scheinen, daß er unter einer bestimmten Bedingung als daß er zur Strafe eingesetzt ist.

238. Was einer unbestimmten Person (incerta persona) vermacht ist, wird ungültig hinterlassen. „Unbestimmt“ aber ist

eine Person, von der dem Erblasser nur eine unklare Vorstellung vorschwebte, z. B. wenn folgendermaßen vermacht ist: DEM, DER ALS ERSTER ZU MEINER TRAUERFEIER GEKOMMEN IST, SOLL MEIN ERBE 10000 SESTERZEN GEBEN. Dasselbe ist rechtens, wenn er allgemein allen etwas vermacht hat: JEDEM, DER ZU MEINER TRAUERFEIER GEKOMMEN IST... Der gleichen Regel unterliegt, was folgendermaßen hinterlassen wird: DEM, DER MEINEM SOHN SEINE TOCHTER ZUR FRAU GIBT, SOLL MEIN ERBE 10000 SESTERZEN GEBEN. Auch das, was so hinterlassen wird: DENEN, DIE NACH DER ERRICHTUNG DIESES TESTAMENTS ALS NÄCHSTE ZU KONSULN BESTIMMT WERDEN, gilt gleichermaßen als unbestimmten Personen hinterlassen, kurz, es gibt viele solche Arten. Mit einer bestimmten Eingrenzung aber wird einer unbestimmten Person rechtskräftig etwas vermacht, z. B.: DEMJENIGEN VON MEINEN JETZT LEBENDEN KOGNATEN, DER ALS ERSTER ZU MEINER TRAUERFEIER GEKOMMEN IST, SOLL MEIN ERBE 10000 SESTERZEN GEBEN.

239. Auch die Freiheit kann anscheinend nicht einer unbestimmten Person geschenkt werden, da die Lex Fufia Caninia befiehlt, daß die Sklaven namentlich freigelassen werden sollen. 240. Auch ein bestimmter Vormund muß gegeben werden. 241. Auch ein Vermächtnis an einen fremden Nachgeborenen ist ungültig. Ein fremder Nachgeborener (alienus postumus) ist aber, wer bei seiner Geburt nicht unter die unmittelbaren Erben des Erblassers fallen wird. Deshalb ist auch der von einem emanzipierten Sohn gezeugte Enkel ein fremder Nachgeborener. Ebenso gilt ein Kind im Schoße einer Frau, die nach ius civile nicht als Ehefrau gilt, für den Vater als fremder Nachgeborener. 242. Und nicht einmal als Erbe darf ein fremder Nachgeborener eingesetzt werden, er ist nämlich eine unbestimmte Person. 243. Das übrige aber, was ich oben gesagt habe, gilt nur für Vermächtnisse im eigentlichen Sinne, jedoch vertreten einige Rechtsgelehrte nicht unberechtigterweise die Ansicht, auch ein Erbe könne nicht zur Strafe eingesetzt werden. Es ist nämlich kein Unterschied, ob einem Erben befohlen wird, Vermächtnisse auszuzahlen, oder ob ihm ein Miterbe beigegeben wird für den Fall, daß er etwas tut oder unterläßt, weil er ebenso durch die Beigabe eines Miterben wie durch die

Aussetzung eines Vermächtnisses gezwungen wird, etwas gegen seinen eigenen Wunsch zu tun oder zu unterlassen.

244. Ob wir jemandem, der der Gewalt dessen untersteht, den wir zum Erben eingesetzt haben, rechtskräftig ein Vermächtnis aussetzen können, ist umstritten. Servius ist der Ansicht, man könne es, aber das Vermächtnis erlösche, wenn er zu dem Zeitpunkt noch der Gewalt unterstehe, zu dem das Vermächtnis fällig werde. Das Vermächtnis werde also geschuldet, wenn es entweder bedingungslos ausgesetzt wurde und der Bedachte bei Lebzeiten des Erblassers aufgehört hat, der Gewalt des Erben zu unterstehen, oder wenn es unter einer Bedingung vermacht wurde und dasselbe, nämlich das Ausscheiden aus der Gewalt, eintritt, ehe die Bedingung erfüllt ist. Sabinus und Cassius sind der Ansicht, daß ein bedingtes Vermächtnis in diesem Falle rechtskräftig ist, ein bedingungsloses nicht. Freilich könne der Bedachte bei Lebzeiten des Erblassers aufhören, der Gewalt des Erben zu unterstehen; dennoch müsse man deswegen das Vermächtnis für ungültig erkennen, weil es absurd wäre, wenn eine Verfügung, die keine Kraft gewonnen hätte, wenn der Erblasser sogleich nach der Errichtung des Testaments gestorben wäre, nur darum gelten sollte, weil er länger gelebt habe. Aber die Gelehrten der anderen Schule erklären, nicht einmal ein bedingtes Vermächtnis sei rechtskräftig, weil wir Personen, die unserer Gewalt unterstehen, ebensowenig bedingt wie bedingungslos etwas schulden können. 245. Im Gegensatz dazu steht fest, daß jemand, der deiner Gewalt untersteht, wenn er zum Erben eingesetzt wird, rechtskräftig mit einem Vermächtnis zu deinen Gunsten belastet werden kann, daß aber, wenn du durch ihn Erbe wirst [vgl. II 87], das Vermächtnis erlischt, weil du dir selbst die Auszahlung eines Vermächtnisses nicht schulden kannst. Wenn dagegen dein Sohn emanzipiert oder dein Sklave freigelassen oder an einen anderen weitergegeben ist und dann im ersten oder zweiten Fall als Erbe erstanden ist oder im dritten Fall einen anderen zum Erben gemacht hat, wird dir das Vermächtnis geschuldet.

[FIDEÏCOMMISSA BEI ERBSCHAFTEN]

246. Von hier wollen wir zu den fideïcommissa übergehen. 247. Und zuerst wollen wir die fideïcommissa bei Erbschaften betrachten.

248. Vor allen Dingen muß man zunächst wissen, daß es erforderlich ist, daß jemand rechtskräftig zum Erben eingesetzt wird, und daß es seiner Rechtlichkeit (fides) anheimgegeben (commissum) wird, daß er diese Erbschaft einem anderen herausgeben soll. Sonst ist das Testament nichtig, weil niemand rechtskräftig als Erbe eingesetzt ist. 249. Folgende Worte, die für ein fideïcommissum passen, sind besonders gebräuchlich: ICH FORDERE AUF, ICH BITTE, ICH WILL, ICH STELLE DEINER RECHTLICHKEIT ANHEIM. Sie sind einzeln ebenso wirksam, als wenn sie alle gehäuft werden. 250. Gleich wenn wir also geschrieben haben: SEI DU, LUCIUS TITIUS, MEIN ERBE, können wir hinzufügen: ICH BITTE DICH, LUCIUS TITIUS, UND ICH FORDERE DICH AUF, SOBALD DU MEINE ERBSCHAFT HAST ANTRETEN KÖNNEN, SIE AN GAIUS SEIUS ZU GEBEN UND HERAUSZUGEBEN. Wir können aber auch bitten, daß ein Teil herausgegeben wird, und es steht frei, bedingt oder bedingungslos fideïcommissa zu hinterlassen, oder auch von einem bestimmten Termin an. 251. Wenn die Erbschaft herausgegeben worden ist, bleibt aber der, der sie herausgegeben hat, trotzdem Erbe; der aber, der die Erbschaft empfängt, nimmt manchmal die Stellung eines Erben, manchmal die eines Vermächtnisempfängers ein. 252. Früher aber nahm er weder die Stellung eines Erben noch die eines Vermächtnisempfängers ein, sondern eher die eines Käufers. Damals war es nämlich Sitte, die Erbschaft demjenigen, dem sie herausgegeben wurde, formal für eine Münze zu verkaufen, und die gleiche förmliche Forderung und das Gelöbnis, ⟨die zwischen dem Verkäufer und dem Käufer einer Erbschaft ausgetauscht zu werden pflegen, wurden auch zwischen⟩ dem Erben und demjenigen, dem die Erbschaft herausgegeben wurde, getauscht, d. h. auf folgende Weise: Der Erbe forderte von demjenigen, dem die Erbschaft herausgegeben wurde, das Versprechen, daß er dafür schadlos gehalten werde, wenn er auf Grund der Erbschaft zu einer Zahlung verurteilt worden

sei oder wenn er sonst etwas im guten Glauben gegeben habe, und verlangte, daß er überhaupt, wenn jemand auf Grund der Erbschaft eine Klage gegen ihn anstrengen sollte, richtig verteidigt werde. Derjenige aber, der die Erbschaft empfing, forderte seinerseits das Versprechen, daß ihm alles ausgeliefert werde, was dem Erben aus der Erbschaft zugekommen sei, und auch, daß dieser ihn Klagen in der Erbschaftsangelegenheit als seinen Bevollmächtigten oder Prozeßvertreter verfolgen lassen werde.

[SENATUSCONSULTUM TREBELLIANUM]

253. Aber später, unter dem Konsulat des Trebellius Maximus und des Annaeus Seneca, wurde ein Senatsbeschluß gefaßt, in dem festgelegt ist, daß nach Auslieferung einer Erbschaft auf Grund eines fideïcommissum die Klagen, die nach ius civile dem Erben zustehen oder gegen ihn gerichtet sind, demjenigen bzw. gegen denjenigen gewährt werden sollen, dem die Erbschaft nach dem fideïcommissum herausgegeben worden ist. Durch diesen Senatsbeschluß kamen die genannten Sicherheitsversprechen außer Gebrauch. Der Prätor nämlich begann, Klagen mit abgeänderter Grundformel für und gegen den, der die Erbschaft empfangen hatte, gleichsam wie für oder gegen den Erben zu gewähren, und sie sind im Edikt aufgeführt.

254. Weil aber wiederum die testamentarisch eingesetzten Erben, da sie häufig die ganze oder fast die ganze Erbschaft herauszugeben gebeten wurden, sich weigerten, eine Erbschaft mit wenig oder gar keinem Nutzen für sich selbst anzutreten, und deshalb die fideïcommissa erloschen, beschloß der Senat später unter dem Konsulat von Pegasus und Pusio, daß dem, der gebeten wird, eine Erbschaft herauszugeben, fortan erlaubt sein solle, den vierten Teil einzubehalten, wie nach der Lex Falcidia bei Vermächtnissen der vierte Teil für den Erben einbehalten werden darf. Auch bei einzelnen Objekten, die durch fideïcommissa vermacht werden, ist ein Abzug in gleicher Höhe erlaubt. Durch diesen Senatsbeschluß trägt der

Erbe die Erbschaftslasten. Derjenige aber, der durch fideïcommissum den Rest der Erbschaft empfängt, nimmt die Stelle eines Teil-Vermächtnisempfängers (partiarius legatarius) ein, d. h. eines Vermächtnisempfängers, dem ein Teil des Nachlasses vermacht wird. Diese Art des Vermächtnisses nennt man partitio (Teilung), weil sich der Vermächtnisempfänger mit dem Erben die Erbschaft teilt (partitur). Daher kommt es, daß die gleiche förmliche Forderung und das feierliche Versprechen, die zwischen Erben und Teil-Vermächtnisempfänger getauscht zu werden pflegen, zwischen dem, der auf Grund eines fideïcommissum die Erbschaft empfängt, und dem Erben getauscht werden, d. h. daß Nutzen und Schaden, die aus der Erbschaft erwachsen, von ihnen anteilmäßig gemeinsam getragen werden sollen.

255. Wenn also der Erbe nur nicht gebeten wird, mehr als drei Viertel der Erbschaft herauszugeben, dann wird nach dem Senatusconsultum Trebellianum die Erbschaft herausgegeben. Und Klagen im Hinblick auf die Erbschaft werden beiden vom Prätor anteilmäßig gewährt, gegen den Erben freilich nach dem ius civile, gegen den aber, der die Erbschaft empfängt, nach dem Senatusconsultum Trebellianum. Trotzdem bleibt der Erbe auch an dem Teil, den er herausgegeben hat, Erbe, und für und gegen ihn stehen die Klagen im vollen Umfang zu – aber er wird nur in dem Umfange belastet und nur in dem Umfange werden ihm Klagen gewährt, wie bei ihm der Vorteil der Erbschaft bleibt. 256. Aber wenn jemand gebeten wird, mehr als drei Viertel oder sogar die ganze Erbschaft herauszugeben, so ist nach dem Senatusconsultum Pegasianum zu verfahren. 257. Aber wer einmal die Erbschaft angetreten hat, wenn er nur aus freien Stücken gehandelt hat – ob er nun den vierten Teil behalten hat oder ihn nicht hat behalten wollen –, der trägt alle Lasten der Erbschaft. Aber wenn er den vierten Teil einbehalten hat, müssen anteilmäßig förmliche Forderung und feierliches Versprechen getauscht werden wie zwischen Teil-Vermächtnisempfänger und Erben; wenn er aber die ganze Erbschaft ausgeliefert hat, müssen förmliche Forderung und feierliches Versprechen nach dem Muster der ge- und verkauften Erbschaft ausgetauscht werden.

258. Aber wenn der testamentarisch eingesetzte Erbe sich weigert, die Erbschaft anzutreten, weil er sagt, sie sei ihm als nachteilig verdächtig, so wird im Senatusconsultum Pegasianum festgelegt, daß er auf Wunsch dessen, dem er sie auszuliefern gebeten wird, auf Befehl des Prätors die Erbschaft antreten und herausgeben soll, und fortan sollen für und gegen den Empfänger Klagen gewährt werden, wie es nach dem Senatusconsultum Trebellianum rechtens wäre. In diesem Fall sind gegenseitige förmliche Forderung und feierliches Versprechen nicht erforderlich, weil gleichzeitig dem, der herausgibt, Sicherheit gegeben wird und alle Klagen in der Erbschaftsangelegenheit auf den übertragen werden, der die Erbschaft empfängt. 259. Es macht aber nichts aus, ob einer, der zum Gesamterben eingesetzt ist, gebeten wird, die ganze Erbschaft oder einen Teil herauszugeben, oder ob ein Miterbe gebeten wird, seinen ganzen Anteil oder einen Teil davon herauszugeben, denn auch in diesem Fall wird gewöhnlich ein Viertel dieses Teils nach dem Senatusconsultum Pegasianum berücksichtigt.

[VERMÄCHTNISSE DURCH FIDEÏCOMMISSA]

260. Es kann aber jeder auch einzelne Objekte durch fideïcommissa hinterlassen, z. B. ein Grundstück, einen Sklaven, ein Kleidungsstück, Silber, Gold, und entweder den Erben selbst bitten, daß er es jemandem herausgibt, oder einen Vermächtnisempfänger, obgleich ein Vermächtnisempfänger nicht selbst mit einem Vermächtnis belastet werden kann.

261. Ebenso kann nicht nur Eigentum des Erblassers durch fideïcommissum hinterlassen werden, sondern auch das eines Erben, eines Vermächtnisempfängers oder irgendeines anderen. Daher kann auch der Vermächtnisempfänger nicht nur in bezug auf ein ihm vermachtes Objekt gebeten werden, es einem anderen herauszugeben, sondern auch in bezug auf ein anderes, ob es nun dem Bedachten selbst gehört oder fremdes Eigentum ist. Nur das eine muß allerdings beachtet werden, daß niemand gebeten wird, anderen mehr herauszugeben, als er selbst nach dem Testament bekommen hat, denn was dar-

über hinaus geht, ist unwirksam hinterlassen. 262. Wenn aber fremdes Eigentum durch fideïcommissum hinterlassen wird, muß derjenige, der gebeten worden ist, entweder das Objekt selbst kaufen und geben oder den Schätzpreis bezahlen, so wie es rechtens ist, wenn fremdes Eigentum durch Verpflichtungsvermächtnis vermacht worden ist. Es gibt aber Rechtsgelehrte, die der Ansicht sind, das fideïcommissum erlösche, wenn der Eigentümer ein durch fideïcommissum hinterlassenes Objekt nicht verkaufe, bei einem Verpflichtungsvermächtnis dagegen liege der Fall anders. 263. Auch die Freiheit kann einem Sklaven durch fideïcommissum geschenkt werden, so daß der Erbe oder ein Vermächtnisnehmer gebeten wird, ihn freizulassen. 264. Und es macht nichts aus, ob der Erblasser das in bezug auf seinen eigenen Sklaven erbittet oder in bezug auf einen, der Eigentum des Erben oder des Vermächtnisempfängers oder gar eines Fremden ist. 265. Daher muß auch ein fremder Sklave gekauft und freigelassen werden. Wenn aber der Eigentümer ihn nicht verkauft, erlischt allerdings die durch fideïcommissum vermachte Freilassung, weil in diesem Fall keine Berechnung des Preises in Frage kommt. 266. Wer aber auf Grund eines fideïcommissum freigelassen wird, wird nicht Freigelassener des Erblassers, auch wenn er Sklave des Erblassers war, sondern dessen, der ihn freiläßt. 267. Aber wer unmittelbar durch das Testament freigelassen wird, z. B. in folgender Weise: DER SKLAVE STICHUS SOLL FREI SEIN, oder so: ICH BEFEHLE, DASS MEIN SKLAVE STICHUS FREI SEIN SOLL, der wird zum Freigelassenen des Erblassers selbst. Und kein anderer kann unmittelbar durch das Testament die Freiheit haben, als wer zu beiden Zeiten quiritisches Eigentum des Erblassers war: als er das Testament errichtete und als er starb.

[UNTERSCHIEDE ZWISCHEN FIDEÏCOMMISSUM UND VERMÄCHTNIS]

268. Das, was durch fideïcommissum hinterlassen wird, unterscheidet sich aber wesentlich von dem, was unmittelbar nach ius civile vermacht wird. 269. Denn z. B. kann durch fi-

deïcommissum etwas nach dem Tode des Erben hinterlassen werden, während sonst ein auf diese Weise ausgesetztes Vermächtnis ungültig ist. 270. Ebenso kann jemand, der vor seinem Tode kein Testament machen will, zu Lasten dessen, dem sein Vermögen zufällt, jemandem ein fideïcommissum hinterlassen, während sonst zu Lasten des Erben nichts vermacht werden kann. 270a. Ebenso gilt ein Vermächtnis, das durch Kodizill hinterlassen ist, nur dann, wenn letzteres vom Erblasser bestätigt ist, d. h., wenn der Erblasser im Testament darauf hingewiesen hat, daß das, was er im Kodizill geschrieben hat, gelten soll. Ein fideïcommissum aber kann auch in einem unbestätigten Kodizill hinterlassen werden. 271. Ebenso kann nichts zu Lasten eines Vermächtnisempfängers vermacht werden, ein fideïcommissum zu seinen Lasten aber kann ausgesetzt werden; ja sogar zu Lasten dessen, dem wir etwas durch fideïcommissum hinterlassen haben, können wir wieder einem andern durch fideïcommissum etwas hinterlassen. 272. Weiter kann einem fremden Sklaven nicht unmittelbar die Freiheit gegeben werden, aber durch fideïcommissum ist es möglich. 273. Weiter kann in einem Kodizill niemand zum Erben eingesetzt oder enterbt werden, auch wenn das Kodizill im Testament bestätigt ist; aber derjenige, der im Testament als Erbe eingesetzt ist, kann in einem Kodizill gebeten werden, die betreffende Erbschaft einem anderen ganz oder teilweise herauszugeben, auch wenn das Kodizill im Testament nicht bestätigt ist. 274. Weiter kann eine Frau, die nach der Lex Voconia von jemandem, der auf 100000 As steuerlich veranlagt ist, nicht zum Erben eingesetzt werden kann, eine ihr durch fideïcommissum hinterlassene Erbschaft annehmen. 275. Auch die Junianischen Latiner, denen es durch die Lex Iunia untersagt ist, Erbschaften und Vermächtnisse anzunehmen, können sie durch ein fideïcommissum annehmen. 276. Weiter: während es durch einen Senatsbeschluß verboten ist, einen eigenen Sklaven, der noch nicht dreißig Jahre alt ist, für frei und zum Erben zu erklären, vertreten die meisten Rechtsgelehrten die Ansicht, man könne testamentarisch bestimmen, daß er frei sein soll, wenn er dreißig Jahre alt ist, und durch fideïcommissum bitten, daß ihm dann die Erbschaft herausgegeben wird.

277. Weiter: obgleich wir nicht nach dem Tode dessen, der uns als Erbe ersteht, einen anderen an seiner Statt als Erben einsetzen können, können wir doch den Erben durch fideïcommissum bitten, daß er, WENN ER STIRBT, diese Erbschaft ganz oder teilweise herausgibt. Und weil auch nach dem Tode des Erben ein fideïcommissum gegeben werden kann, können wir das gleiche bewirken, auch wenn wir folgendermaßen geschrieben haben: WENN MEIN ERBE TITIUS GESTORBEN IST, WILL ICH, DASS MEINE ERBSCHAFT PUBLIUS MEVIUS GEHÖRT. Auf beide Arten, durch die eine wie die andere Formulierung, läßt Titius seinen Erben mit der Verpflichtung zurück, das Empfangene auf Grund des fideïcommissum herauszugeben.

278. Außerdem fordern wir Vermächtnisse gerichtlich durch einen Formularprozeß heraus, auf fideïcommissa aber machen wir in Rom unseren Anspruch beim Konsul oder bei demjenigen Prätor geltend, der speziell über fideïcommissa Recht spricht, in den Provinzen dagegen beim Statthalter. 279. Weiter wird über fideïcommissa in Rom jederzeit Recht gesprochen, über Vermächtnisse aber nur an bestimmten Gerichtstagen. 280. Weiter werden Zinsen und Ertrag auf ein fideïcommissum geschuldet, wenn der Belastete Verzug bei der Auszahlung hat eintreten lassen. Auf ein Vermächtnis werden Zinsen nicht geschuldet. Das wird in einem Reskript des verstorbenen Kaisers Hadrian bestätigt. Ich weiß jedoch, daß Julian die Ansicht vertreten hat, daß bei einem Duldungsvermächtnis dasselbe rechtens sei wie bei fideïcommissa, und ich sehe, daß diese Ansicht heutzutage mehr Boden gewinnt. 281. Weiter gelten griechisch geschriebene Vermächtnisse nicht, fideïcommissa aber gelten. 282. Weiter: wenn der Erbe ein Verpflichtungsvermächtnis ableugnet, wird die Klage gegen ihn auf den doppelten Betrag angestrengt; eines fideïcommissum wegen aber geht die Rechtsverfolgung im Kognitionsverfahren immer nur auf den einfachen Betrag. 283. Weiter: was jemand auf ein fideïcommissum hin irrtümlich zuviel ausgezahlt hat, kann er gerichtlich zurückfordern, aber das, was aus Irrtum auf ein Verpflichtungsvermächtnis hin zuviel gezahlt ist, kann nicht zurückgefordert werden. Dasselbe gilt na-

türlich auch von einem Betrag, der überhaupt nicht geschuldet wurde und der auf das eine oder andere hin irrtümlich ausgezahlt wurde.

[UNGÜLTIGE FIDEÏCOMMISSA]

284. Es gab aber noch andere Unterschiede, die jetzt nicht mehr bestehen. 285. Z. B. konnten Peregrinen ein fideïcommissum annehmen, und das war wohl die Quelle der fideïcommissa überhaupt. Aber später ist das verboten worden, und jetzt ist auf eine Rede des zu den Göttern erhobenen verstorbenen Kaisers Hadrian hin ein Senatsbeschluß gefaßt worden, daß solche fideïcommissa für den Fiskus vindiziert werden sollen. 286. Auch Unverheiratete, denen es durch die Lex Iulia verboten ist, Erbschaften und Vermächtnisse anzunehmen, konnten anscheinend früher fideïcommissa annehmen. 286a. Ebenso konnten anscheinend die Kinderlosen (orbi), die nach der Lex Papia deswegen, weil sie keine Kinder haben, die Hälfte von Erbschaften und Vermächtnissen verlieren, früher ein fideïcommissum ungeschmälert annehmen. Aber später wurden sie durch das Senatusconsultum Pegasianum gehindert, weiterhin fideïcommissa ebenso wie Vermächtnisse und Erbschaften anzunehmen, und diese wurden auf diejenigen der im Testament bedachten Erben und Vermächtnisempfänger übertragen, die Kinder haben, oder – wenn niemand Kinder haben sollte – auf das römische Volk; so wie es rechtens ist bei Vermächtnissen und Erbschaften, die aus dem gleichen oder einem ähnlichen Grunde ⟨ganz oder teilweise verfallen.⟩ 287. Ebenso konnte früher einer unbestimmten Person oder einem fremden Nachgeborenen durch fideïcommissum etwas hinterlassen werden, obwohl sie weder zu Erben eingesetzt noch Vermächtnisempfänger sein können. Aber durch einen Senatsbeschluß, der auf Anregung des verstorbenen Kaisers Hadrian gefaßt wurde, ist dasselbe für fideïcommissa wie für Vermächtnisse und Erbschaften festgelegt worden. 288. Ebenso besteht heute kein Zweifel mehr, daß auch nicht durch fideïcommissum etwas zur Strafe hinterlassen werden

kann. 289. Aber obgleich auf vielen Rechtsgebieten die Regeln für fideïcommissa viel großzügiger sind als für das, was unmittelbar hinterlassen wird, und auf anderen ebensolche Geltung haben, kann ein Vormund doch im Testament nur unmittelbar eingesetzt werden, z. B. in folgender Weise: TITIUS SOLL MEINEN KINDERN VORMUND SEIN oder: MEINEN KINDERN GEBE ICH TITIUS ZUM VORMUND. Durch fideïcommissum aber kann er nicht eingesetzt werden.

DRITTES BUCH

[INTESTATERBFOLGE]

⟨1. Die Erbschaften von Personen, die ohne gültiges Testament verstorben sind (ab intestato), fallen nach dem Zwölftafelgesetz zunächst an die unmittelbaren Erben. 2. Als unmittelbare Erben aber gelten, wie ich schon oben gesagt habe [II 156], die Nachkommen, die der Gewalt des Verstorbenen im Augenblick seines Todes unterstanden, z. B. Sohn oder Tochter, Enkel oder Enkelin vom Sohn her, Urenkel oder Urenkelin von einem Enkel in männlicher Linie. Und es macht keinen Unterschied, ob es leibliche oder Adoptivnachkommen sind. Jedoch nur dann zählen Enkel oder Enkelin, Urenkel oder Urenkelin zu den unmittelbaren Erben, wenn die Person, die den Vorrang hat, aufgehört hat, der Gewalt des Vaters zu unterstehen, ob das nun durch Tod oder einen anderen Grund geschehen ist, z. B. durch Emanzipation. Denn wenn zu dem Zeitpunkt, wenn jemand stirbt, sein Sohn seiner Gewalt untersteht, kann ein Enkel von diesem Sohn nicht unmittelbarer Erbe sein. Dasselbe soll auch im Hinblick auf die übrigen Nachkommen als gesagt gelten.

3. Auch die Frau, die in der manus des Mannes ist, ist für ihn unmittelbare Erbin, weil sie rechtlich die Stelle einer Tochter einnimmt; ebenso die Schwiegertochter, die in der manus des Sohnes ist, denn auch die nimmt rechtlich die Stellung einer Enkelin ein. Aber erst dann wird sie unmittelbare Erbin, wenn der Sohn, in dessen manus sie gewesen ist, nicht der Gewalt des Vaters untersteht, wenn dieser stirbt. Dasselbe werden wir auch von der sagen, die als Ehefrau in der manus des Enkels ist, weil sie rechtlich die Stellung einer Urenkelin einnimmt.

4. Auch nachgeborene Kinder, die der Gewalt des Vaters unterstanden hätten, wenn sie bei Lebzeiten des Vaters geboren worden wären, sind unmittelbare Erben. 5. Dasselbe ist rechtens für diejenigen, in deren Namen auf Grund der Lex

Aelia Sentia oder des Senatsbeschlusses⟩ nach dem Tode ihres Vaters der Nachweis erbracht wird [vgl. I 29–32 und 65ff.], denn auch sie hätten der Gewalt ihres Vaters in Zukunft unterstanden, wenn der Nachweis zu seinen Lebzeiten erbracht worden wäre. 6. Das werden wir ebenso von einem Sohn als gültig annehmen, der nach dem Tode des Vaters aus der ersten oder zweiten mancipatio freigelassen wird. 7. Wenn also ein Sohn oder eine Tochter und von einem anderen Sohn her Enkel oder Enkelinnen vorhanden sind, werden sie gleichmäßig zur Erbschaft berufen, und der Nachkomme näheren Grades schließt den entfernteren nicht aus. Es erschien nämlich billig, daß Enkel oder Enkelinnen in die Stelle und das Erbteil ihres Vaters einrücken. Nach dem gleichen Prinzip werden auch alle gleichzeitig zur Erbschaft berufen, wenn von einem Sohn Enkel oder Enkelin und von einem Enkel Urenkel oder Urenkelin vorhanden sind. 8. Und weil die allgemein anerkannte Ansicht war, daß Enkel und Enkelinnen und ebenso Urenkel und Urenkelinnen in die Stelle ihrer Erzeuger einrücken, erschien es günstig, die Erbschaft nicht auf Köpfe, sondern auf Stämme aufzuteilen, so daß ein Sohn die Hälfte der Erbschaft erhält und zwei oder mehr Enkel vom anderen Sohn die andere Hälfte; ebenso: wenn von zwei Söhnen her Enkel vorhanden sind, von einem Sohn vielleicht einer oder zwei, von dem anderen drei oder vier, so fällt die Hälfte an den einen oder die zwei, die andere Hälfte an die drei oder vier.

9. Wenn kein unmittelbarer Erbe vorhanden ist, fällt die Erbschaft nach dem gleichen Zwölftafelgesetz an die Agnaten. 10. Agnaten nennt man diejenigen, die durch Verwandtschaft nach den Normen des ius civile verbunden sind: Verwandtschaft nach den Normen des ius civile (legitima cognatio) ist diejenige, die durch Personen männlichen Geschlechts vermittelt wird. Daher sind Brüder, die vom gleichen Vater gezeugt sind, einander Agnaten, man nennt sie auch „consanguinei“, und es wird nicht danach gefragt, ob sie auch die gleiche Mutter gehabt haben. Ebenso ist der Vaterbruder dem Sohn seines Bruders und umgekehrt dieser ihm ein Agnat. Hierhin gehören auch Vettern im Mannesstamm, die von vielen auch „consobrini“ genannt werden, d. h. die Nachkommen zweier Brüder.

Nach diesem Prinzip können wir natürlich auch zu weiteren Graden der agnatischen Verwandtschaft gelangen. 11. Jedoch nicht allen Agnaten gleichzeitig gibt das Zwölftafelgesetz die Erbschaft, sondern denen, die in dem Augenblick, in dem es sicher ist, daß jemand ohne gültiges Testament gestorben ist, im nächsten Grade verwandt sind. 12. Aber in diesem Rechtsanspruch gibt es keine Nachfolge. Wenn also der nächste Agnat die Erbschaft nicht in Anspruch genommen hat oder gestorben ist, ehe er sie antreten konnte, fällt den folgenden nach dem Zwölftafelgesetz kein Rechtsanspruch zu. 13. Wir fragen aber deswegen nicht, wer zum Zeitpunkt des Todes der nächste Agnat gewesen ist, sondern zu der Zeit, als es sicher war, daß jemand ohne gültiges Testament gestorben sei, weil es in dem Falle, wenn jemand nach Errichtung eines Testaments gestorben ist, als besser angesehen wurde, den nächsten Agnaten erst dann zu suchen, wenn es feststand, daß niemand nach diesem Testament Erbe sein würde. 14. Was jedoch die Frauen angeht, so ist auf diesem Gebiet des Rechtes im Hinblick auf Erbschaften, die jemandem von ihnen zustehen, etwas anderes allgemein anerkannte Ansicht als im Hinblick auf die Erbschaften, die ihnen von anderen zustehen. Denn die Erbschaften von Frauen kommen uns nach dem gleichen Prinzip der agnatischen Verwandtschaft zu wie die von Männern; unsere Erbschaften aber kommen Frauen nur bis zum verwandtschaftlichen Grad der Geschwister vom gleichen Vater zu. Daher ist die Schwester die gesetzliche Erbin ihres Bruders oder ihrer Schwester, aber eine Vatersschwester oder eine Brudertochter kann nicht gesetzliche Erbin sein. Aber die Stelle einer Schwester nimmt rechtlich auch die Mutter oder Stiefmutter ein, die dadurch, daß sie bei unserem Vater in die manus kam, die Rechte einer Tochter gewonnen hat.

15. Wenn derjenige, der gestorben ist, einen Bruder und den Sohn eines anderen Bruders hinterläßt, so wird, wie aus dem Vorhergehenden hervorgeht, der Bruder vorgezogen, weil er im Verwandtschaftsgrade nähersteht. Aber bei den unmittelbaren Erben ist die Rechtsauslegung anders. 16. Wenn aber kein Bruder des Toten lebt, aber Kinder der Brüder vorhanden sind, so fällt freilich allen die Erbschaft zu. Aber es war umstrit-

ten, ob die Erbschaft auf Stämme aufzuteilen sei, wenn Kinder in unterschiedlicher Zahl vorhanden sind, z. B. von einem Bruder eins oder zwei, vom anderen drei oder vier, wie es bei unmittelbaren Erben rechtens ist, oder lieber nach Köpfen. Schon lange aber ist allgemein anerkannt, daß die Erbschaft nach Köpfen geteilt werden muß. Daher wird die Erbschaft in so viele Teile geteilt werden, wie von jeder Seite Personen vorhanden sind, so daß jeder einzelne ein Teil erhält.

17. Wenn kein Agnat vorhanden ist, ruft das gleiche Zwölftafelgesetz die Gentilgenossen zur Erbschaft. Wer aber die Gentilgenossen sind, habe ich im ersten Buch dargestellt. Und da ich dort darauf hingewiesen habe, daß das ganze Gentilrecht außer Gebrauch gekommen ist, wäre es überflüssig, hier nun die gleiche Sache gründlicher behandeln zu wollen.

18. Soweit ist im Zwölftafelgesetz die Intestaterbfolge geregelt. Es liegt auf der Hand, wie eng dies Recht gefaßt war. 19. Gleich zunächst: emanzipierte Kinder haben nach diesem Gesetz keinerlei Recht auf die väterliche Erbschaft, sobald sie aufgehört haben, unmittelbare Erben zu sein. 20. Das gleiche ist rechtens, wenn Kinder deshalb nicht der Gewalt des Vaters unterstehen, weil ihnen zugleich mit dem Vater das römische Bürgerrecht gewährt worden ist, sie aber vom Kaiser nicht seiner Gewalt unterstellt worden sind. 21. Ebenso werden Agnaten, die eine Schmälerung der Rechtsfähigkeit erlitten haben, durch dies Gesetz nicht zur Erbschaft zugelassen, weil durch die Schmälerung der Rechtsfähigkeit die agnatische Verwandtschaft juristisch aufgehoben wird. 22. Weiter: wenn der nächste Agnat die Erbschaft nicht antritt, wird der folgende nach den Normen des ius civile trotzdem nicht zugelassen. 23. Weiter: weibliche Agnaten, die über den Verwandtschaftsgrad der Geschwister vom gleichen Vater hinausgehen, haben nach dem Gesetz keinerlei Rechtsanspruch. 24. In ähnlicher Weise werden Kognaten nicht zugelassen, die durch eine Verwandtschaft mit dem Verstorbenen verbunden sind, die durch Personen weiblichen Geschlechts vermittelt ist, so weit, daß nicht einmal zwischen Mutter und Sohn oder Tochter in beiden Richtungen das Recht besteht, eine Erbschaft zu empfangen, falls nicht durch eine Aufnahme in die manus des Vaters

rechtliche Beziehungen wie zwischen Geschwistern zwischen ihnen entstanden sind. 25. Aber diese Unbilligkeiten des ius civile sind durch das Edikt des Prätors berichtigt worden.

26. Er beruft nämlich alle Nachkommen, die vom ius civile im Stich gelassen werden, ebenso zur Erbschaft, als ob sie zur Zeit des Todes der Gewalt des Vaters unterstanden hätten, sei es, daß nur sie vorhanden sind, sei es, daß auch unmittelbare Erben, d. h. Nachkommen, die der Gewalt des Vaters unterstanden, einen Anspruch haben. 27. Agnaten aber, die eine Schmälerung der Rechtsfähigkeit erfahren haben, beruft er nicht in zweiter Linie nach den unmittelbaren Erben, d. h., er beruft sie nicht in der Reihenfolge, in der das Gesetz sie berufen würde, falls sie keine Schmälerung der Rechtsfähigkeit erlitten hätten, sondern in dritter Linie mit dem Rechtsanspruch der Blutsverwandtschaft. Wenn sie nämlich auch durch die Schmälerung der Rechtsfähigkeit den Anspruch nach den Normen des ius civile verloren haben, so behalten sie jedenfalls die Ansprüche durch kognatische Verwandtschaft. Wenn daher jemand vorhanden ist, der ungemindertes Recht agnatischer Verwandtschaft hat, wird er vorgezogen werden, auch wenn er in entfernterem Grade verwandt ist. 28. Dasselbe ist rechtens, wie einige Rechtsgelehrte annehmen, im Hinblick auf die Person desjenigen Agnaten, der nach den Normen des ius civile auch dann nicht zur Erbschaft zugelassen wird, wenn der nächste Agnat diese nicht in Anspruch genommen hat. Aber es gibt auch Juristen, die meinen, er werde vom Prätor an derselben Stelle berufen, an der auch nach dem Gesetz den Agnaten die Erbschaft übertragen wird. 29. Weibliche Agnaten, die nicht Geschwister vom gleichen Vater sind, werden jedenfalls als Erben in dritter Linie berufen, d. h. erst, wenn kein unmittelbarer Erbe und kein männlicher Agnat vorhanden ist. 30. In gleicher Linie werden auch diejenigen Personen berufen, die durch Personen weiblichen Geschlechts mit dem Erblasser verwandt sind. 31. Auch Kinder, die in einer Adoptivfamilie sind, werden in gleicher Linie zur Erbschaft ihrer leiblichen Eltern berufen. 32. Diejenigen aber, die der Prätor zur Erbschaft beruft, werden nicht Erben nach dem ius civile. Denn der Prätor kann keine Erben machen. Nur durch ein Ge-

setz oder durch eine gleichwertige Rechtssatzung werden Erben geschaffen, z. B. durch einen Senatsbeschluß oder eine kaiserliche Verordnung. Aber wenn ihnen der Prätor den Besitz des Gesamtnachlasses gewährt, so werden sie rechtlich an die Stelle der Erben gesetzt. 33. Der Prätor schafft aber auch mehrere andere Linien bei der Gewährung von Besitz des Gesamtnachlasses, weil er sich bemüht, daß niemand ohne Rechtsnachfolger stirbt. Diese Fragen behandle ich im vorliegenden Werk absichtlich nicht, da ich dies ganze Rechtsgebiet in einem eigenen Werke untersucht habe. 33a. Es genügt, darauf hinzuweisen. - - - [*Es wurde im ausgefallenen Stück wahrscheinlich das Senatusconsultum Tertullianum behandelt.*]

[BESITZ DES GESAMTNACHLASSES]

33b. Manchmal jedoch verspricht der Prätor Besitz des Gesamtnachlasses, nicht um das alte Recht zu berichtigen oder anzufechten, sondern um es zu bestätigen. Denn auch denen, die in einem rechtskräftig errichteten Testament als Erben eingesetzt sind, gewährt er Besitz des Gesamtnachlasses gemäß den Testamentstafeln. 34. Entsprechend beruft er bei einem ohne gültiges Testament Verstorbenen die unmittelbaren Erben und die Agnaten zum Besitz des Gesamtnachlasses. In diesen Fällen scheint die von ihm gewährte Vergünstigung nur in der Hinsicht einigen Nutzen zu haben, daß derjenige, der auf diese Weise den Besitz des Gesamtnachlasses gerichtlich fordert, das Interdikt anwenden kann, das mit den Worten QUORUM BONORUM beginnt. Was der Nutzen dieses Interdikts ist, werde ich am passenden Ort darlegen. Übrigens, auch ohne Besitz des Gesamtnachlasses kommt ihnen nach dem ius civile die Erbschaft zu.

35. Andererseits wird oft jemandem der Besitz des Gesamtnachlasses in einer Form gewährt, daß der, dem er gewährt wird, die Erbschaft nicht erhält. Diese Art Besitz des Gesamtnachlasses nennt man den formalen (sine re). 36. Denn wenn beispielsweise bei einem rechtskräftig errichteten Testament der testamentarisch eingesetzte Erbe sich für die Annahme ent-

schieden hat, aber den Besitz des Gesamtnachlasses gemäß den Testamentstafeln nicht hat beantragen wollen, zufrieden damit, daß er nach dem ius civile Erbe ist, können dennoch diejenigen, die zur Intestaterbfolge berufen wären, wenn kein Testament errichtet worden wäre, Besitz des Gesamtnachlasses beantragen. Aber die Erbschaft steht ihnen nur formal zu, da der testamentarisch eingesetzte Erbe ihnen die Erbschaft gerichtlich entziehen (evincere) kann. 37. Dasselbe ist rechtens, wenn der unmittelbare Erbe eines ohne gültiges Testament Verstorbenen, zufrieden mit dem Anspruch auf Grund der Normen des ius civile, den Besitz des Gesamtnachlasses nicht hat beantragen wollen: wenn das so geschieht, so steht dem Agnaten zwar Besitz des Gesamtnachlasses zu, aber nur formal, weil ihm die Erbschaft vom unmittelbaren Erben entzogen werden kann. Und entsprechend: wenn einem Agnaten nach dem ius civile die Erbschaft zufällt und er die Erbschaft angetreten hat, aber den Besitz des Gesamtnachlasses nicht hat beantragen wollen, und wenn einer von den nächsten Kognaten ihn beantragt hat, so bekommt er aus dem gleichen Grunde formalen Besitz des Gesamtnachlasses. 38. Es gibt noch andere ähnliche Fälle, von denen ich einige im vorigen Buch behandelt habe [II 119 und 148–149].

[NACHLASS VON FREIGELASSENEN]

39. Jetzt wollen wir das Vermögen der Freigelassenen betrachten. 40. Früher durfte also ein Freigelassener seinen Patron ungestraft im Testament übergehen. Denn das Zwölftafelgesetz berief dann erst den Patron zur Erbschaft seines Freigelassenen, wenn dieser ohne gültiges Testament und ohne einen unmittelbaren Erben zu hinterlassen gestorben war. Also auch wenn der Freigelassene ohne Testament gestorben war, hatte der Patron keinen Anspruch auf sein Vermögen, wenn er einen unmittelbaren Erben hinterlassen hatte. Und wenn er nun einen von seinen leiblichen Nachkommen als unmittelbaren Erben hinterlassen hatte, gab es keine Beschwerde; wenn aber ein Adoptivsohn oder eine Adoptivtochter oder eine Ehe-

frau in der manus unmittelbarer Erbe war, war es offensichtlich ungerecht, daß dem Patron gar kein Anspruch blieb. 41. Aus diesem Grunde wurde diese Unbilligkeit des ius civile später durch das Edikt des Prätors berichtigt. Wenn nämlich ein Freigelassener ein Testament macht, wird ihm befohlen, so zu verfügen, daß er seinem Patron die Hälfte seines Vermögens hinterläßt; und wenn er ihm nichts oder weniger als die Hälfte hinterlassen hat, wird dem Patron gegen die Testamentstafeln der Besitz der Hälfte des Gesamtnachlasses gewährt. Wenn er aber ohne ein gültiges Testament stirbt und als unmittelbare Erben einen Adoptivsohn oder eine Ehefrau, welche in seiner manus war, oder eine Schwiegertochter, die in der manus seines Sohnes war, hinterläßt, wird seinem Patron gleichermaßen gegen diese unmittelbaren Erben der Besitz der Hälfte des Gesamtnachlasses gewährt. Um den Patron aber auszuschließen, nützen dem Freigelassenen leibliche Kinder, nicht nur diejenigen, die zum Zeitpunkt des Todes seiner Gewalt unterstanden, sondern auch emanzipierte oder in Adoption gegebene, wenn sie nur zu einem bestimmten Teil als Erben eingesetzt sind oder als Übergangene gegen die Testamentstafeln den Besitz des Gesamtnachlasses nach dem Edikt beantragt haben. Denn Enterbte schließen den Patron auf keine Art aus. 42. Später wurden durch die Lex Papia Poppaea die Rechte des Patrons erweitert, was die vermögenderen Freigelassenen angeht. In diesem Gesetz ist nämlich festgelegt, daß von dem Vermögen dessen, der 100000 Sesterzen oder mehr hinterläßt und weniger als drei Kinder hat, ob er nun ein Testament errichtet hat oder ohne gültiges Testament gestorben ist, ein Anteil dem Patron geschuldet wird, der so groß ist wie der jedes Kindes. Wenn daher der Freigelassene einen Sohn oder eine Tochter hinterlassen hat, wird dem Patron ebenso die Hälfte geschuldet, als wenn er ohne Sohn oder Tochter gestorben wäre. Wenn er aber zwei Söhne oder Töchter als Erben hinterläßt, wird der dritte Teil dem Patron geschuldet, wenn er drei hinterläßt, wird der Patron ausgeschlossen.

43. Im Hinblick auf das Vermögen weiblicher Freigelassener erlitt der Patron nach altem Recht kein Unrecht. Da diese nämlich der gesetzlichen Vormundschaft des Patrons unter-

standen, konnten sie natürlich nur mit Zustimmung des Patrons ein Testament errichten. Wenn er also seine Zustimmung zu dem zu errichtenden Testament gegeben hatte, mußte er es entweder sich selbst zuschreiben, daß er von ihr nicht zum Erben eingesetzt war, oder es fiel ihm nach dem Testament, wenn er als Erbe von ihr eingesetzt war, die Erbschaft zu. Wenn er aber seine Zustimmung nicht gegeben hatte und die Freigelassene ohne gültiges Testament starb, ⟨kam ihm ebenfalls die Erbschaft zu, weil eine Frau keine unmittelbaren Erben haben kann:⟩ und es gab früher niemanden, der als Erbe oder als Besitzer des Gesamtnachlasses den Patron aus dem Vermögen einer ohne gültiges Testament gestorbenen Freigelassenen hätte verdrängen können. 44. Aber als später die Lex Papia durch das Vierkinderrecht Freigelassene von der Vormundschaft ihres Patrons befreite und ihnen auf diese Weise zugestand, ein Testament ohne Zustimmung ihres Patrons zu errichten, da sah sie vor, daß je nach der Zahl der Kinder, die die Freigelassene zur Zeit ihres Todes gehabt habe, dem Patron ein Anteil am Nachlaß geschuldet werde, der so groß sei wie der jedes Kindes. Von dem Vermögen einer Frau, die alle vier Kinder gesund hinterläßt, wird also ein Fünftel dem Patron geschuldet. Wenn sie aber alle ihre Kinder überlebt hat, fällt die ganze Erbschaft dem Patron zu.

45. Was ich vom Patron gesagt habe, ist auch vom Sohn des Patrons zu verstehen, ebenso vom Enkel von einem Sohn her und vom Urenkel in männlicher Linie. 46. Aber die Tochter des Patrons und die Enkelin von einem Sohn her und die Urenkelin in männlicher Linie hatten zwar früher denselben Rechtsanspruch, der nach dem Zwölftafelgesetz dem Patron gewährt ist. Der Prätor aber beruft nur die männlichen Nachkommen des Patrons zur Erbschaft. Daß aber eine Tochter des Patrons gegen die Testamentstafeln des Freigelassenen oder – falls er ohne gültiges Testament gestorben ist – gegen einen Adoptivsohn oder eine Ehefrau oder Schwiegertochter, die in der manus gewesen ist, Besitz der Hälfte des Gesamtnachlasses beantragen kann, erreicht sie nur nach Dreikinderrecht auf Grund der Lex Papia, sonst hat sie dies Recht nicht. 47. Aber daß ihr aus dem Vermögen einer Freigelassenen mit vier Kindern, die

ein Testament errichtet hat, ein Anteil geschuldet wird, der so groß ist wie der jedes Kindes, das erreicht sie nach Ansicht einiger Juristen nicht einmal auf Grund des Dreikinderrechts. Wenn jedoch die Freigelassene ohne gültiges Testament gestorben ist, bewirken die Worte der Lex Papia, daß ihr ein Anteil geschuldet wird, der so groß ist wie der jedes Kindes. Wenn also die Freigelassene nach Errichtung eines Testaments gestorben ist, wird ihr dasselbe Recht gegeben, wie es ihr gegen die Testamentstafeln eines männlichen Freigelassenen zusteht, d.h., wie es auch die männlichen Nachkommen des Patrons gegen die Testamentstafeln eines Freigelassenen haben; allerdings ist dieser Teil des Gesetzes nicht sehr sorgfältig abgefaßt. 48. Hieraus ist ersichtlich, daß hausfremde Erben des Patrons weit entfernt von jedem Recht sind, das dem Patron auf das Vermögen der ohne gültiges Testament gestorbenen Freigelassenen oder gegen die Testamentstafeln zusteht.

49. Die Patronin hatte früher, vor der Lex Papia, nur das eine Anrecht auf das Vermögen ihrer Freigelassenen, das auch dem Patron nach dem Zwölftafelgesetz gegeben ist. Der Prätor sorgte nämlich nicht ebenso wie beim Patron und seinen Kindern dafür, daß sie gegen die Testamentstafeln des undankbaren Freigelassenen oder – falls er ohne gültiges Testament gestorben war – gegen seinen Adoptivsohn, seine Ehefrau oder seine Schwiegertochter in der manus den Besitz der Hälfte des Gesamtnachlasses beantragen konnte. 50. Aber die Lex Papia hat der freigeborenen Patronin, die das Zweikinderrecht, und der freigelassenen, die das Dreikinderrecht genießt, fast die gleichen Rechte eingeräumt, die der Patron nach dem Edikt des Prätors hat; aber der freigeborenen Patronin im Genuß des Dreikinderrechts wurden dieselben Rechte gegeben, die durch das gleiche Gesetz dem Patron gewährt wurden. Der freigelassenen Patronin wurden aber nicht die gleichen Rechte zugestanden. 51. Was aber das Vermögen freigelassener Frauen angeht, so gewährt die Lex Papia der Patronin, die im Genuß des Kinderrechts ist, keine neuen Vorrechte für den Fall, daß sie ohne gültiges Testament gestorben sind. Wenn daher weder die Patronin noch die Freigelassene eine Schmäle-

rung der Rechtsfähigkeit erfahren haben, geht die Erbschaft nach dem Zwölftafelgesetz an die Patronin, und die Kinder der Freigelassenen werden ausgeschlossen. Das ist auch rechtens, wenn die Patronin nicht im Genuß des Kinderrechtes ist, denn wie ich oben gesagt habe, können Frauen niemals einen unmittelbaren Erben haben. Wenn aber die eine oder die andere eine Schmälerung der Rechtsfähigkeit erfahren hat, dann schließen wieder die Kinder der Freigelassenen die Patronin aus; denn wenn ihr das Anrecht nach ius civile durch eine Schmälerung der Rechtsfähigkeit genommen ist, ist die Folge, daß die Kinder der Freigelassenen nach dem Recht der kognatischen Verwandtschaft vorgezogen werden. 52. Wenn aber die Freigelassene nach Errichtung eines Testamentes stirbt, so hat eine Patronin, die nicht das Kinderrecht genießt, keinerlei Recht gegen das Testament der Freigelassenen; derjenigen aber, die das Kinderrecht genießt, wird durch die Lex Papia das gleiche Recht eingeräumt, das nach dem Edikt ein Patron gegen das Testament eines Freigelassenen hat.

53. Das gleiche Gesetz gibt einem Sohn der Patronin, der das Kinderrecht genießt, beinahe die gleichen Rechte wie einem Patron; aber in seinem Fall genügt es schon, wenn er einen Sohn oder eine Tochter hat. 54. Es genügt, daß ich bisher alle Rechtsverhältnisse summarisch behandelt habe, an anderem Ort ist eine gründliche Erklärung in einem Spezialwerk niedergelegt.

[NACHLASS VON FREIGELASSENEN LATINISCHEN RECHTS, SOGENANNTEN JUNIANISCHEN LATINERN]

55. Im Folgenden wollen wir das Vermögen der Freigelassenen Latinischen Rechtes betrachten.

56. Damit dieser Teil des Rechtes deutlicher wird, müssen wir uns ins Gedächtnis zurückrufen, was ich an anderer Stelle gesagt habe [I 22], daß nämlich diejenigen, die heute „Junianische Latiner" genannt werden, früher nach quiritischem Recht

Sklaven waren, die aber durch das Eintreten des Prätors eine formale Freiheit bei Lebzeiten bewahrten – daher fiel ihr Vermögen nach den Bestimmungen über das Peculium normalerweise dem jeweiligen Patron zu –; daß dagegen später, nach der Lex Iunia, alle, die der Prätor in ihrer Freiheit beschützte, begannen, tatsächlich frei zu sein, und „Junianische Latiner" genannt wurden: „Latiner" deshalb, weil das Gesetz wollte, daß sie in Zukunft ebenso frei sein sollten, als ob sie römische Bürger wären, die, aus der Hauptstadt in eine latinische Kolonie geführt, Koloniallatiner wurden, „Junianische" Latiner deswegen, weil sie durch die Lex Iunia frei wurden, wenn sie auch nicht römische Bürger sein sollten. Da der Urheber der Lex Iunia wußte, daß infolge dieser Fiktion das Vermögen der Latiner bei ihrem Tode in Zukunft nicht mehr dem jeweiligen Patron zufallen würde, da sie ja weder als Sklaven sterben würden, so daß ihr Vermögen nach den Bestimmungen über das Peculium dem Patron zufallen könnte, noch als Freigelassene mit Bürgerrecht, so daß das Vermögen nach den Bestimmungen über die Freilassung dem Patron zufallen könnte, hielt er es deshalb für notwendig, dafür zu sorgen, daß ihr Vermögen in Zukunft dem jeweiligen Freilasser zufiele, als ob das Gesetz nicht gegeben wäre, damit nicht die Rechtswohltat, die ihnen zuteil wurde, zum Nachteil des jeweiligen Patrons ausschlüge. Daher kommt nach diesem Gesetz, analog den Bestimmungen über das Peculium, das Vermögen der Latiner dem jeweiligen Freilasser zu.

57. Daher kommt es, daß die Bestimmungen, die in Hinblick auf den Nachlaß der Junianischen Latiner gesetzlich festgelegt sind, sich beträchtlich von denen unterscheiden, die bei der Erbschaft von Freigelassenen mit römischem Bürgerrecht gelten. 58. Denn die Erbschaft eines Freigelassenen mit römischem Bürgerrecht steht hausfremden Erben des Patrons in keinem Falle zu; dem Sohn des Patrons aber und den Enkeln von einem Sohn her und den Urenkeln von einem solchen Enkel her steht sie auf alle Fälle zu, selbst wenn sie vom Vater bzw. Vorfahren enterbt sind. Das Vermögen der Junianischen Latiner aber fällt wie das Peculium von Sklaven auch hausfremden Erben zu, und enterbten Kindern des Freilassers fällt

es nicht zu. 59. Weiter steht der Nachlaß eines Freigelassenen mit römischem Bürgerrecht zwei oder mehr Patronen zu gleichen Teilen zu, auch wenn sie vorher zu ungleichen Teilen Eigentum an ihm hatten, als er noch Sklave war; der Nachlaß eines Junianischen Latiners steht jedem im Verhältnis zu dem Anteil zu, in dem der Verstorbene vorher sein Eigentum war. 60. Weiter schließt bei der Erbschaft eines Freigelassenen mit römischem Bürgerrecht ein Patron den Sohn des anderen Patrons aus und der Sohn eines Patrons den Enkel des anderen; der Nachlaß eines Latiners aber fällt dem einen Patron und dem Erben des anderen Patrons im gleichen Verhältnis zu, in dem es den lebenden Freilassern zugefallen wäre. 61. Weiter: wenn etwa ein Patron drei Kinder hat und der andere eines, so wird die Erbschaft eines Freigelassenen mit römischem Bürgerrecht nach der Kopfzahl geteilt, d. h., die drei Brüder bekommen drei Anteile und der eine den vierten; das Vermögen eines Latiners aber fällt den Nachkommen in dem Verhältnis zu, wie es den jeweiligen Freilassern selbst zugefallen wäre. 62. Weiter: wenn ein Patron seinen Anteil an der Erbschaft eines Freigelassenen mit römischem Bürgerrecht ausschlägt oder stirbt, bevor er sich dafür entscheiden kann, fällt die gesamte Erbschaft dem anderen zu. Vom Vermögen eines Latiners dagegen verfällt der Anteil des ausscheidenden Patrons und fällt dem römischen Volke zu. 63. Später, unter dem Konsulat des Lupus und Largus, beschloß der Senat, daß das Vermögen von Latinern in erster Linie den Freilassern zustehen solle, danach deren nicht namentlich enterbten Nachkommen nach dem Grade der Verwandtschaft und dann erst nach altem Recht den Erben des Freilassers. 64. Manche Rechtsgelehrte sind der Ansicht, der Zweck dieses Senatsbeschlusses sei gewesen, daß wir im Hinblick auf das Vermögen der Junianischen Latiner die gleichen Rechtsbestimmungen anwenden sollen wie im Hinblick auf das der Freigelassenen mit römischem Bürgerrecht, und besonders Pegasus hat diese Ansicht vertreten. Diese Meinung ist offensichtlich falsch. Denn die Erbschaft eines Freigelassenen mit römischem Bürgerrecht fällt niemals den hausfremden Erben des Patrons zu, das Vermögen von Junianischen Latinern fällt aber gerade nach diesem

Senatsbeschluß auch hausfremden Erben zu, wenn keine Nachkommen des Freilassers dem entgegenstehen. Weiter: bei der Erbschaft eines Freigelassenen schadet den Nachkommen des Freilassers keine Art der Enterbung, durch diesen Senatsbeschluß wird dagegen erklärt, daß im Hinblick auf das Vermögen von Latinern eine namentlich erfolgte Enterbung schadet. 64a. Richtiger ist es also, daß der einzige Zweck dieses Senatsbeschlusses war, daß die nicht namentlich enterbten Nachkommen des Freilassers den hausfremden Erben vorgezogen werden sollen. 65. Wenn daher ein im Testament des Vaters übergangener emanzipierter Sohn des Patrons auch nicht gegen die Testamentstafeln seines Vaters den Besitz des Gesamtnachlasses gerichtlich gefordert hat, so wird er dennoch den hausfremden Erben im Hinblick auf das Vermögen des Latiners vorgezogen. 66. Ebenso: wenn eine Tochter oder andere unmittelbare Erben auch nach dem ius civile „unter den anderen" enterbt sind und von der gesamten Erbschaft ihres Vaters ausgeschlossen werden, so werden sie dennoch in Hinblick auf das Vermögen der Latiner den hausfremden Erben vorgezogen, wenn sie nicht vom Vater namentlich enterbt worden sind. 67. Ebenso fällt auch Kindern, die die väterliche Erbschaft ausgeschlagen haben, trotzdem das Vermögen von Latinern zu, denn auch diese kann man keineswegs „enterbt" nennen, ebensowenig wie die, die im Testament mit Stillschweigen übergangen worden sind. 68. Aus diesem allem geht deutlich genug hervor, daß jemand, wenn er einen Sklaven zum Junianischen Latiner gemacht hat - - -

69. Es scheint weiter festzustehen, daß das Vermögen eines Latiners, falls der Patron nur seine Kinder, aber zu verschiedenen Teilen, als Erben eingesetzt hat und sie als Erben erstehen, diesen im entsprechenden Verhältnis zufällt; denn wenn kein hausfremder Erbe dazwischentritt, kann der Senatsbeschluß nicht angewandt werden. 70. Aber wenn der Patron zusammen mit seinen Kindern auch einen hausfremden Erben eingesetzt hat, so sagt Caelius Sabinus, daß das ganze Vermögen des Latiners zu gleichen Teilen an die Kinder des Patrons fällt, weil nicht die Lex Iulia, sondern der Senatsbeschluß wirksam

wird, da ein hausfremder Erbe dazwischenkommt. Iavolenus aber sagt, daß die Kinder des Patrons nur den Teil zu gleichen Teilen erhalten, den die hausfremden Erben vor dem Senatsbeschluß nach der Lex Iulia bekommen hätten, während das übrige im Verhältnis der Erbteile an sie falle. 71. Ebenso ist es umstritten, ob der Senatsbeschluß auch für diejenigen Nachkommen des Patrons gilt, die mit ihm über eine Tochter oder Enkelin verwandt sind, d.h., ob mein Enkel von einer Tochter her auf das Vermögen meines latinischen Freigelassenen vor dem hausfremden Erben Anspruch hat. Ebenso ist es umstritten, ob der Senatsbeschluß auch für mütterliche latinische Freigelassene gilt, d. h., ob der Sohn der Patronin einen größeren Anspruch auf das Vermögen des mütterlichen Freigelassenen hat als ein hausfremder Erbe der Mutter. Cassius vertrat die Meinung, daß in beiden Fällen der Senatsbeschluß gültig sei. Aber sehr viele Rechtsgelehrte mißbilligen seine Ansicht, weil der Senat nichts über diejenigen Kinder gesagt habe, die in eine andere Familie gehören, und das komme darin zum Ausdruck, daß er die namentlich Enterbten ausschließe. Denn deshalb gelte sein Spruch offenbar denen, die vom Vater enterbt zu werden pflegen, wenn sie nicht als Erben eingesetzt werden: es ist aber unnötig, daß die Mutter einen Sohn oder eine Tochter oder der Großvater mütterlicherseits einen Enkel oder eine Enkelin enterbt, wenn er oder sie ihn oder sie nicht zum Erben einsetzt, ob wir nun das ius civile oder das Edikt des Prätors betrachten, durch das den übergangenen Nachkommen gegen die Testamentstafeln der Besitz des Gesamtnachlasses versprochen wird.

72. Manchmal stirbt jedoch ein Freigelassener mit römischem Bürgerrecht als Junianischer Latiner, z. B. wenn ein Latiner vom Kaiser „quiritisches Recht unter Wahrung der Rechte des Patrons“ erhalten hat. Denn, wie der verstorbene Kaiser Trajan festgelegt hat, wenn ein Latiner gegen den Willen oder ohne Wissen seines Patrons vom Kaiser das quiritische Recht erhalten hat, ist dieser Freigelassene bei Lebzeiten den übrigen römischen Bürgern ähnlich und zeugt rechtbürtige Kinder; er stirbt aber unter Latinischem Recht, und seine Kinder können ihn nicht beerben, und er ist nur insoweit

testierfähig, daß er seinen Patron zum Erben einsetzen und für den Fall, daß dieser nicht Erbe sein will, einen anderen als Ersatzerben einsetzen kann.

73. Und weil es die Folge dieses Erlasses war, daß diese Menschen nie und nimmer als römische Bürger sterben könnten, auch wenn sie später den Rechtsvorteil genutzt hätten, durch den sie nach der Lex Aelia Sentia oder nach dem Senatsbeschluß römische Bürger würden, hat der verstorbene Kaiser Hadrian wegen der Ungerechtigkeit der Sache einen Senatsbeschluß in folgendem Sinne angeregt: Wer ohne Wissen oder gegen den Willen seines Patrons vom Kaiser das quiritische Recht erhalten und später den Rechtsvorteil genutzt hat, durch den er nach der Lex Aelia Sentia oder dem Senatsbeschluß das Bürgerrecht erhalten hätte, wenn er Junianischer Latiner geblieben wäre, der soll von da an so angesehen sein, als wenn er nach der Lex Aelia Sentia oder dem Senatsbeschluß zum römischen Bürgerrecht gekommen wäre.

74. Das Vermögen derer aber, die die Lex Aelia Sentia unter die dediticii einreiht, fällt an den Patron bald wie bei Freigelassenen mit Bürgerrecht, bald wie bei Junianischen Latinern. 75. Denn das Vermögen derer, die bei ihrer Freilassung römische Bürger geworden wären, wenn nicht ein Vergehen dem entgegengestanden hätte, wird dem Patron nach dem gleichen Gesetz zugesprochen wie bei Freigelassenen mit Bürgerrecht, jedoch sind sie nicht testierfähig. Diese Ansicht vertreten jedenfalls die meisten Juristen, und nicht zu Unrecht; denn es erschien unglaubwürdig, daß der Gesetzgeber den rechtlich am schlechtesten gestellten Menschen das Recht der Testamentserrichtung habe einräumen wollen. 76. Das Vermögen derer aber, die bei ihrer Freilassung Junianische Latiner geworden wären, wenn nicht ein Vergehen dem entgegengestanden hätte, wird dem Patron so zugesprochen, als wenn sie als Latiner gestorben wären. Mir entgeht nicht, daß der Gesetzgeber in dieser Angelegenheit seinen Willen nicht klar genug ausgedrückt hat.

[RECHTSNACHFOLGE BEI ZAHLUNGSUNFÄHIGEN SCHULDNERN]

77. Betrachten wir aber jetzt die Rechtsnachfolge, die uns durch einen Kauf der gesamten Habe (emptio bonorum) zuteil wird. 78. Verkauft wird entweder die Habe von Lebenden oder von Toten. Von Lebenden z. B. dann, wenn ein Schuldner sich in betrügerischer Absicht verborgen hält und auch nicht in Abwesenheit vor Gericht verteidigt wird. Ebenso dann, wenn jemand nach der Lex Iulia seinen Besitz aufgibt. Ebenso wenn ein Zahlungsurteil gegen jemanden vorliegt und die Zeit, die teils vom Zwölftafelgesetz, teils vom Edikt des Prätors festgesetzt ist, um das Geld aufzutreiben, verstrichen ist. Die Habe von Toten wird verkauft, z. B. wenn feststeht, daß für jemanden kein Erbe und kein Besitzer des Gesamtnachlasses nach dem Edikt des Prätors oder irgendein anderer rechtmäßiger Nachfolger vorhanden ist.

79. Wenn aber die gesamte Habe eines Lebenden verkauft wird, so befiehlt der Prätor, daß sie dreißig aufeinanderfolgende Tage lang mit Beschlag belegt und öffentlich ausgeschrieben wird, wenn es das Eigentum eines Toten war, fünfzehn. Danach läßt er die Gläubiger zusammenkommen und aus ihrer Mitte einen „Magister“ wählen, d. h. den, durch den die Habe verkauft werden soll. Und so befiehlt er, wenn das Eigentum eines Lebenden verkauft werden soll, daß der Verkauf der gesamten Habe innerhalb von zehn Tagen abgeschlossen wird, bei einem Toten innerhalb von fünf. Und so befiehlt er, daß die Habe eines Lebenden dem Käufer nach vierzig Tagen zugesprochen wird, die eines Toten nach zwanzig. Der Grund, weshalb er den Verkauf der gesamten Habe eines Lebenden später abzuschließen befiehlt, ist der, daß man bei Lebenden darauf achten mußte, daß nicht leichtfertig der Verkauf der gesamten Habe geduldet wurde.

80. Das Vermögen wird aber weder für den Besitzer des Gesamtnachlasses noch für den Käufer der gesamten Habe vollgültiges Eigentum, sondern nur bonitarisches. Quiritisches Eigentum aber erwerben sie erst dann, wenn sie das Erworbene

ersessen haben. Manchmal allerdings gelingt dem Käufer der gesamten Habe keine Ersitzung, z. B. wenn - - -

81. Weiter: was dem früheren Eigentümer geschuldet wurde oder was er schuldete, das schuldet nach ius civile weder der Besitzer des Gesamtnachlasses noch der Käufer der gesamten Habe noch wird es ihnen geschuldet; und deshalb klagen sie wegen all dieser Dinge oder werden beklagt mittels einer Klage mit abgeänderter Grundformel (actio utilis). Das werde ich im folgenden Buch erläutern.

[RECHTSNACHFOLGE BEI ADOPTION UND MANUS-EHE]

82. Es gibt aber auch andere Formen der Rechtsnachfolge, die weder durch das Zwölftafelgesetz noch durch das Edikt des Prätors, sondern durch das Recht, das durch allgemeine stillschweigende Übereinstimmung entsteht, eingeführt worden sind. 83. Denn wenn ein paterfamilias sich adoptieren läßt oder eine Frau eine manus-Ehe eingeht, so erwirbt der Adoptivvater oder der Ehemann, der den Scheinkauf vollzogen hat, alle körperlichen und unkörperlichen Objekte, die dem oder der Betreffenden gehören, und alles, was dem oder der Betreffenden geschuldet wird, mit Ausnahme der Rechte, die bei einer Schmälerung der Rechtsfähigkeit untergehen, als da sind Nießbrauch, die eidliche Verpflichtung eines Freigelassenen zu Arbeitsleistungen für den Patron und vereinbarte Prozeßformeln (lites contestatae) in einem satzungsgemäßen Prozeß (legitimum iudicium). 84. Andererseits gehen die Schulden dessen, der sich hat adoptieren lassen, oder derjenigen, die eine manus-Ehe eingegangen ist, nicht auf den Ehemann oder den Adoptivvater über, außer wenn es eine erbliche Schuld war. In diesem Falle wird der Adoptivvater oder der Ehemann direkt haftbar gemacht, weil er selbst Erbe wird. Denn wer sich adoptieren läßt oder eine manus-Ehe eingeht, hört auf, Erbe zu sein. Aber für Schulden, die sie selbst gemacht haben, haftet weder der Adoptivvater noch der Ehemann, aber auch derjenige, der sich hat adoptieren lassen, oder diejenige, die eine

manus-Ehe eingegangen ist, bleiben nicht verpflichtet, weil sie ja durch die Schmälerung der Rechtsfähigkeit von der Verbindlichkeit befreit werden. Dennoch wird gegen sie vom Prätor eine Klage mit abgeänderter Grundformel gewährt, wobei die Schmälerung der Rechtsfähigkeit außer acht gelassen wird. Und wenn sie gegen diese Klage nicht verteidigt werden, erlaubt der Prätor den Gläubigern, alle Habe zu verkaufen, die ihnen, d. h. den Schuldnern, zugestanden hätte, wenn sie sich nicht in die Gewalt eines anderen begeben hätten.

[RECHTSNACHFOLGE BEI DER ABTRETUNG EINER ERBSCHAFT]

85. Weiter: wenn der Erbe eine Erbschaft, die ihm nach ius civile zusteht, einem anderen vor Ablauf seiner Bedenkzeit oder ohne sich als Erbe betragen zu haben, gerichtlich abtritt, so wird derjenige, dem die Erbschaft abgetreten worden ist, voll rechtsgültiger Erbe, ebenso als ob er selbst vom Gesetz zum Erben berufen wäre. Wenn er aber die Erbschaft abgetreten hat, nachdem er als Erbe erstanden ist, bleibt er Erbe und wird deshalb von den Gläubigern persönlich haftbar gemacht. Aber die körperlichen Objekte aus der Erbschaft wird er übertragen, als ob er sie einzeln vor Gericht abgetreten hätte, und die Außenstände gehen verloren: auf diese Weise machen die Leute, die Schulden an die Erbschaft haben, einen Gewinn [vgl. II 37 ff.].

86. Das gleiche ist rechtens, wenn der testamentarisch eingesetzte Erbe die Erbschaft vor Gericht abgetreten hat, nachdem er als Erbe erstanden ist. Wenn er sie abtritt, bevor er sie angetreten hat, so bewirkt er damit überhaupt nichts.

87. Ob aber ein unmittelbarer und ein Zwangserbe etwas erreichen, wenn sie die Erbschaft vor Gericht abtreten, ist umstritten. Unsere Lehrer meinen, daß sie nichts ausrichten, die der anderen Schule sind der Ansicht, sie erreichen dasselbe wie die anderen nach Antritt der Erbschaft. Denn es ist kein Unterschied, ob jemand durch förmliche Entscheidung nach einer

Bedenkzeit oder dadurch, daß er sich als Erbe beträgt, Erbe wird oder ob er durch rechtliche Notwendigkeit zu der Erbschaft verpflichtet wird.

[VERBINDLICHKEITEN]

88. Jetzt wollen wir zu den Verbindlichkeiten (obligatio) übergehen. Sie werden in zwei Hauptgruppen eingeteilt: jede Verbindlichkeit entsteht entweder aus einem Vertrag (contractus) oder aus einem Delikt (delictum).

[VERBINDLICHKEITEN AUS EINEM VERTRAG]

89. Und zuerst wollen wir die Verbindlichkeiten betrachten, die aus einem Vertrag entstehen. Hiervon gibt es vier Arten. Eine Verbindlichkeit entsteht entweder durch Übergabe einer Sache (Realkontrakt) oder durch mündliche (Verbalkontrakt) oder schriftliche Verpflichtung (Literalkontrakt) oder durch bloße Zustimmung (Konsensualkontrakt).

[REALKONTRAKTE]

90. Durch Übergabe einer Sache entsteht eine Verbindlichkeit, z. B. beim Verbrauchsdarlehen (mutuum). Ein solches Verbrauchsdarlehen im eigentlichen Sinne kommt bei Dingen vor, die durch Gewicht, Zahl, Maß bestimmt werden; von der Art sind Geld, Wein, Öl, Getreide, Bronze, Silber, Gold. Diese Dinge geben wir durch Zählen, Messen oder Wägen zu dem Zweck, daß sie Eigentum des Empfangenden werden und daß uns später nicht dieselben Objekte, sondern andere der gleichen Art zurückgegeben werden. Daher wird solch ein Darlehen auch mutuum genannt, weil das, was du so von mir empfängst, „aus meinem – deins" (ex meo – tuum) wird.

91. Auch derjenige, der etwas nicht Geschuldetes angenommen hat, wird dem, der aus Versehen an ihn gezahlt hat, durch

Übergabe einer Sache verpflichtet. Denn gegen ihn gibt es genauso eine Personalklage (condictio), WENN SICH HERAUSSTELLT, DASS ER ZU GEBEN VERPFLICHTET IST, als wenn er ein Verbrauchsdarlehen empfangen hätte. Deshalb sind auch manche Rechtsgelehrte der Ansicht, daß ein Unmündiger oder eine Frau, denen ohne Zustimmung ihres Vormundes etwas nicht Geschuldetes aus Versehen gezahlt wurde, nicht mit einer Personalklage belangt werden können, ebensowenig wie bei einem Darlehen. Aber diese Art der Verbindlichkeit entsteht eigentlich nicht aus einem Vertrag, weil jemand, der zahlt und glaubt, eine Schuld zu begleichen, eher ein Geschäft auflösen als abschließen will.

[FÖRMLICHE FORDERUNG (STIPULATIO)]

92. Eine mündliche Verpflichtung geschieht durch Frage und Antwort, z. B.: GELOBST DU, DASS GEGEBEN WIRD? ICH GELOBE ES. WIRST DU GEBEN? ICH WERDE GEBEN. VERSPRICHST DU? ICH VERSPRECHE. VERSPRICHST DU HOCH UND HEILIG? ICH VERSPRECHE HOCH UND HEILIG. BÜRGST DU? ICH BÜRGE. WIRST DU DAS TUN? ICH WERDE ES TUN.

93. Aber nur die erste Form der mündlichen Verpflichtung: GELOBST DU, DASS GEGEBEN WIRD? ICH GELOBE ES, ist auf römische Bürger beschränkt; die übrigen gehören dem ius gentium an. Daher gelten sie zwischen allen Menschen, ob Bürger oder Peregrine. Und auch wenn sie in griechischer Sprache ausgedrückt sind, z. B. so: dōseis? dōsō; homologeis? homologō; pistei keleueis? pistei keleuō; poiēseis? poiēsō, gelten sie sogar zwischen römischen Bürgern, wenn sie nur die griechische Wendung verstehen, und andererseits gelten sie, auch wenn sie lateinisch ausgedrückt sind, auch zwischen Peregrinen, wenn die nur die lateinische Wendung verstehen. Aber die genannte mündliche Verpflichtung: GELOBST DU, DASS GEGEBEN WIRD? ICH GELOBE ES, ist so sehr auf römische Bürger beschränkt, daß sie nicht einmal richtig ins Griechische übersetzt werden kann, obwohl man behauptet, daß das lateinische Wort spondeo (ich gelobe es) von einem griechischen Wort abgeleitet sei.

94. Daher sagt man, daß nur in einem Falle auch ein Peregrine mit diesem Worte verpflichtet werden kann, nämlich nur, wenn unser Kaiser den Fürsten irgendeines Peregrinenvolkes des Friedens wegen fragt: GELOBST DU, DASS FRIEDEN SEIN SOLL? oder selbst in der gleichen Art gefragt wird. Das ist aber zu spitzfindig gesagt, denn wenn etwas gegen dies Abkommen geschieht, wird nicht auf Grund der förmlichen Forderung (stipulatio) geklagt, sondern die Sache nach Kriegsrecht gerächt.

95. Man kann zweifeln, ob jemand - - -

95a. Es gibt auch andere Verbindlichkeiten, ⟨die mündlich eingegangen werden können, ohne daß eine Frage vorangeht. So wenn eine Frau ihrem Verlobten oder Ehemann gegenüber eine Mitgift festsetzt, was bei beweglichem und unbeweglichem Eigentum geschehen kann. Und in dieser Form kann nicht nur die Frau selbst eine Verbindlichkeit eingehen, sondern auch ihr Vater und⟩ ihr Schuldner, wenn er das ihr geschuldete Geld auf ihr Geheiß mit Zustimmung ihres Vormundes zur Mitgift erklärt. Ein anderer aber kann sich nicht auf diese Weise verpflichten. Und wenn daher ein anderer für die Frau eine Mitgift versprechen will, muß er sich nach allgemeinem Recht verpflichten, d. h. es dem Manne auf dessen förmliche Anfrage hin geloben. 96. Ebenso wird eine Verbindlichkeit geschaffen, indem nur einer spricht und ohne vorhergehende Frage dem anderen etwas verspricht, wenn der Freigelassene dem Patron schwört, ihm ein Geschenk zu machen oder eine Last zu übernehmen oder Dienste zu leisten; das ist allerdings der einzige Fall, in dem eine Verbindlichkeit durch einen Eid übernommen wird. Denn aus keinem anderen Grunde verpflichten sich Menschen durch einen Eid, jedenfalls wenn man das Recht der Römer betrachtet. Denn wenn wir die Rechtssatzungen verschiedener (Stadt)staaten daraufhin ansehen, was bei den Peregrinen rechtens ist, so werden wir feststellen, daß bei den einen dies, bei den anderen das gilt.

97. Wenn aber das, dessen Übergabe wir förmlich fordern, so beschaffen ist, daß es nicht gegeben werden kann, so ist die Forderung unwirksam. So wenn jemand einen freien Mann fordert, den er für einen Sklaven hielt, oder einen Toten, den

er für lebend hielt, oder ein Stück Land, das sacer oder religiosus ist, das er aber für menschlichem Recht unterworfen hielt. 97a. ⟨Und auch wenn jemand etwas fordert, was er gar nicht geben kann, z. B. einen Kentauren,⟩ so ist die Forderung ebenfalls unwirksam. 98. Ebenso ist die förmliche Forderung unwirksam, wenn jemand sie unter einer Bedingung stellt, die es nicht geben kann, z. B. „wenn er den Himmel mit dem Finger berührt hat". Aber ein Vermächtnis, das unter einer unerfüllbaren Bedingung hinterlassen ist, halten die Lehrer unserer Schule für ebenso fällig, als wenn es bedingungslos hinterlassen wäre. Die Gelehrten der anderen Schule aber halten so ein Vermächtnis für geradeso unwirksam wie eine förmliche Forderung im gleichen Falle. Und man kann wahrhaftig auch kaum einen triftigen Grund für den Unterschied in der Behandlung angeben. 99. Schließlich ist eine förmliche Forderung unwirksam, wenn jemand in Unkenntnis dessen, daß ein Objekt ihm selbst gehört, verlangt, daß es ihm gegeben werde. Denn was jemandem gehört, kann man ihm natürlich nicht geben. 100. Schließlich ist eine förmliche Forderung ungültig, wenn jemand so fordert, daß gegeben werde: GELOBST DU, DASS NACH MEINEM TODE GEGEBEN WIRD? oder so: GELOBST DU, DASS NACH DEINEM TODE GEGEBEN WIRD? Sie gilt aber, wenn jemand folgendermaßen fordert: GELOBST DU, DASS GEGEBEN WERDE, WENN ICH STERBE? oder so: GELOBST DU, DASS GEGEBEN WERDE, WENN DU STIRBST? Das bedeutet, daß die Verbindlichkeit an das Lebensende des Fordernden oder des Gelobenden verschoben wird. Denn es erschien unpassend, eine Verbindlichkeit mit der Person des Erben beginnen zu lassen. Wiederum können wir nicht so fordern: GELOBST DU, DASS AM TAG VOR MEINEM TODE – ODER VOR DEINEM TODE – GEGEBEN WIRD? Denn man kann den Tag vor jemandes Tod erst bestimmen, wenn er wirklich tot ist; und wenn er tot ist, wird die Forderung dadurch in die Vergangenheit gedrückt und entspricht etwa der ebenfalls ungültigen förmlichen Forderung: GELOBST DU, DASS MEINEM ERBEN GEGEBEN WIRD?

101. Alles, was ich vom Tode gesagt habe, soll auch als von der Schmälerung der Rechtsfähigkeit gesagt gelten.

102. Ebenso unwirksam ist die förmliche Forderung, wenn

jemand nicht genau auf das antwortet, was er gefragt ist, so wenn ich von dir fordere, daß 10000 Sesterzen gegeben werden sollen, und du 5000 versprichst oder wenn ich bedingungslos fordere und du unter einer Bedingung versprichst. 103. Außerdem ist die förmliche Forderung unwirksam, wenn wir fordern, daß jemandem gegeben werde, dessen Gewalt wir nicht unterstehen. Daraus hat sich das Problem ergeben, inwieweit eine Forderung gilt, wenn jemand fordert, daß ihm selbst *und* jemandem, dessen Gewalt er nicht untersteht, gegeben werde. Unsere Lehrer sind der Ansicht, sie gelte vollkommen und dem, der gefordert habe, werde allein der ganze Betrag geschuldet, genau als ob er den Namen des Hausfremden nicht hinzugefügt hätte. Aber die Gelehrten der anderen Schule sind der Meinung, daß ihm die Hälfte geschuldet werde, die Forderung aber zum anderen Teile unwirksam sei.

103a. Anders liegt die Sache, wenn ich die Forderung so formuliert habe: GELOBST DU, DASS MIR ODER TITIUS GEGEBEN WIRD? In diesem Falle steht fest, daß mir das Ganze geschuldet wird und daß ich allein auf Grund dieser förmlichen Forderung klagen kann, obgleich du auch durch Zahlung an Titius von der Verbindlichkeit befreit wirst. 104. Außerdem ist die Forderung unwirksam, wenn ich von jemandem fordere, der meiner Gewalt untersteht, ebenso wenn er von mir fordert. Ein Sklave und jemand, der im mancipium ist, eine Haustochter und eine Frau in der manus können sich allerdings nicht nur dem, dem sie rechtlich unterstehen, nicht verpflichten, sondern überhaupt niemandem. 105. Daß ein Stummer weder fordern noch versprechen kann, ist klar. Das gleiche wird auch für einen Tauben allgemein anerkannt, weil der Fordernde die Worte des Versprechenden und der Versprechende die Worte des Fordernden hören und verstehen können muß. 106. Ein Geisteskranker (furiosus) kann überhaupt kein Geschäft tätigen, weil er nicht weiß, was er tut. 107. Ein Unmündiger führt jedes Geschäft gültig durch, doch muß der Vormund hinzugezogen werden, wo seine Zustimmung nötig ist, z. B. wenn sich der Unmündige selbst verpflichtet, denn einem anderen kann er sich nicht ohne Zustimmung des Vormundes verpflichten.

108. Das gleiche ist rechtens für Frauen, die unter Vormundschaft stehen. 109. Aber was ich von einem Unmündigen gesagt habe, ist nur von dem wahr, der schon einigen Verstand hat, denn ein Kind, das noch nicht sprechen kann, und eines, das noch ganz nahe an diesem Zustand ist, unterscheidet sich nicht viel von einem Geisteskranken, weil Unmündige dieses Alters keinen Verstand haben. Aber bei diesen Unmündigen ist zu ihrem Vorteil die Auslegung des Rechtes großzügiger.

[NEBENFORDERUNG]

110. Wir können aber zu dem, was wir förmlich fordern, einen anderen hinzuziehen, der dasselbe fordert; diesen nennt man gewöhnlich Adstipulator. 111. Und diesem steht daraufhin eine Klage offen wie uns, und er kann daraufhin eine Zahlung empfangen ebenso wie wir; aber was er erhält, muß er uns auf eine Geschäftsführungsklage (iudicium mandati) hin herausgeben.

112. Übrigens kann der Adstipulator andere Worte gebrauchen als wir. Wenn ich also z. B. gefordert habe: GELOBST DU, DASS GEGEBEN WIRD?, kann er die Nebenforderung so stellen: VERSPRICHST DU DASSELBE HOCH UND HEILIG? oder BÜRGST DU FÜR DASSELBE? oder umgekehrt. 113. Er kann auch eine geringere Nebenforderung erheben, aber nicht eine größere. Wenn ich daher 10000 Sesterzen gefordert habe, kann er 5000 Sesterzen fordern, umgekehrt dagegen kann er nicht mehr fordern. Ebenso: wenn ich ohne Bedingung gefordert habe, kann er mit einer Bedingung fordern, umgekehrt dagegen kann er es nicht. Und „weniger“ und „mehr“ gilt nicht nur für die Quantität, sondern auch für die Zeit: es ist nämlich mehr, sofort zu geben, und weniger, nach einiger Zeit zu geben. 114. Bei diesem Rechtsverhältnis beobachtet man aber einige besondere juristische Einzelheiten. Denn der Erbe des Adstipulators hat nicht die Möglichkeit zu klagen. Ebenso bewirkt ein Sklave nichts durch eine Nebenforderung, obwohl er in allen übrigen Fällen durch förmliche Forderung für seinen Herrn erwirbt. Dasselbe gilt auch nach der allgemeiner gebilligten Ansicht für

eine Person, die im mancipium ist, denn auch sie nimmt die Stellung eines Sklaven ein. Wer aber in der Gewalt seines Vaters ist, richtet etwas aus; aber er erwirbt nicht für seinen Vater, obgleich er in allen anderen Fällen durch eine förmliche Forderung für ihn erwirbt. Und auch er hat nur dann die Möglichkeit zur Klage, wenn er ohne Schmälerung der Rechtsfähigkeit aus der Gewalt des Vaters ausgeschieden ist, z. B. bei dessen Tod, oder weil er selbst zum Flamen Dialis erkoren worden ist. Dasselbe soll auch als von der Haustochter und der Ehefrau in der manus gesagt gelten.

[BÜRGSCHAFT]

115. Auch für den, der verspricht, pflegen sich andere zu verpflichten; von diesen heißen die einen Sponsoren, die anderen Fidepromissoren, die dritten Bürgen (fideiussor).

116. Ein Sponsor wird folgendermaßen gefragt: GELOBST DU, DASS DASSELBE GEGEBEN WERDE?, ein Fidepromissor so: VERSPRICHST DU DASSELBE HOCH UND HEILIG?, ein Bürge so: VERBÜRGST DU DICH DAFÜR? Wir werden noch sehen, mit welchen Namen diejenigen bezeichnet werden können, die man fragt: WIRST DU DASSELBE GEBEN? VERSPRICHST DU DASSELBE? WIRST DU DASSELBE TUN?

117. Sponsoren, Fidepromissoren und Bürgen erhalten wir meistens, wenn wir dafür sorgen, daß uns bessere Sicherheit geleistet wird; einen Adstipulator aber ziehen wir fast nur dann hinzu, wenn wir so fordern, daß etwas nach unserem Tode gegeben werden soll. Denn wenn wir selbst fordern, daß uns etwas nach unserem Tode gegeben werden soll, so ist das unwirksam. Deshalb wird der Adstipulator hinzugezogen, damit er nach unserem Tode die Angelegenheit gerichtlich betreibt. Wenn er etwas erlangt hat, muß er es nach einem Geschäftsführungsprozeß unserem Erben herausgeben.

118. Die Stellung eines Sponsors und eines Fidepromissors sind ähnlich, die eines Bürgen ist ganz anders. 119. Denn die ersteren können nur zu mündlichen Verpflichtungen hinzugezogen werden, obgleich sie manchmal verpflichtet sind, wo

derjenige, der ursprünglich versprochen hat, nicht verpflichtet ist, z. B. wenn eine Frau oder ein Unmündiger ohne Zustimmung des Vormundes oder irgend jemand erst nach seinem eigenen Tode etwas zu geben versprochen hat. Aber wenn ein Sklave oder ein Peregrine etwas mit der Wendung ICH GELOBE versprochen hat, so ist es umstritten, ob der Sponsor oder Fidepromissor für ihn verpflichtet ist. 119a. Ein Bürge aber kann bei allen Verbindlichkeiten, seien sie durch Übergabe einer Sache, durch mündliche oder schriftliche Verpflichtung oder durch bloße Zustimmung zustande gekommen, hinzugezogen werden. Und es macht nicht einmal etwas aus, ob es eine Verbindlichkeit nach ius civile oder bloß ein tatsächliches Schuldverhältnis (naturalis obligatio) ist, bei dem er hinzugezogen wird. Das geht sogar so weit, daß er auch für einen Sklaven verpflichtet werden kann, sei es, daß ein Außenstehender vom Sklaven oder der Herr selbst für das, was ihm geschuldet wird, einen Bürgen verlangt. 120. Außerdem ist der Erbe des Sponsors oder Fidepromissors nicht haftbar, es sei denn, wir fragten nach einem nichtrömischen Fidepromissor und dessen Staat hätte ein anderes Recht. Der Erbe des Bürgen aber ist haftbar. 121. Weiter: der Sponsor und Fidepromissor werden nach der Lex Furia nach zwei Jahren frei; und solange das Geld von ihnen gerichtlich gefordert werden kann, wird die Verbindlichkeit unter ihnen nach ihrer Zahl aufgeteilt, und der einzelne wird nur für seinen Anteil haftbar gemacht. Bürgen aber sind für alle Zeit haftbar, und jeder von ihnen, so viele es sind, haftet für den ganzen Betrag. Daher steht es dem Gläubiger frei, die gesamte Schuldsumme zu fordern, von wem er will. Aber jetzt wird nach einem Schreiben des verstorbenen Kaisers Hadrian der Gläubiger gezwungen, von den einzelnen Bürgen, soweit sie zahlungsfähig sind, Teile der Schuld zurückzufordern. Dadurch unterscheidet sich also dieses Schreiben von der Lex Furia, daß, wenn einer von den Sponsoren oder Fidepromissoren nicht zahlungsfähig ist, diese Last nicht auf die übrigen fällt, aber wenn von den Bürgen nur einer zahlungsfähig ist, auf diesen die Last auch der anderen fällt. 121a. Aber da die Lex Furia nur in Italien gilt, geht daraus hervor, daß in den übrigen Provinzen auch Sponsoren und Fidepromissoren ebenso wie Bürgen auf alle Zeit haftbar sind und jeder einzelne für die gesamte Schuldsumme haftet, wenn ihnen nicht entsprechend dem Schreiben des verstorbenen Kaisers Hadrian geholfen wird, was die Teilhaftung angeht.

122. Außerdem hat die Lex Appuleia zwischen Sponsoren und Fidepromissoren eine Art Gesellschaft (societas) geschaffen. Denn wenn einer von ihnen mehr als seinen Anteil bezahlt hat, so ermöglicht sie eine Klage gegen die übrigen auf das, was er zuviel gegeben hat. Dies Gesetz ist vor der Lex Furia erlassen worden, zu der Zeit, als alle für die Gesamtschuld haftbar waren. Daher ist es fraglich, ob nach der Lex Furia noch der aus der Lex Appuleia stammende Rechtsvorteil weitergilt. Und jedenfalls gilt er außerhalb Italiens, denn die Lex Furia gilt nur in Italien, die Lex Appuleia aber auch in den übrigen Provinzen. Aber ob auch in Italien der Rechtsvorteil aus der Lex Appuleia weitergilt, ist stark umstritten. Auf die Bürgen aber erstreckt sich die Lex Appuleia nicht. Wenn daher der Gläubiger von einem einzelnen alles herausbekommen hat, so wird das nur der Schaden dieses einen Bürgen sein, versteht sich, wenn der, für den er gebürgt hat, zahlungsunfähig ist. Aber wie aus dem oben Gesagten hervorgeht, kann der, von dem der Gläubiger gerichtlich alles fordert, nach dem Schreiben des verstorbenen Kaisers Hadrian verlangen, daß gegen ihn nur eine Klage entsprechend seinem Anteil gewährt wird.

123. Außerdem wird durch die Lex Cicereia festgelegt, daß derjenige, der Sponsoren oder Fidepromissoren verlangt, vorher öffentlich bekanntmacht und erklärt, einmal, für welchen Betrag er sich sichern will, und zum anderen, wieviele Sponsoren oder Fidepromissoren er für diese Verbindlichkeit nehmen will. Und wenn er es nicht vorher erklärt hat, wird den Sponsoren und Fidepromissoren gestattet, innerhalb von dreißig Tagen ein Feststellungsurteil (praeiudicium) zu fordern, wobei untersucht wird, ob es nach der Vorschrift dieses Gesetzes vorher öffentlich bekanntgemacht worden ist, und wenn das Urteil lautet, daß es nicht geschehen ist, so sind sie frei. In diesem Gesetz werden die Bürgen nicht erwähnt, aber es ist üblich, es vorher bekanntzumachen, auch wenn wir Bürgen nehmen.

124. Aber der Rechtsvorteil der Lex Cornelia ist allen gemeinsam. Durch dieses Gesetz wird untersagt, daß jemand sich innerhalb eines Jahres für dieselbe Person bei ein und demselben Gläubiger für mehr als 20000 Sesterzen Schuldsumme verbürgt. Und auch wenn Sponsoren oder Fidepromissoren oder Bürgen sich für eine größere Summe, z. B. für 100000 Sesterzen, verbürgt haben, so werden sie doch nur für 20000 haftbar gemacht. Eine Schuldsumme (pecunia credita) aber nennt man nicht nur das Geld, das wir geradezu als Darlehen geben, sondern alles, von dem zu dem Zeitpunkt, an dem die Verbindlichkeit eingegangen wird, feststeht, daß es einmal geschuldet werden wird, d. h., was ohne weitere Bedingung in eine Verbindlichkeit übergeht. Daher gehört auch das Geld dazu, dessen Zahlung wir für einen bestimmten Termin fordern, weil feststeht, daß es geschuldet werden wird, wenn es auch erst nach Ablauf der Frist gefordert werden kann. Mit dem Ausdruck „Geld“ (pecunia) werden in diesem Gesetz aber alle Dinge bezeichnet; daher muß dies Gesetz beachtet werden, wenn wir Wein oder Getreide, ein Grundstück oder einen Sklaven förmlich fordern.

125. In bestimmten Fällen jedoch erlaubt dies Gesetz, unbegrenzt Bürgschaft zu nehmen, z. B. wenn für die Mitgift oder für das, was dir aus einem Testament geschuldet wird, oder wenn auf Befehl des Privatrichters Bürgschaft genommen wird, und außerdem wird in dem Gesetz über die fünfprozentige Erbschaftssteuer festgelegt, daß für die Bürgschaften, die nach diesem Gesetz gefordert werden, die Lex Cornelia nicht wirksam sein soll.

126. Die Lage der Sponsoren, Fidepromissoren und Bürgen ist auch in der Hinsicht gleich, daß sie nicht in der Form verpflichtet werden können, daß sie mehr schulden als der, für den sie sich verbürgen. Andererseits können sie so verpflichtet werden, daß sie weniger schulden, wie wir es in Hinsicht auf die Person des Adstipulators gesagt haben. Denn wie beim Adstipulator ist auch ihre Schuldverpflichtung eine Nebenverbindlichkeit (accessio) zur Hauptschuld (principalis obligatio), und eine Nebenverbindlichkeit kann nicht höher sein als die Hauptschuld. 127. Auch darin ist die Lage aller gleich, daß sie

eine Geschäftsführungsklage erheben können, wenn sie für den Schuldner etwas gezahlt haben, um das Geld wiederzubekommen. Und darüber hinaus haben die Sponsoren nach der Lex Publilia eine eigene Klage auf den doppelten Betrag, die man „Aufwandsklage" (actio depensi) nennt.

[LITERALKONTRAKTE]

128. Eine schriftliche Verpflichtung entsteht zum Beispiel bei der Umschreibung von Schuldforderungen (transcripticium nomen). Eine solche Umschreibung kann aber in zweierlei Art geschehen: entweder von der Sache auf die Person oder von einer Person auf die andere. 129. Von der Sache auf die Person erfolgt eine Umschreibung z. B., wenn ich das, was du mir aus Kauf, Mietvertrag, Gesellschaft schuldest, zu deinen Lasten in mein Kontobuch eingetragen habe. 130. Von einer Person auf die andere erfolgt eine Umschreibung z. B., wenn ich das, was mir Titius schuldet, zu deinen Lasten in mein Kontobuch eingetragen habe, d. h., wenn Titius dich mir an seiner Statt als Schuldner benannt hat. 131. Anders liegt der Fall bei den Barschuldeintragungen (nomen arcarium). Bei diesen besteht eine Verpflichtung durch Übergabe einer Sache, nicht durch schriftliche Verpflichtung; denn die Eintragung im Kontobuch gilt nur, wenn das Geld ausgezahlt ist. Die Auszahlung von Geld aber schafft eine Verpflichtung durch Übergabe einer Sache. Deshalb sagen wir mit Recht, daß Barschuldeintragungen keine Verbindlichkeit begründen, sondern nur ein Beweis für eine eingegangene Verbindlichkeit sind. 132. Daher kann man eigentlich nicht sagen, daß auch Peregrinen durch Barschuldeintragungen gebunden werden, weil sie nicht durch die Eintragung, sondern durch die Auszahlung des Darlehens gebunden werden – und diese Art der Verbindlichkeit ist Teil des ius gentium.

133. Berechtigterweise ist es umstritten, ob Peregrinen durch Umschreibung von Schuldforderungen gebunden werden, weil eine derartige Verbindlichkeit gewissermaßen in den Bereich des ius civile gehört: dieser Ansicht war Nerva. Sabi-

nus aber und Cassius waren der Meinung, daß auch Peregrinen gebunden würden, wenn eine Umschreibung von der Sache auf die Person erfolge, aber nicht, wenn sie von einer Person auf die andere erfolge.

134. Außerdem erfolgt eine schriftliche Verpflichtung offensichtlich durch Schuldschein (chirographum) und Schuldverschreibung (syngraphe), d. h., wenn jemand aufschreibt, daß er schulde oder geben werde, natürlich nur, wenn in dieser Sache keine mündliche förmliche Forderung erhoben wird. Diese Art, eine Verbindlichkeit einzugehen, ist für Peregrinen typisch.

[KONSENSUALKONTRAKTE]

135. Durch bloße Zustimmung kommen Verbindlichkeiten bei Kauf (emptio) und Verkauf (venditio), Miet- (Pacht-, Dienst-, Werk-) Vertrag (locatio-conductio), Gesellschaft und unentgeltlicher Geschäftsführung (mandatum) zustande. 136. Wir sagen aber deshalb, daß in diesen Fällen die Verbindlichkeit durch bloße Zustimmung entsteht, weil keine besondere Spruchformel oder Schriftform erforderlich ist, sondern es genügt, wenn diejenigen, die das Geschäft tätigen, zugestimmt haben. Daher können solche Geschäfte auch unter Parteien abgeschlossen werden, die nicht am gleichen Ort sind, z. B. durch Brief oder Boten, während sonst eine mündliche Verpflichtung nicht zwischen Parteien abgeschlossen werden kann, die nicht am gleichen Ort sind. 137. Aber weiter wird in dieser Art von Verträgen der eine dem anderen auf das verpflichtet, was er ihm nach Recht und Billigkeit leisten muß, während sonst bei mündlichen Verpflichtungen der eine fordert und der andere verspricht und bei schriftlichen der eine dadurch, daß er zu Lasten des anderen ins Kontobuch etwas einträgt, eine Verbindlichkeit schafft und der andere gebunden wird.

138. Aber gegen einen Abwesenden kann eine Lastschrift eingetragen werden, während man mit einem Abwesenden keine mündliche Verpflichtung eingehen kann.

[KAUF UND VERKAUF]

139. Ein Kauf ist abgeschlossen, wenn man sich über den Preis geeinigt hat, auch wenn das Geld noch nicht bezahlt ist und nicht einmal eine Anzahlung gemacht ist. Was als Anzahlung gegeben wird, ist ein Beweis dafür, daß der Kauf abgeschlossen ist. 140. Der Preis muß aber genau bestimmt sein, denn sonst, wenn wir uns geeinigt haben, daß die Sache so teuer bezahlt werden soll, wie Titius sie einschätzen wird, sagt Labeo, daß dies Geschäft keinerlei Kraft habe, und Cassius billigt seine Ansicht. Ofilius war der Meinung, daß auch dann ein Kauf vorliege, und Proculus schloß sich seiner Ansicht an. 141. Ebenso muß der Preis in barem Gelde bestehen, denn es ist stark umstritten, ob der Preis auch in anderen Dingen bestehen kann, ob z.B. ein Sklave, eine Toga, ein Grundstück der Preis für etwas anderes sein kann. Unsere Lehrer sind der Ansicht, daß der Preis auch in etwas anderem bestehen kann. Daher ist ihre Anschauung ganz allgemein, daß Kauf und Verkauf durch Austausch zustande kommen und daß diese Art des Kaufs und Verkaufs die älteste ist, und zum Beweis ziehen sie den griechischen Dichter Homer heran, der irgendwo folgendermaßen sagt:

⟨„Dort verschafften sich das Getränk die haupthaarumwallten
Griechen, sie kauften es ein für Geräte aus Erz und aus blankem
Eisen, für Rindshäute oder für lebende Rinder, für Sklaven,
Die sie erbeutet…"⟩

Die Gelehrten der anderen Schule stimmen nicht zu und meinen, Tausch sei etwas anderes als Kauf und Verkauf. Außerdem könne man bei einem Tausch nicht klarstellen, welches Objekt verkauft und welches als Preis gegeben sei. Andererseits erscheine es unsinnig, daß beides verkauft und beides als Preis gegeben sei. Aber Caelius Sabinus sagt, wenn du etwas zu verkaufen hattest, z. B. ein Grundstück, und ich dir als Preis etwa einen Sklaven gegeben habe, so ist das Grundstück offenbar verkauft, der Mensch aber als Preis gegeben, damit ich das Grundstück bekomme.

[MIET-, PACHT-, DIENST- UND WERKVERTRÄGE]

142. Miet-, Pacht-, Dienst- und Werkverträge aber werden nach ähnlichen Regeln abgeschlossen; denn wenn nicht eine bestimmte Vergütung festgesetzt ist, gilt ein solcher Vertrag nicht als zustande gekommen. 143. Wenn daher die Vergütung der Entscheidung eines anderen überlassen ist, z. B. so hoch, wie Titius es einschätzen wird, ist es umstritten, ob ein Miet- oder Dienstvertrag zustande kommt. Wenn ich deshalb einem Walker Kleidungsstücke zum Reinigen und Auffrischen oder einem Flickschneider zum Ausbessern gegeben habe, ohne daß gleich ein Arbeitslohn festgesetzt worden wäre, und ich später so viel geben will, wie wir ausmachen, so ist es umstritten, ob ein Dienst- oder Werkvertrag zustande kommt. 144. Ebenso: wenn ich dir einen Gegenstand zur Benutzung gegeben und dagegen einen anderen zur Benutzung empfangen habe, ist es umstritten, ob ein Mietvertrag zustande kommt.

145. Kauf und Verkauf einerseits und Miet-, Pacht-, Dienst- und Werkvertrag andererseits haben offensichtlich eine große Verwandtschaft miteinander, so daß in einigen Fällen fraglich ist, ob ein Kauf oder ein Miet- oder Pachtvertrag abgeschlossen wird, z. B. wenn ein Objekt für immer gepachtet oder gemietet wird; das ist bei den Grundstücken der Munizipalen der Fall, die unter der Bedingung verpachtet werden, daß das Land weder dem Pächter noch seinem Erben weggenommen werden soll, solange der Erbzins bezahlt wird. Aber es wird doch allgemeiner für einen Pachtvertrag angesehen.

146. Ebenso ist es umstritten, ob ein Kauf oder ein Mietvertrag abgeschlossen wird, wenn ich dir Gladiatoren unter der Bedingung übergeben habe, daß ich für jeden, der unverletzt herauskommt, für seine Leistung 20 Denare erhalte, für jeden aber, der erschlagen oder verstümmelt ist, 1000 Denare. Die

allgemeine Ansicht ist, daß für diejenigen, die unverletzt herausgekommen sind, ein Mietvertrag als abgeschlossen gilt, aber für diejenigen, die erschlagen oder verstümmelt sind, ein Kaufvertrag. Und das ergibt sich jeweils aus dem Ausgang, so daß die Vermietung oder der Verkauf jedes einzelnen sozusagen bedingt erfolgt ist. Es ist nämlich nicht mehr zweifelhaft, daß man ein Objekt unter einer Bedingung verkaufen oder vermieten kann. 147. Weiter ist es umstritten, ob ein Kaufvertrag oder ein Werkvertrag abgeschlossen wird, wenn ich mit einem Goldschmied ausgemacht habe, daß er mir aus seinem Gold Ringe von bestimmtem Gewicht und bestimmter Form anfertigen und dafür, sagen wir, 200 Denare bekommen soll. Cassius sagt, daß für das Material ein Kaufvertrag, für die Arbeit dagegen ein Werkvertrag geschlossen werde. Aber die meisten Juristen haben die Ansicht vertreten, daß es nur ein Kaufvertrag sei. Dagegen: wenn ich ihm mein Gold gegeben habe und eine Vergütung für die Arbeit festgesetzt ist, dann wird nach allgemeiner Ansicht ein Werkvertrag geschlossen.

[GESELLSCHAFT]

148. Eine Gesellschaft (societas) geht man gewöhnlich entweder für das gesamte Vermögen ein oder zum Zwecke eines besonderen Geschäfts, z. B. um Sklaven zu kaufen oder zu verkaufen. 149. Aber es war sehr die Frage, ob ein Gesellschaftsvertrag in der Form abgeschlossen werden könne, daß jemand einen größeren Anteil am Gewinn, einen kleineren am Verlust hat. Das hielt Quintus Mucius ⟨für gegen die Natur einer Gesellschaft, aber Servius Sulpicius, dessen⟩ Meinung sich durchgesetzt hat, war so prononciert der Ansicht, daß man eine Gesellschaft auch in dieser Form eingehen könne, daß er sogar sagte, man könne eine Gesellschaft mit dem Übereinkommen eingehen, daß einer überhaupt kein Risiko trage und doch am Gewinn Anteil habe, wenn nur seine Leistung so wertvoll erscheine, daß es billig sei, ihn auf diese Bedingung in die Gesellschaft aufzunehmen. Denn es steht fest, daß man auch in der Form eine Gesellschaft eingehen kann, daß der eine Geld ein-

bringt und der andere nicht und daß trotzdem beide den Gewinn teilen. Oft nämlich ist die Leistung eines Mannes ebenso wertvoll wie Geld. 150. Auch das ist sicher, daß Vor- und Nachteile zu gleichen Teilen auf beide fallen, wenn über die Verteilung von Gewinn und Verlust nichts zwischen ihnen ausgemacht ist. Aber wenn auf einer Seite, z. B. beim Gewinn, die Anteile ausdrücklich genannt sind, auf der anderen aber nicht, so werden die Anteile auch dort, wo sie nicht genannt sind, entsprechend ausfallen.

151. Die Gesellschaft besteht aber so lange, wie die Partner bei der gleichen Gesinnung bleiben. Aber wenn einer von ihnen der Gesellschaft die Mitgliedschaft aufkündigt, so wird die Gesellschaft aufgelöst. Wenn allerdings einer zu dem Zweck die Gesellschaft aufkündigt, um einen Gewinn, der ihm gerade zufällt, allein zu behalten, so wird er gezwungen werden, diesen Gewinn zu teilen, z. B. wenn jemand, der mit mir vollständige Gütergemeinschaft eingegangen ist, von jemandem zum Erben eingesetzt ist und die Gesellschaft aufkündigt, um allein in den Genuß der Erbschaft zu kommen. Wenn er aber dann einen anderen Gewinn macht, den er nicht auf diese Weise erstrebt hat, so gehört er ihm allein, mir aber wird alles das allein zugestanden, was ich nach der Aufkündigung der Gesellschaft überhaupt erwerbe. 152. Die Gesellschaft wird schließlich auch durch den Tod eines Partners aufgelöst, denn wer eine Gesellschaft eingeht, sucht sich eine bestimmte Person als Partner aus. 153. Es wird auch behauptet, daß eine Gesellschaft durch Schmälerung der Rechtsfähigkeit aufgelöst wird, weil nach ius civile Schmälerung der Rechtsfähigkeit mit dem Tode gleichgesetzt wird. Wenn die Partner weiterhin bei der Gesellschaft bleiben wollen, so gilt das jedenfalls als Beginn einer neuen Gesellschaft. 154. Ebenso wird die Gesellschaft aufgelöst, wenn die gesamte Habe eines Gesellschafters öffentlich oder privatim wegen Schulden verkauft wird.

Aber die Art der Gesellschaft, von der wir sprechen, d. h. diejenige, die man durch bloße Zustimmung eingeht, ist Bestandteil des ius gentium, daher besteht sie unter allen Menschen nach der natürlichen Vernunft. 154a. Es gibt aber eine andere Art der Gesellschaft, die nur den römischen Bürgern vorbehalten ist. Vorzeiten bestand nämlich nach dem Tode des paterfamilias unter seinen unmittelbaren Erben eine gleichzeitig gesetzmäßige und natürliche Art von Gemeinschaft, die „ercto non cito", d. h. ungeteilte Herrschaft, genannt wurde. „Erctum" ist nämlich soviel wie Herrschaft, daher wird der Herr auch „erus" genannt, „ciēre" aber ist soviel wie teilen, daher sagen wir auch „caedere" (fällen, schneiden) und „secare" (schneiden). 154b. Auch andere, die dieselbe Art der Gemeinschaft haben wollten, konnten das beim Prätor durch eine bestimmte Legisaktio erreichen. Für diese Gemeinschaft der Brüder und der anderen, die nach dem Beispiel ihrer Brüder eine Gemeinschaft gebildet hatten, war es typisch, daß z. B. eines von den Mitgliedern einen gemeinsamen Sklaven freilassen konnte und ihn damit zum Freigelassenen aller machte, ebenso überführte er ein gemeinsam besessenes Objekt durch mancipatio in das Eigentum dessen, der durch mancipatio erwarb.

[UNENTGELTLICHE GESCHÄFTSFÜHRUNG]

155. Unentgeltliche Geschäftsführung (mandatum) besteht, wenn wir in unserem oder fremdem Interesse jemandem einen Auftrag erteilen, daher entsteht eine Verbindlichkeit aus der Geschäftsführung, ob ich dich nun beauftragt habe, meine Geschäfte oder die eines anderen zu führen, und wir sind einander gegenseitig verbindlich für das, was ich dir oder du mir nach Treu und Glauben (bona fides) leisten mußt.

156. Denn wenn ich dir in deinem eigenen Interesse den Auftrag erteile, so ist er überflüssig; denn was du in deinem eigenen Interesse tun willst, mußt du nach eigenem Gutdünken, nicht in meinem Auftrag tun. Wenn du daher Geld ungenützt zu Hause hattest und ich dir geraten habe, es gegen Zinsen auszuleihen, hast du nicht die Möglichkeit, gegen mich eine Geschäftsführungsklage zu erheben, auch wenn du es jemandem geliehen hast, von dem du es nicht hast zurückbekommen können. Ebenso bin ich dir nicht wegen Geschäftsführung haftbar, wenn ich dir geraten habe, etwas zu kaufen,

auch wenn du das besser gelassen hättest. Und das ist in dem Maße anerkannt, daß es fraglich ist, ob jemand wegen Geschäftsführung haftbar ist, der dir geradezu gesagt hat, du söllteest Titius Geld leihen. Servius hat das verneint und war der Ansicht, daß in diesem Falle genausowenig eine Verbindlichkeit bestehe, als wenn jemandem ganz allgemein geraten werde, sein Geld auf Zinsen auszuleihen. Aber ich schließe mich der gegenteiligen Meinung des Sabinus an, weil du Titius nichts geliehen haben würdest, wenn es dir nicht geradezu aufgetragen worden wäre.

157. Es steht fest, daß keine Verbindlichkeit entsteht, wenn jemand einem anderen etwas aufträgt, was gegen die gute Sitte verstößt, z. B. wenn ich dir auftragen würde, Titius zu bestehlen oder zu beleidigen.

158. Ebenso: wenn jemand mir den Auftrag gibt, daß etwas nach meinem Tode getan werden soll, so ist der Auftrag unwirksam, weil allgemein anerkannt ist, daß eine Verbindlichkeit nicht mit der Person des Erben einsetzen kann. 159. Aber eine rechtsgültige Beauftragung mit Geschäftsführung erlischt auch, wenn sie rückgängig gemacht wird, solange die Sache noch unberührt ist. 160. Ebenso wird der Vertrag gelöst, wenn vor dem Beginn der Geschäftsführung einer der beiden Partner stirbt, d. h. der, der den Auftrag gegeben hat, oder der, der ihn übernommen hat. Aber aus Zweckmäßigkeitsgründen ist es allgemein üblich, daß ich eine Geschäftsführungsklage anstrengen kann, wenn ich in Unkenntnis vom Tode des Auftraggebers sein Geschäft geführt habe, sonst würde mir ja eine gerechtfertigte und leicht erklärliche Unkenntnis Schaden bereiten. In einem analogen Fall haben die meisten Rechtsgelehrten es gebilligt, daß mein Schuldner frei wird, wenn er in Unkenntnis der Tatsache, daß mein Sklave Kassenverwalter freigelassen ist, an ihn gezahlt hat, während er nach dem Buchstaben des Gesetzes nicht frei werden konnte, weil er an einen anderen bezahlt hat, als er mußte.

161. Wenn aber der, den ich rechtsgültig mit der Geschäftsführung beauftragt habe, seine Vollmacht überschritten hat, so habe ich gegen ihn die Möglichkeit einer Geschäftsführungsklage bis zu dem Umfange, in dem es in meinem Interesse liegt,

daß er den Auftrag erfüllt habe, wenn er dazu überhaupt in der Lage war. Aber er kann gegen mich nicht klagen. Wenn ich dir also den Auftrag erteilt habe, nur, sagen wir, ein Landgut für 100000 Sesterzen zu kaufen, und du hast es für 150000 Sesterzen gekauft, so hast du gegen mich keine Geschäftsführungsklage, auch nicht, wenn du bereit wärst, mir das Gut zu dem Preis zu überlassen, zu dem ich dich beauftragt hätte, es zu kaufen. Und dies war besonders die Ansicht von Sabinus und Cassius. Wenn du aber billiger gekauft hast, wirst du natürlich gegen mich eine Klagemöglichkeit haben; denn wer den Auftrag erteilt, daß für 100000 gekauft werden soll, von dem nimmt man selbstverständlich an, daß er auch den Auftrag erteilen würde, billiger zu kaufen, wenn es möglich ist.

162. Insgesamt muß man wissen, daß eine Geschäftsführungsklage immer dann erhoben werden kann, wenn ich jemanden beauftragt habe, etwas unentgeltlich zu tun, was, wenn ich eine Vergütung festgesetzt hätte, Gegenstand eines Dienstvertrages gewesen wäre, z. B. wenn ich einem Walker Kleidungsstücke zum Reinigen und Auffrischen gegeben hätte oder einem Flickschneider zum Ausbessern.

[GESCHÄFTSTÄTIGKEIT RECHTLICH ABHÄNGIGER PERSONEN]

163. Nachdem wir die Arten der Verbindlichkeiten betrachtet haben, die aus einem Vertrag erwachsen, müssen wir uns vor Augen halten, daß wir nicht nur selbst für uns erwerben, sondern auch durch die Personen, die in unserer Gewalt, manus oder in unserem mancipium sind. 164. Auch durch Freie und fremde Sklaven, die wir im guten Glauben besitzen, wird für uns erworben, aber nur in zwei Fällen, d. h., wenn sie etwas durch ihre Arbeit oder in Verbindung mit unserem Vermögen erwerben. 165. Auch durch einen Sklaven, an dem wir den Nießbrauch haben, wird uns entsprechend in diesen beiden Fällen etwas erworben. 166. Aber wer das bloße quiritische Eigentum an einem Sklaven hat, ist zwar Eigentümer, hat aber nach allgemeiner Ansicht in dieser Hinsicht ein geringeres

Recht als der Nießbraucher oder derjenige, der im guten Glauben besitzt. Denn es ist anerkannt, daß für ihn in keinem Fall erworben werden kann; das geht so weit, daß einige Rechtsgelehrte meinen, es werde für ihn selbst dann nichts erworben, wenn der Sklave mit Nennung seines Namens die förmliche Forderung ausgesprochen hat, daß ihm gegeben werden solle, oder in seinem Namen etwas durch mancipatio empfangen hat. 167. Es steht fest, daß ein gemeinsamer Sklave seinen Herren nach dem Verhältnis des Eigentumsanteils, den sie an ihm haben, erwirbt, mit Ausnahme dessen, was er für einen von ihnen allein erwirbt, indem er ausdrücklich für ihn die Forderung stellt oder durch mancipatio empfängt, z. B. wenn er die Forderung so stellt: GELOBST DU, DASS MEINEM HERRN TITIUS GEGEBEN WERDE? oder wenn er folgendermaßen durch mancipatio empfängt: ICH ERKLÄRE, DASS DIESE SACHE NACH QUIRITISCHEM RECHT EIGENTUM MEINES HERRN LUCIUS TITIUS IST, UND SIE SOLL IHM GEKAUFT SEIN MIT DIESEM KUPFERSTÜCK UND MITTELS DIESER BRONZENEN WAAGE.

167a. Es ist umstritten, ob das Vorliegen einer schriftlichen Weisung von seiten eines der Eigentümer die gleiche Wirkung hat wie das Hinzufügen seines Namens in der Formel. Unsere Lehrer sind der Ansicht, daß dem, der die Weisung erteilt hat, geradeso erworben wird, als ob der Sklave ausdrücklich für ihn allein die Forderung gestellt oder durch mancipatio etwas empfangen hätte. Die Gelehrten der anderen Schule sind der Ansicht, daß geradeso für beide Eigentümer erworben wird, als ob keine Weisung von einem vorgelegen hätte.

[AUFHEBUNG VON VERBINDLICHKEITEN]

168. Eine Verbindlichkeit wird aufgehoben vor allem dadurch, daß man bezahlt, was geschuldet wird. Daher erhebt sich die Frage, ob jemand nach ius civile frei wird, wenn er mit Zustimmung des Gläubigers etwas anderes gezahlt hat, als ursprünglich ausgemacht war – diese Ansicht haben unsere Lehrer vertreten –, oder ob er nach ius civile verpflichtet bleibt, aber mit der Einrede wegen Arglist verteidigt werden muß,

wenn eine Forderung erhoben wird – so meinen die Gelehrten der anderen Schule.

169. Durch eine formale Quittierung (acceptilatio) wird ebenfalls die Verbindlichkeit aufgehoben. Eine formale Quittierung ist sozusagen eine imaginäre Bezahlung. Wenn du mir das nämlich erlassen willst, was ich dir infolge einer förmlichen mündlichen Verpflichtung schulde, so wird das so geschehen können, daß du mir erlaubst, folgende Worte zu sagen: WAS ICH DIR VERSPROCHEN HABE, HAST DU DAS EMPFANGEN? und selbst antwortest: ICH HABE ES EMPFANGEN.

170. In dieser Art werden, wie ich gesagt habe, die Verbindlichkeiten aufgehoben, die in Worten bestehen, nicht die übrigen. Es erschien nämlich passend, daß eine förmlich eingegangene Verbindlichkeit durch eine andere Förmlichkeit aufgelöst werde. Aber das, was aus einem anderen Grunde geschuldet wird, kann in eine förmliche Forderung umgewandelt und dann durch formale Quittierung aufgehoben werden. 171. Obgleich die formale Quittierung durch imaginäre Zahlung geschieht, kann eine Frau ohne Einwilligung ihres Vormundes ihren Schuldner nicht durch formale Quittierung befreien, während ihr sonst ohne Einwilligung des Vormundes Zahlungen geleistet werden können. 172. Weiter kann man eine Teilzahlung auf eine Schuld leisten, ob aber für einen Teil der Schuld eine formale Quittierung gegeben werden kann, ist umstritten.

173. Eine andere Art der Scheinzahlung geschieht mit Kupferstück und Waage. Auch diese Art wird nur in bestimmten Fällen anerkannt, z. B. wenn etwas aus einer Forderung geschuldet wird, die mit Kupferstück und Waage errichtet wurde, oder wenn es nach einem Gerichtsurteil geschuldet wird. 174. Hinzugezogen werden nicht weniger als fünf Zeugen und ein Waagehalter. Dann muß derjenige, der von der Schuld befreit wird, so sprechen: WAS DAS ANGEHT, DASS ICH DIR ZUR ZAHLUNG VON SOUNDSO VIEL TAUSEND SESTERZEN VERURTEILT BIN, LÖSE UND BEFREIE ICH MICH IN DIESER HINSICHT MIT DIESEM KUPFERSTÜCK UND MITTELS DIESER BRONZENEN WAAGE. DIES PFUND GEBE ICH DIR ALS ERSTES UND LETZTES NACH DEM GESETZ UNSERES STAATES (lex publica). Danach schlägt er mit dem

Kupfer an die Waage und gibt es demjenigen, der ihn aus der Verbindlichkeit entläßt, sozusagen als Bezahlung. 175. In entsprechender Form befreit der Vermächtnisempfänger den Erben von einem Verpflichtungsvermächtnis, jedoch natürlich so, daß der Erbe da, wo der nach einem Gerichtsurteil Schuldende sagt, daß er „verurteilt" sei, die Worte benutzt, daß er „nach dem Testament verpflichtet" gebe. Der Erbe kann auf diese Weise jedoch nur von einer solchen Auflage befreit werden, die nach Gewicht oder Zahl feststeht, und nur, wenn die Menge festgelegt ist. Einige Rechtsgelehrte nehmen dasselbe für gültig an, wenn etwas nach dem Maße feststeht.

176. Außerdem wird eine Verbindlichkeit durch Schulderneuerung aufgehoben, z. B. wenn ich die förmliche Forderung gestellt habe, daß das, was du mir schuldest, von Titius gezahlt werden soll. Denn durch das Dazwischentreten einer neuen Person erwächst eine neue Verbindlichkeit, und die erste wird aufgehoben und in die spätere verwandelt. Sogar wenn die spätere Forderung, wie es manchmal vorkommt, unwirksam ist, wird die erste nach dem Recht der Schulderneuerung aufgehoben. Das geschieht z. B., wenn ich das, was du mir schuldest, von Titius zur Zahlung nach seinem Tode förmlich gefordert habe oder von einer Frau oder einem Unmündigen ohne Einwilligung des Vormundes. In diesem Falle verliere ich meinen Anspruch, denn der erste Schuldner wird befreit, und die zweite Verbindlichkeit ist nichtig. Nicht dasselbe ist rechtens, wenn ich von einem Sklaven förmlich gefordert habe, denn dann wird der erste Schuldner weiter verbindlich gehalten, als ob ich später von niemandem gefordert hätte. 177. Aber wenn es dieselbe Person ist, von der ich später förmlich fordere, so geschieht dann eine Schulderneuerung, wenn in der zweiten Forderung etwas Neues ist, etwa wenn eine Bedingung oder ein Termin oder ein Sponsor beigefügt oder weggelassen werden. 178. Aber was ich von dem Sponsor gesagt habe, ist nicht unbestritten, denn die Gelehrten der anderen Schule haben die Ansicht vertreten, daß es für eine Schulderneuerung nicht genüge, wenn ein Sponsor hinzugesetzt oder weggelassen werde. 179. Wenn ich aber gesagt habe, es ent-

stehe eine Schulderneuerung, wenn eine Bedingung hinzugesetzt werde, so muß man das so verstehen, daß gemeint sein soll, eine Schulderneuerung sei eingetreten, wenn die Bedingung eintrifft. Wenn sie nicht eintrifft, dauert die erste Verbindlichkeit fort. Aber wir wollen sehen, ob derjenige, der daraufhin klagt, durch die Einrede wegen Arglist oder durch die Einrede wegen getroffenen Übereinkommens (exceptio pacti conventi) aus dem Felde geschlagen werden kann, weil doch zwischen den Parteien offenbar vereinbart war, daß die Sache erst gerichtlich zu fordern sein solle, wenn die Bedingung der zweiten Forderung einträfe. Servius Sulpicius war jedoch der Ansicht, sogleich, auch während die Bedingung noch schwebe, trete eine Schulderneuerung ein, und wenn die Bedingung nicht einträfe, so könne auf keine von beiden Forderungen geklagt werden, und auf diese Weise gehe der Anspruch zugrunde. Und er hat folgerichtig auch auf eine Anfrage geantwortet, wenn jemand das, was L. Titius ihm schuldete, von einem Sklaven gefordert habe, so trete eine Schulderneuerung ein und der Anspruch gehe zugrunde, weil man gegen einen Sklaven nicht klagen könne. Aber wir richten uns in beiden Fällen nach einer andren Rechtsnorm, und in diesen Fällen tritt ebensowenig eine Schulderneuerung ein, als wenn ich das, was du mir schuldest, von einem Peregrinen, mit dem keine Gemeinschaft in Hinblick auf die Gelöbnisformel besteht, mit dem Worte: GELOBST DU? förmlich gefordert habe. 180. Schließlich wird eine Verbindlichkeit durch die Vereinbarung einer Prozeßformel (litis contestatio) aufgehoben, wenn es sich um einen satzungsgemäßen Prozeß handelt. Denn dann wird die ursprüngliche Verbindlichkeit aufgehoben, der Beklagte aber haftet von dem Augenblick an nach der Prozeßformel. Aber wenn er verurteilt ist, wird die Haftung nach der Prozeßformel aufgehoben, und er beginnt auf Grund des Urteils zu haften. Und das ist es, was bei den alten Juristen geschrieben steht: Vor Vereinbarung der Prozeßformel müsse der Schuldner zahlen, nach Vereinbarung der Prozeßformel müsse er verurteilt werden, nach der Verurteilung müsse er den Richterspruch erfüllen. 181. Daher ergibt es sich unmittelbar nach ius civile, daß ich nicht später noch einmal wegen einer Schuld klagen kann, die ich in einem satzungsgemäßen Prozeß (iudicium legitimum) eingefordert habe, denn ich würde vergeblich behaupten, ES MÜSSE MIR GEGEBEN WERDEN, weil sie durch die Vereinbarung der Prozeßformel aufgehört hat fällig zu sein. Anders ist es, wenn ich in einem von der Amtsgewalt abhängigen Prozeß (iudicium imperio continens) geklagt habe. Da nämlich dauert die Verbindlichkeit trotzdem fort. Und daher kann ich nach ius civile wieder klagen, aber ich muß durch die Einrede, daß die Sache schon verhandelt ist oder zur Verhandlung ansteht, aus dem Felde geschlagen werden. Was aber ein satzungsgemäßer und was ein von der Amtsgewalt abhängiger Prozeß ist, werde ich im nächsten Buch erklären.

[DELIKTUALE VERBINDLICHKEITEN]

182. Gehen wir jetzt zu den Verbindlichkeiten über, die aus einem Delikt entstehen, so z. B. wenn jemand einen Diebstahl begangen, etwas geraubt, Schaden angerichtet oder eine Beleidigung zugefügt hat. Die aus diesen Gründen entspringenden Verbindlichkeiten gehören alle in eine Gruppe, während die vertraglichen Verbindlichkeiten, wie ich oben erklärt habe, in vier Gruppen eingeteilt werden.

[DIEBSTAHL]

183. Vom Diebstahl (furtum) aber gibt es nach Servius Sulpicius und Masurius Sabinus vier Arten: offenkundig (manifestum), nicht-offenkundig (nec manifestum), conceptum und untergeschoben (oblatum), nach Labeo zwei: offenkundig und nicht-offenkundig, denn conceptum und untergeschoben seien eher Formen der Klagen, die mit dem Diebstahl zusammenhängen, als Formen des Diebstahls; letzteres scheint wirklich richtiger zu sein, wie sich später zeigen wird. 184. Als offenkundig haben manche Rechtsgelehrte einen Diebstahl dann bezeichnet, wenn er entdeckt wird, während er gerade began-

gen wird; andere gehen weiter und sagen: dann, wenn er an dem Ort der Tat entdeckt wird, z. B. wenn ein Diebstahl von Oliven im Olivenhain oder von Trauben im Weingarten begangen ist und entdeckt wird, solange der Dieb noch im Olivenhain oder im Weingarten ist, oder wenn im Hause ein Diebstahl begangen ist und entdeckt wird, solange der Dieb im Hause ist. Andere gingen noch weiter und sagten, der Diebstahl sei so lange offenkundig, bis der Dieb die Beute dorthin gebracht habe, wohin er es beabsichtigte; andere noch weiter: solange der Dieb mit dem Diebesgut in der Hand gesehen worden sei. Diese Meinung ist aber nicht durchgedrungen. Aber auch die Ansicht derer, die meinten, ein Diebstahl, der entdeckt werde, ehe der Dieb das Diebesgut dorthin gebracht habe, wohin er es beabsichtigte, sei offenkundig, wird anscheinend deshalb nicht gebilligt, weil das große Zweifel zuläßt, ob hierfür ein Zeitraum von einem oder sogar mehreren Tagen als Begrenzung anzusehen sei. Das bezieht sich darauf, daß Diebe oft beabsichtigen, das in der einen Stadt gestohlene Gut in eine andere Stadt oder in eine andere Provinz zu schaffen. Die beiden erstgenannten Ansichten werden beide gebilligt, die meisten billigen jedoch die zweite mehr. 185. Wann ein Diebstahl nicht-offenkundig ist, erkennt man aus dem, was ich gesagt habe. Denn was nicht offenkundig ist, das ist nicht-offenkundig. 186. Conceptum wird ein Diebstahl dann genannt, wenn Diebesgut bei jemandem in Anwesenheit von Zeugen gesucht und gefunden (conceptum) wird. Denn gegen den Betreffenden ist eine besondere Klage eingeführt worden, auch wenn er nicht der Dieb sein sollte, und die nennt man Klage auf gefundenes Diebesgut (actio concepti). 187. Als untergeschoben wird der Diebstahl dann bezeichnet, wenn dir das Diebesgut von jemandem untergeschoben (oblatus) ist und bei dir gefunden wird, besonders wenn es dir in der Absicht gegeben wurde, daß es lieber bei dir als bei dem, der es dir gegeben hat, gefunden werden sollte. Denn gegen den, der das Diebesgut untergeschoben hat, auch wenn er nicht der Dieb sein sollte, ist für dich, wenn es bei dir gefunden wurde, eine Klage eingeführt worden, die man Klage wegen Unterschiebung (actio oblati) nennt.

188. Es gibt auch eine Klage wegen Behinderung der Haussuchung (actio prohibiti furti) gegen denjenigen, der jemanden, der das Diebesgut suchen will, daran hindert.

189. Nach dem Zwölftafelgesetz stand auf einen offenkundigen Diebstahl eine Kapitalstrafe, denn ein Freier wurde ausgepeitscht und dann dem zugesprochen, den er bestohlen hatte. Ob er aber durch die Zusprechung ein Sklave wurde oder in die Position eines verurteilten Schuldners geriet, haben sich schon die alten Rechtsgelehrten gefragt. Ein Sklave wurde ebenfalls ausgepeitscht und dann hingerichtet. Aber später wurde die Härte der Strafe mißbilligt und sowohl im Fall eines Freien wie eines Sklaven eine Klage auf den vierfachen Wert (actio quadrupli) durch das Edikt des Prätors eingeführt. 190. Für einen Diebstahl, der nicht-offenkundig ist, wird durch das Zwölftafelgesetz die Zahlung des doppelten Wertes als Strafe festgelegt, und die wird auch durch den Prätor beibehalten. 191. Für conceptum und Unterschiebung ist die Strafe nach dem Zwölftafelgesetz der dreifache Wert, und das wird vom Prätor ebenfalls beibehalten.

192. Die Klage auf den vierfachen Wert wegen Behinderung der Haussuchung ist durch das Edikt des Prätors eingeführt worden. Das Gesetz dagegen hat dafür keine Strafe festgesetzt. Es schreibt nur vor, daß derjenige, der suchen will, es nackt tun soll, mit einem licium gegürtet, eine Schale in der Hand. Wenn er etwas gefunden hat, so sagt das Gesetz, daß der Diebstahl als offenkundig gelten soll. 193. Man hat sich gefragt, was ein licium ist, aber wahrscheinlich ist es eine Art Lendenschurz, der die Geschlechtsteile bedecken sollte. Die Sache ist lächerlich, denn wer jemanden hindert, bekleidet zu suchen, der wird ihn auch hindern, nackt zu suchen, besonders wenn er einer höheren Strafe unterworfen wird, wenn die Sache so gesucht und gefunden wird. Und weiter: ob das Gesetz nun die Schüssel deshalb vorschreibt, damit der Suchende beide Hände voll hat und dem anderen nichts unterschieben kann oder damit er das, was er findet, dort hineintut, so nützt keins von beiden, wenn das Gesuchte so groß oder so beschaffen ist, daß man es weder unterschieben noch in die Schüssel legen kann. Es ist jedenfalls unbezweifelt, daß dem Gesetz Ge-

nüge getan ist, ganz gleich, aus welchem Material die Schale besteht.

194. Weil aber das Gesetz in diesem Falle bestimmt, daß der Diebstahl für offenkundig gelten soll, schreiben manche Rechtsgelehrte, daß ein Diebstahl entweder dem Wesen nach oder nach dem Gesetz offenkundig sei; „nach dem Gesetz", das ist das, wovon wir eben reden, „dem Wesen nach" das, was ich weiter oben [III 184] auseinandergesetzt habe. Aber es ist richtiger, daß ein Diebstahl nur dem Wesen nach offenkundig sein kann. Denn ein Gesetz kann nicht bewirken, daß jemand, der kein offenkundiger Dieb ist, einer wird, genausowenig wie es einen, der überhaupt kein Dieb ist, zu einem Diebe oder einen, der kein Ehebrecher oder Mörder ist, zu einem Ehebrecher oder Mörder machen kann. Aber ein Gesetz kann allerdings bewirken, daß jemand ebenso *bestraft* wird, als ob er einen Diebstahl, einen Ehebruch oder einen Mord begangen hätte, obgleich er nichts dergleichen getan hat.

195. Ein Diebstahl (furtum) liegt aber nicht nur dann vor, wenn jemand ein fremdes Objekt wegnimmt, um es zu behalten, sondern allgemein, wenn sich jemand an einem fremden Eigentum gegen den Willen des Eigentümers vergreift. 196. Wenn also jemand einen Gegenstand, der bei ihm hinterlegt ist, benützt, begeht er einen Diebstahl. Und wenn jemand eine Sache zum Gebrauch erhalten hat und sie zu etwas anderem verwendet, so haftet er wegen Diebstahl, z. B. wenn jemand sich Geld geliehen hat mit der Angabe, er wolle seine Freunde zum Essen einladen, und es dann mit außer Landes genommen hat oder wenn jemand ein Pferd, das ihm für einen Spazierritt geliehen war, weiter weggeführt hat – das galt nach den Schriften der alten Rechtsgelehrten für den, der auf einem geliehenen Pferd in die Schlacht geritten war. 197. Es hat sich aber die Ansicht durchgesetzt, daß diejenigen, die ein geliehenes Objekt zu einem anderen Zweck als dem benutzen, zu dem sie es bekommen haben, nur dann einen Diebstahl begehen, wenn sie wissen, daß sie es gegen den Willen des Eigentümers tun und daß er es nicht erlaubt haben würde, wenn er es gewußt hätte. Dagegen unterliegen sie nicht dem Vorwurf des

Diebstahls, wenn sie glauben, er werde es erlauben. Das ist eine sehr gute Unterscheidung, weil ein Diebstahl nur in arglistiger Absicht (dolo malo) begangen werden kann. 198. Aber auch wenn jemand glaubt, er vergreife sich gegen den Willen des Eigentümers an dem Objekt, so kommt doch kein Diebstahl zustande, wenn der Eigentümer in Wahrheit nichts dagegen hat. Daraus hat sich folgendes Problem ergeben: Wenn Titius meinen Sklaven angestiftet hat, mir bestimmte Dinge zu stehlen und ihm zu bringen, und der Sklave mir das gemeldet hat und ich, um Titius auf frischer Tat zu ertappen, dem Sklaven erlaubt habe, bestimmte Dinge zu ihm zu bringen – haftet mir dann Titius wegen Diebstahl oder wegen Korrumpierung eines Sklaven oder nicht? Antwort: er haftet nicht, nicht wegen Diebstahl, weil er sich nicht gegen meinen Willen an den Sachen vergriffen hat, und nicht wegen Korrumpierung eines Sklaven, weil der Sklave nicht wirklich schlechter geworden ist. 199. Bisweilen kommt es auch vor, daß freie Menschen gestohlen werden, so wenn eines meiner Kinder, die meiner Gewalt unterstehen, oder meine Ehefrau in der manus oder mein verurteilter Schuldner oder mein geschworener Gladiator (auctoratus) entführt worden sind. 200. Manchmal kommt es auch vor, daß einer stiehlt, was ihm selbst gehört, z. B. wenn ein Schuldner ein Objekt weggenommen hat, das er dem Gläubiger zum Pfand gegeben hat, oder wenn ich jemandem mein Eigentum heimlich weggenommen habe, das er im guten Glauben besaß. Daher hat sich die Ansicht durchgesetzt, daß jemand, der seinen Sklaven, den ein anderer im guten Glauben besaß, versteckt hat, wenn er zu ihm zurückgekehrt ist, einen Diebstahl begeht.

201. Andererseits ist es manchmal erlaubt, von fremdem Eigentum Besitz zu ergreifen und es sogar zu ersitzen, und das wird nicht für Diebstahl gehalten, z. B. bei einer Erbschaft, von der der Erbe nicht Besitz ergriffen hat, falls kein Zwangserbe vorhanden ist; denn wenn ein Zwangserbe vorhanden ist, so hat sich die Ansicht durchgesetzt, daß nichts „anstelle des Erben“ ersessen werden kann. Ebenso kann ein Schuldner ein Objekt, das er in Form einer Sicherheitsübereignung dem Gläubiger manzipiert oder vor Gericht abgetreten hat, ohne

Diebstahl in Besitz nehmen und wieder ersitzen, wie ich es im vorigen Buch [II 59–60] dargestellt habe.

202. Manchmal wird jemand für einen Diebstahl haftbar gemacht, der ihn nicht selbst begangen hat. So ist es bei dem, mit dessen Rat und Hilfe ein Diebstahl begangen wurde. Hierher gehört derjenige, der dir das Geld aus der Hand geschlagen hat, damit ein anderer es wegnehmen konnte, oder einer, der dir in den Weg getreten ist, damit der andere dich bestehlen konnte, oder einer, der deine Schafe oder Kühe in Panik versetzt hat, damit ein anderer sie einfangen konnte. Und das haben die alten Rechtsgelehrten von dem geschrieben, der Zugvieh mit einem roten Tuch wild gemacht hat. Aber wenn etwas aus Mutwillen geschehen ist und nicht mit der Absicht, einen Diebstahl zu fördern, so werden wir zusehen, ob nicht vom Prätor eine Klage mit abgewandelter Grundformel (actio utilis) erteilt werden muß, da durch die Lex Aquilia, die den Schadenersatz regelt, auch Fahrlässigkeit bestraft wird.

203. Eine Diebstahlsklage steht aber dem zu, in dessen Interesse es liegt, daß ein Objekt wohlbehalten bleibt, auch wenn er nicht der Eigentümer ist. Daher steht sie auch dem Eigentümer nur dann zu, wenn es in seinem Interesse liegt, daß das Objekt nicht verlorengeht.

204. Daher steht es fest, daß der Gläubiger auf Diebstahl klagen kann, wenn ihm ein Pfand weggenommen worden ist, und sogar dann, wenn der Eigentümer selbst, d. h. der Schuldner selbst, dieses Objekt entwandt hat, steht ihm die Diebstahlsklage zu. 205. Ebenso: wenn ein Walker Kleidungsstücke zum Reinigen und Auffrischen oder ein Flickschneider sie zum Ausbessern für einen bestimmten Lohn angenommen und durch Diebstahl verloren hat, so steht ihm selbst, nicht dem Eigentümer die Diebstahlsklage zu. Denn der Eigentümer hat kein Interesse daran, daß sie nicht verlorengegangen sind, da er das Seine vom Walker oder Flickschneider mittels eines Dienstvertragsprozesses erlangen kann, wenn nur dieser Walker oder Flickschneider die Sache zu bezahlen imstande ist. Denn wenn er zahlungsunfähig ist, steht dem Eigentümer, weil er von ihm das Seine nicht erlangen kann, die Diebstahls-

klage selbst zu, weil es in diesem Falle in seinem eigenen Interesse liegt, daß die Sache wohlbehalten ist.

206. Was ich von einem Walker oder Flickschneider gesagt habe, wollen wir auch auf den übertragen, dem wir etwas zum Gebrauch geliehen haben. Denn wie die ersteren, weil sie eine Vergütung nehmen, die sichere Verwahrung garantieren, muß auch dieser, weil er den Vorteil aus der Benutzung zieht, notwendigerweise ebenso die sichere Verwahrung garantieren.

207. Aber derjenige, bei dem ein Objekt hinterlegt (depositum) ist, garantiert keine sichere Verwahrung und ist nur für eine eigene arglistige Handlung haftbar. Wenn ihm deshalb der hinterlegte Gegenstand gestohlen ist, so kann er keine Diebstahlsklage erheben, weil er nicht mit einer Hinterlegungsklage auf Rückerstattung belangt werden kann und daher kein Interesse daran hat, daß das Objekt wohlbehalten ist, sondern die Klage steht dem Eigentümer zu.

208. Schließlich muß man wissen, daß es umstritten ist, ob ein Unmündiger einen Diebstahl begeht, wenn er ein fremdes Objekt wegnimmt. Die meisten Rechtsgelehrten vertreten die Ansicht, daß ein Unmündiger erst dann für dies Vergehen haftbar ist, wenn er kurz vor der Pubertät steht und deshalb weiß, daß er Unrecht tut, weil zum Diebstahl die Absicht gehört.

[RAUB]

209. Wer fremdes Eigentum gewaltsam wegnimmt, ist auch wegen Diebstahl haftbar. Denn wer vergreift sich wohl ärger gegen den Willen des Eigentümers an einem fremden Objekt, als wer es raubt? Daher ist mit Recht gesagt worden, ein Räuber sei ein unverschämter Dieb. Aber der Prätor hat für dies Delikt eine besondere Klage eingeführt, die man Klage auf gewaltsam geraubte Güter (actio vi bonorum raptorum) nennt. Innerhalb eines Jahres geht sie auf den vierfachen Wert, nach Ablauf eines Jahres auf den einfachen. Diese Klage ist auch zu verwenden, wenn jemand nur einen einzigen, selbst ganz geringfügigen Gegenstand geraubt hat.

[SCHULDHAFTE SCHÄDIGUNG]

210. Eine Klage wegen schuldhafter Schädigung (actio damni iniurae) wird durch die Lex Aquilia geschaffen, in deren erstem Hauptstück festgelegt ist, daß derjenige, der einen fremden Sklaven oder einen fremden Vierfüßler – soweit es sich um Vieh handelt – schuldhaft tötet, verurteilt werden soll, dem Eigentümer den Höchstpreis aus dem betreffenden Jahre zu zahlen. 211. Daß jemand schuldhaft getötet hat, gilt dann, wenn es durch seine Arglist oder Fahrlässigkeit geschehen ist; und auch durch kein anderes Gesetz wird ein Schaden, der ohne Schuld angerichtet wird, für strafbar erklärt. Daher bleibt der ungestraft, der ohne eigene Fahrlässigkeit oder Arglist durch einen unglücklichen Zufall Schaden anrichtet. 212. Und nicht nur der Sachwert wird bei einer Klage nach diesem Gesetz abgeschätzt, sondern wenn etwa der Eigentümer beim gewaltsamen Tode eines Sklaven einen Schaden erleidet, der höher ist als der Preis des Sklaven, so wird auch das eingeschätzt, z. B. wenn mein Sklave von jemandem zum Erben eingesetzt ist und getötet wurde, ehe er auf meinen Befehl hin die Erbschaft antreten konnte, dann wird nämlich nicht nur sein Preis abgeschätzt, sondern auch die Höhe der mir entgangenen Erbschaft. Ebenso: wenn von einem Zwillingspaar oder von den Mitgliedern einer Schauspieler- oder Musikertruppe einer getötet worden ist, so wird nicht nur der Wert des Erschlagenen abgeschätzt, sondern auch die Wertminderung der übrigen, die noch da sind. Dasselbe ist rechtens, wenn jemand ein Maultier von einem Zweigespann oder ein Pferd von einem Viererzug getötet hat.

213. Der Eigentümer des erschlagenen Sklaven hat aber die Wahl, den, der ihn getötet hat, wegen eines Kapitalverbrechens anzuklagen oder nach diesem Gesetz Schadenersatz zu fordern.

214. Was aber den Zusatz in dem Gesetz angeht: SOVIEL DER HÖCHSTPREIS DES OBJEKTES IN DEM BETREFFENDEN JAHRE GEWESEN IST, so hat er folgende Wirkung: Wenn jemand z. B. einen lahmen oder einäugigen Sklaven erschlagen hat, der in dem betreffenden Jahre noch unversehrt gewesen ist, so erfolgt die

Schätzung ⟨nicht zu der Summe, die er wert war, als er erschlagen wurde, sondern zu dem Höchstpreis, den er in dem betreffenden Jahr gehabt hat.⟩ Daher kommt es, daß jemand bisweilen mehr herausbekommt, als er tatsächlich Einbuße erlitten hat.

215. Im zweiten Hauptstück des Gesetzes wird gegen den Adstipulator, der zum Schaden dessen, der die Forderung hatte, quittiert hat, eine Klage auf den vollen Wert geschaffen. 216. Es ist klar, daß auch in diesem Teil des Gesetzes eine Klage auf Schadenersatz eingeführt wird, aber es war nicht notwendig, das zu bestimmen, da die Geschäftsführungsklage zu diesem Zweck ausgereicht hätte, nur daß nach diesem Gesetz gegen den, der seine Schuld abstreitet, auf das Doppelte geklagt wird.

217. Im dritten Hauptstück der Lex Aquilia werden alle übrigen Schadensfälle behandelt. Wenn daher jemand einen Sklaven oder einen Vierfüßler, der zum Vieh zählt, ⟨verwundet hat oder einen Vierfüßler, der nicht zum Vieh zählt,⟩ z. B. einen Hund oder ein wildes Tier, wie einen Bären oder Löwen, verwundet oder getötet hat, so wird in diesem Hauptstück die Klage eingeführt. Auch ein schuldhaft verursachter Schaden an anderen Tieren und ebenso an allen unbelebten Objekten wird in diesem Teil rechtlich verfolgt. Wenn nämlich etwas verbrannt oder beschädigt oder zerbrochen ist, wird in diesem Hauptstück eine Klage eingeführt, obgleich die Bezeichnung „beschädigt“ für alle diese Fälle hätte ausreichen können. Als „beschädigt“ (ruptum) gilt nämlich alles, was in irgendeiner Art verdorben ist. Daher ist nicht nur das, was verbrannt oder zerbrochen, sondern auch was zerrissen und zerschlagen und verschüttet ist und in irgendeiner Weise verdorben oder zugrunde gerichtet und verschlechtert worden ist, in diesem Worte einbegriffen. 218. In diesem Hauptstück wird jedoch derjenige, der den Schaden angerichtet hat, nicht zur Zahlung des Preises aus dem betreffenden Jahr, sondern zur Zahlung des Preises aus den letzten dreißig Tagen verurteilt, und das Wort HÖCHSTPREIS wird nicht hinzugesetzt. Und daher waren einige Rechtsgelehrte der Ansicht, es stehe dem Privatrichter frei, die Schätzung auf die Zeit in den dreißig Tagen zu orien-

tieren, in der die Sache am meisten, oder auf eine, in der sie weniger kostete. Aber Sabinus vertrat die Ansicht, man müsse so verfahren, als ob auch in diesem Teil das Wort HÖCHSTPREIS hinzugesetzt sei, denn es habe dem Gesetzgeber genügt, ⟨das Wort im ersten Teil gebraucht zu haben. 219. Übrigens⟩ hat sich die Ansicht durchgesetzt, daß eine Klage nach diesem Gesetz nur dann möglich ist, wenn jemand mit seinem eigenen Körper den Schaden angerichtet hat. Daher werden Klagen mit abgewandelter Grundformel erteilt, wenn auf andere Weise Schaden zugefügt wurde, z. B. wenn jemand einen fremden Sklaven oder ein Stück Vieh eingeschlossen und verhungern lassen hat oder ein Zugtier zuschanden getrieben hat; ebenso wenn jemand einen fremden Sklaven überredet hat, auf einen Baum zu klettern oder in einen Brunnen hinabzusteigen, und dieser beim Auf- oder Abstieg gefallen und zu Tode gekommen oder an einem Körperteil verletzt ist; ebenso wenn jemand einen fremden Sklaven von der Brücke oder vom Ufer aus in den Fluß gestoßen hat und der ertrunken ist, obgleich man hier auch unschwer annehmen kann, er habe den Schaden mit seinem Körper angerichtet, weil er ihn hineingestoßen hat.

[BELEIDIGUNG]

220. Eine Beleidigung liegt nicht nur dann vor, wenn jemand, sagen wir, mit der Faust oder dem Knüppel geschlagen oder verprügelt wird, sondern auch wenn jemandem ein Schimpf angetan wird, sei es, daß jemand die Güter eines anderen öffentlich zur Versteigerung aufgeboten hat, als ob er sein Schuldner wäre, obwohl er weiß, daß der ihm nichts schuldet, sei es, daß jemand über einen anderen ein beleidigendes Lied oder Pamphlet geschrieben hat, sei es, daß jemand einer verheirateten Frau oder einem Jungen überallhin folgt, und schließlich in verschiedener anderer Form.

221. Eine Beleidigung erfahren wir aber nicht nur in der eigenen Person, sondern auch in der Person unserer Kinder, die unserer Gewalt unterstehen, und ebenso in der unserer

Ehefrauen. Wenn du daher meiner Tochter, die mit Titius verheiratet ist, eine Beleidigung zufügst, so kann nicht nur im Namen der Tochter gegen dich eine Beleidigungsklage erhoben werden, sondern auch in meinem Namen, falls sie meiner Gewalt untersteht, und in Titius' Namen.

222. Man nimmt zwar nicht an, daß ein Sklave selbst beleidigt werden kann, aber der Herr gilt als in seiner Person beleidigt, allerdings nicht in dem gleichen Maße, wie wir in der Person unserer Kinder oder unserer Ehefrauen eine Beleidigung erfahren, sondern nur dann, wenn etwas ganz Scheußliches begangen worden ist, was ganz offensichtlich dem Eigentümer zum Schimpf getan wurde, z. B. wenn einer einen fremden Sklaven ausgepeitscht hat, und für diesen Fall ist eine Klagformel im Edikt veröffentlicht. Aber wenn jemand einem Sklaven einen Schimpf angetan oder ihn mit der Faust geschlagen hat – dafür ist keine Klagformel im Edikt veröffentlicht, und es wird auch vom Prätor nicht leichtfertig eine erteilt, wenn jemand es verlangt.

223. Die Strafe für eine tätliche Beleidigung war nach dem Zwölftafelgesetz für ein abgehauenes Glied Talion; für einen gebrochenen oder zerschlagenen Knochen war die Strafe 300 As, wenn einem Freien der Knochen gebrochen worden war, aber bei einem Sklaven 150. Für andere Beleidigungen war eine Strafe von 25 As festgesetzt. Und für diese sehr armen Zeiten waren diese Geldstrafen offensichtlich hoch genug. 224. Aber wir richten uns jetzt nach anderen Rechtsnormen. Es wird uns nämlich vom Prätor erlaubt, selbst die Beleidigung einzuschätzen, und der Privatrichter verurteilt den Schuldigen entweder so hoch, wie wir eingeschätzt haben, oder niedriger, soweit es ihm richtig erscheint. Aber da der Prätor eine schwere Beleidigung selbst einzuschätzen pflegt, wenn er festlegt, wie hoch in diesem Falle die Strafe sein soll, falls der Beklagte nicht zum Termin erscheint, setzen wir in der Prozeßformel unseren Anspruch auf die gleiche Höhe fest, und der Privatrichter wagt meistens aus Scheu vor dem Ansehen des Prätors nicht, den Strafbetrag herabzusetzen, obgleich er zu einem geringeren Betrag verurteilen könnte.

225. Eine Beleidigung gilt aber als schwer entweder wegen der Tat, z. B. wenn jemand von einem anderen verwundet oder verprügelt oder mit Knüppeln geschlagen worden ist, oder wegen des Ortes, z. B. wenn ihm im Theater oder auf dem Markt eine Beleidigung zugefügt worden ist, oder wegen der Person, z. B. wenn ein Magistrat eine Beleidigung erlitten hat oder wenn ein Senator von einer Person niederen Standes (humilis) beleidigt worden ist.

VIERTES BUCH

[EINTEILUNG DER KLAGEN]

1. Es bleibt nun noch die Behandlung der Klagen (actio). Und wenn wir uns fragen, wie viele Klassen von Klagen es gibt, so ist die richtigere Antwort offenbar: zwei: Sachklagen (actio in rem) und Personalklagen (actio in personam). Denn diejenigen, die gesagt haben, es gäbe vier, nach den Klassen der Forderungen (sponsio), haben nicht gemerkt, daß sie einige Klage*arten* unter die *Klassen* gerechnet haben. 2. Eine Personalklage liegt vor, wenn wir gegen jemanden prozessieren, der uns aus einem Vertrag oder infolge eines Deliktes verpflichtet ist, d. h., wenn wir erklären (intendere), daß ER ETWAS GEBEN, TUN ODER LEISTEN MUSS. 3. Eine Sachklage liegt dagegen vor, wenn wir erklären, daß ein körperliches Objekt uns gehört oder daß ein bestimmtes Recht uns zusteht, z. B. das Recht zu nutzen oder den Nießbrauch zu haben, zu gehen, Vieh zu treiben und Wasser durch ein fremdes Grundstück zu leiten, über eine bestimmte Höhe hinaus zu bauen oder eine Aussicht zu haben. Dagegen hat unser Gegner die Möglichkeit einer negatorischen Klage. 4. Wenn man also die Klagen so einteilt, ist es klar, daß wir unser Eigentum nicht von jemandem mit den Worten gerichtlich fordern können: WENN SICH ERWEIST, DASS ER GEBEN MUSS. Denn was uns gehört, kann uns nicht gegeben werden, denn natürlich nimmt man an, daß uns dasjenige „gegeben" wird, ⟨was so gegeben wird,⟩ daß es unser Eigentum werden soll, und ein Objekt, ⟨das uns schon gehört,⟩ kann nicht noch mehr unser Eigentum werden. Aus Abscheu gegen die Diebe ist es allerdings allgemein üblich geworden, daß diese, um sie mit möglichst vielen Klagen fassen zu können, außer der Strafe der Zahlung des doppelten oder vierfachen Wertes noch nach der Klage haftbar sind: WENN SICH ERWEIST, DASS SIE GEBEN MÜSSEN, damit man so den Gegenstand selbst wieder herausbekommen kann, obgleich gegen sie auch die Klagefor-

mel, mit der wir unser Eigentum fordern, zur Verfügung steht.

5. Man nennt aber eine Sachklage auch vindicatio, eine Personalklage dagegen, in der wir behaupten, daß der andere ETWAS GEBEN, TUN ODER LEISTEN MUSS, nennen wir auch condictio. 6. Wir klagen aber manchmal, um nur ein Objekt zu erlangen, manchmal, um nur eine Strafe, und manchmal, um das Objekt *und* die Strafe zu erlangen. 7. Nur das Objekt klagen wir z. B. ein, wenn wir auf einen Vertrag hin Klage erheben. 8. Nur die Strafe klagen wir z. B. in einer Diebstahls- oder Beleidigungsklage ein und, nach der Ansicht einiger Rechtsgelehrter, in der Klage auf gewaltsam geraubte Güter, denn uns steht im Hinblick auf das Objekt selbst außerdem eine Sachklage oder eine Personalklage zu [vgl. IV 4]. 9. Das Objekt *und* eine Strafe aber klagen wir z. B. in den Fällen ein, in denen wir gegen jemanden, der unseren Anspruch abstreitet, auf das Doppelte klagen; das kommt vor in einer Klage auf eine Summe, zu deren Zahlung der Beklagte bereits rechtskräftig verurteilt ist, in einer Aufwandsklage, in einer Klage wegen schuldhafter Schädigung nach der Lex Aquilia oder in einer Klage wegen eines Verpflichtungsvermächtnisses [vgl. II 282] über einen bestimmten hinterlassenen Betrag.

10. Außerdem gibt es einige Klagen, die nach dem Vorbild der Legisaktionen gebildet sind, andere bestehen aus eigener Kraft und Wirksamkeit. Um diesen Unterschied klarzumachen, muß ich zuerst von den Legisaktionen sprechen.

[LEGISAKTIONEN]

11. Die Klagen, die unsere Vorfahren anwandten, wurden Legisaktionen genannt, entweder weil sie in Gesetzen (leges) überliefert waren – damals waren nämlich Edikte der Prätoren, in denen die meisten Klagen eingeführt worden sind, noch nicht üblich –, oder deswegen, weil sie genau an die Worte des Gesetzes angepaßt waren und deshalb als genauso unverletzlich galten wie die Gesetze. Daher gibt es eine Rechtsauskunft, daß jemand, der wegen abgehauener Weinstöcke geklagt und

dabei in der Klage das Wort „Weinstöcke“ gebraucht hatte, seinen Prozeß verloren habe, weil er das Wort „Bäume“ hätte nennen müssen, denn im Zwölftafelgesetz, nach dem ihm die Klage wegen der abgehauenen Weinstöcke zustehe, sei allgemein von „abgehauenen Bäumen“ die Rede.

12. Bei den Legisaktionen gab es aber fünf Verfahren: Einsatz (sacramentum), Anforderung eines Privatrichters (iudicis postulatio), condictio, Handanlegen (manus iniectio), Pfandnahme (pignoris capio). 13. Die Legisaktio durch Einsatz war allgemein anwendbar. In allen Fällen nämlich, in denen nicht vom Gesetz ausdrücklich ein anderes Verfahren vorgeschrieben war, wurde der Einsatz angewandt. Und dies Verfahren barg für die Partei, die der Unwahrheit überführt wurde, das gleiche Risiko wie heute die Klage auf einen bestimmten Betrag geschuldeten Geldes wegen der Prozeßwette (sponsio), die der Beklagte Gefahr läuft zu verlieren, wenn er die Schuld unbedacht abstreitet, ⟨und⟩ des Gegengebotes (restipulatio), welches der Kläger Gefahr läuft zu verlieren, wenn er gerichtlich etwas fordert, was ihm nicht geschuldet wird. Denn wer unterlag, mußte die Einsatzsumme als Strafe bezahlen, und dies Geld fiel an den Staat, wobei dem Prätor für den Betrag vorher Bürgen gestellt werden mußten, während heutzutage die Strafe in Höhe der Prozeßwette oder des Gegengebots der siegreichen Gegenpartei zugute kommt. 14. Die Strafsumme, die man einsetzen mußte, betrug aber 50 bzw. 500 As: denn um Werte von 1000 As und mehr wurde mit einem Einsatz von 500 As, um geringere mit einem Einsatz von 50 As prozessiert; denn so war es im Zwölftafelgesetz festgesetzt. Aber wenn der Streit um die Freiheit eines Menschen ging, so war im gleichen Gesetz festgelegt, daß nur mit einer Einsatzsumme von 50 As prozessiert werden sollte, auch wenn der Mensch sehr wertvoll war. Das geschah natürlich, um die Freiheit zu begünstigen, damit die Freiheitsvertreter (adsertor in libertatem) nicht belastet würden. --- 15. --- sollten kommen, um einen Privatrichter zugewiesen zu bekommen. Wenn sie dann wiederkamen, wurde er ihnen zugewiesen. Daß er aber am dreißigsten Tage zugewiesen wurde, geht auf die Lex Pinaria zurück; vor diesem Gesetz wurde der Richter sofort eingesetzt. Aus dem

oben Gesagten wissen wir: wenn es sich um einen Wert von weniger als 1 000 As handelte, prozessierten sie mit einem Einsatz von 50, nicht von 500 As. Nach der Einsetzung des Privatrichters forderten die Parteien sich gegenseitig förmlich auf, am übernächsten Tage vor ihm zu erscheinen. Wenn sie dann zu dem Privatrichter gekommen waren, pflegten sie ihm die Sache sozusagen auszugsweise vorzutragen, ehe sie den Fall ausführlich darlegten; das nannte man „causae coniectio", d. h. die summarische Darstellung des eigenen Falles.

16. Wenn es sich um eine Sachklage handelte, wurden bewegliche Güter, d. h. alles, was man an die Gerichtsstätte bringen oder führen konnte, dort folgendermaßen vindiziert: Derjenige, der die Forderung erhob, hielt einen Stab in der Hand, dann ergriff er das strittige Objekt, z. B. einen Sklaven, und sprach so: ICH BEHAUPTE, DASS DIESER MANN NACH QUIRITISCHEM RECHT MEIN EIGENTUM IST. AUS DIESEM GRUNDE, WIE ICH GESAGT HABE, SIEH HER, HABE ICH DIE VINDICTA AUF IHN GELEGT. Gleichzeitig legte er dem Sklaven den Stab auf. Der Gegner aber sprach und tat das gleiche. Wenn beide ihre Forderung in dieser Weise erhoben hatten, sprach der Prätor: LASST BEIDE DEN MANN LOS! Sie taten es. Der zuerst vindiziert hatte, fragte den anderen folgendermaßen: ICH FRAGE, OB DU SAGEN WILLST, AUF WELCHEN RECHTSTITEL HIN DU VINDIZIERT HAST. Der antwortete: ICH HABE MEIN RECHT AUSGEÜBT, INDEM ICH DIE VINDICTA AUFLEGTE. Darauf sagte wieder derjenige, der als erster vindiziert hatte: DA DU ZU UNRECHT VINDIZIERT HAST, FORDERE ICH DICH MIT EINEM EINSATZ VON 500 AS HERAUS. Der Gegner sagte ebenfalls entsprechend: UND ICH DICH EBENSO. Oder wenn der Wert des Streitobjekts geringer war als 1 000 As, so nannten sie natürlich einen Einsatz von 50 As. Danach folgte dasselbe, als wenn eine Personalklage vorgelegen hätte. Dann sprach der Prätor zugunsten einer der beiden Parteien vindiciae aus, d. h., er setzte vorläufig einen als Besitzer ein und befahl ihm, dem anderen Gestellungsbürgen (praes) zu stellen „für Streitgegenstand und vindiciae", d. h. für das Objekt und den Nutzen, den es bringen würde. Andere solche Bürgen mußten dem Prätor von beiden für den Einsatz gestellt werden, weil der ja an die Staatskasse fiel. Der Stab aber wurde symbolisch anstelle einer

Lanze verwendet, die ein Zeichen rechtmäßiger Herrschaft war, weil unsere Vorfahren das für ihren ganz besonders rechtmäßigen Besitz hielten, was sie den Feinden abgenommen hatten. Deshalb wird auch beim Gericht der Hundertmänner (centumviri) eine Lanze aufgerichtet. 17. Wenn ein Streitobjekt so beschaffen war, daß es nicht ohne Unbequemlichkeit vor Gericht gebracht oder geführt werden konnte, z. B. wenn es eine Säule oder ein Schiff oder eine Herde Kleinvieh war, so wurde ein Teil davon genommen und vor Gericht gebracht, und dann verlief die Vindikation über diesen Teil, als ob das gesamte Streitobjekt vorläge. Dabei wurde aus der Herde ein Schaf oder eine Ziege vor Gericht gebracht oder auch ein Haar von einem Tier genommen und vor Gericht gebracht; von einem Schiff oder einer Säule aber wurde ein Stückchen abgebrochen. Ähnlich wurde, wenn der Streit um ein Grundstück oder Gebäude oder eine Erbschaft ging, ein Teil davon genommen und vor Gericht gebracht, und die Vindikation erfolgte über diesen Teil, als ob das gesamte Streitobjekt vorläge. Z.B. wurde von einem Grundstück eine Erdscholle oder von dem Gebäude ein Ziegel genommen, und wenn der Streit um eine Erbschaft ging, wurde ebenso irgend etwas davon genommen - - - [*Das Ende des Einsatzverfahrens fehlt.*]

17a. Durch Anforderung eines Privatrichters ging man in den Fällen vor, in denen durch ein Gesetz ein solches Verfahren angeordnet war, so wie im Zwölftafelgesetz für das, was auf Grund einer förmlichen Forderung (stipulatio) gerichtlich verlangt wird. Und das ging etwa folgendermaßen vor sich: Der Kläger sagte: ICH BEHAUPTE, DASS DU MIR NACH DEINEM FEIERLICHEN VERSPRECHEN (sponsio) 10000 SESTERZEN GEBEN MUSST. ICH VERLANGE, DASS DU DAS ZUGIBST ODER ABSTREITEST. Der Gegner sagte darauf, er müsse nichts geben. Der Kläger sagte: DA DU ABSTREITEST, FORDERE ICH DICH, PRÄTOR, AUF, DASS DU EINEN PRIVATRICHTER ODER SCHIEDSMANN (arbiter) EINSETZT! Und bei dieser Art von Legisaktio konnte man ohne Strafe abstreiten. Dasselbe Gesetz ordnete an, daß die Teilung einer Erbschaft unter die Miterben durch Anforderung eines Privatrichters betrieben werden solle, das gleiche ordnete die Lex Licinnia an, wenn irgendein gemeinsames Eigentum geteilt werden sollte. Dabei wurde, gleich nachdem der Rechtsfall genannt war, ein Schiedsmann angefordert.

17b. Durch condictio verfuhr man folgendermaßen: ICH BEHAUPTE, DASS DU MIR 10000 SESTERZEN GEBEN MUSST. ICH VERLANGE, DASS DU DAS ZUGIBST ODER ABSTREITEST. Der Gegner sagte, er müsse nichts geben. Der Kläger sagte: DA DU ABSTREITEST, VERKÜNDIGE (condicere) ICH DIR: ERSCHEINE AM DREISSIGSTEN TAGE, UM EINEN PRIVATRICHTER ZU ERHALTEN. Danach mußten sie am dreißigsten Tage vor dem Prätor erscheinen, um sich einen Privatrichter zuweisen zu lassen. 18. „Condicere" heißt aber in altertümlicher Sprache soviel wie verkündigen. Daher hieß diese Art der Legisaktio richtig condictio, denn der Kläger verkündete dem Gegner, daß er am dreißigsten Tag erscheinen solle, um einen Privatrichter zu erhalten. Jetzt aber nennen wir eine Personalklage im Formularprozeß, in der wir erklären, DASS UNS GEGEBEN WERDEN MÜSSE, condictio; das ist nicht korrekt, denn heutzutage wird in diesem Falle keine Verkündigung vorgenommen. 19. Diese Legisaktio wurde durch die Lex Silia und die Lex Calpurnia geschaffen, durch die Lex Silia in bezug auf eine bestimmte Geldsumme, durch die Lex Calpurnia für jede bestimmte Forderung. 20. Wozu aber diese Legisaktio verlangt worden ist, da man um das, was einem geschuldet wurde, sowohl durch Einsatz wie durch Anforderung eines Privatrichters hätte klagen können, ist ein ungeklärtes Problem.

21. Durch Handanlegen ging man ebenfalls in den Fällen vor, in denen durch ein Gesetz ein solches Verfahren angeordnet war, z. B. nach dem Zwölftafelgesetz im Falle einer gerichtlich zugesprochenen Schuld. Das Verfahren war folgendermaßen: Der Kläger sagte: DA DU VERURTEILT (oder: verdammt) BIST, MIR 10000 SESTERZEN ZU ZAHLEN, UND DA DU NICHT GEZAHLT HAST, LEGE ICH DESHALB DIR, DER ZU 10000 SESTERZEN VERURTEILT IST, HAND AN, und zugleich ergriff er ihn an irgendeiner Stelle des Körpers. Der zur Zahlung Verurteilte durfte die Hand nicht wegstoßen und auch nicht selbst in einer Gerichtsverhandlung für sich sprechen, sondern er stellte einen Vindex, der dann gewöhnlich die Sache für ihn führte. Wer keinen Vindex stellte, wurde vom Kläger mit nach Hause ge-

führt und in Fesseln gelegt. 22. Später erlaubten einige Gesetze auch aus anderen Gründen ein Handanlegen wie bei einer gerichtlich zugesprochenen Schuld (pro iudicato) gegen bestimmte Personen, z. B. die Lex Publilia gegen den, für den der Sponsor gezahlt hatte, wenn er in den nächsten sechs Monaten nach der Zahlung dem Sponsor das Geld nicht zurückgezahlt hatte; ebenso die Lex Furia über die Bürgschaft gegen den, der von einem Sponsor mehr als seinen Anteil eingetrieben hatte. Und schließlich gaben mehrere andere Gesetze aus vielen Gründen eine derartige Legisaktio. 23. Aber andere Gesetze begründeten aus verschiedenen Gründen Legisaktionen mit Handanlegen, aber in der Form, die man „rein“ (pura) nennt, d. h. nicht wie bei einer gerichtlich zugesprochenen Schuld, z. B. die Lex Furia über das Testament gegen den, der als Vermächtnis oder als Schenkung von Todes wegen mehr als 1000 As angenommen hatte, obwohl er nicht zu den von diesem Gesetz Ausgenommenen gehörte, die mehr annehmen durften; und ebenso die Lex Marcia gegen die Wucherer, die bestimmte, daß durch Handanlegen gegen sie vorgegangen werden sollte, wenn sie Zinsen genommen hatten, um diese wieder herauszubekommen. 24. Wenn nach diesen Gesetzen oder anderen entsprechenden verfahren wurde, durfte der Beklagte die Hand selbst wegstoßen und in der Gerichtsverhandlung selbst für sich sprechen, denn der Kläger fügte in dieser Legisaktio die Worte WIE BEI EINER GERICHTLICH ZUGESPROCHENEN SCHULD nicht hinzu, sondern nachdem er den Rechtsgrund angegeben hatte, der seiner Handlung zugrunde lag, sprach er SO: AUS DIESEM GRUNDE LEGE ICH DIR HAND AN, während diejenigen, denen die Legisaktio wie bei einer gerichtlich zugesprochenen Schuld zustand, nach der Angabe des Rechtsgrundes, der ihrer Handlung zugrunde lag, dem Gegner die Hand mit den Worten auflegten: DESHALB LEGE ICH DIR HAND AN WIE BEI EINER GERICHTLICH ZUGESPROCHENEN SCHULD. Es entgeht mir nicht, daß in die Formel nach der Lex Furia über das Testament der Ausdruck WIE BEI EINER GERICHTLICH ZUGESPROCHENEN SCHULD eingefügt wird, während er im Gesetz nicht steht. Das scheint grundlos geschehen zu sein.

25. Aber später wurde durch die Lex Vallia allen, gegen die

durch Handanlegen vorgegangen wird, mit Ausnahme der wirklich gerichtlich zur Zahlung Verurteilten und derer, für die ein Sponsor gezahlt hat, die Erlaubnis erteilt, die Hand selbst wegzustoßen und vor Gericht selbst für sich zu sprechen. Dabei mußten der zur Zahlung verurteilte Schuldner und der, für den sein Sponsor gezahlt hatte, auch nach diesem Gesetz einen Vindex stellen, und sie wurden, wenn sie das nicht taten, vom Gläubiger mit nach Hause geführt. Diese Formen wurden immer so beobachtet, solange die Legisaktionen im Gebrauch waren; daher wird auch heutzutage derjenige, mit dem wegen einer gerichtlich zugesprochenen Schuld oder wegen einer Aufwandsklage prozessiert wird, gezwungen, Sicherheit dafür zu leisten, daß im Falle einer Verurteilung der gerichtlich festgestellte Betrag gezahlt wird.

26. Durch Pfandnahme ging man in einigen Fällen nach altem Brauch, in anderen nach einem Gesetz vor. 27. Durch alten Brauch eingeführt war das Verfahren beim Militär. Denn ein Soldat durfte wegen seines Soldes von dem für die Zahlung Verantwortlichen ein Pfand nehmen, wenn er nicht zahlte; man nannte aber das Geld, das als Sold ausgezahlt wurde, „Militärgeld“. Auch wegen des Geldes, für das ein Pferd gekauft werden sollte, war es erlaubt, ein Pfand zu nehmen. Dies Geld nannte man „Pferdegeld“; ebenso wegen des Geldes, für das Gerste für die Pferde beschafft werden sollte, dies Geld nannte man „Gerstgeld“. 28. Gesetzlich eingeführt wurde die Pfandnahme z. B. durch das Zwölftafelgesetz gegen den, der ein Opfertier gekauft hatte und den Preis nicht erlegte, ebenso gegen den, der den Mietpreis für ein Zugtier nicht bezahlte, das jemand ihm vermietet hatte, um das dafür erzielte Geld für ein Opferfest zu verwenden. Weiter war durch Anweisung des Zensors den Zoll- und Steuerpächtern des römischen Volkes die Pfandnahme gegen diejenigen gestattet, die nach irgendeinem Gesetz Zölle oder Steuern schuldeten. 29. In all diesen Fällen wurde das Pfand mit bestimmten Worten ergriffen, und deshalb vertraten die meisten Rechtsgelehrten die Ansicht, es handle sich um eine Legisaktio, einige aber vertraten die Ansicht, es sei keine, erstens, weil die Pfandnahme nicht vor Gericht, d. h. nicht vor dem Prätor erfolgte, meistens sogar

in Abwesenheit des Gegners, während man sich der anderen Legisaktionen nur vor dem Prätor und in Gegenwart des Gegners bedienen konnte, außerdem, weil man ein Pfand auch an einem Nicht-Gerichtstag (dies nefastus), d. h. an einem Tag nehmen konnte, an dem ein Prozeß nicht statthaft war.

30. Aber alle diese Legisaktionen wurden nach und nach unbeliebt. Denn durch die allzu große Spitzfindigkeit der alten Juristen, die damals das Recht schufen, wurde die Genauigkeit so weit getrieben, daß der kleinste Fehler zum Verlust des Prozesses führte. Daher wurden durch die Lex Aebutia und die beiden Leges Iuliae diese Legisaktionen abgeschafft und bewirkt, daß wir heute mit vereinbarten Worten (per verba concepta), d. h. auf der Grundlage von Prozeßformeln prozessieren.

31. Nur in zwei Fällen ist das Legisaktionenverfahren noch erlaubt, nämlich bei drohendem Schaden für das eigene Haus durch Schuld des Nachbarn, oder falls der Fall vor die Hundertmänner kommen soll. Wenn man allerdings vor die Hundertmänner gehen will, wird vorher eine Legisaktio mit Einsatz beim Stadtprätor oder beim Fremdenprätor durchgeführt. Bei drohendem Schaden dagegen will heute niemand mehr eine Legisaktio durchführen, sondern er bedient sich lieber der förmlichen Forderung, die im Edikt veröffentlicht ist und seinen Gegner haftbar macht. Dieses Rechtsmittel ist bequemer und vollständiger. Durch Pfandnahme - - - [*Es fehlt der Übergang zu den Klagen, die nach dem Vorbild der Legisaktionen geschaffen wurden, vgl. IV 10.*]

[KLAGEN NACH DEM VORBILD DER LEGISAKTIONEN]

32. In der Prozeßformel, die für den Zoll- und Steuerpächter veröffentlicht ist, liegt insofern eine Fiktion vor, als der Schuldner zur Zahlung eines Betrages in der Höhe verurteilt wird, wie er ihn früher hätte aufwenden müssen, um das Pfand auszulösen, wenn eines genommen worden wäre.

33. Nach dem Vorbild der echten condictio ist keine Prozeßformel gebildet. Ob wir nämlich gerichtlich Geld fordern oder eine andere bestimmte Sache, die uns geschuldet wird, wir erklären, daß SIE UNS GEGEBEN WERDEN MÜSSE, und fügen keine fingierte Verkündung hinzu. Daher wissen wir gleichzeitig, daß die Prozeßformeln, mit denen wir erklären, daß uns Geld oder irgendeine Sache gegeben werden müsse, durch eigene Macht und Wirksamkeit gelten. Und von der gleichen Art sind die Klagen aus einem Leihvertrag, aus Sicherheitsübereignung, wegen Geschäftsführung ohne Auftrag (negotiorum gestio) und unzählige andere.

[KLAGEN MIT ANDEREN RECHTLICHEN FIKTIONEN]

34. Wir haben ferner in bestimmten Prozeßformeln Fiktionen einer anderen Art; wenn jemand z. B. nach dem Edikt gerichtlich Besitz des Gesamtnachlasses gefordert hat, so klagt er unter der Fiktion, daß er der Erbe sei. Da er nämlich nach prätorischem Recht, nicht nach dem Gesetz in die Stelle des Verstorbenen einrückt, hat er keine unmittelbare Klagmöglichkeit und kann weder erklären, daß das, was dem Verstorbenen gehört hat, SEIN EIGENTUM SEI, noch kann er erklären, daß das, was jenem geschuldet wurde, IHM GEGEBEN WERDEN MÜSSE. Daher formuliert er seine Erklärung mit der Fiktion, daß er Erbe sei, z. B. folgendermaßen: X SOLL PRIVATRICHTER SEIN. WENN AULUS AGERIUS (das ist der Kläger selbst) DER ERBE DES LUCIUS TITIUS WÄRE UND WENN DEMNACH DAS GRUNDSTÜCK, UM DAS DER STREIT GEHT, NACH QUIRITISCHEM RECHT SEIN EIGENTUM SEIN MÜSSTE, DANN usw. Und wegen einer Schuld wird die Formel unter Voranstellung einer ähnlichen Fiktion, daß er Erbe sei, folgendermaßen fortgeführt: WENN ES SICH DANN ZEIGEN SOLLTE, DASS NUMERIUS NEGIDIUS DEM AULUS AGERIUS 10000 SESTERZEN GEBEN MUSS, DANN usw.

35. Ähnlich prozessiert auch der Käufer der gesamten Habe eines zahlungsunfähigen Schuldners, indem er fingiert, er sei der Erbe. Aber bisweilen prozessiert er auch auf andere Art, denn er formuliert dann die Erklärung aus der Person dessen,

dessen Besitztum er gekauft hat, und überträgt die Urteilsanweisung auf seine Person: das bedeutet, daß der Gegner zur Zahlung oder Aushändigung dessen an den Käufer verurteilt wird, was dem ursprünglichen Eigentümer gehörte oder ihm gegeben werden mußte. Diese Art der Klage heißt actio Rutiliana, weil sie von dem Prätor Publius Rutilius geschaffen wurde, der auch den Verkauf der gesamten Habe eingeführt haben soll. Die vorher angeführte Klagart, bei der der Käufer unter der Fiktion prozessiert, daß er der Erbe sei, heißt actio Serviana. 36. ⟨Auch Ersitzung wird fingiert, nämlich in der Klage, die actio Publiciana heißt.⟩ Diese Klage wird dem gewährt, der ein Objekt, das ihm zu Recht formlos übergeben worden ist, noch nicht ersessen hat, aber auf seine Rückgabe klagt, da er seinen Besitz verloren hat. Denn da er nicht erklären kann, daß es NACH QUIRITISCHEM RECHT SEIN EIGENTUM SEI, wird fingiert, er habe das Objekt schon ersessen, und er formuliert seine Erklärung so, als sei er bereits nach quiritischem Recht Eigentümer geworden, z. B. folgendermaßen: X SOLL PRIVATRICHTER SEIN. WENN DER SKLAVE, UM DEN ES GEHT, NACH QUIRITISCHEM RECHT EIGENTUM DES AULUS AGERIUS WÄRE, FALLS AULUS AGERIUS DEN SKLAVEN, DEN ER GEKAUFT HAT UND DER IHM FORMLOS ÜBERGEBEN WORDEN IST, EIN JAHR BESESSEN HÄTTE, DANN usw. 37. Ebenso wird für einen Peregrinen römisches Bürgerrecht fingiert, wenn er im Hinblick auf etwas klagt oder beklagt wird, wofür in unseren Gesetzen eine Klage vorgesehen ist, vorausgesetzt, daß es gerecht ist, diese Klage auf einen Peregrinen auszudehnen, z. B. wenn der Peregrine wegen Diebstahl klagt oder beklagt wird. Denn wenn der Peregrine beklagt wird, wird die Formel folgendermaßen abgefaßt: X SOLL PRIVATRICHTER SEIN. WENN SICH HERAUSSTELLT, DASS DEM LUCIUS TITIUS VON DION, DEM SOHN DES HERMAEUS, ODER MIT BEIHILFE ODER AUF ANSTIFTEN VON DION, DEM SOHN DES HERMAEUS, EINE GOLDENE SCHALE GESTOHLEN WORDEN IST, AUS WELCHEM GRUNDE DIESER, WENN ER RÖMISCHER BÜRGER WÄRE, ALS DIEB DEN SCHADEN GUTMACHEN MÜSSTE, DANN usw. Ebenso wird für einen Peregrinen römisches Bürgerrecht fingiert, wenn er wegen Diebstahl klagt. Ähnlich wird, wenn ein Peregrine auf Grund der Lex Aquilia wegen schuldhafter Schädigung klagt oder beklagt wird, eine Klage unter der Fiktion römischen Bürgerrechts gewährt.

38. Außerdem fingieren wir manchmal, unser Gegner habe keine Schmälerung der Rechtsfähigkeit erfahren. Denn wenn er oder sie uns gegenüber eine Verbindlichkeit aus einem Vertrag hat und danach eine Schmälerung der Rechtsfähigkeit erfahren hat, z. B. eine Frau durch Scheinkauf, ein Mann durch adrogatio, so hört er oder sie nach ius civile auf, uns etwas schuldig zu sein, und man kann nicht unmittelbar erklären, daß er oder sie einem etwas geben müsse. Aber damit es nicht in ihrer Macht stünde, unser Recht umzustoßen, ist gegen ihn bzw. sie eine Klage mit abgeänderter Grundformel geschaffen, in der die Schmälerung der Rechtsfähigkeit wirkungslos gemacht wird, d. h. in der fingiert wird, er oder sie habe keine Schmälerung der Rechtsfähigkeit erfahren.

[DER FORMULARPROZESS: DIE PROZESSFORMEL]

39. Die Teile der Prozeßformel sind aber folgende: Beschreibung (demonstratio), Erklärung (intentio), Teilungsermächtigung (adiudicatio) und Urteilsanweisung (condemnatio).

40. Die Beschreibung ist der Teil der Formel, der in den Anfang eingefügt wird, um die Sache klarzulegen, um die es geht, z. B. dieser Teil einer Formel: DA AULUS AGERIUS DEM NUMERIUS NEGIDIUS EINEN SKLAVEN VERKAUFT HAT, ...; ebenso der folgende: DA AULUS AGERIUS BEI NUMERIUS NEGIDIUS EINEN SKLAVEN IN VERWAHRUNG GEGEBEN HAT, ...

41. Die Erklärung ist der Teil der Formel, in dem der Kläger seinen Anspruch formuliert, z. B. folgender Teil einer Formel: WENN SICH ERWEIST, DASS NUMERIUS NEGIDIUS DEM AULUS AGERIUS 10000 SESTERZEN GEBEN MUSS, ...; ebenso folgender: ALLES, WAS NUMERIUS NEGIDIUS ERWIESENERMASSEN DEM AULUS AGERIUS GEBEN ODER LEISTEN MUSS, ...; ebenso folgender: WENN SICH ERWEIST, DASS DER SKLAVE NACH QUIRITISCHEM RECHT EIGENTUM DES AULUS AGERIUS IST, ...

42. Die Teilungsermächtigung ist der Teil der Prozeßfor-

mel, in welchem dem Privatrichter erlaubt wird, ein Objekt einer der Prozeßparteien zuzusprechen, z. B. wenn unter Teilerben die Nachlaßteilung betrieben wird oder unter Gesellschaftern die Teilung des gemeinsamen Vermögens oder unter Nachbarn eine Grenzfestlegung. Denn da sieht es folgendermaßen aus: RICHTER, SPRICH TITIUS UND SEIUS SOVIEL ZU, WIE IHNEN ZUKOMMT.

43. Die Urteilsanweisung ist der Teil der Prozeßformel, in welchem dem Privatrichter die Befugnis erteilt wird, zu verurteilen oder freizusprechen, z. B. der folgende Teil einer Formel: RICHTER, VERURTEILE NUMERIUS NEGIDIUS ZUR ZAHLUNG VON 10000 SESTERZEN AN AULUS AGERIUS. WENN ES SICH NICHT ERWEIST, SPRICH IHN FREI; ebenso der folgende: RICHTER, VERURTEILE NUMERIUS NEGIDIUS ZUR ZAHLUNG VON HÖCHSTENS 10000 SESTERZEN AN AULUS AGERIUS. WENN ES SICH NICHT ERWEIST, SPRICH IHN FREI; ebenso der folgende: RICHTER, VERURTEILE NUMERIUS NEGIDIUS ZUR ZAHLUNG AN AULUS AGERIUS USW., so daß nicht hinzugefügt wird VON HÖCHSTENS 10000 SESTERZEN.

44. Diese Teile finden sich jedoch nicht alle gleichzeitig in einer Prozeßformel, sondern einige kommen vor und andere nicht. Eine Erklärung kommt jedenfalls manchmal allein vor, z. B. in den Formeln, die sich auf notwendige Feststellungsurteile für eine eventuelle spätere Klage beziehen, z. B. die, in der gefragt wird, ob jemand ein Freigelassener ist oder wie hoch die Mitgift (dos) ist, und mehrere andere. Beschreibung, Teilungsermächtigung und Urteilsanweisung kommen dagegen nie allein vor, denn die Beschreibung hat ohne Erklärung und Urteilsanweisung gar keinen Wert, ebenso hat die Urteilsanweisung ohne Beschreibung oder Erklärung oder die Teilungsermächtigung ohne Beschreibung keine Kraft, und sie kommen deshalb niemals allein vor.

45. Die Prozeßformeln aber, in denen eine Rechtsfrage gestellt ist, nennen wir „auf die Rechtslage hin formulierte Prozeßformeln“ (formulae in ius conceptae). Dazu gehören diejenigen, in denen wir erklären, DASS ETWAS NACH QUIRITISCHEM RECHT UNSER EIGENTUM IST oder DASS UNS GEGEBEN WERDEN MUSS oder DASS ER ALS DIEB DEN SCHADEN GUTMACHEN MUSS. Es

gibt noch andere, bei denen die Erklärung speziell auf eine Frage des ius civile gerichtet ist.

46. Die anderen nennen wir „auf den Tatbestand hin formulierte Prozeßformeln" (formulae in factum conceptae). In diesen fehlt eine derartige Fassung der Erklärung, sondern nachdem am Anfang der Formel der Tatbestand genannt ist, folgen die Worte, in denen dem Privatrichter die Befugnis erteilt wird, zu verurteilen oder freizusprechen. Von dieser Art ist die Formel, die der Patron gegen seinen Freigelassenen benützt, der ihn gegen das Edikt des Prätors vor Gericht geladen hat, denn darin heißt es folgendermaßen: DIE UND DIE SOLLEN REKUPERATOREN SEIN. WENN SICH ERWEIST, DASS DER UND DER PATRON VON DEM UND DEM FREIGELASSENEN GEGEN DAS EDIKT DES PRÄTORS X VOR GERICHT GELADEN IST, DANN VERURTEILT DIESEN FREIGELASSENEN ZUR ZAHLUNG VON 10000 SESTERZEN AN SEINEN PATRON, REKUPERATOREN. WENN ES SICH NICHT ERWEIST, SO SPRECHT IHN FREI. Auch die übrigen Prozeßformeln, die unter der Überschrift „Von der Ladung vor Gericht" (de in ius vocando) im Edikt veröffentlicht sind, sind auf den Tatbestand hin formuliert, z. B. in der Klage gegen den, der vor Gericht geladen ist und weder gekommen ist noch einen Vindex gestellt hat, ebenso gegen den, der einen vor Gericht Geladenen gewaltsam am Erscheinen gehindert hat, und schließlich sind im Edikt unzählige weitere derartige Prozeßformeln veröffentlicht.

47. Aber in einigen Fällen veröffentlicht der Prätor nebeneinander eine auf die Rechtslage und eine auf den Tatbestand hin formulierte Prozeßformel, z. B. bei Hinterlegung und Leihvertrag. Diejenige Prozeßformel nämlich, die folgendermaßen formuliert ist: X SOLL PRIVATRICHTER SEIN. DA AULUS AGERIUS BEI NUMERIUS NEGIDIUS EINEN SILBERNEN TISCH IN VERWAHRUNG GEGEBEN HAT, UM DEN ES IN DIESER KLAGE GEHT, SOLLST DU, RICHTER, NUMERIUS NEGIDIUS VERURTEILEN, DEM AULUS AGERIUS ZU GEBEN ODER ZU LEISTEN, WAS NUMERIUS NEGIDIUS DEM AULUS AGERIUS NACH GUTEM GLAUBEN AUS DIESEM GRUNDE GEBEN ODER LEISTEN MUSS. WENN ES SICH NICHT ERWEIST, SPRICH IHN FREI, ist auf die Rechtslage hin formuliert. Aber diejenige Prozeßformel, die folgendermaßen formuliert ist: X SOLL PRIVATRICHTER SEIN. WENN SICH ERWEIST, DASS AULUS AGERIUS BEI NUMERIUS NE-

GIDIUS EINEN SILBERNEN TISCH IN VERWAHRUNG GEGEBEN HAT UND DASS DIESER AUS ARGLIST DES NUMERIUS NEGIDIUS DEM AULUS AGERIUS NICHT ZURÜCKGEGEBEN WORDEN IST, VERURTEILE DU, RICHTER, DEN NUMERIUS NEGIDIUS, DEM AULUS AGERIUS SOVIEL GELD ZU ZAHLEN, WIE DIES OBJEKT WERT IST. WENN ES SICH NICHT ERWEIST, SPRICH IHN FREI, ist auf den Tatbestand hin formuliert. Ähnlich sind auch die Prozeßformeln wegen eines Leihvertrages beschaffen.

48. Die Urteilsanweisung aller Prozeßformeln, die überhaupt eine solche Anweisung enthalten, ist auf eine Bewertung in Geld hin formuliert. Daher verurteilt der Privatrichter, auch wenn wir einen Gegenstand gerichtlich fordern, wie z. B. ein Grundstück, einen Sklaven, ein Kleidungsstück, Gold oder Silber, den Beklagten nicht direkt zur Hergabe des Objektes, um das es ging, wie es früher zu geschehen pflegte, sondern – nach Schätzung des Objektes – zur Zahlung des Geldwertes. 49. Eine Urteilsanweisung aber ergeht in der Prozeßformel entweder auf eine bestimmte oder auf eine unbestimmte Summe Geldes. 50. Auf eine bestimmte Summe z. B. in der Prozeßformel, in der wir eine bestimmte Summe gerichtlich fordern, denn dort heißt es im letzten Teil der Formel: RICHTER, VERURTEILE NUMERIUS NEGIDIUS, DEM AULUS AGERIUS 10000 SESTERZEN ZU ZAHLEN. WENN ES SICH NICHT ERWEIST, SPRICH IHN FREI. 51. Eine Verurteilung auf eine unbestimmte Summe Geldes aber hat eine doppelte Bedeutung: Es gibt nämlich eine, bei der eine Grenze vorher festgelegt wird, die gewöhnlich „Verurteilung mit Höchstgrenze" (taxatio) genannt wird, z. B. wenn wir etwas gerichtlich fordern, dessen Wert nicht von vornherein feststeht. Denn dort heißt es im letzten Teil der Prozeßformel: RICHTER, VERURTEILE DEN NUMERIUS NEGIDIUS ZUR ZAHLUNG EINER SUMME VON HÖCHSTENS 10000 SESTERZEN. WENN ES SICH NICHT ERWEIST, SPRICH IHN FREI. Oder sie ist unbestimmt und unbegrenzt, z. B. wenn wir ein Objekt vom Besitzer als unser Eigentum herausverlangen, d. h., wenn wir eine Sachklage anstrengen oder eine Klage auf Vorlage (actio ad exhibendum) erheben. Denn dort heißt es so: RICHTER, VERURTEILE DEN NUMERIUS NEGIDIUS ZUR ZAHLUNG DES BETRAGES, DEN DIE SACHE WERT SEIN WIRD, AN AULUS AGERIUS. WENN ES SICH

NICHT ERWEIST, SPRICH IHN FREI. Was ist also rechtens? Der Privatrichter muß, wenn er überhaupt verurteilt, immer zur Zahlung eines bestimmten Betrages verurteilen, auch wenn in der Urteilsanweisung kein bestimmter Betrag genannt ist.

52. Der Richter muß aber darauf achten, daß er, falls eine bestimmte Summe in der Urteilsanweisung genannt ist, weder zu mehr noch zu weniger verurteilt, sonst macht er den Prozeß zu seinem eigenen, d. h. sich selbst entsprechend haftbar. Auch wenn eine Höchstgrenze festgesetzt ist, muß er darauf achten, sie bei der Festlegung der Urteilssumme nicht zu überschreiten, sonst macht er nämlich ebenfalls den Prozeß zu seinem eigenen. Zur Zahlung einer geringeren Summe aber darf er in diesem Falle verurteilen. - - - [*Es folgten wahrscheinlich die Fälle, in denen der Privatrichter absolute Ermessensfreiheit hatte.*]

[ÜBERFORDERUNG IN DER ERKLÄRUNG]

53. Wenn jemand in der Erklärung überfordert (plus petere), fällt er in seiner Sache durch, d. h., er verliert seinen Anspruch, und der Prätor gewährt ihm auch keine Wiedereinsetzung in den ursprünglichen Rechtsstand (restitutio in integrum), von einigen Ausnahmefällen abgesehen, in denen - - -

53a. Überfordern aber kann man in viererlei Hinsicht: in der Sache, in der Zeit, im Ort und vom Rechtsanspruch her. In der Sache, z. B. wenn jemand statt 10000 Sesterzen, die ihm geschuldet werden, 20000 verlangt hat oder wenn jemand, der ein Teileigentum an einem Objekt hat, erklärt hat, es gehöre ihm ganz oder zu einem größeren Teil, als wahr ist. 53b. In der Zeit, z. B. wenn jemand vor dem Fälligkeitstermin oder vor Eintritt einer ausgemachten Bedingung die Klage angestrengt hat. 53c. Im Ort, z. B. wenn jemand das, was ihm an einem bestimmten Ort zu geben versprochen ist, anderswo gerichtlich verlangt, ohne den ursprünglichen Erfüllungsort zu erwähnen, z. B. wenn jemand die förmliche Forderung: GELOBST DU, IN EPHESUS ZU GEBEN? gestellt hatte und dann in Rom einfach erklärt, IHM MÜSSE GEGEBEN WERDEN, - - - ⟨denn in dieser Form wäre die Erklärung nur in Ephesus korrekt.⟩ 53d. Eine Überforderung im Hinblick auf den Rechtsanspruch liegt vor, z. B. wenn jemand in der Erklärung eine Auswahlmöglichkeit des Schuldners wegläßt, die diesem nach dem Obligationenrecht zusteht, z. B. wenn jemand die förmliche Forderung so gestellt hat: GELOBST DU, 10000 SESTERZEN ODER DEN SKLAVEN STICHUS ZU GEBEN? und dann nur eines von beiden gerichtlich fordert. Denn wenn er auch das verlangt, was weniger wert ist, so gilt das doch als überfordert, weil der Gegner bisweilen leichter das leisten kann, was nicht gefordert wird. Ähnlich: wenn einer ursprünglich die Gattung gefordert hat und dann die Art fordert, z. B. wenn jemand in der förmlichen Forderung „Purpur" gesagt hat und jetzt speziell „tyrischen Purpur" gerichtlich verlangt, ja sogar, wenn er die billigste Sorte fordert, ist dasselbe rechtens, aus dem Grunde, den ich eben angeführt habe. Dasselbe gilt, wenn jemand allgemein „einen Sklaven" förmlich gefordert hat und nun gerichtlich einen bestimmten namentlich verlangt, z. B. Stichus, wenn er auch ganz billig ist. Es muß daher die Erklärung in der Prozeßformel genauso formuliert werden, wie die förmliche Forderung formuliert war.

54. Es ist hinreichend klar, daß man bei einer unbestimmt abgefaßten Prozeßformel nicht überfordern kann; denn da nicht eine bestimmte Menge verlangt wird, sondern erklärt wird, SOVIEL DER GEGNER NACHWEISLICH GEBEN ODER LEISTEN MUSS, kann niemand in der Erklärung zuviel sagen. Dasselbe ist auch rechtens, wenn eine Sachklage auf einen unbestimmten Teil gewährt wird, z. B. folgendermaßen: SO GROSS NACHWEISLICH DER ANTEIL des Klägers AN DEM GRUNDSTÜCK, UM DAS ES GEHT, IST. Diese Art der Klage wird aber nur in ganz wenigen Fällen gewährt. 55. Ebenso ist es klar, daß jemand, der in der Erklärung etwas Falsches gefordert hat, nicht gefährdet ist und daß er von neuem klagen kann, weil die erste Klage nicht gerechnet wird, z. B. wenn jemand, der den Sklaven Stichus hätte gerichtlich verlangen müssen, den Sklaven Eros gefordert hat oder wenn jemand erklärt hat, ER MÜSSE NACH EINEM TESTAMENT ETWAS ERHALTEN, dem aus einer förmlichen Forderung geschuldet wurde, oder wenn ein Prozeßvertreter oder Bevollmäch-

tigter erklärt hat, IHM selbst MÜSSE GEGEBEN WERDEN. 56. Aber während es, wie ich oben gesagt habe, gefährlich ist, zuviel zu verlangen, darf man weniger verlangen, als einem zusteht. Aber wegen des Restes darf man dann in der Amtszeit desselben Prätors nicht klagen. Denn wer so klagt, wird mittels einer Einrede abgewiesen, die „Einrede wegen Prozeßteilung" (litis dividuae) heißt.

57. Wenn dagegen die Urteilsanweisung auf eine höhere Summe lautet, als richtig wäre, läuft der Kläger keine Gefahr, aber ⟨wenn der Beklagte⟩ eine ungerechte Prozeßformel angenommen hat, wird er in den ursprünglichen Rechtsstand wiedereingesetzt, damit die Urteilssumme herabgesetzt werden kann. Wenn die Urteilssumme geringer ist, als richtig wäre, so erhält der Kläger nur so viel, wie er angegeben hat; denn während sein gesamter Anspruch vor Gericht kommt, wird er eingeengt durch die Begrenzung der Urteilsanweisung, die der Privatrichter nicht überschreiten darf, und der Prätor gewährt dieser Partei auch nicht die Wiedereinsetzung in den ursprünglichen Rechtsstand; denn den Beklagten kommt der Prätor leichter zu Hilfe als den Klägern. Von dem, was ich gesagt habe, sind aber die Personen unter 25 Jahren ausgenommen, denn Menschen dieses Alters kommt der Prätor stets zu Hilfe, wenn sie in irgendeiner Sache geirrt haben.

58. Wenn in der Beschreibung zuviel oder zuwenig angegeben ist, spielt das keine Rolle für das Urteil, und deswegen bleibt der Anspruch des Klägers unberührt. Deshalb sagt man, daß durch eine falsche Beschreibung die Sache nicht verdorben wird.

59. Aber es gibt Rechtsgelehrte, die meinen, die geringere Menge werde in der Beschreibung korrekt erfaßt, so daß derjenige, der etwa Stichus *und* Eros gekauft habe, in der Beschreibung offenbar richtig sage: WEIL ICH VON DIR DEN SKLAVEN EROS GEKAUFT HABE, und, wenn er wolle, um Stichus mit einer anderen Prozeßformel von neuem klagen könne; denn es ist wahr, daß jemand, der zwei gekauft hat, auch jeden einzelnen gekauft hat. Und das war besonders die Ansicht Labeos. Aber wenn jemand, der *einen* gekauft hat, um beide klagt, ist die Beschreibung unwahr. Das gleiche gilt von anderen Klagen, wie

z. B. der Klage aus Leihvertrag und der Hinterlegungsklage. 60. Aber ich habe in den Schriften einiger Rechtsgelehrter gefunden, daß bei der Hinterlegungsklage und allen anderen, bei denen jeder, der verurteilt wird, mit Ehrlosigkeit belegt wird, der Kläger den Prozeß verliert, wenn er in der Beschreibung mehr gesagt hat, als er durfte, z. B. wenn jemand *einen* Gegenstand hinterlegt hatte und in der Beschreibung sagt, er habe zwei oder mehr hinterlegt, oder wenn jemand, der einen Faustschlag ins Gesicht bekommen hat, in einer Beleidigungsklage gesagt hat, er sei auch an einem anderen Körperteil geschlagen worden. Wir werden genauer nachprüfen, ob wir das für das Richtige halten sollen. Gewiß, es gibt zwei Prozeßformeln für eine Hinterlegungsklage, die eine auf die Rechtslage, die andere auf den Tatbestand hin formuliert, wie ich es auch oben erklärt habe [IV 47]; und in der Formel, die auf die Rechtslage hin formuliert ist, wird am Anfang die Sache, um die es geht, in der Form einer Beschreibung bezeichnet und danach die Forderung mit den Worten eingeführt: WAS JENER IHM DESHALB GEBEN ODER LEISTEN MUSS, während in der Formel, die auf den Tatbestand hin formuliert ist, gleich am Anfang der Erklärung der Gegenstand, um den es geht, in anderer Form mit folgenden Worten bezeichnet wird: WENN ES SICH ERWEIST, DASS ER BEI IHM DIESEN GEGENSTAND HINTERLEGT HAT... So dürfen wir nicht zweifeln, daß jemand, der in der auf den Tatbestand hin formulierten Prozeßformel mehr Gegenstände bezeichnet hat, als er hinterlegt hat, den Prozeß verliert, weil er offenbar in der Erklärung mehr angegeben hat. - - -

[AUFRECHNUNG VON GEGENFORDERUNGEN]

61. ⟨In Prozessen über Rechtsgeschäfte, die auf gegenseitigem Vertrauen und beiderseitiger Ehrlichkeit, nicht auf den Normen des ius civile beruhen (bonae fideï iudicia), ist dem Privatrichter die freie Befugnis übertragen, nach Recht und Billigkeit zu entscheiden, wieviel dem Kläger herausgegeben werden muß. Darin ist auch enthalten,⟩ daß er in Rechnung stellt, was der Kläger auf Grund des gleichen Geschäftes lei-

sten muß, und den Beklagten nur zur Zahlung der Differenz verurteilt. 62. Solche bonae-fideï-Klagen sind aber die aus Kauf und Verkauf, Miete und Vermietung, Geschäftsführung ohne Auftrag, unentgeltlicher Geschäftsführung, Hinterlegung, Sicherheitsübereignung, Gesellschaft, Vormundschaft und Mitgift. 63. Es steht dem Privatrichter aber frei, die Verpflichtung der Gegenseite gar nicht in Rechnung zu stellen. Das wird nämlich nicht direkt in den Worten der Prozeßformel vorgeschrieben, sondern weil es einem Rechtsspruch in Hinblick auf Vertrauen und Ehrlichkeit zu entsprechen scheint, deshalb nimmt man an, es liege in seinen Pflichten mit beschlossen.

64. Anders liegt die Sache bei der Klage, die ein Bankier erhebt. Denn dieser ist gezwungen, das Guthaben des Gegners in Rechnung zu stellen, und diese Aufrechnung (compensatio) wird in den Worten der Prozeßformel ausgedrückt, und zwar in der Art, daß er gleich zu Beginn das Guthaben von der Schuld abzieht und in der Erklärung angibt, daß ihm ein geringerer Betrag gegeben werden müsse. Wenn also Titius bei dem Bankier ein Guthaben von 10000 Sesterzen und 20000 Sesterzen Schulden hat, so erklärt dieser: WENN ES SICH ERWEIST, DASS TITIUS IHM 10000 SESTERZEN MEHR GEBEN MUSS, ALS ER DEM TITIUS SCHULDET, DANN usw. 65. Ebenso wird der Käufer der gesamten Habe angewiesen, mit Abzug (deductio) zu klagen, d. h., daß der Gegner nur zur Zahlung des Betrages verurteilt wird, der übrigbleibt, wenn das abgezogen ist, was ihm der Käufer der gesamten Habe im Namen des Betrügers, d. h. des Zahlungsunfähigen, schuldet.

66. Zwischen der Aufrechnung von Schuld und Guthaben, die dem Bankier entgegengehalten wird, und dem Abzug, der dem Käufer der gesamten Habe entgegengesetzt wird, besteht aber der Unterschied, daß zur Aufrechnung nur das in Frage kommt, was von der gleichen Gattung und Beschaffenheit ist, z. B. wird Geld gegen Geld, Weizen gegen Weizen, Wein gegen Wein aufgerechnet; sogar in dem Maße gilt das, daß einige Rechtsgelehrte der Ansicht sind, nicht in jedem Falle sei Wein gegen Wein oder Weizen gegen Weizen aufzurechnen, sondern nur, wenn er von der gleichen Beschaffenheit und Quali-

tät sei. Für den Abzug wird aber auch das herangezogen, was nicht von der gleichen Gattung ist. - - - Wenn daher der Käufer der gesamten Habe gerichtlich Geld verlangt und dagegen Getreide oder Wein schuldet, so zieht er den Wert des Geschuldeten ab und klagt nur auf die Differenz.

67. Für den Abzug wird auch das herangezogen, was zu einem späteren Termin geschuldet wird, für die Aufrechnung dagegen gelten nur die gerade fälligen Beträge. 68. Außerdem wird die Aufrechnung in der Erklärung belegt. Daher kommt es, daß der Bankier mit seiner Sache durchfällt und deshalb seinen Anspruch verliert, wenn er bei der Aufrechnung auch nur einen As zuviel verlangt. Der Abzug aber wird in die Urteilsanweisung gesetzt, und an dieser Stelle trifft den Überfordernden kein Risiko, jedenfalls nicht, wenn es sich um einen Käufer der gesamten Habe handelt, der freilich auf eine bestimmte Summe klagt, aber die Urteilsanweisung so formuliert, daß sie auf eine unbestimmte Summe geht.

[HAFTUNG DES GEWALTHABERS FÜR GESCHÄFTE UND DELIKTE VON SKLAVEN UND HAUSSÖHNEN]

69. Weil ich jedoch weiter oben [*der Abschnitt ist verloren*] die Klage erwähnt habe, mit der man auf das Peculium von Haussöhnen oder Sklaven greift, ist es erforderlich, auf diese Klage und die anderen, die in Hinblick auf solche Personen gegen Väter und Eigentümer von Sklaven erteilt zu werden pflegen, gründlicher einzugehen. 70. Erstens also: wenn ein Geschäft auf Befehl des Vaters oder des Herrn ausgeführt ist, hat der Prätor eine Klage auf den vollen Betrag gegen den Vater oder den Herrn geschaffen, und das mit Recht, denn wer so ein Geschäft eingeht, tut es mehr aus Vertrauen zu dem Vater oder Herrn als zu dem Sohn oder Sklaven. 71. Nach dem gleichen Grundsatz hat er zwei andere Klagen geschaffen, die Schiffsführerklage (actio exercitoria) und die Geschäftsführerklage (actio institoria). Die Schiffsführerklage hat dann statt, wenn der Vater oder der Herr seinen Sohn oder seinen Skla-

ven als Schiffsführer eingesetzt hat und jemand mit diesem in bezug auf Schiff und Ladung, die ihm anvertraut waren, ein Geschäft getätigt hat. Da nämlich auch ein solches Geschäft nach dem Willen des Vaters oder Herrn getätigt erscheint, schien es das billigste, eine Klage auf den ganzen Betrag gegen den Schiffseigner zu gewähren. Ja, sogar wenn jemand einen Hausfremden, sei er Sklave oder Freier, als Schiffsführer eingesetzt hat, wird gegen ihn diese prätorische Klage gestattet. „Schiffsführerklage" aber heißt sie, weil man den, dem der tägliche Gewinn aus einem Schiff zufließt, Schiffsführer (exercitor) nennt. Die Geschäftsführerklage dagegen hat dann statt, wenn jemand seinen Sohn oder Sklaven oder irgendeinen Hausfremden, sei er Sklave oder Freier, als Geschäftsführer in einer Schenke oder irgendeinem anderen Betrieb eingesetzt hat und mit diesem in bezug auf den Betrieb, der ihm anvertraut ist, ein Abschluß getätigt worden ist. „Geschäftsführerklage" (actio institoria) aber heißt sie, weil derjenige, der im Auftrag eines anderen eine Schenke betreibt, institor genannt wird. Und auch diese Prozeßformel geht auf den vollen Betrag gegen die Eigentümer.

72. Außerdem ist noch die Verteilungsklage (actio tributoria) gegen den Vater oder Herrn geschaffen worden, falls der Sohn oder Sklave mit Wissen des Vaters oder Herrn mit Geld aus seinem Peculium Geschäfte macht. Denn wenn dieserhalb mit ihm ein Abschluß getätigt worden ist, so ordnet der Prätor an, daß Vater oder Herr alles, was an Geld in dem Geschäft steckt und was daran verdient worden ist, im Falle von Schulden unter sich und den übrigen Gläubigern anteilmäßig verteilen sollen. Und wenn die Gläubiger sich beklagen, daß ihnen weniger zugeteilt worden ist, als recht wäre, so verspricht ihnen der Prätor auf das Fehlende eine Klage, die, wie ich gesagt habe, „Verteilungsklage" heißt.

72a. Der Prätor hat auch noch eine Klage auf das Peculium und eine auf das, was dem Vater oder Herrn zugeflossen ist (actio de in rem verso) geschaffen. Auch dann nämlich, ⟨wenn ein Geschäft mit dem Sohn oder dem Sklaven so abgeschlossen worden ist, daß weder der Wille noch die Zustimmung des Vaters oder Herrn dabei eine Rolle spielten, so wird doch, wenn von dem Geschäft, das mit ihnen getätigt wurde, dem Vermögen des Vaters oder Herrn Geld zugeflossen ist, eine Klage auf den vollen Betrag gewährt, im anderen Falle nur bis zur Höhe des Peculiums.⟩ - - -

73. Wenn aber gefragt wird, wieviel zum Peculium gehört, so wird erst abgezogen, was dem Vater oder dem Herrn oder einer Person in ihrer Gewalt von dem Sohn oder Sklaven geschuldet wird, und nur das, was übrigbleibt, gilt als Peculium. Manchmal allerdings wird das, was Sohn oder Sklave jemandem schuldet, der in der Gewalt des gleichen Vaters oder Herrn steht, nicht vom Peculium abgezogen, z. B. wenn der Gläubiger selbst zum Peculium des Sohnes oder Sklaven gehört.

74. Im übrigen ist außer Zweifel, daß auch jemand, der auf Anordnung des Vaters oder Herrn einen Abschluß getätigt hat oder dem die Schiffsführer- oder die Geschäftsführerklage zusteht, eine Klage auf das Peculium oder auf das, was dem Vater oder Herrn zugeflossen ist, anstrengen kann. Aber es wird niemand so dumm sein, sich in die Schwierigkeit zu stürzen, nachzuweisen, daß derjenige, mit dem er abgeschlossen hat, ein Peculium hat und daß er daraus zufriedengestellt werden kann oder daß das, was er heraushaben will, dem Vater oder Herrn zugeflossen ist, wenn er durch eine der anderen Klagen ganz sicher den vollen Betrag erlangen kann. 74a. Auch derjenige, dem die Verteilungsklage zusteht, kann auf das Peculium oder auf das, was dem Vater oder Herrn zugeflossen ist, klagen. Aber ihm wird freilich sehr oft diese Klage mehr nützen als die Verteilungsklage. Denn bei der Verteilungsklage wird nur der Teil als Peculium in Rechnung gestellt, der geradezu in den Geschäften des Sohns oder Sklaven angelegt ist, um die es geht, und das Geld, was dabei verdient worden ist, aber in der Klage auf das Peculium das gesamte Peculium. Und es kann ja einer mit dem dritten oder vierten oder noch einem kleineren Teil seines Peculiums Geschäfte machen, den größten Teil aber anders angelegt haben. Noch weit mehr muß der Betroffene zu dieser Klage übergehen, wenn sich nachweisen läßt, daß das, was er gegeben hat, als er mit dem Sohn oder Sklaven abgeschlossen hat, dem Vermögen des Vaters oder Herrn zu-

geflossen ist; denn wie ich oben gesagt habe, wird mit der gleichen Formel sowohl auf das Peculium wie auf das, was dem Vater oder Herrn zugeflossen ist, geklagt.

75. Wegen eines Deliktes von Haussöhnen oder Sklaven, z. B. wenn sie einen Diebstahl begangen oder jemandem eine Beleidigung zugefügt haben, sind Schadensklagen (actiones noxales) eingeführt worden, damit es dem Vater oder Herrn möglich sein sollte, entweder den Schätzwert des Streitgegenstandes zu bezahlen oder den Schuldigen dem Geschädigten zu übereignen. Es wäre nämlich ungerecht, wenn ihre Schlechtigkeit dem Vater oder Herrn teurer zu stehen käme, als der Sachwert des betreffenden Sklaven oder Haussohnes überhaupt ist.

76. Geschaffen worden aber sind die Schadensklagen teils durch Gesetze, teils durch das Edikt des Prätors: durch Gesetze z. B. bei Diebstahl durch das Zwölftafelgesetz, für schuldhafte Schädigung durch die Lex Aquilia, durch das Edikt des Prätors z. B. bei Beleidigung und Raub. 77. Alle Schadensklagen aber haften an der Person. Denn wenn dein Sohn oder Sklave einen Schaden angerichtet hat, so ist die Klage gegen dich zu richten, solange er in deiner Gewalt ist; wenn er in die Gewalt eines anderen übergegangen ist, so muß von da an gegen diesen geklagt werden; wenn er rechtlich selbständig geworden ist, muß unmittelbar gegen ihn geklagt werden, und die Auslieferungsforderung erlischt. Im entgegengesetzten Falle entsteht eine Auslieferungsforderung aus einer unmittelbaren Klage. Denn wenn ein paterfamilias einen Schaden angerichtet hat und sich dann von dir hat adrogieren lassen oder dein Sklave geworden ist, was, wie ich im ersten Buche [I 160] erklärt habe, in einigen Fällen vorkommt, so wird in dem Augenblick aus der direkten Klage gegen ihn eine Schadensklage gegen dich.

78. Aber wenn ein Sohn seinem Vater oder ein Sklave seinem Herrn einen Schaden zugefügt hat, so erwächst daraus keine Klage, denn zwischen mir und jemandem, der meiner Gewalt untersteht, kann überhaupt keine Verbindlichkeit entstehen. Und daher kann auch, wenn er in die Gewalt eines anderen übergegangen ist oder rechtlich selbständig geworden

ist, weder gegen ihn selbst noch gegen den, dessen Gewalt er untersteht, geklagt werden. Daher erhebt sich die Frage: Wenn der Sklave oder Sohn eines Fremden mir einen Schaden zugefügt hat und später unter meine Gewalt gekommen ist, erlischt dann das Klagerecht oder ruht es nur? Unsere Lehrer sind der Ansicht, daß es erlischt, weil eine Situation entstanden ist, in der es niemals hätte entstehen können, und daß ich also nicht klagen kann, auch wenn er später aus meiner Gewalt wieder ausgeschieden ist. Die Gelehrten der anderen Schule sind der Meinung, das Klagerecht ruhe, solange er meiner Gewalt unterworfen sei, weil ich nicht gegen mich selbst klagen kann, lebe aber wieder auf, sobald er aus meiner Gewalt ausgeschieden sei.

79. Wenn aber ein Haussohn wegen eines von ihm angerichteten Schadens ins mancipium gegeben wird, sind die Gelehrten der anderen Schule der Ansicht, er müsse dreimal manzipiert werden, weil im Zwölftafelgesetz angeordnet sei, daß ein Sohn ⟨nur dann aus der Gewalt des Vaters ausscheiden solle,⟩ wenn er dreimal manzipiert worden sei. Sabinus, Cassius und die übrigen Gelehrten unserer Schule haben dagegen gemeint, *eine* mancipatio genüge und die genannten drei des Zwölftafelgesetzes bezögen sich auf die freiwilligen mancipationes mit dem Ziel der Emanzipation.

80. Soweit also von den Personen, die der Gewalt unterstehen, sei es, daß der Streit durch ein Delikt ihrerseits oder durch einen Vertrag mit ihnen entstanden ist. Was aber die Personen angeht, die in der manus oder im mancipium sind, so wird folgendermaßen Recht gesprochen: wenn auf Verträge mit ihnen geklagt wird und sie nicht von demjenigen, dem sie rechtlich unterstehen, auf den vollen Betrag verteidigt werden, so werden die Besitztümer verkauft, die ihnen gehört hätten, wenn sie ihm nicht rechtlich unterstellt worden wären. Aber wenn die Schmälerung ihrer Rechtsfähigkeit aufgehoben worden ist und eine Klage, die von der Amtsgewalt abhängig ist (actio imperio continens), gegen sie erhoben ist, ⟨so kann sogar gegen eine Ehefrau in der manus direkt geklagt werden, weil in diesem Falle die Zustimmung des Vormundes nicht nötig ist.⟩ - - - [*Vermutlich wurde der Schaden behandelt, der durch Tiere*

angerichtet wird. Die Beziehung zum nächsten Abschnitt ist dunkel.]

- - - 81. Was also ist rechtens? Obwohl, wie ich eben gesagt habe, - - - es ihm nicht erlaubt wäre, Tote auszuliefern, wird dennoch derjenige von der Haftung frei, der den Leichnam ausliefert, falls der Schuldige eines natürlichen Todes gestorben ist.

[FÜHRUNG DES PROZESSES DURCH EINEN BEAUFTRAGTEN]

82. Jetzt müssen wir uns vor Augen halten, daß wir entweder im eigenen Namen klagen oder im fremden, z. B. als Prozeßvertreter (cognitor), Bevollmächtigter (procurator), Vormund (tutor) oder Vermögenspfleger (curator), während es früher, als die Legisaktionen im Gebrauch waren, außer in bestimmten Fällen nicht erlaubt war, im fremden Namen zu klagen.

83. Ein Prozeßvertreter wird aber mit bestimmten Worten in Anwesenheit der Gegenpartei in den Prozeß eingeführt. Denn der Kläger stellt einen Prozeßvertreter folgendermaßen: IM HINBLICK DARAUF, DASS ICH VON DIR DAS, sagen wir, GRUNDSTÜCK GERICHTLICH VERLANGE, STELLE ICH DIR DEN LUCIUS TITIUS ALS PROZESSVERTRETER FÜR DIESE SACHE. Der Gegner tut es folgendermaßen: WEIL DU VON MIR DAS GRUNDSTÜCK GERICHTLICH VERLANGST, STELLE ICH DIR FÜR DIESE SACHE PUBLIUS MEVIUS ALS PROZESSVERTRETER. Es ist auch möglich, daß der Kläger so sagt: IM HINBLICK DARAUF, DASS ICH GEGEN DICH KLAGEN WILL, STELLE ICH FÜR DIESE SACHE DEN UND DEN ALS PROZESSVERTRETER. Der Gegner sagt so: WEIL DU GEGEN MICH KLAGEN WILLST, STELLE ICH FÜR DIESE SACHE DEN UND DEN ALS PROZESSVERTRETER. Und es macht nichts aus, ob der Prozeßvertreter in Anwesenheit oder in Abwesenheit benannt wird; aber wenn er in Abwesenheit benannt worden ist, wird er erst dann Prozeßvertreter, wenn er es erfahren und das Amt übernommen hat.

84. Ein Bevollmächtigter aber wird nicht mit bestimmten

Worten in den Prozeß eingeführt, sondern er wird durch bloßen Auftrag, auch in Abwesenheit und ohne Kenntnis des Gegners, eingesetzt. Ja es gibt sogar Juristen, die glauben, daß auch der als Bevollmächtigter gilt, der keinen Auftrag hat, wenn er das Geschäft nur im guten Glauben übernommen hat und dafür Sicherheit stellt, daß der Geschäftsherr das Ergebnis anerkennen wird; allerdings muß auch derjenige, der einen Auftrag hat, sehr oft Sicherheit stellen, weil der Auftrag oft zu Beginn des Prozesses im dunkeln ist und erst später vor dem Privatrichter klar ausgesprochen wird.

85. Auf welche Weise Vormünder und Vermögenspfleger eingesetzt werden, habe ich im ersten Buch dargestellt [I 144–200].

86. Wer aber im fremden Namen klagt, faßt die Erklärung im Namen des Geschäftsherrn ab, wendet aber die Urteilsanweisung auf seine eigene Person. Denn wenn, nehmen wir an, Lucius Titius für Publius Mevius klagt, so wird die Prozeßformel folgendermaßen formuliert: WENN ES SICH ERWEIST, DASS NUMERIUS NEGIDIUS DEM PUBLIUS MEVIUS 10000 SESTERZEN ZAHLEN MUSS, VERURTEILE DU, RICHTER, DEN NUMERIUS NEGIDIUS, DEM LUCIUS TITIUS 10000 SESTERZEN ZU ZAHLEN, WENN ES SICH NICHT ERWEIST, SPRICH IHN FREI! Auch wenn er eine Sachklage anstrengt, erklärt er, DASS DER GEGENSTAND NACH QUIRITISCHEM RECHT EIGENTUM DES PUBLIUS MEVIUS SEI, und wendet die Urteilsanweisung auf seine eigene Person. 87. Auch wenn auf der Seite des Gegners jemand eintritt, gegen den dann die Klage durchgeführt wird, erklärt man, daß der Geschäftsherr GEBEN MÜSSE, die Urteilsanweisung aber wird auf die Person dessen gewandt, der den Prozeß übernommen hat. Wenn aber eine Sachklage angestrengt wird, so macht es für die Erklärung nichts aus, wer der Prozeßführende der Gegenseite ist, ob er im eigenen Namen handelt oder ob jemand für ihn eintritt, denn es wird nur erklärt, DASS DER GEGENSTAND EIGENTUM DES KLÄGERS SEI.

[SICHERHEITSSTELLUNG DURCH DIE PROZESSPARTEIEN]

88. Sehen wir nun zu, in welchen Fällen der Beklagte oder der Kläger gezwungen werden, Sicherheit zu stellen. 89. Wenn ich also, nehmen wir an, gegen dich eine Sachklage führe, mußt du mir Sicherheit stellen. Denn weil es dir gestattet wird, das Objekt, bei dem es zweifelhaft ist, ob es dir gehört, vorläufig im Besitz zu behalten, ist es offenbar billig, daß du mir durch Sicherheitsstellung Garantie leistest, damit ich die Möglichkeit habe, gegen dich oder deine Sponsoren vorzugehen, falls du im Prozeß unterliegst und weder das Objekt herausgibst noch den geschätzten Streitwert bezahlst.

90. Erst recht mußt du mir Sicherheit stellen, wenn du den Prozeß im fremden Namen übernommen hast.

91. Eine Sachklage läßt sich übrigens in zweifacher Form durchführen, entweder mit petitorischer Prozeßformel oder mit Prozeßwette (sponsio). Wenn man auf Grund der petitorischen Prozeßformel klagt, benutzt man eine förmliche Forderung an den Gegner, DASS DER VOM RICHTER FESTGESETZTE BETRAG BEZAHLT WERDE. Wenn mit der Prozeßwette geklagt wird, nimmt man diejenige Formel, die man „anstatt des Gestellungsbürgen" (pro praede litis ac vindiciarum) nennt. 92. Die petitorische Prozeßformel ist die, in welcher der Kläger erklärt, DAS OBJEKT GEHÖRE IHM. 93. Mit Prozeßwette klagen wir folgendermaßen: Wir fordern den Gegner mit einer Prozeßwette der folgenden Art heraus: WENN DER SKLAVE, UM DEN ES GEHT, NACH QUIRITISCHEM RECHT MEIN EIGENTUM IST, GELOBST DU DANN FEIERLICH, MIR 25 SESTERZEN ZU ZAHLEN? Und danach geben wir eine Prozeßformel, in der wir erklären, daß der in der Prozeßwette erwähnte Betrag uns gegeben werden müsse. Und mit dieser Formel siegen wir genau dann, wenn wir bewiesen haben, daß das Objekt unser Eigentum ist. 94. Der Wettbetrag wird aber nicht eingetrieben. Denn es ist keine Strafsumme, sondern dient nur der Feststellung des Rechtsverhältnisses vor dem eigentlichen Prozeß, und die Prozeßwette wird nur abgeschlossen, damit mit ihrer Hilfe der Prozeß in Gang

kommt. Daher bringt auch der Gegner keine Gegenforderung vor. Die Forderung „anstatt des Gestellungsbürgen" wird so genannt, weil sie an die Stelle der Gestellungsbürgen (praes) getreten ist, die früher, als noch die Legisaktionen üblich waren, „pro lite et vindiciis", d. h. „für das strittige Objekt und den Nutzen davon" dem Kläger vom Besitzer gestellt wurden.

95. Übrigens: wenn die Klage bei den Hundertmännern angestrengt wird, so verlangen wir die Summe der Prozeßwette nicht durch eine Prozeßformel, sondern durch eine Legisaktio. Wir fordern den Beklagten nämlich durch Einsatz heraus, und in diesem Falle pflegt die Prozeßwette um 125 Sesterzen zu gehen, nach der Lex Crepereia. 96. Wer aber eine Sachklage selbst führt, stellt keine Sicherheit, wenn er im eigenen Namen klagt. 97. Auch wenn er durch einen Prozeßvertreter klagt, wird keine Sicherheit von diesem oder vom Geschäftsherrn verlangt. Denn weil der Prozeßvertreter mit bestimmten feierlichen Worten für den Geschäftsherrn eingesetzt wird, betrachtet man ihn mit Recht ganz wie diesen. 98. Wenn aber ein Bevollmächtigter klagt, so muß er Sicherheit stellen, daß der Geschäftsherr das Urteil anerkennen wird. Denn es besteht die Gefahr, daß der Geschäftsherr von neuem wegen der gleichen Sache klagt. Diese Gefahr besteht nicht, wenn die Klage von einem Prozeßvertreter erhoben worden ist, denn um was man durch einen Prozeßvertreter geklagt hat, darauf hat man genausowenig noch einmal das Recht zu klagen, als wenn man selbst geklagt hat. 99. Vormünder und Vermögenspfleger müssen nach den Worten des Ediktes in der gleichen Form Sicherheit stellen wie Bevollmächtigte; aber manchmal wird ihnen die Sicherheitsleistung erlassen.

100. So ist es bei Sachklagen. Wenn wir uns nun fragen, wann bei Personalklagen von seiten des Klägers Sicherheit gestellt werden muß, so werden wir dasselbe wiederholen, was wir in bezug auf die Sachklagen gesagt haben. 101. Von seiten des Beklagten muß aber auf jeden Fall Sicherheit dann gegeben werden, wenn jemand im fremden Namen eintritt, weil niemand ohne Sicherheitsleistung als geeigneter Verteidiger in

fremder Sache angesehen wird. Aber wenn der Prozeß von einem Prozeßvertreter geführt wird, läßt man den Geschäftsherrn Sicherheit geben, wenn von einem Bevollmächtigten, diesen selbst. Dasselbe ist auch beim Vormund und Vermögenspfleger rechtens.

102. Wenn sich aber jemand im eigenen Namen gegen eine Personalklage verteidigt, so muß er in bestimmten Fällen, die der Prätor selbst bezeichnet, gewöhnlich Sicherheit stellen. Für diese Sicherheitsleistung gibt es zweierlei Gründe: denn entweder wird wegen der Art der Klage Sicherheit gestellt oder wegen der Person, weil sie verdächtig ist; wegen der Art der Klage z. B., wenn es um eine gerichtlich zugesprochene Schuld geht oder um eine Aufwandsklage oder wenn Abzug von der Mitgift wegen des Betragens der Ehefrau zur Debatte steht; wegen der Person z. B., wenn der Beklagte fremde Gelder veruntreut hat oder wenn sein Vermögen von den Gläubigern in Besitz genommen oder zum Verkauf angeboten ist oder wenn der Beklagte ein Erbe ist, den der Prätor für verdächtig gehalten hat.

[SATZUNGSGEMÄSSE UND VON DER AMTSGEWALT ABHÄNGIGE PROZESSE]

103. Alle Klagen und Prozesse sind entweder satzungsgemäß (legitimo iure) oder von der Amtsgewalt abhängig (imperio continens).

104. Satzungsgemäß sind Prozesse, die in der Stadt Rom oder innerhalb des ersten Meilensteins von der Stadt unter lauter römischen Bürgern und vor einem römischen Bürger als Privatrichter stattfinden. Nach der Lex Iulia über die Gerichtsordnung erlöschen diese Klagen, wenn nicht innerhalb eines Jahres und sechs Monaten das Urteil gefällt ist. Und das ist mit der Redensart gemeint, daß ein Prozeß nach der Lex Iulia in anderthalb Jahren stirbt.

105. Von der Amtsgewalt abhängig sind alle Prozesse vor Rekuperatoren und solche Klagen vor einem Privatrichter, bei denen der Richter oder eine der Parteien Peregrine ist. In die

gleiche Gruppe fällt jeder Prozeß jenseits des ersten Meilensteins von der Stadt Rom unter Bürgern und Peregrinen. „Von der Amtsgewalt abhängig" heißen sie aber, weil die Klage nur so lange wirksam ist, wie derjenige, der den Richter eingesetzt hat, im Amte ist.

106. Und wenn eine von der Amtsgewalt abhängige Klage erhoben worden ist, sei es eine Sachklage oder eine Personalklage, sei es mit der auf die Rechtslage, sei es mit der auf den Tatbestand hin formulierten Prozeßformel, so kann man später nichtsdestoweniger vom Standpunkt des ius civile aus wegen derselben Sache noch einmal klagen, und daher ist die Einrede, daß die Sache schon verhandelt oder vor Gericht gebracht ist (exceptio rei iudicatae vel in iudicium deductae), notwendig. 107. Wenn aber eine Personalklage satzungsgemäß geführt wird, mit der Prozeßformel, die eine auf die Rechtslage hin formulierte Erklärung hat, so kann später vom Standpunkt des ius civile aus nicht noch einmal wegen derselben Sache geklagt werden, und deshalb ist eine Einrede in diesem Falle überflüssig. Wenn aber eine Sachklage erhoben oder die Prozeßformel auf den Tatbestand hin formuliert war, kann vom Standpunkt des ius civile aus trotzdem noch einmal geklagt werden, und deshalb ist die Einrede, daß die Sache schon verhandelt oder vor Gericht gebracht ist, hier wieder notwendig.

108. Anders lag die Sache früher bei den Legisaktionen. Denn was da einmal verhandelt war, deswegen konnte später vom Standpunkt des ius civile aus nicht noch einmal geklagt werden. Und damals waren im Gegensatz zu heute überhaupt keine Einreden gebräuchlich. 109. Übrigens kann ein Prozeß auf einem Gesetz beruhen und doch nicht satzungsgemäß sein, und umgekehrt, er kann nicht auf einem Gesetz beruhen und doch satzungsgemäß sein. Denn wenn z. B. in den Provinzen auf Grund der Lex Aquilia oder Ollinia oder Furia geklagt wird, so wird der Prozeß von der Amtsgewalt abhängig sein, und dasselbe ist rechtens, wenn wir in Rom vor Rekuperatoren die Klage durchführen oder vor einem Privatrichter, aber mit Beteiligung eines Peregrinen. Und andererseits: wenn in einem Falle, in dem uns die Klage nach dem Edikt des Prätors ge-

währt wird, der Richtspruch in Rom von einem Privatrichter unter lauter römischen Bürgern gefällt wird, so ist der Prozeß satzungsgemäß.

[KLAGFRISTEN]

110. Bei dieser Gelegenheit müssen wir uns vor Augen halten, daß der Prätor Klagen, die auf einem Gesetz oder einem Senatsbeschluß beruhen, ohne zeitliche Begrenzung zu gewähren pflegt; diejenigen aber, die speziell von seiner eigenen Berechtigung abhängen, im Edikt Rechtsgrundsätze aufzustellen, gewährt er meistens innerhalb eines Jahres nach Eintritt des Streitfalles. 111. Manchmal allerdings gewährt er sie auch ohne zeitliche Begrenzung, nämlich wenn er das ius civile nachahmt, derart sind z. B. die Klagen, die er den Besitzern des Gesamtnachlasses und den übrigen, die die Stelle eines Erben einnehmen, gewährt. Auch die Klage auf offenkundigen Diebstahl wird ohne zeitliche Begrenzung gewährt, obwohl sie aus der eigenen Gerichtsbarkeit des Prätors hervorgeht, und mit Recht, da in ihr eine Geldstrafe für eine Kapitalstrafe eingesetzt ist.

112. Nicht jede Klage, die einem gegen jemand nach dem ius civile zusteht oder vom Prätor erteilt wird, kommt einem auch gegen den Erben in gleicher Weise zu oder wird gegen ihn erteilt. Es ist nämlich ein ganz fester Rechtsgrundsatz, daß Strafklagen wegen Übeltaten gegen den Erben des Täters dem Geschädigten nicht zustehen und auch nicht vom Prätor erteilt werden. Das gilt z. B. für Diebstahl, Raub, Beleidigung, schuldhafte Schädigung. Aber den Erben des Geschädigten steht das Klagerecht in solchem Falle zu und wird nicht verweigert, mit Ausnahme von Beleidigungsklagen und wenn sich noch eine ähnliche Klage finden sollte. 113. Manchmal aber gibt es auch aus einem Vertrag weder für noch gegen den Erben eine Klage. Denn der Erbe des Adstipulators kann nicht klagen, und der Erbe eines Sponsors oder Fidepromissors wird nicht haftbar gemacht.

[BEFRIEDIGUNG DES KLÄGERS VOR DER VERHANDLUNG]

114. Wir müssen nun noch untersuchen, was die Pflicht des Privatrichters ist, wenn der Beklagte vor dem Urteilsspruch, aber nach der Einsetzung des Privatrichters den Kläger befriedigt: freizusprechen oder vielmehr zu verurteilen, weil er zu dem Zeitpunkt, als der Richter eingesetzt wurde, in einer Rechtslage war, die seine Verurteilung forderte. Unsere Lehrer sind der Ansicht, daß er ihn freisprechen muß, ohne Rücksicht darauf, was für eine Art von Prozeß es sei, und das ist mit der Redensart gemeint, Sabinus und Cassius verträten die Ansicht, jeder Prozeß berge die Möglichkeit eines Freispruchs. Die Gelehrten der anderen Schule waren im Hinblick auf die Klagen stricti iuris gegenteiliger Ansicht, bei bonae-fideï-Prozessen aber sind sie der gleichen Meinung, weil in derartigen Prozessen der Richter frei in seinem Urteil ist. Der gleichen Ansicht sind sie auch in bezug auf die Sachklagen, weil dort in den Worten der Prozeßformel geradezu ausgesprochen ist, daß der Beklagte nur dann ⟨zu verurteilen ist, wenn er nach dem Schuldspruch des Privatrichters das Objekt nicht zurückgegeben hat - - -⟩. Es gibt auch solche Personalklagen, in denen in der Formel ausgesprochen wird, daß der Privatrichter entscheiden soll, ⟨in welcher Form der Beklagte den Kläger befriedigen soll, wenn er nicht verurteilt werden will - - -⟩.

[EINREDEN]

115. Im Folgenden wollen wir die Einreden betrachten. 116. Die Einreden sind geschaffen worden, um die Beklagten zu schützen. Es kommt nämlich oft vor, daß jemand nach dem ius civile haftbar ist und daß es trotzdem unbillig wäre, ihn in einem Prozeß zu verurteilen. 116a. Z. B. wenn ich eine förmliche Forderung gegen dich hätte unter der Voraussetzung, daß ich dir ein Darlehen geben werde, und hätte das Geld nicht gegeben. Denn es ist sicher, daß das Geld gerichtlich gefordert werden kann, denn du mußt zahlen, da du nach der Forde-

rung, der du zugestimmt hast, haftest. Aber weil es unbillig wäre, wenn du daraufhin verurteilt würdest, hat sich die Ansicht durchgesetzt, daß du durch die Einrede wegen Arglist (exceptio doli mali) geschützt werden mußt. 116b. Ebenso: wenn ich mit dir übereingekommen bin, das, was du mir schuldest, nicht gerichtlich von dir zu fordern, so kann ich nichtsdestoweniger diesen selben Betrag gerichtlich von dir fordern und erklären, daß er mir gegeben werden müsse, weil eine Verbindlichkeit durch ein formloses Übereinkommen (pactum) nicht aufgehoben wird. Aber es hat sich die Ansicht durchgesetzt, daß ich, wenn ich doch gerichtlich fordere, mit der „Einrede wegen getroffenen Übereinkommens“ (exceptio pacti conventi) zurückgewiesen werden muß. 117. Auch bei anderen als Personalklagen sind Einreden möglich, z. B. wenn du mich durch Drohung oder Gewalt genötigt oder durch List veranlaßt hast, dir ein Objekt zu manzipieren. Wenn du dies Objekt gerichtlich von mir verlangst, wird mir eine Einrede gewährt, durch die du zurückgewiesen wirst, wenn ich nachweise, daß ich aus Angst gehandelt habe oder überlistet worden bin. 117a. Ebenso: wenn du ein Grundstück, um das prozessiert wird, in voller Kenntnis dieser Tatsache von der nicht besitzenden Partei gekauft hast und es dann von der besitzenden Partei gerichtlich forderst, so wird dir eine Einrede entgegengehalten, durch die du auf alle Fälle aus dem Felde geschlagen wirst. 118. Der Prätor aber hat manche Einreden in seinem Edikt schon veröffentlicht, andere gewährt er, wenn er den Fall geprüft hat. Alle diese Einreden nehmen ihre Kraft entweder aus Gesetzen und Verordnungen, die Gesetzeskraft haben, oder sie gehen aus der Berechtigung des Prätors hervor, im Edikt Rechtsgrundsätze aufzustellen. 119. Alle Einreden aber werden als Gegensatz zu dem formuliert, was der Beklagte behauptet. Denn wenn beispielsweise der Beklagte sagt, der Kläger handle in einem Punkt arglistig, weil er vielleicht Geld zurückverlangt, das er nicht hergegeben hat, so wird die Einrede folgendermaßen formuliert: Verurteile ihn, WENN IN DIESER SACHE VON AULUS AGERIUS NICHTS AUS ARGLIST GETAN WORDEN IST ODER NOCH GETAN WIRD. Ebenso: wenn der Beklagte sagt, das Geld werde entgegen einem Übereinkommen gefordert, wird die Einrede so formuliert: Verurteile ihn, WENN NICHT ZWISCHEN AULUS AGERIUS UND NUMERIUS NEGIDIUS EIN ÜBEREINKOMMEN GETROFFEN WORDEN IST, DASS DAS GELD NICHT GEFORDERT WERDEN SOLL. Und auch in den anderen Fällen pflegt man sie ähnlich zu formulieren, natürlich deshalb, weil jede Einrede zwar vom Beklagten vorgebracht wird, aber in die Prozeßformel so eingefügt wird, daß sie die Urteilsanweisung einer Bedingung unterwirft, d. h., daß der Privatrichter den Beklagten nur dann verurteilen soll, wenn in der Sache, um die es geht, nichts vom Kläger aus Arglist getan worden ist, ebenso, daß der Privatrichter ihn nur dann verurteilen soll, wenn kein Übereinkommen darüber getroffen worden ist, daß das Geld nicht gerichtlich gefordert werden soll.

120. Man spricht aber von aufhebenden (exceptio peremptoria) und aufschiebenden (exceptio dilatoria) Einreden. 121. Aufhebende Einreden sind jederzeit zugänglich und können nicht umgangen werden, z. B. die Einrede wegen Furcht (exceptio metus), wegen Arglist oder die Einrede, daß gegen ein Gesetz oder einen Senatsbeschluß gehandelt sei, oder die, daß die Sache schon verhandelt oder bereits vor Gericht gebracht sei, ebenso die Einrede, daß ein Übereinkommen getroffen sei, daß das Geld überhaupt nicht gerichtlich gefordert werden solle.

122. Aufschiebend sind Einreden, die zeitlich begrenzte Wirkung haben, z. B. daß ein Übereinkommen getroffen sei, beispielsweise nicht vor Ablauf von fünf Jahren das Geld zu fordern. Wenn nämlich diese Zeit abgelaufen ist, so ist die Einrede nicht mehr möglich. Dieser ähnlich ist die Einrede wegen Prozeßteilung oder die, daß noch Klagen laufen. Denn wenn jemand einen Teil seiner Forderung eingeklagt hat und in der Amtszeit des gleichen Prätors den Rest fordern will, so wird er mit der Einrede aus dem Felde geschlagen, die „Einrede wegen Prozeßteilung“ (exceptio litis dividuae) genannt wird; ebenso: wenn jemand, der mit dem gleichen Gegner mehrere Prozesse führt, einige durchgeführt und einige aufgeschoben hat, damit sie vor andere Privatrichter kommen, so wird er mit der Einrede, die als Bezeichnung hat, „daß noch Klagen laufen“ (ex-

ceptio rei residuae), aus dem Felde geschlagen, wenn er in der Amtszeit des gleichen Prätors die aufgeschobenen doch noch einbringen will. 123. Wem aber eine aufschiebende Einrede entgegengestellt wird, der muß darauf achten, daß er seine Klage aufschiebt; sonst – wenn er trotz der Einrede vor den Privatrichter gegangen ist – verliert er seinen Anspruch; denn nach dieser Zeit, zu der er der Einrede hätte ausweichen können, wenn er die Sache hätte ruhen lassen, hat er keine Möglichkeit mehr, zu klagen, wenn die Sache zur Verhandlung gekommen und durch die Einrede zu Fall gebracht worden ist.

124. Einreden können aber nicht nur im Hinblick auf die Zeit, sondern auch auf die Person aufschiebende Wirkung haben. Dazu gehören die Einreden wegen des Prozeßvertreters (exceptio cognitoria), z. B. wenn jemand, der nach dem Edikt keinen Prozeßvertreter stellen darf, durch einen Prozeßvertreter klagt oder wenn er zwar das Recht hat, einen Prozeßvertreter zu stellen, aber einen stellt, der die Vertretung nicht übernehmen darf. Denn wenn eine Einrede wegen des Prozeßvertreters erhoben wird, kann der Kläger, wenn er zu denen gehört, die keinen Prozeßvertreter stellen dürfen, den Prozeß selbst führen, wenn es aber dem Prozeßvertreter nicht erlaubt ist, die Vertretung zu übernehmen, so steht es ihm frei, durch einen anderen Prozeßvertreter oder in eigener Person die Sache zu führen. Und er kann auf die eine oder die andere Weise die Einrede umgehen. Wenn er sie aber nicht beachtet und durch den ursprünglichen Prozeßvertreter geklagt hat, so verliert er seinen Anspruch.

125. Wenn aber ein Beklagter irrtümlicherweise eine aufhebende Einrede nicht genutzt hat, so wird er vom Prätor in den ursprünglichen Rechtsstand wieder eingesetzt, damit er die Einrede anbringen kann. Wenn er aber eine aufschiebende Einrede nicht genutzt hat, so ist es umstritten, ob er in den ursprünglichen Rechtsstand wieder eingesetzt wird.

[GEGENEINREDE, DUPLIK ETC.]

126. Bisweilen kommt es vor, daß eine Einrede, die auf den ersten Blick gerecht erscheint, dem Kläger in unbilliger Weise schadet. Wenn das der Fall ist, braucht man einen anderen Zusatz zur Prozeßformel, um dem Kläger zu Hilfe zu kommen. Diesen Zusatz nennt man Gegeneinrede (replicatio), weil dadurch die Kraft der Einrede sozusagen zurückgebogen (re-plicata) und aufgehoben wird. Denn wenn ich beispielsweise mit dir ein Übereinkommen getroffen habe, das Geld, das du mir schuldest, nicht gerichtlich zurückzufordern, und wenn wir dann später das Gegenteil abgemacht haben, d. h., daß es mir erlaubt sein soll, es doch zurückzufordern, und du dann, wenn ich die Forderung geltend mache, die Einrede erhebst, daß du nur dann zur Zahlung verpflichtet werden sollst, WENN KEIN ÜBEREINKOMMEN GETROFFEN IST, DASS ICH DAS GELD NICHT ZURÜCKFORDERE, so schadet mir diese Einrede wegen getroffenen Übereinkommens; denn das bleibt doch wahr, auch wenn wir später das Gegenteil abgemacht haben. Aber weil es unbillig wäre, mich durch diese Einrede auszuschließen, wird mir eine Gegeneinrede auf Grund des späteren Übereinkommens in folgender Form gewährt: Verurteile ihn, wenn – ODER WENN SPÄTER ABGEMACHT WORDEN IST, DASS MIR (d. h. Aulus Agerius) ERLAUBT SEIN SOLL, DAS GELD GERICHTLICH ZU FORDERN.

126a. Ebenso wird einem Bankier, der den Preis eines versteigerten Objekts gerichtlich eintreiben will, die Einrede entgegengehalten, daß der Käufer nur dann verurteilt werden soll, wenn ihm die Sache, die er gekauft hat, übergeben worden ist, und das ist eine gerechtfertigte Einrede. Aber wenn bei der Versteigerung vorher gesagt worden ist, daß der Gegenstand dem Käufer erst ausgeliefert werden solle, wenn er den Preis erlegt hat, dann kommt man dem Bankier mit folgender Gegeneinrede zu Hilfe: Verurteile ihn, wenn – ODER WENN VORHER GESAGT WORDEN IST, DASS DEM KÄUFER DER GEGENSTAND ERST AUSGELIEFERT WERDEN SOLL, WENN ER DEN PREIS ERLEGT HAT.

127. Bisweilen aber kommt es vor, daß wieder die Gegeneinrede, die auf den ersten Blick berechtigt erscheint, dem Beklag-

ten in unbilliger Weise schaden würde. Wenn das der Fall ist, braucht man einen weiteren Zusatz zur Prozeßformel, um dem Beklagten zu Hilfe zu kommen. Diesen nennt man Duplik (duplicatio). 128. Und wenn die Duplik wieder auf den ersten Blick gerechtfertigt erscheint, aber aus irgendeinem Grunde dem Kläger in unbilliger Weise schaden würde, braucht man wieder einen Zusatz, um dem Kläger zu Hilfe zu kommen, und der heißt triplicatio. 129. Den Gebrauch aller dieser Zusätze, bisweilen sogar noch mehrerer, als ich genannt habe, hat die Vielfalt der Geschäfte notwendig gemacht.

[VORBEHALTE]

130. Wir wollen jetzt die Vorbehalte (praescriptio) betrachten, die für den Kläger anerkannt sind. 131. Oft muß aus ein und derselben Verbindlichkeit ein Teil schon jetzt geleistet werden, und anderes ist erst später fällig, z. B. weil wir die Zahlung bestimmter Beträge in einzelnen Jahren oder Monaten förmlich gefordert haben. Denn wenn bestimmte Jahre oder Monate abgelaufen sind, muß die Rate für diesen Zeitraum gezahlt werden, die Verbindlichkeit für die kommenden Jahre aber gilt zwar als begründet, eine Leistungspflicht besteht jedoch noch nicht. Wenn wir also das, was geleistet werden muß, fordern und vor Gericht bringen, die zukünftige Leistungspflicht aus der Verbindlichkeit dagegen unberührt lassen möchten, so ist es notwendig, daß wir die Klage mit folgendem Vorbehalt einbringen: ES SOLL DAS, WAS FÄLLIG GEWESEN IST, BEHANDELT WERDEN. Denn wenn wir ohne diesen Vorbehalt geklagt haben, natürlich mit der Prozeßformel, mit der wir eine unbestimmte Summe fordern, bei der die Erklärung folgendermaßen formuliert ist: ALLES, WAS NUMERIUS NEGIDIUS NACHWEISLICH DEM AULUS AGERIUS GEBEN ODER LEISTEN MUSS, usw., bringen wir die gesamte Verbindlichkeit, d. h. auch das, was erst später fällig wird, vor Gericht, ⟨und das, was vor dem Termin, der Bestandteil der Schuldverschreibung ist, vor Gericht gebracht wird, kann im Urteil nicht mit erfaßt werden, und noch einmal klagen kann man deswegen auch nicht - - -⟩.

131a. Ebenso: wenn wir auf Grund eines abgeschlossenen Kaufes Klage erheben, daß uns ein Grundstück durch mancipatio übertragen werden soll, so müssen wir folgenden Vorbehalt machen: DIE KLAGE SOLL AUF DIE MANCIPATIO DES GRUNDSTÜCKS BESCHRÄNKT SEIN, damit wir später, wenn wir wollen, daß der freie Besitz (vacua possessio) übertragen wird, die gleiche Klage gegen den Verkäufer gebrauchen können. Sonst, wenn wir in dieser Sache nicht achtsam genug sind, wird die gesamte Verbindlichkeit aus diesem Rechtsverhältnis in der Erklärung aufgezehrt, die auf ein Unbestimmtes hin formuliert ist: WAS NUMERIUS NEGIDIUS AUS DIESEM GRUNDE DEM AULUS AGERIUS GEBEN ODER LEISTEN MUSS, usw., so daß uns später, wenn wir wegen der Übertragung des freien Besitzes klagen wollen, kein Klagerecht mehr bleibt.

132. Daß die Vorbehalte ihren Namen daher haben, daß sie vorn *vor* die Prozeßformel geschrieben (prae-scriptum) werden, ist mehr als offensichtlich. 133. Aber heutzutage gehen, wie ich oben bemerkt habe, alle Vorbehalte vom Kläger aus. Früher aber wurden einige auch für den Beklagten erhoben; von der Art war folgender Vorbehalt: DIE SACHE SOLL VERHANDELT WERDEN, SOWEIT DADURCH NICHT DIE FRAGE DER ERBSCHAFT VORENTSCHIEDEN WIRD. Dieser Vorbehalt ist nun in die Form einer Einrede überführt worden und wird angewandt, wenn ein Bewerber um die Erbschaft in einer anderen Art der Klage eine Art Feststellungsurteil über die Erbschaft herbeizuführen versucht, z. B. indem er um die Herausgabe einzelner Stücke daraus klagt. Es wäre nämlich unbillig, wenn durch die Klage auf die Herausgabe eines einzigen Stückes eine Vorentscheidung über die ganze Erbschaft gefällt würde. - - - [*Hier stand vielleicht noch mehr über die Vorbehalte im Interesse des Beklagten, dann geht Gaius wieder zum Vorbehalt für den Kläger über.*]

134. - - - in der Erklärung wird in der Prozeßformel die Frage auf die Rechtslage hin formuliert, d. h., wem gegeben werden muß. Und natürlich muß das, was der Sklave förmlich fordert, seinem Herrn gegeben werden. Aber im Vorbehalt wird nach dem Tatbestand gefragt, d. h. danach, welcher Mensch die Forderung erhoben hat, und der muß nach dem natürlichen Wortsinn richtig sein.

135. Was ich aber von den Sklaven gesagt habe, das soll auch von den übrigen Personen, die uns rechtlich unterstehen, als gesagt gelten.

136. Ebenso müssen wir uns vor Augen halten, daß uns für den Fall, daß wir gegen jemand klagen, der uns eine unbestimmte Summe versprochen hat, im Edikt eine Prozeßformel in der Form angeboten wird, daß ein Vorbehalt bei der Beschreibung in die Formel eingefügt ist, folgendermaßen: X SOLL PRIVATRICHTER SEIN. IN HINBLICK DARAUF, DASS AULUS AGERIUS VON NUMERIUS NEGIDIUS EINE UNBESTIMMTE SUMME GEFORDERT HAT, SOWEIT DER ZAHLUNGSTERMIN DAFÜR VERSTRICHEN IST; WAS NUMERIUS NEGIDIUS DEM AULUS AGERIUS AUS DIESEM GRUNDE GEBEN ODER LEISTEN MUSS, USW.

137. Aber wenn gegen einen Sponsor oder Bürgen geklagt wird, pflegt in Hinblick auf die Person des Sponsors folgender Vorbehalt gemacht zu werden: ES SOLL VERHANDELT WERDEN, DASS AULUS AGERIUS VON LUCIUS TITIUS EINE UNBESTIMMTE SUMME GEFORDERT HAT, FÜR DIE NUMERIUS NEGIDIUS SPONSOR IST, SOWEIT DER ZAHLUNGSTERMIN DAFÜR VERSTRICHEN IST, für die Person des Bürgen aber: ES SOLL VERHANDELT WERDEN, DASS NUMERIUS NEGIDIUS FÜR LUCIUS TITIUS IN HINBLICK AUF EINE UNBESTIMMTE SUMME GEBÜRGT HAT, SOWEIT DER ZAHLUNGSTERMIN DAFÜR VERSTRICHEN IST, und dann folgt der Rest der Formel.

[INTERDIKTE]

138. Wir müssen jetzt noch die Interdikte des Prätors (interdictum) betrachten. 139. In bestimmten Fällen setzt der Prätor, in der Provinz der Prokonsul, seine Autorität unmittelbar zur Beendigung eines Konfliktes ein. Dies tut er besonders dann, wenn zwischen mehreren Parteien um Besitz oder Quasi-Besitz gestritten wird. Kurz gesagt, er befiehlt, daß etwas geschieht, oder er verbietet es. Die Formeln aber und die Schemata, die er dabei benützt, nennt man Interdikte oder Dekrete. 140. Man nennt sie aber Dekrete, wenn er befiehlt, daß etwas geschehen soll, z. B. daß etwas vorgelegt oder zurückgegeben werden soll, und Interdikte, wenn er etwas verbietet,

z. B. daß jemandem, der in fehlerlosem Besitz ist, Gewalt angetan wird oder daß irgend etwas auf einem Stück Land geschieht, das sacer ist. Daher nennt man alle Interdikte entweder restitutorisch oder exhibitorisch oder prohibitorisch.

141. Aber wenn der Prätor etwas zu tun oder zu unterlassen befohlen hat, ist die Angelegenheit damit doch nicht gleich beendet, sondern man geht damit vor den Privatrichter oder vor die Rekuperatoren, und nachdem eine Prozeßformel ausgegeben ist, wird dort untersucht, ob etwas gegen das Edikt des Prätors getan worden ist oder ob das, was er zu tun befohlen hat, nicht getan worden ist. Und manchmal ist es ein Verfahren mit und manchmal eines ohne Strafe: mit Strafe z. B., wenn mit Prozeßwette geklagt wird, ohne Strafe z. B., wenn ein Schiedsmann verlangt wird. Und nach prohibitorischen Interdikten wird allerdings gewöhnlich immer mit Prozeßwette geklagt, nach restitutorischen und exhibitorischen aber teils mit Prozeßwette, teils mit der Prozeßformel, die man „Ermessensformel“ (formula arbitraria) nennt.

142. Die Hauptunterscheidung ist also, daß Interdikte entweder prohibitorisch oder restitutorisch oder exhibitorisch sind. 143. Eine zweite Unterscheidung ergibt sich daraus, daß sie entweder geschaffen sind, um Besitz zu erlangen oder um ihn zu erhalten oder um ihn zurückzubekommen (possessorische Interdikte).

144. Damit er Besitz erlangt, wird demjenigen, der als Besitzer des Gesamtnachlasses eingesetzt ist, das Interdikt gewährt, das mit den Worten QUORUM BONORUM beginnt. Seine Kraft und Wirkung besteht darin, daß alles, was irgendwer von dem Vermögen, dessen Besitz jemandem zugesprochen ist, „anstelle des Erben“ oder „anstelle des Besitzers“ in Händen hat oder in betrügerischer Absicht aufgehört hat in Händen zu haben, demjenigen zurückgegeben werden muß, dem der Besitz des Gesamtnachlasses zugesprochen ist. „Anstelle des Erben“ besitzt offenbar aber sowohl derjenige, der Erbe ist, als auch derjenige, der sich für den Erben hält. „Anstelle des Besitzers“ besitzt derjenige, der ohne Rechtstitel ein Erbstück oder auch die gesamte Erbschaft in Händen hat, obgleich er weiß, daß sie ihm nicht zusteht. Es heißt aber deshalb „Interdikt, um Besitz

zu erlangen", weil es nur für den von Nutzen ist, der jetzt zum erstenmal versucht, in den Besitz der Sache zu kommen. Wenn daher jemand den Besitz, den er schon erlangt hatte, verloren hat, so hört dies Interdikt auf, für ihn nützlich zu sein. 145. Auch für den Käufer der gesamten Habe wird in ähnlicher Weise ein Interdikt im Edikt veröffentlicht, das einige „possessorisches Interdikt" (possessorium interdictum) nennen. 146. Ebenso wird dem Käufer von beschlagnahmtem Eigentum ein Interdikt derselben Art zur Verfügung gestellt, das „sektorisches Interdikt" heißt, weil Käufer von staatlich beschlagnahmtem Eigentum Sektoren genannt werden. 147. Auch das sogenannte Salvianische Interdikt ist geschaffen, um Besitz zu erlangen, und der Grundherr benutzt es, um das Inventar seines Pächters zu beschlagnahmen, wenn dieser mit ihm abgemacht hatte, daß es zum Pfand für die Pacht dienen solle.

148. Um den Besitz zu erhalten, wird gewöhnlich ein Interdikt erteilt, wenn zwei Parteien um ein Objekt streiten und vorher untersucht wird, wer von den Prozeßparteien im Besitz sein und wer gerichtlich fordern soll. Zu diesem Zweck sind die Interdikte geschaffen, die mit den Worten UTI POSSIDETIS und UTRUBI beginnen. 149. Und das Interdikt UTI POSSIDETIS wird erteilt, wenn es um den Besitz eines Grundstücks oder eines Gebäudes, UTRUBI, wenn es um den Besitz beweglicher Güter geht. 150. Und wenn wegen eines Grundstücks oder Gebäudes ein Interdikt erteilt wird, so soll nach der Anweisung des Prätors derjenige vorgezogen werden, der zu dem Zeitpunkt, zu dem das Interdikt erteilt wird, Besitzer ist, falls er es dem Gegner nicht gewaltsam oder heimlich weggenommen oder dieser es ihm nicht auf Widerruf überlassen hat; wenn das Interdikt aber wegen eines beweglichen Gutes erteilt wird, so soll derjenige vorgezogen werden, der den größeren Teil des betreffenden Jahres das Streitobjekt besessen hat, falls er es dem Gegner nicht gewaltsam oder heimlich weggenommen oder dieser es ihm nicht auf Widerruf überlassen hat. Und das wird genügend durch die Worte des Interdikts selbst ausgedrückt. 151. Aber beim Interdikt UTRUBI nützt jedem nicht nur die Zeit, in der er selbst besessen hat, sondern auch die Besitz-

periode eines Dritten, wenn es gerecht ist, sie ihm hinzuzurechnen: z. B. die Besitzperiode desjenigen, dessen Erbe er geworden ist oder von dem er den Gegenstand gekauft hat oder von dem er ihn als Schenkung oder Mitgift empfangen hat. Wenn daher die mit der Dauer unseres Besitzes verbundene Zeit, in der ein Dritter rechtmäßig besessen hat, die Besitzdauer unseres Gegners übertrifft, so siegen wir nach diesem Interdikt. Wer aber gar nicht selbst besitzt, dem wird ein Zuwachs an Zeit nicht gewährt, und das kann auch nicht sein, denn etwas, was nicht ist, kann nicht vermehrt werden. Aber auch dem, dessen Besitz mangelhaft ist, d. h., wer dem Gegner den Gegenstand gewaltsam oder heimlich abgenommen oder ihn von ihm auf Widerruf erhalten hat, wird ein Zuwachs an Zeit nicht gewährt, denn ihm nützt sein Besitz nichts. 152. Das Jahr wird aber vom Tag des Interdikts an rückwärts gerechnet. Wenn du also zuerst acht Monate im Besitz gewesen bist und ich darauf sieben, so werde ich vorgezogen, weil der Besitz während der ersten drei Monate dir nach diesem Interdikt nichts nützt, weil es Besitz in einem anderen Jahr ist. 153. Wir gelten aber nicht nur dann als Besitzer, wenn wir selbst besitzen, sondern auch, wenn ein anderer in unserem Namen im Besitz ist, auch wenn er uns nicht rechtlich untersteht, wie ein Pächter oder Mieter. Auch durch diejenigen, bei denen wir hinterlegt haben oder denen wir vertraglich geliehen oder freie Wohnung gewährt haben, gelten wir selbst als Besitzer. Und das ist mit der Redensart gemeint, daß der Besitz durch jeden beliebigen erhalten werden kann, der in unserem Namen besitzt. Ja, viele glauben sogar, daß der Besitz durch den bloßen Willen gewahrt wird, d. h., daß wir den Besitz doch zu behalten scheinen, ⟨obwohl wir nicht selbst besitzen⟩ und auch kein anderer in unserem Namen, wenn wir nicht in der Absicht fortgegangen sind, den Besitz aufzugeben, sondern mit der Absicht, zurückzukehren. Durch wen wir aber Besitz *erwerben* können, habe ich im zweiten Buch beschrieben [II 86–96], und es besteht keinerlei Zweifel, daß wir durch bloßen Willen keinerlei Besitz erlangen können.

154. Um Besitz zurückzubekommen, wird gewöhnlich ein Interdikt gewährt, wenn jemand mit Gewalt aus seinem Besitz

vertrieben worden ist. Denn ihm wird im Edikt das Interdikt UNDE VI zur Verfügung gestellt, das mit den Worten WOHER DU IHN MIT GEWALT VERTRIEBEN HAST beginnt, durch das derjenige, der vertrieben hat, gezwungen wird, dem Vertriebenen den umstrittenen Besitz zurückzuerstatten, falls der nur nicht dem Gegner den Besitz gewaltsam oder heimlich weggenommen oder dieser ihm den Besitz auf Widerruf überlassen hatte. Denn jemanden, der mir gewaltsam oder heimlich etwas weggenommen hat oder dem ich es auf Widerruf überlassen habe, kann ich ungestraft vertreiben. 155. Gelegentlich aber werde ich doch gezwungen, jemandem den Besitz zurückzuerstatten, obwohl ich nur den vertrieben habe, der mir gewaltsam oder heimlich etwas weggenommen oder dem ich den Besitz auf Widerruf überlassen hatte, z. B. wenn ich ihn mit Waffengewalt vertrieben habe. Denn wegen der besonderen Schwere des Deliktes muß ich mich so weit dem Interdikt fügen, daß ich ihm auf jeden Fall den Besitz zurückerstatten muß. Unter der Bezeichnung „Waffen“ sind in diesem Falle nicht nur Schilde, Schwerter und Helme zu verstehen, sondern auch Knüppel und Steine.

156. Die dritte Einteilung der Interdikte geht darauf, daß sie entweder einseitig oder zweiseitig sind. 157. Die einseitigen sind z. B. diejenigen, bei denen der eine Kläger und der andere Beklagter ist, so alle restitutorischen und exhibitorischen Interdikte, denn der Kläger ist derjenige, der wünscht, daß vorgelegt oder zurückgegeben werde, der Beklagte ist der, von dem verlangt wird, daß er vorlegt oder zurückgibt. 158. Die prohibitorischen Interdikte sind teilweise einseitig, teilweise zweiseitig. 159. Einseitig sind diejenigen, in denen der Prätor z. B. dem Beklagten verbietet, an einer Stelle, die sacer ist, oder in einem der Allgemeinheit gehörenden Fluß oder an seinem Ufer etwas zu tun. Denn der Kläger ist der, der wünscht, daß etwas unterlassen werde, der Beklagte derjenige, der versucht, etwas zu tun. 160. Zweiseitig sind z. B. die Interdikte UTI POSSIDETIS und UTRUBI. Sie werden aber deswegen zweiseitig genannt, weil die Lage beider streitender Parteien in ihnen gleich ist und niemand besonders als Kläger oder Beklagter angesehen wird, sondern jeder einzelne sowohl die Rolle des Klägers

wie die des Beklagten spielt, da der Prätor zu beiden dasselbe sagt. Denn das allgemeine Schema dieser Interdikte ist folgendes: ICH VERBIETE, DASS DER AUGENBLICKLICHE BESITZSTAND GEWALTSAM VERÄNDERT WIRD, und beim zweiten: ICH VERBIETE, DASS DIE PARTEI, DIE DEN SKLAVEN, UM DEN ES GEHT, DEN GRÖSSEREN TEIL DES JAHRES BESESSEN HAT, GEWALTSAM DARAN GEHINDERT WIRD, IHN FORTZUFÜHREN.

[DAS INTERDIKTENVERFAHREN VOR GERICHT]

161. Nachdem die verschiedenen Arten der Interdikte und Dekrete vorgeführt worden sind, müssen wir jetzt ihre Anwendung und Wirkung betrachten; und wir wollen mit den einseitigen Interdikten beginnen. 162. Wenn also ein restitutorisches oder exhibitorisches Interdikt erteilt wird, z. B. daß dem der Besitz zurückerstattet werde, der gewaltsam vertrieben worden ist, oder daß ein Freigelassener, dem der Patron Arbeiten auferlegen will, vorgeführt werde, so wird die Sache manchmal ohne und manchmal mit Risiko bis zu Ende durchgeführt. 163. Denn wenn der Beklagte einen Schiedsmann verlangt hat, nimmt er die Prozeßformel an, die man „Ermessensformel" nennt, und wenn er nach dem Urteil des Schiedsmannes etwas zurückerstatten oder jemanden vorführen soll, so führt er ohne Risiko vor oder erstattet zurück und wird so freigesprochen. Wenn er aber nicht zurückerstattet oder vorlegt bzw. vorführt, so wird er verurteilt, zu zahlen, soviel das Objekt wert ist. Aber auch der Kläger prozessiert in diesem Falle ohne Risiko mit dem, der nichts zurückerstatten oder vorlegen muß, außer wenn eine Klage wegen böswilligen Prozessierens (calumniae iudicium) gegen ihn auf ein Zehntel des Wertes erhoben wird. Proculus vertrat jedoch die Ansicht, dem, der einen Schiedsmann verlangt habe, dürfe es nicht erlaubt werden, eine Klage wegen böswilligen Prozessierens anzustrengen, da er sozusagen durch dies Verlangen selbst zugegeben habe, daß er zurückerstatten oder vorlegen müsse. Aber wir wenden eine andere Rechtsnorm an, und mit Recht: man fordert nämlich

einen Schiedsmann eher deshalb an, um auf billigere Art einen Prozeß durchzuführen, nicht weil man gesteht, daß man schuldig ist.

164. Wer aber einen Schiedsmann anfordern will, muß darauf achten, daß er ihn sofort verlangt, ehe er das Gericht verläßt, d. h., ehe er vom Prätor fortgeht. Wer also später darum einkommt, wird nicht berücksichtigt. 165. Wenn er daher keinen Schiedsmann angefordert hat, sondern stillschweigend das Gericht verlassen hat, wird die Sache mit Risiko zu Ende geführt. Denn der Kläger fordert den Gegner durch eine Prozeßwette heraus, mit der Behauptung, er habe dadurch, daß er das Streitobjekt nicht vorgelegt oder nicht zurückerstattet habe, gegen die Grundsätze des Edikts des Prätors verstoßen. Der aber macht auf die Prozeßwette ein Gegengebot (restipulatio). Darauf gibt der Kläger dem Gegner eine Prozeßformel auf die Prozeßwette, und der wieder ihm eine auf das Gegengebot. Aber der Kläger fügt der Wettformel noch eine weitere Prozeßformel an über die Rückerstattung oder die Vorlage des Streitobjekts, mit der Maßgabe, daß der Gegner, falls er selbst in der Prozeßwette siegreich bleibe, verurteilt werden solle, ihm zu zahlen, was das Streitobjekt wert sei, falls er es nicht zurückerstatte oder vorlege. - - - [*Das Ende der einseitigen Interdikte und der Beginn der Behandlung der zweiseitigen fehlen.*]

166. - - - und derjenige, der bei der Nutzensversteigerung (fructus licitatio) den höheren Betrag bietet, wird einstweilen in den Besitz gesetzt, wenn er seinem Gegner durch die Nutzensforderung (fructuaria stipulatio) Sicherheit gewährt. Deren Kraft und Wirkung besteht darin, daß er dem Gegner, falls der Spruch diesem den Besitz zuspricht, die bei der Versteigerung gebotene Summe auszahlen muß. Dieses Wettbieten wird aber natürlich deshalb Nutzensversteigerung genannt, weil sie miteinander wetteifern, wer von ihnen in der Zwischenzeit, solange der Prozeß dauert, den Nutzen vom Streitobjekt haben soll. Danach fordert einer den anderen durch eine Prozeßwette heraus, weil gegen das Edikt des Prätors ihm, der im Besitz war, Gewalt angetan worden sei, und jeder setzt ein entsprechendes Gegengebot dagegen. - - -

166a. ⟨Wenn dann die Prozeßformeln für die Prozeßwetten und die Gegengebote herausgegeben worden sind,⟩ untersucht der Privatrichter, vor dem die Sache verhandelt wird, dasselbe, was der Prätor im Interdikt erfaßt hat, d. h., wer von beiden das Grundstück oder die Gebäude in der Zeit, als das Interdikt erteilt wurde, besaß und weder gewaltsam noch heimlich dem anderen weggenommen noch von ihm auf Widerruf erhalten hatte. Wenn der Privatrichter das ergründet und, nehmen wir an, zu meinen Gunsten entschieden hat, so verurteilt er meinen Gegner zur Zahlung des Betrags der Prozeßwette und des Gegengebots, die ich mit ihm abgeschlossen habe, an mich, und entsprechend spricht er mich von der Prozeßwette und dem Gegengebot frei, die der andere mit mir abgeschlossen hat. Und darüber hinaus wird mein Gegner, wenn er im Besitz des Streitobjektes ist, weil er bei der Nutzensversteigerung gewonnen hat, nach dem sogenannten iudicium Cascellianum, der Folgeklage (iudicium secutorium), verurteilt, wenn er es mir nicht herausgibt.

167. Also: wenn derjenige, der bei der Nutzensversteigerung gewonnen hat, nicht nachweist, daß der Besitz ihm zusteht, so muß er den Betrag der Prozeßwette und des Gegengebots und die Versteigerungssumme als Strafe bezahlen und außerdem den Besitz zurückerstatten, und darüber hinaus gibt er auch den Nutzen, den er inzwischen erzielt hat, zurück. Der Betrag der Nutzensversteigerung ist nämlich nicht der Preis der Früchte etc., sondern wird als Strafe gezahlt, weil man versucht hat, fremden Besitz diese Zeit über zu behalten und die Möglichkeit zu erlangen, ihn zu nutzen. 168. Wenn aber derjenige, der bei der Nutzensversteigerung verloren hat, nicht hat beweisen können, daß der Besitz ihm zukommt, so schuldet er nur den Betrag der Prozeßwette und des Gegengebotes als Strafe. 169. Wir müssen uns aber vor Augen halten, daß es dem Verlierer bei der Nutzensversteigerung freisteht, die Nutzensforderung zu unterlassen und, ähnlich wie er im iudicium Cascellianum oder der Folgeklage um die Rückgabe des Besitzes prozessiert, um den Betrag, der in der Nutzensversteigerung geboten wurde, zu prozessieren. Zu diesem Zweck ist eine besondere Klage, die sogenannte Nutzensklage (iudicium

fructuarium), geschaffen worden, bei der dem Kläger Sicherheit dafür gegeben wird, daß die vom Richter festgesetzte Summe gezahlt wird. Auch diese Klage heißt Folgeklage, weil sie dem Sieg in der Prozeßwette folgt, aber iudicium Cascellianum heißt sie nicht.

170. Aber weil manche Leute, wenn das Interdikt erteilt ist, die weiteren damit verbundenen Schritte nicht unternehmen wollten und weil die Sache deshalb nicht zum Abschluß geführt werden konnte, hat der Prätor in dieser Hinsicht vorgesorgt und Interdikte geschaffen, die wir „sekundär" nennen, weil sie an zweiter Stelle erteilt werden. Ihre Kraft und Wirkung liegt darin, daß derjenige, der die übrigen Schritte nach dem ersten Interdikt nicht weiter unternimmt, z. B. wer keine Gewalt anwendet oder sich nicht an der Nutzensversteigerung beteiligt oder für den Betrag der Nutzensversteigerung keine Sicherheit gibt oder die Prozeßwette nicht eingeht oder den Spruch über die Prozeßwette nicht annimmt, daß der, wenn er besitzt, dem anderen den Besitz einräumen muß oder, wenn er nicht besitzt, dem anderen das Streitobjekt nicht gewaltsam wegnehmen darf. Wenn er also sonst nach dem Interdikt UTI POSSIDETIS hätte siegen können, wenn er die übrigen Schritte nach dem Interdikt unternommen hätte, so wird er dennoch nach dem sekundären Interdikt besiegt, wenn er sie nicht unternommen hat. - - -

[STRAFEN FÜR LEICHTFERTIGES PROZESSIEREN]

171. ⟨Leichtfertigkeit sowohl der Kläger als auch der Beklagten wird entweder⟩ durch eine Geldstrafe gezügelt oder durch die Heiligkeit des Eides oder durch die Furcht vor der Ehrlosigkeit. Und der Prätor erteilt - - - gegen diejenigen, die ihre Haftbarkeit leugnen, in manchen Fällen eine Klage auf den doppelten Betrag, z. B. wenn auf eine gerichtlich zugesprochene Schuld geklagt oder eine Aufwandsklage erhoben wird oder wenn wegen schuldhafter Schädigung oder wegen eines Vermächtnisses geklagt wird, das als Verpflichtungsvermächtnis hinterlassen ist. In bestimmten Fällen wird auch er-

laubt, eine Prozeßwette einzugehen, z. B. wegen einer bestimmten Summe geliehenen Geldes oder wegen versprochenen Geldes (pecunia constituta). Bei einer bestimmten Summe geliehenen Geldes geht die Prozeßwette auf den dritten Teil, bei versprochenem Geld aber auf die Hälfte des Betrages. 172. Wenn dem Beklagten weder das Risiko einer Prozeßwette noch eine Klage auf den doppelten Betrag auferlegt wird und die Klage auch nicht gleich von Anfang an auf mehr als den einfachen Betrag geht, so erlaubt der Prätor, den Eid zu verlangen, DASS NICHT AUS BÖSWILLIGKEIT (calumnia) DIE HAFTBARKEIT GELEUGNET WERDE. Deshalb fordert der Prätor den Eid auch von Erben und solchen, die „anstelle der Erben" stehen, obgleich ⟨sie keine Strafe zu gewärtigen haben,⟩ und von Frauen und Unmündigen, obwohl sie von dem Risiko der Prozeßwette befreit sind. 173. Klagen, die gleich von Anfang an auf mehr als den einfachen Betrag gehen, sind die Klagen auf offenkundigen Diebstahl – auf das Vierfache –, auf nichtoffenkundigen Diebstahl – auf das Doppelte – und die Klagen auf gefundenes Diebesgut und wegen Unterschiebung von Diebesgut – auf das Dreifache des Wertes. Denn in diesen und einigen anderen Fällen geht die Klage auf mehr als den einfachen Betrag, ob der Beklagte nun leugnet oder nicht.

[STRAFEN FÜR BÖSWILLIGES PROZESSIEREN]

174. Auch Böswilligkeit des Klägers wird gezügelt, bald durch eine Klage wegen böswilligen Prozessierens, bald durch eine Gegenklage, bald durch einen Eid, bald durch ein Gegengebot auf die Prozeßwette.

175. Und eine Klage wegen böswilligen Prozessierens ist bei allen Klagen möglich, und sie geht auf den zehnten Teil des Wertes, ausgenommen gegen jemand, der die Freiheit eines Sklaven behauptet, da beträgt sie ein Drittel. 176. Es steht übrigens dem Beklagten frei, entweder eine Klage wegen böswilligen Prozessierens anzustrengen oder den Eid zu verlangen, DASS DER ANDERE NICHT AUS BÖSWILLIGKEIT KLAGT. 177. Eine Gegenklage aber ist nur in bestimmten Fällen eingeführt, z. B.

wenn wegen Beleidigung geklagt wird oder wenn gegen eine Frau geklagt wird, weil ihr nachgesagt wird, sie habe, als Schwangere für das erwartete Kind in die Besitzungen ihres verstorbenen Mannes eingesetzt, arglistig den Besitz jemand anderem zugewandt, oder wenn jemand mit der Begründung Klage erhebt, der Prätor habe ihm den Besitz zugesprochen und ein anderer habe ihn nicht hereingelassen. Gegen eine Beleidigungsklage geht diese Klage auf ein Zehntel des Wertes, gegen die beiden andren auf ein Fünftel.

178. Die Bestrafung im Falle einer Gegenklage ist aber strenger als bei einer Klage wegen böswilligen Prozessierens. Denn auf eine Klage wegen böswilligen Prozessierens hin wird nur der zur Zahlung eines Zehntels verurteilt, der wußte, daß er zu Unrecht klagte, aber die Klage erhob, um den Gegner zu ärgern, und einen Erfolg eher durch einen Irrtum oder eine Ungerechtigkeit des Richters erhoffte als wegen der Wahrheit seiner Behauptung. Die Böswilligkeit liegt nämlich im Vorsatz, ebenso wie die Schuld beim Diebstahl. Auf eine Gegenklage hin aber wird der Kläger auf jeden Fall verurteilt, wenn er seinen Prozeß verloren hat, auch wenn er irrtümlich geglaubt hat, er klage zu Recht. 179. Allerdings ist in den Fällen, in denen eine Gegenklage erhoben werden kann, auch eine Klage wegen böswilligen Prozessierens möglich, aber man darf nur eine von beiden erheben. Wenn deshalb ein Eid wegen der Böswilligkeit gefordert worden ist und deshalb eine Klage wegen böswilligen Prozessierens nicht erlaubt wird, darf auch eine Gegenklage nicht erteilt werden. 180. Die Strafe des Gegengebots zur Prozeßwette pflegt in bestimmten Fällen einzutreten; und wie der Kläger auf eine Gegenklage hin auf jeden Fall verurteilt wird, wenn er seinen Prozeß verloren hat, und nicht gefragt wird, ob er gewußt hat, daß er nicht zu Recht klagte, so wird der Kläger auch zur Strafe des Gegengebots auf jeden Fall verurteilt, wenn er nicht hat gewinnen können. 181. Wer aber das Risiko des Gegengebotes auf sich nehmen muß, dem wird weder eine Klage wegen böswilligen Prozessierens entgegengestellt, noch wird ihm ein Eid auferlegt. Denn daß in diesen Fällen eine Gegenklage nicht in Frage kommt, ist offenkundig.

182. Durch eine Verurteilung in bestimmten Prozessen wird der Beklagte ehrlos (ignominiosus), z. B. bei Klagen auf Diebstahl, Raub, Beleidigung, ebenso bei Klagen aus Gesellschaft, Sicherheitsübereignung, Vormundschaft, unentgeltlicher Geschäftsführung, Hinterlegung. Bei Diebstahl, Raub und Beleidigung werden nicht nur diejenigen ehrlos, die verurteilt sind, sondern auch die, die einen Vergleich geschlossen haben, wie es im Edikt des Prätors geschrieben steht, und das mit Recht: es macht nämlich einen großen Unterschied, ob jemand aus einem Delikt oder aus einem Vertrag Schuldner ist. Jedoch wird das nicht in einem Teil des Edikts wörtlich gesagt, daß einer ehrlos werden soll; aber wem verboten wird, für einen anderen vor Gericht aufzutreten, einen Prozeßvertreter zu stellen oder einen Bevollmächtigten zu haben oder als Bevollmächtigter oder Prozeßvertreter in den Prozeß eines anderen einzugreifen, der gilt als ehrlos.

[VON DER LADUNG VOR GERICHT (DE IN IUS VOCANDO)]

183. Schließlich muß man wissen, daß derjenige, der mit einem anderen prozessieren will, ihn vor Gericht laden muß und daß der, welcher geladen worden ist, wenn er nicht kommt, nach dem Edikt des Prätors eine strafbare Handlung begeht. Bestimmte Personen aber darf man nicht ohne besondere Erlaubnis des Prätors vor Gericht laden, z. B. Eltern, Patron oder Patronin, Kinder und Eltern des Patrons oder der Patronin, und gegen den, der dagegen verstößt, ist eine Strafe festgelegt. 184. Wenn aber der Gegner vor Gericht geladen ist und die Angelegenheit nicht am gleichen Tag hat beendet werden können, muß er vadimonium geben, d. h., er verspricht, sich am festgelegten Termin wieder zu stellen. 185. In manchen Fällen wird ein vadimonium „rein“, d. h. ohne Stellung von Sicherheit, gegeben, manchmal mit Stellung von Sicherheit, manchmal durch einen Eid, manchmal mit hinzugesetzten Rekuperatoren, d. h., daß derjenige, der sein Versprechen nicht gehalten hat, sogleich von den Rekuperatoren zur Zah-

lung des im vadimonium festgesetzten Betrages verurteilt werden soll. Und diese einzelnen Formen werden im Edikt des Prätors genau bezeichnet. 186. Und wenn nun wegen einer gerichtlich zugesprochenen Schuld geklagt oder eine Aufwandsklage erhoben wird, so wird das vadimonium in der Höhe des strittigen Betrages angesetzt, wenn aber aus anderen Gründen, so hoch, wie es der Kläger – der beschwören muß, daß er damit keine böswillige Absicht verbindet – als vadimonium hat versprochen haben wollen. Es wird das vadimonium jedoch nicht höher als der halbe Streitbetrag und nicht höher als 100000 Sesterzen angesetzt. Wenn es daher um 100000 Sesterzen geht und nicht auf eine gerichtlich zugesprochene Schuld geklagt oder eine Aufwandsklage erhoben wird, so wird das vadimonium nicht höher als 50000 Sesterzen.

187. Die Personen aber, die wir ohne Erlaubnis des Prätors nicht ungestraft vor Gericht rufen dürfen, können wir auch nicht gegen ihren Willen durch ein vadimonium binden, außer wenn es der Prätor auf Anfrage hin erlaubt.

AUS DEN DIGESTEN

GESETZE, SENATSBESCHLÜSSE UND GEWOHNHEITSRECHT

1,3,1 (*Papinian*): Eine allgemeinverbindliche Rechtsvorschrift ist Gesetz; auch das Gutachten der Rechtsgelehrten ist Gesetz. Es soll die vorsätzlich oder unwissentlich begangenen sträflichen Handlungen einschränken und ist eine vom Staat übernommene Bürgschaft.

1,3,3 (*Pomponius*): Wie Theophrastus sagt, müssen Rechtsbestimmungen danach getroffen werden, was in der Regel geschieht, nicht aber danach, was ausnahmsweise geschieht.

1,3,4 (*Celsus*): Bei der Abfassung von Rechtsbestimmungen wird nicht darauf gesehen, was vielleicht in einem einzigen Fall geschehen kann.

1,3,5 (*Celsus*): Denn das Recht muß vielmehr dem angepaßt werden, was häufig und leicht geschieht, als dem, was sehr selten eintritt.

1,3,7 (*Modestin*): Der Zweck des Gesetzes ist es, zu befehlen, zu verbieten, zu erlauben und zu strafen.

1,3,8 (*Ulpian*): Rechtsbestimmungen werden nicht für einzelne Personen, sondern für die Allgemeinheit getroffen.

1,3,9 (*Ulpian*): Es unterliegt keinem Zweifel, daß der Senat Rechtsbestimmungen treffen kann.

1,3,10 (*Julian*): Weder Gesetze noch Senatsbeschlüsse können so abgefaßt werden, daß sie alle Fälle erfassen, die nur irgend einmal eintreten können; doch es genügt, wenn sie das enthalten, was meistenteils geschieht.

1,3,11 (*Julian*): Deshalb muß zu dem, was ursprünglich festgelegt wurde, wenn es erforderlich ist, entweder durch Interpretation oder Erlaß des Kaisers etwas Näheres bestimmt werden.

1,3,14 (*Paulus*): Was gegen die Regeln des allgemeinen Rechts angenommen wurde, darf nicht auf ähnliche Fälle bezogen werden.

1,3,16 (*Paulus*): Ein besonderes Recht ist dasjenige, das der Nützlichkeit wegen gegen den Sinn der allgemeinen Rechtsregel durch die Autorität der Gesetzgeber eingeführt wurde.

1,3,17 (*Celsus*): Die Gesetze kennen, heißt nicht, sich an ihre Worte, sondern an ihren Sinn und an ihre Bedeutung zu halten.

1,3,18 (*Celsus*): Die Gesetze müssen weniger nach der Strenge der Worte ausgelegt werden, damit ihr Wille erhalten bleibe.

1,3,19 (*Celsus*): Drückt sich ein Gesetz zweideutig aus, so ist die Bedeutung vorzuziehen, die dem Gegenstand am meisten entspricht, besonders wenn auch daraus die Absicht des Gesetzes gefolgert werden kann.

1,3,20 (*Julian*): Nicht von allem, was unsere Vorfahren gesetzlich bestimmten, läßt sich der Grund angeben.

1,3,22 (*Ulpian*): Wenn auch ein Gesetz etwas für die Vergangenheit verzeiht, so verbietet es dasselbe für die Zukunft.

1,3,23 (*Paulus*): Was stets eine bestimmte Auslegung gehabt hat, das darf am wenigsten geändert werden.

1,3,24 (*Celsus*): Es ist unrechtmäßig, nach irgendeiner vorgelegten einzelnen Stelle eines Gesetzes einen Richterspruch zu fällen oder ein Gutachten abzugeben, ohne das ganze Gesetz in Betracht gezogen zu haben.

1,3,26 (*Paulus*): Es ist nicht neu, daß frühere Gesetze auf spätere bezogen werden.

1,3,28 (*Paulus*): Auch spätere Gesetze beziehen sich, wenn sie ihnen nicht entgegenstehen, auf frühere; dies wird durch viele Beispiele bestätigt.

1,3,29 (*Paulus*): Dem Gesetz zuwider handelt derjenige, der etwas tut, was das Gesetz verbietet. Derjenige aber umgeht das Gesetz, der den Wortlaut des Gesetzes beachtet, sich aber dem Sinn desselben entzieht.

1,3,31 (*Ulpian*): Der Kaiser steht über dem Gesetz; die Kaiserin steht zwar unter dem Gesetz, aber die Kaiser gewähren ihr gewöhnlich auch die Vorrechte, die sie selbst genießen.

1,3,33 (*Ulpian*): Langjährige Gewohnheit pflegt man in den Fällen, in denen nichts Geschriebenes vorhanden ist, als Recht und Gesetz zu beachten.

1,3,35 (*Hermogenian*): Aber auch das, was durch lange Gewohnheit gebilligt und viele Jahre hindurch befolgt wurde, wertet man als stillschweigende Übereinkunft der Bürger ebenso wie geschriebene Rechte.

1,3,36 (*Paulus*): Dieses Recht genießt sogar großes Ansehen, da man so sehr damit einverstanden gewesen ist, daß es gar nicht nötig war, es schriftlich aufzusetzen.

1,3,37 (*Paulus*): Wenn es auf die Auslegung eines Gesetzes ankommt, so ist vor allem darauf zu achten, was früher im Staat in Fällen derselben Art als Recht gegolten hat; denn die Gewohnheit ist die beste Auslegerin der Gesetze.

1,3,38 (*Kallistrat*): Unser Kaiser Severus reskribierte, daß bei aus Gesetzen entstandenen Zweideutigkeiten die Gewohnheit oder die Autorität stets ähnlich entschiedener Fälle Gesetzeskraft haben solle.

1,3,39 (*Celsus*): Was nicht aus einem Vernunftsgrund, sondern ursprünglich aus einem Irrtum eingeführt, nachher aber durch Gewohnheit beibehalten wurde, gilt in anderen ähnlichen Fällen nicht.

1,3,40 (*Modestin*): Das gesamte Recht ist also entweder durch die allgemeine Übereinstimmung hervorgebracht oder durch die Notwendigkeit begründet oder durch Gewohnheit bestätigt worden.

1,3,41 (*Ulpian*): Das gesamte Recht beschäftigt sich entweder mit Erwerben oder Erhalten oder Vermindern. Denn es kommt ja darauf an, auf welche Weise jemandem etwas zuteil wird, auf welche Weise er seine Sache oder sein Recht bewahrt oder wie er es veräußert oder verliert.

KAISERLICHE ERLASSE

1,4,1 (*Ulpian*): Was der Kaiser befiehlt, hat Gesetzeskraft, da nämlich das Volk durch die Lex regia über die oberste Gewalt seine ganze Macht und Gewalt demselben und an denselben übertragen hat. (1) Was nun also der Kaiser durch Schreiben oder Aktenvermerk bestimmt oder als Richter beschließt oder was er außergerichtlich ausspricht oder durch Edikt vorschreibt, ist Gesetz. Alles dies versteht man gewöhnlich unter dem Namen Erlasse. (2) Allerdings haben einige von ihnen nur persönliche Bedeutung und finden dann keine allgemeine Anwendung. Denn wenn der Kaiser jemandem wegen besonderer Verdienste etwas erlassen hat oder wenn er jemandem eine Strafe auferlegt hat oder wenn er jemandem zu Hilfe gekommen ist, ohne daß dies die Regel sein soll, so beschränkt er sich dabei auf die betreffende Person.

1,4,2 (*Ulpian*): Beim Erlaß neuer Bestimmungen muß ein in die Augen springender Nutzen vorhanden sein, um von dem Recht abzuweichen, das lange Zeit vernünftig erschienen ist.

1,4,3 (*Iavolenus*): Gnadenerteilungen des Kaisers, die von seiner huldreichen Bewilligung ausgehen, muß man in deren vollkommenster Ausdehnung verstehen.

1,4,4 (*Modestin*): Spätere Verordnungen haben Vorrang vor den früheren.

STAND DER MENSCHEN

1,5,4 (*Florentinus*): Freiheit ist die natürliche Fähigkeit, das zu tun, was zu tun beliebt, sobald man nicht durch Gewalt oder durch das Recht daran gehindert wird. (1) Sklaverei ist die Einrichtung des ius gentium, durch die ein Mensch gegen die Gesetze der Natur der Herrschaft eines anderen unterworfen ist. (2) Das Wort Sklave (servus) kommt daher, daß die Feldherren die Gefangenen zu verkaufen und dadurch zu erhalten (servare) und nicht zu töten pflegen. (3) Mancipia wurden sie genannt, weil sie vom Feind mit der Hand (manus) gefangen wurden.

1,5,5 (*Marcian*): Der Stand der Sklaven ist ein und derselbe; von den freien Menschen sind die einen aber Freigeborene und die anderen Freigelassene. (1) Sklaven kommen entweder nach dem ius civile oder nach dem ius gentium in unser Eigentum: nach dem ius civile, wenn jemand, der älter als 20 Jahre ist, sich selbst hat verkaufen lassen, um Anteil am Kaufpreis zu haben; nach dem ius gentium sind diejenigen unsere Sklaven, die vom Feinde gefangengenommen oder von unseren Sklavinnen geboren wurden. (2) Freigeborene sind diejenigen, die von einer freien Mutter geboren wurden, denn es genügt, daß sie zur Zeit der Geburt frei war, auch wenn sie als Sklavin empfangen hat. Auch im umgekehrten Fall, wenn sie als Freie schwanger geworden ist und nachher als Sklavin geboren hat, hat man festgelegt, daß das Kind als Freies geboren werde. Es ist auch einerlei, ob sie in rechtmäßiger Ehe empfangen hat oder nicht, weil der Leibesfrucht das Unglück der Mutter nicht schaden darf. (3) Daraus ist die Frage entstanden, wenn eine schwangere Sklavin freigelassen, aber nachher wieder Sklavin geworden oder aus dem Staate verwiesen worden ist und dann niederkommt, ob sie dann einen Freien oder einen Sklaven gebäre? Man hat es jedoch für richtiger gefunden, daß das Kind als Freies geboren würde und es für die Leibesfrucht genügt, auch nur in der dazwischenliegenden Zeit eine freie Mutter gehabt zu haben.

1,5,8 (*Papinian*): Kaiser Antoninus Pius reskribierte, daß der Stand der Kinder wegen des Inhalts schlecht abgefaßter Urkunden keine Anfechtung erleiden soll.

1,5,9 (*Papinian*): In vielen Bestimmungen unseres Rechts ist die Lage der Frauen schlechter als die der Männer.

1,5,10 (*Ulpian*): Es ist die Frage aufgetreten, welchem Geschlecht Zwitter zuzurechnen sind. Ich glaube, daß es auf das in ihnen vorherrschende Geschlecht ankommt.

1,5,12 (*Paulus*): Daß ein Kind im siebenten Monat den Grad der Entwicklung erreicht hat, wo es lebensfähig ist, wurde schon auf Grund der Autorität des gelehrten Hippokrates angenommen. Daher ist auch anzunehmen, daß derjenige, der in rechtmäßiger Ehe im siebenten Monat geboren wurde, ein rechtmäßiger Sohn ist.

1,5,17 (*Ulpian*): Alle Menschen, die im Gebiet des Römischen Reiches leben, haben nach der Konstitution des Kaisers Caracalla das römische Bürgerrecht erhalten.

1,5,18 (*Ulpian*): Kaiser Hadrian reskribierte an Publicius Marcellus, daß eine zum Tode verurteilte schwangere Freie ein freies Kind zur Welt bringe und es üblich sei, sie so lange am Leben zu lassen, bis sie geboren habe. Auch wenn eine aus rechtmäßiger Ehe schwanger gewordene Frau verbannt wurde, bringt sie einen römischen Bürger zur Welt, der sich in der Gewalt seines Vaters befindet.

1,5,20 (*Ulpian*): Wer geisteskrank wird, behält offensichtlich sowohl seinen persönlichen Stand und die Würde, die er bekleidet hat, als auch seine Magistratur und seine Gewalt, so wie er sein Eigentum behält.

1,5,21 (*Modestin*): Ein Freier, der sich verkauft hat, tritt nach seiner Freilassung nicht wieder in seinen früheren Stand ein, dem er entsagt hat, sondern erhält die Stellung eines Freigelassenen.

1,5,23 (*Modestin*): Diejenigen bezeichnet man als außerehelich empfangen, die nicht sagen können, wer ihr Vater ist, oder die es zwar können, aber jemanden zum Vater haben, der es nicht sein sollte. Diese heißen auch uneheliche Kinder nach der Art der Geburt.

RECHTLICH SELBSTÄNDIGE UND FREMDEN RECHTEN UNTERWORFENE

1,6,2 (*Ulpian*): Wenn der Herr gegen seine Sklaven wütet oder sie zu Schamlosigkeiten oder Niederträchtigkeiten zwingen will, so zeigt sich die Pflicht des Provinzstatthalters aus einem Reskript des verstorbenen Kaisers Antoninus Pius an Aelius Marcianus, den Prokonsul von Baetica. Die Worte des Reskripts lauten wie folgt: „Die Gewalt der Herren über ihre Sklaven soll zwar unversehrt bleiben, und niemandem soll sein Recht entzogen werden, aber es nützt den Herren selbst, wenn demjenigen Abhilfe gegen Mißhandlung oder Hunger oder unerträgliches Unrecht nicht verweigert wird, der sie aus einem rechtmäßigen Grund in Anspruch nimmt. Deshalb untersuche die Beschwerden derjenigen vom Gesinde des Iulius Sabinus, die sich zu einer Statue geflüchtet haben. Solltest du finden, daß sie härter, als es billig ist, behandelt worden sind oder ihnen entehrendes Unrecht zugefügt wurde, so lasse sie derart verkaufen, daß sie nicht wieder in die Gewalt ihres Herrn zurückkommen. Sollte er diesen meinen Erlaß umgehen, so möge er wissen, daß ich dieses Verbrechen noch strenger ahnden werde." Auch der verstorbene Kaiser Hadrian verwies (relegare) eine umbrische Matrone auf fünf Jahre, weil sie ihre Sklavinnen bei den geringsten Ursachen auf das härteste behandelt hatte.

1,6,4 (*Ulpian*): Denn die römischen Bürger sind teils Hausväter, teils Haussöhne, teils Hausmütter, teils Haustöchter. Hausväter sind diejenigen, die rechtlich selbständig sind, mögen sie mündig oder unmündig sein; ähnlich verhält es sich mit den Hausmüttern. Haussöhne und -töchter sind diejenigen, die sich in der Gewalt eines anderen befinden. Denn wer von mir und meiner Gattin gezeugt wurde, befindet sich in meiner Gewalt. Ebenso befindet sich in meiner Gewalt, wer von meinem Sohn und dessen Gattin gezeugt wurde, d. h. mein Enkel und meine Enkelin, sowie Urenkel und Urenkelin und die ferneren Nachkommen.

1,6,5 (*Ulpian*): Enkel vom Sohn pflegen nach dem Tod ihres Großvaters in die Gewalt des Sohnes, d. h. ihres Vaters, zurückzufallen, ähnlich die Urenkel und ferneren Nachkommen entweder in des Sohnes Gewalt, wenn er lebt und in der Familie geblieben ist, oder in die ihres Vaters, der sich vor ihnen in der Gewalt befand. Dies gilt nicht nur von leiblichen Nachkommen, sondern auch von adoptierten Kindern.

1,6,6 (*Ulpian*): Als Sohn bezeichnen wir denjenigen, der von einem Mann und dessen Gattin gezeugt wurde. Nehmen wir aber einen solchen Fall an, daß ein Ehemann z. B. zehn Jahre abwesend war und nach seiner Rückkehr ein Kind von einem Jahr in seinem Haus vorgefunden habe, so stimmen wir der Ansicht Julians bei, daß dieser kein Sohn des Ehemannes sei. Derjenige aber, so sagt Julian, finde kein Gehör, der mit seiner Gattin fortwährend zusammen gelebt habe und einen Sohn nicht als den seinigen anerkennen wolle. Mir scheint aber, was auch Scaevola billigt, wenn bekannt ist, daß ein Ehemann mit seiner Frau eine Zeitlang wegen dazwischenliegender Impotenz oder aus einem anderen Grund keinen Verkehr gehabt hat oder daß der paterfamilias an einer solchen Krankheit darniederlag, die ihn zeugungsunfähig machte, daß dann jenes Kind, das in seinem Haus geboren wurde, ungeachtet des Zeugnisses der Nachbarn nicht als sein Kind anzusehen ist.

1,6,7 (*Ulpian*): Wenn der Vater mit einer Strafe belegt wurde, nach der er entweder das Bürgerrecht verliert oder Strafsklave geworden ist, so folgt ohne Zweifel der Enkel an die Stelle des Sohnes.

1,6,8 (*Ulpian*): Wenn der Vater geisteskrank wird, so befinden sich die Kinder nichtsdestoweniger in ihres Vaters Gewalt. Dasselbe gilt für alle Eltern, die Kinder in ihrer Gewalt haben. Denn da das Recht der väterlichen Gewalt durch die Tradition begründet worden ist und niemand aufhören kann, seine Kinder in der Gewalt zu haben, es sei denn, sie hätten sie schon aus den üblichen Anlässen verlassen, so unterliegt es keinem Zweifel, daß dieselben in seiner Gewalt bleiben. Er behält daher nicht nur die Kinder in seiner Gewalt, die er vor seiner Geisteskrankheit gezeugt hat, sondern auch diejenigen, die vor deren Beginn empfangen und während derselben geboren worden sind. Nun fragt es sich aber, wenn der Mann bereits geisteskrank ist und die Frau schwanger wird, ob das neugeborene Kind in die Gewalt des Vaters fällt. Der Geisteskranke kann zwar keine Frau heiraten, aber eine Ehe fortsetzen; da es sich so verhält, wird er auch dieses Kind in seiner Gewalt haben. Deshalb wird auch, wenn die Frau geisteskrank ist, das vorher von ihr empfangene Kind bei der Geburt der Gewalt des Vaters unterworfen. Auch das von einem Nichtgeisteskranken empfangene Kind einer geisteskranken Mutter befindet sich nach seiner Geburt ohne Zweifel in der Gewalt des Vaters, weil die Ehe fortbesteht. Auch wenn beide geisteskrank sind, der Mann wie die Frau, und die Frau empfängt, befindet sich das neugeborene Kind in des Vaters Gewalt, als wenn noch ein Überbleibsel des Willens in den Geisteskranken geblieben wäre. Denn wenn die Ehe fortbesteht, wenn einer der Ehegatten geisteskrank ist, so muß sie auch bestehen, wenn beide geisteskrank sind. (1) Das Recht der Gewalt des geisteskranken Vaters geht sogar so weit, daß ihm auch der Vorteil des von seinem Sohn Erworbenen bleibt.

1,6,9 (*Pomponius*): In öffentlichen Angelegenheiten wird der Haussohn als paterfamilias angesehen, so daß er also

Magistraturen bekleiden und als Vormund bestellt werden kann.

1,6,10 (*Ulpian*): Wenn der Richter gegen jemanden die Verpflichtung zum Ernähren oder zum Unterhalt eines Kindes ausgesprochen hat, so kommt es immer noch auf die Ermittlung der Wahrheit an, ob dasselbe sein Kind sei oder nicht. Denn die Frage der Alimente kann der Ermittlung der Wahrheit nicht in der Entscheidung vorgreifen.

1,6,11 (*Modestin*): Leibliche emanzipierte Söhne brauchen gegen ihren Willen nicht in die väterliche Gewalt zurückzukehren.

ADOPTION, EMANZIPATION UND ANDERE ARTEN DER AUFHEBUNG DER VÄTERLICHEN GEWALT

1,7,1 (*Modestin*): Nicht nur die Natur, sondern auch die Adoption verleiht den Stand eines Haussohnes. (1) Der Ausdruck „Adoption" ist zwar ein allgemeiner, aber die Adoption kennt zwei Arten, von denen die eine ebenfalls Adoption heißt, die andere adrogatio. Adoptiert werden Haussöhne, adrogiert werden solche, die rechtlich selbständig sind.

1,7,5 (*Celsus*): Bei der Adoption werden bloß diejenigen, die rechtlich selbständig sind, ausdrücklich nach ihrem Willen gefragt. Wenn aber jemand von seinem Vater zur Adoption gegeben wird, so ist der Wille beider entweder aus der Einwilligung oder aus nicht erfolgtem Widerspruch zu entnehmen.

1,7,6 (*Paulus*): Wenn jemand als Enkel, als ob er vom Sohne gezeugt worden wäre, adoptiert wird, so erfordert dies – wie auch Julian schreibt – die Einwilligung des Sohnes.

1,7,9 (*Ulpian*): Auch ein Blinder kann adoptieren und adoptiert werden.

1,7,12 (*Ulpian*): Wer aus der väterlichen Gewalt entlassen worden ist, kann danach in dieselbe auf ehrenvolle Weise nur durch die Adoption wieder eintreten.

1,7,13 (*Papinian*): Nach dem Erlöschen der Gewalt des Adoptivvaters bleibt in der Regel in keiner rechtlichen Beziehung eine Spur des früheren Verhältnisses weiter bestehen. Auch die durch die Adoption erworbene väterliche Würde erlischt mit deren Beendigung.

1,7,16 (*Iavolenus*): Adoption ist nur zwischen solchen Personen möglich, bei denen ein solches Verhältnis gemäß der Natur bestehen kann.

1,7,17 (*Ulpian*): Wer über jemanden die Vormundschaft oder Pflegschaft hatte, darf diesen nicht adrogieren, wenn er noch nicht 25 Jahre alt ist, damit er ihn nicht etwa deswegen adrogiert, um keine Rechenschaft ablegen zu brauchen. Ebenso ist darauf zu achten, daß nicht etwa eine schlechte Absicht der adrogatio zugrunde liegt. (1) Die adrogatio gerade solcher Unmündigen ist nur denen zu gestatten, die entweder durch natürliche Verwandtschaft oder durch reinste Zuneigung dazu bewogen werden. In den übrigen Fällen aber ist sie zu verbieten, damit es nicht in der Gewalt der Vormünder stehe, sowohl die Vormundschaft zu beenden als auch eine vom Vater des Unmündigen getroffene Substitution zu vereiteln. (2) Zuerst aber ist zu ermitteln, wie es um das Vermögen des Unmündigen und auch desjenigen steht, der ihn adoptieren will, damit aus dem beiderseitigen Vergleich gesehen werden kann, ob die Adoption für den Unmündigen als vorteilhaft erachtet werden kann. Danach ist zu überprüfen, wie der Lebenswandel desjenigen ist, der einen Unmündigen in seine Familie aufnehmen will, und drittens, wie alt derselbe ist, um zu ermitteln, ob er nicht lieber selbst noch an die Erzeugung von Kindern zu denken habe als jemanden aus einer fremden Familie in seine Gewalt bringen zu wollen. (3) Ferner ist darauf zu achten, ob demjenigen, der schon ein oder mehrere Kinder hat, gestattet werden darf, noch ein anderes anzunehmen, damit nicht entweder die durch Gehorsam genährte Hoffnung der in rechtmäßiger Ehe gezeugten Kinder vermindert wird oder der Adoptierte weniger erhält, als er hätte bekommen sollen. (4) Zuweilen wird auch einem Ärmeren gestattet, einen Reicheren zu adoptieren, wenn sein Lebenswandel unbescholten ist oder er zu demselben eine ehrbare und allgemein bekannte Zuneigung hegt. (5) In diesen Fällen pflegt aber Sicherheit gestellt zu werden.

1,7,23 (*Paulus*): Wer adoptiert wird, wird mit denen, in deren Familie er kommt, verwandt. In wessen Familie er aber nicht zu zählen ist, dessen Verwandter wird er auch nicht, denn die Adoption überträgt kein Recht des Blutes, sondern bloß ein Recht auf den Stand des Agnaten. Wenn ich daher einen Sohn adoptiere, so vertritt meine Gattin bei ihm nicht Mutterstelle, denn er kommt nicht in ihre Familie, und daher wird sie auch nicht seine Verwandte. Darum tritt auch meine Mutter bei ihm nicht an die Stelle der Großmutter, weil er nicht in die Familie derer kommt, die nicht zu meiner Familie gehören. Allein meiner Tochter wird der, den ich adoptiert habe, Bruder, weil meine Tochter zu meiner Familie gehört...

1,7,24 (*Ulpian*): Weder ein Abwesender noch ein Widersprechender kann adrogiert werden.

1,7,26 (*Julian*): Wen mein emanzipierter Sohn adoptiert hat, der ist nicht mein Enkel.

1,7,27 (*Julian*): Der Sohn eines adoptierten Sohnes gilt nach ius civile auch als adoptiert.

1,7,29 (*Kallistrat*): Wenn der leibliche Vater nicht sprechen, aber auf eine andere Weise als durch Sprache deutlich machen kann, daß er seinen Sohn zur Adoption geben wolle, so wird die Adoption bestätigt, als wenn sie nach dem geltenden Recht vollzogen worden wäre.

1,7,30 (*Paulus*): Auch Unverheiratete können Söhne adoptieren.

1,7,31 (*Marcian*): Ein Sohn, der sich in der Gewalt des Vaters befindet, mag er ein leiblicher oder ein adoptierter sein, kann denselben auf keine Weise zwingen, ihn aus der Gewalt zu entlassen.

1,7,35 (*Paulus*): Durch die Adoption wird der Rang nicht verringert, höchstens vermehrt. Daher bleibt ein Senator, auch wenn er von einem Plebejer adoptiert wurde, ein Senator; ebenso behält der Sohn eines Senators seine Stellung.

1,7,36 (*Paulus*): Emanzipiert werden kann ein Sohn von seinem Vater an jedem Ort, so daß er aus der väterlichen Gewalt heraustritt. (1) Vor einem Prokonsul kann auch in einer ihm nicht zugeteilten Provinz Entlassung aus der Gewalt und Adoption erfolgen.

1,7,40 (*Modestin*): Wenn ein paterfamilias adrogiert worden ist, so werden die Kinder, die sich in seiner Gewalt befanden, Enkel des Adrogierenden und fallen zugleich mit ihrem Vater in dessen Gewalt. Dies geschieht nicht so bei der Adoption. Hier bleiben die Kinder des Adoptierten in der Gewalt des leiblichen Großvaters. (1) Nicht nur derjenige, der adoptiert, sondern auch derjenige, der adrogiert, muß älter als der sein, den er durch Adoption oder durch adrogatio zu seinem Sohn machen will. Er muß wenigstens um die volle Mündigkeit, d. h. um 18 Jahre, älter sein. (2) Ein Zeugungsunfähiger kann sich durch adrogatio einen Erben verschaffen, und sein körperlicher Fehler hindert ihn nicht daran.

1,7,42 (*Modestin*): Auch ein kleines Kind kann man zur Adoption geben.

1,7,45 (*Paulus*): Die Verpflichtungen (onus) des Adoptierten werden auf den Adoptivvater übertragen.

1,7,46 (*Ulpian*): Ein Sohn, der mir geboren wurde, während ich in der Sklaverei war, kann durch die Gnade des Kaisers meiner Gewalt unterworfen werden. Es gibt jedoch keinen Zweifel, daß er Freigelassener bleibt.

VERLÖBNIS

23,1,1 (*Florentinus*): Verlöbnis (sponsalia) heißt die auf die Anfrage des einen von seiten des anderen erfolgte Zusage einer künftigen Ehe.

23,1,2 (*Ulpian*): Verlöbnis ist es aber genannt von geloben (spondere); denn es war bei den Vorfahren gebräuchlich, daß man sich künftige Ehefrauen versprechen ließ und sie zur Ehe zu nehmen gelobte,

23,1,3 (*Florentinus*): und daher ist auch die Benennung Verlobter und Verlobte entstanden.

23,1,4 (*Ulpian*): Es genügt die bloße Einwilligung, um ein Verlöbnis zu schließen. (1) Es steht fest, daß auch ein Abwesender mit einer Abwesenden verlobt werden kann, und dies geschieht täglich.

23,1,5 (*Pomponius*): Dies findet dann statt, wenn die Verlobung mit Wissen derjenigen, die abwesend sind, erfolgt oder wenn sie die Verlobung nachträglich genehmigt haben.

23,1,7 (*Paulus*): Beim Verlöbnis macht es keinen Unterschied, ob eine schriftliche Erklärung erfolgt oder ob jemand ohne einen Schriftsatz gelobt. (1) Bei einem Verlöbnis ist auch die Einwilligung derer zu fordern, deren Einwilligung bei der Ehe verlangt wird. Julian schreibt jedoch, daß man annimmt, ein Vater gebe einer sich verlobenden Tochter dann seine Einwilligung, wenn er nicht deutlich widerspricht.

23,1,8 (*Gaius*): Es ist mehr als klar, daß Geisteskrankheit einem Verlöbnis hinderlich ist. Wenn sie aber nachher eintritt, macht sie das Verlöbnis nicht unwirksam.

23,1,10 (*Ulpian*): Wenn die Tochter in der Gewalt des Vaters bleibt, so kann er an ihren Verlobten eine Absage ergehen lassen und das Verlöbnis auflösen. Wenn sie aber emanzipiert ist, so kann er weder eine Absage ergehen lassen noch das, was von ihm als Mitgift (dos) gegeben worden ist, zurückklagen ...

23,1,11 (*Julian*): Ein Verlöbnis wird ebenso wie eine Ehe durch die Einwilligung derer, die es eingehen, geschlossen. Darum muß eine Haustochter sowohl in die Ehe als auch in das Verlöbnis einwilligen.

23,1,12 (*Ulpian*): Man betrachtet es aber so, als ob die Haustochter, die dem Willen des Vaters nicht widerspricht, einwilligt. (1) Einer Tochter wird aber nur dann die Freiheit, ihrem Vater zu widersprechen, zugestanden, wenn der Vater ihr einen moralisch unwürdigen und schimpflichen Verlobten auswählen sollte.

23,1,13 (*Paulus*): Wenn ein Haussohn widerspricht, so kann in dessen Namen kein Verlöbnis eingegangen werden.

23,1,14 (*Modestin*): Betreffs der Eingehung eines Verlöbnisses ist das Alter derjenigen, die es eingehen wollen, nicht wie bei den Ehen festgelegt. Darum können auch von der frühesten Jugend an Verlöbnisse geschlossen werden, wenn nur beide Beteiligten Einsicht in ihr Handeln haben, d. h., wenn sie nicht jünger als sieben Jahre sind.

23,1,15 (*Modestin*): Ein Vormund kann sein ehemaliges Mündel weder selbst zur Ehefrau nehmen noch seinem Sohn zur Ehe geben. Man muß jedoch wissen, daß das, was wir von der Ehe sagen, sich auch auf das Verlöbnis bezieht.

23,1,16 (*Ulpian*): Die Rede der Kaiser Marc Aurel und Commodus, die einige Ehen für Senatoren verboten hat, hat nicht von den Verlöbnissen gesprochen. Man sagt jedoch richtig, daß auch die Verlöbnisse in diesen Fällen von Rechts wegen nichtig seien, so daß das in der Rede Fehlende ergänzt wird.

23,1,17 (*Gaius*): Oft schieben rechtmäßige und notwendige Gründe die Vollziehung eines Verlöbnisses nicht bloß ein oder zwei, sondern auch drei, vier Jahre und noch weiter hinaus, z. B. durch eine Krankheit des Verlobten oder der Verlobten oder Todesfälle unter den Eltern oder Kapitalverbrechen oder notwendigerweise unternommene längere Reisen.

23,1,18 (*Ulpian*): Beim Schließen eines Verlöbnisses macht es wenig aus, ob dies durch die sich Verlobenden selbst und in beider Gegenwart oder durch einen Unterhändler oder durch einen Brief oder durch eine andere Person geschehen ist, und fast regelmäßig werden die Verbindungen durch Mittelspersonen zustande gebracht.

EHESCHLIESSUNG

23,2,1 (*Modestin*): Die Ehe ist die Verbindung eines Mannes und eines Weibes und eine Vereinigung für das ganze Leben, eine Gemeinschaft göttlichen und menschlichen Rechts.

23,2,2 (*Paulus*): Eine Eheschließung kann nicht stattfinden, wenn nicht alle einwilligen, d. h. die, welche sich vereinigen, und die, in deren Gewalt sie sich befinden.

23,2,3 (*Paulus*): Pomponius schreibt, daß, wenn ich einen Enkel von dem einen Sohn und eine Enkelin von dem anderen Sohn in meiner Gewalt habe, die Ehe unter ihnen nur durch meine alleinige Ermächtigung eingegangen werden könne, und das ist wahr.

23,2,4 (*Pomponius*): Eine Frau, die jünger als zwölf Jahre und verheiratet ist, wird dann eine rechtmäßige Ehefrau, wenn sie bei dem Mann das zwölfte Lebensjahr vollendet hat.

23,2,8 (*Pomponius*): Ein Freigelassener kann seine freigelassene Mutter oder Schwester nicht als Ehefrau heimführen, weil dieses Recht durch die Sitten, nicht durch die Gesetze eingeführt wurde.

23,2,9 (*Ulpian*): Wenn ein Enkel eine Ehefrau nehmen will und sein Großvater geisteskrank ist, so wird in jedem Fall die Ermächtigung seines Vaters notwendig sein. Wenn aber der Vater geisteskrank ist und der Großvater bei Verstand sein sollte, so genügt der Wille des Großvaters. (1) Derjenige, dessen Vater von den Feinden gefangen worden ist, kann eine Frau nehmen, wenn der Vater nicht innerhalb von drei Jahren zurückkehrt.

23,2,13 (*Ulpian*): Wenn eine Patronin so unedel sein sollte, daß für sie sogar die Ehe mit ihrem Freigelassenen ehrenvoll wäre, so darf diese Ehe durch den hierüber kraft seines Amtes beschließenden Richter nicht verhindert werden.

23,2,16 (*Paulus*): Durch eine Rede des verstorbenen Kaisers Marc Aurel wird bestimmt, wenn die Tochter eines Senators einen Freigelassenen heiraten würde, wäre keine wahre Ehe vorhanden, und darauf ist auch ein Senatsbeschluß erfolgt. (1) Wenn der Enkel eine Frau nimmt, so muß auch der Sohn einwilligen. Wenn aber eine Enkelin heiraten sollte, so wird der Wille und die Ermächtigung des Großvaters genügen. (2) Geisteskrankheit läßt eine Eheschließung nicht zu, weil die Einwilligung nötig ist; sie verhindert aber nicht das Fortbestehen einer rechtmäßig eingegangenen Ehe.

23,2,18 (*Julian*): Eine getrennte und zwischen denselben Personen wieder erneuerte Ehe wird nur dann für rechtmäßig gehalten, wenn sie mit dem Willen der Eltern erneuert ist.

23,2,20 (*Paulus*): Man muß wissen, daß es nicht zur Pflicht eines Vermögenspflegers gehört, darauf zu achten, daß die Pflegebefohlene heiratet oder nicht, weil die Pflicht desselben nur in der Verwaltung der Geschäfte besteht. Darauf haben die Kaiser Severus und Caracalla mit folgenden Worten reskribiert: „Zur Pflicht eines Vermögenspflegers gehört die Verwaltung des Vermögens der Pflegebefohlenen, heiraten aber kann die Pflegebefohlene nach eigenem Ermessen."

23,2,21 (*Terentius Clemens*): Ein Haussohn kann von seinem Vater nicht gezwungen werden, eine Frau zu nehmen.

23,2,23 (*Celsus*): Durch die Lex Papia wird bestimmt, daß alle Freigeborenen außer den Senatoren und deren Kindern eine Freigelassene zur Ehefrau haben dürfen.

23,2,24 (*Modestin*): Beim Zusammenleben einer freien Frau mit einem Mann ist kein Konkubinat, sondern eine Ehe anzunehmen, wenn sie nicht mit ihrem Körper Erwerb getrieben hat.

23,2,25 (*Modestin*): Ein emanzipierter Sohn kann auch ohne Einwilligung des Vaters eine Frau nehmen, und ein aus dieser Ehe geborener Sohn wird sein Erbe sein.

23,2,28 (*Marcian*): Ein Patron kann seine Freigelassene gegen ihren Willen nicht zur Frau nehmen,

23,2,29 (*Ulpian*): was auch Ateius Capito während seines Konsulates entschieden haben soll. Dies ist jedoch nur dann zu beachten, wenn der Patron sie nicht aus dem Grund freigelassen hat, daß er sie zur Frau nehmen könne.

23,2,30 (*Gaius*): Eine nur zum Schein eingegangene Ehe ist ungültig.

23,2,31 (*Ulpian*): Wenn es einem Senator durch die Gnade des Kaisers erlaubt wird, eine Freigelassene zur rechtmäßigen Ehefrau zu haben, so kann sie seine rechtmäßige Ehefrau sein.

23,2,42 (*Modestin*): Bei ehelichen Verbindungen muß man nicht bloß stets darauf achten, was erlaubt ist, sondern auch darauf, was ehrbar ist. (1) Wenn die Tochter, Enkelin oder Urenkelin eines Senators einen Freigelassenen, Schauspieler oder jemanden geheiratet hat, dessen Vater oder Mutter diesen Beruf ausgeübt hat, so ist dies keine rechtmäßige Ehe.

23,2,51 (*Licinnius Rufinus*): Eine um der Ehe willen freigelassene Sklavin kann von keinem anderen zur Frau genommen werden als von dem, der sie freigelassen hat, es sei denn, der Patron habe auf die Ehe mit ihr verzichtet. (1) Wenn aber der Haussohn auf Befehl seines Vaters um der Ehe willen eine Sklavin freigelassen hat, so glaubt Julian, daß sie so anzusehen sei, als ob sie von seinem Vater freigelassen worden wäre; und deshalb kann der sie zur Frau nehmen.

23,2,53 (*Gaius*): Es kann keine Ehe zwischen solchen Personen geben, die im Verhältnis von Eltern und Nachkommen stehen, mögen sie sich im nächsten Grade der Verwandtschaft oder in einem entfernteren bis ins unendliche befinden.

23,2,54 (*Scaevola*): Es macht auch keinen Unterschied, ob die Verwandtschaft aus einer rechtmäßigen Ehe herrührt oder nicht; denn es darf auch niemand seine uneheliche Schwester zur Frau nehmen.

MITGIFTRECHT

23,3,1 (*Paulus*): Der Rechtsgrund für die Mitgift ist ein dauernder, und es wird mit dem Versprechen dessen, der es gibt, so festgelegt, daß es immer bei dem Ehemann verbleiben soll.

23,3,3 (*Ulpian*): Der Name Mitgift wird nicht auf solche Ehen bezogen, die rechtmäßig nicht bestehen können; denn es kann ja auch keine Mitgift ohne Ehe geben. Überall dort, wo der Name Ehe nicht zutrifft, gibt es also auch keine Mitgift.

23,3,7 (*Ulpian*): Die Billigkeit erfordert es, daß der Nutzen der Mitgift dem Manne gehören muß. Da er nämlich die Lasten der Ehe trägt, so ist es billig, daß er auch den Nutzen empfängt...

23,3,10 (*Ulpian*): Gewöhnlich liegt dem Manne daran, daß die zur Mitgift gegebenen Sachen nicht geschätzt werden, damit ihn nicht das Risiko, das den Sachen anhaftet, treffe, besonders, wenn er Tiere oder ein Kleid, dessen sich seine Frau bedient, zur Mitgift empfangen hat. Denn wenn es geschätzt ist und die Frau es abgenutzt hat, wird es geschehen, daß der Mann nichtsdestoweniger den durch die Schätzung bestimmten Wert leisten muß. Sooft daher nicht geschätzte Sachen zur Mitgift gegeben werden, trägt die Frau sowohl Nutzen als auch Schaden. (1) Wenn zu den nicht geschätzten Grundstükken etwas hinzugekommen ist, ist dies zum Vorteil der Frau; wenn etwas davon abhanden gekommen ist, so ist es der Schaden der Frau. (2) Wenn Sklaven Kinder geboren haben, so ist dies nicht der Gewinn des Ehemannes...

23,3,28 (*Paulus*): Nach aufgelöster Ehe kann der Vater die

Lage der Tochter nicht verschlechtern, weil ihm die Mitgift wider Willen der Tochter nicht zurückgegeben werden kann.

23,3,41 (*Paulus*): Durch das Versprechen der Mitgift entstehen allen, welchen Geschlechtes und in welchem Rechtsverhältnis sie auch sein mögen, Verbindlichkeiten. Aber wenn die Ehe nicht zustande gekommen ist, kann man nicht auf eine förmliche Forderung hin klagen, denn man muß mehr auf die Sache als auf die Worte schauen.

23,3,44 (*Julian*): Wenn ein Vater für seine Tochter eine Mitgift versprochen und sie vor der Ehe aus der väterlichen Gewalt entlassen hat, so wird das Versprechen nicht aufgehoben. Auch wenn der Vater vor der Eheschließung sterben sollte, so bleiben für seine Erben nichtsdestoweniger Verbindlichkeiten aus dem Versprechen bestehen...

23,3,54 (*Gaius*): Sachen, die für Geld angeschafft worden sind, das zur Mitgift gehört, gehören offensichtlich zur Mitgift.

23,3,70 (*Paulus*): In zweifelhaften Fällen ist es besser, zugunsten der Mitgift zu entscheiden.

ÜBEREINKOMMEN ÜBER DIE MITGIFT

23,4,8 (*Paulus*): Wenn ein Haussohn, während sein Vater geisteskrank oder von Feinden gefangen ist, sich eine Frau nimmt oder eine Haustochter unter diesen Umständen heiratet, so wird notwendigerweise auch nur mit ihnen ein Übereinkommen wegen der Mitgift (pactum dotale) getroffen werden.

23,4,21 (*Julian*): Wenn eine Frau eine bestimmte Summe als Mitgift versprochen und statt dessen Sklaven zur Mitgift unter der Bedingung gegeben hat, daß sie auf ihre Gefahr gehen sollen und Nachkommen, die von denselben geboren würden, ihr gehören sollen, so wird man bei dem Übereinkommen bleiben müssen. Denn es steht fest, daß zwischen einer Ehefrau und ihrem Mann die Übereinkunft getroffen werden kann, daß die Mitgift, welche in barem Geld bestand, vertauscht und in Sachen verwandelt werden soll, wenn dies der Frau von Nutzen ist.

23,4,31 (*Scaevola*): Wenn zwischen einem Mann und seiner Ehefrau die Übereinkunft getroffen worden ist, daß die noch nicht geernteten Früchte des letzten Jahres der Ehe ein Gewinn der Ehefrau werden sollen, so gilt ein Übereinkommen dieser Art.

23,4,32 (*Iavolenus*): Eine Ehefrau hatte ihrem Mann ein auf hundert geschätztes Grundstück zur Mitgift gegeben und danach mit ihrem Mann das Übereinkommen geschlossen, daß bei einer Scheidung der Mann das Grundstück um denselben Preis zurückerstatten solle. Nachher hatte der Mann mit Willen der Ehefrau jenes Grundstück für zweihundert verkauft, und es war eine Scheidung erfolgt. Labeo glaubt, daß dem Mann die Erlaubnis gegeben werden müsse, entweder die zweihundert oder das Grundstück zurückzugeben, und das abgeschlossene Übereinkommen dürfe ihm nicht erlassen werden. Ich glaube, daß Labeo dies deshalb zum Bescheid gegeben hat, weil das Grundstück mit Willen der Frau verkauft worden ist; sonst wäre auf jeden Fall das Grundstück zurückzuerstatten gewesen. (1) Wenn ein Vater für seine Tochter eine bestimmte Geldsumme zur Mitgift versprochen hat und mit dem Schwiegersohn übereingekommen ist, daß er es nicht gegen seinen Willen zu zahlen brauche, so, glaube ich, kann nichts von ihm gefordert werden. Denn das, was nach dem abgeschlossenen Übereinkommen nicht gegen seinen Willen gefordert werden soll, steht offensichtlich nicht im Rechtsverhältnis einer Mitgift.

SCHENKUNGEN ZWISCHEN EHELEUTEN

24,1,1 (*Ulpian*): Es ist bei uns Gewohnheitsrecht, daß Schenkungen zwischen einem Mann und seiner Ehefrau nicht gelten. Dies ist aber festgelegt worden, damit sie sich nicht in ihrer gegenseitigen Liebe beraubten, indem sie bei ihren Schenkungen nicht das gehörige Maß einhielten, sondern von verschwenderischer Willfährigkeit gegeneinander wären,

24,1,2 (*Paulus*): und damit sie nicht der Eifer, lieber ihre Kinder zu erziehen, verließe. Sextus Caecilius fügte auch jenen

Grund hinzu, daß es dann oft geschehen würde, daß man Ehen trennt, wenn der Ehegatte, der es vermöchte, nichts schenkt, und daß es auf diese Weise dahin käme, daß die Ehen feil wären.

24,1,3 (*Ulpian*): Dieser Grund ist auch in der Rede unseres Kaisers Antoninus Augustus gewählt worden, denn er sagt: „Unsere Vorfahren haben Schenkungen zwischen einem Mann und seiner Ehefrau verboten, indem sie eine ehrbare Liebe nur nach den Gesinnungen beurteilten und auch für den Ruf der Verbundenen sorgten, damit die Eintracht nicht durch einen Preis erkauft schiene und auch nicht der bessere Ehegatte in Armut geriete, der schlechtere aber reicher würde." ...

24,1,5 (*Ulpian*): Wenn ein Verlobter, der seiner Verlobten etwas schenken wollte, es dem Titius übergeben hat, damit es derselbe der Verlobten gebe, und es Titius nach vollzogener Ehe übergeben hat, so gilt die Schenkung nicht, wenn der Ehemann denselben als Mittelsmann gestellt hat. Wenn ihn aber die Ehefrau als Mittelsmann gestellt hat, so ist die Schenkung schon längst, d. h. vor der Ehe, vollzogen, und darum gilt die Schenkung, obwohl Titius die Sache nach eingegangener Ehe übergeben hat...

24,1,27 (*Modestin*): Zwischen denen, die sich durch eine Ehe vereinigen wollen, besteht eine vor der Ehe gemachte Schenkung rechtmäßig, auch wenn die Eheschließung an demselben Tag erfolgt ist.

24,1,28 (*Paulus*): Wenn das, was geschenkt worden ist, zugrunde gegangen oder verbraucht sein sollte, so ist es der Schaden desjenigen, der es gegeben hat. Und dies mit Recht, weil die Sache Eigentum dessen bleibt, der sie gegeben hat, und er somit seine Sache verliert.

24,1,59 (*Paulus*): Wenn ein Mann seine Ehefrau unter der Bedingung beschenkt hat, daß sie das, was er geschenkt hat, zur Mitgift erhalten soll, so wird die Schenkung nach seinem Tod gültig.

SCHEIDUNG UND VERSTOSSUNG

24,2,1 (*Paulus*): Die Ehe wird getrennt durch Scheidung (divortium), Tod, Gefangenschaft, oder wenn eine andere Sklaverei einen von beiden Ehegatten betrifft.

24,2,2 (*Gaius*): Die Scheidung ist aber entweder nach der Verschiedenheit der Gesinnungen benannt worden, oder weil diejenigen, die ihre Ehe trennen, nach verschiedenen Seiten auseinandergehen. (1) Bei Verstoßungen (repudium) aber, d. h. bei der Aufkündigung (renuntiatio), sind diese Worte gebräuchlich geworden: „Du magst deine Sachen für dich behalten" oder: „Du magst deine Sachen mit dir nehmen." (2) Man hat festgelegt, daß auch bei der Trennung eines Verlöbnisses eine Aufkündigung vorkommen müsse, und dabei sind diese Worte gebräuchlich geworden: „Ich will die Verbindung mit dir nicht eingehen." ...

24,2,3 (*Paulus*): Eine Scheidung besteht dann nicht wirklich, wenn sie nicht mit der Absicht gemeint ist, eine immerwährende Trennung zu begründen. Was daher in der Hitze des Zorns geschieht oder gesagt wird, ist nicht eher gültig, als bis sich aus dem Beharren darauf gezeigt hat, daß es die wirkliche Absicht gewesen ist. Und darum hat sich eine Ehefrau, wenn sie im Zorn einen Scheidebrief geschickt hat, aber kurz darauf zurückgekehrt ist, offensichtlich nicht geschieden.

24,2,4 (*Ulpian*): Julian fragt im 18. Buch der Digesten, ob eine Geisteskranke einen Scheidebrief schicken oder verstoßen werden könne. Er schreibt, daß eine Geisteskranke verstoßen werden könne, weil sie wie eine Unwissende betrachtet wird. Sie aber könne nicht verstoßen, weder sie selbst wegen ihrer Unvernunft noch ihr Vermögenspfleger; ihr Vater jedoch könne eine Aufkündigung ergehen lassen. Julian würde dies aber nicht bei der Verstoßung erörtert haben, wenn es nicht bekannt wäre, daß die Ehe mit einer Geisteskranken fortbestehe; und diese Meinung scheint mir richtig zu sein.

24,2,6 (*Julian*): Die Ehefrauen derjenigen, die in die Gewalt der Feinde gekommen sind, können nur deshalb als noch verheiratet betrachtet werden, weil sie nicht leicht einen anderen heiraten können. Im allgemeinen ist so zu bestimmen, daß, solange es gewiß ist, daß der in der Gefangenschaft befindliche Ehemann lebt, die Ehefrauen solcher Männer keine Erlaubnis haben, eine andere Ehe einzugehen, wenn die Frauen nicht lieber selbst eine Veranlassung zur Verstoßung geben wollen. Wenn es aber ungewiß ist, ob er noch lebend bei den Feinden zurückgehalten wird oder bereits gestorben ist, so hat die Frau die Erlaubnis, eine andere Ehe einzugehen, falls fünf Jahre seit der Gefangennahme verflossen sind. Die frühere Ehe scheint dann jedoch in Güte aufgelöst zu sein, so daß ein jeder Ehegatte sein Recht unvermindert behält. Dasselbe Recht ist auch dann zu beachten, wenn der Ehemann im Vaterland lebt und die Ehefrau gefangen ist.

24,2,7 (*Papinian*): Wenn es einen Ehegatten reut, der jemandem einen Scheidebrief gegeben hat, damit derselbe dem anderen Ehegatten übergeben werde, und wenn der Brief ohne Wissen der Willensänderung überreicht worden ist, so muß man sagen, daß die Ehe fortdauert, wenn nicht der Ehegatte, der den Scheidebrief erhalten hat, selbst die Ehe hat auflösen wollen, obwohl ihm die Reue des anderen bekannt geworden ist. Dann nämlich wird durch den die Ehe aufgelöst, der den Scheidebrief erhalten hat.

24,2,8 (*Papinian*): Der verstorbene Kaiser Hadrian hat einen, der eine fremde Ehefrau von der Straße weg in sein Haus geführt und von da aus einen Scheidebrief an ihren Ehemann geschickt hatte, auf drei Jahre verwiesen.

24,2,10 (*Modestin*): Gegen den Willen des Patrons kann die Freigelassene, die er zur Ehe gehabt hat, sich nicht von ihm trennen, es sei denn, sie ist infolge eines fideïcommissum freigelassen worden. Dann nämlich kann sie es, obwohl sie seine Freigelassene ist.

RÜCKFORDERUNG DER MITGIFT NACH AUFGELÖSTER EHE

24,3,1 (*Pomponius*): Die Frage der Mitgift ist immer und überall besonders wichtig. Es ist nämlich auch im öffentlichen Interesse, daß die Mitgift den Frauen erhalten bleibt, da es, wenn es darum geht, Nachkommen zu erzeugen und den Staat mit Kindern zu versorgen, äußerst notwendig ist, daß die Frauen eine Mitgift haben.

24,3,10 (*Pomponius*): Wenn eine Tochter, die verheiratet war und eine vom Vater herrührende Mitgift hatte, von den Feinden gefangen wurde und dort gestorben ist, so muß man meiner Meinung nach sagen, daß alles ebenso zu halten ist, als ob sie verheiratet gestorben wäre. Deshalb muß die vom Vater herrührende Mitgift, auch wenn sie nicht mehr in der Gewalt des Vaters gestanden hat, an ihn zurückfallen. (1) Proculus sagt, wenn ein Mann seine Ehefrau getötet habe, so sei die Mitgiftklage den Erben der Ehefrau gestattet. Und dies zu Recht, da es nicht gerechtfertigt ist, daß der Mann durch sein Verbrechen die Mitgift zu gewinnen hoffe. Dasselbe sei auch im entgegengesetzten Falle zu bestimmen.

24,3,35 (*Marcian*): Eine Freigelassene, die sich mit Willen ihres Patrons von ihm getrennt hat, kann wegen der Mitgift, die sie ihm gegeben hat, gegen ihn klagen.

24,3,36 (*Paulus*): Wenn der Ehemann nicht so viel leisten kann, wie die Mitgift beträgt, und die Mitgift vom Staat eingezogen worden sein sollte, so ist der Ehemann nur zu dem zu verurteilen, was er dem Fiskus leisten kann, damit die Ehefrau nicht aus dem Schaden des Ehemannes benachteiligt wird.

DIEBSTÄHLE

47,2,1 (*Paulus*): . . . (1) Deshalb macht das bloße Vorhaben, einen Diebstahl zu begehen, noch nicht zum Dieb. (2) So haftet auch derjenige, der ableugnet, daß etwas bei ihm hinterlegt ist, nicht gleich wegen Diebstahls, sondern nur dann, wenn er es in der Absicht getan hat, es zu unterschlagen. (3) Diebstahl ist die betrügerische und in gewinnsüchtiger Absicht geschehene Entwendung einer Sache, entweder dieser Sache selbst oder ihres Gebrauchs oder ihres Besitzes, was nach dem in der Natur der Sache liegenden Gesetz verboten ist.

47,2,2 (*Gaius*): Es gibt zwei Arten von Diebstahl: den, wo

der Dieb auf frischer Tat ertappt wurde, und den, wo er nicht auf frischer Tat ertappt wurde.

47,2,3 (*Ulpian*): Ein offenkundiger Dieb ist der, den die Griechen epi autophorō (auf frischer Tat ertappt) nennen, d. h. derjenige, der bei dem Diebstahl selbst ergriffen wird. (1) Es ist dabei einerlei, von wem er ergriffen wird, ob vom Eigentümer der Sache oder von einem anderen. (2) Ist aber nur der ein offenkundiger Dieb, der bei der Ausführung des Diebstahls ergriffen wurde, oder aber auch derjenige, der woanders ergriffen wurde? Wie auch Julian geschrieben hat, spricht mehr dafür, daß er ein offenkundiger Dieb ist, wenn er auch nicht da ergriffen wurde, wo er den Diebstahl begangen hat, sobald er mit der gestohlenen Sache ergriffen wurde, ehe er sie dahin gebracht hat, wohin er sie haben wollte.

47,2,16 (*Paulus*): Daß der paterfamilias nicht gegen den Haussohn eine Diebstahlsklage erheben kann, verbietet nicht eine rechtliche Bestimmung, sondern die Natur der Sache selbst. Man kann nämlich gegen diejenigen, die man in seiner Gewalt hat, genausowenig wie gegen sich selbst klagen.

47,2,17 (*Ulpian*): Unsere Sklaven und Kinder können uns wohl bestehlen, aber sie haften nicht wegen des Diebstahls. Wer nämlich einen Dieb züchtigen kann, hat es nicht nötig, ihn zu verklagen. Aus diesem Grunde ist ihm auch von den Alten keine Klage gestattet worden...

47,2,36 (*Ulpian*): Wer einem Sklaven zugeredet hat, daß er davonlaufen solle, der ist kein Dieb. Wer nämlich einem anderen einen schlechten Rat gibt, begeht keinen Diebstahl, genausowenig, als wenn er ihm zuredet, er solle sich von irgendwo herunterstürzen oder Hand an sich legen – in diesen Fällen ist eine Diebstahlsklage also nicht zulässig. Hat ihm aber einer zur Flucht zugeredet, damit er von einem anderen gestohlen werden könne, so haftet der Überredende wegen Diebstahls, als wenn durch seine Hilfe und seinen Rat der Diebstahl vollführt worden wäre. Pomponius schreibt auch noch, daß derjenige, der zugeredet habe, für den Augenblick noch nicht wegen des Diebstahls haftet. Er fängt dennoch sofort zu haften an, wenn der Entlaufene gestohlen wurde, als sei der Diebstahl durch seinen Rat und seine Tat ausgeführt worden. (1) So hat man auch ferner festgesetzt, daß derjenige, der seinem Sohn, Sklaven oder Eheweib bei der Ausführung eines Diebstahls geholfen hat, wegen Diebstahls belangt werden kann, obwohl diese selbst nicht in einer Diebstahlsklage angegangen werden. (2) Derselbe Pomponius sagt, wenn ein Entlaufener Sachen mitgenommen habe, so könne der Zuredende auch wegen der Sachen belangt werden, weil er dem Dieb Rat und Tat geleistet hat; darauf deutet auch Sabinus. (3) Wenn zwei Sklaven einander selbst zugeredet haben und beide zugleich entflohen sind, so ist keiner der Dieb des anderen. Wie ist es nun, wenn sie sich gegenseitig versteckt haben? Denn es kann ja sein, daß sie gegenseitig Diebe sind. Hier kann man allerdings sagen, daß jeder der Dieb des anderen sei, wie ja auch, wenn einige Sklaven andere gestohlen haben, sie ebenfalls haften würden, als habe jeder im Namen des anderen Hilfe geleistet. Ebenso, so sagt Sabinus, haften dieselben auch für die gestohlenen Sachen.

47,2,39 (*Ulpian*): Wenn jemand eine fremde Sklavin, die eine Prostituierte ist, geraubt oder versteckt hat, so ist es wahrhaftig kein Diebstahl; denn hier kommt es nicht auf die Tat, sondern auf das Motiv an. Das Motiv war aber die Wollust und nicht Diebstahl. Und deshalb haftet auch derjenige, der die Türe einer Prostituierten der Wollust wegen erbrochen hat, nicht wegen Diebstahls, wenn von ihm nicht eingelassene Diebe, die anderswo eingedrungen sind, die Habseligkeiten der Prostituierten entwendet haben. Haftet aber nicht derjenige durch die Lex Fabia, der eine Prostituierte aus Wollust gewaltsam festgehalten hat? Ich glaube nicht; und so habe ich mich auch in einem vorgekommenen Fall ausgesprochen; denn seine Tat ist noch schändlicher als die des Diebes...

47,2,41 (*Ulpian*): Wurde jemand bestohlen, während er sich in der Gewalt des Feindes befand, und ist er durch das Rückkehrrecht heimgekehrt, so kann man sagen, daß ihm die Diebstahlsklage gestattet sei...

47,2,46 (*Ulpian*): Es ist allgemein bekannt, daß die Diebstahlsklage auch dann gegen den Dieb andauert, wenn eine gestohlene Sache vernichtet wurde. Daher dauert die Diebstahlsklage auch an, wenn ein gestohlener Sklave gestorben ist. Auch die Freilassung läßt die Diebstahlsklage nicht erlöschen, da die Freilassung in der Hinsicht, daß der Sklave dem Herrn entzogen wird, dem Tode gleichkommt...

47,2,52 (*Ulpian*): Wer einer Ehefrau beim Entwenden von Sachen ihres Ehemannes mit Rat und Tat beigestanden hat, haftet wegen Diebstahls. (1) Er haftet auch wegen Diebstahls, wenn er mit ihr zusammen gestohlen hat, während sie selbst nicht haftet...

47,2,61(60) (*Africanus*): Eine flüchtige Sklavin begeht, so wie man annimmt, daß sie ihrer selbst wegen einen Diebstahl begeht, auch durch die unerlaubte Aneignung ihres neugeborenen Kindes einen Diebstahl.

47,2,90(89) (*Paulus*): Hat ein Freigelassener oder Klient seinen Patron oder ein Tagelöhner denjenigen bestohlen, der ihn gemietet hat, so gibt es keine Diebstahlsklage.

47,2,92(91) (*Labeo*): Wenn jemand, der wußte, daß ihm etwas gestohlen wird, es nicht verhindert hat, so kann er nicht wegen Diebstahls klagen, dagegen, wenn einer weiß, daß ihm etwas geraubt wird, und still ist, weil er es doch nicht hindern kann, so darf er wegen Diebstahls klagen. Aber wenn er es hätte hindern können, es aber nicht getan hat, so wird er (unter bestimmten Bedingungen) doch klagen: auf diese Weise bestiehlt ein Patron seinen Freigelassenen und derjenige, vor dem man große Scheu hat, einen, den die Scham hindert, ihm Widerstand zu leisten.

KLAGE WEGEN RAUBES UND DELIKTEN BEI TUMULT

47,8,1 (*Paulus*): Wer eine Sache geraubt hat, der haftet sowohl wegen nichtoffenkundigen Diebstahls auf das Doppelte als auch wegen Raubes auf das Vierfache. Wurde schon wegen Raubes geklagt, so muß die Diebstahlsklage verweigert werden. Wurde zuerst wegen Diebstahls geklagt, so darf die andere Klage nicht verweigert werden, aber er erlangt nur das darin mehr Enthaltene.

47,8,4 (*Ulpian*): Der Prätor sagt: „Wem vorgeworfen wird,

daß durch seine Arglist ein Schaden in einem Tumult entstanden ist, gegen den werde ich in dem Jahr, in dem zuerst deswegen die Möglichkeit zum Klagen vorhanden war, auf das Doppelte, nach Ablauf eines Jahres auf das Einfache die Klage erteilen." ...

47,8,5 (*Gaius*): Es nützt demjenigen, der mit Gewalt geraubt hat, zur Vermeidung der Strafe nichts, wenn er vor Beginn des Prozesses die geraubte Sache zurückgibt.

RAUB BEI FEUERSBRUNST, EINSTURZ, SCHIFFBRUCH UND RAUB VON ERSTÜRMTEM FLOSS ODER SCHIFF

47,9,1 (*Ulpian*): Der Prätor sagt: „Gegen denjenigen, der bei einer Feuersbrunst, einem Einsturz, einem Schiffbruch und von einem erstürmten Floß oder Schiff etwas geraubt, arglistig an sich genommen oder dabei Schaden angerichtet hat, werde ich in dem Jahr, in dem zuerst deswegen die Möglichkeit der Klageerhebung gegeben war, eine Klage auf das Vierfache, nach Jahresfrist auf das Einfache erteilen. Auch gegen einen Sklaven und gegen das Gesinde werde ich eine Klage erteilen. (1) Der Nutzen dieses Edikts ist einleuchtend und seine Strenge gerecht, da es von öffentlichem Interesse ist, daß in diesen Fällen nichts geraubt werde. Obgleich wegen dergleichen Schandtaten schon strafrechtliche Verfolgung (exsecutio criminum) stattfindet, so hat dennoch der Prätor recht getan, der für jene Verbrechen auch privatrechtliche Klagen (actio forensis) einführte. (2) „Bei einer Feuersbrunst" – wie haben wir das zu verstehen? Aus dem Feuer selbst oder von der Stätte, wo der Brand ist? Richtiger versteht man darunter einen Raub bei Gelegenheit einer Feuersbrunst..., wie man auch das im Krieg als verloren bezeichnet, zu dessen Verlust der Krieg die Veranlassung gewesen ist. Deshalb ist so zu entscheiden, daß, wenn etwas aus den benachbarten Grundstücken, wo die Feuersbrunst wütete, geraubt wurde, dieses Edikt zutrifft, weil in der Tat bei einer Feuersbrunst geraubt worden ist. (3) So wird auch die Bezeichnung Einsturz auf die Zeit bezogen, wo der Einsturz geschieht, und zwar nicht bloß, wenn jemand von dem Eingestürzten etwas fortgetragen hat, sondern auch, wenn von den anliegenden Gebäuden etwas fortgeschafft wurde. (4) Wenn nur die Befürchtung einer Feuersbrunst oder eines Einsturzes bestand, aber weder das erste noch das letztere erfolgt ist, trifft dann dieses Edikt auch zu? Es spricht mehr für die Verneinung, weil dann weder bei einer Feuersbrunst noch bei einem Einsturz etwas geraubt worden ist. (5) Der Prätor sagt ferner: „Wenn etwas bei einem Schiffbruch geraubt wurde". Hier ist die Frage, ob jemand etwas zu der Zeit davongetragen hat, wo der Schiffbruch geschieht, oder aber auch zu einer anderen Zeit, d. h. nach dem Schiffbruch. Denn Sachen aus einem Schiffbruch werden auch diejenigen genannt, die nach einem Schiffbruch an der Küste liegen. Und es spricht mehr dafür, daß nur derjenige, der zu jener Zeit

47,9,2 (*Gaius*): und an der Stelle

47,9,3 (*Ulpian*): etwas raubt, wo der Schiffbruch geschieht oder geschehen ist, unter dies Edikt fällt. Wer aber eine am Ufer liegende Sache, nachdem der Schiffbruch erfolgt ist, fortgetragen hat, der ist vielmehr ein Dieb und wird nicht durch dieses Edikt betroffen, gerade wie der, der etwas vom Wagen Gefallenes aufgehoben hat. Auch kann es nicht als Raub betrachtet werden, wenn einer eine am Ufer liegende Sache aufgehoben hat. (1) Darauf sagt der Prätor: „Von einem erstürmten Floß oder Schiff". Es erstürmt offenbar derjenige, der wie in einer Schlacht oder einem Kampf gegen ein Floß oder Schiff selbst etwas raubt, mag er es selbst erstürmen oder es durch erstürmende Räuber rauben lassen.

47,9,9 (*Gaius*): Wer ein Gebäude oder einen in der Nähe eines Wohnhauses befindlichen Getreidehaufen angebrannt hat, soll gefesselt, körperlich gezüchtigt und mit dem Feuertod bestraft werden, wenn er es wissentlich und vorsätzlich getan hat. War es Zufall, d. h. Nachlässigkeit, so soll er zum Schadenersatz angehalten oder, wenn er dies nicht kann, mit einer leichteren Züchtigung bestraft werden. Unter dem Begriff Gebäude sind alle Arten von Gebäuden inbegriffen.

AUSSERORDENTLICHE VERBRECHEN (CRIMINA EXTRAORDINARIA)

47,11,1 (*Paulus*): Wer fremde Hochzeiten stört und fremde Ehen beunruhigt, wird wegen seiner verderblichen Absicht außerordentlich bestraft, auch wenn er das Verbrechen nicht ausführen kann. (1) Eine Verletzung der guten Sitten geschieht dann, wenn z. B. einer den anderen mit Jauche begossen oder mit Kot und Schmutz beworfen hat, wenn er das Wasser verunreinigt und Röhren, Seen oder dergleichen zu öffentlichem Schaden besudelt hat. Gegen solche Verbrecher pflegt eine schwere Strafe verhängt zu werden. (2) Wer einen Knaben, nachdem er dessen Begleiter entführt oder bestochen hat, zum stuprum verführt oder wer einer Frau oder einem Mädchen unzüchtige Anträge gemacht, ihr ein Geschenk oder einen Lohn zum Zwecke der Verführung gegeben hat, der wird bei Ausführung seiner Schandtat hingerichtet, sonst erfolgt Deportation auf eine Insel (deportatio in insulam); bestochene Begleiter werden mit dem Tode bestraft.

47,11,4 (*Marcian*): Die verstorbenen Kaiser Severus und Caracalla haben reskribiert, daß die Frau, die absichtlich die Leibesfrucht abgetrieben hat, vom Provinzstatthalter in zeitweilige Verbannung geschickt werden soll, da es als nicht schicklich erscheinen kann, daß sie ihren Mann ungestraft um die Kinder gebracht hat.

47,11,10 (*Ulpian*): Wer in Ägypten die Deiche durchsticht oder zerstört, d. h. die Dämme, die das Wasser des Nils halten, wird gerechterweise außerordentlich bestraft, je nach Stand und Schwere des Verbrechens werden die einen mit öffentlicher Zwangsarbeit (opus publicum), die anderen mit Bergwerksarbeit (metalla) bestraft, und zwar mit Bergwerksarbeit je nach seinem Stand. Auch derjenige wird bestraft, der einen Sycaminon abgehauen hat. Dies wird deshalb auch mit einer schweren Strafe belegt, da diese Bäume die Nildämme befestigen, durch die die Fluten des Nils entweder abgelassen oder zurückgehalten werden...

47,11,11 (*Paulus*): Gegen Schlangenbändiger, die Schlangen umhertragen und zeigen, wird nach Maßgabe des Vergehens eine Klage erteilt, wenn jemand aus Furcht davor Schaden erlitten hat.

ERPRESSUNG

47,13,1 (*Ulpian*): Wenn unter dem Vorwand eines Befehls des Provinzstatthalters eine Erpressung (concussio) stattgefunden hat, so befiehlt der Provinzstatthalter, das unter einer derartigen Einschüchterung Fortgenommene zurückzugeben, und wird das Verbrechen bestrafen.

47,13,2 (*Macer*): Die Klage wegen Erpressung ist nicht öffentlich, aber es kann, wenn jemand Geld erhalten hat, weil er ein Verbrechen androhte, ein öffentliches Verfahren auf Grund der Senatsbeschlüsse stattfinden. Danach wird gegen diejenigen die Strafe der Lex Cornelia verhängt, die zur Anklage Unschuldiger ein Komplott geschmiedet, wegen zu erhebender oder nicht zu erhebender Anklage und wegen abzulegenden oder nicht abzulegenden Zeugnisses Geld in Empfang genommen haben.

VIEHDIEBE

47,14,1 (*Ulpian*): Über die Bestrafung von Viehdieben (abigëus) hat der verstorbene Kaiser Hadrian an den Provinzlandtag von Baetica wie folgt reskribiert: „Da man Viehdiebe besonders hart bestraft, werden sie in der Regel mit dem Schwert hingerichtet. Diese schwerste Strafe wird aber nicht überall angewendet, sondern nur dort, wo dieses Verbrechen häufiger geschieht. Sonst werden sie auch mit – manchmal zeitlich begrenzter – Zwangsarbeit belegt." (1) Viehdiebe sind insbesondere diejenigen, die Vieh von den Weiden oder Herden wegtreiben, also gewissermaßen rauben, und dies als Gewerbe ausüben, indem sie Pferde und Rindvieh von den Herden entführen. Kein Viehdieb, sondern nur ein Dieb ist im übrigen derjenige, der einen umherirrenden Ochsen oder allein gelassene Pferde weggeführt hat. (2) Aber auch derjenige, der ein

Schwein, eine Ziege oder einen Hammel weggeführt hat, darf nicht so schwer wie diejenigen bestraft werden, die größere Tiere wegtreiben. (3) Obwohl Kaiser Hadrian die Bergwerksarbeit sowie Zwangsarbeit oder auch die Hinrichtung mit dem Schwert dafür bestimmt hat, so dürfen doch Personen höheren Standes nicht mit dieser Strafe belegt werden, sondern sind entweder zu verweisen oder aus ihrem Stande auszustoßen (ordine movere)...

AUSBRECHER, EINBRECHER UND PLÜNDERER

47,18,1 (*Ulpian*): Diejenigen, die aus einem Kerker ausgebrochen und entflohen sind, sollen nach dem Reskript der verstorbenen kaiserlichen Brüder an Aemilius Tiro mit dem Tode bestraft werden. Saturninus billigt es auch, daß diejenigen, die aus dem Kerker ausgebrochen sind, ob nun nach Erbrechen der Türen oder in einem Komplott mit anderen, die sich in demselben Kerker befanden, mit dem Tode bestraft werden sollen. Sind sie durch Nachlässigkeit der Wächter entflohen, so sollen sie leichter bestraft werden. (1) Plünderer, die gefährlicheren Diebe (das nämlich bedeutet Plünderer), werden in der Regel mit immerwährender oder zeitlich begrenzter öffentlicher Zwangsarbeit belegt. Personen höheren Standes aber werden für eine Zeit aus ihrem Stande ausgestoßen, oder es wird ihnen anbefohlen, ihr Vaterland zu verlassen. Eine besondere Strafe ist für dieselben in den kaiserlichen Reskripten nicht vorgeschrieben, und darum steht dem Richter nach Erörterung der Sache ein Urteil nach freiem Ermessen zu. (2) Auf gleiche Weise wie die Einbrecher sind die Taschendiebe und Einbrecher in fremde Wohnungen zu bestrafen. Der verstorbene Kaiser Marc Aurel bestrafte aber auch einen römischen Ritter, der eine Wand erbrochen und durchstoßen und Geld gestohlen hatte, damit, daß er ihm befahl, die Provinz Africa, aus der er stammte, die Stadt Rom und Italien fünf Jahre lang zu meiden. Nicht anders muß gegen die Einbrecher und die übrigen oben genannten Verbrecher nach Erörterung der Sache je nach der Größe ihres Verbrechens die Strafe bestimmt werden. Allerdings darf bei einem Plebejer die Strafe der öffentlichen Zwangsarbeit und bei Leuten höheren Standes die Verweisung nicht überschritten werden.

47,18,2 (*Paulus*): Einbrecher werden verschieden bestraft. Nächtliche Einbrecher sind gefährlicher und werden deshalb in der Regel zur Prügelstrafe und zur Bergwerksarbeit verurteilt. Einbrecher bei Tage sind nach vollzogener Prügelstrafe zu immerwährender oder zeitlich begrenzter Zwangsarbeit zu verurteilen.

GRENZZEICHENVERRÜCKUNG

47,21,2 (*Kallistrat*): Der verstorbene Kaiser Hadrian hat folgendes Reskript erlassen: „Es besteht kein Zweifel darüber, daß es ein strafwürdiges Vergehen ist, wenn man die der Grenzen halber aufgestellten Zeichen verrückt. Das Strafmaß kann aber dennoch nach den persönlichen Eigenschaften und nach der Absicht des Täters bestimmt werden. Werden Personen höheren Ranges überführt, so können sie, wenn sie es getan haben, um sich fremdes Land anzueignen, je nach dem Alter verwiesen werden, je jünger einer ist, desto länger, je älter er ist, desto kürzer. Haben aber andere diese Geschäfte ausgeführt und damit nur einen Dienst verrichtet, so sind sie zu züchtigen und für zwei Jahre zur öffentlichen Zwangsarbeit zu verurteilen. Haben sie aber aus Unwissenheit oder zufälligerweise Grenzsteine gestohlen, so genügt die körperliche Züchtigung."

ÖFFENTLICHE VERFAHREN (IUDICIUM PUBLICUM)

48,1,1 (*Macer*): Nicht alle Verfahren, in denen es sich um ein Verbrechen (crimen) handelt, sind öffentlich, sondern nur diejenigen, die auf die Gesetze über öffentliche Verfahren zurückgehen, wie auf die Lex Iulia über Majestätsverbrechen, die Lex Iulia über die Bestrafung des Ehebruchs, die Lex Cornelia über Mörder und Giftmischer, die Lex Pompeia über den Verwandtenmord, die Lex Iulia über Unterschlagung öffentlicher Gelder, die Lex Cornelia über Testamente, die Lex Iulia über Privatgewalttätigkeit, die Lex Iulia über öffentliche Gewalttätigkeit, die Lex Iulia über Amtserschleichung, die Lex Iulia über unerlaubte Geldannahme und die Lex Iulia über den Getreideaufkauf.

48,1,2 (*Paulus*): Von den öffentlichen Verfahren sind manche kapitale, manche nichtkapitale. Kapitale sind diejenigen, bei denen als Strafe der Tod oder die Verbannung folgt, d. h. also die Verweigerung von Wasser und Feuer. Durch diese Strafen nämlich scheidet der Täter aus dem Staatsverband aus. Entfernungen übriger Art sind nicht Verbannungen, sondern im eigentlichen Sinne Verweisungen, dann nämlich geht das Bürgerrecht nicht verloren. Nichtkapitale sind diejenigen, deren Strafe in einer Geldbuße (multa) oder in einer körperlichen Züchtigung besteht.

48,1,9 (*Marcian*): Man muß wissen, daß, falls jemand seinen wegen eines Kapitalverbrechens angeklagten Sklaven nicht verteidigt hat, derselbe nicht als von ihm aufgegeben betrachtet wird. Deshalb wird er im Falle seiner Freisprechung nicht frei, sondern bleibt Eigentum seines Herrn.

BEWACHUNG UND AUSLIEFERUNG DER ANGESCHULDIGTEN

48,3,1 (*Ulpian*): Im Hinblick auf die Bewachung des Angeschuldigten verfügt in der Regel der Prokonsul, ob die betreffende Person in einen Kerker gebracht oder einem Soldaten oder Bürgen übergeben werden soll oder auch sich selbst überlassen bleibt. Dies bestimmt er gewöhnlich nach der Art des dem Betreffenden zur Last gelegten Verbrechens, nach seiner Würde oder seinen Vermögensverhältnissen, nach der größeren oder geringeren Wahrscheinlichkeit seiner Schuld und nach dem Range des Angeklagten.

48,3,3 (*Ulpian*): Der verstorbene Kaiser Antoninus Pius reskribierte auf ein Schreiben der Antiochener in griechischer Sprache, daß derjenige nicht in Fesseln gelegt werden solle, der zur Stellung von Bürgen bereit sei, es sei denn, es stünde fest, daß er ein so schweres Verbrechen begangen habe, daß man ihn nicht Bürgen oder Soldaten überlassen dürfe, sondern er die Kerkerstrafe (carceris poena) bereits vor der wirklichen Strafe erleiden müsse.

48,3,5 (*Venuleius Saturninus*): Hat ein Angeschuldigter gestanden, so muß er, bis über ihn entschieden wird, in ein staatliches Gefängnis gebracht werden.

48,3,14 (*Modestin*): Einem Rekruten darf nicht ohne weiteres ein Gefangener anvertraut werden. Wenn er ihn hat entwischen lassen, ist derjenige schuldig, der ihn ihm anvertraut hat. (1) Ein Gefangener darf nicht nur einer Person, sondern muß zwei Personen anvertraut werden. (2) Haben sie ihn aus Nachlässigkeit verloren, werden sie nach Maßgabe ihrer Schuld bestraft oder degradiert. Wenn der Wächter leichtsinnig war, wird er gezüchtigt und danach wieder in seine Stellung eingesetzt. Wer einen Gefangenen aus Mitleid hat entweichen lassen, wird degradiert. Hat er aber das Entspringen des Gefangenen durch Betrug ermöglicht, so wird er entweder mit dem Tode bestraft oder bis zum untersten Militärdienstgrad degradiert. Manchmal wird Begnadigung erteilt; sofern nämlich ein Gefangener zusammen mit einem Wächter entflohen ist, muß der andere Verzeihung erhalten. (3) Hat sich der Gefangene umgebracht oder sich von irgendwo herabgestürzt, gilt dies als Schuld des Soldaten, und er wird gezüchtigt. (4) Hat der Wächter den Gefangenen selbst umgebracht, so wird er des Mordes angeklagt. (5) Wenn daher angegeben wird, daß ein Gefangener zufällig gestorben ist, muß man dies mit Beweisen belegen, worauf Verzeihung gewährt wird. (6) Es ist auch üblich, falls durch Verschulden des Wächters ein Gefangener entsprungen ist, an dessen Wiederergreifen viel liegt, dem Soldaten nach Erörterung der Sachlage eine Frist zu setzen, um des Entflohenen wieder habhaft zu werden. Dazu wird ihm ein anderer Soldat mitgegeben. (7) Hat er einen entlaufenen Sklaven, der seinem Herrn zurückgegeben werden sollte, entweichen lassen, so billigt es Saturninus, ihm bei Vorhandensein von Vermögen aufzuerlegen, dem Herrn den Preis des Sklaven zu erstatten.

DIE LEX IULIA ÜBER HOCHVERRAT

48,4,1 (*Ulpian*): Dem Sacrilegium am nächsten steht das als Hochverrat bezeichnete Verbrechen. Hochverrat aber ist all das, was gegen das römische Volk und seine Sicherheit gerichtet ist. Nach diesem Gesetz macht sich derjenige strafbar, durch dessen Bemühen und Arglist ein Plan gefaßt wurde, durch den Geiseln gegen den Willen des Kaisers getötet wurden; durch den Bewaffnete mit regulären Waffen oder Steinen in aufrührerischer Absicht in Rom sind oder zusammenkommen und öffentliche Plätze und Tempel besetzen oder durch den eine (illegale) Zusammenkunft oder Versammlung zustande kommt oder Menschen zum Aufruhr angestiftet werden; weiter: durch wessen Bemühen und arglistige Absicht ein Anschlag erfolgte, durch den ein Magistrat des römischen Volkes oder ein Inhaber von sonstiger staatlicher Gewalt und Macht ermordet werden sollte; durch den Waffen gegen den Staat erhoben werden; der den Feinden des römischen Volkes einen Boten oder Brief schickt, ihnen ein Zeichen gibt oder es arglistig bewirkt, daß die Feinde des römischen Volkes mit Ratschlag gegen den Staat unterstützt werden; der Soldaten aufreizt und aufsässig macht, damit ein Aufruhr oder Tumult gegen den Staat entstehe.

48,4,2 (*Ulpian*): Im ersten Kapitel des Gesetzes über Hochverrat wird auch mit aufgezählt: wer aus der Provinz als Statthalter nicht weichen will, wenn ihm ein Nachfolger bestellt wurde; wer die Armee verläßt oder als Privatmann zu den Feinden übergeht; wer wissentlich in einer öffentlichen Urkunde etwas Falsches niedergeschrieben oder vorgelesen hat.

48,4,3 (*Marcian*): Nach dem Zwölftafelgesetz wird derjenige mit dem Tode bestraft, der den Feind aufgereizt oder einen Bürger dem Feinde übergeben hat. Nach der Lex Iulia über Hochverrat haftet derjenige, der das Ansehen des Staates verletzt hat, darunter fällt derjenige, der im Kriege geflohen ist oder eine Festung oder ein Lager voreilig preisgegeben hat. Nach demselben Gesetz haftet auch derjenige, der ohne Befehl des Kaisers Krieg geführt hat, der Soldaten ausgehoben, eine Armee angeworben und nach Ernennung seines Nachfolgers die Armee nicht übergeben hat, der ein Amt oder eine Armee des römischen Volkes verlassen und der als Privatmann je nach seinem Einfluß oder in seiner amtlichen Stellung etwas wissentlich arglistig getan hat oder etwas von dem vorher Genannten durch andere hat tun lassen.

48,4,4 (*Scaevola*): Ferner wird derjenige nach der Lex Iulia über Hochverrat bestraft, durch dessen Arglist jemand zu dem Eid genötigt wurde, etwas gegen den Staat zu unternehmen, oder auch, durch dessen Arglist eine Armee des römischen Volkes in einen Hinterhalt geführt und den Feinden verraten wurde; durch dessen Arglist Feinde nicht in die Gewalt des römischen Volkes gerieten; durch dessen Bemühen und Arglist die Feinde des römischen Volkes Unterstützung durch Proviant, Schwerter, Waffen, Pferde und Geld oder irgend etwas anderes erhielten; durch dessen Bemühen es dahin kommt, daß aus Freunden Feinde des römischen Volkes werden; durch dessen Arglist es dahin kommt, daß der König eines fremden Volkes dem römischen Volk weniger streng gehorcht; durch dessen Bemühen und Arglist es dahin kommt, daß den Feinden des römischen Volkes eher Geiseln, Geld und Gespanne zwecks Aufruhr gegen den Staat gegeben werden; ebenso, wer einen Angeschuldigten, der in einem Verfahren für schuldig befunden und deswegen in Fesseln gelegt wurde, hat entspringen lassen…

48,4,6 (*Venuleius Saturninus*): Wer bereits geweihte Statuen und Abbildungen des Kaisers eingeschmolzen oder etwas Ähnliches getan hat, der haftet durch die Lex Iulia über Hochverrat.

48,4,8 (*Papinian*): Bei Untersuchungen wegen Hochverrats werden auch Frauen angehört; so entdeckte ja Fulvia die Verschwörung des Sergius Catilina und unterrichtete den Konsul Marcus Tullius durch ihre Anzeige.

48,4,9 (*Hermogenian*): Der verstorbene Kaiser Severus hat dekretiert, daß das Vermögen der Freigelassenen, die wegen Hochverrats verurteilt wurden, deren Kindern erhalten bleiben soll. Es ist nur dann vom Fiskus zu beschlagnahmen, wenn kein Kind der Verurteilten existiert.

48,4,10 (*Hermogenian*): Des Hochverrats kann derjenige

angeklagt werden, durch dessen Hilfe, Rat und Arglist eine Provinz oder Stadt dem Feinde verraten wurde.

48,4,11 (*Ulpian*): Wer als Angeschuldigter stirbt, stirbt, ohne daß sein Status angetastet wird, denn das Verbrechen erlischt mit dem Tode, es sei denn, er ist des Hochverrats angeklagt gewesen. Wird er nämlich von diesem Verbrechen nicht durch seine Nachfolger entlastet, so verfällt die Erbschaft dem Fiskus. Diese Bestimmung trifft allerdings nicht auf jeden auf Grund der Lex Iulia über Hochverrat Angeklagten zu, sondern nur auf denjenigen, der des Hochverrats bezichtigt ist, weil er wirklich feindliche Gesinnungen gegen den Staat oder gegen den Kaiser hegt. Wer aus anderen Gründen auf Grund der Lex Iulia über Hochverrat angeklagt ist, wird durch den Tod von dem Verbrechen befreit.

DIE LEX IULIA
ÜBER DIE BESTRAFUNG DES EHEBRUCHS

48,5,1 (*Ulpian*): Dieses Gesetz hat der verstorbene Kaiser Augustus gegeben.

48,5,6 (*Papinian*): Die Lex Iulia trifft nur zu bei dem zwischen freien Personen begangenen Ehebruch oder dem stuprum. Was die Sklavinnen anbetrifft, so hat ohne weiteres sowohl die Klage aus der Lex Aquilia als auch die Beleidigungsklage statt. Die prätorische Klage wegen Korrumpierung eines Sklaven wird nicht verweigert werden dürfen, und außerdem brauchen die dieses Verbrechens Angeschuldigten wegen der oben genannten mehreren Klagen nicht geschont zu werden. (1) Das Gesetz verwendet die Worte Ehebruch und stuprum abwechselnd und mißbräuchlich. Eigentlich wird ein Ehebruch mit einer Verheirateten begangen, und das Wort kommt davon, daß ein Kind von einem anderen empfangen wird. Ein stuprum wird an einer Jungfrau oder Witwe begangen, was die Griechen phthora (Verführung) nennen...

48,5,9(8) (*Marcian*): Wer sein Haus zum stuprum oder zum Ehebruch mit einer fremden Hausmutter oder einem Mann wissentlich hergegeben oder aus einem Ehebruch seiner Frau einen Gewinn erzielt hat, der wird – welchen Standes er auch sei – als Ehebrecher bestraft. (1) Unter der Bezeichnung Haus wird auch die Wohnung verstanden.

48,5,10(9) (*Ulpian*): Auch wer das Haus eines Freundes dazu hergegeben hat, haftet ebenso. (1) Desgleichen muß darunter der verstanden werden, der dazu die Möglichkeit geboten hat, daß auf einem Acker oder in einem Bad ein stuprum geschieht. (2) Auch wenn man gewöhnlich in irgendeinem Haus zusammenkommt, um wegen eines Ehebruchs zu verhandeln, so wird – auch wenn dort nichts begangen wurde – doch angenommen, daß der Hausherr sein Haus hergegeben habe, damit ein Ehebruch oder ein stuprum begangen werden kann, da ohne Verabredung der Ehebruch nicht begangen worden wäre.

48,5,11(10) (*Papinian*): ... (1) Auch Frauen haften nach diesem Abschnitt des Gesetzes, wenn sie entweder ihr Haus für ein stuprum hergegeben oder dafür etwas erhalten haben ...

48,5,12(11) (*Papinian*): Ein Soldat, der sich mit dem Verführer seiner Frau gütlich geeinigt hat, muß seines Eides entbunden und deportiert werden.

48,5,12(11) (*Papinian*): ... (8) Eine Frau kann auch nach dem Ableben ihres Ehemannes nachträglich wegen Ehebruchs angeklagt werden ...

48,5,14(13) (*Ulpian*): ... (5) Der Richter muß in einer Untersuchung wegen Ehebruchs sein Augenmerk darauf richten, ob der Ehemann selbst sittsam lebte und seiner Frau in der Moral mit gutem Vorbild vorangegangen ist. Es scheint nämlich sehr unbillig zu sein, daß der Mann von seiner Frau Züchtigkeit verlangt, er selbst sie aber nicht wahrt. Dieser Umstand kann auch Veranlassung zur Verurteilung des Mannes geben, aber keinesfalls das von beiden begangene Verbrechen aufheben.

48,5,21(20) (*Papinian*): Dem Vater wird das Recht erteilt, den Ehebrecher mit der Tochter zu töten, wenn er letztere in seiner Gewalt hat. Sonst aber darf niemand von den Eltern dies rechtens tun, nicht einmal ein Haussohn als Vater.

48,5,24(23) (*Ulpian*): Die Worte des Gesetzes „Wenn er den Ehebrecher auf der Tochter ergriffen hat“ lassen keinen

Zweifel zu, denn es wollte, daß diese Befugnis dem Vater nur dann zustehen sollte, wenn er die Tochter mit dem Ehebrecher bei der Schandtat selbst antrifft. Auch nach Labeos und Pomponius' Meinung darf nur der beim Beischlaf selbst Ergriffene getötet werden; dies ist, was Solon und Drakon „bei der Tat" nennen ... (2) Es wird also dem Vater nicht überall gestattet, sie zu töten, wo er sie ergriffen hat, sondern nur in seinem Haus oder in dem seines Schwiegersohnes. Als Grund hierfür wird der Umstand angegeben, daß der Gesetzgeber es für eine größere Beleidigung erachtete, daß die Tochter es wagte, den Ehebrecher in das Haus des Vaters oder Ehemannes hineinzuführen. (3) Wohnt der Vater aber anderswo und besitzt er ein anderes Haus, in dem er nicht wohnt, so wird er die Tochter – die dort ergriffen wurde, wo er nicht wohnt – nicht töten können. (4) Die Worte des Gesetzes „Auf der Stelle seine Tochter töte" sind so zu verstehen, daß er nicht heute den Ehebrecher tötet und es sich vorbehält, nach Tagen seine Tochter zu töten, oder umgekehrt. Er muß beide sozusagen mit einem Schlag und auf einmal töten, mit gleichgroßer Entrüstung gegen beide. Hat er die Flucht der Tochter nicht bewirkt, sondern ist sie entflohen, während er den Ehebrecher tötete, und wurde sie erst nach mehreren Stunden vom Vater ergriffen, so nimmt man an, daß er sie auf der Stelle getötet habe.

48,5,25(24) (*Macer*): Es ist auch dem Ehemann gestattet, den Verführer seiner Frau zu töten, aber nicht jeden, wie dem Vater. In diesem Gesetz ist vorgeschrieben, daß es dem Mann nur erlaubt ist, den in seinem (und nicht in des Schwiegervaters) Haus im Ehebruch mit seiner Frau Ergriffenen zu töten, wenn dieser ein Kuppler war, die Schauspielkunst betrieb, öffentlich als Tänzer oder Sänger auftrat und in einem öffentlichen Verfahren verurteilt wurde, ohne in den vorigen Stand wiedereingesetzt worden zu sein, oder wenn er ein Freigelassener des Ehemannes ist oder der Ehefrau, des Vaters oder der Mutter, eines Sohnes oder einer Tochter beider (ohne Unterschied, ob er einem von ihnen allein oder mit einem anderen zusammen gehörte) oder wenn er Sklave ist. (1) Es ist übrigens Vorschrift, daß der Ehemann, der einen von diesen tötet, seine Ehefrau ohne Verzug fortschickt ...

48,5,26(25) (*Ulpian*): Im fünften Abschnitt der Lex Iulia wird verordnet, daß der Ehemann den auf seiner Frau betroffenen Ehebrecher, den er entweder nicht töten wollte oder nicht töten darf, nicht länger als 20 Stunden lang, Tag und Nacht fortlaufend gerechnet, festhalten darf. Dies kann er ohne Gefahr und kraft seines Rechtes, um Beweise zu erheben. (1) Was vom Ehemann gesagt wurde, gilt meines Erachtens auch vom Vater. (2) Der Ehemann kann auch den nicht in seinem Hause ergriffenen Ehebrecher festhalten. (3) Der einmal losgelassene Ehebrecher kann nicht zurückgeholt werden. (4) Kann er aber, wenn er entwischt ist und zurückgebracht wurde, 20 Stunden lang bewacht werden? Hier möchte ich allerdings glauben, daß er zur Beweisaufnahme festgehalten werden kann, wenn er zurückgeführt worden ist. (5) Der Zusatz „Zur Beweisaufnahme" weist darauf hin, daß er Zeugen herbeiruft, um als künftiger Ankläger zu bezeugen, daß der Angeklagte im Ehebruch ergriffen wurde.

48,5,37(36) (*Papinian*): Wer minderjährig einen Ehebruch begangen hat, haftet nach der Lex Iulia, da ein solches Verbrechen mit Beginn der Mannbarkeit begangen werden kann.

DIE LEX IULIA ÜBER DIE ÖFFENTLICHE GEWALTTÄTIGKEIT

48,6,1 (*Marcian*): Nach der Lex Iulia über die öffentliche Gewalttätigkeit haftet derjenige, der Waffen und Geschosse in seinem Haus oder auf dem Land in einem Landhaus zu anderen Zwecken als zum Gebrauch bei der Jagd, bei Reisen oder der Seefahrt angesammelt hat.

48,6,3 (*Marcian*): Dies betrifft ebenso diejenigen, die einen Plan zur Erregung von Aufruhr und Tumult gefaßt haben und Sklaven oder freie Menschen bewaffneten. (1) Nach demselben Gesetz haftet derjenige, der als Mündiger in der Öffentlichkeit bewaffnet auftritt. (2) Ferner betrifft es diejenigen, die verbrecherischerweise einen Aufstand erregt, dabei Landhäuser gestürmt und, mit Waffen und Geschossen versehen, Vermögensstücke geraubt haben. (3) Derjenige haftet ferner, der bei einer Feuersbrunst etwas anderes als Baumaterial geraubt hat. (4) Außerdem wird nach diesem Gesetz bestraft, wer einen Knaben, eine Frau oder sonst irgendwen genotzüchtigt hat. (5) Auch derjenige wird gleichermaßen bestraft, der mit einem Schwert oder einer anderen Waffe auf einem Brandplatz erschienen ist, um zu rauben oder um den Eigentümer an der Rettung seiner Sachen zu hindern. (6) Durch dasselbe Gesetz haftet derjenige, der den Besitzer mit Bewaffneten aus seinem Haus, von seinem Acker oder Schiff getrieben hat, es erobert

48,6,4 (*Ulpian*): und der Menschen in Furcht versetzt hat,

48,6,5 (*Marcian*): der bei Versammlungen, Zusammenlauf, Tumult oder Aufruhr eine Feuersbrunst angelegt, einen Menschen arglistigerweise eingeschlossen, belagert oder es bewirkt hat, daß er nicht begraben, sondern sein Scheiterhaufen beraubt und auseinandergerissen wurde. Ferner, wer einen anderen gewaltsam zu einer Schuldverpflichtung gezwungen hat, denn eine solche Verbindlichkeit hebt das Gesetz auf.

48,6,6 (*Ulpian*): Auch wer einen freigeborenen Knaben geraubt hat, muß bestraft werden, wie es der verstorbene Kaiser Antoninus Pius folgendermaßen reskribiert hat: „Die mir von Domitius Silvanus namens des Domitius Silvanus, seines Onkels, überreichte Bittschrift habe ich in Abschrift hier beizufügen befohlen. Ich wurde durch seine Beschwerde dazu veranlaßt, in der er zu erkennen gegeben hat, daß sein Sohn, der noch im jugendlichen Alter steht, geraubt und eingeschlossen wurde und mit Schlägen und Folterung bis zur höchsten Lebensgefahr gepeinigt worden ist. Ich will, mein lieber Geminus, daß du über diese Sache Verhör anstellst und streng verfährst, wenn du herausgefunden hast, daß es sich so verhält."

48,6,7 (*Ulpian*): Nach der Lex Iulia über die öffentliche Gewalttätigkeit haftet derjenige, der, mit Amtsgewalt und Macht versehen, einen römischen Bürger ohne Berücksichtigung seines Berufungsrechtes getötet, körperlich gezüchtigt oder befohlen hat, daß dies mit ihm geschehe, oder der ihm ein Folterinstrument um den Hals gelegt hat. Ferner haften die Legaten, deren Sprecher und die zu ihrem Gefolge Gehörigen, wenn sie beschuldigt werden, jemanden geschlagen oder ihnen Unrecht getan zu haben.

48,6,8 (*Maecian*): Durch die Lex Iulia über die öffentliche Gewalttätigkeit wird vorgeschrieben, daß niemand einen Angeschuldigten fesseln und daran hindern solle, sich binnen einer bestimmten Frist in Rom zu stellen.

48,6,10 (*Ulpian*): Durch die Lex Iulia über die öffentliche Gewalttätigkeit wird weiter bestraft, wer arglistigerweise bewirkt hat, daß Verfahren nicht sicher geführt und Richter nicht, wie es sich gebührt, richten konnten, oder derjenige, der anders, als es seine Machtbefugnis und Amtsgewalt besagen, entscheidet, befiehlt oder handelt. Ferner, wer öffentlich oder privat unrechtmäßig jemanden nötigt, Spiele oder Geld zu versprechen, und wer sich arglistigerweise bewaffnet in einer Versammlung oder dort befunden hat, wo ein öffentliches Verfahren geführt wird. Derjenige ist davon ausgenommen, der zu Tierhetzen Menschen hält, die mit den Bestien kämpfen sollen; und zu diesem Zweck darf man auch Gehilfen halten. (1) Nach diesem Gesetz haftet auch derjenige, der Menschen versammelt und danach eine Gewalttätigkeit begangen hat, wobei jemand geschlagen und verprügelt, aber niemand getötet wurde. (2) Der wegen öffentlicher Gewalttätigkeit Verurteilte wird verbannt.

48,6,11 (*Paulus*): Mit dem Tode werden bestraft, die fremde Häuser oder Landhäuser ausgeplündert, aufgebrochen oder gewaltsam erstürmt haben, falls sie es in einem Tumult und bewaffnet taten. (1) Unter Waffen wird alles das verstanden, womit einzelne Menschen schaden können. (2) Wer eine Waffe nur zum Schutz bei sich trägt, von dem wird nicht angenommen, daß er sie zum Töten von Menschen trägt.

DIE LEX IULIA ÜBER DIE PRIVATGEWALTTÄTIGKEIT

48,7,1 (*Marcian*): Wer wegen Privatgewalttätigkeit verurteilt wurde, von dessen Vermögen wird der dritte Teil konfisziert. Es wird verordnet, daß er weder Senator noch Dekurio sein noch irgendein anderes Ehrenamt behalten darf, er darf weder in seinem Stande verbleiben noch Richter sein. Er wird somit, nach dem Senatsbeschluß, wie ein Infamierter alle Ehre verlieren...

48,7,2 (*Scaevola*): Nach diesem Gesetz haftet derjenige, der Menschen versammelt und eine Gewalttätigkeit begangen hat, bei der jemand geschlagen oder verprügelt, aber kein Mensch getötet wurde.

48,7,5 (*Ulpian*): Wenn jemand einen anderen mit eigens dazu versammelten Menschen ohne Waffen von dessen Acker vertrieben hat, kann er wegen Privatgewalttätigkeit belangt werden.

48,7,8 (*Modestin*): Hat ein Gläubiger ohne Ermächtigung des Richters sich Sachen seines Schuldners angeeignet, so haftet er nach diesem Gesetz, wird um den dritten Teil seines Vermögens gebracht und ehrlos.

DIE LEX CORNELIA ÜBER MÖRDER UND GIFTMISCHER

48,8,1 (*Marcian*): Nach der Lex Cornelia über Mörder und Giftmischer haftet derjenige, der einen Menschen ermordet hat, durch dessen Arglist eine Feuersbrunst entstanden ist, der mit Waffen umhergegangen ist, um einen Menschen zu erschlagen oder um einen Diebstahl zu begehen. Wer sich ferner als Magistrat oder Richter in einem öffentlichen Verfahren bemüht hat, daß einer eine falsche Anzeige macht, um damit einen Unschuldigen zu belangen und zu verurteilen, der haftet ebenfalls. (1) Derjenige haftet ferner, der, um einen Menschen zu ermorden, Gift zubereitet und gegeben hat, der arglistigerweise falsches Zeugnis ausgesagt hat, damit jemand in einem öffentlichen Verfahren über ein Kapitalverbrechen verurteilt wird, ferner, wer als Magistrat oder Richter in einer Untersuchung eines Kapitalverbrechens Geld angenommen hat, damit jemand nach einem Gesetz über ein öffentliches Verfahren angeklagt werde. (2) Wer einen Menschen getötet hat, haftet ohne allen Unterschied, von welchem Stand der Getötete auch war...

48,8,3 (*Marcian*): Nach dem fünften Abschnitt derselben

Lex Cornelia über Mörder und Giftmischer wird derjenige bestraft, der, um einen Menschen zu töten, schädliches Gift bereitet, verkauft oder bei sich gehabt hat. (1) Nach demselben Gesetz wird der bestraft, der öffentlich schlechte Arzneimittel verkauft hat oder bei sich hatte, um einen Menschen zu töten. (2) Der Zusatz „schädliches Gift" zeigt, daß es auch gewisse unschädliche Gifte gibt. Der Name beinhaltet also einen Doppelbegriff und enthält das, was zum Heilen bereitet wurde, und das für den Mord, daneben auch den sogenannten Liebestrank. Das Gesetz spricht aber nur von dem, was jemand hat, um einen Menschen zu ermorden. So wurde nach einem Senatsbeschluß befohlen, diejenige Frau zu verweisen, die nicht in böser Absicht, aber zum bösen Beispiel ein Arzneimittel zur Förderung der Empfängnis verabreicht hatte, nach dessen Einnahme die Empfängerin gestorben war. (3) Durch einen anderen Senatsbeschluß wurde festgelegt, daß die Salbenhändler, die leichtsinnigerweise Schierling, Salamander, Eisenhut, Fichtenraupen, Bubrostis, Alraun oder als ein Mittel zur Erzielung von Wollust spanische Fliegen gegeben haben, nach der Strafe dieses Gesetzes haften sollen. (4) Ferner, wessen Gesinde sich mit seinem Wissen bewaffnet hat, um einen Besitz zu erlangen oder wiederzuerlangen, wer einen Aufruhr angestiftet hat, wer Gut aus einem Schiffbruch unterschlagen, falsche Anzeigen gemacht hat oder hat machen lassen, wodurch ein Unschuldiger betrogen werden sollte, wer aus Wollust oder zum Verkauf einen freien Menschen kastriert hat, der wird nach dem Senatsbeschluß mit der Strafe des Cornelischen Gesetzes belegt. (5) Die Strafe der Lex Cornelia über Mörder und Giftmischer ist die Deportation auf eine Insel und der Verlust des gesamten Vermögens. Heute aber werden die Betreffenden, die der Strafe des Gesetzes verfallen, mit dem Tode bestraft, es sei denn, sie sind von höherem Stande, wobei Leute niederen Ranges in der Regel den wilden Tieren vorgeworfen, Leute höheren Ranges aber auf eine Insel deportiert werden. (6) Überläufer kann man überall, wo man sie antrifft, wie Feinde töten.

48,8,4 (*Ulpian*): Nach der Lex Cornelia über Mörder haftet derjenige, der etwas durch Gesetz Verbotenes zum Verderben eines Menschen begeht, während er eine Magistratur bekleidet...

48,8,6 (*Venuleius Saturninus*): Wer jemandem einen Sklaven zur Kastration übergeben hat, wird nach dem unter den Konsuln Neratius Priscus und Annius Verus erlassenen Senatsbeschluß um die Hälfte seines Vermögens gebracht.

48,8,8 (*Ulpian*): Wenn sich ergibt, daß eine Frau ihrem schwangeren Leib Gewalt angetan hat, um ihr Kind abzutreiben, so wird sie der Provinzstatthalter verbannen.

48,8,10 (*Ulpian*): Wer vorsätzlich mein Mietshaus in Brand gesteckt hat, wird als Brandstifter mit dem Tode bestraft.

48,8,11 (*Modestin*): Nur den Juden ist es durch ein Reskript des verstorbenen Kaisers Antoninus Pius gestattet, ihre Söhne beschneiden zu lassen. Wer dies einem, der sich nicht zu diesem Glauben bekennt, angetan hat, wird ebenso wie der bestraft, der kastriert. (1) Wurde ein Sklave ohne richterliches Urteil wilden Tieren vorgeworfen, wird nicht bloß der Verkäufer, sondern auch der Käufer bestraft. (2) Nach der Lex Petronia und den zu demselben Gesetz erlassenen Senatsbeschlüssen wurde den Herren die Gewalt genommen, ihre Sklaven nach Belieben zum Kampf mit den wilden Tieren herauszugeben. War aber der Sklave dem Richter vorgestellt und des Herrn Beschwerde gerecht, darf er der Strafe übergeben werden.

48,8,14 (*Kallistrat*): Der verstorbene Kaiser Hadrian hat folgendermaßen reskribiert: „Bei Missetaten wird auf den Willen, nicht auf den Erfolg gesehen."

48,8,15 (*Ulpian*): Es ist einerlei, ob jemand wirklich tötet oder ob er die Ursache des Todes bewirkt.

DIE LEX POMPEIA ÜBER VERWANDTENMORD

48,9,1 (*Marcian*): Durch die Lex Pompeia über Verwandtenmord wird festgelegt, daß derjenige, der Vater, Mutter, Großvater, Großmutter, Bruder, Schwester, Vetter und Base väterlicher- und mütterlicherseits, Vaterbruder, Mutterbruder, Vaterschwester, Mutterschwester, Geschwisterkind, Ehefrau, Ehemann, Schwiegersohn, Schwiegervater, Schwiegertochter, Schwiegermutter, Stiefvater, Stiefsohn, Stieftochter, Freilasser oder Freilasserin getötet hat oder durch dessen Arglist es geschehen ist, dieselbe Strafe erleiden soll, welche durch die Lex Cornelia über Mörder festgelegt ist. Auch die Mutter, die ihren Sohn oder ihre Tochter getötet hat, wird nach diesem Gesetz bestraft, ebenso der Großvater, der seinen Enkel getötet hat; auch derjenige fällt unter dieses Gesetz, der Gift gekauft hat, um es seinem Vater zu geben, auch wenn er es ihm hat nicht geben können.

48,9,2 (*Scaevola*): Der Bruder desselben, der es nur wußte, aber nicht dem Vater anzeigte, ist zu verweisen; der Arzt, der dabei geholfen hat, ist mit dem Tode zu bestrafen.

48,9,6 (*Ulpian*): Man muß untersuchen, ob die Strafe des Verwandtenmordes diejenigen allein betrifft, die ihre Eltern ermordet haben, oder auch die Mitwisser? Maecian antwortet, daß nicht bloß die Elternmörder, sondern ebenso die Mitwisser gestraft werden müssen. Auch nichtverwandte Mitwisser müssen aus diesem Grunde mit derselben Strafe belegt werden.

48,9,9 (*Modestin*): Als Strafe für den Verwandtenmord ist nach der Sitte der Vorfahren eingeführt worden, daß der Elternmörder mit blutigen Ruten geschlagen, dann in einen ledernen Sack mit einem Hund, einem Hahn, einer Schlange und einem Affen eingenäht und der Sack dort ins Meer geworfen wird, wo es am tiefsten ist. Hierbei wird vorausgesetzt, daß das Meer nahe ist, da er sonst nach einem Erlaß des verstorbenen Kaisers Hadrian den wilden Tieren vorgeworfen wird. (1) Wer andere verwandte Personen außer Mutter und Vater, Großvater und Großmutter ermordet hat (wie wir oben gesagt haben, werden diese Mörder nach der Sitte der Vorfahren bestraft), wird mit dem Verlust der Freiheit oder mit dem Tode bestraft. (2) Wer seinen Vater freilich im Wahnsinn getötet hat, wird straffrei ausgehen, wie die kaiserlichen Brüder betreffs eines Mannes reskribiert haben, der seine Mutter getötet hatte; denn der Wahnsinn selbst sei eine hinreichende Strafe, und der Betreffende müsse sorgfältiger bewacht oder sogar in Ketten gelegt werden.

48,9,10 (*Paulus*): Die Möglichkeit zur Anklage derjenigen, die mit der Strafe des Verwandtenmordes belegt werden können, erlischt niemals.

DIE LEX CORNELIA ÜBER FÄLSCHUNGEN UND DAS SENATUSCONSULTUM LIBONIANUM

48,10,1 (*Marcian*): Die Strafe nach der Lex Cornelia wird dem auferlegt, der arglistigerweise mit noch jemandem einen Anschlag unternommen hat, um ein falsches Zeugnis anzufertigen oder zum gegenseitigen Nutzen ein falsches Zeugnis auszusagen. (1) Ebenso wird derjenige nach diesem Senatsbeschluß bestraft, der für die Unterrichtung eines Anwalts mit Beweismaterial oder für Zeugenaussagen Geld empfangen oder einen anderen Vertrag geschlossen hat oder ein Komplott eingegangen ist, um Unschuldige in eine Kriminaluntersuchung zu verwickeln. (2) Mit der Strafe der Lex Cornelia wird aber auch derjenige belegt, der Geld erhalten hat, um einen Zeugen zu benennen oder fallen zu lassen oder um eine Zeugenaussage zu machen oder zu verweigern, ferner derjenige, der den Richter bestochen hat oder hat bestechen lassen. (3) Auch der Richter, der die kaiserlichen Erlasse mißachtet hat, wird bestraft. (4) Wer Rechnungen, Urkunden oder etwas anderes, das nicht versiegelt ist, fälscht oder gar unterschlagen hat, wird aus denselben Gründen, als wenn er ein Fälscher wäre, bestraft. So hat auch der verstorbene Kaiser Severus einen Präfekten von Ägypten nach der Lex Cornelia über Fälschungen bestraft, der im Amte seine Urkunden gefälscht hatte. (5) Wer das Testament eines noch Lebenden geöffnet hat, wird mit der Strafe der Lex Cornelia über Fälschungen belegt. (6) Wer angibt, daß derjenige, bei dem er Urkunden hinterlegt hatte, dieselben seinen Gegnern verraten hat, kann den Betreffenden wegen Fälschung anklagen. (7) Der Senatsbeschluß betrifft auch die Testamente der Soldaten; danach werden diejenigen nach der Lex Cornelia bestraft, die sich ein Vermächtnis oder fideïcommissum selbst zugeschrieben haben …

(13) Die Strafe für Fälschung oder Quasifälschung ist die Deportation und die Konfiskation des gesamten Vermögens. Wenn ein Sklave etwas Derartiges begangen hat, so wird er mit dem Tode bestraft.

48,10,2 (*Paulus*): Nach der Lex Cornelia über Fälschungen wird bestraft, wer ein Testament arglistigerweise entfernt, versteckt, geraubt, vernichtet, durchgestrichen, unterschoben, sein Siegel erbrochen, ein falsches Testament geschrieben, gesiegelt oder vorgelesen hat oder durch dessen Arglist dies geschehen ist.

48,10,7 (*Marcian*): Sklaven können auf keinen Fall gegen ihre Herren gerichtlich auftreten, da sie überhaupt nicht, weder nach dem ius civile noch nach prätorischem Recht noch im Kognitionsverfahren (cognitio extra ordinem), als Person gezählt werden. Ausgenommen ist die Zulassung zur Klage wegen Unterschlagung des Testaments, wie begünstigenderweise die verstorbenen Kaiser Marc Aurel und Commodus reskribierten, als ein Sklave darüber Beschwerde führte, es sei das Testament, in dem ihm die Freiheit erteilt wurde, unterschlagen worden.

48,10,8 (*Ulpian*): Wer Goldmünzen beschnitten, gefälscht oder nachgemacht hat, soll, wenn er ein Freier ist, wilden Tieren vorgeworfen, wenn er ein Sklave ist, mit der Todesstrafe belegt werden.

48,10,13 (*Papinian*): Die Annahme eines falschen Namens oder Beinamens wird mit der Strafe für Fälschung belegt...

48,10,33 (*Modestin*): Wer sich auf falsche kaiserliche Erlasse beruft, die niemand herausgegeben hat, der wird durch die Lex Cornelia verbannt.

DIE LEX IULIA ÜBER UNERLAUBTE GELDANNAHME

48,11,1 (*Marcian*): Die Lex Iulia über unerlaubte Geldannahme (repetundae) betrifft diejenigen Gelder, die jemand in einer Magistratur, in Ausübung von Macht, in anderen öffentlichen Diensten, in einer Gesandtschaft oder in einem anderen

Dienst, Amt oder in einer öffentlichen Anstellung, oder während er zum Gefolge einer solchen Person gehörte, angenommen hat. (1) Das Gesetz nimmt folgende Personen aus, von denen man etwas annehmen darf: Geschwisterkinder und alle in näherer Abstufung befindlichen Verwandten sowie die Gattin.

48,11,3 (*Macer*): Nach der Lex Iulia über unerlaubte Geldannahme haftet derjenige, der während der Ausübung einer öffentlichen Gewalt zur Abfassung oder Nichtabfassung eines Richterspruches oder Dekretes Geld empfangen hat.

48,11,6 (*Venuleius Saturninus*): ... (1) Wer nach diesem Gesetz verurteilt wurde, darf kein öffentliches Zeugnis ablegen, kein Richter sein und keine öffentlichen Anträge für andere stellen...

48,11,7 (*Macer*): ... (3) Heute bestraft man in besonderen Fällen in Anwendung der Lex Iulia über unerlaubte Geldannahme meist mit Verbannung oder sogar noch härter, je nach der Schwere des Verbrechens. Was aber geschieht nun, wenn einer Geld angenommen hat, um einen Menschen zu töten, oder – wenn er auch kein Geld angenommen hatte – in der Hitze jemanden getötet hat, der entweder unschuldig war oder den er nicht töten durfte? Hier muß die Todesstrafe oder wenigstens die Deportation auf eine Insel, wie es meistens geschieht, erfolgen.

DIE LEX IULIA
ÜBER DEN GETREIDEAUFKAUF

48,12,1 (*Marcian*): Zwischen Sklaven und Herren findet dann ein Verfahren statt, wenn der Sklave angibt, der Herr habe hinsichtlich zum öffentlichen Gebrauch bestimmten Getreides eine verbrecherische Handlung begangen.

48,12,2 (*Ulpian*): Nach der Lex Iulia über den Getreideaufkauf wird gegen denjenigen eine Strafe verhängt, der Kornwucher getrieben oder eine Gesellschaft gebildet hat, um das Korn zu verteuern. (1) Es wird in demselben Gesetz gesagt, daß niemand ein Schiff oder einen Seemann zurückhalten oder arglistigerweise bewirken solle, daß dies geschieht. (2) Es wird eine Strafe von 20 Goldstücken festgesetzt.

48,12,3 (*Papirius Iustus*): Die Kaiser Marc Aurel und Lucius Verus haben folgendermaßen reskribiert: „Es ist unbillig, daß die Dekurionen ihren Mitbürgern das Getreide unter dem Marktpreis verkaufen." (1) Sie reskribierten ferner, es habe der Dekurionenstand der Städte kein Recht, den Preis des zugeführten Korns zu bestimmen. (2) Auch haben sie folgendermaßen reskribiert: „Wenngleich Frauen diese Art von Anzeigen in der Regel nicht zu machen pflegen, so kannst du dennoch dem Präfekten des Kornmarktes Anzeige erstatten, weil du Beweise beizubringen versprichst, die zum Besten des Kornmarktes dienen."

DIE LEX IULIA ÜBER UNTERSCHLAGUNG ÖFFENTLICHER GELDER, TEMPELRAUB UND KASSENVERUNTREUUNG

48,13,1 (*Ulpian*): Durch die Lex Iulia über Unterschlagung wird verordnet, daß niemand von geweihten (sacer), religiösen (religiosus) und öffentlichen Geldern etwas entwenden, unterschlagen oder zu seinem Nutzen verwenden solle. Es soll niemand bewirken, daß jemand es forttrage, unterschlage oder zu seinem Nutzen verwende, außer wenn es nach dem Gesetz erlaubt ist. Keiner soll in Gold, Silber oder Kupfer aus der staatlichen Münze etwas hineintun, vermischen noch wissentlich arglistig bewirken, daß etwas hineingetan und hineingemischt wird, wodurch es verschlechtert wird.

48,13,3 (*Ulpian*): Die Strafe bei Unterschlagung öffentlicher Gelder ist die Verbannung, an deren Stelle heute Deportation getreten ist. Wer in diesen Zustand versetzt wird, verliert des weiteren, wie auch seine vorherigen Rechte, sein Vermögen.

48,13,4 (*Marcian*): ... (2) Durch Mandate wird hinsichtlich der Tempelräuber verordnet, daß die Provinzstatthalter den Tempelräubern, Straßenräubern (latro), Menschenräubern (plagiarius) nachstellen und jeden nach seinem Verbrechen bestrafen sollen. So wird auch durch Erlasse bestimmt, daß die Tempelräuber im Kognitionsverfahren mit der wohlverdienten Strafe zu belegen seien.

48,13,10(8) (*Venuleius Saturninus*): Wer eine eherne Tafel, die Gesetze oder die Lage der Äcker oder sonst etwas anderes enthält, abgenommen oder etwas darin verändert hat, haftet nach der Lex Iulia über Unterschlagung. Nach demselben Gesetz haftet derjenige, der auf öffentlichen Urkunden etwas zerstört oder durchgestrichen hat.

48,13,11(9) (*Paulus*): Tempelräuber werden mit der Kapitalstrafe belegt...

48,13,13(11) (*Ulpian*): Wer durch Mauern Löcher gebrochen und dann etwas gestohlen hat, haftet nach der Klage wegen Unterschlagung.

48,13,15(13) (*Modestin*): Wer dem Feind abgenommene Beute gestohlen hat, haftet nach dem Gesetz über Unterschlagung öffentlicher Gelder und wird mit dem Vierfachen des gestohlenen Wertes bestraft.

DIE LEX IULIA ÜBER AMTSERSCHLEICHUNG

48,14,1 (*Modestin*): Dieses Gesetz entfällt heutzutage in der Stadt Rom, weil die Ernennung der Magistrate durch den Kaiser erfolgt und nicht durch die Gunst des Volkes. (1) Wenn aber in einem Munizipium jemand entgegen diesem Gesetz nach einer Beamten- oder Priesterstelle gestrebt hat, wird er nach dem Senatsbeschluß mit 100 Goldstücken und mit Ehrlosigkeit bestraft. (2) Hat ein nach diesem Gesetz Verurteilter einen anderen überführt, so wird er in den vorigen Stand wiedereingesetzt, ohne jedoch sein Geld zurückzuerhalten. (3) Derjenige, der einen neuen Zoll eingeführt hat, wird nach dem Senatsbeschluß ebenfalls mit derselben Strafe belegt. (4) Wenn ein Angeschuldigter oder Ankläger unerlaubterweise das Haus des Richters betritt, so handelt er nach der Lex Iulia über die Gerichtsordnung ebenfalls dem Gesetz über Amtserschleichung zuwider, d. h., er wird dem Fiskus eine Strafe von 100 Goldstücken erlegen müssen.

DIE LEX FABIA ÜBER DEN MENSCHENRAUB

48,15,1 (*Ulpian*): Hat ein Käufer einen freien Menschen wissentlich gekauft, so erwächst gegen ihn eine Kapitalanklage gemäß der Lex Fabia über den Menschenraub. Aber auch der Verkäufer wird schuldig, wenn er wissentlich einen freien Menschen verkauft hat.

48,15,6 (*Kallistrat*): ... (2) Durch die Lex Fabia wird vorgeschrieben, daß derjenige Freie, der einen Freigeborenen oder Freigelassenen gegen dessen Willen verborgen und im Kerker gehalten, ihn wissentlich und mit Arglist gekauft oder an einer dieser Handlungen Anteil hat, daß ferner, wer einen fremden Sklaven oder eine Sklavin überredet hat, dem Herrn oder der Herrin davonzulaufen, wer ihn oder sie gegen Wissen und Willen des Herrn oder der Herrin verborgen und im Kerker gehalten oder wissentlich und mit Arglist gekauft oder hieran teilhat, die Strafe desselben Gesetzes erleiden solle.

ÖFFENTLICHE LADUNG DER ANGESCHULDIGTEN UND VERURTEILUNG DER ABWESENDEN

48,17,1 (*Marcian*): Der verstorbene Kaiser Severus und der verstorbene Kaiser Caracalla haben ein Reskript des Inhalts erlassen, daß kein Abwesender bestraft werden solle. Es wird bei uns als Recht erachtet, daß kein Abwesender verurteilt werde, denn die Rücksicht auf die Billigkeit verbietet es, jemanden bei ungehörter Sache zu verurteilen. (1) Soll aber nun jemand schwerer bestraft werden, z. B. mit Bergwerksarbeit oder ähnlichem oder mit einer Kapitalstrafe, so darf er in diesem Fall nicht in Abwesenheit verurteilt werden, sondern man muß ihn suchen, wenn er unter die Verklagten eingetragen ist, damit er sich verantworten kann. (2) Um die so unter die Verklagten Eingetragenen zu suchen, müssen die Provinzstatthalter folgendermaßen verfahren: Sie müssen denjenigen, die sie unter die Verklagten eingetragen haben, durch öffentlichen Anschlag befehlen, sich zu stellen, damit sie erfahren, daß sie unter die Verklagten eingetragen sind. Aber sie müssen auch an die Magistrate am Wohnort des Gesuchten einen Brief senden, damit sie so erfahren können, daß sie unter die Verklagten eingetragen sind und gesucht werden. (3) Von da ab hat man ein Jahr Zeit, um sich zu rechtfertigen.

48,17,2 (*Macer*): Zur Einziehung des Vermögens desjenigen, der unter die Verklagten eingetragen ist und gesucht wird, ist die Frist eines Jahres bestimmt. (2) Hat aber der Fiskus das Vermögen nach 20 Jahren noch nicht eingezogen, so wird er entweder durch eine Einrede vom Angeschuldigten selbst oder seinen Erben abgewiesen.

48,17,5 (*Modestin*): Durch kaiserliche Mandate ist vorgeschrieben worden, daß das Vermögen der öffentlich zu Ladenden für die Frist eines Jahres versiegelt werden soll, damit sie, wenn sie zurückgekehrt sind und sich gerechtfertigt haben, ihr Vermögen unverkürzt erhalten. Wenn sie aber weder sich selbst verantworten noch einen Vertreter zu ihrer Verteidigung stellen, so soll ihr Vermögen nach Jahresfrist konfisziert werden. (1) Die verstorbenen Kaiser Severus und Caracalla haben außerdem verordnet, daß während des laufenden Jahres etwa vorhandene lebende Vermögensteile verkauft werden sollen, damit sie nicht durch Verzug schlechter würden oder auf irgendeine Weise etwas verlorenginge; außerdem soll ihr Preis fixiert werden. (2) Der verstorbene Kaiser Trajan aber hat reskribiert, daß auch die Früchte unter die lebenden Vermögensteile einzustufen sind. (3) Es ist übrigens dafür zu sorgen, daß demjenigen, der entflohen ist, inzwischen von seinen Schuldnern keine Zahlungen geleistet werden, um dadurch nicht seine Flucht zu fördern.

PEINLICHE BEFRAGUNGEN

48,18,1 (*Ulpian*): Bei der Ermittlung von Verbrechen wird in der Regel die peinliche Befragung (quaestio) angewendet. Wir wollen aber untersuchen, wann und inwieweit dies statthaft ist. Der verstorbene Kaiser Augustus hat verordnet, daß die Folter nicht den Anfang machen und daß man der peinlichen Befragung nicht zu große Beweiskraft beimessen soll.

(1) Dies ist auch in einem Schreiben des verstorbenen Kaisers Hadrian an Sennius Sabinus ausgedrückt, wobei die Worte des Reskripts folgendermaßen lauten: „Zur Folterung der Sklaven soll nur dann geschritten werden, wenn ein Angeschuldigter verdächtig ist und durch andere Anzeichen der Beweis so weit erbracht zu sein scheint, daß es bloß noch am Geständnis der Sklaven zu fehlen scheint..." (17) Der verstorbene Kaiser Severus hat reskribiert, daß die Geständnisse der Angeschuldigten nicht für rechtlich erwiesene Verbrechen gehalten werden dürfen, wenn kein Beweis die Überzeugung des untersuchenden Richters unterstützt... (23) Der Folter darf nicht immer, aber auch nicht niemals Glaubwürdigkeit beigemessen werden, was durch Erlasse vorgeschrieben wurde; denn sie ist ungewiß, gefährlich und trügerisch. Viele nämlich sprechen auf Grund von Gleichmut oder Abhärtung gegen die Folter dieser Untersuchungsmethode dergestalt hohn, daß die Wahrheit aus ihnen auf keine Weise herausgebracht werden kann. Andere wiederum sind so kleinmütig, daß sie lieber selbst Lügen zugeben, als die Folter zu ertragen. Die Folge davon ist, daß sie alles mögliche gestehen und nicht bloß sich selbst, sondern auch andere beschuldigen... (27) Wer aus freien Stücken zugibt, er habe ein Verbrechen begangen, dem darf man nicht immer glauben, denn zuweilen werden Geständnisse aus Furcht oder einer anderen Ursache gemacht. Es ist auch ein Schreiben der verstorbenen kaiserlichen Brüder an Voconius Saxa vorhanden, in dem es heißt, es müsse derjenige freigelassen werden, der ein Geständnis gegen sich selbst abgelegt, aber nach dessen Verurteilung sich Gewißheit über seine Unschuld ergeben habe...

48,18,3 (*Ulpian*): Durch einen Erlaß unseres Kaisers und des verstorbenen Kaisers Severus wurde festgelegt, daß der Sklave, der mehreren gemeinsam gehört, nicht in einem Prozeß gegen einen einzelnen der Besitzer gefoltert werden dürfe.

48,18,8 (*Paulus*): Es gibt ein Edikt des verstorbenen Kaisers Augustus, das er unter den Konsuln Vibius Habitus und Lucius Apronianus erlassen hat und das wie folgt lautet: „Es ist meine Meinung, daß die Folter niemals in allen Angelegenheiten und bei allen Personen stattfinden darf, sondern nur dann, wenn Kapital- und schwere Verbrechen nicht anders als durch die Folterung der Sklaven entdeckt und herausgebracht werden können. Dann halte ich sie für höchst wirksam bei der Erforschung der Wahrheit und meine, daß sie durchgeführt werden müsse."

48,18,9 (*Marcian*): ... (2) Derjenige, der auf eine Insel deportiert wurde, darf nicht gefoltert werden, wie der verstorbene Kaiser Antoninus Pius reskribiert hat...

48,18,10 (*Arcadius Charisius*): Wer unter 14 Jahre alt ist, darf nicht gefoltert werden, wie auch der verstorbene Kaiser Antoninus Pius an Caecilius Iuventianus reskribiert hat.

48,18,15 (*Kallistrat*): Ein freier Mensch, der sich in seinem Zeugnis keiner Doppelzüngigkeit schuldig gemacht hat, darf nicht gefoltert werden...

STRAFEN

48,19,2 (*Ulpian*): Eine Kapitalstrafe erleidet ein Verurteilter dann, wenn ihn entweder der Tod, der Verlust des Bürgerrechts oder die Sklaverei trifft. (1) Nachdem die Deportation an die Stelle der Verbannung getreten ist, steht fest, daß niemand das Bürgerrecht eher verliert, als bis der Kaiser die Deportation auf eine Insel wirklich ausgesprochen hat. Daß der Provinzstatthalter nicht deportieren kann, unterliegt keinem Zweifel. Der Präfekt der Stadt Rom hat allerdings das Recht zu deportieren, und der Verlust des Bürgerrechts tritt offensichtlich zugleich nach dem Urteil des Präfekten ein. (2) Derjenige gilt als verurteilt, der nicht Berufung eingelegt hat; sobald er Berufung einlegt, gilt er noch nicht als verurteilt. Dies ist dann der Fall, wenn einer von jemandem in einer Kapitalsache verurteilt wurde, der dazu kein Recht hat; denn verurteilt ist bloß derjenige, dessen Verurteilung gültig ist.

48,19,3 (*Ulpian*): Die Strafe einer zum Tode verurteilten Schwangeren wird bis zu ihrer Niederkunft ausgesetzt. Mir ist auch bekannt, daß sie während ihrer Schwangerschaft nicht gefoltert werden soll.

48,19,6 (*Ulpian*): ... (2) Wir wollen nun die einzelnen Arten der Strafen aufzählen, die die Provinzstatthalter über jemanden verhängen können. Die Strafen sind solche, die entweder das Leben absprechen oder die Sklaverei auferlegen oder das Bürgerrecht nehmen oder Verbannung oder körperliche Züchtigung verhängen,

48,19,7 (*Kallistrat*): z. B. die Züchtigung mit Prügeln, Peitschen und mit der Knute,

48,19,8 (*Ulpian*): oder Geldstrafe, verbunden mit Ehrlosigkeit oder Verlust irgendeiner Würde oder Verbot, eine Handlung auszuüben. (1) Das Leben wird dann abgesprochen, wenn z. B. jemand verurteilt wird, mit dem Schwert hingerichtet zu werden. Die Hinrichtung hat aber mit dem Schwert zu erfolgen, nicht mit dem Beil oder mit einem Geschoß oder Prügel oder Strick bzw. auf sonst eine Weise. Die Provinzstatthalter haben somit nicht das Recht, die freie Wahl der Todesart zu gestatten, am wenigsten die Tötung durch Gift. Die verstorbenen kaiserlichen Brüder haben jedoch ein Reskript erlassen, in dem sie die freie Wahl der Todesart gestattet haben. (2) Staatsfeinde und Überläufer werden bestraft, indem sie lebendig verbrannt werden. (3) Niemand darf jedoch zu der Strafe verurteilt werden, mit Prügeln oder Ruten totgeschlagen zu werden, auch nicht zur Tötung durch die Folter, obwohl viele während der Folter den Geist aufgeben. (4) Eine freiheitsberaubende Strafe ist es, wenn z. B. jemand zur Bergwerksarbeit zweiten oder ersten Grades verurteilt wird. Es gibt viele Bergwerke, manche Provinzen haben welche, manche nicht. Im letzteren Fall werden die Verurteilten in die Provinzen geschickt, die Bergwerke haben. (5) Der Präfekt der Stadt Rom allerdings hat das besondere Recht, zur Bergwerksarbeit zu verurteilen, wie dies in einem Schreiben des verstorbenen Kaisers Severus an Fabius Cilo ausdrücklich gesagt wird. (6) Zwischen zur Bergwerksarbeit Verurteilten zweiten und ersten Grades besteht ein Unterschied nur in den Fesseln: die zur Bergwerksarbeit zweiten Grades Verurteilten haben schwerere Fesseln zu tragen, die ersten Grades leichtere. Entlaufene Verurteilte ersten Grades werden zur Bergwerksarbeit zweiten Grades verurteilt; die der Bergwerksarbeit zweiten Grades Entflohenen werden schwerer bestraft.

48,19,19 (*Ulpian*): Werden Sklaven von ihren Herren vor Gericht nicht verteidigt, so werden sie nicht ohne weiteres gleich zur Bestrafung abgeführt, sondern ihre Verteidigung wird auch einem anderen erlaubt, und der den Fall untersuchende Richter muß ihre Unschuld erörtern.

48,19,20 (*Paulus*): Wenn jemand eine Strafe auferlegt bekommt, so wird durch die Auslegung des Rechts angenommen, daß die Strafe nicht auf die Erben übergeht. Der Grund scheint hierbei der zu sein, daß die Strafe zur Besserung der Menschen bestimmt ist, ein Zweck also, der durch den Tod desjenigen, gegen den sie offensichtlich verhängt wird, entfällt.

48,19,28 (*Kallistrat*): Es gibt etwa folgende Grade der Kapitalstrafen: Die schwerste Strafe ist offensichtlich die Verurteilung zum Galgen, desgleichen die Verbrennung bei lebendigem Leibe ... und die Enthauptung. Der Todesstrafe am nächsten steht die Verurteilung zur Bergwerksarbeit, danach folgt die Deportation auf eine Insel. (1) Die übrigen Strafen zielen bloß auf den guten Ruf und bezwecken keine Gefahr des Lebens, wie z. B. die Verweisung auf Zeit oder für immer oder die Verweisung auf eine Insel oder die Verurteilung zu Zwangsarbeit oder die Züchtigung mit Prügeln. (2) Mit der Prügelstrafe wird nicht jeder gezüchtigt, sondern nur Freie niederen Standes. Personen höheren Standes werden der Prügelstrafe nicht unterworfen, und dies wurde in kaiserlichen Reskripten ausdrücklich verordnet... (13) Betreffs der Verwiesenen ist die Stufenfolge in einem Edikt des verstorbenen Kaisers Hadrian festgelegt. Wenn danach ein auf Zeit Verwiesener vorher zurückkehrt, wird er auf eine Insel verwiesen; wer auf eine Insel verwiesen wurde und sie verlassen hat, wird auf eine Insel deportiert; wer aber deportiert wurde und entflohen ist, erleidet die Todesstrafe. (14) Derselbe Kaiser hat auch die gleiche Stufenfolge für die Gefangenen festgelegt, d. h., wer auf Zeit verurteilt wurde, soll auf immer verurteilt werden; wer auf immerwährend, zur Bergwerksarbeit; wer entflohen ist, als er zur Bergwerksarbeit verurteilt war, wird mit dem Tode bestraft.

(15) Nicht wenige meinen, daß berüchtigte Straßenräuber da, wo sie ihr Unwesen getrieben haben, am Galgen gehängt werden sollen... (16) Unsere Vorfahren haben bei jeder Strafe Sklaven härter als Freie und Ehrlose schwerer als Leute unbescholtenen Rufs bestraft.

48,19,29 (*Gaius*): Wer zum Tode verurteilt wird, verliert sofort auch Bürgerrecht und Freiheit. Dieser Verlust nimmt also den Tod vorweg und geht manchmal lange Zeit voraus. Es betrifft dies Personen, die zum Kampf mit wilden Tieren verurteilt wurden. Oft werden sie auch nach der Verurteilung noch bewahrt, um zur Untersuchung gegen andere herangezogen werden zu können.

DAS VERMÖGEN DER VERURTEILTEN

48,20,1 (*Kallistrat*): Durch eine Verurteilung wird das Vermögen konfisziert, sobald entweder das Leben oder das Bürgerrecht aberkannt oder die Herabsetzung zum Sklavenstand ausgesprochen wird. (1) Auch diejenigen Kinder, die vor der Verurteilung empfangen und danach geboren worden sind, erhalten ihren Anteil am Vermögen ihrer verurteilten Väter. (2) Den Kindern wird aber nur dann ein Anteil zugestanden, wenn sie in rechtmäßiger Ehe geboren wurden. (3) Den Kindern desjenigen Verurteilten, dem nur die Hälfte des Vermögens abgenommen wurde, werden keine Anteile ausgezahlt, und dies haben auch die verstorbenen kaiserlichen Brüder reskribiert.

48,20,2 (*Kallistrat*): Wenn jemand in den Kerker geworfen wurde, darf ihm nicht sofort, sondern erst nach der Verurteilung sein Vermögen abgenommen werden, wie der verstorbene Kaiser Hadrian reskribierte.

48,20,3 (*Ulpian*): Die Mitgift der Frau wird konfisziert, falls sie nach einem der folgenden fünf Gesetze verurteilt wurde: wegen Hochverrats, öffentlicher Gewalttätigkeit, Verwandtenmordes, Vergiftung und Mordes.

48,20,5 (*Ulpian*): Wenn sie aber nach einem anderen Gesetz mit dem Tod bestraft worden ist, durch das die Mitgift nicht konfisziert wird, so ist es begründet, daß die Mitgift dem Ehemann zufällt, als wäre sie tot, weil sie zuvor Strafsklavin wird. (1) Wurde hingegen eine Haustochter deportiert, so – sagt Marcellus (und er hat völlig recht) – werde die Ehe durch die Deportation nicht aufgelöst. Denn da die Frau frei bleibt, so ist kein Hindernis vorhanden, daß der Mann die Zuneigung eines Ehemannes und die Frau die Gesinnung einer Ehefrau behalte. Will sich aber die Frau vom Mann trennen, dann könne – sagt Marcellus – der Vater wegen der Mitgift Klage erheben; sei sie aber eine Hausmutter und inzwischen während der bestehenden Ehe deportiert worden, so verbleibe die Mitgift dem Ehemann. Wenn aber die Ehe nachher aufgelöst wurde, so könne sie klagen, indem mit Rücksicht auf die Humanität die Klage als erst jetzt entstanden anzusehen sei.

48,20,11 (*Marcian*): Wenn ein Verurteilter Berufung eingelegt hat und während der schwebenden Berufung gestorben ist, so wird sein Vermögen nicht konfisziert, denn auch unter diesen Umständen gilt sein letztes Testament. Dasselbe trifft zu, wenn seine Berufung nicht angenommen wurde. (1) Der Angeschuldigte kann, außer bei Hochverrat, sein Vermögen verwalten, Geld ausleihen und Forderungen einholen, wenn sie ihm im guten Glauben gezahlt werden. Nach erfolgter Verurteilung wird das widerrufen, was er zur Übervorteilung des Fiskus veräußert hat.

VERBANNTE, VERWIESENE UND DEPORTIERTE

48,22,2 (*Marcian*): Daß ein Deportierter niemanden freilassen kann, hat der verstorbene Kaiser Antoninus Pius reskribiert.

48,22,3 (*Alfenus*): Wer das Bürgerrecht verloren hat, entzieht seinen Kindern an Rechten nichts weiter, als was von ihm auf sie übergegangen wäre, wenn er ohne Testament im Besitz des Bürgerrechts gestorben wäre, d. h. also seine Erbschaft, die Freigelassenen und was sich sonst von der Art vorfindet. Unversehrt bleibt ihnen, was nicht vom Vater, sondern vom Geschlecht, vom Staat und von den Naturgesetzen ausgeht. Aus diesem Grund werden die Brüder gesetzmäßige Erben der Brüder sein und die Vormundschaften und die Erbschaften ihrer Agnaten erhalten, da diese ihnen nicht ihr Vater, sondern dessen Vorfahren verliehen haben.

48,22,4 (*Marcian*): Die auf eine Insel Verwiesenen behalten ihre Kinder in ihrer Gewalt, da ihnen auch alle übrigen Rechte verbleiben; sie dürfen sich nur nicht von der Insel entfernen. Sie behalten auch ihr gesamtes Vermögen, außer wenn ihnen etwas durch ausdrücklichen richterlichen Ausspruch genommen wurde. Denn denen, die zu immerwährender Verbannung verurteilt oder verwiesen wurden, kann der Richter einen Teil des Vermögens durch Ausspruch entziehen.

48,22,5 (*Marcian*): Es gibt drei Arten der Verbannung (exilium): entweder ein Verbot bestimmter Orte oder die Verbannung, so daß alle Orte außer einem bestimmten verboten werden, oder die Anweisung des Aufenthaltes auf einer Insel, d. h. also die Verweisung auf eine Insel.

48,22,6 (*Ulpian*): Zu den Strafen gehört auch die Deportation auf eine Insel. Diese Strafe entzieht das römische Bürgerrecht. (1) Das Recht der Deportation auf eine Insel besitzen die Provinzstatthalter nicht, doch dem Präfekten der Stadt Rom ist es verliehen, wie es in einem Schreiben des verstorbenen Kaisers Severus an den Präfekten der Stadt Rom, Fabius Cilo, ausdrücklich heißt. Wenn daher die Provinzstatthalter meinen, daß jemand auf eine Insel deportiert werden müsse, so müssen sie die Sache selbst in die Hand nehmen, seinen Namen aber dem Kaiser schriftlich anzeigen und nachsuchen, daß er auf eine Insel deportiert werden soll. Dem Kaiser ist schriftlich vollständiger Bericht über die Angelegenheit zu machen, so daß entnommen werden kann, ob seine, d. h. des Statthalters, Meinung richtig ist und der Verbrecher auf eine Insel zu deportieren ist. In der Zwischenzeit, während der Bericht erstattet wird, muß der Provinzstatthalter befehlen, ihn im Gefängnis festzuhalten. (2) Die verstorbenen kaiserlichen Brüder haben reskribiert, daß Dekurionen der Provinzstädte wegen Kapitalverbrechen deportiert oder verwiesen werden sollen. So haben sie auch einen gewissen Priscus, der namentlich des Mordes und der Brandstiftung beschuldigt war und der vor der

Untersuchung gestanden hatte, auf eine Insel zu deportieren befohlen.

48,22,7 (*Marcian*): Es gibt zwei Klassen bei den Verwiesenen: manche nämlich werden auf eine Insel verwiesen, manche werden nur einfach verwiesen, so daß ihnen bestimmte Provinzen verboten werden, ohne daß ihnen aber eine Insel angewiesen wird. (1) Auf eine Insel können die Provinzstatthalter dann verweisen, wenn sie eine Insel unter sich haben (d. h., wenn eine Insel zum Gebiet der von ihnen verwalteten Provinz gehört), sie also eigens eine Insel anweisen und auf dieselbe verweisen können. Haben sie aber keine Insel in ihrem Provinzbereich, so können sie zwar die Verweisung auf eine Insel aussprechen, müssen aber dann dem Kaiser schreiben, daß er selbst eine Insel anweisen soll. Im übrigen können sie auf keine Insel verweisen, die nicht zu der Provinz gehört, der sie vorstehen. Bis zur Anweisung einer Insel durch den Kaiser muß der Verwiesene einem Soldaten übergeben werden. (2) Zwischen Deportierten und Verwiesenen besteht der Unterschied, daß Verweisung auf eine Insel sowohl auf Zeit als auch für immer verhängt werden kann. (3) Mag übrigens jemand auf Zeit oder auf immer verwiesen worden sein, er behält sowohl das römische Bürgerrecht und verliert auch nicht seine Testierfähigkeit. (4) Den auf Zeit Verwiesenen darf weder ihr gesamtes Vermögen noch ein Teil entzogen werden, wie aus einigen Reskripten hervorgeht. Es sind die Urteile derer getadelt worden, die den auf Zeit Verwiesenen ihr Vermögen ganz oder nur zum Teil entzogen haben, ohne daß jedoch die gefällten Urteile wieder umgestoßen worden sind. (5) In der Provinz Ägypten gibt es eine besondere Art der Verweisung auf eine Insel, nämlich die Verweisung in eine Oase. (6) Sowenig ein Statthalter das Recht hat, auf eine Insel zu verweisen, die nicht unter seiner Verwaltung steht, hat er auch nicht das Recht, in eine nicht unter ihm stehende Provinz zu verweisen. So kann also z. B. der Provinzstatthalter von Syrien nicht nach Makedonien verweisen, (7) wohl aber kann er jemanden aus seiner Provinz verweisen. (8) Er kann ferner jemanden so verweisen, daß er sich in einem bestimmten Teil der Provinz aufhalten, also sich nicht aus einer bestimmten Stadt oder Gegend entfernen soll.

(9) Auch weiß ich Fälle, daß Provinzstatthalter in wüstere Gegenden der Provinz zu verweisen pflegten... (20) Man kann auch den Dekurionen ihren Rang absprechen, entweder auf Zeit oder für immer. (21) Es kann auch jemandem als Strafe auferlegt werden, daß er kein Amt erlangen darf; doch dies hat nicht zur Folge, daß er aufhört, Dekurio zu sein. Es ist nämlich möglich, daß jemand Dekurio ist, aber zu anderen Ämtern nicht zugelassen wird; denn es kann auch jemand Senator sein und darf sich dennoch nicht um Ämter bewerben.

48,22,9 (*Ulpian*): Der Provinzstatthalter kann jemanden dazu verurteilen, daß er sein Haus nicht verläßt.

48,22,13 (*Paulus*): Der von einem Verwiesenen freigelassene Sklave darf nicht nach Rom kommen, weil es auch seinem Freilasser verboten ist.

48,22,14 (*Ulpian*): Verwiesen ist derjenige, dem eine Provinz oder Rom oder dessen Umgebung immer oder auf Zeit verboten wurden. (1) Zwischen Deportationen und Verweisungen besteht ein großer Unterschied, denn Deportation entzieht das Bürgerrecht und das Vermögen. Die Verweisung entzieht keines von beiden, wenn nicht die Vermögenskonfiskation ausdrücklich ausgesprochen worden ist. (2) Verwiesen werden kann jemand vom Kaiser, vom Senat, von den Präfekten und Provinzstatthaltern, nicht aber von den Konsuln. (3) Wer das Bürgerrecht verloren hat, aber sein Vermögen behält, haftet dem Gläubiger durch Klagen mit abgeänderter Grundformel.

48,22,15 (*Marcian*): Der Deportierte verliert das Bürgerrecht, nicht die Freiheit. Er genießt nun zwar nicht das ius civile, wohl aber das ius gentium. Er darf kaufen und verkaufen, pachten und verpachten, tauschen, auf Zins leihen und dergleichen ähnliche Geschäfte tätigen; auch darf er nach der Verurteilung erworbene Gegenstände als Pfand bestellen; in dieser Hinsicht werden sogar Gläubiger, die mit ihm im guten Glauben einen Vertrag geschlossen haben, dem Fiskus vorgezogen, der die Deportierten nach ihrem Tode beerbt. Denn sein früheres Vermögen, das er zur Zeit der Verurteilung besaß, kann ein Deportierter nicht veräußern. (1) Der vom Provinzstatthalter ohne des Kaisers Bestätigung Deportierte kann sowohl

Erbe werden als auch Vermächtnisse aus einem Testament annehmen.

48,22,17 (*Pomponius*): Einen Verwiesenen durch Statuen und Bilder zu ehren wird nicht verwehrt.

48,22,18 (*Pomponius*): Der Verwiesene behält seinen persönlichen Status uneingeschränkt, ebenso sein Vermögen und die väterliche Gewalt, mag er auf Zeit oder für immer verwiesen worden sein. (1) Deportation auf Zeit findet nicht statt.

48,22,19 (*Kallistrat*): Ein Verwiesener darf sich nicht in Rom aufhalten, wenn dies auch im Urteilsspruch nicht ausdrücklich gesagt ist, weil dies die Heimat aller ist. Ebensowenig darf er in der Provinzstadt sein, wo sich der Kaiser aufhält oder durch die er reist; denn nur die dürfen den Kaiser sehen, die Zutritt nach Rom haben. Denn der Kaiser ist der Vater des Vaterlandes.

WIEDEREINSETZUNG IN DEN VORIGEN STAND NACH EINER VERURTEILUNG

48,23,1 (*Ulpian*): Der deportierte und wieder in den vorigen Stand eingesetzte Freilasser wird zur Beerbung des Freigelassenen zugelassen.

48,23,2 (*Ulpian*): Wenn der in den vorigen Stand eingesetzte Deportierte zwar durch die Gnade des Kaisers seine Würde wiedererhalten hat, aber nicht in sein gesamtes Vermögen wiedereingesetzt wurde, so kann er weder von seinen Gläubigern noch im öffentlichen Namen belangt werden. Wenn ihm aber vom Kaiser angeboten wurde, auch sein Vermögen zurückzunehmen, und er es lieber nicht haben wollte, so kann er die Klagen, die vor dem Urteilsspruch gegen ihn stattfanden, nicht ablehnen.

48,23,3 (*Papinian*): Der Fiskus behielt das Vermögen eines auf eine Insel Deportierten ein, nachdem diesem die Strafe erlassen worden war. Hier galt, daß die Gläubiger aus früher herrührenden Geschäften gegen den einstigen Schuldner nicht klagen können. Hat er hingegen mit der Wiedererlangung seiner Würde sein ihm zustehendes Vermögen wiedererhalten, so werden keine Klagen mit abgeänderter Grundformel nötig sein, da die unmittelbaren selbst angemessen sind.

48,23,4 (*Paulus*): Eine zur Bergwerksarbeit verurteilte Frau gebar ein früher empfangenes Kind und wurde daraufhin vom Kaiser in den vorigen Stand wiedereingesetzt. Humaner ist hier die Ansicht, daß offensichtlich auch die Verwandtschaftsrechte für sie wiederhergestellt sind.

DIE LEICHEN DER BESTRAFTEN

48,24,1 (*Ulpian*): Die Leichen der zum Tode Verurteilten dürfen den Verwandten nicht verweigert werden; dies, so schreibt auch der verstorbene Kaiser Augustus im 10. Buch über sein Leben, habe auch er so gehandhabt. Heute aber werden die Leichen der Hingerichteten nur dann begraben, wenn darum angehalten und es erlaubt wird. Zuweilen wird es auch nicht erlaubt, besonders bei wegen Hochverrats Verurteilten. Auch um die Leichen der zum Feuertod Verurteilten kann gebeten werden, um nämlich die gesammelten Gebeine und die Asche zu begraben.

48,24,2 (*Marcian*): Wurde jemand auf eine Insel deportiert oder verwiesen, so dauert die Strafe auch noch nach dem Tode fort, und man darf ihn ohne Anfrage beim Kaiser von dort nicht anderswohin schaffen und beerdigen, wie Kaiser Severus und Caracalla sehr oft reskribiert und vielen darum Nachsuchenden auch genehmigt haben.

48,24,3 (*Paulus*): Die Leichen der Hingerichteten müssen jedem, der darum nachsucht, zur Bestattung übergeben werden.

WORTERKLÄRUNGEN

50,16,1 (*Ulpian*): Der Ausdruck „jemand“ umfaßt sowohl Männer als auch Frauen.

50,16,2 (*Paulus*): Die Benennung „Stadt“ wird durch die Mauern begrenzt, die Bezeichnung „Rom“ aber durch die angrenzenden Gebäude, was mehr umfaßt. (1) Der „größere Teil eines jeden Tages" sind die sieben ersten, nicht die letzten Stunden des Tages.

50,16,3 (*Ulpian*): ... (1) Stirbt einer als Gefangener bei den Feinden, so kann man seinen Nachlaß nicht Erbschaft nennen, da er als Sklave verstorben ist.

50,16,9 (*Ulpian*): Marcellus bemerkt zu Julian, daß unter dem Ausdruck „zugrunde gegangen" auch das inbegriffen ist, was zerrissen, zerbrochen und was mit Gewalt geraubt wurde.

50,16,11 (*Gaius*): Unter der Benennung „Gläubiger" werden nicht nur diejenigen verstanden, die Geld ausgeliehen haben, sondern alle, denen aus irgendeinem Grunde etwas geschuldet wird,

50,16,12 (*Ulpian*): (pr.) z. B. wenn jemandem infolge eines Kaufs oder infolge Vermietung oder infolge eines anderen Vertrags etwas geschuldet wird. Aber auch wenn jemandem wegen eines Delikts etwas geschuldet wird, so meine ich, wird er als Gläubiger angesehen werden können...

50,16,13 (*Ulpian*): (pr.) Unter der Benennung „Frau" wird auch eine mannbare Jungfrau verstanden...

50,16,14 (*Paulus*): (pr.) Labeo und Sabinus glauben, daß die Sache offensichtlich fehle, wenn ein Kleid zerrissen oder eine Sache verdorben zurückgegeben werde, z. B. ein zerbrochener Becher oder ein Gemälde mit zerstörter Malerei, weil der Wert solcher Sachen nicht im Stoff, sondern in der Kunst liege ...

50,16,16 (*Gaius*): Denjenigen, der die Einkünfte des römischen Volkes gepachtet hat, nennt man „publicanus" (Steuerpächter). Denn die Bezeichnung „publicus" (öffentlich) bezieht sich in sehr vielen Fällen auf das römische Volk, die Städte werden nämlich als private Orte angesehen.

50,16,21 (*Paulus*): Wenn der Kaiser ein „Vermögen" zugesteht, gesteht er offensichtlich auch die Verbindlichkeiten zu.

50,16,23 (*Ulpian*): Unter der Benennung „Sache" sind sowohl Lasten und Vorteile als auch Rechte inbegriffen.

50,16,36 (*Ulpian*): Der Ausdruck „Rechtsstreit" bezeichnet

eine jede Klage, ob sie nun eine Sachklage oder eine Personalklage sei.

50,16,40 (*Ulpian*): „Detestatio" heißt eine unter Anrufung von Zeugen erfolgte Ankündigung. (1) Die Bezeichnung „Sklave" bezieht sich auch auf die Sklavin. (2) Unter der Bezeichnung „familia" (Gesinde) sind auch Freie inbegriffen. (3) Ein einziger Sklave wird nicht als familia bezeichnet. Nicht einmal zwei Sklaven machen eine familia aus.

50,16,41 (*Gaius*): Der Ausdruck „Waffen" bezeichnet nicht schlechterdings nur Schilde, Schwerter und Helme, sondern auch Stöcke und Steine.

50,16,43 (*Ulpian*): Unter dem Wort „Lebensbedarf" wird das verstanden, was zum Essen, Trinken und zur Pflege des Körpers sowie für den Menschen zum Leben notwendig ist. Labeo sagt, daß auch die Kleidung als Lebensbedarf gilt.

50,16,44 (*Gaius*): Auch das übrige, dessen wir uns zur Erhaltung und Pflege unseres Körpers bedienen, wird mit jenem Ausdruck bezeichnet.

50,16,51 (*Gaius*): Unter dem Ausdruck „Eltern" werden nicht nur der Vater, sondern auch der Großvater und der Urgroßvater und so fort alle Verwandten in aufsteigender Linie verstanden, aber auch die Mutter, Großmutter und die Urgroßmutter.

50,16,52 (*Ulpian*): Unter der Benennung „Patron" ist auch die Patronin inbegriffen.

50,16,56 (*Ulpian*): ... (1) Unter dem Ausdruck „Kinder" (liberi) sind nicht nur die inbegriffen, die sich in der Gewalt befinden, sondern auch alle, die rechtlich selbständig sind, mögen sie männlichen oder weiblichen Geschlechtes oder Nachkommen der Töchter sein.

50,16,58 (*Gaius*): ... (1) Die väterlichen Freigelassenen nennen wir mit Recht unsere Freigelassenen; die Freigelassenen unserer Kinder nennen wir unrechtmäßig unsere Freigelassenen.

50,16,74 (*Paulus*): Ein Siegelring ist nicht unter dem Begriff „Schmuck" zu fassen.

50,16,84 (*Paulus*): Unter der Benennung „Söhne" verstehen wir alle Kinder.

50,16,92 (*Paulus*): Der „nächste“ ist der, dem niemand mehr vorangeht; der „letzte“ ist der, dem niemand mehr folgt.

50,16,104 (*Modestin*): Die Benennung „Kinder“ wird auch auf die Enkel ausgedehnt.

50,16,108 (*Modestin*): Als „Schuldner“ wird der angesehen, von dem man Geld gegen seinen Willen fordern kann.

50,16,114 (*Iavolenus*): Für zahlungsfähig wird nur der gehalten, der das Ganze zahlen kann.

50,16,118 (*Pomponius*): „Feinde“ sind diejenigen, die uns oder denen wir öffentlich den Krieg erklärt haben; die übrigen sind „Straßenräuber“ oder „Plünderer“.

50,16,136 (*Ulpian*): Es ist offensichtlich, daß unter der Benennung „Schwiegersohn“ auch der Ehemann einer Enkelin und einer Urenkelin verstanden wird, sowohl wenn sie von einem Sohn als auch von einer Tochter und den übrigen weiblichen Nachkommen abstammen.

50,16,137 (*Paulus*): „Dreimal“ hat offensichtlich auch diejenige geboren, die Drillinge zur Welt gebracht hat.

50,16,152 (*Gaius*): Man bezweifelt nicht, daß unter der Benennung „Mensch“ sowohl eine Frau als auch ein Mann verstanden wird.

50,16,172 (*Ulpian*): Man hat beschlossen, daß unter der Benennung „Freigelassener“ auch die Freigelassene zu verstehen ist.

50,16,173 (*Ulpian*): (pr.) Unter der Benennung „Kollegen“ werden die verstanden, die dieselbe Gewalt haben…

50,16,174 (*Ulpian*): Es ist etwas anderes, wenn man verspricht, daß ein Sklave „kein Dieb sei“, als wenn man verspricht, daß er „von Diebstahls- und Schadensansprüchen frei sei“. Wer nämlich sagt, daß er kein Dieb sei, spricht von der Neigung des Sklaven; wer aber sagt, daß er von Diebstahls- und Schadensansprüchen frei sei, verspricht, daß er niemandem wegen Diebstahls verbindlich sei.

50,16,182 (*Ulpian*): Ein paterfamilias kann kein „peculium“ haben, ebenso wie der Sklave kein „Vermögen“.

50,16,190 (*Ulpian*): Unter „Provinzialen“ müssen wir die verstehen, welche in einer Provinz ihren Wohnsitz haben, nicht die, welche aus einer Provinz stammen.

50,16,191 (*Paulus*): Zwischen „Scheidung“ und „Aufkündigung“ besteht der Unterschied, daß auch eine zukünftige Ehe aufgekündigt werden kann. Man sagt aber unrichtig, daß sich eine Braut geschieden habe, da Scheidung danach benannt ist, daß die von der Ehe Zurücktretenden nach verschiedenen Seiten auseinandergehen.

50,16,195 (*Ulpian*): Ein Ausspruch hinsichtlich des männlichen Geschlechts bezieht sich gewöhnlich auf beide Geschlechter. (1) Wir wollen sehen, auf welche Weise die Benennung „familia“ gebraucht wird. Nun hat man sie auf verschiedene Weise gebraucht, denn sie wird sowohl auf Sachen als auch auf Personen bezogen. Auf Sachen, wie z. B. im Zwölftafelgesetz mit diesen Worten: „Der nächste Agnat soll den Nachlaß (familia) haben.“ Auf Personen wird die Bedeutung von familia dann bezogen, wenn das Gesetz von Patron und Freigelassenen spricht: „aus dieser familia in jene familia“, und bekanntlich spricht das Gesetz hier von einzelnen Personen. (2) Die Benennung „familia“ wird auch zur Bezeichnung einer gewissen Gemeinschaft verwendet, die entweder ihr besonderes Recht hat oder die im gemeinsamen Recht der gesamten Verwandtschaft inbegriffen ist. Familia mit besonderem Recht nennen wir mehrere Personen, die unter der Gewalt eines einzigen stehen, dem sie entweder durch die Natur oder durch das Recht unterworfen sind, wie z. B. paterfamilias, mater familias (Hausmutter), filius familias (Haussohn), filia familias (Haustochter) und die, welche sofort auf diese folgen, wie z. B. Enkel, Enkelinnen und so weiter. Paterfamilias wird aber der genannt, der im Haus die Herrschaft ausübt. Er wird zu Recht mit diesem Namen bezeichnet, auch wenn er keinen Sohn hat, da wir nicht bloß die Person, sondern auch das Rechtsverhältnis desselben bezeichnen. Danach nennen wir auch einen Unmündigen paterfamilias. Und wenn der paterfamilias stirbt, dann bilden so viele Häupter, wie ihm unterworfen waren, ebenso viele einzelne Familien; denn jeder einzelne nimmt den Namen paterfamilias an. Und dasselbe trifft auch auf denjenigen zu, der aus der väterlichen Gewalt entlassen wurde. Denn auch dieser bildet, da er nunmehr rechtlich selbständig ist, eine besondere Familie. Familia mit gemeinsamem Recht nennen wir alle Agnaten; denn wenn auch nach dem Tode des paterfamilias jeder einzelne eine besondere Familie bildet, so werden doch alle, die unter der Gewalt eines einzigen gewesen sind, mit Recht Glieder derselben Familie genannt, weil sie aus demselben Haus und aus derselben gens hervorgegangen sind. (3) Auch die Gesamtheit der Sklaven pflegen wir familia zu nennen... Aber auch die Kinder sind darunter inbegriffen. (4) Ferner wird familia als der Inbegriff mehrerer Personen genannt, die vom Blute ein und desselben Erzeugers abstammen (wie wenn wir familia Iulia sagen), gleichsam vom Ursprung der Erinnerung. (5) Eine Frau ist aber sowohl der Anfang als auch das Ende ihrer Familie.

50,16,196 (*Gaius*): Unter der Benennung „familia" wird auch das Haupt der Familie selbst verstanden. (1) Die Kinder der Frauen befinden sich offensichtlich nicht in der Familie derselben, weil diejenigen, die geboren werden, der Familie des Vaters folgen.

50,16,202 (*Alfenus*): Wenn in einem Testament geschrieben war, daß der Erbe bei dem Leichenbegängnis oder für den Grabstein „genaugenommen 100 Goldstücke" aufwenden soll, so darf er nicht weniger aufwenden. Wenn er etwas mehr ausgeben will, so darf er es und handelt deshalb offensichtlich nicht gegen das Testament.

50,16,204 (*Paulus*): Die Benennung „puer" (Junge) hat drei Bedeutungen: erstens nennen wir alle Sklaven pueri, zweitens sagen wir puer als Gegensatz zu puella (Mädchen) und bezeichnen drittens damit das Knabenalter.

50,16,207 (*Africanus*): Mela sagt, daß unter der Benennung „Ware" (merx) die Sklaven nicht inbegriffen seien. Deshalb würden, so sagt er, die Sklavenhändler nicht Warenhändler (mercator), sondern eben Sklavenhändler (venaliciarius) genannt, und das ist richtig.

50,16,208 (*Africanus*): Die Benennung „Nachlaß" (bona) bezeichnet wie etwa die Erbschaft eine Art von Gesamtheit und das Recht der Nachfolge, nicht einzelne Sachen.

50,16,210 (*Marcian*): Derjenige, der von städtischen Sklaven geboren und zum Aufziehen aufs Land geschickt wurde, wird zu den städtischen Sklaven gerechnet.

50,16,215 (*Paulus*): Mit dem Wort „Gewalt" wird mehreres bezeichnet: in der Person der Obrigkeit die Amtsgewalt, in der Person der Kinder die väterliche Gewalt und in der Person des Sklaven die Herrschaft...

50,16,216 (*Ulpian*): Es ist richtig, daß derjenige, der in einen Kerker eingeschlossen ist, offensichtlich weder „gefesselt" noch in „Fesseln" ist, wenn nicht an seinem Körper Fesseln angelegt worden sind.

50,16,222 (*Hermogenian*): Unter der Bezeichnung „Geld" (pecunia) versteht man nicht bloß bares Geld, sondern alle Sachen, sowohl unbewegliche als auch bewegliche, und sowohl Körper als auch Rechte.

50,16,224 (*Venuleius*): Mit der Benennung „Fesseln" bezeichnet man sowohl von Privatpersonen als auch von Staats wegen angelegte Fesseln, mit „Gewahrsam" aber nur den öffentlichen Gewahrsam.

50,16,225 (*Tryphonius*): Ein „Flüchtling" ist nicht derjenige, der bloß den Entschluß gefaßt hat, seinem Herrn zu entfliehen, selbst wenn er hat verlauten lassen, daß er es tun wolle, sondern derjenige, der seine Fluchtabsicht durch die Tat selbst zur Ausführung gebracht hat. Denn wiewohl man jemanden einen Dieb, einen Ehebrecher oder einen Spieler in einem gewissen Sinn bloß des Vorsatzes wegen nennen könnte, wenn er auch nie eine fremde Sache wider Willen ihres Eigentümers weggenommen, niemals eine fremde Ehefrau verführt hat – wenn er nur die Absicht hat, dies bei passender Gelegenheit zu tun –, so darf man so etwas doch nur dann als Verbrechen ansehen, wenn die Tat hinzugekommen ist. Darum hält man bekanntlich einen Sklaven nicht infolge seines bloßen Vorsatzes für einen Flüchtling oder Herumstreicher, sondern erst dann, wenn die Tat dazugekommen ist.

50,16,239 (*Pomponius*): „Mündel" (pupillus) ist derjenige, der entweder durch den Tod seines Vaters oder durch die Entlassung aus dessen Gewalt aufgehört hat, in der Gewalt desselben zu stehen, während er noch unmündig ist... (2) „Einwohner" heißt derjenige, der in irgendeinem Bezirk seinen Wohnsitz genommen hat; bei den Griechen heißt er „Anwohner". Auch sind nicht bloß diejenigen, die sich in einer Stadt aufhalten, Einwohner, sondern auch diejenigen, die in der Umgebung einer Stadt ein Grundstück haben, auf dem sie sich, wie auf einem Sitz, aufhalten. (3) „Munus publicum" ist die Leistung einer Privatperson, durch die ein Nutzen für die einzelnen Bürger und die Gesamtheit und für das Vermögen derselben durch einen außerordentlichen Befehl der Obrigkeit entsteht... (5) Einige sagen, daß die „Dekurionen" daher ihren Namen haben, weil man anfangs, als die Kolonien gebildet wurden, gewöhnlich den zehnten Teil der Ausgewanderten zu einem öffentlichen Rat zusammengefaßt habe. (6) „Urbs" (Stadt) ist von urvum benannt worden; urvare heißt „mit dem Pflug begrenzen", und Varus sagt, urvum werde die Krümmung des Pfluges genannt, der bei der Gründung einer Stadt verwendet zu werden pflegt... (9) Das Wort „suum" (sein) ist zweideutig, da es nämlich das Ganze oder einen Teil bezeichnet. Darum muß derjenige, der schwört, daß etwas nicht ihm gehört, hinzufügen, daß er es auch nicht gemeinschaftlich mit einem anderen habe.

VERSCHIEDENE ALTE RECHTSREGELN

50,17,1 (*Paulus*): Eine Rechtsregel (regula) ist ein Satz, der einen Sachverhalt kurz darstellt. Nicht aus der Regel wird das Recht abgeleitet, sondern aus dem geltenden Recht eine Regel gebildet. Durch eine Regel wird somit eine kurze Angabe der Gegenstände und, nach Sabinus, sozusagen eine Zusammenfassung des Sachverhalts gegeben. Sofern sie in einem Falle fehlerhaft gebraucht wird, verliert sie ihre Gültigkeit.

50,17,2 (*Ulpian*): Die Frauen sind von allen privatrechtlichen und öffentlichen Verpflichtungen ausgeschlossen. Sie können deshalb weder Richter sein noch eine Magistratur bekleiden, noch gerichtliche Anträge stellen, nicht für einen anderen eintreten und auch nicht Bevollmächtigte (procurator) sein. (1) Ebenso muß sich ein Unmündiger aller privatrechtlicher Verpflichtungen enthalten.

50,17,3 (*Ulpian*): Der allein vermag nicht zu wollen, der wollen kann.

50,17,5 (*Paulus*): Die Stellung der Geisteskranken beim Abschluß von Rechtsgeschäften hält man für eine andere als die derer, die bereits sprechen können, obwohl sie noch nicht in der Lage sind, die Verhandlung der Sache zu verstehen. Ein Geisteskranker kann kein Geschäft abschließen, ein Unmündiger hingegen alles mit Ermächtigung des Vormundes tätigen.

50,17,8 (*Pomponius*): Die Rechte der Blutsverwandtschaft können nicht durch das ius civile aufgehoben werden.

50,17,10 (*Paulus*): Nach der Natur der Sache genießt die Vorteile einer jeden Sache derjenige, den auch die Nachteile treffen.

50,17,11 (*Pomponius*): Das, was uns gehört, kann nicht ohne unser Zutun auf einen anderen übertragen werden.

50,17,14 (*Pomponius*): Bei allen Verbindlichkeiten, bei denen kein Termin genannt ist, wird sofort geschuldet.

50,17,16 (*Ulpian*): Es handelt sich nicht um einen Scheinverkauf, wenn ein Preis hinzukommt.

50,17,20 (*Pomponius*): Sooft die Freilassungserklärung zweifelhaft ist, wird zugunsten der Freiheit zu entscheiden sein.

50,17,25 (*Pomponius*): Ein Pfand ist bessere Sicherheit als ein Bürge.

50,17,26 (*Ulpian*): Wer gegen den Willen anderer etwas veräußern kann, kann es erst recht ohne ihr Wissen und in ihrer Abwesenheit.

50,17,29 (*Paulus*): Was von Anfang an nichtig ist, kann nicht im Laufe der Zeit gültig werden.

50,17,30 (*Ulpian*): Nicht der Beischlaf bewirkt die Ehe, sondern die beiderseitige Zustimmung.

50,17,32 (*Ulpian*): Was das ius civile anbelangt, gelten die Sklaven nicht für Personen, wohl aber nach dem Naturrecht, weil, was das ius naturale anbelangt, alle Menschen gleich sind.

50,17,35 (*Ulpian*): Es ist nichts so natürlich, als etwas so aufzulösen, wie es verbunden wurde: eine förmlich eingegangene Verbindlichkeit wird durch eine Formel aufgehoben, eine Verbindlichkeit durch bloße beiderseitige Einwilligung wird durch gegenteilige Willenserklärung aufgehoben.

50,17,36 (*Pomponius*): Es ist ein Verschulden, wenn sich jemand in eine Sache einmischt, die ihn nichts angeht.

50,17,40 (*Pomponius*): Ein Geisteskranker oder jemand, dem die Vermögensverwaltung untersagt wurde, hat keinen Willen.

50,17,41 (*Ulpian*): Es darf dem Kläger nicht freistehen, was dem Beklagten nicht erlaubt ist…

50,17,50 (*Paulus*): Der ist frei von Schuld, der etwas weiß, es aber nicht verhindern kann.

50,17,54 (*Ulpian*): Niemand kann mehr Recht auf einen anderen übertragen, als er selbst hatte.

50,17,55 (*Gaius*): Wer sich seines Rechtes bedient, handelt offensichtlich nicht arglistig.

50,17,56 (*Gaius*): In zweifelhaften Fällen ist immer das Wohlwollendere vorzuziehen.

50,17,57 (*Gaius*): Der Anstand läßt es nicht zu, daß zweimal dasselbe gefordert wird.

50,17,59 (*Ulpian*): Es steht fest, daß der Erbe dieselbe Gewalt und dasselbe Recht hat, das der Verstorbene besaß.

50,17,62 (*Julian*): Erbschaft ist nichts anderes als die Nachfolge in das gesamte Recht, das ein Verstorbener hatte.

50,17,69 (*Paulus*): Es wird keinem gegen seinen Willen eine Rechtswohltat erteilt.

50,17,70 (*Ulpian*): Niemand darf das ihm erteilte Schwertrecht oder ein anderes Recht der Bestrafung auf einen anderen übertragen.

50,17,71 (*Ulpian*): Alles, was eine Untersuchung erforderlich macht, kann nicht durch einen sofortigen schriftlichen Bescheid geregelt werden.

50,17,75 (*Papinian*): Niemand kann seine Entscheidung zum Nachteil eines anderen ändern.

50,17,82 (*Papinian*): Das gilt als geschenkt, was ohne zwingendes Recht bewilligt wird.

50,17,88 (*Scaevola*): Man nimmt an, daß man sich da kein Versäumnis hat zuschulden kommen lassen, wo keine Forderung besteht.

50,17,90 (*Paulus*): In allem, am meisten jedoch im Recht, ist auf die aequitas zu achten.

50,17,94 (*Ulpian*): Überflüssig Geschriebenes macht schriftliche Bestimmungen nicht ungültig.

50,17,101 (*Paulus*): Wo ein Gesetz die Frist von zwei Monaten erwähnt, muß auch noch der gehört werden, der am 61. Tag gekommen ist; so hat nämlich auch Kaiser Caracalla zusammen mit seinem verstorbenen Vater reskribiert.

50,17,103 (*Paulus*): Niemand darf aus seinem Haus herausgeholt werden.

50,17,106 (*Paulus*): Für die Freiheit kann man keinen Schätzpreis angeben.

50,17,107 (*Gaius*): Gegen einen Sklaven gibt es keine Klage.

50,17,108 (*Paulus*): Nahezu in allen Strafprozessen kommt man sowohl der Jugend als auch der Unwissenheit entgegen.

50,17,109 (*Paulus*): Derjenige erleidet kein Unrecht (und kann sich nicht beklagen), der etwas nicht verhindert, obwohl er es verhindern könnte.

50,17,114 (*Paulus*): In zweifelhaften Fällen pflegt das berücksichtigt zu werden, was wahrscheinlicher ist oder was gewöhnlich zu geschehen pflegt.

50,17,118 (*Ulpian*): Wer sich in Sklaverei befindet, kann nicht ersitzen. Da er besessen wird, kann er offenbar nicht besitzen.

50,17,121 (*Paulus*): Wer nicht tut, was er tun soll, handelt dem offenbar entgegen, weil er es nicht tut. Und wer das tut, was er nicht tun soll, tut offensichtlich nicht das, was er tun sollte.

50,17,125 (*Gaius*): Die Beklagten müssen mehr als die Kläger begünstigt werden.

50,17,132 (*Gaius*): Unwissenheit wird zur Schuld gerechnet.

50,17,133 (*Gaius*): Unsere Lage kann durch unsere Sklaven besser, aber nicht schlechter werden.

50,17,140 (*Ulpian*): Die Abwesenheit desjenigen, der im Auftrag des Staates abwesend ist, darf weder ihm noch einem anderen nachteilig sein.

50,17,142 (*Paulus*): Wer schweigt, bekennt durchaus nicht; aber es ist wahr, daß er nicht leugnet.

50,17,145 (*Ulpian*): Niemand betrügt offensichtlich diejenigen, die den Sachverhalt kennen und zustimmen.

50,17,146 (*Paulus*): Was jemand getan hat, als er Sklave war, kann ihm nach seiner Freilassung nicht nützen.

50,17,148 (*Paulus*): Wenn der Erfolg einer Sache allen nützt, müssen auch die Teile derselben allen gehören.

50,17,149 (*Ulpian*): Wer aus einer Person Gewinn zieht, muß auch für die Handlung derselben einstehen.

50,17,151 (*Paulus*): Niemand fügt einen Schaden zu, es sei denn, er tut etwas, wozu er nicht das Recht hat.

50,17,163 (*Ulpian*): Wer das Recht hat, zu schenken, hat auch das Recht, zu verkaufen und zum Gebrauch zu überlassen.

50,17,170 (*Paulus*): Die Handlung eines Richters, die nicht zu seiner Amtspflicht gehört, ist nicht rechtskräftig.

50,17,173 (*Paulus*): Wenn Personen auf so viel verurteilt werden, wie sie leisten können, ist ihnen nicht alles, was sie haben, abzunehmen, sondern es muß darauf Rücksicht genommen werden, daß sie nicht darben müssen…

50,17,177 (*Paulus*): Wer die Nachfolge des Rechts oder Eigentums eines anderen antritt, darf sich des Rechts desselben bedienen. (1) Derjenige handelt offenbar nicht mit böser Absicht, der keinen Grund weiß, weshalb er nicht klagen sollte.

50,17,179 (*Paulus*): Wenn die Absicht eines Freilassenden, jemanden freizulassen, unklar ist, so ist die Freiheit zu begünstigen.

50,17,185 (*Celsus*): Unmögliches ist kein Gegenstand einer Verbindlichkeit.

50,17,186 (*Celsus*): Nichts kann vor der Zeit gefordert werden, zu der es nach der Natur der Sache geleistet werden kann. Wenn einer Verbindlichkeit eine Zahlungsfrist beigefügt wird, kann erst dann geklagt werden, wenn diese verflossen ist.

50,17,187 (*Celsus*): Wer eine schwangere Ehefrau hinterlassen hat, ist offensichtlich nicht ohne Kinder gestorben.

50,17,188 (*Celsus*): Werden in einem Testament zueinander im Widerspruch stehende Anordnungen gefunden, so gilt keine von beiden…

50,17,195 (*Modestin*): Das ausdrücklich Gesagte schadet, das nicht ausdrücklich Gesagte schadet nicht.

50,17,197 (*Modestin*): Stets ist bei einer Ehe nicht nur das zu berücksichtigen, was erlaubt, sondern was anständig ist.

50,17,199 (*Iavolenus*): Wer dem Befehl eines Magistrats nicht gehorcht, kann nicht von böser Absicht frei sein.

50,17,203 (*Pomponius*): Wenn jemand aus eigenem Verschulden Schaden erleidet, gilt er als nicht geschädigt.

50,17,206 (*Pomponius*): Es ist nach dem Naturrecht billig, daß niemand durch des anderen Schaden und durch Unrecht reicher werde.

50,17,207 (*Ulpian*): Ein rechtskräftiges Urteil wird als Wahrheit angesehen.

50,17,209 (*Ulpian*): Die Sklaverei stellen wir fast dem Tode gleich.

50,17,211 (*Paulus*): Ein Sklave kann nicht im Auftrag des Staates abwesend sein.

CICERO

REDE FÜR SEXTUS ROSCIUS AUS AMERIA

1. (1) Sicher wundert ihr euch, Geschworene, weshalb ich aufgestanden bin, um zu reden, während hier auf den Plätzen der Rechtsbeistände so viele ausgezeichnete Redner und vornehme Männer sitzen, obwohl ich mich weder dem Alter noch dem Talent noch dem Ansehen nach mit denen, die sitzen bleiben, vergleichen kann. Alle, die ihr hier seht, sind der Ansicht, daß in diesem Prozeß ein mit unerhörter Gemeinheit ersonnenes Unrecht abgewehrt werden muß, es aber selbst zu tun, wagen sie wegen der Ungunst der Zeiten nicht. So kommt es, daß sie anwesend sind, weil die Pflicht sie ruft, aber schweigen, weil sie der Gefahr aus dem Wege gehen wollen. (2) Was soll das heißen? Bin ich etwa der Kühnste von allen? Keineswegs. Oder bin ich so viel pflichteifriger als die übrigen? Auch nach diesem Ruhme dränge ich mich nicht so sehr, daß ich ihn anderen entrissen sehen möchte. Was also hat mich vor allen anderen dazu getrieben, den Fall des Sextus Roscius zu übernehmen? Nun, wenn einer von denen gesprochen hätte, die ihr hier seht, alles sehr angesehene, würdige Männer, und er eine politische Frage berührt hätte, was in diesem Prozeß unumgänglich ist, so würde es wirken, als habe er viel mehr gesagt, als er tatsächlich gesagt hätte. (3) Wenn *ich* aber freimütig alles sage, was zu sagen ist, so kann meine Rede doch nicht derartig herauskommen und in die Massen dringen. Außerdem kann wegen ihrer Stellung und ihrer Würde nichts, was die anderen sagen, unbekannt bleiben, und wegen ihres Alters und ihrer Erfahrenheit kann ihnen kein übereiltes Wort zugute gehalten werden; wenn ich aber etwas zu freimütig spreche, so kann das unbeachtet bleiben, weil ich im Staate noch keine Rolle spiele, oder meiner Jugend wegen verziehen werden.

Allerdings ist in diesem Staate nicht nur das Verzeihen, sondern selbst das objektive Untersuchen schon ziemlich abgekommen.

(4) Hinzu kommt noch der Grund, daß die anderen vielleicht in einer Form gebeten worden sind zu sprechen, daß sie

meinen konnten, ohne Verletzung ihrer Pflicht so oder so handeln zu können. Mich aber haben Männer zum Sprechen aufgefordert, die bei mir durch gegenseitige Freundschaft, ihre Verdienste um mich und ihren Rang im Staate außerordentlich viel gelten, Menschen, deren Wohlwollen gegen mich ich nicht ignorieren, deren Rat ich nicht geringschätzen und deren Wunsch und Willen ich nicht mißachten durfte.

2. (5) Aus diesen Gründen also bin ich in diesem Prozeß Verteidiger geworden, nicht einzig ausgewählt als der talentierteste Redner, sondern allein von allen übriggeblieben als derjenige, der noch am wenigsten gefährdet ist, wenn er spricht – nicht, damit Sextus Roscius so gut wie möglich verteidigt wird, sondern damit er nicht vollkommen verlassen ist.

Vielleicht fragt ihr euch jetzt, was für ein Schreck und Grauen wohl so viele tüchtige Männer daran hindert, für Leben und Vermögen eines anderen im Prozeß einzutreten, wie sie es gewohnt sind. Es ist auch nicht verwunderlich, daß ihr das nicht wißt, weil die Ankläger ganz bewußt das, was die wahre Ursache dieses Prozesses war, gar nicht erwähnt haben. (6) Und was ist das? Die Besitzungen, die dem Vater des Sextus Roscius hier gehörten, Besitzungen, die sechs Millionen Sesterzen wert sind und die von dem hochberühmten und ehrenhaften Lucius Sulla, den ich mit aller Hochachtung nenne, für zweitausend Sesterzen gekauft zu haben der wohl mächtigste junge Mann behauptet, den es augenblicklich in unserem Staate gibt: Lucius Cornelius Chrysogonus. Da er also über ein so reiches und schönes fremdes Vermögen ohne jeden Rechtsanspruch hergefallen ist und da ihn Sextus Roscius, solange er am Leben ist, im Genuß dieses Vermögens zu stören und zu beeinträchtigen scheint, verlangt er von euch, daß ihr ihm alle Besorgnis und alle Furcht nehmt. Solange mein Mandant lebt, glaubt Chrysogonus nämlich, das reiche, ansehnliche Erbe dieses unschuldigen Menschen nicht ganz sicher in der Hand zu haben; wird Roscius aber verurteilt und in die Verbannung getrieben, so hofft er, das, was er durch ein Verbrechen erworben hat, ungestört verprassen und vergeuden zu können. Er verlangt, daß ihr euch offen als Beihelfer seines verbrecherischen

Raubzuges bekennt, um ihn von dieser nagenden Sorge, die ihn Tag und Nacht quält, zu befreien.

(7) Wenn euch, Geschworene, dieses Verlangen recht und billig erscheint, so möchte ich dagegen eine kleine und meiner Überzeugung nach etwas gerechtfertigtere Forderung anbringen: 3. Erstens bitte ich Chrysogonus, mit unserem Geld und Vermögen zufrieden zu sein und nicht noch unser Blut und Leben zu verlangen, zweitens bitte ich euch, Geschworene, der Gemeinheit der Unverschämten entgegenzutreten, das Unglück der Unschuldigen zu mildern und im Falle des Sextus Roscius eine Drohung, die gegen alle gerichtet ist, abzuwenden.

(8) Wenn sich aber ein Grund für die Beschuldigung oder ein Tatverdacht oder irgendein noch so geringfügiger Anlaß findet, den die Gegner im Auge haben konnten, als sie die Klage gegen ihn einreichten, kurz, wenn ihr außer der Beute, die ich erwähnt habe, irgendeinen anderen Grund findet, dann wollen wir keinen Einspruch dagegen erheben, daß das Leben des Sextus Roscius der Willkür unserer Gegner ausgeliefert wird. Wenn aber weiter nichts betrieben wird als die Befriedigung derer, denen doch nichts genug ist, wenn der Kampf in diesem Augenblick nur darum geht, das Maß der fetten und reichen Beute durch die Verurteilung des Sextus Roscius sozusagen gehäuft voll zu machen – ist es da nicht unter vielen Zumutungen die schändlichste, daß diese Menschen annehmen, ausgerechnet durch euren Richterspruch erreichen zu können, was sie früher selbst durch Mord und Tücke zu erlangen pflegten? Von euch, die ihr wegen eures Ranges aus der Bürgerschaft in den Senat und aus dem Senat wegen eurer strengen Rechtlichkeit in diesen Gerichtshof abgeordnet worden seid, von euch verlangen diese Halsabschneider und Gladiatoren nicht etwa nur, daß sie nicht selber hingerichtet werden, was sie wegen ihrer Untaten allen Grund hätten ernstlich zu befürchten – nein, sogar, daß sie mit reicher Beute beladen aus diesem Gerichtshof abziehen können!

4. (9) Daß ich über so bedeutsame und schreckliche Themen nicht in der angemessenen Weise reden, nicht gewichtig genug Beschwerde erheben und meinen Gefühlen nicht freimütig ge-

nug Ausdruck verleihen kann, weiß ich wohl. Denn dem angemessenen Vortrag steht meine begrenzte Fähigkeit, der Gewichtigkeit meine Jugend und dem Freimut die politische Situation entgegen. Dazu kommt noch die Angst und Sorge, in die mich meine natürliche Befangenheit, eure Würde, die Macht der Gegner und die Gefahren, in denen Sextus Roscius schwebt, versetzen. (10) Deshalb bitte und beschwöre ich euch, Geschworene, meine Worte aufmerksam und mit Nachsicht anzuhören. Im Vertrauen auf eure Pflichttreue und Weisheit habe ich eine größere Last auf mich genommen, als ich zu tragen imstande bin, das weiß ich. Wenn ihr mich nur etwas unterstützt, werde ich diese Last, so gut ich kann, gewissenhaft und nach besten Kräften tragen, Geschworene. Wenn ihr mich aber – was ich nicht hoffen will – im Stiche lassen solltet, werde ich dennoch den Mut nicht sinken lassen und das, was ich übernommen habe, so weit tragen, wie ich kann. Wenn ich aber damit nicht ans Ziel gelange, so will ich lieber unter der Last der übernommenen Pflicht zusammenbrechen als das, was mir nun einmal vertrauensvoll auferlegt wurde, treulos abwerfen oder mutlos niederlegen.

(11) Auch dich, Marcus Fannius, bitte ich von Herzen, dich uns und dem Staate heute als derselbe zu erweisen, als der du dich schon früher dem römischen Volke gezeigt hast, wenn du als Untersuchungsrichter den Vorsitz in diesem Gerichtshofe führtest. 5. Du siehst, was für eine Menschenmenge zu dieser Verhandlung zusammengeströmt ist; du weißt, was alle Sterblichen erwarten, wie stark das Verlangen nach strengem und hartem Gericht ist. Nach langer Zeit wird heute zum erstenmal wieder ein Mordfall behandelt, während unterdes die empörendsten und schrecklichsten Bluttaten begangen worden sind. Alle hoffen, daß diese Verhandlung unter deiner Leitung als Prätor den offenkundigen Verbrechen und dem täglichen Blutvergießen ein Ziel setzen wird.

(12) Die laute Klage, welche in anderen Prozessen gewöhnlich die Ankläger erheben, die erhebe heute ich als Verteidiger. Ich fordere dich, Marcus Fannius, und euch, Geschworene, auf, die Verbrechen so streng wie möglich zu bestrafen, diesen unverschämten Menschen möglichst energisch Widerstand zu

leisten und eins zu bedenken: wenn ihr nicht in diesem Falle deutlich eure Gesinnung beweist, so wird die Gier und die verbrecherische Dreistigkeit der Menschen in solchem Maße hervortreten, daß Morde nicht nur heimlich, sondern sogar hier auf dem Forum, vor deinem Richterstuhl, Fannius, vor euren Füßen, ihr Geschworenen, ja direkt zwischen euren Bänken vollbracht werden. (13) Was sonst sucht man mit diesem Prozeß zu erreichen, als daß so etwas geschehen darf? Ankläger sind diejenigen, die über das Vermögen meines Mandanten hergefallen sind, angeklagt der, dem sie nur das Unglück übriggelassen haben. Ankläger sind die, denen es nützte, daß der Vater des Sextus Roscius ermordet wurde, angeklagt der, dem der Tod seines Vaters nicht nur Kummer, sondern geradezu Not brachte; Ankläger sind die, die alles daransetzten, auch noch meinen Mandanten umzubringen, angeklagt derjenige, der sogar zu diesem Prozeß hier mit einer Leibwache gekommen ist, um nicht eben hier, vor euren Augen, niedergemacht zu werden. Schließlich sind die Ankläger Leute, deren Köpfe das Volk fordert, der Angeklagte aber ist der einzige, der ihrem verbrecherischen Mordplan entkommen ist. (14) Und damit ihr besser beurteilen könnt, Geschworene, daß das, was geschehen ist, noch schändlicher ist als das, was ich sage, werde ich euch von Anfang an schildern, wie sich die Sache abgespielt hat, damit ihr um so leichter das Unglück dieses völlig unschuldigen Menschen, die Dreistigkeit jener Leute und das Unglück unseres Staates erkennt.

6. (15) Sextus Roscius, der Vater meines Mandanten, war ein Bürger des Landstädtchens Ameria, an Herkunft, Stellung und Vermögen durchaus der Erste nicht nur in seinem Munizipium, sondern auch in der Umgebung, besonders ausgezeichnet aber durch die Gunst und die Gastfreundschaft der vornehmsten Männer. Denn mit den Familien der Meteller, der Servilier, der Scipionen verband ihn nicht nur Gastfreundschaft, sondern er verkehrte freundschaftlich mit ihnen. Diese Familien greife ich – wie es billig ist – ihrer Würde und ihres berühmten Namens wegen heraus. Und so hinterließ er seinem Sohn auch dies allein von allen seinen Glücksgütern: denn dessen väterliches Erbe besitzen räuberische Verwandte, die es

ihm gewaltsam entrissen haben, der gute Ruf und das Leben des Unschuldigen aber wird von den Freunden und Gastfreunden des Vaters verteidigt.

(16) Dieser, der zu jeder Zeit mit der Nobilität sympathisiert hatte, ergriff besonders in den jüngst vergangenen Unruhen, als die Würde und das Leben aller Angehörigen der Nobilität auf dem Spiel stand, deren Partei und verteidigte ihre Sache energischer als manche andere in dieser Gegend, mit tatkräftigem Eifer und unter Aufbietung all seines Einflusses. Er hielt es nämlich für seine Pflicht, für das Ansehen derer zu kämpfen, um derentwillen er in seiner Umgebung besonders angesehen war. Nachdem der Sieg errungen war und wir die Waffen niedergelegt hatten und als Menschen proskribiert und in allen Gegenden des Reiches verhaftet wurden, die als ehemalige Gegner galten, da weilte er oft in Rom und auf dem Forum und war täglich vor aller Augen – aber er erweckte mehr den Eindruck, daß er über den Sieg der Nobilität frohlockte, als den, daß er fürchtete, dieser könnte ihm irgendein Unglück zuziehen.

(17) Der alte Roscius war seit langem verfeindet mit zwei anderen Rosciern aus Ameria, von denen ich den einen auf den Bänken der Ankläger sitzen sehe; der andere hat, wie ich höre, drei Güter meines Mandanten in seinen Besitz gebracht. Wenn er sich vor diesen Feinden so hätte in acht nehmen können, wie er sie fürchtete, so lebte er noch heute. Denn, Geschworene, er fürchtete sie nicht zu Unrecht. Die zwei – sie heißen beide Titus Roscius, der eine hat das cognomen Capito, der andere, der hier ist, heißt Magnus – sind nämlich Menschen folgender Art: der eine gilt als vielfach ausgezeichneter, bewährter und berühmter – Bandit und Gladiator, der andere hat sich erst vor kurzem bei ihm in die Schule begeben; und wenn er vor diesem Kampf noch ein Neuling gewesen sein mag, soweit ich weiß, so hat er nun mit Leichtigkeit seinen Meister an verbrecherischer Dreistigkeit übertroffen. 7. (18) Denn als mein Mandant Sextus Roscius in Ameria war, der Titus Roscius, den ihr hier seht, dagegen in Rom, als dieser, der Sohn, sich ständig auf den Gütern aufhielt und nach dem Willen seines Vaters auf dem Lande lebte und den Familienbesitz verwaltete, der hier aber

häufig in Rom war – da wird Sextus Roscius auf dem Heimweg von einem Gastmahl in der Nähe der Pallacinischen Bäder ermordet. Ich hoffe, schon daraus wird ziemlich klar, auf wem der Verdacht des Verbrechens lastet; aber wenn der weitere Verlauf der Sache nicht das, was bisher verdächtig ist, unwiderlegbar macht, dann haltet meinen Mandanten gern für mitschuldig!

(19) Den Tod des Sextus Roscius meldet als erster ein gewisser Mallius Glaucia in Ameria, ein armer Freigelassener, Klient und Vertrauter des Titus Roscius hier, und er bringt seine Nachricht nicht in das Haus des Sohnes, sondern in das des Titus Capito, seines Feindes; und obwohl Sextus nach sieben Uhr abends ermordet worden war, kam dieser Bote beim ersten Morgengrauen nach Ameria: in zehn Nachtstunden durchstürmte er sechsundfünfzig Meilen, in einem leichten Reisewagen, nicht nur um Roscius' Feind die ersehnte Nachricht als erster zu bringen, sondern um ihm so frisch wie möglich das Blut des Feindes und die eben erst aus seinem Körper gezogene Waffe vorzuweisen.

(20) Vier Tage, nachdem dies vorgefallen ist, wird die Sache dem Chrysogonus im Lager Lucius Sullas in Volaterra hinterbracht. Die Größe des Barvermögens wird ihm vorgerechnet, die Vortrefflichkeit der Güter – denn er hat dreizehn Landgüter hinterlassen, die fast alle an den Tiber grenzen –, und die Notlage und Verlassenheit meines Mandanten werden erwähnt. Sie erklären ihm, wenn der Vater des Sextus Roscius, ein so angesehener und allgemein beliebter Mann, ohne alle Umstände habe ermordet werden können, so könne man den Sohn, einen arglosen, einfältigen und dazu in Rom unbekannten Menschen, kinderleicht aus dem Wege räumen. Zu diesem Zweck bieten sie ihre Hilfe an. Um mich nicht länger aufzuhalten, Geschworene, eine Gesellschaft wird gegründet, der Bund wird geschlossen. 8. (21) Obwohl von Proskriptionen keine Rede mehr war, obwohl selbst diejenigen, die vorher Angst gehabt hatten, zurückkehrten und glaubten, die Gefahren endlich überstanden zu haben, wird der Name des älteren Roscius, eines Mannes, der sich mit größtem Eifer für die Nobilität eingesetzt hatte, auf die Proskriptionsliste gesetzt. Als Aufkäufer

tritt Chrysogonus auf; drei Güter, und zwar die vorzüglichsten, werden Capito als Eigentum übergeben, der sie heute noch besitzt, aber auf das übrige Vermögen macht Titus Roscius hier – im Namen des Chrysogonus, wie er selbst sagt – einen Angriff. Diese Besitzungen, die sechs Millionen Sesterzen wert sind, werden für zweitausend gekauft. Dies alles, das weiß ich gewiß, Geschworene, ist ohne Wissen Sullas geschehen.

(22) Es ist kein Wunder, wenn er einmal etwas übersieht, da er zur gleichen Zeit die Schäden der Vergangenheit heilt und sich auf kommende Gefahren vorbereitet, da er allein die Verantwortung für den Friedensschluß trägt und die Macht hat, Krieg zu führen, da alle auf ihn allein schauen, er allein alles regiert, da er von so vielen und so bedeutenden Aufgaben in Anspruch genommen wird, daß er kaum Zeit zum Atemholen hat: besonders da so viele beobachten, wie sehr er in Anspruch genommen ist, und nur auf den günstigen Augenblick lauern, um – sobald er nur einmal wegsieht – so etwas ins Werk zu setzen. Dazu kommt, mag er auch noch so glücklich sein, wie er wirklich ist, daß niemand solch ein Glückskind sein kann, daß er unter einem zahlreichen Gesinde nicht einen nichtsnutzigen Sklaven oder Freigelassenen hätte.

(23) Inzwischen kommt dieser Titus Roscius hier, dieser Ehrenmann, als Bevollmächtigter des Chrysogonus nach Ameria, fällt über die Güter meines Mandanten her und wirft den Unglücklichen, der vor Kummer ganz verstört ist, der noch nicht einmal seinen Vater ordentlich bestattet hat, nackt und bloß aus dem Hause und verjagt ihn Hals über Kopf vom väterlichen Herd und seinen Penaten, Geschworene; er selbst aber macht sich zum Herrn über ein stattliches Vermögen. Er, der im Eigenen höchst dürftig gelebt hatte, trat im fremden Gut, wie das zu gehen pflegt, unverschämt auf: vieles schleppte er ganz offen in sein Haus fort, noch mehr schaffte er heimlich beiseite; nicht wenig schenkte er mit vollen Händen an seine Helfershelfer, den Rest verkaufte er auf der angesetzten Versteigerung.

9. (24) Dies alles erschien den Amerianern so schändlich, daß sich in der ganzen Stadt Weinen und Seufzen erhob; sie

hatten ja wirklich reichlich viel gleichzeitig vor Augen: den grausigen Tod des hochangesehenen Sextus Roscius, die empörende Notlage seines Sohnes, dem dieser Schuft von seinem großen väterlichen Erbe nicht einmal den Weg zur Grabstätte seiner Ahnen gelassen hatte, den schmachvollen Verkauf der gesamten Habe wie bei einem Proskribierten, die Zusprechung des Besitzes an Chrysogonus, die Diebereien, die Plünderung, die unrechtmäßigen Geschenke. Es gab keinen, der nicht lieber gesehen hätte, daß alles niedergebrannt wäre, als daß sich Titus Roscius auf den Besitzungen des hochangesehenen und ehrenhaften Sextus Roscius brüstete und dort den Herrn spielte. (25) Daher kommt sogleich ein Beschluß der Dekurionen zustande, daß die zehn ersten Ratsmänner zu Lucius Sulla reisen sollen, um ihn aufzuklären, was für ein Mann Sextus Roscius war, sich über das Verbrechen und die Gewalttaten dieser Leute zu beklagen und ihn zu bitten, er möge den guten Ruf des Toten und das Vermögen seines unschuldigen Sohnes wiederherstellen. Dies Dekret nehmt bitte zur Kenntnis. [*Das Dekret der Dekurionen wird verlesen.*]

Die Abgesandten kamen ins Lager. Da sieht man, Geschworene, was ich schon vorher gesagt habe, daß diese verbrecherischen Schandtaten ohne Wissen Sullas geschehen. Denn sofort macht sich Chrysogonus selbst an sie heran und schickt auch einige vornehme Leute vor, die sie bitten sollen, nicht an Sulla heranzutreten, und gleichzeitig versprechen, Chrysogonus werde alles tun, was sie wollten. (26) Er war nämlich so in Angst geraten, daß er lieber gestorben wäre als zugelassen hätte, daß Sulla von der Sache erfahren hätte. Diese Männer vom alten römischen Schlag, die von sich auf andere schlossen, glaubten Chrysogonus, als er versicherte, er werde den Namen des Sextus Roscius von der Proskriptionsliste streichen, die Güter räumen und seinem Sohn übergeben, besonders da Titus Roscius Capito, der zu den zehn Abgesandten gehörte, sich dafür verbürgte, daß es so geschehen werde; ohne ihre Sache Sulla vorgetragen zu haben, kehrten sie nach Ameria zurück. Und zunächst begannen die beiden, die Sache von einem Tag zum anderen zu verschieben und zu verschleppen, danach ziemlich gelassen – nichts zu tun und den Geschädigten zum besten zu haben und schließlich, wie man sich leicht denken kann, Sextus Roscius, meinem Mandanten, nachzustellen, in der Überzeugung, daß sie auf die Dauer nicht ein fremdes Vermögen würden behalten können, solange der eigentliche Besitzer am Leben sei. 10. (27) Sobald er das merkte, flüchtete er auf den Rat seiner Freunde und Verwandten nach Rom und begab sich zu Caecilia, der Schwester des Nepos und Tochter des Balearicus – die ich mit aller Hochachtung erwähne –, mit der sein Vater sehr freundschaftlich verkehrt hatte. In dieser Frau, Geschworene, sieht man nach allgemeiner Ansicht noch heute die typisch altrömische Pflichtauffassung verkörpert, sozusagen als Beispiel für die Mitwelt. Sie nahm Sextus Roscius, den Mittellosen, aus seinem Hause Vertriebenen und aus seinem Besitz Verjagten, der vor den Waffen und Drohungen der Räuber flüchtete, in ihrem Haus auf und half dem bedrängten Gastfreund, für den die anderen schon keine Hoffnung mehr hatten. Ihrer unerschrockenen Treue und Sorge ist es zu danken, daß er als lebender Angeklagter und nicht schon als toter Proskribierter geführt wird.

(28) Denn nachdem diese Leute herausgebracht hatten, daß das Leben des Sextus Roscius sehr sorgsam bewacht und ihnen keine Möglichkeit geboten wurde, einen Mord zu begehen, da faßten sie einen verbrecherischen Plan von atemberaubender Unverschämtheit, sie beschlossen, ihn wegen Vatermordes anzuklagen und sich zu diesem Zweck eines gewiegten Anklägers zu versichern, der selbst in einer Sache etwas zu sagen wüßte, bei der es keinerlei Verdachtsmomente gäbe, und schließlich, wenn sie schon nicht mit einem begründeten Verdacht arbeiten könnten, die Zeitverhältnisse für sich arbeiten zu lassen. Diese Menschen dachten nämlich folgendermaßen: Da so lange wegen des Bürgerkrieges keine Gerichtsverhandlungen abgehalten worden sind, wird sicherlich der erste, der vor Gericht gestellt wird, verurteilt werden; Roscius aber wird wegen Chrysogonus' Einfluß keine Fürsprecher finden; von dem Verkauf der gesamten Habe und dem Bund gegen ihn wird keiner etwas sagen; das bloße Wort „Vatermord" und die Scheußlichkeit eines solchen Verbrechens wird schon bewirken, daß er ohne alle Umstände aus der Welt geschafft wird;

besonders wenn niemand ihn verteidigt. (29) Aus dieser Überlegung heraus – oder vielmehr von solchen Wahnvorstellungen geleitet – übergaben sie euch den Mann zum Abschlachten, den sie selbst, so gern sie es wollten, nicht hatten umbringen können.

11. Worüber soll ich zuerst Klage führen, Geschworene? Womit soll ich eigentlich beginnen? Was für Hilfe soll ich suchen und bei wem? Soll ich den Schutz der unsterblichen Götter oder den des römischen Volkes oder den euren erflehen, die ihr hier im Augenblick die oberste Gewalt habt? (30) Der Vater verbrecherisch umgebracht, das Haus von Feinden belagert, die Güter beschlagnahmt, in Besitz genommen, geplündert, das Leben des Sohnes gefährdet, oft bedroht durch Anschläge und Mordversuch – was für ein Verbrechen fehlt denn noch bei all diesen Untaten? Trotzdem häufen sie noch andere Schandtaten darauf und tun immer mehr: sie ersinnen eine unglaubliche Verdächtigung, Zeugen und Ankläger gegen ihn kaufen sie mit seinem eigenen Geld, sie bringen den Unglücklichen in eine Lage, daß er wählen muß, ob er lieber seinen Hals Titus Roscius Magnus hinhalten oder in einen Ledersack genäht als Vatermörder in höchster Schande sein Leben verlieren will. Sie haben geglaubt, er werde keine Fürsprecher finden – er hat keine gefunden; jemand, der freimütig spricht, der gewissenhaft verteidigt, und das genügt in diesem Fall, hat sich aber gefunden, Geschworene. (31) Und wenn ich auch vielleicht den Fall in jugendlicher Unbedachtsamkeit übernommen habe: da ich es einmal getan habe, beim Herkules! so mögen von allen Seiten alle möglichen Drohungen, Schrecken und Gefahren auf mich einstürmen, ich werde sie alle auf mich nehmen und ertragen. Ich bin fest entschlossen, alles, was meiner Ansicht nach zu diesem Falle gehört, nicht nur auszusprechen, sondern gern, kühn und freimütig auszusprechen. So etwas Übermächtiges kann nicht geschehen, Geschworene, daß die Furcht mehr Gewalt über mich bekäme als die Treue.

(32) Und wer ist denn wohl so gleichgültig, daß er dies sehen und dabei schweigen und wegblicken könnte? „Meinen Vater habt ihr ermordet, obwohl er nicht proskribiert war; als er tot

war, habt ihr ihn auf die Proskriptionsliste gesetzt; mich habt ihr mit Gewalt aus meinem Hause vertrieben, mein väterliches Erbe habt ihr in eurem Besitz“ – was wollt ihr denn noch mehr? Seid ihr jetzt schon mit Dolch und anderen Waffen zum Verhandlungsort gekommen, um hier Sextus Roscius entweder die Kehle durchzuschneiden oder ihn verurteilen zu lassen?

12. (33) Vor einiger Zeit war der bedenkenloseste Mensch in unserem Staate Gaius Fimbria und – darüber sind sich alle einig, die nicht selbst wahnbetört sind – auch der wahnwitzigste. Als beim Begräbnis des Gaius Marius auf sein Betreiben Quintus Scaevola verwundet worden war – einer der unsträflichsten und hochgeehrtesten Männer in unserem Staate, zu dessen Lob hier nicht der Ort ist, viel zu sagen, und jedenfalls nicht mehr gesagt werden könnte, als das römische Volk im Gedächtnis bewahrt –, da zog er Scaevola vor Gericht, sobald er erfahren hatte, daß dieser durchkommen werde. Als er gefragt wurde, woraufhin er einen Mann anklagen wolle, der in seiner Ehrenhaftigkeit über alles Lob erhaben sei, da soll der Mensch in seiner Raserei geantwortet haben: „Weil er nicht stillgehalten hat!“

Empörender als dieser Ausspruch war für das römische Volk nur noch das Ende ebendieses Scaevola, das solchen Eindruck machte, daß er im Tode alle niederschmetterte und verstörte. Denn er wurde von denen ermordet, die er versöhnen und dadurch retten wollte.

(34) Ist nicht folgendes dem Ausspruch und der Tat des Fimbria sehr ähnlich? Ihr klagt Sextus Roscius an. Wieso? Weil er euren Händen entkommen ist, weil er sich nicht hat umbringen lassen. Das damals erscheint noch empörender, weil Scaevola das Opfer war – dies jetzt darf man nicht hinnehmen, weil Chrysogonus der Täter ist. Denn, unsterbliche Götter! was gibt es an diesem Fall, was einer Verteidigung bedürfte? Was verlangt denn nach dem Scharfsinn des Verteidigers oder erfordert einen großen Aufwand von Beredsamkeit vom Sprecher? Ich werde den ganzen Fall darlegen, Geschworene, und wenn er vor aller Augen ausgebreitet ist, wollen wir ihn betrachten. Dann werdet ihr ganz leicht erkennen, was der Kern

der gesamten Klage ist, worüber wir sprechen müssen und was ihr zur Richtschnur eures Urteils nehmen müßt.

13. (35) Drei Dinge sind es, mindestens soweit ich es einschätzen kann, die Sextus Roscius augenblicklich feindlich im Wege stehen: die Anklage der Gegner, ihre Unverschämtheit und ihre Macht. Das Erdichten der Anklage hat der Ankläger Erucius übernommen; die Rollen, bei denen es auf Unverschämtheit ankommt, haben die beiden Roscier für sich gefordert; Chrysogonus, der ja das meiste gilt, kämpft mit seinen Machtmitteln. Ich sehe, daß ich von all diesen Dingen sprechen muß. (36) Oder vielmehr: nicht in gleichem Maße von allen, deshalb, weil das erste zu meinen Pflichten als Verteidiger gehört, die beiden anderen aber das römische Volk euch auferlegt hat. Ich muß die Anklage widerlegen, ihr müßt der Unverschämtheit widerstehen und die verderbliche und unerträgliche Macht von Menschen dieses Schlages so schnell wie möglich völlig unschädlich machen.

(37) Sextus Roscius wird angeklagt, seinen Vater ermordet zu haben. Eine verruchte Tat, bei den unsterblichen Göttern! Ein Frevel von der Art, daß in der einen Untat alle Verbrechen beschlossen zu sein scheinen. Und in der Tat, wenn oft schon durch eine Miene die gebotene Ehrerbietung verletzt wird, wie die Philosophen so richtig sagen – welche Strafe läßt sich dann finden, die hart genug ist für den, der seinen Vater getötet hat, für den zu sterben, wenn es nötig sein sollte, ihn menschliches und göttliches Recht hätte zwingen müssen?

(38) Ein so schweres, so scheußliches, so einzigartiges Verbrechen, das so selten vorkommt, daß es für ein böses Vorzeichen für den Staat gilt, wenn man wirklich einmal davon hört – was für Beweisgründe, meinst du, Gaius Erucius, muß dafür der Ankläger anführen? Muß er nicht die einzigartige Bedenkenlosigkeit des Angeklagten zeigen, seine unmenschliche Grausamkeit, sein von allen Lastern und Schändlichkeiten gezeichnetes Leben und schließlich seine abgrundtiefe Gemeinheit in jeder Hinsicht?

Nichts von alledem hast du von Sextus Roscius behaupten können, nicht einmal, um es ihm nur vorzuwerfen.

14. (39) Seinen Vater hat Sextus Roscius ermordet. Was ist

das für ein Mensch? Ein unfertiger junger Bursche, der von schlechten Menschen verdorben und angestiftet worden ist? Nein – er ist schon über vierzig Jahre alt. Also wohl ein abgefeimter Meuchelmörder, ein tollkühner Draufgänger, der Held vieler Messerstechereien? Aber auch das habt ihr den Ankläger nicht einmal andeuten hören. Also haben wahrscheinlich seine Vergnügungssucht, die Last seiner Schulden und seine unbezähmbaren Leidenschaften den Menschen zu diesem Verbrechen getrieben? Vom Verdacht der Vergnügungssucht hat ihn Erucius gereinigt, als er sagte, er habe kaum jemals an einem Gastmahl teilgenommen. Schulden hat er aber überhaupt noch nie gehabt. Und was für Leidenschaften kann schließlich ein Mann haben, der, wie der Ankläger selbst ihm vorgeworfen hat, immer auf dem Lande gelebt und sein Leben mit Landarbeit zugebracht hat? So ein Leben ist von Begierden frei und von Pflichten erfüllt. (40) Was hat denn nun Sextus Roscius in solche mörderische Wut versetzt? „Er gefiel seinem Vater nicht", sagt der Ankläger. Er gefiel dem Vater nicht? Aus welchem Grunde? Denn der Grund muß notwendigerweise gerechtfertigt, wichtig und einleuchtend sein. Denn wenn es unglaublich ist, daß ein Sohn seinen Vater ohne sehr viele schwerwiegende Gründe getötet hat, so ist es auch nicht wahrscheinlich, daß ein Vater seinen Sohn ohne viele gewichtige und zwingende Gründe gehaßt haben soll. (41) Wir wollen also wieder auf diese Sache zurückkommen und fragen, was für so schlimme Laster dieser einzige Sohn gehabt haben soll, daß er seinem Vater hätte mißfallen können. Aber es ist ganz klar, daß er solche Laster nicht hatte. War der Vater also von Sinnen, daß er den Sohn, den er gezeugt hatte, ohne Grund haßte? Aber nein, er war ein besonders charakterfester Mensch. Also ist das eine schon sonnenklar: wenn der Vater nicht von Sinnen und der Sohn nicht gänzlich verdorben war, so hatte der Vater keinen Grund zum Haß und der Sohn keinen zum Verbrechen.

15. (42) „Ich weiß nicht", sagt er, „was der Grund des Hasses war; daß er bestand, weiß ich, weil der Vater früher, als er noch zwei Söhne hatte, den anderen, der tot ist, immer bei sich haben wollte, diesen aber auf seine Landgüter verbannte."

Was dem Erucius in einer schlechten und nichtigen Anklage zugestoßen ist, das geschieht mir nun zwangsläufig in meiner wohlfundierten Sache: er konnte nichts finden, um seine erlogene Anschuldigung zu untermauern, ich weiß nicht, auf welche Weise ich so nichtssagende Behauptungen entkräften und widerlegen soll. (43) Was sagst du, Erucius? So viele schöne fruchtbare Güter hat Sextus Roscius seinem Sohn zur Bewirtschaftung und Verwaltung übergeben, nur um ihn zu verbannen und zu bestrafen? Aber wünschen sich nicht die Hausväter, wenn sie Kinder haben, besonders Männer dieses Standes aus den ländlichen Munizipien, vor allem anderen, daß ihre Söhne sich voll und ganz dem Familienbesitz widmen und auf die Bewirtschaftung der Güter recht viel Arbeit und Mühe verwenden? (44) Oder hatte er ihn fortgewiesen, damit er sich auf dem Lande aufhalten und nur so weit auf dem Hofe ernährt werden sollte, daß er alle Bequemlichkeiten entbehrte? Was denn? Wenn es feststeht, daß der Sohn nicht nur die Bewirtschaftung der Güter beaufsichtigte, sondern schon bei Lebzeiten seines Vaters regelmäßig den Ertrag einiger Güter für sich nutzen durfte – nennst du dann trotzdem sein Leben eine Verweisung aufs Land und eine Austreibung? Du siehst, Erucius, wie weit deine Beweisführung von der Sache selbst und von der Wahrheit abweicht. Das, was die Väter gewöhnlich tun, das tadelst du, als ob es etwas Unerhörtes wäre; was aus Wohlwollen geschieht, verklagst du als aus Haß geschehen; was der Vater seinem Sohn als Anerkennung erlaubte, das soll er, wie du sagst, zu seiner Bestrafung getan haben. (45) Und du weißt das auch ganz gut, aber du bist in solcher Verlegenheit, was du sagen könntest, daß du glaubst, nicht nur gegen uns sprechen zu müssen, sondern wahrhaftig sogar gegen die Natur der Dinge, gegen die menschlichen Gewohnheiten und die Ansichten aller Welt.

16. „Aber doch hat er, als er zwei Söhne hatte, den einen nicht von seiner Seite gelassen und geduldet, daß der andere auf dem Lande war.“ Ich bitte dich, Erucius, das folgende nicht übelzunehmen; ich sage es nicht, um es dir vorzuhalten, sondern um dich aufzuklären. (46) Wenn es dir das Schicksal versagt hat, von einem bestimmten Vater abzustammen, von dem

du wissen könntest, wie Väter gegen ihre Kinder gesinnt sind, so hat die Natur dir doch gewiß allgemeinen Menschensinn genug gegeben; dazu kam noch die Beschäftigung mit Kunst und Wissenschaft, so daß dir auch die Literatur nicht fremd ist. Was meinst du also, um auf das Schauspiel zu kommen: hat der Alte bei Caecilius seinen Sohn Eutychus, der auf dem Lande war, weniger geschätzt als den anderen, Chaerestratus – so hieß er doch, wenn ich mich recht besinne? –, hat er den einen als Auszeichnung bei sich in der Stadt behalten und den anderen zur Strafe aufs Land geschickt?

(47) „Was willst du mit diesen Albernheiten?" wirst du sagen. Als ob es mir schwerfiele, beliebig viele Männer namentlich aufzuführen, Leute, um ganz in der Nähe zu bleiben, aus meiner Tribus oder Nachbarn vom Lande, die möchten, daß diejenigen ihrer Kinder, die sie besonders schätzen, tüchtige Bauern werden. Aber es ist mißlich, bekannte Mitbürger als Beispiel anzuführen, da es einmal nicht sicher ist, ob es ihnen recht wäre, genannt zu werden, und da zum andern niemand euch besser bekannt sein wird als dieser Eutychus und es für die Sache entschieden gleichgültig ist, ob ich diesen jungen Mann aus der Komödie oder jemand aus der Gegend um Veji als Beispiel anführe. Ich glaube jedenfalls, daß dies von den Dichtern so ausgedacht wird, damit wir unseren Charakter an anderen Personen dargestellt und ein deutliches Bild unseres täglichen Lebens sehen.

(48) Nun also, wende dich bitte der Wahrheit zu und überlege, welche Beschäftigungen von den Hausvätern nicht nur in Umbrien und dort herum, sondern in all diesen alten Munizipien besonders gelobt werden; dann wirst du gleich merken, daß du aus Mangel an triftigen Anschuldigungen dem Sextus Roscius das höchste Lob als Fehler und Verschulden angerechnet hast. 17. Aber die Söhne tun das nicht nur auf Wunsch der Väter, sondern ich kenne sehr viele jüngere Leute, und wenn mich nicht alles täuscht, geht es jedem einzelnen von euch ebenso, die selbst von der Beschäftigung mit der Landwirtschaft begeistert sind und ebendies Leben auf dem Lande, das deiner Meinung nach als Schande und Vorwurf angesehen werden muß, sehr ehrenwert und angenehm finden. (49) Was

glaubst du, mit welchem Eifer und welcher Intelligenz gerade dieser Sextus Roscius bei der Landwirtschaft ist? Wie ich von seinen Nachbarn hier, lauter rechtschaffenen Leuten, höre, bist du in deinem Anklägergewerbe nicht gewitzter als er in seinem Beruf. Und das muß wahr sein, da es auch Chrysogonus so vorgekommen ist, der ihm kein einziges Gut übriggelassen hat. Es wird ihm nun ja freistehen, seinen Beruf zu vergessen und die Beschäftigung damit aufzugeben. Wenn das auch traurig und eine Schande ist, Geschworene, so wird er es dennoch mit Gleichmut hinnehmen, wenn er durch euch Leben und guten Ruf retten kann. Unerträglich aber wäre es, wenn er – nicht genug, daß ihn die Zahl und Qualität seiner Landgüter ins Unglück gebracht hat – durch die Tatsache, daß er sie mit Eifer bewirtschaftete, in besondere Gefahr käme. Als ob es nicht traurig genug wäre, daß er sie für andere, nicht für sich selbst bewirtschaftete, wenn man ihm nicht obendrein zum Vorwurf machte, daß er sie überhaupt bewirtschaftet hat!

18. (50) Wahrhaftig, Erucius, du wärst ein lachhafter Ankläger, wenn du zu der Zeit geboren wärest, als man die Männer, die Konsul werden sollten, vom Pflug wegholte. Denn du, der du annimmst, es sei eine Schande, die Bestellung des Ackers zu beaufsichtigen, würdest natürlich den berühmten Atilius, den die Boten fanden, wie er mit eigener Hand den Samen ausstreute, für einen ausgesprochen schändlichen und verächtlichen Menschen ansehen. Aber, beim Herkules! unsere Vorfahren dachten ganz anders von ihm und anderen Männern seines Schlages, und daher haben sie uns auch, nach ganz bescheidenen Anfängen, unseren Staat so groß und blühend übergeben. Sie bebauten nämlich ihr eigenes Land mit Eifer und strebten nicht begehrlich nach dem anderer. Dadurch haben sie unserem Staat und unserem Reich und dem Namen des römischen Volks über Länder, Städte und Völkerschaften zu Ruhm und Ehre verholfen.

(51) Und ich bringe das nicht vor, als ob es sich mit den Angelegenheiten vergleichen ließe, die wir jetzt untersuchen, sondern damit man sieht, daß man diesem Manne verzeihen muß, der gesteht, daß er ein Bauer sei, da doch bei unseren Vorfahren hochberühmte und tüchtige Männer, die jederzeit am Ru-

der des Staatsschiffes zu stehen berufen waren, trotzdem einen beträchtlichen Teil ihrer Zeit und Mühe an die Bewirtschaftung ihres Landes wandten: denn er hat stets und ständig auf dem Lande gelebt, und es gab zudem nichts, was er hätte tun können, was seinem Vater lieber, ihm selbst angenehmer und – wirklich und wahrhaftig! – ehrenhafter gewesen wäre.

(52) Der erbitterte Haß des Vaters gegen den Sohn erweist sich also, wenn ich recht verstanden habe, Erucius, besonders dadurch, daß er zuließ, daß dieser auf dem Lande lebte. Oder gibt es sonst noch etwas? „Ja, gewiß", sagt er, „denn er hatte vor, ihn zu enterben." Ich höre. Jetzt endlich sagst du etwas, was zur Sache gehört, denn das folgende, das wirst du wohl selbst zugeben, ist ohne Gewicht und albern: „Er ging nicht mit dem Vater zusammen zu Gesellschaften." Freilich nicht, da er sogar in die Stadt nur ganz selten kam. „Er wurde so gut wie nie von jemandem in sein Haus eingeladen." Kein Wunder, da er nicht in der Stadt lebte und nicht in der Lage gewesen wäre, die Einladung zu erwidern.

19. Du weißt ja aber auch ganz gut, daß das Läppereien sind. Betrachten wir also das, womit wir eben begonnen haben, denn ein besserer Beweis für den Haß läßt sich auf keine Art finden.

(53) „Der Vater erwog, seinen Sohn zu enterben." Ich frage nur, woher du das weißt, obgleich du alle Gründe hättest nennen und aufzählen müssen und es die Pflicht eines gewissenhaften Anklägers gewesen wäre, wenn er jemand eines so schweren Verbrechens beschuldigt, alle Laster und Vergehen des Sohnes darzulegen, die den Vater so hätten aufbringen können, daß er die Natur selbst überwunden, sich die tief eingepflanzte Liebe aus dem Herzen gerissen und schließlich vergessen hätte, daß er Vater war – denn das kann meiner Meinung nach nicht geschehen, wenn der Sohn sich nicht schwer vergangen hat. (54) Aber ich gestehe dir zu, das zu übergehen, was – nicht existiert, wie du selber eingestehst, indem du schweigst; aber das mindestens, daß er ihn hat enterben wollen, mußt du entschieden beweisen. Was also führst du an, weshalb wir glauben sollen, daß das geschehen sei?

Etwas Wahres kannst du nicht sagen, also denk dir wenigstens etwas einigermaßen Glaubwürdiges aus, damit nicht allzu deutlich wird, was du ganz offensichtlich tust: das Schicksal dieses Armen und die Würde dieser angesehenen Männer verspotten. „Er wollte seinen Sohn enterben." Weshalb? „Ich weiß es nicht." Hat er ihn enterbt? „Nein." Wer hat ihn daran gehindert? „Er erwog es erst." Er erwog es? Wem hat er das gesagt? „Niemandem."

Was sonst soll man Mißbrauch und Mißachtung des Gerichtes, der Gesetze, eurer amtlichen Würde um eines schmutzigen Gewinnes und bloßer Willkür wegen nennen, wenn nicht das, daß du in dieser Weise anklagst und Vorwürfe erhebst, die du nicht bloß nicht beweisen kannst, sondern nicht einmal zu beweisen versuchst?

(55) Wir alle wissen, Erucius, daß du mit Sextus Roscius in keiner Weise persönlich verfeindet bist. Alle sehen, aus welchem Grunde du als sein Feind hierher gekommen bist. Sie wissen, daß sein Geld dich hergelockt hat. Was aber weiter? Deine Geldgier dürfte jedenfalls nur so weit gehen, daß du dabei in Rechnung gestellt hättest, daß das Urteil dieser Männer und die Lex Remmia auch etwas gelten müssen.

20. Es ist nützlich, wenn es im Staate viele Ankläger gibt, damit die verbrecherische Dreistigkeit durch Furcht in Schranken gehalten wird; es ist jedoch nur mit der Einschränkung nützlich, daß die Ankläger nicht geradezu ihr Spiel mit uns treiben. Mancher ist zum Beispiel ein rechtschaffener Mann, aber obwohl er unschuldig ist, gibt es doch Verdachtsgründe gegen ihn; wenn das auch betrüblich ist, so könnte ich demjenigen, der gegen ihn Anklage erhebt, trotzdem irgendwie verzeihen. Wenn er nämlich etwas hat, was er zur Beschuldigung und Verdächtigung vorbringen kann, dann wirkt es nicht, als ob er offen sein Spiel treibt und mit vollem Bewußtsein verleumdet. (56) Deshalb dulden wir alle gern, daß es möglichst viele Ankläger gibt, weil der Unschuldige, wenn er angeklagt wird, freigesprochen werden, der Schuldige aber nicht verurteilt werden kann, wenn er nicht vorher angeklagt worden ist; es ist nämlich besser, daß ein Unschuldiger nach Verhandlung freigesprochen als daß ein Schuldiger nicht vor Gericht gestellt wird. Den Gänsen wird von Staats wegen Futter gestellt, und

auf dem Kapitol werden Hunde gehalten, damit sie Laut geben, wenn Diebe kommen. Aber sie können die Diebe nicht herauskennen, sie geben vielmehr Laut, wenn überhaupt jemand nachts auf das Kapitol kommt; und weil das verdächtig ist, sollen sie ruhig, obgleich es nur unvernünftige Tiere sind, nach der sicheren Seite hin irren. Wenn aber die Hunde auch am Tage bellen, wenn Leute kommen, um den Göttern Ehre zu erweisen, dann werden ihnen, glaube ich, die Beine gebrochen, weil sie scharf sind, wo gar kein Verdacht vorliegt.

(57) Ganz ähnlich liegt die Sache bei den Anklägern: einige von euch sind wie die heiligen Gänse, die zwar Lärm machen, aber nicht schaden können, andere sind wie Hunde, die bellen und beißen können. Wir sehen zu, daß auch euch der Unterhalt gewährt wird, ihr aber müßt vor allem diejenigen angreifen, die es verdienen. Das ist dem Volke am angenehmsten. Dann bellt, wenn ihr wollt, auch dann, wenn es nicht unwahrscheinlich ist, daß jemand etwas Unrechtes begangen hat, auf den Verdacht hin – auch das kann man gestatten. Wenn ihr aber so weit geht, zu behaupten, daß jemand seinen Vater ermordet habe, und weder sagen könnt, weshalb noch auf welche Weise, und nur so, ohne Verdachtsgründe, bellt – dann wird euch zwar niemand die Beine brechen, aber wenn ich die Richter hier gut kenne, wird man euch den Buchstaben K – dem ihr alle so feind seid, daß ihr auch alle Kalenden haßt – so heftig auf die Stirn pressen, daß ihr hernach niemanden mehr anklagen könnt, höchstens euer Mißgeschick.

21. (58) Was hast du mir zu verteidigen gegeben, mein lieber Ankläger? Und was den Geschworenen hier zu argwöhnen? „Er fürchtete, enterbt zu werden." Das höre ich. Aber warum er das fürchten mußte, sagt niemand. „Der Vater hatte es im Sinn." Beweise es! – Nichts ist. Nicht, mit wem er beriet, wem er es mitteilte, woher es euch in den Sinn kam, das zu vermuten.

Indem du in dieser Weise Anklage erhebst, Erucius, sagst du da nicht ganz offen: „Ich weiß, was ich bekommen habe; was ich sagen soll, weiß ich nicht. Ich habe nur auf das eine gesehen, daß Chrysogonus gesagt hat, Roscius werde keinen Verteidiger haben, es werde zu diesem Zeitpunkt niemanden geben, der es wagte, über den Verkauf der gesamten Habe und den bewußten Bund zu reden." Diese falsche Meinung hat dich in diese schiefe Lage gebracht. Beim Herkules! du hättest nicht gesprochen, wenn du geglaubt hättest, es werde dir jemand antworten.

(59) Es war schon der Mühe wert, wenn ihr darauf geachtet habt, Geschworene, seine Nachlässigkeit bei der Anklageführung zu beobachten. Ich glaube, als er gesehen hatte, wer hier auf den Plätzen zu seiten des Angeklagten saß, fragte er sich, ob wohl der oder jener ihn verteidigen werde – auf mich aber kam er gar nicht, weil ich nie vorher eine öffentliche Verteidigung übernommen habe. Als er niemand von denen sah, die normalerweise als Verteidiger in Frage kommen, begann er so nachlässig zu werden, daß er sich sogar hinsetzte, wenn es ihm in den Sinn kam, dann hin und her spazierte, manchmal sogar seinen Sklaven rief, wohl um schon das Festmahl in Auftrag zu geben – mit einem Wort: er tat so, als ob Gerichtshof und Zuhörer gar nicht vorhanden wären. Schließlich war er fertig. Er setzte sich. 22. (60) Ich stand auf. Er schien aufzuatmen, daß nicht doch noch ein anderer sprach. Ich begann meine Rede. Bis zu dem Augenblick, Geschworene, sah ich ihn scherzen und andere Dinge treiben, bis ich den Namen des Chrysogonus nannte. Sobald ich den berührte, fuhr der Mann plötzlich auf, schien sich zu wundern. Ich wußte, was ihn gestochen hatte. Ich nannte ihn ein zweites, ein drittes Mal. Danach liefen andauernd Männer hin und wider, sicher, um Chrysogonus zu melden, es gebe jemand in diesem Staate, der es wage, gegen seinen Willen zu sprechen. Der Prozeß laufe anders, als er gedacht habe, der Kauf der gesamten Habe werde ans Licht gebracht, der bewußte Bund werde tüchtig mitgenommen, sein Einfluß und seine Macht würden nicht beachtet, die Richter hörten aufmerksam zu, dem Volke komme die Sache schändlich vor. (61) Da du dich nun so getäuscht hast, Erucius, da du siehst, daß alles anders gekommen ist, und erkennst, daß der Prozeß des Sextus Roscius wenn nicht gut, so doch freimütig geführt wird, daß der Mann, den du für aufgegeben hieltest, verteidigt wird und daß diejenigen, die ihn, wie du hofftest, gleich dem Henker übergeben sollten, wirklich Recht sprechen

– da rette doch bei uns endlich den Ruf der Schläue und Voraussicht, in dem du stehst, gib zu, daß du in der Hoffnung hergekommen bist, hier werde ein Straßenraub verübt, nicht ein Gerichtsurteil gefällt werden!

Die Anklage lautet auf Vatermord. Der Ankläger hat nicht Rechenschaft zu geben gewußt, weshalb der Sohn den Vater ermordet haben soll. (62) Das, was bei den geringfügigsten Schadensfällen und bei den leichteren Vergehen, die häufiger und schon fast alltäglich sind, besonders und vor allen Dingen untersucht wird, nämlich was der Grund der Übeltat war – das braucht nach Ansicht des Erucius bei einem Vatermord nicht untersucht zu werden, einem Verbrechen, Geschworene, das man nicht übereilt für wahr hält, selbst wenn viele Gründe zusammentreffen und miteinander übereinzustimmen scheinen, bei dem die Sache nicht von einer leichtfertigen Vermutung abhängig gemacht, kein unsicherer Zeuge gehört wird und der Fall nicht nach der Beredsamkeit des Anklägers entschieden wird. Viele vorher begangene Übeltaten, ein ganz verkommenes Leben und eine einzigartige Bedenkenlosigkeit müssen dem Angeklagten nachgewiesen werden, und nicht nur Bedenkenlosigkeit, sondern höchste Wut und geradezu Wahnsinn. Und wenn das alles vorhanden ist, dann müssen sich direkte Spuren des Verbrechens finden, wo, auf welche Weise, durch wessen Hand und wann die Untat vollbracht wurde. Und wenn die nicht zahlreich und offenkundig sind, kann man eine so verbrecherische, so scheußliche, so unaussprechliche Tat nicht glauben.

(63) Groß ist nämlich die Macht des menschlichen Gefühls, viel gilt die Blutsgemeinschaft, die Natur selbst widerspricht laut einem derartigen Verdacht; ein schreckliches und ganz sicheres böses Vorzeichen ist es, wenn es jemanden gibt, der Menschenantlitz trägt und dabei die wilden Tiere so sehr an Grausamkeit übertrifft, daß er ruchlos diejenigen, durch die er das liebe Licht der Welt erblickt hat, dieses Lichtes beraubt, während doch die Geburt, das Aufziehen der Jungen und die gemeinsame Natur selbst die Tiere miteinander verbindet.

23. (64) Es ist nicht allzu viele Jahre her, da ging, heißt es, ein gewisser Titus Caelius aus Tarracina, ein angesehener

Mann, nach dem Abendessen mit seinen beiden fast erwachsenen Söhnen im gleichen Zimmer schlafen und wurde morgens ermordet aufgefunden. Da sich weder ein Sklave noch ein Freier fand, auf den der Verdacht der Tat gefallen wäre, die beiden, wie gesagt, jungen Söhne aber erklärten, sie hätten, da sie schliefen, nichts gemerkt, wurden die Söhne wegen Vatermord angeklagt. Was konnte so verdächtig oder so unglaublich sein? Keiner von beiden sollte etwas gemerkt haben? Andererseits sollte jemand gewagt haben, sich in das Zimmer einzuschleichen, gerade zu der Zeit, als ebendort zwei jugendliche Söhne waren, die es leicht merken und Widerstand hätten leisten können? Außerdem gab es niemanden, auf den dieser Verdacht gepaßt hätte. (65) Dennoch – als den Geschworenen klar wurde, daß sie bei offener Tür schlafend gefunden worden waren, wurden die beiden jungen Leute freigesprochen und von allem Verdacht gereinigt. Denn niemand glaubte, daß es jemanden geben könne, der imstande sei, sogleich einzuschlafen, nachdem er jedes menschliche und göttliche Recht durch ein unaussprechliches Verbrechen geschändet habe. Denn wer solch eine Untat begangen hat, kann doch nicht nur nicht sorglos schlafen, sondern nicht einmal ohne Furcht atmen.

24. (66) Wißt ihr wohl, daß Männer, die, wie uns die Dichter erzählen, die Todesstrafe an ihrer Mutter vollzogen, um den Vater zu rächen, noch dazu, obwohl sie es auf Befehl oder Orakelsprüche der unsterblichen Götter getan haben sollen, trotzdem von den Furien gejagt werden und niemals rasten dürfen, weil sie ihre heilige Verpflichtung nicht erfüllen konnten, ohne ein Verbrechen auf sich zu laden? So ist es, Geschworene: eine große, verpflichtende Kraft, eine große Heiligkeit besitzt das väterliche und mütterliche Blut; wenn man sich damit befleckt hat, so läßt sich der Flecken nicht abwaschen, nein, er dringt so weit in die Seele, daß Wahnsinn und äußerste Raserei die Folge sind.

(67) Denkt nämlich nicht, daß diejenigen, die etwas Gottloses und Verbrecherisches verübt haben, so, wie ihr es oft in den Theaterstücken seht, von den brennenden Fackeln der Furien beunruhigt und in Angst versetzt werden. Die eigene Schuld,

das Grauen vor sich selbst quält jeden am meisten, das eigene Verbrechen beunruhigt ihn und treibt ihn zum Wahnsinn. Die eigenen bösen Gedanken und das schlechte Gewissen erschrecken ihn – dies sind für die Gottlosen die unentrinnbaren Furien in der eigenen Brust; Tag und Nacht vollziehen sie die Strafe für den Tod des Vaters oder der Mutter an den frevelhaften Söhnen.

(68) Die Furchtbarkeit des Verbrechens ist so groß, daß es nur glaubwürdig ist, wenn der Vatermord als nahezu offenkundig erwiesen werden kann und außerdem eine ehrlose Jugend des Angeklagten hinzukommt, ein Lebenswandel, befleckt mit allen Lastern, sinnlose, schimpfliche Verschwendungssucht, tollkühne Frechheit und eine Unüberlegtheit, die an Wahnsinn grenzt. Dazu muß dann Haß auf den Vater kommen, Furcht vor Bestrafung durch den Vater, schlechte Freunde, eingeweihte Sklaven, ein geeigneter Zeitpunkt und ein für die Sache günstig ausgewählter Ort; fast möchte ich sagen, die Richter müssen die Hände noch rot vom Blute des Vaters sehen, wenn sie eine so schreckliche, unmenschliche, abstoßende Untat glauben sollen. (69) Deshalb muß eine solche Tat, je weniger glaublich sie ist, wenn sie nicht klar erwiesen wird, um so härter bestraft werden, wenn der Angeklagte überführt ist.

25. Wenn man daher aus vielen Zeugnissen entnehmen kann, daß unsere Vorfahren den übrigen Völkern nicht nur im Kriege, sondern auch an weiser Einsicht überlegen waren, so ganz besonders daraus, daß sie gegen diejenigen, die sich gegen ihre Kindespflicht vergehen, eine einzigartige Strafe erfanden. Bedenkt, wie sehr sie in dieser Hinsicht alle an Voraussicht übertrafen, die sonst für die Weisesten gehalten werden. (70) Der Staat von Athen soll, solange er mächtig war, am klügsten regiert worden sein; und der klügste Mann wieder in diesem Staate soll Solon gewesen sein, der die Gesetze geschrieben hat, die dort heute noch gelten. Als der gefragt wurde, weshalb er keine Strafe für den festgesetzt habe, der seinen Vater getötet hätte, erwiderte er, er habe nicht angenommen, daß jemand das tun werde. Und man sagt, er habe weise gehandelt, als er keine Strafe für eine Tat festlegte, die

nie zuvor begangen worden war, damit es nicht aussähe, als stifte er zu dem Verbrechen an, anstatt es zu verhindern.

Wieviel weiser waren unsere Vorfahren! Da sie einsahen, daß nichts so heilig ist, daß sich nicht eines Tages die Vermessenheit daran vergriffe, ersannen sie eine einzigartige Strafe gegen den Vatermörder, damit diejenigen, welche die Natur allein nicht bei ihrer Pflicht hätte halten können, durch die Höhe der Strafe vom Unrecht abgehalten würden. 26. (71) Sie wollten, daß sie lebend in einen ledernen Sack eingenäht und so in den Fluß geworfen würden. Welche einzigartige Weisheit, Geschworene! Sieht es nicht aus, als hätten sie diesen Menschen aus der Welt entfernt und herausgerissen, dem sie plötzlich Himmel, Sonne, Wasser und Erde genommen haben, damit jemand, der den getötet hat, dem er sein Dasein verdankt, die Elemente sämtlich entbehrte, aus denen, wie man sagt, alles Irdische entstanden ist? Sie wollten den Leichnam nicht den wilden Tieren vorwerfen, damit diese uns nicht noch gräßlicher entgegenträten, wenn sie mit solchem Verbrechen in Berührung gekommen wären; und sie wollten sie auch nicht nackt in den Fluß werfen, damit sie nicht das Meer verunreinigten, wenn sie dorthin getrieben wären, das Meer, dessen Wasser doch nach unserem Glauben alles andere rein waschen, was entweiht ist; schließlich haben sie ihnen an nichts, und sei es noch so gering und allgemein zugänglich, einen Anteil gelassen. (72) Denn was ist so allgemein wie die Luft für die Lebenden, die Erde für die Toten, das Meer für die, die in die See hinausgetrieben wurden, und die Küste für die an Land Gespülten? *Sie* leben, solange sie können, so, daß sie die Luft des Himmels nicht atmen können, sie sterben so, daß die Erde ihre Gebeine nicht berührt, sie werden von den Fluten so umhergeworfen, daß das Wasser sie nicht umspült, und schließlich so ans Land geworfen, daß sie nicht einmal als Tote auf den Steinen Ruhe finden.

Und die Beschuldigung mit einer so schrecklichen Untat, für die eine so außergewöhnliche Strafe festgesetzt ist, glaubst du, Erucius, solchen Männern beweisen zu können, wenn du nicht einmal einen Grund für das Verbrechen vorgebracht hast? Wenn du meinen Mandanten vor den Käufern seiner gesamten

Habe selbst anklagtest und Chrysogonus dem Gerichtshof vorsäße – dann hättest du trotzdem besser vorbereitet kommen müssen! (73) Siehst du nicht, worum es geht, oder siehst du nicht, vor wem verhandelt wird? Es geht um einen Vatermord, der nicht ohne viele Gründe begangen werden kann, verhandelt aber wird vor äußerst sachkundigen Männern, die wissen, daß niemand auch nur die kleinste Schlechtigkeit ohne Grund begeht.

27. Nun gut, du kannst keinen Grund angeben. Wenn ich auch damit meine Sache gleich gewonnen haben müßte, will ich doch nicht auf meinem Recht bestehen und dir zugestehen, was ich in einem anderen Falle nicht täte, weil ich auf die Unschuld meines Mandanten vertraue. Ich frage dich nicht, weshalb Sextus Roscius seinen Vater ermordet hat. Ich frage, wie er ihn ermordet hat. Das frage ich dich, Gaius Erucius: wie? Und ich werde es so mit dir halten, daß ich dir die Möglichkeit gebe, an meiner Stelle zu antworten oder mich zu unterbrechen, ja sogar, wenn du willst, etwas zu fragen. (74) Wie hat er ihn ermordet? Hat er ihn selbst erstochen oder anderen den Auftrag gegeben, ihn zu töten? Wenn du sagst, er selbst – er war nicht in Rom; wenn du sagst, er habe es durch andere tun lassen, so frage ich dich: durch wen? Sklaven oder Freie? Wenn durch Freie – durch was für Menschen? Durch bezahlte Mörder, auch aus Ameria wie er – oder aus Rom? Wenn aus Ameria – wer sind sie? Warum werden sie nicht genannt? Wenn aus Rom – woher kannte Roscius sie, der viele Jahre nicht nach Rom gekommen ist und nie länger als drei Tage hier war? Wo kam er mit ihnen zusammen? Wie hat er mit ihnen verhandelt? Wie hat er sie überredet? „Er hat einen Preis gezahlt.“ Wem gab er ihn? Durch wen übergab er ihn? Woher nahm er das Geld und wieviel war es? Kommt man nicht durch diese Spuren in der Regel zum Urheber eines Verbrechens? Und zugleich solltest du dich besinnen, wie du das Leben meines Mandanten geschildert hast: er sei ein ungehobelter, bäurischer Mensch, habe nie mit irgendeinem Menschen gesprochen, sich nie in der Stadt aufgehalten. (75) Dabei übergehe ich das, was mein bestes Argument für seine Unschuld hätte sein können: daß bei einem schlichten Charakter und dürftiger

Lebensweise, bei einem so harten und einfachen Leben ein derartiges Verbrechen kaum jemals vorkommt. Wie du nicht jede Frucht und jeden Baum auf jedem Boden finden kannst, so entsteht nicht jede böse Tat unter allen Lebensumständen. In der großen Stadt entsteht die Vergnügungssucht, aus der Vergnügungssucht muß notwendigerweise die Habgier erwachsen, aus der Habgier bricht die Bedenkenlosigkeit hervor, und daraus entstehen dann alle Verbrechen und bösen Taten. Das bäuerliche Leben aber, das *du* bäurisch nennst, lehrt Sparsamkeit, Gewissenhaftigkeit und Gerechtigkeit.

28. (76) Schön, das alles sei dahingestellt. Ich frage dich nur: dieser Mensch, der, wie du selber sagst, niemals unter Menschen ging – durch wen hat der eine so schreckliche Tat so in aller Heimlichkeit, noch dazu, ohne am Ort zu sein, ausführen können? Vieles ist falsch, Geschworene, was dennoch Verdacht erwecken und so vorgebracht werden kann; aber wenn sich im folgenden ein Verdachtsmoment findet, will ich zugeben, daß eine Schuld vorliegt. Sextus Roscius wurde in Rom ermordet, während sein Sohn auf dem Lande bei Ameria war. Wahrscheinlich hat der irgendeinem käuflichen Mörder einen Brief geschrieben, er, der in Rom keinen Menschen kannte. „Er hat sich jemanden kommen lassen." Wen oder wann? „Er hat einen Boten geschickt." Wen oder zu wem? „Durch Geld, Einfluß, Hoffnung, Versprechungen gewann er jemanden." Nichts von alledem kann auch bloß zusammengereimt werden – und dennoch wird eine Anklage wegen Vatermord erhoben.

(77) Bleibt nur noch, daß er die Tat durch Sklaven begehen ließ. Unsterbliche Götter! Was für eine unglückselig jammervolle Verstrickung, daß unter dieser Beschuldigung Sextus Roscius gerade das nicht tun kann, was sonst oft die Rettung des Unschuldigen ist: seine Sklaven zum Verhör auf der Folter anbieten. Ihr, die ihr ihn anklagt, habt alle seine Sklaven; nicht einmal ein einziger Sklave zur täglichen Bedienung ist ihm von seinem so zahlreichen Gesinde gelassen worden. Jetzt rufe ich dich auf, Publius Scipio, und dich, Marcus Metellus: Mit eurer Hilfe, durch eure Vermittlung hat Sextus Roscius mehrmals zwei der Sklaven seines Vaters von den Gegnern zur gerichtli-

chen Befragung herausverlangt. Entsinnt ihr euch, daß Titus Roscius das verweigert hat? Was denn? Wo sind diese Sklaven? Sie begleiten den Chrysogonus, Geschworene, ihm sind sie wert und teuer. Auch jetzt noch fordere ich, bittet und beschwört mein Mandant, daß sie befragt werden dürfen. (78) Was tut ihr? Weshalb weigert ihr euch? Jetzt zweifelt noch, Geschworene, wenn ihr könnt, von wem Sextus Roscius ermordet worden ist – von dem, der durch seinen Tod in Armut und Lebensgefahr geraten ist, dem nicht einmal die Möglichkeit gegeben wird, im Hinblick auf den Tod seines Vaters ein Verhör durchführen zu lassen, oder von denen, die dieser Befragung immer wieder ausweichen, die sein Vermögen in Besitz haben, die in Mord und von Mord leben. Alles an diesem Prozeß ist traurig und schändlich, Geschworene, aber man kann doch nichts anführen, was bitterer und unbilliger wäre als dies: es wird dem Sohn nicht erlaubt, die Sklaven seines Vaters über den Tod seines Vaters verhören zu lassen. Soll er nicht wenigstens so lange Herr über seine Leute sein, bis er sie über den Tod seines Vaters verhört hat? Ich werde in wenigen Augenblicken darauf zurückkommen, denn das alles geht die Roscier an, über deren Unverschämtheit ich zu reden versprochen habe, sobald ich die Anschuldigungen des Erucius entkräftet habe.

29. (79) Jetzt komme ich zu dir, Erucius. Wir müssen uns darüber einig werden, daß mein Mandant, falls er mit diesem Verbrechen etwas zu tun hat, es dann entweder selbst mit eigener Hand ausgeführt hat – was du verneinst – oder durch irgendwelche Freien oder Sklaven. Durch Freie? Da kannst du weder beweisen, wie er mit ihnen zusammentreffen, noch auf welche Weise er sie anstiften konnte, noch wo, noch durch wen, noch mit welcher Hoffnung oder welchem Preis. Ich dagegen beweise, daß Sextus Roscius nicht nur nichts von alledem getan hat, sondern es nicht einmal hätte tun können, weil er viele Jahre nicht in Rom war noch überhaupt je ohne guten Grund sich von den Landgütern entfernte.

Es schien dir noch das Wort „Sklaven“ zu bleiben, auf das du dich, sozusagen in den Hafen zurückgeworfen, von den übrigen Verdächtigungen zurückziehen konntest. Dabei läufst du nun auf einen Felsen, von dem du nicht nur deine Anschuldigungen abprallen siehst, sondern merkst, daß jeder Verdacht auf euch zurückfällt.

(80) Wohin also konnte sich der Ankläger aus dem Mangel an Argumenten noch flüchten? „Es war eine Zeit", sagt er, „wo überall Menschen straflos umgebracht wurden; deshalb konntest auch du das bei der großen Zahl der Banditen ohne Mühe tun." Bisweilen kommt es mir vor, Erucius, als wolltest du zwei Dinge für ein Honorar erledigen: uns willst du mit der Anklage anschwärzen, deine Geldgeber aber wirklich anklagen. Was sagst du? Menschen wurden in Menge umgebracht? Wer steckte dahinter, und wer führte es aus? Denkst du nicht daran, daß du von Sektoren, gewerbsmäßigen Aufkäufern der Güter Proskribierter, hierhergestellt worden bist?

Was das soll? Wissen wir nicht, daß in dieser Zeit meistens die gleichen Leute die Güter und ihre Eigentümer schlachteten? (81) So weit kommt es noch, daß Menschen, die damals Tag und Nacht bewaffnet umherliefen, die dauernd in Rom waren, die jederzeit in Blut und Beute wühlten, ausgerechnet dem Sextus Roscius das Elend und die Ungunst jener Zeit vorwerfen und glauben, ihm die große Zahl der Banditen, unter denen sie selbst zu den hervorragendsten Rädelsführern gehörten, zum Vorwurf machen zu können, ihm, der nicht nur gar nicht in Rom war, sondern überhaupt nicht wußte, was in Rom vor sich ging, weil er immer auf dem Lande lebte, wie du ja selber zugibst.

(82) Ich fürchte, Geschworene, euch lästigzufallen oder den Eindruck zu erwecken, daß ich eure Fähigkeiten unterschätze, wenn ich über so durchsichtige Machenschaften noch länger rede. Die gesamte Anklage des Erucius ist, denke ich, widerlegt; wenn ihr nicht vielleicht erwartet, daß ich auch noch das widerlege, was er von Unterschlagungen und derartigen Hirngespinsten, von denen bis auf den heutigen Tag noch keiner je gehört hatte, gegen uns vorbrachte. Mir kam es vor, als trüge er da einen Abschnitt aus einer anderen Rede vor, die er gegen einen anderen Angeklagten einstudiert hätte, so vollkommen ging das an der Anklage des Vatermordes und an der Person des Angeklagten vorbei. Da er das aber nur mit einem Worte

erwähnt hat, genügt es auch, es mit einem Worte abzuweisen. Wenn er noch etwas für die Zeugenbefragung aufgehoben hat, so wird er uns auch da, wie in dem ganzen Verfahren, besser vorbereitet finden, als er glaubte.

30. (83) Ich komme jetzt zu einem Thema, zu dem mich nicht mein Wunsch, sondern die Pflicht treibt. Denn wenn ich überhaupt Lust hätte, den Ankläger zu machen, so würde ich lieber andere anklagen, an deren Bedeutung mein Ansehen wüchse – aber ich werde das sicher nicht tun, solange mir sonst noch eine Möglichkeit offensteht. Denn der scheint mir der Bedeutendste, der durch eigene Tüchtigkeit nach oben kommt, nicht wer durch den Nachteil und das Unglück eines anderen aufsteigt. Hören wir endlich auf, das Leere zu durchstöbern, suchen wir das Verbrechen da, wo es ist und gefunden werden kann. Du wirst schon sehen, Erucius, durch wie viele Verdachtsmomente eine begründete Anklage untermauert wird, auch wenn ich nicht alles sage und jeden einzelnen Punkt nur leicht berühre. Ja ich würde nicht einmal das tun, wenn es nicht unumgänglich wäre, und zum Zeichen, daß es ungern geschieht, werde ich die Sache nicht weiter verfolgen, als es zur Rettung meines Mandanten und zur Erfüllung meiner Pflicht erforderlich ist.

(84) Du hast kein Motiv bei Sextus Roscius gefunden, aber ich finde eines bei Titus Roscius Magnus. Denn mit dir habe ich jetzt zu tun, Titus Roscius, der du dort auf der Anklägerseite sitzt und dich offen zur Partei unserer Gegner bekennst. Um Capito werde ich mich nachher kümmern, wenn er als Zeuge auftritt – dazu soll er ja, wie ich höre, bereit sein; dann wird er auch noch von einigen seiner Heldentaten hören, von denen er bisher nicht einmal vermutet, daß ich sie kenne. Der bekannte Lucius Cassius, den das römische Volk für einen besonders wahrheitsliebenden und weisen Richter hielt, pflegte immer wieder in den Prozessen zu fragen: „Wem hat die Tat genützt?“ Denn so ist das Leben: keiner versucht ein Verbrechen ohne Hoffnung auf Gewinn. (85) Wem dabei Gefahr drohte, der fürchtete ihn als Untersuchungsrichter in Kriminalsachen, denn wenn er auch ein Freund der Wahrheit war, so neigte er doch anscheinend von Natur aus weniger zum Mit-

leid als zur Strenge. Was mich angeht – wenn auch in dieser Verhandlung ein Mann den Vorsitz führt, der sehr energisch gegen die Unverschämten und durchaus milde gegen die Unschuldigen ist –, so würde ich doch auch nichts dagegen haben, vor dem so strengen Richter selbst oder vor Richtern der Cassianischen Schule, deren bloßen Namen jetzt noch alle Angeklagten fürchten, für Sextus Roscius zu sprechen.

31. (86) Wenn sie nämlich in diesem Falle sähen, daß die Gegner im Gelde schwimmen, dieser aber an den Bettelstab gebracht ist, dann würden sie gar nicht erst fragen, wem die Tat genützt hat, sondern, da das auf der Hand liegt, Beschuldigung und Verdacht eher an die Beute als an die Armut knüpfen. Und was ist, wenn noch dazu kommt, daß du vorher in ärmlichen Verhältnissen lebtest? Wenn du habgierig, wenn du bedenkenlos, wenn du der Todfeind des Ermordeten warst? Muß man da nach einem Grund suchen, der dich zu so einer Untat bewogen haben könnte?

Was also kannst du davon abstreiten? Die Armut dieses Menschen ist von einer Art, die sich nicht verhehlen läßt und um so mehr hervorleuchtet, je mehr man sie zu verbergen trachtet. (87) Die Habgier zeigst du deutlich, da du mit einem wildfremden Menschen einen Bund geschlossen hast, um das Vermögen deines Mitbürgers und Verwandten zu erlangen. Wie bedenkenlos du bist, das haben alle hier erkennen können, weil du aus dieser ganzen Gesellschaft, das heißt unter lauter Banditen, dich als einziger hast bereit finden lassen, hier bei den Anklägern zu sitzen und dein Gesicht nicht bloß zu zeigen, sondern geradezu damit zu paradieren. Von allem anderen will ich absehen. Daß du mit Sextus Roscius verfeindet warst und große Geldstreitigkeiten mit ihm hattest, mußt du notgedrungen zugeben. (88) Bleibt nur, Geschworene, daß wir darüber nachdenken, wer wohl eher Sextus Roscius ermordet hat – der, dem bei seinem Tode der Reichtum, oder der, dem der Bettelstab zufiel; der, dem es vorher ärmlich ging, oder der, der jetzt alles verloren hat; der, der vor Habgier glühend sich feindlich auf seine Verwandten stürzt, oder der, der immer so gelebt hat, daß er keinen schmutzigen Gewinn kannte und nur den Ertrag erntete, den seine eigene Arbeit erzeugt hatte; der, der der Unverschämteste aller Sektoren ist, oder der, der wegen seiner Unkenntnis des Forums und des Gerichts nicht nur die Richterbänke, sondern die Stadt Rom selbst mit Scheu betrachtet, und schließlich, Geschworene, was meiner Ansicht nach am gewichtigsten ist: der Feind oder der Sohn.

32. (89) Wenn du, Erucius, so viele und so bedeutende Verdachtsmomente gegen den Angeklagten gefunden hättest – wie lange hättest du geredet! Wie hättest du dich gespreizt! Beim Herkules, die Zeit wäre dir eher ausgegangen als die Worte! Denn in jedem einzelnen Punkte ist so viel Material, daß du damit jeweils einen Tag hättest hinbringen können. Und ich könnte das auch. Denn so gering schätze ich mich nicht ein – wenn ich mich auch nicht überschätze –, daß ich glaubte, du könntest wortreicher reden als ich. Denn ich zähle vielleicht wegen der Menge der guten Verteidiger nur zum großen Haufen – dich aber hat erst ein Gemetzel wie die Schlacht bei Cannae zu einem hinreichend guten Ankläger erhoben. Nur: diese Scharen fielen nicht beim Trasimenischen See, ihre Köpfe wurden am Servilischen See aufgestellt.

(90) ‚Wer ward dort nicht vom Phrygerschwert verwundet?' Es tut nicht not, alle aufzuzählen: Curtius, Marius und schließlich alle die, die schon ihr Alter von den Kämpfen abgerufen hatte; endlich ‚Priamus selber, den Greis': Antistius, dem nicht nur sein Alter, sondern auch die Gesetze das Anklagen verboten. Und außerdem diejenigen, die zu unbedeutend sind, um sie mit Namen zu nennen. Es gab unzählige, die wegen Raub und Giftmord anklagten – und von mir aus könnten sie gern alle noch leben. Es ist ja nichts Schlechtes, wenn es recht viele Hunde gibt, wo viele Menschen zu beobachten sind und viel zu bewachen ist. (91) Aber, wie es so geht, die Kriegssituation und die Unruhen haben oft Auswirkungen, von denen die Feldherrn nichts ahnen: während der Mann, der die Geschicke des Staates lenkte, mit anderen Dingen beschäftigt war, gab es derweilen Leute, die ihre eigenen Verlegenheiten zu beheben suchten; als ob der Staat in ewige Nacht getaucht sei, tobten sie im Schutze der Dunkelheit darauf los und versetzten alles in Verwirrung. Ich wundere mich nur, daß überhaupt noch eine

Spur vom Tagungsort der Gerichte geblieben ist, daß nicht auch die Geschworenenbänke verbrannt sind – denn Ankläger so gut wie Richter schafften sie beiseite. Es hat nur das eine Gute, daß sie sich so aufführten, daß sie nicht auch alle Zeugen, so gern sie gewollt hätten, töten konnten. Denn solange das Menschengeschlecht besteht, wird sich auch ein Ankläger gegen sie finden; solange der Staat steht, wird Gericht gehalten werden. Aber, wie ich schon sagte, Erucius hätte beliebig lange reden können, wenn ihm in seiner Sache das zur Verfügung gestanden hätte, was ich erwähnt habe, und ich könnte das auch, Geschworene. Aber ich beabsichtige, wie vorhin gesagt, die Einzelheiten kurz zu behandeln und bloß zu berühren, damit jeder erkennt, daß ich nicht aus Neigung anklage, sondern nur meiner Pflicht entsprechend verteidige.

33. (92) Ich sehe also, daß es sehr viele Motive gibt, die den da zu der Tat veranlassen konnten. Sehen wir nun zu, ob er auch die Möglichkeit hatte, sie zu begehen. Wo ist Sextus Roscius ermordet worden? – „In Rom." – Ach? Und du, Titus Roscius, wo warst du damals? – „In Rom. Und wennschon! Da waren auch viele andere." – Als ob es jetzt darum ginge, wer von all diesen Menschen ihn ermordet hat, und nicht danach gefragt würde, ob es wahrscheinlicher ist, daß ein in Rom Getöteter von dem ermordet wurde, der zu der Zeit in Rom wohnte, oder von dem, der viele Jahre überhaupt keinen Fuß nach Rom hineingesetzt hatte. (93) Also weiter. Betrachten wir auch die übrigen Möglichkeiten. Es gab damals eine Menge Banditen, wie Erucius uns ins Gedächtnis gerufen hat, und Menschen wurden ungestraft umgebracht. Nun? Wie setzte sich diese Menge zusammen? Meiner Meinung nach aus denen, die sich mit dem Hab und Gut der Proskribierten befaßten, oder aus denen, die von diesen Leuten gemietet wurden, um jemanden zu beseitigen. Wenn du die meinst, die nach fremdem Eigentum griffen – du gehörst zu denen, die durch unser Geld reich geworden sind; wenn aber diejenigen, die man mit einem etwas leichtfertigen Ausdruck „Messerhelden" nennt – dann frag dich doch einmal, in wessen Lohn und Brot sie stehen. Glaub mir, du findest einen von deiner Gesellschaft dabei! Und wenn du sonst noch etwas dazu sagen willst – miß

es nur an dem, was ich dir erwidern werde; auf die Weise kann man die Sache des Sextus Roscius am leichtesten mit der deinen vergleichen.

(94) Du wirst sagen: „Was weiter, wenn ich in Rom gelebt habe?" Ich werde antworten: „Aber ich war überhaupt nicht in Rom!" – „Ich gebe zu, daß ich ein Sektor war; aber es gab noch viele andere!" – „Aber ich war, wie du selbst erklärst, ein einfacher Bauer." – „Wenn ich mit Banditen verkehrt habe, muß ich deshalb nicht unbedingt selbst einer sein." – „Aber mich, der ich noch nicht einmal einen Banditen kenne, trifft eine solche Beschuldigung schon ganz und gar nicht."

Ich könnte noch vielerlei vorbringen, woraus man sähe, daß du die beste Möglichkeit hattest, das Verbrechen zu begehen. Das übergehe ich nicht nur deshalb, weil ich selbst *dich* nicht gern anklage, sondern vielmehr deshalb, weil ich fürchte, es könnten noch andere meine Rede auf sich beziehen, wenn ich die Morde ins Gedächtnis rufe, die damals in genau der gleichen Weise wie der Mord an Sextus Roscius ausgeführt wurden.

34. (95) Sehen wir jetzt, ebenfalls in aller Kürze, was du, Titus Roscius, *nach* dem Tode des Sextus Roscius getan hast. Das ist so klar und offenkundig, Geschworene, daß ich es wahrhaftigen Gotts nur ungern sage. Ich fürchte nämlich, was für ein Mensch du auch bist, Titus Roscius, daß es aussehen wird, als ob ich meinen Mandanten retten will, ohne auf deine Sicherheit die geringste Rücksicht zu nehmen. Da ich das fürchte und dich doch, soweit es meine Pflicht als Verteidiger gestattet, schonen möchte – nein! Ich ändere meine Absicht. Ich muß nämlich an deine freche Stirn denken. Hast du nicht, während deine übrigen Spießgesellen sich verdrückten und versteckten, damit es aussähe, als würde hier nicht über ihre Beute, sondern über ein Verbrechen meines Mandanten verhandelt, hast du dich da nicht ausgerechnet nach dieser Rolle gedrängt, in der Verhandlung dabeizusein und beim Ankläger zu sitzen? Damit wirst du weiter nichts erreichen, als daß alle Menschen deine Bedenkenlosigkeit und Unverschämtheit erkennen.

(96) Wer meldete den Tod des Sextus Roscius als erster in

Ameria? Mallius Glaucia, den ich schon vorhin genannt habe, dein Klient und Vertrauter. Wie kam denn ausgerechnet er dazu, eine Nachricht zu überbringen, die dich am allerwenigsten angehen konnte, wenn du nicht schon vorher an einem Anschlag auf sein Leben und sein Vermögen beteiligt warst und mit niemandem eine verbrecherische Gesellschaft im Hinblick auf die Beute gegründet hattest? „Mallius überbrachte die Nachricht von sich aus." – Was, bitte, hatte er davon? Oder wenn er nicht aus diesem Grunde nach Ameria gekommen war, war es Zufall, daß er das, was er in Rom gehört hatte, als erster meldete? Aus welchem Grunde war er dann nach Ameria gekommen? – „Ich bin kein Hellseher", sagt er. – Ich werde schon etwas beibringen, daß da kein Hellsehen mehr nötig ist. Weshalb er es dem Titus Roscius Capito zuerst gemeldet hat? Wo in Ameria das Haus des Sextus Roscius war, seine Frau, seine Kinder, wo er dort so viele Freunde und Verwandte hatte, mit denen er sich ausgezeichnet stand – weshalb hat da wohl dieser dein Klient, der Bote deines Verbrechens, es gerade dem Titus Roscius Capito gemeldet? (97) Ermordet wurde er auf dem Heimweg vom Abendessen. Der Morgen graute noch nicht, als man es in Ameria wußte. Was bedeutet diese unglaubliche Eile, diese übergroße Schnelligkeit?

Ich frage nicht, wer ihn erstochen hat. Du brauchst dich nicht zu fürchten, Glaucia. Ich schüttele dich nicht; wenn du zufällig einen Dolch bei dir gehabt hast, so will ich das nicht untersuchen – ich denke, das geht mich nichts an. Da ich herausfinde, wer den Mord geplant hat, kümmere ich mich nicht darum, wessen Hand den Stoß geführt hat. Nur das eine greife ich heraus, was dein Verbrechen, Titus, offenkundig und die ganze Sache völlig klar macht: Wo und von wem hat Glaucia es gehört? Wie hat er es so schnell erfahren? Laß es ihn selbst sofort gehört haben – was zwang ihn, in einer Nacht eine solche Strecke zurückzulegen? Was für eine Notwendigkeit saß ihm im Nacken, wenn er schon von sich aus die Fahrt nach Ameria machte, daß er zu so später Stunde von Rom aufbrach und die ganze Nacht nicht ruhte?

35. (98) Muß man noch nach Beweisen suchen oder Vermutungen äußern, wenn der Fall so klar liegt? Glaubt ihr nicht,

das, was ihr gehört habt, mit eigenen Augen zu sehen, Geschworene? Seht ihr nicht den Unglücklichen nichtsahnend vom Abendessen zurückkehren, den Mörder im Versteck, den plötzlichen Angriff? Ist nicht Glaucia vor euren Augen bei der blutigen Tat? Steht nicht Titus Roscius daneben? Setzt er nicht mit eigener Hand diesen Automedon auf den Wagen als Boten seines scheußlichen Verbrechens, seines gottverhaßten Sieges? Bittet er ihn nicht, die Nacht durchzuwachen, sich um seines Ruhmes willen alle Mühe zu geben, es Capito so schnell wie möglich zu melden? (99) Was war es denn, was Capito als erster wissen sollte? Ich weiß es nicht – nur das sehe ich, daß Capito ein Teilhaber am Besitz von Roscius' Vermögen ist; von dreizehn Gütern besitzt er, wie ich sehe, die drei schönsten. (100) Ich höre übrigens diesen Verdacht nicht heute zum erstenmal gegen Capito äußern. Viele derartige Ruhmeskränze habe dieser Ehrlose sich schon verdient, dies sei freilich die erste Schleife, die ihm in Rom zuerkannt werde; es gebe keine Art, einen Menschen zu töten, die er nicht schon viele Male angewandt habe, mit Gift und Dolch habe er viele Menschen umgebracht; ich kann sogar einen anführen, den er gegen die Sitte unserer Vorfahren von der Tiberbrücke gestürzt hat (und das, obwohl er noch nicht sechzig Jahre alt war) – das alles wird er zu hören bekommen, wenn er als Zeuge auftritt, oder vielmehr, sobald er auftritt; ich weiß nämlich, daß er das will. (101) Er soll nur kommen und seinen Text entrollen, den ihm Erucius, wie ich zeigen werde, verfaßt hat; er soll Sextus Roscius drohend angekündigt haben, daß er alles, was darin stehe, als Zeuge aussagen werde. Ein prächtiger Zeuge, Geschworene! Welche Würde, ganz wie man sie erwarten muß! Dies rechtschaffene Leben, ganz so, daß ihr mit Vergnügen eure Geschworenenpflicht seiner Aussage anpassen werdet!

Wahrhaftig, wir könnten die Untaten dieser Leute nicht so deutlich erkennen, wenn ihre Ungeduld, Habgier und Unverschämtheit sie nicht so verblendet hätte:

36. (102) Der eine schickt unmittelbar vom Tatort einen fliegenden Boten nach Ameria zu seinem Spießgesellen und Helfershelfer, um nur selbst – und wenn alle anderen verheimlichen wollten, daß sie wissen, wer bei der Tat die Hand im

Spiele hatte –, selbst sein Verbrechen offen vor aller Augen auszustellen. Der andere wird sogar, wenn die unsterblichen Götter es zulassen, Zeugnis gegen Sextus Roscius ablegen, gerade als ob es jetzt darum ginge, ob man glauben kann, was er sagt, und nicht darum, ob man bestrafen muß, was er tut, wenn er überhaupt aussagt! Denn in dieser Hinsicht herrscht von Väter Zeiten an bei uns der Grundsatz, daß auch der angesehenste Mann selbst in der geringfügigsten Angelegenheit nicht in eigener Sache als Zeuge auftreten darf. (103) Africanus etwa, aus dessen Beinamen hervorgeht, daß er den dritten Erdteil erobert hat, hätte trotzdem in eigener Sache nicht ausgesagt – denn von einem solchen Manne wage ich nicht zu behaupten, man würde ihm nicht geglaubt haben, wenn er es getan hätte. Nun seht, wie sich alles verkehrt und zum Schlechten gewendet hat! Wenn über ein Vermögen und einen Mord verhandelt wird, will einer als Zeuge auftreten, der ein Sektor und ein Bandit ist, das heißt derjenige, der ebendie Güter, um die es geht, gekauft hat und besitzt und der den Mann, dessen Tod untersucht wird, hat morden lassen.

(104) Nun, und du, Titus Roscius, du Ehrenmann, hast du dazu etwas zu sagen? Höre nur gut zu; paß auf, daß du dich nicht selbst im Stiche läßt, es geht um deine ureigenste Sache! Du hast schon viele Verbrechen, viele Übergriffe, viele Nichtswürdigkeiten verübt – aber *eine* Riesendummheit, und die wahrhaftig aus eigenem Antrieb, nicht auf Anraten des Erucius: es war nicht nötig, daß du hier sitzt – niemand hat nämlich Verwendung für einen stummen Ankläger oder für einen Zeugen, der sich von der Bank des Anklägers erhebt. Dazu kommt, daß sonst eure Ungeduld doch etwas besser verborgen wäre. Was gibt es denn jetzt, was jemand noch von euch zu hören wünschen könnte, da ihr so handelt, daß ihr geradezu in unserem Interesse und gegen das eure zu verfahren scheint?

37. (105) Also gut, sehen wir nun, Geschworene, was sogleich darauf folgte. In Volaterra, im Lager des Lucius Sulla, wurde der Tod des älteren Roscius vier Tage nach dem Mord dem Chrysogonus gemeldet. Es fragt sich auch jetzt wieder, wer hat diese Botschaft geschickt? Offenbar derselbe, der nach Ameria schickte, nicht wahr? Chrysogonus sorgte dafür, daß

seine gesamte Habe sogleich versteigert wurde – und er kannte weder den Mann noch sein Vermögen. Aber wie kam es ihm denn in den Sinn, die Landgüter eines Unbekannten haben zu wollen, den er nie im Leben gesehen hatte?

Wenn ihr so etwas hört, Geschworene, sagt ihr gewöhnlich sofort: „Darauf muß ihn irgendein Mitbürger oder Nachbar gebracht haben; die zeigen meistens die Leute an, die machen in vielen Fällen den Angeber."

(106) Hier braucht ihr nichts auf einen Verdacht hin anzunehmen. Ich werde nämlich nicht folgendermaßen argumentieren: „Es ist wahrscheinlich, daß die beiden Roscier diese Sache dem Chrysogonus hinterbracht haben. Sie standen mit ihm nämlich schon vorher in Verbindung. Denn obwohl die Roscier von ihren Vorfahren her viele alte Gönner und Gastfreunde hatten, hörten sie auf, denen allen Ehrerbietung zu erweisen und mit ihnen zu verkehren, und begaben sich unter den Schutz und in die Klientel des Chrysogonus." (107) Das könnte ich alles wahrheitsgemäß sagen, aber in diesem Falle braucht es keine Vermutungen. Ich bin sicher, daß sie selbst nicht leugnen werden, daß Chrysogonus auf ihr Betreiben Hand an das Vermögen gelegt hat. Wenn ihr den mit Augen seht, der den Anteil, welcher dem Angeber zusteht, bekommen hat, könnt ihr da zweifeln, Geschworene, wer der Angeber war? Wer sind also die, denen Chrysogonus einen Anteil an diesem Vermögen gegeben hat? Die beiden Roscier. Sonst vielleicht noch jemand? Niemand, Geschworene. Besteht also ein Zweifel daran, daß diejenigen dem Chrysogonus die Beute verschafft haben müssen, die von ihm einen Anteil an der Beute empfangen haben?

(108) Nun gut – betrachten wir die Handlungsweise der beiden Roscier nach dem eigenen Urteil des Chrysogonus. Wenn die Roscier bei diesem gewaltsamen Todesfall nichts getan hatten, was der Mühe wert war – weshalb wurden sie von Chrysogonus so hoch belohnt? Wenn sie weiter nichts getan haben, als ihm die Sache zu hinterbringen – hätte es da nicht genügt, ihnen zu danken, ihnen schließlich, wenn er ganz großzügig sein wollte, ein kleines Honorar zu zahlen? Weshalb werden drei so wertvolle Güter gleich dem Capito überge-

ben? Weshalb besitzt der Titus Roscius hier alles übrige in Gütergemeinschaft mit Chrysogonus? Ist es nicht sonnenklar, Geschworene, daß Chrysogonus den Rosciern diesen Anteil an der Beute gab, weil er ihr Mitwisser ist?

38. (109) Unter den ersten zehn Bürgern kommt Capito als Abgesandter ins Lager Sullas. Das ganze Leben, die Natur und den Charakter dieses Menschen beurteilt nach dem Verlauf dieser Gesandtschaft, Geschworene! Wenn ihr nicht erkennt, daß keine Pflicht, kein Recht so heilig und unverletzlich sind, daß er sie nicht verbrecherisch und treulos verletzt und beschnitten hätte – dann haltet ihn immer für einen Ehrenmann!

(110) *Er* verhindert, daß Sulla von der Angelegenheit erfährt, er hinterbringt Chrysogonus die Pläne und Absichten der übrigen Gesandten, er legt ihm nahe, dafür zu sorgen, daß die Sache nicht öffentlich verhandelt wird. Er stellt ihm vor Augen, daß ihm viel Geld verlorenginge, wenn die Versteigerung rückgängig gemacht werde, er selber aber um seinen Kopf fürchten müsse. Er schärft ihm ein, seine Mitgesandten zu hintergehen, er ersucht Chrysogonus immer wieder, sich in acht zu nehmen; den Mitbürgern spiegelt er falsche Hoffnungen vor, mit Chrysogonus aber schmiedet er Pläne gegen sie. Er hinterbringt ihm ihre Pläne, macht mit ihm aus, was sein Anteil sein soll, und unter Ausnutzung einiger Verzögerungen verschließt er ihnen jeden Zugang zu Sulla. Schließlich treten die Gesandten auf seine Reden, sein Wort, seine Bürgschaft hin überhaupt nicht an Sulla heran; getäuscht durch ihr Vertrauen zu seiner Redlichkeit, oder vielmehr durch seine Unredlichkeit – das könnt ihr von ihnen selber erfahren, wenn der Ankläger sie zur Zeugenaussage auffordern sollte –, brachten sie statt einer bestimmten Antwort eine falsche Hoffnung nach Hause.

(111) Wenn jemand im Privatleben einen Auftrag – ich sage nicht zu eigenem Gewinn und Nutzen – böswillig schlecht ausgeführt, sondern nur zu nachlässig betrieben hatte, so waren unsere Vorfahren der Ansicht, er habe sich mit Schimpf und Schande bedeckt. Daher gibt es eine Geschäftsführungsklage, und die Verurteilung ist nicht weniger entehrend als bei

einem Diebstahl. Meiner Ansicht nach deshalb, weil in den Geschäften, die wir nicht persönlich wahrnehmen können, an die Stelle unserer eigenen Tätigkeit die redliche Bemühung unserer Freunde stellvertretend eintritt. Wer das gegenseitige Vertrauen verletzt, greift eine allen Bürgern gemeinsame Schutzwehr an und stört das gesellschaftliche Leben, soweit es in seinen Kräften steht. Wir können nämlich nicht alles selbst tun, einer ist hier und der andere da besonders nützlich. Dafür schließt man ja Freundschaften, damit der gemeinsame Nutzen durch gegenseitige Dienstleistungen befördert wird. (112) Warum nimmst du einen Auftrag an, wenn du ihn vernachlässigen oder zu deinem Vorteil ausführen willst? Warum bietest du dich mir erst an und behinderst dann meinen Vorteil mit vorgetäuschter Dienstfertigkeit auf jede Art? Geh weg, ich werde meine Geschäfte durch einen anderen führen lassen. Du übernimmst die Last einer Verpflichtung, der du dich gewachsen fühlst, und wer nicht selber leichtfertig ist, dem erscheint das auch nicht zu schwer. 39. Darum ist es ein schändliches Vergehen, diese beiden heiligsten Güter, Freundschaft und gegenseitiges Vertrauen, zu verletzen, denn man gibt doch eigentlich nur einem Freunde einen Auftrag zur unentgeltlichen Geschäftsführung und vertraut nur dem, den man für vertrauenswürdig hält. Es ist also ein Zeichen für einen ganz üblen Charakter, die Freundschaft zu brechen und jemanden zu täuschen, der keinen Schaden erlitten haben würde, wenn er nicht vertraut hätte. (113) Ist es nicht so? Wer in Kleinigkeiten einen Auftrag zur unentgeltlichen Geschäftsführung vernachlässigt hat, wird unbedingt zu einer entehrenden Strafe verurteilt, und dieser Mann, der in einer so schwerwiegenden Angelegenheit, als ihm der Ruf eines Toten, das Vermögen eines Lebenden auf Treu und Glauben anvertraut war, den Toten mit Schande bedeckt, den Lebenden in Armut gestürzt hat – der wird noch weiter unter die ehrenwerten Bürger, ja auch nur unter die Lebenden gezählt? In den geringfügigsten Privatangelegenheiten wird bloße Nachlässigkeit mit einer Geschäftsführungsklage zur Rechenschaft gezogen und gegebenenfalls mit Ehrverlust bestraft. Denn wenn es mit rechten Dingen zugeht, braucht der Auftraggeber sich nicht weiter um die Sache zu kümmern, der Beauftragte aber darf nicht nachlässig sein. In einer so bedeutenden Angelegenheit aber, die im öffentlichen Auftrag geführt und übernommen wurde, welche Strafe erwartet da denjenigen, der nicht aus Nachlässigkeit den Vorteil einer Privatperson schädigte, sondern durch seine Hinterlist die Heiligkeit einer Gesandtschaft befleckte und schändete? Und von welchem Gericht wird der verurteilt?

(114) Wenn Sextus Roscius ihm als Privatperson aufgetragen hätte, mit Chrysogonus zu verhandeln und ein Abkommen zu treffen und sich, wenn er es für nötig ansähe, für die Erfüllung zu verbürgen, und jener den Auftrag angenommen hätte, würde er da nicht, wenn er bei diesem Geschäft eine Kleinigkeit für sich beiseite gebracht hätte, vom Schiedsmann verurteilt worden sein, alles zurückzugeben, und wäre außerdem mit Ehrverlust bestraft worden?

(115) Jetzt hat ihm das nicht Sextus Roscius aufgetragen, sondern, was viel schwerwiegender ist, Sextus Roscius selbst, sein guter Ruf, sein Leben, sein gesamtes Vermögen ist Titus Roscius Capito von den Dekurionen von Amts wegen anvertraut worden, und bei der Gelegenheit hat er nicht ein unbedeutendes bißchen in seine Tasche gewirtschaftet, sondern er hat ihn völlig aus seiner Habe vertrieben, sich selbst drei Güter beiseite geschafft und sich um den Willen der Dekurionen und aller seiner Mitbürger genauso viel oder wenig geschert wie um seine Treuepflicht.

40. (116) Seht nun weiter das übrige, Geschworene, damit ihr erkennt, daß sich keine Übeltat denken läßt, mit der er sich nicht befleckt hätte.

In Kleinigkeiten einen Geschäftspartner zu betrügen ist eine große Schande, ebenso schlimm wie das, wovon ich eben gesprochen habe. Und das nicht mit Unrecht, weil doch derjenige, der mit einem anderen Gütergemeinschaft eingeht, glaubt, eine Hilfe für sich gewonnen zu haben. Zu wessen Treue soll er daher seine Zuflucht nehmen, wenn er durch die Treulosigkeit dessen, dem er sich anvertraut hat, Schaden erlitten hat? Außerdem muß man gerade die Vergehen am härtesten bestrafen, vor denen man sich am schwersten vorsehen kann: Gegen Außenstehende kann man sich schützen, die engsten Freunde müssen vieles offener sehen – wer kann sich vor dem eigenen Geschäftspartner in acht nehmen? Denn schon dadurch, daß man ihm mißtraut, würde man die Normen des richtigen Geschäftsgebarens verletzen. Mit Recht waren deshalb unsere Vorfahren der Ansicht, daß jemand, der seinen Gesellschafter betrogen hatte, nicht mehr zu den ehrenwerten Bürgern gehören könne. (117) Aber Titus Roscius Capito hat ja nicht einen einzelnen Geschäftspartner betrogen – so etwas ist zwar bedenklich, aber man kann es doch noch irgendwie ertragen –, sondern er hat neun hochachtbare Männer, die mit ihm zu einer Aufgabe, einer Pflicht, einem Auftrag vereint waren, angeführt, betört, hintergangen, ihren Gegnern ausgeliefert; er hat sie betrügerisch und hinterlistig getäuscht; sie konnten von seiner Gemeinheit nichts ahnen, sie durften dem Teilnehmer an der gleichen Gesandtschaft gar nicht mißtrauen; seine Bosheit erkannten sie nicht, und seinen leeren Reden schenkten sie Glauben. Daher stehen jetzt diese ehrenwerten Männer durch seine Ränke in dem Ruf, nicht vorsichtig und klug genug gehandelt zu haben, und er, der von Anfang an ein Verräter, dann ein Überläufer war, der zuerst die Pläne seiner Bundesgenossen den Gegnern verriet und dann mit diesen selben Gegnern ein Bündnis schloß – der setzt jetzt auch noch uns unter Druck und droht uns – bereichert um drei Landgüter, das ist der Lohn für seine Schandtaten!

Bei einer derartigen Lebensweise, Geschworene, bei so vielen derart niederträchtigen Handlungen werdet ihr auch das Verbrechen, über das hier verhandelt wird, finden. (118) Ihr müßt die Frage nämlich folgendermaßen stellen: Wo ihr seht, daß aus Habsucht mit Unverschämtheit vieles Schändliche und Betrügerische begangen worden ist, da nehmt ruhig an, daß sich auch ein Verbrechen unter so vielen Lastern verbirgt. Übrigens kann man kaum von „sich verbergen“ reden, wenn etwas so offen am Tage liegt, daß man nicht aus den Schlechtigkeiten, die bekanntermaßen auf sein Konto kommen, auf diese Tat schließt, sondern daß er durch sie auch der Schlechtigkeiten überführt wird, wenn da an der einen oder anderen noch Zweifel bestünden. Was denn noch, ich bitte euch, Geschworene!

Sieht es etwa so aus, als ob dieser alte Fechtmeister aus der Gladiatorenschule das Schwert ganz aus der Hand gelegt hätte oder als ob dieser sein Schüler seinem Meister auch nur etwas in der Kunst nachstünde? Die Habgier ist die gleiche, die Schlechtigkeit ganz ähnlich, an Schamlosigkeit nehmen sie sich nichts, und an Unverschämtheit sind sie wie Zwillinge.

41. (119) Lernt nämlich jetzt, da ihr die Vertrauenswürdigkeit des Meisters kennengelernt habt, die Rechtlichkeit des Schülers Magnus kennen! Ich habe vorhin schon gesagt, daß mehrmals von ihnen beiden die Herausgabe zweier Sklaven zur gerichtlichen Befragung gefordert wurde. Du, Titus Roscius, hast das immer abgelehnt. Ich frage dich: waren diejenigen, die die Forderung stellten, nicht wert, daß man sie ihnen bewilligte, oder hat dich der nicht gerührt, für den sie die Forderung stellten, oder kam dir die Sache unbillig vor? Die Fordernden waren die edelsten und unbescholtensten Männer unseres Staates – ich habe sie bereits genannt. Sie haben ein solches Leben geführt und werden vom römischen Volk so eingeschätzt, daß niemand ein Wort von ihnen für unbillig halten würde. Sie stellten die Forderung aber für einen erbarmungswürdigen und tief unglücklichen Menschen, der schon bereit gewesen wäre, sich selber zur Folterung auszuliefern, wenn nur der Tod seines Vaters gerichtlich untersucht worden wäre. (120) Auf der anderen Seite aber war die Forderung von der Art, daß es auf dasselbe herauskam, ob du sie ablehntest oder das Verbrechen gleich gestandest. Da sich das so verhält, frage ich dich, weshalb du dich geweigert hast. Als Sextus Roscius ermordet wurde, waren sie am Tatort. Die Sklaven selbst will ich, was an mir liegt, weder beschuldigen noch entschuldigen. Die Tatsache aber, daß ihr euch sträubt, sie zur Befragung unter der Folter auszuliefern, ist verdächtig. Weil sie aber bei euch in so großen Ehren stehen, ist es schlechterdings notwendig, daß sie etwas wissen, was euch ins Verderben brächte, wenn sie es aussagten.

„Gegen den Herrn die Sklaven zu befragen ist unbillig." – Aber das geschieht ja gar nicht. Sextus Roscius ist doch der Angeklagte. Wenn man sie über ihn befragt, so ist das nicht über den Herrn, denn *ihr* seid doch die Herren, wie ihr sagt. „Sie sind bei Chrysogonus." – Natürlich! Ihre Belesenheit und ihr gutes Benehmen veranlaßt Chrysogonus zu dem Wunsch, sie unter seinen jungen Sklaven zu haben, die in allen verführerischen und angenehmen Künsten ausgebildet sind, aus Scharen von erlesenen Bedienten ausgewählt wurden – Leute, die beinahe Landarbeiter sind und in Ameria von einem ländlichen Hausherrn erzogen wurden! (121) So ist es gewiß nicht, Geschworene! Es ist unwahrscheinlich, daß Chrysogonus sich für ihre Belesenheit und Bildung begeistert, und ebensowenig, daß er ihren Eifer und ihre Zuverlässigkeit in geschäftlicher Hinsicht kennengelernt hat. Es ist da etwas, was geheimgehalten wird, etwas, das um so deutlicher hervortritt und sichtbar wird, je beflissener sie es zu unterdrücken und zu verhüllen suchen.

42. (122) Was ist es also? Will Chrysogonus nicht, daß sie befragt werden, weil er ein eigenes Verbrechen zu verbergen hat? Keineswegs, Geschworene. Nicht alles paßt auf jeden, denke ich. Ich für mein Teil argwöhne nichts dergleichen von Chrysogonus, und das habe ich eben keinesfalls sagen wollen. Ihr erinnert euch, daß ich den Fall gleich anfangs folgendermaßen verteilt habe: in die Anschuldigung, die mitsamt der Beweisführung Erucius überlassen wurde, und in die bedenkenlose Unverschämtheit, deren Rollen den beiden Rosciern zugeteilt wurden. Was an Schlechtigkeit, Verbrechen, Mord vorkommt, das wird der ureigene Anteil der Roscier sein. Wir sagten auch, daß der allzu große Einfluß und die Macht des Chrysogonus uns behindere und auf keine Weise mehr zu ertragen sei und von euch, denen die Amtsgewalt dazu übertragen ist, nicht nur geschwächt, sondern gebrochen werden müsse. (123) Ich denke so: Wer möchte, daß diejenigen, die anerkanntermaßen Zeugen des Mordes waren, gerichtlich befragt werden, der wünscht, daß die Wahrheit gefunden wird. Wer sich weigert, der bekennt wahrhaftig durch die Tat seine Schuld, auch wenn er es mit Worten nicht zu tun wagt. Ich habe zu Anfang gesagt, Geschworene, ich wolle nicht mehr über das Verbrechen dieser Leute sagen, als der Fall erfordere und die bare Notwendigkeit erzwänge. Denn man könnte noch vielerlei anführen und jeden einzelnen Punkt mit vielen

Argumenten belegen. Ich aber kann das, was ich ungern und gezwungenermaßen tue, weder lange noch gründlich tun. Das, was sich auf keinen Fall übergehen ließ, habe ich leicht berührt, Geschworene; was aber auf Verdachtsmomenten beruht, über die ich mich, wenn ich überhaupt begönne zu sprechen, sehr ausführlich auslassen müßte – das überlasse ich eurem Scharfsinn und euren Vermutungen.

43. (124) Ich komme nun zu dem „goldenen" Namen Chrysogonus, hinter dem sich die ganze Gesellschaft versteckt; aber ich weiß weder, Geschworene, wie ich über ihn reden noch wie ich über ihn schweigen soll. Wenn ich nämlich schweige, so muß ich das meiste ungesagt lassen. Wenn ich aber rede, so fürchte ich, daß nicht nur er, was ich mit Fassung tragen würde, sondern auch mehrere andere sich verletzt fühlen könnten. Jedoch liegt die Sache so, daß ich gegen die Sektoren im allgemeinen nicht viel sagen muß, wie es aussieht. Dieser Fall ist nämlich wirklich unerhört und einzigartig. (125) Der Käufer der gesamten Habe des Sextus Roscius ist Chrysogonus. Betrachten wir zunächst folgendes: Auf welche Weise wurde die Habe dieses Mannes verkauft, oder wie konnte sie überhaupt verkauft werden? Und ich stelle die Frage nicht in dem Sinne, Geschworene, daß ich sage, es sei eine Schande, daß die Habe eines Unschuldigen zur Versteigerung gekommen sei. Wenn man das nämlich auch anhören beziehungsweise frei heraus sagen könnte, so war doch Sextus Roscius kein so bedeutender Mann im Staate, daß wir gerade über ihn vor allen anderen Klage erheben sollten – sondern ich frage vielmehr: Wie konnte auf Grund des Proskriptionsgesetzes, wie es dasteht, sei es nun die Lex Valeria oder die Lex Cornelia, das weiß ich nicht und brauche es nicht zu wissen – also: wie konnte auf Grund dieses bekannten Gesetzes die Habe des Sextus Roscius versteigert werden? Es soll nämlich dort geschrieben stehen, daß die gesamte Habe derer verkauft werden soll, *die proskribiert sind* (126) (zu denen gehört Sextus Roscius nicht), oder die Habe derer, *die in den Schutztruppen der Gegner erschlagen worden sind.* Solange es überhaupt Schutztruppen gab, war *er* in der Schutztruppe Sullas. Als sie die Waffen niedergelegt hatten, wurde er im tiefsten Frieden, auf dem

Heimweg von einem Abendessen, in Rom erschlagen. Wenn das auf Grund des Gesetzes geschah, so bekenne ich, daß auch seine Habe auf Grund des Gesetzes verkauft worden ist. Wenn aber feststeht, daß er gegen alle Gesetze – nicht nur die alten, sondern auch die neuen – ermordet wurde, dann frage ich, mit welchem Recht oder auf welche Weise oder nach welchem Gesetz seine Habe verkauft worden ist.

44. (127) Du fragst, gegen wen ich meine Worte richte, Erucius? Nicht gegen den, den du möchtest und meinst. Denn wie ich Sulla zu Anfang meiner Rede von jedem Verdacht freigesprochen habe, so ist er für alle Zeit durch seine eigene überragende moralische Integrität darüber erhaben. Ich sage nämlich, daß alles das Chrysogonus getan hat: *er* hat sich die Lügen ausgedacht, *er* hat fälschlich behauptet, Sextus Roscius sei ein schlechter Bürger gewesen, *er* hat gesagt, jener sei in den Reihen der gegnerischen Schutztruppen gefallen, und *er* hat nicht zugelassen, daß Sulla von den Gesandten aus Ameria die Wahrheit über diese Dinge erfuhr. Schließlich hege ich noch den Verdacht, daß die Güter überhaupt niemals versteigert worden sind; das wird später, wenn ihr es erlaubt, Geschworene, dargelegt werden. (128) Meiner Meinung nach steht nämlich in dem Gesetz, bis zu welchem Tage Proskriptionen und Güterverkäufe stattfinden sollen: nämlich bis zum 1. Juni. Einige Monate darauf ist der Mann getötet worden, und seine gesamte Habe soll verkauft worden sein. Entschieden sind also diese Güter entweder niemals in den amtlichen Listen aufgeführt worden, und wir werden von diesem Taugenichts noch spaßiger beschwindelt, als wir denken – oder wenn sie dort auftauchten, so sind die amtlichen Listen in irgendeiner Weise gefälscht worden. Denn gesetzmäßig konnte seine Habe nicht verkauft werden. Das steht fest. Ich weiß, daß ich dies vorzeitig untersuche und geradezu einen Fehler begehe, Geschworene, da ich den Kopf des Sextus Roscius retten soll und mich statt dessen um einen Nietnagel kümmere. Denn *er* macht sich nichts aus dem Gelde. Er stellt seinen Vorteil überhaupt nicht in Rechnung. Er meint, er werde seine Armut leicht ertragen, wenn er nur von diesem schändlichen Verdacht und dieser erlogenen Beschuldigung befreit wird. (129) Ich bitte euch wirk-

lich, Geschworene, hört das wenige, was noch bleibt, unter der Voraussetzung an, daß ich teils für mich selbst und teils für Sextus Roscius spreche. Was mir selbst nämlich schändlich und unerträglich vorkommt und was, wie ich glaube, alle betrifft, wenn wir uns nicht vorsehen, das spreche ich für mich selbst, nach meinem Gefühl, wie der Schmerz es mir eingibt; was aber das Leben und die Sache meines Mandanten angeht und was er für sich gesagt wissen möchte und mit welcher Bedingung er zufrieden wäre, das werdet ihr am Schluß der Rede hören, Geschworene.

45. (130) Ich frage den Chrysogonus von mir aus, ohne Sextus Roscius hinzuzuziehen, folgendes:

erstens: Warum ist die gesamte Habe eines untadeligen Bürgers verkauft worden?

zweitens: Warum ist die Habe eines Mannes, der weder proskribiert war noch in den Reihen der gegnerischen Schutztruppen gefallen ist, verkauft worden, obwohl das Gesetz doch nur gegen diese gerichtet war?

drittens: Warum ist sie eine ganze Zeit nach dem Tag verkauft worden, der in dem Gesetz als Abschlußtermin festgelegt war?

letztens: Warum ist sie für einen solchen Spottpreis verkauft worden?

Wenn er das alles, wie es unnütze und schlechte Freigelassene gern tun, auf seinen Patron abschieben will, so wird er damit nichts ausrichten. Jeder weiß ja, daß wegen der Größe und Vielfalt der Geschäfte allerlei ohne Wissen oder gegen den Willen Sullas geschehen ist. (131) Ist es denn aber gut, wenn etwas durchgeht, weil er es nicht weiß? Gut ist es nicht, Geschworene, aber unvermeidlich. Schadet doch selbst Jupiter, der Beste und Größte, durch dessen Wink und Willen Himmel, Erde und Meer regiert werden, den Menschen oft durch zu stürmische Winde und unmäßige Gewitter, zu große Hitze oder unerträgliche Kälte, zerstört Städte, vernichtet die Feldfrucht – und wir glauben, daß das alles nicht zu unserem Verderben auf göttlichen Ratschluß, sondern durch die Kraft und Größe der Naturkräfte selbst geschehen ist; dagegen sehen wir, daß uns die Vorteile, die wir ausnützen, das Licht, das wir genießen, die Luft, die wir atmen, von ihm gegeben und zugeteilt werden. Was wundern wir uns dann, Geschworene, daß Lucius Sulla einiges übersehen mußte, als er allein die Geschicke des Staates lenkte, den Erdkreis regierte und die Majestät des Reiches, die er mit Waffengewalt aufgerichtet hatte, durch Gesetze festigte? Dann müßte man sich ja darüber wundern, wenn Menschengeist das nicht vermocht hat, was nicht einmal die göttliche Macht vermag. (132) Aber um Vergangenes vergangen sein zu lassen – kann nicht jeder aus dem, was augenblicklich geschieht, erkennen, daß einzig Chrysogonus der Baumeister und Drahtzieher aller dieser Vorgänge ist? Wer Sextus Roscius hat unter Anklage stellen lassen, in wessen Namen Erucius behauptet, die Anklage zu erheben --- [*Hier besteht eine Lücke unbestimmter Größe im Text. Wo er wieder einsetzt, schildert Cicero anscheinend des Kontrastes wegen gerade den Besitz eines Durchschnittsbürgers, ehe er zu des Chrysogonus übel erworbenem Reichtum übergeht.*] --- 46. Sie glauben, es überschaubar und passend zu haben, wenn es im Salentinergebiet oder in Bruttium liegt, woher sie kaum dreimal im Jahr Nachricht bekommen können.

(133) Der andere, Chrysogonus, kommt dir vom Palatin und seinen Palästen herab entgegen. Er hat zu seinem Vergnügen ein hübsches Landgrundstück und eins in der Vorstadt, außerdem mehrere Güter, natürlich alle vorzüglich und in günstiger Lage, nahe bei Rom. Das Stadthaus ist vollgestellt mit korinthischen und delischen Vasen; darunter ist auch ein Gerät zum Warmhalten von Speisen, das er neulich für so viel Geld gekauft hat, daß Passanten, die den Auktionator den Preis ausrufen hörten, glaubten, ein Landgut werde versteigert. Was glaubt ihr, was er sonst noch an getriebenen Silbergefäßen, Teppichen, Gemälden, Statuen, marmornen Wandbekleidungen hat? Jedenfalls so viel, wie sich aus vielen reichen Familien in einer Zeit des Tumults und der Plünderung in ein Haus zusammenschleppen ließ. Was soll ich sagen, wie viele und wie vielseitig ausgebildete Sklaven er hat? (134) Ich lasse die üblichen Handwerker beiseite, wie Köche, Bäcker, Sänftenträger; zur Freude für Herz und Sinne hat er so viele Sklaven, daß die ganze Gegend bei Tag von Gesang, Saitenspiel

und Flötenklängen und nachts von seinen Gelagen widerhallt. Bei einer derartigen Lebensweise – was glaubt ihr, was da täglich für ein Aufwand, eine Verschwendung getrieben wird, Geschworene? Und erst, was für Gelage gehalten werden! Sicherlich bleiben sie im Rahmen des Anständigen in einem solchen Hause – wenn man das ein Haus nennen darf und nicht vielmehr eine Werkstatt der Nichtswürdigkeit und ein Absteigequartier aller Laster. (135) Wie er selbst mit wohlfrisiertem und pomadisiertem Haar überall auf dem Forum umherflattert, gefolgt von einer großen Schar von Bürgern in feierlicher Toga, das seht ihr ja, Geschworene, und ihr seht auch, Geschworene, daß er auf alle herabschaut, daß er neben sich niemand für einen Menschen ansieht und sich allein für glücklich und mächtig hält. Wenn ich aber erklären wollte, was er zustande bringt und was er will, so fürchte ich, Geschworene, daß jemand, der mich nicht kennt, glauben könnte, ich wolle den Sieg und die Sache der Nobilität herabsetzen und schädigen. Trotzdem kann ich mit vollem Rechte tadeln, was mir dort nicht gefällt, denn ich brauche nicht zu befürchten, daß jemand denkt, ich stünde der Sache der Nobilität feindlich gegenüber.

47. (136) Wer mich kennt, weiß, daß ich nach meinen geringen und schwachen Kräften – als ich sah, daß eine gütliche Einigung, die ich am liebsten gesehen hätte, nicht zustande kommen konnte – mich lebhaft dafür eingesetzt habe, daß diejenigen siegen sollten, die tatsächlich gesiegt haben.

Wer hätte denn nicht gesehen, daß niedrige Gesinnung und Würde um die Macht kämpften? Nur ein ganz schlechter Bürger schloß sich in diesem Kampfe nicht denen an, mit denen die Wahrung der inneren Würde und das Ansehen nach außen stand und fiel. Daß die Kämpfe beendet sind, daß jedem seine Stellung und Ehre wiedergegeben ist, freut mich, Geschworene. Ich bin sehr glücklich darüber und weiß, daß das alles dem Willen der Götter und dem Wunsch des römischen Volkes gemäß nach dem Plan und unter dem Oberbefehl Lucius Sullas mit seinem sprichwörtlichen Glück durchgeführt wurde. (137) Daß diejenigen bestraft wurden, die gegen alle Vernunft ankämpften, darf ich nicht tadeln, daß die Tapferen, die sich mit allen Kräften im Kampf einsetzten, geehrt wurden, lobe ich. Damit das geschehen konnte, ist, wie ich glaube, gekämpft worden, und ich gestehe, daß ich auf der gleichen Seite gestanden habe. Wenn es aber nur darum gegangen ist und nur darum die Waffen erhoben wurden, damit der letzte Abschaum sich an fremdem Gut bereichern und sich auf das Vermögen jedes beliebigen Menschen stürzen sollte, und man das nicht nur nicht hindern, sondern nicht einmal mit Worten tadeln darf, dann ist wahrlich in diesem Krieg das römische Volk nicht neu erstanden und wiederhergestellt, sondern unterworfen und unterdrückt worden.

(138) Aber es ist ganz anders, nichts von all dem ist wahr, Geschworene. Die Sache der Nobilität nimmt keinen Schaden, wenn ihr diesen Leuten entgegentretet, nein, im Gegenteil, sie wird gestärkt. 48. Diejenigen nämlich, die sie tadeln wollen, beklagen sich, daß Chrysogonus so viel Macht hat. Diejenigen, die loben wollen, weisen darauf hin, daß es ihm nicht gestattet ist. Und es gibt schon keinen Grund mehr, weshalb jemand dumm oder schlecht genug sein könnte, zu sagen: „Wenn es doch nur erlaubt wäre! Dann hätte ich gesprochen!“ – Sprich nur, du darfst es! – „Ich hätte gehandelt.“ – Handle nur, niemand hindert dich. – „Ich hätte dies und jenes verfügt.“ – Verfüge, aber richtig; alle werden es begrüßen. – „Ich hätte so und so geurteilt.“ – Alle werden es loben, wenn du richtig und nach der Ordnung urteilst. (139) Solange es nötig war und die Lage dazu zwang, hatte *einer* alle Macht. Nachdem der aber dafür gesorgt hat, daß Magistrate gewählt und Gesetze verabschiedet wurden, ist jedem sein Amt und seine Autorität zurückgegeben. Wenn diejenigen, die diese Verpflichtungen übernommen haben, sie behalten wollen, so können sie sie für alle Zukunft erhalten; wenn sie aber diese Morde und Raubzüge und solchen verschwenderischen Aufwand sich selbst zuschulden kommen lassen oder billigen – ich will gegen sie schon wegen der schlimmen Vorbedeutung nichts allzu Schwerwiegendes sagen, nur das eine sage ich:

Wenn unsere Nobilität nicht wachsam, tüchtig, tapfer und barmherzig ist, so muß sie ihre Stellung solchen Menschen abtreten, die diese Eigenschaften besitzen. (140) Deshalb sollen sie endlich aufhören zu sagen, einer habe schlecht gesprochen, wenn er frei heraus die Wahrheit sagt; sie sollen aufhören, ihre Sache mit der eines Chrysogonus zu verquicken, sollen aufhören zu glauben, es täte ihrer Stellung Abbruch, wenn er verletzt wird; sie sollen sich überlegen, ob es nicht eine erbärmliche Schande ist, wenn sie, die den Glanz der Ritter nicht ertragen konnten, die Herrschaft eines nichtswürdigen Sklaven ertragen können. Diese Herrschaft, Geschworene, erstreckte sich bisher auf andere Gebiete, welchen Weg sie sich jetzt bahnt, wohin der Marsch gerichtet ist, das seht ihr: gegen das gegenseitige Vertrauen, gegen den Eid, gegen eure Gerichtshöfe, gegen das, was in diesem Staate fast allein noch rein und heilig geblieben ist. (141) Glaubt Chrysogonus, auch hier könne er noch etwas ausrichten? Auch auf diesem Gebiet will er mächtig sein? Was für ein Jammer und eine Schande! Ich entrüste mich, beim Herkules, nicht, weil ich fürchte, daß es ihm gelingen könnte, sondern weil er es überhaupt wagt; daß er hofft, bei solchen Männern das Verderben eines Unschuldigen erreichen zu können, das gerade beklage ich. 49. Hat deshalb die Nobilität die Macht im Staate mit Krieg und Gewalt zurückerobert, damit kümmerliche Sklaven und Freigelassene das Vermögen vornehmer Leute, unser aller Leben und Vermögen nach ihrem Gutdünken angreifen und beschädigen können?

(142) Wenn das das Ziel war, dann gestehe ich, daß ich irrte, als ich es so gern erreicht sehen wollte, dann gestehe ich, daß ich von Sinnen war, als ich mit ihnen sympathisierte – denn wenn ich auch nicht Waffen trug, ich sympathisierte, Geschworene. Wenn aber der Sieg der Nobilität für den römischen Staat und das römische Volk eine Ehre und ein Erfolg sein soll, dann muß gerade den besten und angesehensten Männern meine Rede höchst willkommen sein. Denn wenn jemand glaubt, er selbst und seine Sache leide Schaden, wenn ein Chrysogonus getadelt wird, so kennt er seine Sache nicht, ja kaum kennt er sich selber. Die Sache nämlich gewinnt an Glanz, wenn man jedem Schuft entgegentritt, und nur ein selbst moralisch höchst anfechtbarer Gönner des Chrysogonus, der glaubt, ihrer beider Interessen seien die gleichen, nimmt Schaden, wenn man den von dieser großen und guten Sache trennt!

(143) Dieser ganze Abschnitt meiner Rede kommt, wie ich vorhin schon gesagt habe, völlig auf mein Konto. Das öffentliche Interesse und mein Schmerz und das Unrecht dieser Leute zwangen mich, so zu reden. Sextus Roscius hält nichts von alledem für eine Schande, er klagt niemanden an, er klagt nicht um sein Erbe. Dieser weltunerfahrene Mensch, ein schlichter Bauer, glaubt, daß alles das, was, wie ihr sagt, durch Sulla geschehen ist, nach altem Brauch, römischem Recht und dem ius gentium vor sich gegangen ist. (144) Er wünscht nur, von der Schuld befreit und von der verbrecherischen Anklage freigesprochen, von euch zu gehen. Wenn er diesen unwürdigen Verdacht nicht mehr tragen muß, erträgt er, so sagt er, mit Gleichmut den Verlust aller Bequemlichkeiten. Er bittet und beschwört dich, Chrysogonus, wenn er nichts von seines Vaters großem Vermögen beiseite gebracht, wenn er dich in nichts hintergangen hat, wenn er dir getreulich alles abgetreten, zugezählt und zogewogen hat, wenn er dir selbst die Kleider vom Leibe und den Ring vom Finger übergeben hat, wenn er aus all seinem Besitz nur seine nackte Person und weiter nichts herausgenommen hat, daß du ihm dann doch gestatten möchtest, da er doch unschuldig sei, sein Leben in Armut und auf Kosten seiner Freunde zu fristen.

50. (145) „Meine Landgüter besitzt du, ich lebe von fremder Barmherzigkeit. Ich füge mich, weil ich ein gelassenes Herz habe und weil es unumgänglich ist. Mein Haus steht dir offen, mir ist es verschlossen. Ich ertrage es. Mein zahlreiches Gesinde steht in deinen Diensten, ich habe keinen einzigen Sklaven. Ich dulde es und glaube, daß es ertragen werden muß. Was willst du noch mehr? Was verfolgst du, was bekämpfst du mich? Warum glaubst du, daß ich dir zu nahe trete? Wo stehe ich deinem Vorteil im Wege? Wie behindere ich dich?"

Wenn du der Beute wegen einen Menschen töten willst – du hast die Beute schon! Was willst du weiter? Wenn es aus Feindschaft geschieht – welche Feindschaft kann zwischen dir und einem Manne bestehen, dessen Land du schon besaßest, ehe du ihn überhaupt kennenlerntest? Wenn aber aus Furcht – was kannst du von jemandem fürchten, der, wie du siehst, nicht einmal ein so himmelschreiendes Unrecht von sich abwehren kann? Wenn du aber deshalb, weil das Vermögen des älteren Roscius in deine Hände übergegangen ist, seinen Sohn zugrunde richten willst, zeigst du dann nicht, daß du etwas fürchtest, was du weniger als alle anderen fürchten dürftest, nämlich daß den Kindern der Proskribierten eines Tages das väterliche Vermögen zurückgegeben werden könnte?

(146) Du tust Unrecht, Chrysogonus, wenn du größere Hoffnung für das, was du gekauft hast, auf den Tod meines Mandanten als in die Anordnungen Sullas setzt! Wenn du also keinerlei Grund hast, diesen Unglücklichen noch in ein schlimmeres Unglück gebracht sehen zu wollen, wenn er dir alles bis auf das nackte Leben übergeben hat und sich vom Eigentum seines Vaters nicht einmal ein Erinnerungsstück heimlich zurückbehalten hat, unsterbliche Götter! was ist das dann für eine Grausamkeit, was für ein wildes, unmenschliches Wesen? Wo hat es je so einen gottverlassenen Räuber, einen so barbarischen Piraten gegeben, der die ganze Beute ohne Blutvergießen haben konnte und doch lieber blutige Beute genommen hätte? (147) Du weißt, daß mein Mandant nichts hat, nichts wagt, nichts vermag, niemals auch nur einen Gedanken gegen dich zu fassen gewagt hat – und trotzdem bekämpfst du einen Menschen, den du nicht fürchten kannst und nicht zu hassen brauchst, der, wie du siehst, nichts mehr hat, was du ihm wegnehmen könntest – wenn du das nicht schon für unpassend hältst, daß du ihn bekleidet hier im Gericht sitzen siehst, obwohl du ihn aus seinem Erbe wie bei einem Schiffbruch nackt hinausgestoßen hast. Als ob du nicht wüßtest, daß er ernährt und gekleidet wird von Caecilia, der Tochter des Balearicus, der Schwester des Nepos, einer Frau von bewährter Redlichkeit, die zwar einen sehr berühmten Vater, hochangesehene Onkel und einen vortrefflichen Bruder hat, es aber doch, obwohl sie nur eine Frau ist, durch ihre tatkräftige Tugend erreicht hat, daß sie ihnen nicht weniger Ehre macht durch das Lob, das sie erwirbt, als ihr selbst durch die Würde ihrer Verwandten zuteil wird.

51. (148) Oder scheint es dir etwa eine schändliche Tat, daß er sorgfältig verteidigt wird? Glaube mir, wenn alle, die die Gastfreundschaft und Freundlichkeit seines Vaters genossen

haben, ihm beistehen wollten und wagten, ihn freimütig zu verteidigen, dann würde er beredt genug verteidigt. Wenn aber die Zahl der Verteidiger der Größe des Unrechts entspräche und sie, der Tatsache entsprechend, daß die Grundfesten des Staates mit dem Angriff auf ihn angegriffen werden, alle aufträten, um das zu ahnden – dann hätte ich hier, beim Herkules, nicht einmal Platz zum Stehen! Nun wird er in einer Form verteidigt, daß es die Gegner kaum als lästig empfinden, geschweige denn das Gefühl haben können, sie würden durch die Überzahl der Verteidiger an die Wand gedrängt. (149) Was zu Hause zu tun ist, das erledigt Caecilia, die gerichtlichen Geschäfte auf dem Forum hat Marcus Messalla übernommen, wie ihr seht, Geschworene. Wenn er schon das Alter und die Kraft hätte, würde er selbst für Sextus Roscius sprechen. Da ihn aber seine Jugend und die Bescheidenheit, die die Jugend ziert, am Sprechen hindert, hat er den Fall mir übergeben, da er wußte, daß ich es von mir aus gern wollte und dazu verpflichtet war. Er selbst hat es durch Beharrlichkeit, Besonnenheit, sein Ansehen und seine Sorgfalt erreicht, daß das Leben des Sextus Roscius den Händen der Sektoren entrissen und dem Spruch des Geschworenengerichts anheimgegeben ist.

Kein Wunder, Geschworene, daß für eine Nobilität dieser Art der größte Teil der Bürgerschaft zu den Waffen griff; darum ging es, daß *die* Mitglieder der Nobilität dem Staate wiedergegeben würden, die so handeln, wie ihr es an Messalla seht: die das Haupt des Unschuldigen verteidigen, dem Unrecht widerstehen, die ihre Macht lieber zum Wohl als zum Verderben des Nächsten beweisen wollen; wenn alle, die so hoch geboren sind, ebenso handelten, würde der Staat weniger an ihnen und sie selbst weniger an der Mißgunst anderer zu leiden haben.

52. (150) Wirklich, Geschworene, wenn wir von Chrysogonus nicht erreichen, daß er sich mit unserem Geld zufriedengibt und uns nicht nach dem Leben trachtet, wenn er sich nicht bewegen läßt, von dem Wunsch abzustehen, uns auch noch das Licht, das allen Menschen gemeinsam ist, zu entreißen, nachdem er uns alles persönliche Eigentum geraubt hat, wenn es ihm nicht genügt, seine Habgier mit Geld zu stillen, falls nicht

auch noch seinem Blutdurst das Blut geboten wird, dann bleibt Sextus Roscius nur noch eine einzige Zuflucht, eine einzige Hoffnung, Geschworene, die gleiche wie dem Staat: eure altbewährte Güte und Barmherzigkeit. Wenn die besteht, so können wir noch jetzt gerettet werden. Wenn aber die Grausamkeit, die augenblicklich im Staate herrscht, auch euch mitleidlos und erbittert gemacht hat – was aber gewiß nicht sein kann –, dann ist es um uns geschehen, Geschworene. Dann wäre es besser, sein Leben unter wilden Tieren zu verbringen als in dieser unmenschlichen Welt zu leben.

(151) Seid ihr dazu aufgespart, seid ihr dazu ausgewählt, um die Menschen zu verurteilen, die Sektoren und Halsabschneider nicht hinmorden konnten?

Tüchtige Feldherrn pflegen so vorzugehen, daß sie an der Stelle, zu der die Feinde ihrer Ansicht nach fliehen werden, Soldaten aufstellen, damit diejenigen, die etwa aus dem Kampf entkommen sind, ihnen unversehens in die Arme laufen. Offenbar glauben diese Kerle, entsprechend säßet *ihr* hier, um die in Empfang zu nehmen, die ihren Händen entronnen sind. Verhüten die Götter, Geschworene, daß das, was nach dem Willen unserer Vorfahren der Beirat des Prätors sein sollte, für eine Schutztruppe der Sektoren gehalten wird! (152) Oder wißt ihr wirklich nicht, Geschworene, daß es nur darum geht, die Kinder der Proskribierten auf irgendeine Art beiseite zu schaffen, und daß man einen Anfang bei eurem Geschworeneneid und dem Probestück mit Sextus Roscius sucht? Ist es zweifelhaft, wer der Verbrecher ist, wenn ihr auf der einen Seite einen Sektor, einen Feind des Angeklagten und einen Banditen, der zur gleichen Zeit als Ankläger auftritt, seht und auf der anderen einen Armen, einen von den Seinen erprobten Sohn, dem nicht nur keine Schuld nachzuweisen war, sondern auf dem nicht einmal ein Verdacht ruht? Seht ihr irgend etwas, was Roscius belastet – außer der Tatsache, daß die gesamte Habe seines Vaters verkauft ist?

53. (153) Wenn ihr also diese Aufgabe übernommen und dafür eure Beihilfe versprochen habt, wenn ihr zu dem Zwecke hier sitzt, daß euch die Kinder derer vorgeführt werden, deren gesamte Habe verkauft worden ist – dann hütet euch, bei den

ewigen Göttern, Geschworene, daß nicht von euch eine zweite und viel schlimmere Proskriptionswelle ausgeht! Für jene erste, die sich gegen Männer richtete, die Waffen tragen konnten, wollte der Senat dennoch nicht die Verantwortung übernehmen, damit es nicht aussähe, als sei auf Anraten dieser Körperschaft eine Maßnahme getroffen, die schärfer war als das, was unsere Vorfahren vorgesehen hatten.

Wenn ihr aber jetzt diese Proskription, die sich gegen die Kinder der Betroffenen bis hin zum Säugling in der Wiege richtet, nicht durch den heutigen Richtspruch von euch weist und verwerft, dann, bei den unsterblichen Göttern, überlegt euch gut, wohin es mit unserem Staate kommen wird!

(154) Menschen von solcher Weisheit, solchem Ansehen und einer solchen amtlichen Stellung wie ihr sollten alles tun, um die Gebrechen, an denen der Staat besonders leidet, zu heilen. Jeder von euch weiß, daß das römische Volk, das einstmals selbst gegen seine Feinde für sehr milde galt, heute an der Grausamkeit im Innern leidet. Diese Grausamkeit entfernt aus der Bürgerschaft, Geschworene, duldet nicht, daß sie noch länger in unserem Staate Raum hat, denn sie bringt nicht nur das Übel mit sich, daß so viele Mitbürger auf schreckliche Weise ums Leben gebracht worden sind, sondern durch die Gewöhnung an diese Zustände hat sie selbst den sanftesten Menschen das Mitgefühl mit anderen verkümmert. Denn wenn wir sehen, wie zu jeder Stunde irgendeine Scheußlichkeit geschieht, oder davon hören, so verlieren wir, selbst wenn wir von Natur noch so gütig sind, durch die dauernde Belastung schließlich allen Sinn für die Menschlichkeit.

CICERO

AUS DEN ZWEI BÜCHERN RHETORIK

ERSTES BUCH

1. (1) Oft und viel habe ich darüber nachgedacht, ob die Beredsamkeit und ihr mit höchstem Eifer betriebenes Studium den Menschen und den Staaten mehr Gutes oder mehr Böses gebracht hat. Denn wenn ich die Niederlagen unseres Staates betrachte und die früheren Unglücksfälle anderer großer Staaten im Geiste an mir vorbeiziehen lasse, so sehe ich, daß nicht zum geringsten Teil die Ungelegenheiten von höchst beredten Männern verursacht wurden; wenn ich mich aber daranmache, Vorgänge, die wegen ihres Alters nicht mehr in unserem Gedächtnis haften, in der Literatur aufzusuchen, so finde ich, daß viele Städte gegründet, sehr viele Kriege beendet, unverbrüchliche Bündnisse und heilige Freundschaften geschlossen worden sind – gewiß durch Vernunft, aber doch auch leichter unter dem Einfluß der Beredsamkeit. Und nach längerer Überlegung neige ich der Ansicht als der vernünftigsten zu, daß meiner Einschätzung nach Weisheit ohne Beredsamkeit den Staaten wenig nützt, Beredsamkeit ohne Weisheit ihnen dagegen nur zu sehr schadet und niemals nützt.

Wenn also jemand unter Vernachlässigung der regelrechten und rechtschaffenen Beschäftigung mit dem, was Vernunft und Pflicht gebieten, alle seine Zeit an rednerische Übungen wendet, so wächst er für sich selbst nicht zum Nutzen und für sein Vaterland als ein schädlicher Bürger heran. Wer sich aber in der Art mit Beredsamkeit wappnet, daß er den Vorteil seines Vaterlandes nicht behindern, sondern fördern kann – dieser Mann, so denke ich, wird ein Bürger werden, der für seine eigenen und die staatlichen Geschäfte tatkräftig und mit großem Nutzen wirkt ...

4. (5) ... Deshalb muß man sich meiner Ansicht nach trotzdem um Beredsamkeit bemühen, wenn es auch Leute gibt, die sie privat und öffentlich mißbrauchen, ja sogar mit um so größerem Eifer, damit nicht die schlechten Menschen zum Schaden der guten und zum Verderben der Gesamtheit den Sieg davontragen, besonders da dies eine Sache ist, die mit allen pri-

vaten und öffentlichen Angelegenheiten engstens verflochten ist und durch die das Leben sicher, ehrenvoll, berühmt und angenehm wird... Und mir wenigstens kommt es so vor, als ob die Menschen, während sie in vieler Hinsicht schwächer und unansehnlicher sind als die Tiere, ihnen vor allem darin überlegen sind, daß sie sprechen können. Daher hat der meiner Ansicht nach etwas sehr Schönes erreicht, der in dem Punkte, in dem die Menschen die Tiere übertreffen, auch vor den Menschen sich hervortut. Wenn das nun vielleicht nicht nur durch Anlage und Übung bewirkt wird, sondern auch einer gewissen Kunst bedarf, so ist es nicht verkehrt, sich anzusehen, was diejenigen zu sagen haben, die uns bestimmte Regeln dafür hinterlassen haben.

Aber ehe ich von den Regeln der Beredsamkeit spreche, muß man wohl von der begrifflichen Einordnung dieser Kunst, ihrer Aufgabe und ihrem Zweck, ihrem Gebiet und ihren Teilen sprechen. Denn wenn das klar ist, wird ein jeder leichter und bequemer die Wissenschaft und die Methode dieser Kunst betrachten können.

5. (6) Es gibt eine Wissenschaft vom Staate, die aus vielen bedeutenden Spezialgebieten besteht. Ein großer und umfassender Teil davon ist die kunstmäßig betriebene Beredsamkeit, die man Rhetorik nennt. Denn ich halte es nicht mit denen, die meinen, die Staatswissenschaft bedürfe der Redekunst nicht; und denjenigen, die meinen, sie selbst sei völlig in der Kraft und Kunstfertigkeit des Redners enthalten, kann ich erst recht nicht zustimmen. Daher wollen wir die rednerische Tätigkeit so einordnen, daß wir sagen, sie sei ein Teil der Wissenschaft vom Staate. Die Aufgabe der praktischen rednerischen Tätigkeit scheint es zu sein, so zu sprechen, daß man überredet oder überzeugt, der Zweck, durch seinen Vortrag zu überreden oder zu überzeugen. Zwischen Aufgabe und Zweck besteht der Unterschied, daß bei der Aufgabe darauf gesehen wird, was geschehen, beim Zweck darauf, was erreicht werden soll... (7) Als das Gebiet einer Kunstfertigkeit bezeichnen wir das, was ihre gesamte Theorie und die praktische Tätigkeit, die daraus abgeleitet wird, in sich beschließt. Wenn wir z. B. als das Gebiet der Medizin Krankheiten und Wunden bezeich-

nen, weil die gesamte Medizin in diesem Bereiche wirkt, so bezeichnen wir entsprechend das als Gebiet der Rhetorik, worauf die Theorie und Praxis der Redekunst beschränkt ist. Da nehmen nun einige einen größeren, andere einen geringeren Umfang an. Denn Gorgias von Leontinoi, fast der älteste Rhetor, war der Ansicht, ein Redner könne über alles sehr gut sprechen, wies also dieser Kunst ein unbegrenztes und unermeßliches Gebiet zu, wie es scheint. Aristoteles aber, der diese Kunst mit sehr vielen Hilfsmitteln und Schmuckelementen ausstattete, meinte, die Pflicht des Redners erstrecke sich auf drei Klassen von Fällen: epideiktische Reden, politische Reden, Gerichtsreden. Epideiktische Reden werden zum Lob oder Tadel einer bestimmten Person gehalten; bei politischen Reden geht es um die überzeugende Darlegung einer Ansicht in einer öffentlichen Versammlung; bei Gerichtsreden geht es um die Anklage oder Verteidigung in Kriminalsachen bzw. die Klage und ihre Zurückweisung in Privatstreitigkeiten vor Gericht. Und unserer Ansicht nach muß man die Theorie und Praxis des Redners wirklich auf dies dreigeteilte Gebiet beschränkt sehen...

7. (9) Daher erscheint uns dasselbe als das Gebiet der Rhetorik, was auch, wie gesagt, Aristoteles dafür gehalten hat. Die Teile aber benennen wir so wie die meisten:

Sammlung von Material, insbesondere Beweisgründen.
Richtige Anordnung des Materials.
Sprachlich-stilistische Formung des Materials.
Einprägung der ausgearbeiteten Rede.
Wirkungsvoller Vortrag...

[Nach Ausführungen über die jeder Rede zugrunde liegende Fragestellung, die sich bei Gerichtsreden meistens auf eine der beiden Möglichkeiten reduziert, ob der Angeklagte die Tat begangen habe oder ob die – zugegebene – Tat des Angeklagten zu rechtfertigen oder zu entschuldigen sei, geht Cicero zu den Teilen der Rede über: Einleitung (exordium), Erzählung (narratio), vorgegebene Gliederung (partitio), Begründung (confirmatio), Abweisung des Gegners (reprehensio), Schluß (conclusio) und behandelt sie im einzelnen:]

15. (20) Die *Einleitung* ist der Teil der Rede, der den Hörer

auf die übrigen Ausführungen einstimmt. Das geschieht, wenn sie ihn wohlwollend, aufmerksam und wißbegierig macht. Wer also seinen Prozeß gut einleiten will, der muß die Art seines Falles vorher gründlich durchdenken.

Die Fälle teilt man in fünf Gruppen: ehrenhaft, befremdend, unbedeutend, doppeldeutig, dunkel.

Ehrenhaft ist ein Fall, wenn ihm der Hörer auch ohne unsere Rede sogleich Wohlwollen entgegenbringt, befremdend, wenn diejenigen, die ihn hören sollen, ihm abwehrend gegenüberstehen; unbedeutend ist das, was der Hörer geringachtet und was nicht wert erscheint, besonders aufmerksam gehört zu werden; doppeldeutig ist ein Fall, in dem entweder die Beurteilung zweifelhaft oder die ganze Sache teils ehrenhaft, teils verächtlich ist, so daß sie Wohlwollen und Mißfallen zugleich hervorruft; dunkel ist einer, bei dem entweder die Hörer schwerfällig sind oder die Sache durch schwer durchschaubare Begleitumstände verwickelt ist. Weil nun die Fälle so verschieden sind, muß man die Rede in jedem einzelnen Fall auf eine andere Art und Weise eröffnen. Daher gibt es für die Einleitung zwei Möglichkeiten, den schlichten Anfang und die Einschmeichelung.

Der schlichte Anfang ist eine Redeweise, die offen und geradehin den Hörer wohlwollend oder wißbegierig oder aufmerksam macht. Die Einschmeichelung ist eine Redeweise, die mit etwas Verstellung und auf Umwegen heimlich ins Herz des Hörers dringt. (21) Bei einem befremdenden Fall kann man, wenn die Hörer nicht ganz feindlich gesinnt sind, mit einem schlichten Anfang das Wohlwollen gewinnen. Wenn sie aber sehr negativ eingestellt sind, so muß man seine Zuflucht zur Einschmeichelung nehmen. Denn wenn man von erzürnten Leuten ganz offen Frieden und Wohlwollen verlangt, so erreicht man sein Ziel nicht, sondern der Haß wird eher noch vermehrt und vertieft...

16. ... Da wir nun gesagt haben, was man mit der Einleitung erreichen muß, bleibt noch zu zeigen, mit welchen Mitteln das im einzelnen geschehen kann.

(22) Wohlwollen gewinnt man von vier Ausgangspunkten her: von unserer eigenen Person, von der des Gegners, von der

des Richters und von der Sache her. Von unserer eigenen Person ausgehend, indem wir ohne Arroganz von unseren Taten und geleisteten Diensten reden; wenn wir vorgebrachte Beschuldigungen und ehrenrührige Verdächtigungen entkräften können; wenn wir zeigen, welche Nachteile oder welche Schwierigkeiten uns erwarten; wenn wir demütig und bescheiden bitten und beschwören. Von der Person der Gegner ausgehend, wenn wir gegen sie Haß oder Neid oder Verachtung wecken... Von der Person der Hörer aus kann man Wohlwollen erwecken, wenn man vorbringt, wie tapfer, klug und milde sie früher schon gehandelt haben, jedoch so, daß es nicht in zu starke Schmeichelei ausartet, und wenn man zeigt, für wie ehrenwert man sie hält und was für hohe Erwartungen an ihre Autorität und ihr Urteil geknüpft werden. Vom Gegenstande ausgehend, wenn wir unsere Sache ordentlich loben und die der Gegner herabsetzen und verächtlich machen...

(25) Wenn aber die Rede der Gegner bei den Hörern Glauben gefunden zu haben scheint – was jemand, der weiß, wodurch Glauben erweckt wird, leicht erkennt –, dann mußt du entweder versprechen, das, was die Gegner für ihren festesten Punkt ansehen und was die Hörer am meisten gebilligt haben, zuerst zu behandeln, oder von einem Ausspruch des Gegners ausgehen, möglichst von dem, was er zuletzt gesagt hat, oder dich stellen, als wärst du im Zweifel, was du zuerst sagen oder worauf du zuerst antworten sollst, mit zur Schau gestelltem Befremden. Denn wenn der Hörer sieht, daß der zweite Sprecher durch die Rede des Gegners nicht schwer erschüttert ist, wie er dachte, sondern ganz ruhig bleibt und bereit ist, zu antworten, dann glaubt er meistens eher, daß er selbst übereilt zugestimmt als daß der andere ohne Grund solches Selbstvertrauen hat...

19. (27) Die *Erzählung* ist die Darlegung geschehener oder als geschehen vorgegebener Ereignisse. Es gibt drei Klassen von Erzählungen: eine, in der der gesamte Fall und jede Grundlage des Rechtsstreites enthalten ist, die andere, die als Abschweifung außerhalb des Falles eingelegt wird, zur Verdächtigung des Gegners, als Parallele, zum Vergnügen der Hörer (sie darf dann aber nicht zu weit von der Sache wegfüh-

ren, um die es geht) oder zur Verstärkung der Wirkung. Die dritte Klasse gehört nicht in politische oder Gerichtsreden, weil sie nur zum Vergnügen, allerdings mit einem recht nützlichen Übungseffekt, geschrieben oder vorgetragen wird...

(28) Jetzt ist von der Erzählung zu reden, welche die Darlegung des Sachverhaltes enthält. 20. Sie muß drei Bedingungen erfüllen, nämlich kurz, klar und wahrscheinlich sein.

Kurz wird sie, wenn sie da einsetzt, wo es nötig ist, und nicht ganz von Urbeginn anfängt; wenn da, wo eine Zusammenfassung genügt, nicht alle Details ausgeführt werden – denn oft genügt es schon, wenn du sagst, was geschehen ist, du brauchst nicht zu erzählen, auf welche Art und Weise –; wenn man nicht weiter mit der Erzählung fortfährt, als für die Sache nötig ist, und wenn keine Abschweifungen vorkommen; wenn man so spricht, daß der Hörer manchmal aus dem Gesagten das Ungesagte miterkennt; wenn nicht nur das für uns Schädliche, sondern auch das Gleichgültige übergangen wird; schließlich wenn alles nur einmal gesagt wird und man nicht mit dem, was man eben abgeschlossen hat, wieder von neuem anfängt. Aber viele täuschen sich im Streben nach Kürze: sie glauben, sich kurz zu fassen, und sind dabei unerträglich langatmig. Sie geben sich nämlich Mühe, viele Dinge kurz auszudrücken, und nicht, überhaupt nur wenig zu sagen und nicht mehr als nötig. Denn viele Menschen glauben, der fasse sich kurz, der so sagt:

„Ich kam zum Hause. Ich rief einen Sklaven. Er antwortete. Ich fragte nach dem Herrn. Er sagte, er sei nicht daheim."

Obwohl er so viele Dinge nicht kürzer hätte ausdrücken können, ist er dennoch zu langatmig durch die Menge der Einzelheiten, denn es hätte genügt: „Er sagte, er sei nicht daheim." ...

(29) Klar aber kann die Erzählung sein, wenn alles in der Reihenfolge des Geschehens berichtet und die Ordnung von Zeit und Ereignissen eingehalten wird, so daß die Erzählung so abläuft, wie die Ereignisse tatsächlich verliefen oder doch verlaufen sein könnten...

21. ... Wahrscheinlich ist die Erzählung, wenn man die Elemente in ihr vorfindet, die auch in der Wirklichkeit aufzutauchen pflegen; wenn die Rangstellung der verschiedenen

Personen bei ihrer Handlungsweise beachtet wird; wenn die Ursachen der Handlungen deutlich werden; wenn es aussieht, als habe die Möglichkeit bestanden, die Handlung auszuführen; wenn gezeigt wird, daß der Zeitpunkt günstig und die Zeit ausreichend und daß der Ort für die Tat, um die es geht, gelegen war; wenn die Sache dem Charakter der Handelnden, dem allgemein Üblichen und der Ansicht der Hörer angepaßt ist.

Unter diesen Bedingungen kann eine Erzählung also wahrscheinlich wirken. (30) Aber außerdem muß man noch beachten, daß man eine Erzählung, die der eigenen Sache schadet oder doch nichts nützt, gar nicht einschalten darf...

Die Erzählung schadet, wenn die Darlegung des Tatbestandes großes Mißfallen erregt, das man durch Argumente und Verteidigung mildern muß. Wenn das der Fall ist, muß man die Abschnitte der Handlung sozusagen blattweise über den Fall verteilen und bei jedem unverzüglich Gründe vorbringen, so daß gleich ein Pflaster auf die Wunde gelegt wird und die Verteidigung sofort den Widerwillen mildert.

Die Erzählung nützt nichts, wenn die Sache vom Gegner bereits dargelegt ist und für uns nichts dabei herauskommt, wenn wir sie noch einmal anders erzählen, oder wenn die Hörer den Sachverhalt so gut kennen, daß für uns nichts dabei herauskommt, wenn wir sie anders zu belehren versuchen. Wenn das der Fall ist, muß man auf eine Erzählung ganz verzichten...

22. (31) In einem gut geführten Prozeß macht die *vorgegebene Gliederung* die gesamte Rede einleuchtend und durchsichtig. Sie hat zwei Teile, die beide sehr dazu beitragen, den Fall klar und den Streitpunkt deutlich zu machen. Der erste zeigt, worin wir mit den Gegnern übereinstimmen und was umstritten ist. Dadurch wird dem Hörer genau vorgezeichnet, worauf er besonders achten muß. Im zweiten Teil wird eine kurze und übersichtliche Exposition der Punkte vorgelegt, über die wir zu sprechen gedenken. Dadurch wird bewirkt, daß der Hörer bestimmte Dinge im Gedächtnis behält und weiß, daß das Ende der Rede in Sicht ist, wenn sie abgehandelt sind...

24. (34) Die *Begründung* ist der Teil der Rede, der unserer

Sache vermittels der Beweisführung Glaubwürdigkeit, Autorität und Festigkeit gibt. Für diesen Teil bestehen bestimmte Vorschriften, die man nach den Arten der Fälle einteilt. Jedoch erscheint es mir nicht abwegig, zunächst sozusagen den Wald und das gesamte Bauholz aller Beweisführungen durcheinander auf einen Haufen geschüttet vorzulegen, danach aber darzulegen, in welcher Weise bei jeder Art von Prozeß die Begründung geführt werden muß, wobei man alle Arten der Argumentation diesem Vorrat entnimmt.

Alle Behauptungen werden durch Argumente begründet, die entweder aus dem Bereich der Person oder aus dem des Rechtsfalles stammen.

Zum Bereich der Person gehört nach meiner Meinung folgendes: Name, Natur, Lebensstil, Glücksumstände, Eigenart, Affekte, Lieblingsbeschäftigungen, Pläne, Taten, Vorfälle, Reden.

Der Name wird jeder Person gegeben, damit sie mit einem bestimmten, ihr eigentümlichen Wort bezeichnet wird. Was Natur ist, läßt sich schwer definieren, aber die Teile aufzuzählen, die wir bei dieser Vorschrift brauchen, ist leichter. (35) Sie sind teils göttlicher, teils sterblicher Art. Die sterblichen Teile sind teils spezifisch menschlich, teils allgemein biologisch. Das spezifisch Menschliche wird z. B. bei der Frage nach dem Geschlecht betrachtet, ob jemand ein Mann oder eine Frau ist, dann bei der Frage nach der ethnischen Herkunft, dem Vaterland, der Verwandtschaft, dem Alter. Bei der ethnischen Herkunft, ob er ein Grieche oder ein Barbar ist; beim Vaterland, ein Athener oder Spartaner; bei der Verwandtschaft, was für Vorfahren, was für Verwandte einer hat; beim Alter, ob er ein Junge, ein junger Mann, ein älterer Mann oder ein Greis ist. Außerdem betrachtet man natürliche körperliche und seelische Vorzüge und Schwächen folgender Art: ob einer kräftig oder schwächlich, groß oder klein, schön oder mißgestalt, schnell oder bedächtig ist, ob er scharfsinnig oder geistig weniger beweglich ist, ein gutes Gedächtnis hat oder vergeßlich ist, freundlich oder mürrisch veranlagt ist, ein Mensch mit natürlichem Feingefühl, ausdauernd oder das Gegenteil – und überhaupt wird alles betrachtet, was die Natur an körperlichen und seelischen Eigenschaften zuteilt. Denn was man sich selbst durch seine Anstrengungen in dieser Hinsicht verschafft, das zählt zur Eigenart und wird später behandelt.

25. Beim Lebensstil muß man darauf achten, bei wem, wie und nach wessen Ansichten jemand erzogen ist, was für Lehrer er in den freien Künsten und was für Erzieher er hatte, was für Freunde er hat, mit welchen Geschäften, welchem Erwerb, welchem Handwerk er sich beschäftigt, wie er sein Vermögen verwaltet und was für häusliche Gewohnheiten er hat. Bei den Glücksumständen fragt man, ob jemand Sklave ist oder frei, reich oder arm, ein Privatmann oder einer, der Macht hat, und wenn letzteres, ob zu Recht oder zu Unrecht, ob er glücklich, berühmt oder das Gegenteil ist und was für Kinder er hat. Und wenn es um jemanden geht, der nicht mehr lebt, muß man auch noch sehen, wie er gestorben ist.

(36) Eigenart nennen wir eine ständige, ausgeprägte Vollkommenheit in körperlicher oder geistiger Hinsicht, z. B. den Besitz einer Tugend, die Beherrschung einer Kunst oder Wissenschaft, aber auch einen körperlichen Vorzug, der nicht von der Natur gegeben, sondern durch Übung und Bemühung erworben ist.

Ein Affekt ist eine augenblickliche Bewegtheit des Körpers oder der Seele aus irgendeinem Grunde, wie Freude, Begehren, Furcht, Ärger, Krankheit, Schwäche und anderes, was sich in der Art finden läßt.

Die Lieblingsbeschäftigung ist die ständig und mit Lebhaftigkeit und großem Vergnügen an der Sache betriebene Hinwendung zu einer Tätigkeit, wie z. B. der Beschäftigung mit Philosophie, Dichtkunst, Geometrie, Literatur.

Ein Plan ist das gründlich überlegte Vorhaben, etwas zu tun oder nicht zu tun. Taten, Vorfälle und Reden aber werden unter drei zeitlichen Aspekten betrachtet: Was jemand getan hat, was ihm zugestoßen ist, was er gesagt hat; was er tut, was ihm zustößt und was er sagt; was er tun wird, was ihm zustoßen wird und was er sagen wird.

Das alles gehört in den Bereich der Person.

26. (37) Was aber in den Bereich des Rechtsfalles gehört,

hängt teils direkt mit der Tat selbst zusammen, teils mit ihrer Ausführung, teils steht es in Verbindung mit dem Rechtsfall, und teils folgt es daraus.

Was direkt mit der Tat selbst zusammenhängt, sind die Umstände, die immer damit verbunden sind und nicht getrennt betrachtet werden können. Dazu gehört zunächst eine kurze Zusammenfassung des Rechtsproblems, die den wichtigsten Tatbestand enthält, z. B. Vatermord, Vaterlandsverrat. Dann wird nach dem Grunde für diese Hauptsache gefragt: wer aus welchem Grunde zu welchem Zweck die Tat verübt hat; dann, was vor der Tat bis hin zu ihr fortlaufend geschehen ist, dann, wie sie vollbracht wurde, und dann, was folgte.

(38) Bei der Ausführung – das ist der zweite Punkt von denen, die zum Bereich des Rechtsfalles gehören – fragt man nach dem Ort, der Zeit, der Art und Weise, der Gelegenheit und den Mitteln...

27. (40) ...Gelegenheit... unterscheidet sich von der Zeit darin, daß zwar beide Begriffe in die gleiche Klasse gehören, bei dem Wort „Zeit" aber ein bestimmter Zeitraum umschrieben wird, der in Jahren oder in einem Jahr oder in Teilen eines Jahres gemessen wird, mit der „Gelegenheit" aber zu dem Zeitraum noch der geeignete Augenblick, etwas Bestimmtes auszuführen, hinzukommt... Dabei gibt es drei Untergruppen: öffentlich – allgemein – speziell. Eine öffentliche Gelegenheit gibt es dann, wenn die gesamte Bevölkerung aus einem bestimmten Grunde irgendwie beteiligt ist, wie Spiele, ein Festtag, Krieg. Allgemein sind die Gelegenheiten, die praktisch allen zur gleichen Zeit begegnen, wie Ernte, Weinlese, Hitze- und Kälteperioden. Speziell aber ist das, was jemandem aus irgendeinem Grunde privat geschieht, wie Hochzeit, Opferfest, Bestattungsfeier, Gastmahl, Schlaf. (41) ...Ein Mittel ist aber das, was die Ausführung einer Tat erleichtert oder bei dessen Fehlen sie gar nicht erfolgen kann.

28. Als in Verbindung mit dem Rechtsfall stehend bezeichnet man das, was schwerwiegender, weniger schwerwiegend, ebenso zu bewerten und dem Rechtsfall ähnlich ist, um den es geht, und was entgegengesetzt und widersprechend ist...

(43) Der vierte Teil von den Dingen, die, wie wir gesagt haben, zu dem Rechtsfall gehören, sind die Folgen... Zunächst, wie man das nennen muß, was geschehen ist... Dann, ob es darüber ein Gesetz, ein Gewohnheitsrecht, ein Übereinkommen, ein Gerichtsurteil, eine Wissenschaft, eine Kunst oder Technik gibt. Dann die Natur der Sache, ob sie häufig oder ausnahmsweise und selten vorkommt; danach, ob die Menschen es aus Überzeugung zu billigen oder daran Anstoß zu nehmen pflegen...

29. (44) Jede Beweisführung, die aus den Bereichen, die wir eben genannt haben, gezogen wird, muß wahrscheinlich oder zwingend sein... Zwingend wird das bewiesen, was nicht anders geschehen sein oder erklärt werden kann, als man selbst sagt, z. B.: „Wenn sie ein Kind geboren hat, so hat sie auch mit einem Mann geschlafen." Diese Art der Argumentation, die eine zwingende Beweisführung enthält, wird in der Rede besonders in der Form des Dilemmas, der Aufzählung oder der einfachen Schlußfolgerung verwandt.

(45) Ein Dilemma liegt vor, wenn du bei zwei Punkten, welchen du auch zugibst, immer zu tadeln bist, in folgender Art: „Wenn er nichts taugt, warum verkehrst du mit ihm? Wenn er ein ordentlicher Mensch ist, warum klagst du ihn an?"

Bei einer Aufzählung werden eine Reihe von Möglichkeiten aufgezählt und alle bis auf eine, die sich dann als notwendig erweist, ausgeschaltet, z. B.:

„Er muß von ihm entweder aus Feindschaft erschlagen worden sein oder aus Furcht oder einem erhofften Vorteil oder einem Freund zuliebe, oder wenn nichts von alledem zutrifft, so kann er nicht von ihm erschlagen worden sein; denn ohne Grund kann eine Untat nicht vollbracht werden. Wenn nun weder Feindschaft bestand noch Furcht noch Hoffnung auf irgendeinen Vorteil und der Tod dieses Mannes keinen Freund des anderen etwas anging, dann bleibt nur übrig, daß er ihn nicht erschlagen hat."

Eine einfache Schlußfolgerung aber wird aus einer notwendigen Folge folgendermaßen abgeleitet:

„Wenn ihr sagt, daß ich zu diesem Zeitpunkt dort gewesen sei, ich aber zur gleichen Zeit jenseits des Meeres war, so folgt daraus, daß ich das, was ihr sagt, nicht nur nicht getan habe, sondern es gar nicht hätte tun können."

Hier muß man sorgfältig achtgeben, daß diese Art der Beweisführung nicht irgendwie gegen einen selbst gekehrt werden kann, das heißt, die Begründung darf nicht nur wirken wie eine Argumentation und nach einer zwingenden Beweisführung aussehen, sondern die Argumentation muß logisch zwingend sein.

(46) Wahrscheinlich aber ist das, was meistens zu geschehen pflegt oder was allgemeine Ansicht ist oder was eine gewisse Entsprechung bietet, ob es nun falsch oder richtig ist. In der Art, daß es meistens zu geschehen pflegt, ist folgendes wahrscheinlich: „Wenn sie die Mutter ist, liebt sie den Sohn; wenn er habgierig ist, achtet er den Eid gering."

In der Art, daß sie der allgemeinen Ansicht entsprechen, sind folgende Beispiele wahrscheinlich: daß die Gottlosen in der Unterwelt eine Strafe erwartet; daß diejenigen, die sich mit Philosophie beschäftigen, nicht an Götter glauben.

30. Eine Entsprechung aber sieht man besonders bei Gegensätzen und bei Gleichem und in solchenUmständen, die unter die gleiche Ordnung fallen.

Bei Gegensätzen ist es folgendermaßen:

„Denn wenn man denen verzeihen muß, die ohne böse Absicht schadeten, so braucht man denen nicht dankbar zu sein, die gezwungenermaßen nützen."

(47) Eine Entsprechung aus Gleichem ist: „Denn wie ein Ort ohne Hafen für Schiffe nicht sicher sein kann, so kann ein Mensch ohne Redlichkeit für seine Freunde nicht verläßlich sein."

Bei Dingen, die unter die gleiche Ordnung fallen, wird das Wahrscheinliche folgendermaßen betrachtet:

„Denn wenn es für die Rhodier keine Schande ist, den Hafenzoll zu verpachten, ist es auch für Hermocreon keine Schande, ihn in Pacht zu nehmen."

Diese Schlüsse sind manchmal wahr, so: „Da eine Narbe da ist, war auch eine Wunde da", manchmal nur wahrscheinlich, so: „Wenn viel Staub auf seinen Schuhen war, kam er sicher von einer Reise."...

[Es folgt eine ausführliche Darstellung der Technik der Beweisführung.]

31. (51) Jede Beweisführung muß auf einer Induktion oder auf einem Syllogismus aufbauen.

Als Induktion bezeichnen wir ein Verfahren, das den Gesprächspartner mit unbezweifelbaren Aussagen zur Zustimmung bringt. Durch diese mehrfache Zustimmung wird dann bewirkt, daß er auch eine zweifelhafte Aussage wegen ihrer Ähnlichkeit mit denen, die er gebilligt hat, billigen muß. So demonstriert es Sokrates bei dem Sokratiker Aeschines an einer Unterredung zwischen Aspasia und Xenophons Frau ...:

„Sage mir bitte, Frau des Xenophon", sprach sie, „wenn deine Nachbarin besseres Gold hat als du, möchtest du dann lieber ihres oder deines haben?" „Ihres", antwortete sie. „Und wenn sie ein kostbareres Kleid und kostbareren Schmuck hat als du, möchtest du dann lieber ihre Sachen oder deine?" „Ihre natürlich", antwortete sie. „Nun aber", sprach sie, „wenn sie einen besseren Mann hat als du – möchtest du dann lieber ihren Mann oder deinen?" Hier errötete die Frau und schwieg...

(57) ...34. Als Syllogismus bezeichnen wir ein Verfahren, das aus einer Aussage etwas Wahrscheinliches ableitet, das dann, für sich dargelegt und betrachtet, sich aus eigener Kraft und Vernunft bestätigt...

[Es geht im folgenden nicht um die logischen Figuren beim Schließen, sondern um den günstigsten rhetorischen Aufbau einer Schlußfolgerung. Bei einer fünfteiligen Gliederung wird jede der beiden Prämissen „auf verschiedene Weise und möglichst wortreich" bestätigt und dann der Schluß gezogen. Bei einer dreiteiligen Gliederung nimmt man an, daß etwaige Bestätigungen Teil der Prämisse seien. Cicero entschließt sich für eine fünfteilige Gliederung als übersichtlicher, mit dem Hinweis, daß eine Bestätigung manchmal – wenn die Aussage ohne weiteres einleuchtet – fehlen könne und manchmal nötig sei. Also sei sie von der Prämisse trennbar und könne nicht als mit ihr identisch betrachtet werden.

Als Beispiel für einen fünfteiligen Syllogismus gibt Cicero die Verteidigung des Epaminondas, der als Feldherr der Thebaner sich weigerte, seinem gesetzlich bestimmten Nachfolger das Heer zu übergeben, und, nachdem er die Truppe einige Tage illegal geführt hatte, die Spartaner entscheidend schlug.]

38. (68) ... [*1. Prämisse*:] Alle Gesetze, Geschworene, muß man auf das Staatswohl beziehen und sie nach dem allgemeinen Nutzen, nicht nach dem Buchstaben der Schrift auslegen. [*Ausführung*:] Unsere Vorfahren waren nämlich so tüchtig und weise, daß sie sich beim Abfassen der Gesetze nichts als das Wohl und den Nutzen des Staates vor Augen hielten. Sie wollten selbst nicht etwas Schädliches schreiben und wußten außerdem, daß das Gesetz zurückgewiesen worden wäre, wenn sie es getan hätten. Niemand will doch Gesetze um ihrer selbst willen befolgt sehen, sondern um des Staates willen, weil jeder annimmt, daß nach Gesetzen der Staat am besten regiert wird. Deshalb also muß man die Gesetze einhalten, mit diesem Zweck vor Augen muß man alle Schriften auslegen. Das heißt, da wir dem Staate dienen, wollen wir alles nach dem Vorteil und zum Nutzen des Staates auslegen. Denn wie man nicht annehmen darf, daß von der Medizin etwas anderes ausgeht als das, was zum Nutzen des Körpers dient, da sie um seinetwillen geschaffen wurde, so ist es auch nicht richtig, anzunehmen, daß von den Gesetzen etwas anderes ausgeht, als was zum Nutzen des Staates beiträgt, da sie um seinetwillen geschaffen sind. (69) Also hört auch bei diesem Prozeß auf, die Buchstaben des Gesetzes zu durchforschen, und betrachtet das Gesetz, wie es billig ist, nach dem Nutzen für den Staat.

[*2. Prämisse*:] Was wäre für die Thebaner nützlicher gewesen, als daß die Spartaner geschlagen wurden? [*Ausführung*:] Was hätte Epaminondas, dem Feldherrn der Thebaner, mehr am Herzen liegen sollen als der Sieg der Thebaner? Was hätte er für höher und wertvoller einschätzen sollen als solchen Ruhm der Thebaner, solch ein schönes und leuchtendes Siegeszeichen? Also mußte er den Buchstaben des Gesetzes außer acht lassen und die Absicht des Gesetzgebers betrachten. Aber das ist ja nun hinreichend geklärt, daß es kein Gesetz gibt, das nicht um des Staates willen geschrieben ist. Er hätte es also für reinen Wahnsinn gehalten, das, was zum Nutzen des Staates geschrieben war, nicht zum Nutzen des Staates auszulegen.

[*Schlußfolgerung:*] Wenn man also alle Gesetze auf den Nutzen des Staates beziehen muß, dieser Mann aber das Staatswohl befördert hat, so kann er nicht mit derselben Tat für das allgemeine Beste gesorgt und den Gesetzen nicht gehorcht haben...

42. (78) Die *Abweisung des Gegners* ist der Teil der Rede, in dem mit eigener Argumentation die Begründung des Gegners entkräftet oder wenigstens abgeschwächt wird. Man schöpft dabei aus der gleichen Quelle der Erfindung wie bei der Begründung, weil eine Behauptung mit Argumenten aus denselben Bereichen, aus denen sie begründet wird, auch entkräftet werden kann. Bei der gesamten Materialsammlung muß wieder nur das berücksichtigt werden, was zur Person oder zum Rechtsfall gehört. Daher muß man die Auffindung und die Ausarbeitung der Argumente von dem bisher Gesagten auch auf diesen Teil der Rede übertragen. Damit jedoch auch einige Anweisungen für diesen Teil gegeben werden, will ich die Arten der Abweisung darstellen. Wer die beachtet, wird das, was der Gegner sagt, leichter entkräften oder abweisen können.

(79) Eine Argumentation wird abgewiesen, indem man von den Behauptungen eine oder mehrere nicht anerkennt oder, obwohl man sie anerkennt, sagt, eine Schlußfolgerung lasse sich daraus nicht ziehen, oder indem man zeigt, daß die Art der Argumentation fehlerhaft ist, oder indem gegen eine stichhaltige Argumentation eine andere gleich stichhaltige oder bessere gesetzt wird.

Von den Behauptungen wird eine nicht zugegeben, indem man leugnet, daß das, was die Gegner glaublich nennen, es auch sei; indem man zeigt, daß etwas, was sie vergleichbar finden, ganz andersartig ist; indem man eine richterliche Entscheidung anders auslegt oder den Rechtsspruch überhaupt anficht; indem man leugnet, daß das, was die Gegner als sachlichen Beweis ansprechen, diesen Charakter habe; indem man bei einem Dilemma die eine oder beide Seiten anficht oder indem man zeigt, daß eine Aufzählung falsch ist oder daß eine einfache Schlußfolgerung einen Fehler enthält. Denn alles, was man bei der Begründung als wahrscheinlich oder zwingend anführt, muß, wie ich vorhin gezeigt habe, aus diesen Bereichen genommen werden.

43. (80) Was als glaublich angegeben ist, wird entkräftet, wenn es offensichtlich falsch ist, z. B.: „Es gibt niemanden, der nicht Geld der Weisheit vorzöge"; wenn auch das Gegenteil etwas Glaubliches hat, z. B.: „Wer strebt nicht mehr nach der Erfüllung seiner Pflicht als nach Geld?"; wenn es ganz unglaublich ist, so wenn jemand, der bekanntermaßen ein Geizhals ist, behauptet, er habe einer mittelwichtigen Verpflichtung wegen sich eine große Summe Geldes entgehen lassen; wenn etwas, was nur bei bestimmten Gelegenheiten und auf manche Menschen zutrifft, dargestellt wird, als müsse es immer so sein, z. B.: „Armen Leuten ist das Geld wichtiger als ihre Verpflichtungen" oder: „An dem verlassenen Ort muß der Mord begangen worden sein, denn wie könnte auf einem belebten Platz ein Mensch erschlagen werden?"; oder schließlich, wenn das, was selten geschieht, als unmöglich dargestellt wird, wie bei Curio in der Rede für Fulvius: „Niemand kann sich auf den ersten Blick und im Vorbeigehen verlieben."

(81) Was aber als sachlicher Beweisgrund angeführt wurde, wird mit Argumenten aus denselben Bereichen, aus denen es begründet wurde, auch entkräftet. Denn bei einem sachlichen Beweisgrund muß zunächst gezeigt werden, daß er wahr ist; dann, daß es wirklich ein Indiz für die Sache ist, um die es geht, wie Blut für einen Mord; dann, daß geschehen ist, was nicht geschehen durfte, oder nicht geschehen, was hätte geschehen müssen; schließlich, daß derjenige, um den es geht, die Gesetze und das Gewohnheitsrecht im Hinblick auf diese Sache gekannt habe... Also muß man bei jedem dieser Punkte in der Abweisung zeigen, daß er nicht als Beweis dienen kann oder nicht ausreicht, daß er einem selbst eher als dem Gegner zugute kommt, daß er überhaupt nicht stimmt oder sich auch in einen anderen Verdacht wenden läßt...

[Das wird wieder an zahlreichen Beispielen ausgeführt.]

52. (98) Der *Schluß* ist Ausgang und Abgrenzung der gesamten Rede. Er hat drei Teile: Aufzählung, Erregung des Unwillens, Klage.

In der Aufzählung wird das weitläufig und diffus Gesagte

zusammengezogen und zur besseren Einprägung unter einen Gesichtspunkt gestellt. Wenn das immer in der gleichen Art geschieht, so merkt jeder deutlich, daß da ein Kunstgriff angewandt wird. Wenn man es aber abwechslungsreich macht, kann man diesen Verdacht und die Übersättigung vermeiden.

Deshalb muß man manchmal so vorgehen, wie die meisten es der Einfachheit halber machen, nämlich jeden Punkt einzeln berühren und so die gesamte Argumentation kurz durchgehen; manchmal aber auch, und das ist schwieriger, sagen, welche Teile man in der vorgegebenen Gliederung aufgeführt und zu behandeln versprochen hat, und dann ins Gedächtnis rufen, auf welche Weise man jeden Punkt begründet hat, und dann die Zuhörer fragen, was denn ihrer Ansicht nach etwa noch bewiesen werden müsse, in der Art: „Dieses habe ich erklärt, jenes habe ich verdeutlicht." So erinnert sich auch der Hörer und glaubt, daß es weiter nichts gebe, was er noch zu wünschen hätte. (99) Und bei beiden Arten kannst du, wie ich schon gesagt habe, bald deine eigene Argumentation einzeln durchgehen, bald, was kunstvoller ist, sie mit der gegnerischen verknüpfen und immer, wenn du deine Beweisführung genannt hast, zeigen, wie du das, was dagegen vorgebracht werden könnte, entkräftet hast. So wird durch einen kurzen Vergleich das Gedächtnis des Hörers im Hinblick auf deine Begründung und die Abweisung des Gegners aufgefrischt. Und dabei muß man mit verschiedenen Vortragsweisen variieren. Denn manchmal kannst du in eigener Person aufzählen und anführen, was du bei jeder Gelegenheit gesagt hast, dann wieder eine andere Person oder Sache redend einführen und ihr die gesamte Aufzählung in den Mund legen. Eine Person etwa folgendermaßen: „Wenn der Gesetzgeber aufstünde und euch fragte, welche Zweifel ihr habt, was könntet ihr sagen, da euch das und das bewiesen worden ist?" … (100) Eine Sache aber wird eingeführt, wenn man beispielsweise dem Gesetz, dem Ort, der Stadt, einem Denkmal die Rede in den Mund legt …

53. Erregung des Unwillens ist der Teil der Rede, durch den bewirkt wird, daß großer Haß gegen einen Men-

schen oder großes Mißfallen an einem Tatbestand erweckt wird… (101) Den ersten Ausgangspunkt nimmt man hier vom Ansehen her, wenn man anführt, wie sehr diese Angelegenheit denen am Herzen gelegen hat, deren Ansehen besonders groß sein muß… Beim zweiten Punkt wird mit entrüstetem Nachdruck gezeigt, wer alles von dieser Sache betroffen ist… Beim dritten Punkt fragen wir, was die Folgen wären, wenn auch die anderen Menschen ebenso handelten… (105) …Beim fünfzehnten Punkt sagen wir, selbst persönlichen Gegnern und Staatsfeinden komme das, was uns zugestoßen sei, gemeinhin unwürdig vor…

55. (106) …Die Klage ist der Teil der Rede, der das Mitleid der Zuhörer erweckt. Dabei muß man zunächst den Zuhörer sanft und mitleidig stimmen, damit er leichter durch die Klage bewegt werden kann. Das tut man am besten durch allgemeingehaltene Betrachtungen, die die Macht des Schicksals über alle und die Schwäche der Menschen zeigen; wenn eine solche Rede mit Ernst und Gedankenreichtum vorgetragen wird, bewegt sie das Herz des Hörers besonders und stimmt es zum Mitleid, da er im fremden Unglück die eigene Schwäche betrachtet.

(107) In erster Linie erwecken wir Teilnahme, indem wir zeigen, wie glücklich unsere Mandanten waren und wie unglücklich sie jetzt sind. Bei einem zweiten Punkt wird auf die Zeit hin gearbeitet und gezeigt, wie unglücklich sie waren, sind und sein werden…

(108) …Beim achten Punkt sagt man, daß etwas geschehen sei, was nicht hätte geschehen dürfen, oder nicht geschehen sei, was hätte geschehen müssen, folgendermaßen: „Ich war nicht da, ich habe ihn nicht gesehen, nicht seine letzten Worte gehört, ihm nicht die Augen zugedrückt."

(109) …56. …Wenn aber die Hörer bewegt sind, darf man nicht länger bei der Klage verweilen, denn, wie der Rhetor Apollonius gesagt hat: „Nichts trocknet schneller als Tränen." …

ZWEITES BUCH

[Im zweiten Buch werden die vorher gegebenen Anweisungen jeweils für Ankläger und Verteidiger, Kläger und Beklagten an Beispielen exemplifiziert.]

... 10. (32) ... Wie es nämlich nichts nützt, jemanden schlechtzumachen, wenn es kein Motiv gibt, weshalb er eine Verfehlung hätte begehen sollen, so wiegt das Vorliegen eines Motivs nicht schwer, wenn sich zeigen läßt, daß er keinem unehrenhaften Gedanken zugänglich war.

Deshalb muß der Ankläger das Leben dessen, den er beschuldigt, aus seinen früheren Taten heraus angreifen und verdächtigen und zeigen, daß er schon früher einmal der gleichen Verfehlung überführt worden ist; wenn er das nicht kann, daß er schon früher in ähnlichen Verdacht gekommen ist; und besonders, wenn es möglich ist, daß er in irgendeinem Fall aus einem ganz ähnlichen Motiv sich vergangen hat, entweder in einer ebenso wichtigen, einer größeren oder geringfügigeren Sache, z. B. wenn er beweisen kann, daß jemand, von dem er sagt, er habe des Geldes wegen gehandelt, sich in einer Sache habgierig benommen hat. (33) Ebenso muß man in jedem Fall die Natur, den Lebensstil, die Lieblingsbeschäftigung, die Glücksumstände oder sonst etwas, was zur Person gehört, mit dem Motiv, das den Menschen zum Handeln bewogen haben soll, verbinden und auch, von einer Schuld anderer Art ausgehend, wenn man eine gleiche nicht anführen kann, den Charakter des Gegners herabsetzen. Wenn du ihn beschuldigst, aus Habgier gehandelt zu haben, und nicht beweisen kannst, daß der, den du anklagst, habsüchtig ist, mußt du zeigen, daß er zu anderen, verwandten Lastern neigt und daß es deshalb nicht merkwürdig ist, daß jemand, der in jener Angelegenheit sich schäbig oder gierig oder unverschämt erwiesen hat, auch in diesem Falle sich vergangen habe. Um so viel, wie man nämlich die Rechtschaffenheit und das Ansehen des Beschuldigten herabsetzen kann, um genau so viel sind die Möglichkeiten der Verteidigung gemindert. (34) Wenn man aber nicht beweisen kann, daß der Angeklagte irgendeine verwandte Verfehlung vorher begangen hat, dann muß man den Gemeinplatz einführen, durch den die Richter ermahnt werden, den früheren Ruf des Mannes für diese Sache nicht in Betracht zu ziehen. Vorher habe er es nämlich verborgen getrieben, jetzt sei er auf frischer Tat ertappt; deshalb müsse man diese Sache nicht nach seinem früheren Leben ansehen, sondern sein Vorleben sei durch diese Tat entwertet. Vorher habe er eben entweder nicht die Gelegenheit oder kein Motiv gehabt, sich zu vergehen ...

11. (35) Der Verteidiger aber muß zunächst, wenn er irgend kann, beweisen, daß das Leben des Verdächtigten so ehrenhaft wie nur möglich war. Das geschieht, indem er zeigt, daß er bekannte und allgemeine Pflichten erfüllt hat, z. B. gegen Eltern, Verwandte, Freunde, Nachbarn, Klient oder Patron; auch, was seltener vorkommt und mehr wert ist, wenn er sagen kann, daß der Angeklagte unter großer Mühe oder Gefahr oder beidem aus Pflichtbewußtsein und obwohl er es nicht unbedingt mußte, für den Staat oder die Eltern oder für jemand anderen von den eben Genannten etwas getan hat; dann auch, indem er zeigt, daß er sich nichts hat zuschulden kommen lassen und nie aus selbstsüchtigen Motiven eine Pflicht versäumt hat. Das wird um so überzeugender sein, wenn man zeigen kann, daß er sich zurückgehalten hat, obwohl er die Macht gehabt hätte, ungestraft etwas nicht ganz Anständiges zu tun.

(36) Diese Art der Argumentation ist um so wirksamer, wenn bewiesen wird, daß er gerade in der Hinsicht, in der er beschuldigt wird, vorher untadelig gewesen ist, z. B. wenn man nachweist, daß jemand, dem vorgeworfen wird, aus Habgier gehandelt zu haben, sein ganzes Leben lang nichts weniger als habsüchtig gewesen ist. Hier wird dann mit großem Ernst Entrüstung und Klage vereint und gezeigt, daß es elend und schändlich sei, zu glauben, daß ein Grund, der bedenkenlose Menschen häufig zum Betrug hinreiße, auch einen so sittenreinen Menschen habe zu diesem Vergehen treiben können, obgleich er sich doch sein Lebtag von allen Lastern weit entfernt gehalten habe; oder: es sei unbillig und gerade für einen guten Menschen höchst verderblich, daß ihm bei einer solchen Gele-

genheit nicht sein bisheriges tadelloses Leben besonders zugute komme, sondern daß man ihm aus einer plötzlichen Anklage, die man sich leicht fälschlich ausdenken könne, einen Strick drehe, statt ihn nach dem vorherigen Leben zu beurteilen, das man nicht für die Gelegenheit zurechtbiegen oder irgendwie ändern könne. (37) Wenn aber in der Vergangenheit des Angeklagten dunkle Punkte sind, so wird man entweder sagen, er sei fälschlich in diesen Ruf gekommen, durch Neider oder Verleumdung oder Mißverständnis, oder sie werden seiner Unvorsichtigkeit, der Notwendigkeit, der Überredung, seiner Jugend oder einer nicht bösartigen Gemütsbewegung zugeschrieben... Wenn aber auf keine Art durch die Rede Schande oder Ehrlosigkeit des Lebens gemildert werden können, so muß man sagen, daß es hier nicht um sein Leben und seinen Charakter gehe, sondern um das Verbrechen, dessen er angeklagt sei. Deshalb müsse man alles, was früher geschehen sei, beiseite lassen und das behandeln, was vorliege...

ANHANG

ZUR TEXTGESTALTUNG

Die zugrunde liegenden lateinischen Textausgaben sind im Abschnitt „Bibliographische Hinweise“ genannt.

Eckige Klammern [ ] kennzeichnen Hinzufügungen des Herausgebers.

Spitze Klammern ⟨ ⟩ sind verwendet, um Textstellen kenntlich zu machen, die aus gleichartigen antiken Texten erschlossen wurden.

In runden Klammern ( ) stehen gleichwertige lateinische bzw. deutsche Begriffe sowie in den Digesten die Namen der zitierten Juristen.

Lücken im Originaltext sind durch - - - wiedergegeben.

In den ausgewählten Texten sind ausgelassene Textstellen durch ... angedeutet.

Im Original der Digesten sind genaue Angaben über die Herkunft der Textstellen gemacht, z. B.

1,3,1 Papinian in seinem Buch „Definitionen“;

1,3,4 Celsus im 5. Buch seiner „Digesten“.

In unserer Ausgabe wird nur der Name des zitierten Juristen genannt.

Bei den Stellenangaben werden folgende Abkürzungen verwendet: Z. = Zwölftafelgesetz; G. = Gaius, Institutionen; D. = Digesten; Ro. = Cicero, Rede für Sextus Roscius aus Ameria; Rh. = Cicero, Zwei Bücher Rhetorik.

Nähere Erläuterungen zur Zitierweise befinden sich in den Vorbemerkungen zum Register.

ANMERKUNGEN

Erläuterungen zu antiken Eigennamen und juristischen Begriffen werden in dem Register gegeben, das sich an diesen Anmerkungsteil anschließt. Verweise beziehen sich auf dieses Register.

Zwölftafelgesetz

Der Text der Zwölftafelgesetze ist aus Fragmenten, die bei den verschiedensten Schriftstellern unter den verschiedensten Gesichtspunkten überliefert sind, teilweise wiederhergestellt worden. In manchen Fällen sind aber nur einzelne Wörter erhalten, die ein Grammatiker wegen ihrer altertümlichen Form aufbewahrt hat, in anderen gibt ein Schriftsteller nicht ein Zitat, sondern eine Paraphrase des Inhalts einer Stelle.

In der vorliegenden Ausgabe sind nur längere, sinnvolle Zitate berücksichtigt, in denen also der Gesetzestext in seiner ursprünglichen Form vorliegt.

I 6ff. *Wo sie die Sache...* – Aus dem Text geht nicht klar hervor, ob es sich um die erste Verhandlung vor dem Prätor oder bereits um die vor dem Privatrichter handelt (vgl. G. IV 21).

II 3 *laut Klage ... führen* – Durch diese öffentliche Scheltrede soll ein moralischer Druck ausgeübt werden.

III 3 *wenn er will, weniger* – Überliefert ist: „nicht weniger – wenn er will, mehr", doch wird allgemein entsprechend der Übersetzung geändert. Zum Vindex vgl. G. IV 21.

III 6 *Teile ... schneiden* – Gab es mehrere Gläubiger, hatten sie das Recht, den Schuldner zu zerstückeln. Nach dem Zeugnis des Gellius (2. Jh. u. Z.) wurde das Gesetz nie mit voller Strenge angewandt.

III 7 *ewige Gültigkeit des Rechtsanspruchs* – Es geht hier um die Unfähigkeit des Nichtbürgers, durch → Ersitzung Eigentum zu erwerben (vgl. quiritisches Eigentum).

VI 7 *gemeinsamer Balken* – Auf diese Weise sollten bestehende Gebäude und Weingärten geschützt werden. Der Eigentümer konnte auf doppelten Wertersatz gegen den klagen, der den Balken (nach D. 50,16,42 wurde mit dem Worte tignum auch anderes Baumaterial bezeichnet) zum Bauen verwendet hatte.

VII 7 *Weg* – Dieses Gesetz bezieht sich auf das Wegerecht auf einem fremden Grundstück (→ Dienstbarkeit). Der Landeigentümer hatte den Weg durch sein Grundstück zu erhalten und mußte ihm einen Steingrund geben. Wenn sich die Straße nicht in einem ordentlichen Zustand befand, durfte über das angrenzende Feld gefahren bzw. getrieben werden, ohne daß der Eigentümer einen Ersatzanspruch hatte.

VIII 1 *Schmähgedicht* – Das Schmähgedicht (malum carmen) war ursprünglich wohl eine magische Verwünschung, später wurden unter dieser Bezeichnung aber auch politische Pamphlete erfaßt und nach diesem Gesetz bestraft.

VIII 8a *beschworen* – Es geht um Hexerei.

VIII 24a *mehr... geglitten als absichtlich geschleudert* – Es ist ein Fortschritt im Rechtsdenken, daß böse Absicht und unglücklicher Zufall auseinandergehalten werden. Im primitiven Recht war für die Bestrafung nur der Tatbestand ausschlaggebend.

X 4 *Frauen* – Es war eine überall im Altertum verbreitete Sitte, Klageweiber zu mieten. Trotz des Verbots hat sie weiter bestanden.

X 7 *durch sein Vermögen... erworben* – Dazu rechneten z. B. die Sklaven oder auch Pferde beim Rennen. Den Kranz bekam in jedem Fall der Besitzer.

X 8 *mit Gold befestigt* – Es handelt sich um eine Befestigung mit feinem Golddraht und eine Art goldener Stiftzähne.

XII 2a *Wenn ein Sklave ... Schaden angerichtet hat* – → G. IV 75f.

Cicero · Rede für Sextus Roscius aus Ameria

1 *Der Gefahr aus dem Wege gehen* – Die Schwierigkeit für den → Verteidiger lag darin, daß die Gefahr bestand, → Sulla, der damals unumschränkte Gewalt hatte, könnte einen Angriff auf seinen Günstling → Chrysogonus auf sich persönlich beziehen. Da die Rücksichtslosigkeit des Diktators bekannt war, schreckte die Furcht vor Folgen offenbar eine Anzahl der Freunde der Familie Roscius von einer Verteidigung des Angeklagten ab, und auch Cicero ist mehrfach bestrebt, sich in dieser Hinsicht abzusichern.

8 *die Befriedigung derer, denen doch nichts genug ist* – Cicero spielt hier noch verdeckt auf die Ausschreitungen bei den Proskriptionen an (→ proskribieren 2).

9 *die politische Situation* – Der Bürgerkrieg war eben erst beendet; wie Sulla auf ein offenes Wort reagieren würde, war bei seinem unberechenbaren Charakter nicht vorauszusehen, obwohl anzunehmen ist, daß die Verwandten seiner vierten Frau, die einflußreichen → Meteller, ihn vorbeugend informiert und zu beeinflussen versucht hatten.

11 *in diesem Gerichtshofe* – → quaestio (1).

nach langer Zeit wird ... behandelt – Während des Bürgerkriegs und in der Zeit der Proskriptionen war die Rechtsprechung zum Erliegen gekommen; dies war der erste Fall, der nach der Sullanischen Gesetzgebung (vgl. Lex Cornelia) verhandelt wurde.

16 *jüngst vergangene Unruhen* – Die Kämpfe zwischen den Anhängern Sullas und ihren Gegnern.

22 *mag er auch noch so glücklich sein* – Sulla legte sich selbst den Beinamen Felix, d. h. der Glückliche, zu und nannte seine Kinder Faustus und Fausta, der bzw. die Glückliche.

28 *Fürsprecher* – → Patron (2).

Vatermord – → parricidium.

30 *in einen Ledersack genäht* – Vgl. Lex Pompeia über Verwandtenmord.

33 *„Weil er nicht stillgehalten hat!"* – Im lateinischen Text steht ein Ausdruck aus der Fechtersprache, der darauf anspielt, daß der getroffene Gladiator in heroischer Pose zu sterben hatte.

35 *Drei Dinge sind es...* – In diesem Abschnitt gibt Cicero eine Grobgliederung seiner Rede, vgl. dazu Rh. I 31.

38 *um es ihm nur vorzuwerfen* – Es gehörte zu den Aufgaben des Anklägers, den Ruf des Angeklagten möglichst zu untergraben; in den Mitteln war man nicht wählerisch, vgl. Rh. II 32 und 33.

40 *„Er gefiel seinem Vater nicht"* – Diese Behauptung kann durchaus auf Wahrheit beruhen, denn daß die beiden bei der Verschiedenheit ihrer Charaktere, die auch bei Cicero durchschimmert, ein besonders herzliches Verhältnis hatten, ist kaum anzunehmen. Ein Grund für einen Mord war das allerdings noch nicht.

50 *zu der Zeit* – Das Lob der „guten alten Zeit" gehört zu den bei Cicero immer wiederkehrenden Themen. Darin spiegelt sich das lebhafte Unbehagen an einer nicht mehr zu überschauenden und zu bewältigenden Entwicklung. Die Militärmonarchie als Ausweg erschien ihm aber ungangbar. Bei den Exkursen über Sullas Alleinherrschaft schwingt immer ein leichter Tadel mit in der Feststellung: Einer allein *kann* gar nicht alles überschauen, vgl. 131. Daß die alte aristokratische Herrschaftsform einer großen

Verklärung bedurfte, bis sie so positiv wirkte, wie Cicero sie malt, und daß sie bei der allgemeinen Korruption nicht weiter bestehen konnte, davor verschloß Cicero die Augen.

56 *den Gänsen ... wird Futter gestellt* – Die heiligen Gänse der Göttin Juno hatten der Sage nach durch ihr Schnattern die schlafenden Wachen rechtzeitig geweckt, als die Gallier einen Überfall auf die Burg versuchten (387 v. u. Z.). Seit der Zeit wurden dort ständig Gänse gehalten.

57 *der Buchstabe K* – Mit ihm beginnt in altertümlicher Schreibung das Wort Kalumniator = Verleumder; zu Ciceros Zeit wurde nur noch das Wort Kalenden (Monatserster) mit K geschrieben, sonst war der Buchstabe überall durch das C ersetzt, daher taucht diese Assoziation zu den verleumderischen Anklägern auf. Über die Brandmarkung als Strafe vgl. Lex Remmia.

59 *zu seiten des Angeklagten* – Zur moralischen Unterstützung des Angeklagten nahm man neben ihm Platz. Familienmitglieder legten in solchen Fällen sogar Trauerkleider an, um das Mitleid der Zuhörer und der Richter zu erwecken.

66 *Männer, die ... die Todesstrafe an ihrer Mutter vollzogen* – Am bekanntesten ist Orestes, der Sohn Klytaimestras und Agamemnons. Auch Alkmaion, dessen Mutter Eriphyle seinen Vater um eines goldenen Schmuckes willen verraten und seinen Tod verursacht hatte, war Ciceros Zuhörern aus einem lateinischen Drama bekannt.

84 *wenn er als Zeuge auftritt* – Die Zeugenvernehmung schloß sich an die Plädoyers des Anklägers und des Verteidigers an; beide hatten das Recht, die Zeugen der eigenen und der Gegenseite ins Kreuzverhör zu nehmen.

91 *der Mann, der die Geschicke des Staates lenkte* – → Sulla.
Leute, die ihre eigenen Verlegenheiten zu beheben suchten – Geldgier und persönliche Feindschaft war der Grund mancher Anklagen.

108 *in Gütergemeinschaft mit Chrysogonus* – Das ist wohl eine Übertreibung.

111 *das gegenseitige Vertrauen* – Die fides war ein zentraler Begriff der römischen aristokratischen Ideologie. Innerhalb der eigenen Klasse, in gewissem Umfange aber auch gegenüber den Abhängigen (entsprechend dem persönlichen Charakter der Herrschaftsverhältnisse), war ein Bruch der mit diesem Ausdruck umschriebenen Normen ein grober Verstoß gegen den anerkannten Ehrenkodex. Sklaven gegenüber allerdings gab es keine fides. Der Ausdruck ist mit „gegenseitiges Vertrauen“ nur einigermaßen

umschrieben, nicht völlig übersetzt – er kann sich in der Bedeutung bis zu „Kredit" konkretisieren.

114 *für die Erfüllung ... verbürgen* – → Sicherheit stellen (Cicero benutzt nicht den juristischen Fachausdruck).

124 *„goldener" Name* – Anspielung auf die Bedeutung des griechischen Wortes Chrysogonus = Goldkind.

125 *das weiß ich nicht und brauche es nicht zu wissen* – Cicero drückt sich so vage aus, um zu zeigen, daß er keinen aktiven Anteil an diesen Dingen hatte. Trotzdem mußten die wesentlichen Einzelheiten natürlich stimmen, um dem Gegner keine Gelegenheit zum Einhaken zu geben.

128 *die amtlichen Listen* – → Proskriptionsliste.

136 *daß niedrige Gesinnung und Würde um die Macht kämpften* – Moralisch war zwischen den beiden Parteien im Bürgerkrieg kein großer Unterschied, und politisch war die Restauration, die Sulla durchsetzte, zum Scheitern verurteilt – aber auch die Anhänger des → Marius hatten kein praktikables Programm, wie sich nur zu deutlich erwies, als sie zeitweise an der Macht waren. Ciceros Hoffnung auf eine moralische Regeneration der Nobilität, die er in 137–140 so beschwörend ausspricht, war völlig irreal. Etwas Ähnliches versuchte später Augustus mit drastischen repressiven Maßnahmen zu erreichen und scheiterte ebenfalls. Aber dieser Abschnitt ist ein schöner Beleg für Größe und Grenze von Ciceros Humanismus. Denn er hat sich nach Kräften um die Verwirklichung seines Idealbildes in seiner Person bemüht – obschon auch bei ihm das Sein (seine politische Abhängigkeit vom Ritterstand, die zu manchen Kompromissen führte) sich als stärker erwies als das Bewußtsein.

145 *was du weniger als alle anderen fürchten dürftest* – Als erklärter Günstling Sullas hatte Chrysogonus allen Grund, an die Dauerhaftigkeit von dessen Maßnahmen zu glauben. Es mußte einen schlechten Eindruck machen, wenn gerade er durch sein Handeln Unglauben erkennen ließ.

154 *Denn wenn wir...* – Die Rede schließt etwas abrupt; manche Herausgeber nehmen daher an, ein Stück sei verlorengegangen. Daß ein Freispruch erfolgte, ist anzunehmen, da diese Rede Ciceros Ruhm begründete. Eine Klage gegen Titus Roscius Magnus oder Chrysogonus auf Herausgabe des Vermögens ist aber anscheinend nicht erfolgt.

Cicero · Zwei Bücher Rhetorik

Die Auswahl aus dieser rhetorischen Schrift ist im Hinblick auf die Rede für Sextus Roscius aus Ameria getroffen, um dem Leser ein besseres Urteil über die angewandte Technik zu ermöglichen (vgl. Einleitung). Das erste Buch hat 109, das zweite 178 Paragraphen. Wir bringen einen inhaltlichen Überblick über das erste und eine Probe aus dem zweiten Buch.

ERSTES BUCH

27 *Abschweifung außerhalb des Falles und der Anklage* – In die Jugendrede für Sextus Roscius aus Ameria hat Cicero eine Reihe solcher Abschweifungen eingelegt, mehr als in die Reden seiner reifen Jahre. Eine Abschweifung mit einer Ähnlichkeit mit dem vorliegenden Fall ist die Erzählung über den Mord in 64–65, eine Abschweifung zur Erheiterung der Hörer bringen 59–60; besonderen Beifall bei den Hörern fand die pathetische Deklamation in 70–72, eine Abschweifung zur Verstärkung der Wirkung. Cicero erinnerte sich daran noch im Alter mit Vergnügen, obwohl er über solchen Überschwang inzwischen hinaus war (Orator 107–108).

die dritte Klasse – Sie findet sich – vom Standpunkt des praktischen Redners aus! – bei den Dichtern. Auch die Schulthemen gaben oft der Phantasie Spielraum, um den Jungen den Unterricht schmackhaft zu machen, und schlossen sich dann an Dichtwerke an.

35 *Frage nach dem Geschlecht* – Neben der biologischen hat es auch eine „spezifisch menschliche", d. h. gesellschaftliche Bedeutung, „ob jemand ein Mann oder eine Frau ist".

freie Künste – Gegenstand des Unterrichts waren Grammatik, Dialektik, Rhetorik, Musiktheorie, Arithmetik, Geometrie, Astronomie.

41 *in Verbindung mit dem Rechtsfall stehend* – In diesem Abschnitt der Rede wird der vorliegende Fall mit anderen verglichen, um – je nach der Zielsetzung – zu erweisen, daß die in Frage stehende Sache besonders schwerwiegend oder nicht sehr schwerwiegend sei.

43 *ob es darüber... eine Wissenschaft, eine Kunst oder Technik gibt* – Das kam bei privatrechtlichen Streitigkeiten in Frage, wenn es um Fragen des Bauwesens, des Wasserbaus usw. ging.

69 *leuchtendes Siegeszeichen* – Im Lateinischen ein Wortspiel, das auf den Ort der Schlacht – Leuktra – hinweist.

98 *daß da ein Kunstgriff angewandt wird* – Die Rede mußte möglichst improvisiert wirken, um nicht das Mißtrauen der Geschworenen zu erwecken.

ZWEITES BUCH

34 *auf frischer Tat ertappt* – Das ist eine Übertreibung des Redners; denn wenn der Angeklagte wirklich in flagranti ergriffen war, so bedurfte es auch in Rom keiner langen Reden mehr, es sei denn, der Charakter der zugegebenen Tat wäre strittig gewesen, z. B. ob es sich um Totschlag oder Notwehr handelte.

REGISTER

Das Register enthält Erläuterungen zu antiken Eigennamen und juristischen Begriffen. Letztere sind – sofern sie übersetzbar waren – in ihrer deutschen Form aufgenommen, so daß also neben lateinischen Begriffen wie adrogatio, mancipatio usw. vorwiegend deutsche wie Aufkündigung, Prozeßwette usw. im Register aufgeführt sind. Wenn eine zutreffende Erläuterung oder Definition des Begriffs im Text gegeben ist, wird im Register lediglich darauf verwiesen; nur wo sie nicht ausreicht oder fehlerhaft ist, wird der Begriff im Register erklärt. Wichtigen juristischen Begriffen, die übersetzt werden konnten, ist daneben der lateinische Begriff in runden Klammern beigegeben.

Die Erläuterungen orientieren sich auf die Bedeutung eines Begriffs, die er während der Entstehungszeit der einzelnen Texte hatte. Spätere Entwicklungen eines Begriffs sind nicht berücksichtigt.

Bei der alphabetischen Einordnung wurden ä wie ae und ö wie oe behandelt. Lateinisches c kann sich bei der Eindeutschung in k oder z verwandeln.

Mehrgliedrige Ausdrücke sind stets unter dem ersten Wort eingeordnet, z. B. *aufhebende* Einrede, *guter* Glaube, *ius* civile.

Römische Personennamen stehen unter dem Namensteil, der im Text an erster Stelle genannt ist, um Verweise zu vermeiden, z. B. *Annaeus* Seneca.

Haben Begriffe oder Namen mehrere Bedeutungen, so sind diese durch arabische Ziffern unterschieden.

Da das Register alle Aussagen zu den einzelnen Begriffen erfaßt, sind auch die Stellen im Register angegeben, wo nicht der Begriff, sondern lediglich eine Umschreibung im Text steht. Die wesentlichen Stellenangaben, d. h., wo Definitionen und Überblicke geboten werden, sind im Druck kursiv hervorgehoben.

Für Leser, die auch das Original konsultieren wollen, ist folgendes zu beachten:

1. Wörter eines Wortstamms sind gelegentlich gegeneinander ausgetauscht („aus Ameria“ für „Amerinus“).
2. Durch ein Ü. hinter der Stellenangabe sind die Fälle bezeichnet, in denen ein Begriff in der Übersetzung genannt wird, während im Lateinischen nur eine Umschreibung steht, z. B. „ius civile“ in G. II 36Ü. – Gaius hat „legitimo iure“.
3. Durch ein A. hinter der Stellenangabe sind die Fälle bezeichnet,

in denen der Autor einen Begriff nennt, die Übersetzung aber umschreibt.

4. Die Namen der römischen Kaiser sind stets in der im Deutschen geläufigen Form in den Text eingesetzt worden, z. B. Caracalla oder Marc Aurel, auch wenn im Lateinischen dafür Antoninus oder Marcus steht.

Bei den Stellenangaben werden folgende Abkürzungen verwendet: Z. = Zwölftafelgesetz; G. = Gaius, Institutionen; D. = Digesten; Ro. = Cicero, Rede für Sextus Roscius aus Ameria; Rh. = Cicero, Zwei Bücher Rhetorik.

Im Zwölftafelgesetz bedeuten römische Ziffern die Tafel, arabische das Gesetz (z. B. Z. I 3 = Tafel I, Gesetz 3).

Bei Gaius' Institutionen bedeuten römische Ziffern das Buch, arabische das Kapitel (z. B. G. I 4 29 usw. Buch I, Kapitel 4 und 29 usw.).

In den Digesten bedeuten die arabischen Ziffern, die durch Kommata voneinander getrennt sind, in ihrer Reihenfolge das Buch, den titulus, das fragmentum, den Paragraphen (z. B. D. 48,3,14,7 = Buch 48, titulus 3, fragmentum 14, Paragraph 7). Mehrere fragmenta aus demselben titulus sind durch Punkte voneinander getrennt (z. B. D. 24,1,2.28.59 = Buch 24, titulus 1, fragmenta 2 und 28 und 59). Der erste Abschnitt eines fragmentum heißt prooemium (Vorspruch); seine Abkürzung lautet pr.

In Ciceros Rede für Sextus Roscius aus Ameria bedeuten die arabischen Ziffern die Paragraphen (z. B. Ro. 36 = Paragraph 36). Im Text ist auch die Kapitelzählung aufgeführt; deswegen stehen dort die Paragraphen in runden Klammern. Im Register wird die Kapitelzählung nicht berücksichtigt.

In Ciceros Zwei Büchern Rhetorik bedeuten römische Ziffern das Buch, arabische die Paragraphen (z. B. Rh. I 7 = Buch I, Paragraph 7). Auch hier ist die Kapitelzählung im Gegensatz zum Text nicht im Register berücksichtigt.

Tritt ein Begriff mehrfach in einem Kapitel usw. auf, so ist das nicht besonders erwähnt.

Abtreibung: D. 47,11,4 48,8,8. Abtreibungsversuche wurden vorwiegend auf magischem Wege, aber auch mechanisch (Abtötung der Frucht mit einer Nadel) und mit Medikamenten und giftigen Substanzen (Bleiweiß) vorgenommen. Sie waren stets lebensgefährlich.

Abtretung vor Gericht (in iure cessio), *abtreten*: Übereignung vor dem Prätor bzw. dem Statthalter als oberstem Gerichtsmagistrat, G. II 22 24 26 29—37 41 59 63 65 96 204 213 214 III 85—87 201.

Abzug (deductio): Bei einer Klage konnten Forderungen des Beklagten an den Kläger in Abzug gebracht werden, G. IV *65 bis 68.*

(actio): 1. Klagerecht.
2. Klage.

actio Publiciana: Eine Klage, die dem Erwerber bei Verlust eines Objekts gewährt wurde, noch ehe es wirklich ersessen (→ Ersitzung) war, G. IV 36. Vielleicht wurde sie 67 v. u. Z. von dem Prätor Quintus Publicius eingeführt.

actio Rutiliana: Eine Klage des → Käufers der gesamten Habe gegen den Schuldner des ehemaligen Eigentümers, G. IV 35.

actio Serviana: Eine Klage des → Käufers der gesamten Habe gegen den Schuldner des ehemaligen Eigentümers, bei der fingiert wurde, er sei der Erbe des letzteren. Vielleicht wurde sie von Servius → Sulpicius eingeführt, G. IV 35.

Adoption, adoptieren: Annahme an Kindes Statt, G. I *97–107* 134 135; D. 1,6,5 *1,7,1.5.6.9.*12 1,7,17,2.3.4. Adoption als Ehehindernis, G. I 59 61. Aufhebung der Adoption, G. I 137a II 136 137; D. 1,7,13. Adoption löste und schuf agnatische Verwandtschafts- und Vormundschaftsverhältnisse (vgl. Agnaten), G. I 162 195b; D. 1,7,23.40. Die Adoption hatte Auswirkungen bei der Testamentserrichtung, G. II 98 136–138 140 147, und bei der → Intestaterbfolge, G. III 2 31 40 41 46 49. Andere vermögensrechtliche Auswirkungen, G. III 83 84. Die Adoption (genaugenommen → adrogatio) eigener Mündel war zum Schutz der Minderjährigen erschwert, D. 1,7,17. Das Verbot, jemanden zu adoptieren, der nicht den entsprechenden Altersabstand hatte, D. 1,7,16.40,1, sollte finanzielle Manipulationen zuungunsten von leiblichen Erben oder Schuldnern verhindern. Auch um Zugang zum Volkstribunat zu erhalten, das nur Plebejern zugänglich war, waren in republikanischer Zeit derartige formale Adoptionen durchgeführt worden. – D. 1,7,24.26.27.29.30.31.35.36.40.42.45.

Adoptivtochter: Frauen wurden selten adoptiert, weil sie für die Fortsetzung des Namens nicht in Frage kamen, G. I 101 137a III 40.

adrogatio: Eine Art der Annahme an Kindes Statt, falls der Adoptierte → rechtlich selbständig war, G. I *99–107* II 138 IV 38 *77*; D. 1,7,1.40. Bestimmungen zur Verhinderung von Mißbräuchen, D. 1,7,17.24. Vgl. Adoption.

Adstipulator: G. III *110–114* 117 126. Es gab eine Klage gegen den Adstipulator, G. III 215, aber keine Klage seiner Erben, G. IV 113.

Ädil: Es gab zunächst nur zwei plebejische Ädilen, dann auch zwei aus den Reihen der Patrizier zu wählende „kurulische Ädilen“. Aber schon seit 300 v. u. Z. war auch die kurulische Ädilität den Plebejern zugänglich, und alle vier Ädilen bildeten ein Kollegium. Sie hatten die Aufsicht über die Getreideversorgung und die öffentlichen Spiele Roms sowie die Marktaufsicht und erließen jährlich ein Edikt über die Kaufs- und Verkaufsordnung, G. I 6. Seit Hadrians Zeit war auch das Edikt der Ädilen fixiert und durfte nicht mehr geändert werden (um 130 u. Z.).

Aelius Marcianus: Prokonsul von Baetica, einer römischen Provinz im Süden der Pyrenäenhalbinsel, zur Zeit des Kaisers Antoninus Pius (138–161), D. 1,6,2.

Aemilius Tiro: Ein nicht näher bestimmbarer Römer, an den die → kaiserlichen Brüder (161–169) ein Reskript richteten, D. 47,18,1.

aequitas: Einer der umstrittensten Begriffe des römischen Rechts, besonders deswegen, weil er im Laufe der Zeit eine Bedeutungsentwicklung erfuhr. Ursprünglich „Gleichmäßigkeit in der Behandlung gleicher Rechtsverhältnisse" – wobei die Römer den Gedanken einer „Gleichheit aller vor dem Gesetz" nicht kannten –, wurde er später zum Schlagwort des Kampfes um die Möglichkeit, besondere Umstände bei der Bemessung der Strafe etc. zu berücksichtigen, im Gegensatz zu einer formalistischen Anwendung der Gesetze. In diesem Falle könnte man mit „Billigkeit" übersetzen, D. 50,17,90.

Aeschines: Aischines (um 430–um 360 v. u. Z.), ein Philosoph aus Athen, Schüler des → Sokrates; von seinen Schriften ist nur sehr wenig erhalten, Rh. I 51.

Africa: Römische Provinz im Gebiet des heutigen Tunesien, D. 47,18,1,2.

Africanus: 1. Sextus Caecilius Africanus (gestorben vor 175 u. Z.), ein römischer Jurist, Schüler des → Julian. Texte, D. 47,2,61(60) 50,16,207.208.

2. Publius Cornelius Scipio Africanus maior, der Sieger über Hannibal bei Zama im Jahre 201 v. u. Z., → Africanus (3).

3. Publius Cornelius Scipio Aemilianus Africanus minor, Adoptivenkel von → Africanus (2), der Eroberer von Karthago im Jahre 146 v. u. Z. Er ist wahrscheinlich Ro. 103 gemeint, aber auch dann bleibt es eine rednerische Übertreibung, daß er den „dritten Erdteil" erobert habe – die Römer kannten nur einen Teil Nordafrikas.

Agerius: Aulus Agerius, fiktiver Name des Klägers in den Prozeßformeln. Agerius ist kein echter römischer Name, sondern eine Ableitung von agere (klagen), G. IV 34 36 40 41 43 47 50 51 119 131a 136 137.

Agnaten (agnati), *agnatisch* (lat. auch agnatio): Agnaten sind alle Personen, die in demselben Hausverband stehen oder stünden, wenn ihr gemeinsamer Vater oder Vorfahr noch lebte, G. I *156* III *10*. Die Verwandten von mütterlicher Seite her sind → Kognaten. In historischer Zeit waren die Agnaten erbberechtigt, wenn kein Testament bestand, und ebenso zur Vormundschaft berufen, Z. V 4 5 7a; G. I 155 157 164 165 168 171 II 47 149a. → Schmälerung der Rechtsfähigkeit hob agnatische Beziehungen auf, G. I 158 163 III 21. Ein Agnat konnte → Vermögenspfleger werden, G. II 64; vgl. Lex Claudia. Bestimmungen über die Erbfolge, G. III 9–17 21–23 27 bis 29 34 37; D. 50,16,195,1.2. Wirkung der Adoption auf agnatische Verwandtschaft, D. 1,7,23. Einzelheiten bei Verurteilungen, D. 48,22,3. Vgl. Nachgeborene.

Agrippina: Die Tochter des Germanicus, aus erster Ehe Mutter des späteren Kaisers → Nero, in zweiter Ehe mit dem Kaiser → Claudius verheiratet, G. I 62.

Ägypten: D. 47,11,10 48,10,1,4 48,22,7,5.

Aktenvermerk (subscriptio): Eine vom Kaiser unter eine Anfrage notierte Antwort, D. 1,4,1,1. Ein Aktenvermerk Hadrians, G. I 94.

Alfenus: Publius Alfenus Varus (2. Hälfte des 2. Jh. v. u. Z.), ein römischer Jurist, Schüler des Servius → Sulpicius Rufus. Er verfaßte 40 Bücher Digesten, die (an Hand zweier verschiedener Auszüge) in Justinians Digesten mehrfach verwendet wurden, D. 50,16,239. Texte, D. 48,22,3 50,16,202.

Alimente: Nur für in der Ehe gezeugte Kinder konnte der Vater zur Unterhaltszahlung nach erfolgter Scheidung herangezogen werden; uneheliche oder im Ehebruch gezeugte Kinder waren juristisch mit ihrem Erzeuger nicht verwandt und hatten infolgedessen keinerlei Ansprüche an den Vater, D. 1,6,10.

Alraun: Mandragora officinalis, die nach dem Volksglauben zauberkräftige, menschengestaltige Wurzel eines giftigen Nachtschattengewächses, D. 48,8,3,3.

Ameria: Landstadt in Umbrien, ca. 80 km nördlich von Rom, an einem kleinen Nebenfluß des Tiber gelegen, heute Amelia. Die Einwohner hatten das römische Bürgerrecht, Ro. 15 17–19 23 74 76 96 97 102 105 120 127.

Amtsgewalt: „Von der Amtsgewalt abhängiger Prozeß" bzw. „... abhängige Klage" (iudicium bzw. actio imperio continens), G. III 181 IV *103–109*.

Anforderung eines Privatrichters (iudicis postulatio): Ein Verfahren im alten Legisaktionenprozeß, G. IV 12 *17a* 20.

Ankläger (accusator), *Anklage, anklagen*: Nur in Kriminalprozessen gibt es einen Ankläger, in privatrechtlichen Verfahren spricht man vom Kläger; aber auch in einem Mordprozeß wie dem gegen Roscius gab es in republikanischer Zeit niemanden, der dem Staatsanwalt entsprochen hätte, sondern jeder unbescholtene Bürger hatte das Recht, Anklage zu erheben; in manchen Fällen gab es als Anreiz eine Anklägerprämie. Leichtfertige oder böswillige Anklagen waren mit Ehrenstrafen bedroht, vgl. Lex Remmia. Sieht man von Anklagen in gewissen politischen Prozessen (z. B. wegen Amtserschleichung oder unerlaubter Geldannahme in den Provinzen) ab, war die Rolle des Anklägers nicht sehr angesehen. Es war möglich, daß mehrere Ankläger sprachen, ebenso konnte es mehrere Verteidiger geben, Ro. 6 12 13. Anweisungen für den Ankläger gibt Cicero in Rh. II 32–34. Daß Titus Roscius Magnus auf der Anklägerbank sitzt, tadelt Cicero mehrfach als ungehörig, denn Zeugen wurden erst nach den einleitenden Plädoyers des Anklägers und des Verteidigers vom Herold aufgerufen; zur Anklage gesprochen hatte Titus aber nicht, Ro. 28 35 38 50. In Ro. 55–57 stellt Cicero ausführliche Betrachtungen über die Aufgaben des Anklägers an. – Ro. 58 80 83 95 104; Rh. I 7.

Annaeus Seneca: Lucius Annaeus Seneca (um 4 v. u. Z.–63 u. Z.), Erzieher des Kaisers → Nero, Philosoph der stoischen Richtung, einer der reichsten Männer Roms, von Nero zum Selbstmord gezwungen, Konsul 56 u. Z., G. II 253.

Annius Verus: Gemeinsam mit Neratius Priscus 83 oder 87 u. Z. Konsul, D. 48,8,6.

Antiochener: Die Bewohner von Antiochia in Syrien, einer der größten Städte des Römischen Reiches, heute Antâkya, D. 48,3,3.

Antistius: Wer gemeint ist, läßt sich nicht mehr feststellen; der Betreffende muß jedenfalls einmal nach der → Lex Remmia verurteilt worden sein, Ro. 90.

(Antoninus): Im lateinischen Text sind mit dem Namen Antoninus die Kaiser Antoninus Pius, Marc Aurel, Caracalla bezeichnet, in der Übersetzung stehen jeweils die geläufigen Namen.

Antoninus Augustus: Gemeint ist → Caracalla, D. 24,1,3.

Antoninus Pius: Imperator Caesar Titus Aelius Hadrianus Antoninus Pius (86–161), römischer Kaiser seit 138 u. Z. Zwei Erlasse gegen die sinnlose Mißhandlung und Tötung von Sklaven, G. I 53; D. 1,6,2. Reskript zu Bürgerrechtsproblemen, G. I 74. Schreiben zur → adrogatio, G. I 102. Reskript zum Schutze der Testamentserben, G. II 120 121Ü. 149a (dort als „Erlaß" bezeichnet). Reskript, das die Rechte übergangener Frauen auf die Erbschaft einschränkt, G. II 126. Reskript über Erbfolge, G. II 151a. Erlaß über ein Vermächtnis, G. II 195. Reskripte über die rechtliche Stellung von Kindern, D. 1,5,8; über die Bewachung von Untersuchungsgefangenen,

D. 48,3,3; über die Entführung eines Knaben, D. 48,6,6; über Beschneidung, D. 48,8,11; über die Anwendung der Folter, D. 48,18,9,2 48,18,10; über die Rechtsbeschränkungen Deportierter, D. 48,22,2.

Apollonius: Griechischer Rhetor, wahrscheinlich Apollonios Molo, bei dem Cicero 87 v. u. Z. Unterricht nahm, als dieser in Rom weilte, Rh. I 109.

Apronianus: Lucius Apronianus, wahrscheinlich 5 oder 9 v. u. Z. Münzmeister, Konsul 8 u. Z., mehrfach Statthalter, D. 48,18,8.

Arcadius Charisius: Aurelius Arcadius Charisius (3./4. Jh. u. Z.), ein römischer Jurist. Text, D. 48,18,10.

Arglist (dolus malus), *arglistig*: Die Formung dieses Begriffes war ein wichtiger Fortschritt im Rechtsdenken der Römer. Ursprünglich war nur die Wirkung, nicht die Absicht berücksichtigt worden. Zwar unterscheidet schon das Zwölftafelgesetz, Z. VIII 24a, zwischen fahrlässiger Tötung und Totschlag bzw. Mord, besonders in privatrechtlichen Fragen aber wurde Verursachung und Verschulden erst nach und nach und nicht in allen Fällen differenziert gesehen; auch die Erkenntnis, daß jemand formaljuristisch im Recht sein und den Geschäftspartner dennoch arglistig übervorteilt haben kann, setzte sich nur langsam durch, G. II 215 III 207A. 211 IV 177A.; D. 47,8,4 47,9,1,pr. 50,17,55. Arglist im Strafrecht, D. 48,4,1.3.4.10 48,6,5.10 48,8,1 48,10,1,pr. 48,10,2 48,12,2 48,13,1 48,15,6,2. Vgl. Einrede wegen Arglist.

Aristoteles: Bedeutender griechischer Philosoph (384–322 v. u. Z.), der das gesamte Wissen seiner Zeit zum enzyklopädischen System verband. Es umfaßt neben dem Gebiet, das wir heute noch als Philosophie bezeichnen, Naturwissenschaften, Psychologie, Politik und u. a. auch drei Bücher Rhetorik, Rh. I 7.

As, der: Gewicht von einem römischen Pfund (327 g) und römische Münze. Zunächst war es ein Kupferbarren dieses Gewichtes, dann ein Geldstück, dessen Wert im Laufe der Zeit immer mehr sank. Gegen Ende der Republik war ein As noch etwa 8 Pfennig wert. In alten Gesetzen (bis um 200 v. u. Z.) ist der As die normale Zahlungseinheit, Z. VIII 3 4Ü.; G. I 122 II 225 274 III 223 IV 14–16 23 68, später der → Sesterz.

Aspasia: Die schöne und wegen ihrer Klugheit bewunderte und gefürchtete Frau des athenischen Staatsmannes Perikles (5. Jh. v. u. Z.), eine ehemalige Hetäre, Rh. I 51.

Ateius Capito: Gaius Ateius Capito (gestorben 22 u. Z.), ein römischer Jurist, Konsul 5 u. Z. Er stand zu dem Juristen → Labeo in einem gespannten Verhältnis, D. 23,2,29.

Athen: Mächtigste griechische Stadtrepublik im 5. Jahrhundert v. u. Z.; noch in späterer Zeit blieb Athen ein bedeutendes Kulturzentrum, Ro. 70.
Athener: Rh. I 35.
Atilius: Wahrscheinlich Gaius Atilius Serranus, Konsul 257 und 250 v. u. Z., Ro. 50.
aufhebende Einrede (exceptio peremptoria): G. IV 120 *121 125*.
Aufkündigung (renuntiatio): Durch Aufkündigung, ein Ausdruck, der auch für die einseitige Auflösung einer → Gesellschaft gebraucht wurde, konnte die Ehe gelöst werden. Der übliche Ausdruck dafür ist jedoch auch noch später repudium (→ Verstoßung). Er stammt aus der Zeit, als die Berechtigung der Frau, von sich aus die Ehe zu lösen, noch nicht anerkannt war. In D. 24,2,2,1 ist der Begriff Aufkündigung vielleicht aus einer Glosse in den Text eingedrungen. Analog wird von Aufkündigung des Verlöbnisses gesprochen, D. 24,2,2,2. In der Kaiserzeit setzte sich die Praxis durch, eine solche Eheaufkündigung schriftlich vorzunehmen, den → Scheidebrief zu schicken, D. 24,2,3 50,16,191Ü.
Aufrechnung (compensatio): Bei einer Klage des → Bankiers gegen seinen Schuldner mußte dessen Guthaben vor der Formulierung der → Erklärung bereits in Abzug gebracht werden, G. IV 64 66–68.
aufschiebende Einrede (exceptio dilatoria): G IV 120 *122–125*.
Aufwandsklage (actio depensi): Eine Klage auf den doppelten Betrag, die der → Sponsor gegen den Hauptschuldner anstrengen konnte, wenn er für ihn hatte eintreten müssen und dieser nicht innerhalb von sechs Monaten seiner Verpflichtung nachkam, G. III 127 IV 9 22 25 102 171.
Augustus: Gaius Octavius (63 v. u. Z.–14 u. Z.), der Großneffe → Caesars. Er wurde von ihm testamentarisch adoptiert und hieß dann Gaius Iulius Octavianus. 27 v. u. Z. erhielt er den Ehrentitel Augustus (der Erhabene). Er war der Begründer der römischen Militärmonarchie. Die von ihm eingebrachten Gesetze heißen → Lex Iulia wie die → Caesars und sind nicht immer von diesen zu unterscheiden. Lex Iulia über Bestrafung des Ehebruchs, D. 48,5,1. Eine Verfügung über die Anwendung der Folter, D. 48,18,1,pr. Ein Edikt zum gleichen Thema, D. 48,18,8. Die Memoiren des Kaisers sind verlorengegangen, ein Zitat daraus steht in D. 48,24,1.
Aulus: Römischer Vorname, → Agerius.
außerordentliche Verbrechen (crimina extraordinaria): Sie haben ihren Namen daher, daß sie im außerordentlichen → Kognitionsverfahren von Beamten abgeurteilt wurden, nicht auf Grund alter (Volks-) Gesetze. Die Strafe lag weitgehend im Ermessen des Beamten,

in Rom des Stadtpräfekten und des Kommandanten der Löschmannschaft, in den Provinzen des Statthalters. Beispiele in D. 47,11,1.4.10.11.

ausstoßen aus dem Stande (ordine movere): Für bestimmte Vergehen konnte Personen höheren Standes (z. B. Senatoren), auch auf begrenzte Zeit, ihre Würde aberkannt werden. Damit verloren sie gleichzeitig bestimmte Vorrechte, D. 47,14,1,3 47,18,1,1.

Baetica: Provinz im Süden der Pyrenäenhalbinsel um den Baetis, heute Guadalquivir, Hauptstadt Corduba, D. 1,6,2 47,14,1.

Balearicus: Quintus Caecilius Metellus Balearicus, Konsul 123 v. u. Z., er erhielt seinen Beinamen, weil er als Konsul die Balearischen Inseln unterworfen hatte, Ro. 27 147.

Bankier (argentarius): Die privaten Banken der Antike, oft von Sklaven oder Freigelassenen als Strohmänner vornehmer Personen betrieben, wechselten die verschiedenen Währungen, vermittelten Darlehen gegen Zinsen und gaben auch Darlehen aus eigenem Kapital. Außerdem gab es bereits einen bargeldlosen Zahlungsverkehr mit Anweisung auf das Guthaben, G. IV 64 66 68 126a.

Barbar: Eigentlich „jemand, der unverständlich redet", für die Griechen jeder Nichtgrieche, unabhängig von der Kulturstufe; für die Römer zählten die Griechen nicht zu den Barbaren, denn Wort und Begriff waren von ihnen übernommen. In Rh. I 35 schimmert die griechische Vorlage Ciceros durch.

Barschuldeintragung (nomen arcarium, von arca = Kasse): Der paterfamilias oder ein damit beauftragter Sklave führte ein Haushaltsbuch, in das Schulden und Außenstände eingetragen wurden. Eine solche Eintragung bildete – bei im übrigen ordnungsgemäßer Führung dieses Buches – einen gültigen Beleg, G. III 131 132.

(Beamter): → Magistrat.

Bedenkzeit (cretio, von cernere = entscheiden): Die positive Entscheidung in der vom Erblasser gesetzten Frist, innerhalb deren die Erbschaft angenommen werden konnte und nach deren Ablauf Ausschluß von der Erbschaft erfolgte, G. II *162–170.* Es gab die gewöhnliche Bedenkzeit (vulgaris cretio) und die Bedenkzeit mit bestimmtem Termin (certorum dierum bzw. continua cretio), G. II 171–173 174A. 177 178 187A. 189A. – In G. II 190 ist die Interpunktion in der Übersetzung anders als bei David-Nelson, daher auch der Sinn. – G. II 144 III 36A. 62A. 85 87 212A.

Beklagte, der (rëus): Im Lateinischen gibt es nur ein Wort für den Angeklagten im Kriminalprozeß und den Beklagten in privatrechtlichen Streitigkeiten, von dem bei Gaius stets die Rede ist, z. B. G. III 180 und oft im vierten Buch (die Stellen sind nicht vollständig aufgeführt). Der Beklagte genoß in gewissem Umfange den Schutz des → Gerichtsherrn, damit verantwortungsloses Prozessieren entmutigt werde; D. 50,17,41 bezieht sich auf die Gerichtsverhandlung; D. 50,17,125 formuliert diese Regel allgemein.

Beleidigung (iniuria), *beleidigen*: G. III *220–225*. Haftung für Beleidigungen, die der eigene Sohn oder Sklave verübt hat, G. IV 75 76. – Z. VIII 4; G. I 141 III 157 182; D. 48,5,24 (23),2.

Beleidigungsklage (actio iniuriarum): G. I 141 IV 8 60 182; D. 48,5,6; Gegenklage, G. IV 177. Haftung des Gewalthabers für Beleidigungen, die sein Sohn oder Sklave begangen hat, G. IV 75 76. Vererbung der Klage ist nicht möglich, G. IV 112. Vgl. Beleidigung, Lex Aquilia.

Bergwerksarbeit (metalla): Eine Strafe, zu der nur Personen niedrigen Standes (humiliores) verurteilt werden konnten. Bei den damaligen Verhältnissen war die Lebenserwartung der Sträflinge äußerst niedrig. Die Strafe konnte auch Frauen treffen. Die Gefangenen wurden gebrandmarkt, das halbe Kopfhaar wurde abgeschoren. Es gab zwei Abstufungen, die sich nach der Schwere der getragenen Fesseln unterschieden, D. 48,19,8,4.5.6. – D. 47,11,10 47,14,1,3 47,18,2 48,17,1,1 48,19,28,pr.14.

Berufung einlegen (appellare, provocare), *Berufungsrecht*: Der römische Bürger hatte das Recht, gegen Bestrafungen durch → Magistrate (ohne Geschworenenurteil) Berufung an die Volksversammlung, später an den Kaiser einzulegen. Bei Privatprozessen im → Kognitionsverfahren gab es ebenfalls eine Berufung an die höhere Instanz, bei der allerdings eine hohe → Prozeßwette gefordert wurde, um leichtfertiges Prozessieren zu entmutigen. Das Urteil durfte in diesen Fällen erst nach der Entscheidung der Berufungsinstanz vollstreckt werden, D. 48,6,7 48,19,2,2 48,20,11,pr. „Die Berufung annehmen" in D. 48,20,11,pr. ist ein technischer Ausdruck, der vom Richter der untersten Instanz gebraucht wird. Dieser gab dem Berufung Einlegenden eine Stellungnahme für die nächste Instanz; wenn er das ablehnte, also nicht annahm, konnte die Partei, die sich ungerecht behandelt glaubte, aber trotzdem appellieren, und auch in diesem Fall schwebte die Berufung.

Beschreibung (demonstratio): Der juristische Fachausdruck für den Teil der Prozeßformel, der in die → Erklärung eingefügt oder ihr vorangestellt wurde, wenn der Grund einer Forderung angegeben werden mußte, G. IV 39; Beispiele in G. IV 40 44 58 59Ü. 60Ü. 136.

Besitz (possessio): Die unmittelbare Verfügungsgewalt über eine Sache unabhängig von der Berechtigung, z. B. G. II 7A. 51 ff. (die Stellen sind nicht vollständig aufgeführt).
Besitz durch andere Personen zu haben ist möglich, G. II 89 IV 153. Vgl. Besitzer, Besitz des Gesamtnachlasses, Eigentum, Ersitzung, formaler Besitz, freier Besitz.

Besitzer (possessor), *besitzen* (possidēre): Nach römischem Recht besaß derjenige, der einen Gegenstand etc. in der Hand hatte und darüber verfügte; er konnte, mußte aber nicht der → Eigentümer sein, z. B. G. II 44 45 (die Stellen sind nicht vollständig aufgeführt, das zweite und dritte Buch bei Gaius beschäftigen sich mit den Problemen von Besitz und Eigentum). Der Herr konnte durch den Sklaven, der paterfamilias durch seinen Sohn Besitz wahrnehmen, G. II 89. Der technische Ausdruck „anstelle des Besitzers“ wird in G. IV 144 erklärt. → Ersitzung.

Besitz ergreifen: 1. (occupare) Äußerungen in bezug auf herrenlose Tiere, G. II 66–68; Beute, G. II 69; Schwemmland, G. II 70–72; eine Erbschaft, G. III 201.
2. (possidēre) Ausführungen in bezug auf eine Sache, die eigentlich einem Mitbürger gehört, G. II 51–58 IV 144. → Ersitzung.

Besitz des Gesamtnachlasses (bonorum possessio), *Besitzer des Gesamtnachlasses* (bonorum possessor): Im Falle von Schwierigkeiten in der Erbfolge nach → ius civile konnte der Prätor Besitz des Gesamtnachlasses gewähren und so jemanden zum Quasi-Erben einsetzen. Das Edikt ließ das für drei Klassen von Bewerbern zu:
a. Nachkommen, die ein Testament mit der Begründung anfochten, sie seien nicht rechtsgültig enterbt, sondern unbegründet übergangen worden, G. II 125 126 135 III 41 65 71;
b. Erben nach einem Testament, auch wenn es einen Formfehler hatte (z. B. keine → Verkündung oder keinen → Nachlaßverkauf), G. II 119 120 147 148 150 III 33b 36;
c. Erben nach Intestaterbfolgerecht in der Reihenfolge: unmittelbare Erben – Agnaten – Kognaten – Ehepartner (falls es keine → manus-Ehe war, wo die Frau unmittelbar erbte), wenn der Erblasser freigeboren war, G. II 151a III 34 36.
Der Prätor schützte diesen Besitz, bis er durch → Ersitzung in Eigentum überging, G. II 98 120 147 150 III 32 33. Da aber bei der Beantragung keine gründliche Prüfung vorgenommen wurde, kam es vor, daß ein solcher Besitzer später von einem besser Berechtigten aus der Erbschaft vertrieben wurde; in diesem Falle war der Besitz des Gesamtnachlasses „formal“ (sine re), d. h. ohne rechtliche Wirkung, G. II 148 149 III 35–37. Gegensatz „tatsächlicher“ Besitz

(cum re), G. II 148 149. Besitz des Gesamtnachlasses konnte, mußte aber nicht beantragt werden, wenn der Erbe nach ius civile berechtigt war; dies hatte u. U. gewisse Verfahrensvorteile, G. III *33b–37*. Wenn ein Freigelassener ohne unmittelbare Erben starb, so erhielt sein Patron Besitz des Gesamtnachlasses anstelle der Agnaten, G. III 43.

Besitz der Hälfte des Gesamtnachlasses gab es für den Patron bzw. seine Erben gegen Testaments- oder Intestaterben seines bzw. seiner Freigelassenen unter bestimmten Umständen, G. III 41–43 46–52. Um Besitz des Gesamtnachlasses zu erlangen, wurde ein → Interdikt (→ quorum bonorum) gewährt, G. III 34 IV *144*. – G. III 78 80 81 IV 34 111.

Betrug (fraus), *betrügen*: Z. III 6. Freilassung zum Schaden der Gläubiger, G. I 37.

betrügerisch: G. III 78.

Bevollmächtigter (procurator): 1. Vermögensverwalter, gelegentlich ein Freigelassener, G. I 19. In Rom war die Stellvertretung nicht sehr entwickelt, i. a. durfte kein Freier für einen anderen, dessen Gewalt er nicht unterstand, erwerben oder veräußern. Man bediente sich hier der Sklaven oder der Haussöhne in der → Gewalt des Vaters, die als verlängerter Arm des paterfamilias galten und in jedem Falle für ihn (nicht für sich selbst) erwarben. In G. II 64 folgt auf den Begriff eine Konjektur Mommsens. Krüger setzt an dieser Stelle ein: „dem in Abwesenheit des Geschäftsherrn die Verwaltung und freie Verfügung über das Vermögen übertragen ist" – eine solche Bevollmächtigung eines Freien kam jedenfalls deshalb (z. B. bei Abwesenheit wegen Militärdienst) am ehesten vor. – G. II 95; Ro. 23.

2. Jemand, der die Vertretung des Klägers oder des Beklagten im Formularprozeß übernahm, ohne feierlich eingesetzt zu sein, Gegensatz → Prozeßvertreter, G. IV *84 98*. – G. II 39 252 IV 82 99 101. → Ehrlose durften weder selbst Bevollmächtigte sein noch einen solchen stellen, G. IV 182. Die Aussage in D. 50,17,2, Frauen dürften nicht Bevollmächtigte sein, trifft mindestens in solchen Fällen nicht zu, in denen zwar de iure ein Eintreten für einen anderen, de facto aber eine Klage in eigener Sache vorlag. Wenn z. B. ein Schuldner eigene Außenstände in Zahlung gegeben hatte, durfte die Frau im Namen des anderen Klage erheben.

Bithynier: Ein Volk in Kleinasien. Ob das in G. I 193 erwähnte „Gesetz" wirklich urbithynisch war, ist zweifelhaft, es kann sich um römischen Einfluß aus republikanischer Zeit handeln.

Blinde: D. 1,7,9.

blutschänderische Ehe: → Ehe.

bona fides: 1. → guter Glaube.
2. Als bonae-fideï-Geschäfte wurden solche Geschäfte bezeichnet, bei deren gerichtlicher Verfolgung der Privatrichter Ermessensfreiheit in der Festsetzung der Urteilssumme hatte, G. III 155A. Danach spricht man auch von bonae-fideï-Klagen u. ä., G. IV 61–63 114.

bonitarisches Eigentum (in bonis esse, habere): Form des Eigentums, die z. B. entstand, wenn Eigentum an → manzipierbaren Objekten formlos übertragen wurde. Der neue Eigentümer hatte dann kein → quiritisches Eigentum, das beim ersten Eigentümer verblieb, doch wurde auch er vom Prätor gegen den Verkäufer und gegen Dritte in seinem Recht geschützt. Die Entstehung des bonitarischen Eigentums wird erklärt in G. II 40 41.
Auswirkungen der unterschiedlichen Eigentumsformen bei der Freilassung von Sklaven, G. I 35 167. Auswirkung auf die → Gewalt etc., G. I 54 II 88. – G. II 222 III 80.

Brandstifter: D. 47,9,9 48,8,1,pr. 48,8,10. Die Höhe der Strafe liegt darin begründet, daß ein Brand die ganze Stadt gefährdete (Holzbauten; ungenügende Feuerwehr, da die Kaiser alle freiwilligen Organisationen mit Mißtrauen betrachteten und nach Möglichkeit nicht duldeten). → Dekurionen wurden zur Strafe für Brandstiftung nur deportiert, D. 48,22,6,2.

Bruttium: Landschaft in Süditalien, Ro. 132.

Bubrostis: Ein nicht identifizierbarer giftiger Käfer. In Essigdampf abgetötet und zu Salbe verarbeitet, wurde er als Heilmittel gegen Flechten und Ekzeme angewandt, D. 48,8,3,3.

Bürge (fideiussor): 1. Jemand, der mit seinem Vermögen ganz oder teilweise für die Schuld eines anderen einsteht. Je nach dem Grade der eingegangenen Verpflichtung unterscheidet man den Bürgen im engeren Sinne (fideiussor), den → Sponsor und den → Fidepromissor. Der Bürge, historisch die späteste Erscheinung, gewährte dem Gläubiger wesentlich mehr Sicherheit als der Sponsor oder der Fidepromissor, G. III 115 116. Die weiteren Unterarten, deren Charakterisierung Gaius in III 116 verspricht, werden im erhaltenen Teil des Werkes nicht behandelt. – G. III 117–127 IV 137; D. 50,17,25Ü.
2. Bürge für einen Angeklagten, D. 48,3,1,3. Vgl. bürgen, Vindex.

bürgen, Bürgschaft, verbürgen: Infolge der → Klientel und der römischen Auffassung von amicitia (einer persönlichen, politischen und geschäftlichen Verbindung zwischen Mitgliedern der herrschenden Klasse, vgl. Ro. 111), einem Begriff, der mit „Freundschaft“ nur sehr unvollkommen wiedergegeben wird, spielte die Bürgschaft im klassischen römischen Recht eine große Rolle, da eine zwingende moralische Verpflichtung zum finanziellen Eintreten für den Patron oder Klienten ebenso wie für den amicus bestand, G. III 92 112 *115–127*; Ro. 114. G. III 125Ü. steht im lateinischen Text → Sicherheit nehmen, aber das gibt keinen guten Sinn. Es gab verschiedene Formen der Bürgschaft, → Bürge, Fidepromissor, Gestellungsbürge, Sponsor.

Bürger(in), römische(r) (cives), *Bürgerrecht* (civitas): Wenn von „Bürgern" gesprochen wird, so sind römische Bürger gemeint. Römische Bürger hatten, wenn sie frei geboren (nicht freigelassen) und → rechtlich selbständig waren, die vollen Rechte, nämlich Zugang zu allen Geschäften des → ius civile, das Recht, eine vollgültige Ehe zu schließen, und das aktive Wahlrecht (das passive Wahlrecht war an bestimmte Altersstufen, lange Zeit auch noch für bestimmte Ämter an die Zugehörigkeit zur Schicht der Patrizier gebunden). → Frauen hatten kein Wahlrecht. → Freigelassene unterlagen Beschränkungen im Hinblick auf die Fähigkeit, ein Testament zu errichten. Bedingungen, unter denen ein Sklave bei der Freilassung römischer Bürger wurde, G. I 16–21; Bedingungen, unter denen er es nicht wurde, G. I 15. Auswirkungen, G. III 75.

Römische Bürger als → Rekuperatoren, G. I 20; als Zeugen, G. I 29 II 104 105. Zugang zum römischen Bürgerrecht, G. I 26 *28–35* 55 65–74 92–96 II 135a III 20 73.

Heirat und rechtliche Stellung der Kinder, G. I 55–57 66–80 II 142: Irrtümer über die Zugehörigkeit zu einer bestimmten Schicht entstanden häufig, besonders seit die → Bürgerlisten nicht mehr geführt wurden. Rechtliche Stellung der Kinder von Sklaven und Freien, G. I 82 84–89. Uneheliche Kinder, G. I 88–91. Verlust des Bürgerrechts, G. I 90 91 128 160–162; D. 1,6,7 48,19,2,pr.1 48,19,6,2 48,19,29 48,20,1,pr. 48,22,3 48,22,7,3 48,22,14,1.3 48,22,15,pr. Bürgerrecht und → mancipatio, G. I 119. Nur Bürger hatten das Recht, bestimmte Rechtsgeschäfte durchzuführen, G. II 65 147 III 72 93. Vgl. auch ius civile. Prozesse unter Bürgern oder unter Bürgern und Peregrinen, G. IV 104 105 109. Erteilung des Bürgerrechts an alle freien Einwohner des Reiches durch Kaiser Caracalla im Jahre 212 u. Z., D. 1,5,17, vgl. Konstitution. Römische Bürger hatten das Recht, gegen Bestrafung durch einen Magistrat ohne Geschworenenurteil Berufung an die Volksversammlung, später an den Kaiser einzulegen, D. 48,6,7. – G. III 56 73 IV 37; D. 1,5,18; Ro. 135Ü. 136. Vgl. quiritisches Recht.

Bürgerliste (census): Sie wurde in republikanischer Zeit alle fünf Jahre von den Zensoren neu aufgestellt. Ein Sklave, der mit Genehmigung seines Herrn in die Bürgerliste eingetragen wurde, war damit freigelassen und hatte das römische Bürgerrecht. Zu Gaius' Zeit war diese Art der Freilassung ohne Bedeutung, da die Bürgerliste in der Kaiserzeit nicht mehr geführt wurde, G. I 17 35 44. Eintragung in die Bürgerliste zwecks Freilassung aus dem → mancipium, G. I 138. Ursprünglich war die Eintragung eine Maßnahme der Wehr- und Steuererfassung, deshalb wurde der Versuch, sich ihr zu entziehen, schwer bestraft, G. I 160.

Bürgerrecht: → Bürger, → quiritisches Recht. Freigelassene mit römischem → Bürgerrecht im Gegensatz zu Junianischen → Latinern (2), G. III *56–76.*

Caecilia: Caecilia Metella, Frau des Appius Claudius Pulcher, eine vornehme Gönnerin des Sextus → Roscius (1), die seinem Sohn beistand, als dieser angeklagt wurde. Die Caecilii Metelli waren eine angesehene plebejische Familie, der mehrere bekannte Feldherrn entstammten. Trotz ihrer plebejischen Herkunft gehörten sie zum reaktionärsten Flügel der Nobilität. Caecilias Vater, → Balearicus, und ihr Bruder, → Nepos, erreichten beide das Konsulat, zwei ihrer Onkel, Marcus Caecilius Metellus und sein Bruder Gaius Caecilius Metellus Caprarius, hatten 112 v. u. Z. gemeinsam an einem Tage einen Triumph gefeiert, nachdem der eine einen Aufstand der Sardinier niedergeschlagen, der andere erfolgreich in Thrakien gekämpft hatte, Ro. 27 147 149.

Caecilius: Caecilius Statius (gestorben 166 v. u. Z.), römischer Komödiendichter, Freigelassener. Seine Stücke müssen 80 Jahre nach seinem Tode noch populär gewesen sein, weil Cicero die Fabel als bekannt voraussetzt. Uns sind nur Fragmente erhalten. Das in Ro. 46 erwähnte Stück soll auf den griechischen Dichter Menander zurückgehen; offensichtlich mußte sich der ungeratene Sohn beim Vater aufhalten, damit dieser ihn besser beaufsichtigen konnte.

Caecilius Iuventianus: Empfänger eines kaiserlichen Reskripts, D. 48,18,10.

Caelius: Titus Caelius, ein Mann aus Tarracina, dessen Fall als Beispiel für einen Indizienbeweis angeführt wird, Ro. 64.

Caelius Sabinus: Gnaeus Arulenus Caelius Sabinus, römischer Jurist, Konsul 69 u. Z., G. III 70 141.

(Caesar): Gaius Iulius Caesar (100–44 v. u. Z.), römischer Staatsmann und Feldherr. Er versuchte, Rom in eine Militärmonarchie nach hellenistischem Vorbild umzuwandeln, besiegte auch alle Konkurrenten, fiel aber einer senatorischen Verschwörung zum Opfer. Erst sein Adoptivsohn → Augustus erreichte dieses Ziel, allerdings in et-

was veränderter Form. In der Zeit seiner Alleinherrschaft und bereits vorher in Amtsperioden als Konsul brachte Caesar mehrere Gesetze ein, die nach seinem Gentilnamen Iulius → Lex Iulia heißen wie die des Augustus, von denen sie nicht immer zu unterscheiden sind. Vgl. Kaiser.

Cannae: Ort in Apulien an der Ostküste Italiens, wo die Römer 216 v. u. Z. im 2. Punischen Krieg eine verlustreiche Niederlage erlitten, Ro. 89.

Capito: → Roscius (4).

Caracalla: Imperator Caesar Marcus Aurelius Severus Antoninus Augustus (188–217), ein Sohn des Kaisers Septimius Severus, seit 198 u. Z. Mitregent seines Vaters, seit 211 u. Z. römischer Kaiser. Sein Beiname Caracalla, unter dem er bekannt ist, bedeutet Soldatenmantel: der Kaiser zog dies Kleidungsstück der → Toga vor. Seinen Bruder und Mitkaiser Geta ließ er 212 u. Z. ermorden, er selbst wurde fünf Jahre später ebenfalls ermordet. Die Constitutio Antoniniana, die allen freien Einwohnern des Römischen Reiches das römische Bürgerrecht gab, wurde von ihm 212 u. Z. erlassen, D. 1,5,17. Erlasse etc., die er zusammen mit seinem Vater erließ, → Severus und Caracalla. Eine Rede vor dem Senat zur Begründung einer Gesetzesvorlage über Schenkungen, D. 24,1,3.

Cassianisch: Im Stil des → Cassius (2), Ro. 85.

Cassius: 1. Gaius Cassius Longinus (gestorben 69 u. Z.), ein Abkomme des Caesarmörders Cassius, berühmter Jurist, 40–41 u. Z. Prokonsul der Provinz Asia. Er gründete die Rechtsschule der Sabinianer, nicht sein Lehrer → Sabinus, G. I 196 II 79 195 244 III 71 133 140 147 161 IV 79 114.

2. Lucius Cassius Longinus Ravilla – der Beiname bedeutet „Katzenaugen" –, 137 v. u. Z. Volkstribun. Cassius stammte aus einer plebejischen Familie, die noch nicht lange in die Nobilität aufgestiegen war. Er brachte das volkstümliche, aber bei seinen Standesgenossen unbeliebte Gesetz durch, das schriftliche (geheime) Abstimmung in allen Gerichtsverfahren bis auf den Hochverratsprozeß zur Pflicht machte. Seine Strenge als Richter bzw. Untersuchungsrichter war sprichwörtlich, Ro. 84.

causae coniectio: Die summarische Darstellung des eigenen Falls, G. IV 15; die Handschrift hat causae collectio.

Celsus: Publius Iuventius Celsus Titus Aufidius Hoenius Severianus, Celsi filius, römischer Jurist, Haupt der Prokulianischen Schule (→ Prokulianer), 106–107 u. Z. Prätor, 129 u. Z. zum zweitenmal Konsul, Mitglied des Konsiliums unter Kaiser Hadrian. Texte, D. 1,3,4.5.17.18.19.24.39 1,7,5 23,2,23 50,17,185.186.187.188.

cessicius: → Vormund.

Chaerestratus: Figur aus einer Komödie des → Caecilius Statius. Cicero stellt sich, als wisse er den Namen nicht genau, weil zu gute Literaturkenntnisse für einen vornehmen Römer nicht als standesgemäß galten, Ro. 46.

Chrysogonus (griech. etwa „Goldkind"): Lucius Cornelius Chrysogonus, ein Freigelassener des Feldherrn Lucius Cornelius → Sulla, für dessen Taten und Untaten Ciceros Rede praktisch die einzige Quelle ist, so daß nicht leicht einzuschätzen ist, inwieweit er übertreibt. Bei Sulla zeigt sich bereits eine Tendenz, die wir in der Kaiserzeit verstärkt beobachten: der Herrscher wählte Freigelassene als Sekretäre etc., da diese von ihm völlig abhängig waren und im Falle eines Fehlverhaltens seiner Hauszucht unterstanden, so daß er sie bestrafen konnte, ohne eine Gerichtsverhandlung abwarten zu müssen. Daß Sullas Kreaturen sich bei den → Proskriptionen schamlos bereicherten, ist allerdings nicht zu bezweifeln, Ro. 6 7 20 21. Chrysogonus setzte Titus → Roscius (3) als seinen Bevollmächtigten in Ameria ein und ließ diesen dann versteigern, was er von dem zunächst im Ganzen erworbenen Vermögen des älteren Roscius nicht behalten wollte, Ro. 23–26 28 34 35 49 58 60 72 77 105–109 114 120 122 124 125 127 130. Cicero nutzt in Ro. 133–135 den Widerwillen weiter Kreise gegen reich gewordene Freigelassene aus, um Abneigung gegen Chrysogonus zu wecken. – Ro. 138 140–142 144 146.

Claudianum: Das → Senatusconsultum Claudianum aus dem Jahre 54 u. Z. war von → Claudius angeregt, G. I 84 91 160.

Claudius: Tiberius Claudius Drusus (10 v. u. Z. – 54 u. Z.), römischer Kaiser seit 41 u. Z.; er hieß als Kaiser Imperator Tiberius Claudius Caesar Augustus Germanicus. Ein Edikt des Kaisers über den Erwerb des Bürgerrechts für Reeder, G. I 32c. Weil Claudius seine Nichte Agrippina heiraten wollte, wurde ein Gesetz geschaffen, das diese zuvor wegen des Verwandtschaftsgrades verbotene Heirat erlaubte, G. I 62.

(cognomen): Der dritte Name des Römers, der zu dem Praenomen (z. B. Marcus) und dem Gentilnamen (z. B. Tullius) hinzutrat. Ursprünglich war er meistens ein von körperlichen Merkmalen abgeleiteter Spitzname, wie Claudius = Hinker, Scaurus = Klumpfuß, Rufus = Rotkopf; in der literarisch belegbaren Zeit aber waren diese Namen längst ebenso erstarrt wie unsere Nachnamen. Es hatten nicht alle Römer drei Namen; Sextus Roscius und sein Sohn scheinen kein cognomen gehabt zu haben, auch der berühmte Feldherr Gaius → Marius (1) hatte nur zwei Namen. Welcher Name

oder welche Namen im Einzelfall zur Kennzeichnung des Trägers gebraucht wurden, war sehr unterschiedlich, alle drei jedenfalls nur sehr selten, z. B. in Ro. 6, wo Chrysogonus, der später nur mit diesem cognomen bezeichnet wird, durch die Nennung des Gentilnamens (Cornelius) als Freigelassener Sullas gekennzeichnet wird. Denn Freigelassene trugen nach der Freilassung den Gentilnamen ihres Patrons. Von dem Diktator selbst spricht Cicero stets als Lucius Sulla, ohne den Gentilnamen Cornelius zu nennen, so Ro. 17. Schon in republikanischer Zeit traten zu den drei Namen oft weitere hinzu, vgl. Africanus, Balearicus. In der Kaiserzeit hatten vornehme Männer bis zu zehn und mehr Namen. Vgl. Celsus.

Commodus: → Marc Aurel.

conceptum (ergänze furtum): Wörtlich: aufgefundenes Diebesgut. Gegen denjenigen, bei dem das Gestohlene sich fand, stand dem Eigentümer eine Klage zu; falls der Betroffene unschuldig war, mußte er selbst sich an den Dieb halten, G. III 183 186. → Klage auf gefundenes Diebesgut.

condictio: 1. Eine → Legisaktio, G. IV 12 *17b–20* 33. Die Verschiebung auf den 30. Tag sollte vielleicht eine Beilegung des Streits durch Erfüllung, Erlaß oder Vergleich erleichtern; dafür bestand besonders bei Darlehensschulden, die die ärmere Bevölkerung trafen, ein Bedürfnis. Seit dem 2. Jahrhundert v. u. Z. wurde die condictio durch den Formularprozeß verdrängt.
2. → Personalklage im → Formularprozeß, G. IV 5 *18*. – G. II 79.

confarreatio: Eine besonders feierliche Form der Eheschließung, G. I 110 112. Wegen des komplizierten Rituals und vor allem wegen der Schwierigkeiten, die einer Scheidung im Wege standen, war diese Form der Eheschließung unbeliebt. Außerdem begaben sich in der Kaiserzeit die meisten Frauen nicht in die → manus, um vermögensrechtlich unabhängig zu bleiben. Deshalb wurde eine Ausweichlösung gefunden, damit der Nachwuchs für die hohen Priesterämter gesichert war, G. I 136Ü.

consanguineï: (Plural) Wörtlich: gleichen Blutes, G. III *10* 14A. 23A. 24A. 29A.

consobrini: Wörtlich: Geschwisterkinder; in verengter Bedeutung gebraucht, G. III 10.

conubium: Das Recht, mit einem römischen Bürger bzw. einer römischen Bürgerin eine rechtlich anerkannte Ehe einzugehen. Das conubium war verschiedenen Latinergemeinden verliehen und konnte auch Einzelpersonen als Gunstbezeigung zuerkannt werden, G. I 56 76 77 80. Soldaten hatten im 2. Jahrhundert u. Z. während ihrer

Dienstzeit noch nicht das Recht, eine Ehe zu schließen, konnten aber eine „Haushälterin" haben. Nach Abschluß der Dienstzeit konnte solch ein Verhältnis, auch wenn die Partnerin Peregrine war, legalisiert werden, G. I 57. Kein conubium bestand zwischen nahen Verwandten, auch wenn die Verwandtschaft nur durch Adoption oder Heirat zustande gekommen war, G. I 59–62. Heiraten zwischen Römern und → Peregrinen ohne conubium, G. I 67 77 78.

Cornelius: → Chrysogonus.

Curio: Gaius Scribonius Curio, Prätor 121 v. u. Z.; er verteidigte Servius → Fulvius in einem Prozeß wegen Blutschande und erreichte vermutlich einen Freispruch, da seine Rede noch später sehr berühmt war (Cicero erwähnt sie mehrfach), Rh. I 80.

Curtius: Ein weiter nicht bekannter Ankläger aus der Zeit vor → Sulla, Ro. 90.

Darlehen (mutuum, pecunia credita), *leihen*: Im Gegensatz zu den auf → Leihvertrag geborgten Gegenständen ging ein Darlehen ins Eigentum des Borgers über, um verbraucht zu werden; erstattet wurde etwas Gleichartiges und Gleichwertiges (z. B. Geld, Korn), G. II 81–83 III *90* 91 124 132Ü. Die Worterklärung des Gaius ist nur eine Volksetymologie.

dediticii: Ursprünglich die Bewohner von Städten, die sich den Römern auf Gnade und Ungnade hatten ergeben müssen und nach der Zerstörung ihrer Stadt gar kein Bürgerrecht mehr besaßen, dann die niedrigste Kategorie der Freigelassenen, G. I *12–15* 25–27 67 68 III 74–76.

Dekret (decretum), *dekretieren*: Allgemein: mündliche Entscheidung des Kaisers oder eines Magistrats, G. I 5A.; D. 48,4,9 48,11,3; in Ro. 25 wird der Beschluß der → Dekurionen von Ameria als Dekret bezeichnet. Er ist natürlich durch Abstimmung, d. h. mündlich gefaßt, dann aber schriftlich als Beleg festgehalten worden. Speziell: Im → Interdiktenverfahren das Gebot des → Gerichtsherrn im Gegensatz zum → Interdikt im engeren Sinne, dem Verbot, G. IV 139 140. Gaius führt diese genaue Unterscheidung nicht konsequent durch und spricht nach allgemeinem Sprachgebrauch auch von exhibitorischen und restitutorischen „Interdikten", G. IV 161Ü.

Dekurio: Mitglied des Stadtrates in einem → Munizipium; eine Worterklärung gibt D. 50,16,239,5. Ursprünglich ein wählbares Ehrenamt, so D. 48,7,1; Ro. 25 115, wurde diese Stellung in der späteren Kaiserzeit zu einer drückenden Verpflichtung, da die Dekurionen für das Steueraufkommen ihrer Stadt persönlich hafteten. Leuten

niederen Standes gegenüber hatten sie im Strafrecht gewisse Vorteile, G. I 96 II 195; D. 48,12,3,pr.1 48,22,6,2 48,22,7,20.21.
Delikt: Unerlaubte Handlung (so noch das BGB), die den Täter zur Schadenersatzleistung verpflichtet, auch wenn er nicht böswillig, sondern fahrlässig handelte, G. III 88. Deliktuale Verbindlichkeiten, G. III *182–225* IV 2 182. Delikt des Haussohnes oder Sklaven und Haftung des paterfamilias, G. IV 75–79 80Ü. Gewaltsame Selbsthilfe bei Eigentumsstreitigkeiten galt seit der Kaiserzeit als Delikt, G. IV 155. – D. 1,3,1 50,16,12.
delische Vasen: Kostbare Bronzegefäße delischer Arbeit. Delos ist eine Insel im Ägäischen Meer, Ro. 133.
Denar: Römische Silbermünze im Werte von vier → Sesterzen (10, später 16 As), G. III 146.
Deportation (auf eine Insel) (deportatio in insulam), *deportieren*: Eine verschärfte Form der → Verbannung mit Verlust des Bürgerrechts, üblich seit Tiberius (römischer Kaiser 14–37), D. 47,11,1,2 48,5,12(11) 48,8,3,5 48,10,1,13 48,11,7,3 48,13,3. – D. 48,18,9 48,19,2,1 48,19,28,pr.13 48,20,5,1.
Auswirkungen, D. 48,22,2,6 48,22,7,2 48,22,14,1 48,22,15 48,22,18,1. Wirkung der Wiedereinsetzung in den vorigen Stand, D. 48,23,1.2.3. Auslieferung der Leichen Deportierter, D. 48,24,2.
detestatio: D. 50,16,40,pr.
Dieb (fur), *Diebesgut, Diebstahl* (furtum), *gestohlen* (furtivus), *stehlen*: Das lateinische Wort furtum bezeichnet den Diebstahl und das Diebesgut; das ermöglicht die sprachliche Gleichstellung von offenkundigem Diebstahl und aufgefundenem Diebesgut, die im Deutschen keine Entsprechung hat, z. B. in G. III 183. Nach römischem klassischem Recht war die Auffindung des Diebes und des Diebesgutes Sache des Geschädigten, der Staat hinderte jedoch die Privatrache und gewährte Klagen. Die Härte der Strafen zeugt vom Klassencharakter der Rechtsprechung, jedoch ist das römische Recht in dieser Hinsicht humaner als z. B. das babylonische – und das frühbürgerliche, Z. VIII 12 13; G. III *182–208*; D. 47,2,1.2.3.16.17. 36.39.41.46,52.61(60).90(89).92(91) 48,8,1. Diebstahl ist abgesetzt gegen Raub, D. 47,9,3 47,14,1,1. Ersitzung gestohlenen Gutes war unmöglich, G. II 45 49 50 51A. Die Absicht macht den Dieb, G. III 197 208 IV 178, aber nicht die bloße Absicht ohne Tat, D. 47,2,1,1 50,16,225. Die Definition des Diebstahls war umfassender als im modernen Recht, G. III 195–198, D. 47,2,1. Menschenraub galt als Diebstahl, G. III 199. Der Gewalthaber haftete wegen Diebstahls seines Sohnes oder Sklaven, Z. XII 2a; G. IV 75 76. Versprechen des Verkäufers, ein Sklave sei kein Dieb, D. 50,16,174. Plünderer galten

als gefährlichere Diebe, D. 47,18,1,1. Dieb und Einbrecher, D. 47,18,1,1.2 47,18,2. – Ro. 111. Vgl. Diebstahlsklage.

Diebstahlsklage (actio furti): Die Klage wegen Diebstahls war in Rom zunächst eine Privatklage. Sie zielte auf Schadenersatz und eine Geldstrafe, die der Täter an den Geschädigten zu zahlen hatte, G. II 78 79 IV 4 8 37 45 112 182. Berechtigung zur Klage, G. III *203–207*. – D. 47,2,16.17.36.41.46. Soweit das Züchtigungsrecht des paterfamilias reichte, gab es keine Klage, D. 47,2,17.90(89). In der Kaiserzeit zählten gewisse Formen des Diebstahls zu den → außerordentlichen Verbrechen und wurden daher in Kriminalverfahren behandelt; das Strafmaß lag dabei weitgehend in den Händen des Beamten. Die Privatklage blieb daneben möglich. Vgl. Klage auf offenkundigen Diebstahl, Klage auf nicht-offenkundigen Diebstahl, Klage wegen Unterschiebung von Diebesgut, Klage auf gefundenes Diebesgut.

Dienstbarkeit (servitus): G. II *14*. Möglichkeit der Übertragung auf andere, G. II 14a 17 29 31. – G. IV 3.

Dienstvertrag: → Miet-, Pacht-, Dienst- und Werkvertrag.

Dienstvertragsprozeß (locati iudicium): Der Auftraggeber konnte den Wert des Objektes einklagen, wenn es dem Handwerker abhanden kam, G. III 205.

Digesten: Juristisches Sammelwerk. Außer den Digesten Justinians, die allein erhalten sind, gab es eine ganze Reihe von Werken mit diesem Titel, der eigentlich nur „Sammlung, Ordnung" bedeutet. Eine dieser Sammlungen sind die Digesten → Julians, D. 24,2,4.

Dilemma (bei Cicero: complexio): Rh. I 44 *45* 79.

Dion: Ein griechischer Name. Im Gegensatz zu den Römern (vgl. cognomen) hatten die Griechen nur einen Namen, setzten aber den ihres Vaters und oft noch den ihres Geburtsortes hinzu. Gaius gebraucht den Namen zur Kennzeichnung eines Peregrinen, G. IV 37.

dispensator: Ein Sklave als Kassenverwalter, G. I 122 III 160.

Domitius Silvanus: Ein Mann dieses Namens überreichte dem Kaiser Antoninus Pius eine Bittschrift im Namen seines gleichnamigen Onkels. Über die Familie ist nichts weiter bekannt, D. 48,6,6.

Drakon: Bedeutender athenischer Gesetzgeber, der um 625 v. u. Z. das in Athen geltende Gewohnheitsrecht kodifizierte. Unter Beibehaltung des alten Familienrechtes durften die Angehörigen des Geschlechtsverbandes über ihre eigenen Mitglieder richten, doch wurde die Blutrache durch ein staatliches Schiedsgericht ersetzt, was die Macht der Geschlechtsverbände stark beeinträchtigte, D. 48,5,24(23),pr.

Dreikinderrecht (ius trium liberorum): → Lex Iulia und Papia Poppaea. Freie Frauen, die drei Kinder geboren hatten, wurden von der Geschlechtsvormundschaft frei, Väter von drei Kindern erhielten finanzielle Vorteile. Die Kaiser verliehen das Dreikinderrecht aber auch ehrenhalber, selbst an Junggesellen, G. I 194 III 46 47.

Duldungsvermächtnis (legatum sinendi modo): G. II 192 *209–215* 218 280.

Duplik (duplicatio): Eine → Einrede des Beklagten konnte der Kläger mit einer → Gegeneinrede zu entkräften suchen, der Beklagte diese wiederum mit einer Duplik, G. IV 127 128.

Dupondius: Römische Münze im Werte von zwei → As, G. I 122.

Edikt: Wörtlich: Bekanntmachung. Jeweils am Beginn seiner Amtsperiode gab in republikanischer Zeit der Stadtprätor öffentlich bekannt, welche Prinzipien in der Rechtsprechung er einhalten, d. h. z. B., welche → Klagen und welche → Einreden er gestatten wolle. Auf diese Weise konnten überholte Gesetze stillschweigend ausgeschaltet, konnte neueren Bedürfnissen Rechnung getragen werden (vgl. die Einleitung). Das Edikt der Ädilen bezog sich hauptsächlich auf Kauf und Verkauf. Über die Edikte des Fremdenprätors und der Provinzstatthalter sind wir nur spärlich informiert, G. I 2 6. Das Edikt des Stadtprätors wurde unter Hadrian 126 u. Z. in eine feste Form – edictum perpetuum – gebracht und durfte seither nicht mehr geändert werden. Von dieser Zeit an gewannen die → kaiserlichen Erlasse als Quelle neuen Rechts immer größere Bedeutung. Auch der Kaiser konnte, da er alle hohen Ämter wenigstens zeitweise bekleidete, Edikte erlassen, D. 1,4,1,1. Zunächst nutzten die Kaiser diese Möglichkeit noch nicht oft zur direkten Gesetzgebung, erst in der späteren Kaiserzeit wurde das Edikt, nun in gewandelter Bedeutung, zu einer normalen Form kaiserlicher Verordnungen, z. B. das Höchstpreisedikt Diokletians, G. I 5. Ein Edikt des Claudius, G. I 32c. Edikte Hadrians, G. I 55 93; D. 48,19,28,13.14. Ein Edikt des Augustus, D. 48,18,8. Ein Kommentar des Gaius zum Edikt (d. i. zum edictum perpetuum), G. I 188.

Das Edikt des → Prätors als Rechtsquelle, G. II 136 150 253 III 25 41 50 52 71 78 82 189 192 222Ü. IV 11 31 34 46 76 99 109 118 124 136 141 165 166 182 183 185; D. 47,9,1,pr.1. Aus solchen Angaben wurde der Text des Edikts rekonstruiert.

Ehe (rechtmäßige, rechtlich anerkannte) (iustae nuptiae, iustum matrimonium): In Rom war der Wille der Partner, ehelich zusammen zu leben, so D. 50,17,30, nicht die Erfüllung bestimmter Formalitäten die Grundlage einer gültigen Ehe, D. 23,2,24. Aber nur wenn beide

Partner römische Bürger waren oder wenn der Mann römischer Bürger war und mit der Frau das → conubium hatte, unterstanden die Kinder der väterlichen → Gewalt, G. I 55 76 87; D. 1,5,5,2.3 1,5,12. Bestimmungen für die Eheschließung, D. *23,2,1–4.8.9. 13.16.18.20.21.23–25.28–31.42.51.53.54.* Die Ehe bestand fort, wenn ein oder selbst beide Partner geisteskrank wurden, D. 1,6,8,pr. Die Frau konnte in die → manus des Ehemannes kommen, aber auch ebensogut → rechtlich selbständig bzw. unter der Gewalt ihres Vaters bleiben. Zu Gaius' Zeit war die manus-freie Ehe die Regel, vgl. confarreatio, Ersitzung, Scheinkauf. Nahe Verwandtschaft war ein Ehehindernis, eine eheliche Verbindung zwischen nahe verwandten Personen galt als blutschänderische Ehe (incestuosae nuptiae) und war ungültig, G. I *58–64.* Ein Freigelassener war juristisch mit seiner Mutter und Schwester nicht verwandt, wenn sie alle zuvor Sklaven gewesen waren, da Sklavenehen rechtlich nicht galten – trotzdem wäre eine Ehe nicht erlaubt gewesen, weil man die natürliche Verwandtschaft in Rechnung stellte, D. 23,2,8.
Erbrechtlich wurde auch die Ehe zwischen Peregrinen anerkannt, G. I 77.
Unter falschen Voraussetzungen geschlossene Ehen, G. I *67–75* 87. Ehen ohne conubium, G. I 75 *76.* Eheliche und uneheliche Kinder, G. I 88 89 90A.91A.; D. 1,5,18.
Die Ehescheidung war bei manus-freier Ehe durch bloße Willenserklärung des Mannes oder der Frau möglich (in christlicher Zeit wurde sie erschwert). Bei einer manus-Ehe war eine → Emanzipation der Frau nötig, G. I 137, vgl. Aufkündigung, Scheidung, Scheidebrief, Verstoßung. Deportation löste die Ehe nicht, D. 48,20,5,1. Wiederverheiratung geschiedener oder getrennter Eheleute, D. 23,2,18 24,2,6. Eine zum Schein eingegangene Ehe, um die → Lex Iulia und Papia Poppaea zu umgehen, war ungültig, D. 23,2,30. Störung einer fremden Ehe wurde von Ehebruch unterschieden, D. 47,11,1. – D. 50,17,197. Vgl. auch Mitgift, Schenkung, Übereinkommen (über die Mitgift), Verlöbnis; Lex Iulia über die Bestrafung des Ehebruchs.

Ehebrecher (adulter): G. III 194; D. 50,16,225. Von Ehebruch war nur dann ernstlich die Rede, wenn ein Mann die Frau eines anderen verführte; die Frau hatte gegen ihren Mann keine Möglichkeit zur Klage, wenn er die eigene Ehe brach. → Lex Iulia über die Bestrafung des Ehebruchs.

ehrlos (ignominiosus, infamis), *Ehrlosigkeit* (infamia): G. IV *182.* Ehrlosigkeit für den Zeugen, der sich weigerte, seiner Pflicht nachzukommen, Z. VIII 22; für den zahlungsunfähigen Schuldner, G. II

154; für den Unterlegenen in einer Hinterlegungs- oder Beleidigungsklage, G. IV 60, in einer Geschäftsführungsklage, Ro. 113 114; wegen böswilligen oder leichtfertigen Prozessierens, G. IV 171; Ro. 57; für den Verurteilten in einem Verfahren wegen Gewalttätigkeit, D. 48,7,1.8; wegen Amtserschleichung, D. 48,14,1,1. – D. 48,19,8,pr. 48,19,28,16; Rh. II 37.

Eid (iusiurandum): Ein Eid des Freigelassenen an den Patron, G. III 83A. 96. Es konnte ein Eid verlangt werden, um leichtfertiges und böswilliges Prozessieren zu zügeln, G. IV 171 172 174 176 179 181 186.

Eid zur Sicherung des → vadimoniums, G. IV 185. Verbrecherischer Eid, D. 48,4,4. Fahneneid des Soldaten (sacramentum), D. 48,5,12(11),pr. Eid von → Geschworenen, Ro. 140 152.

Eigentum: → Eigentümer; bonitarisches, quiritisches Eigentum; Besitz ergreifen; Ersitzung; erwerben.

Eigentümer (dominus, meum esse): Derjenige, dem das volle Recht an einem Objekt zusteht, z. B. G. II 44 (die Stellen sind nicht vollständig aufgeführt; das zweite und dritte Buch bei Gaius beschäftigen sich mit den Problemen des Eigentums, seines Erwerbs, seiner Übertragung etc.). In der Übersetzung ist das Wort mehrfach zur Verdeutlichung gesetzt, wo das lateinische Verb im Deutschen mehrdeutig wäre. → bonitarisches, quiritisches Eigentum.

Einrede (exceptio): Ein Mittel zum Schutz des Beklagten im → Formularprozeß, mit dessen Hilfe Ansprüche des Klägers abgewiesen werden konnten, die auf den ersten Blick juristisch stichhaltig waren, aber den Beklagten dennoch in unbilliger Weise geschädigt hätten, G. IV *115–129*. → Gegeneinrede. Im Legisaktionenprozeß gab es noch keine Einreden, G. IV 108. – G. IV 133. → aufhebende, aufschiebende Einrede.

Einrede wegen Arglist (exceptio doli mali): Die wichtigste und allgemeinste Einrede, die zur Anwendung kam,

wenn der Beklagte tückisch zu einem für ihn verderblichen, juristisch aber einwandfreien Vertrag veranlaßt worden war, G. IV 117 119;

wenn der Kläger einen formaljuristischen Vorteil ohne Rücksicht auf die Billigkeit für sich auszunutzen versuchte, G. II 76–78 84 120 149a 151a 198 III 168 179 IV 116a. – G. IV 121.

Einrede wegen Furcht (exceptio metus): Wenn der Beklagte nachwies, daß er zum Eingehen einer für ihn ungünstigen Verbindlichkeit genötigt worden war (unter Androhung oder Anwendung von Gewalt), wurde der Anspruch des Klägers hinfällig, G. IV 117 121.

Einrede, daß gegen ein Gesetz gehandelt wird: G. IV 121.

Einrede, daß noch Klagen laufen (exceptio rei residuae): G. IV 122. Wahrscheinlich wurde mehrmaliges Prozessieren als eine unnötige Belästigung sowohl des Gegners als auch des Magistrats und des Richters angesehen.

Einrede, daß um das Objekt prozessiert wird (exceptio rei litigosae): Ein Objekt, um das prozessiert wird, darf (auch heute noch) während des Prozesses nicht verkauft werden, G. IV 117a.

Einrede wegen Prozeßteilung (exceptio litis dividuae): G. IV 56 122.

Einrede wegen des Prozeßvertreters (exceptio cognitoria): G. IV 124.

Einrede, daß die Sache schon verhandelt ist (exceptio rei iudicatae...): G. III 181 IV *106 107* 121 123.

Einrede wegen getroffenen Übereinkommens (exceptio pacti conventi): G. III 179 IV *116b* 119 121A. 122A. → Übereinkommen.

Einsatz (sacramentum): Das älteste Verfahren im Legisaktionenprozeß. Sacramentum bedeutet etwas, das sacer, d. h. den Göttern geweiht, ist oder wird, in diesem Falle die eingesetzte Geldsumme, die ursprünglich an den Tempel, später an die Staatskasse fiel, falls der Prozeß verloren wurde, G. IV *12–17*. Durch Lücken im Manuskript sind der Anfang der → Personalklage und das Ende der → Sachklage verlorengegangen. Im Legisaktionenprozeß mit Einsatz gab es noch nicht Kläger und Beklagten, beide Parteien behaupteten ein identisches Recht an dem strittigen Objekt, G. IV 20 31 95.

einseitiges Interdikt: Die einseitigen → Interdikte wandten sich nur an den Beklagten, G. IV 156–159.

Eisenhut: Aconitum napellus, giftiges, gelb- oder blaublühendes Hahnenfußgewächs, 4 mg Akonit können tödlich wirken. Der Saft wurde noch im 19. Jahrhundert als Heilmittel gegen Hautausschläge benutzt, D. 48,8,3,3.

Emanzipation, emanzipieren: Durch dreimalige → mancipatio mit nachfolgender Freilassung konnte der Vater seinen Sohn → rechtlich selbständig machen, so daß er eigenes Vermögen besitzen konnte; bei anderen Nachkommen genügte eine einmalige mancipatio. Der Betreffende schied auf diese Weise aus der väterlichen → Gewalt aus, Z. IV 2. Das Verfahren konnte auch für die Entlassung von Adoptivkindern aus der Gewalt und bei der Scheidung angewandt werden, G. I 59 61 132–136 163 IV 79; D. 1,6,11 1,7,12. 26.36.

Emanzipierte Hauskinder wurden nicht vom ius civile, wohl aber vom Prätor als erbberechtigt anerkannt, G. II 126 135–137 III 19 41 65. Andere erbrechtliche Bestimmungen, G. II 241 245 III 2.

Wirkung der Emanzipation bei der Eheschließung, D. 23,1,10 23,2,25 23,3,44A.

Enterbung, enterben: 1. (exheredatio) Damit der bäuerliche Besitz nicht durch Erbteilungen zersplittert wurde, lag es im Interesse der Wirtschaftlichkeit, nur *einen* Sohn zum Erben zu machen und die übrigen Kinder mit einem Vermächtnis abzufinden. Der paterfamilias hatte hierbei ziemlich freie Hand, war auch nicht an die Erstgeburt gebunden. Er mußte aber bestimmte Formen genau wahren; wenn ein → unmittelbarer Erbe übergangen und nicht ausdrücklich enterbt war, setzte der Prätor ihn gegen die Testamentserben in seine Rechte ein, G. II *123–135* 141–143 182 183 273. – G. III 41 58 63 64 66 67 71; Ro. 52–54.
2. (summovēre) Enterbung des → hausfremden Erben nach Ablauf der → Bedenkzeit, G. II *164 165* 174 177. Vgl. Ausschluß von der →Erbschaft.

Epaminondas: Thebanischer Feldherr, der im 4. Jahrhundert v. u. Z. die Spartaner in mehreren Schlachten schlug. Am berühmtesten ist die Schlacht bei Leuktra, in der er zum erstenmal die schiefe Schlachtordnung einsetzte und den überlegenen Gegner so besiegte (371 v. u. Z.), Rh. I 96. Die geschilderte Situation war, wie Cicero in Rh. I 55 sagt, bei den Griechen allgemein bekannt, also ein beliebtes Thema rhetorischer Übungen. Er selbst gibt an anderer Stelle, nämlich in Rh. I 56, auch eine Anklage des Epaminondas. Berichtet wird die Geschichte von dem römischen Historiker Cornelius Nepos. Bei ihm gibt Epaminondas seine Schuld zu, verlangt aber, daß auf seinen Grabstein gesetzt werde: „Er wurde von den Thebanern mit dem Tode bestraft, weil er sie zwang, bei Leuktra die Spartaner zu besiegen, die vorher kein Böotier je in der Feldschlacht anzusehen gewagt hatte." Darauf mußten alle Zuhörer so lachen, daß kein Richter ihn zu verurteilen wagte. Juristisch ist seine Handlungsweise nicht zu rechtfertigen, Ciceros Beweisführung ist nicht stichhaltig.

Ephesus: Große antike Handelsstadt an der kleinasiatischen Küste, G. IV 53c.

epideiktische Reden: Reden ohne direkten praktischen Zweck, man spricht auch von Prunkreden. Reisende Lehrer der Beredsamkeit hielten sie als Proben ihrer Kunst vor zahlreichem Publikum; gelobt und getadelt wurden dabei oft Personen aus der Mythologie. Später entwickelten sich daraus die Preisreden auf den jeweiligen Kaiser, Rh. I 7.

Erbe, das (patrimonium): Meist synonym für Vermögen, G. II 224–226; Ro. 32 147.

Erbe, der (heres): Der Rechtsnachfolger eines Verstorbenen. G. II *99–289* und III *1–87* wird das Erbrecht dargestellt (aus diesem Bereich sind bloße Erwähnungen nicht angeführt). – G. I 24 40 147 186 192 195c II 50 57 III 158; D. 50,17,89.
Der Erbe in bestimmten prätorischen Klagen, G. IV 34 35.
Der testamentarisch eingesetzte Erbe, G. II 36 37 98 103 105 108 110 *116 117 119* 120–289 III 13 33b 36 41 43 69–72.
Übergangene Erben, G. II 123 124 III 41 65–67.
Erben verschiedenen Grades, G. II 174–178.
Erbe und → Lex Papia Poppaea, G. II 206 207 286 286a.
Besitz und Ersitzung „anstelle des Erben" (pro herede), G. II 52 53 III 201 IV 111, konnte durch ein Interdikt abgebrochen werden, G. IV 144; falls der Besitzer seine Berechtigung nachweisen konnte, wurde die Wirkung des → Interdikts hinfällig; Klagen, G. IV 172.
→ Sklaven und Hauskinder als Erben erwarben für den Gewalthaber, G. II 87 245.
Sich als Erbe betragen (pro herede se gerere), G. II *166* 167 176 178 III 85 87.
Als Erbe erstehen (heres exsistere), d. h. wirklich als Erbe in Erscheinung treten (z. B. konnte es fraglich sein, ob jemand die Testamentseröffnung erleben würde), G. II 9 144 150 180 181 245 277 III 69 85 86.
Erbe und Vermächtnisempfänger, G. II 194–232 254 III 175.
Schutz des Erben, G. II 224–228 235 238 243; bei Herausgabe der Erbschaft, G. II 251–256.
Belastung des Erben mit → fideïcommissa, G. II 248–264.
Erbe nach → Intestaterbfolgerecht, G. II 35 149 III 1–33a.
Erbe von Freigelassenen mit Bürgerrecht, G. III 39–54.
Erbe von Junianischen → Latinern, G. III 55–76.
Der Prätor konnte zur Erbschaft berufen, aber nicht im strengen Sinne Erben schaffen; er gab → Besitz des Gesamtnachlasses, und das Erbe ging dann durch → Ersitzung ins Eigentum des Berufenen über, während ein Erbe nach → ius civile sofort Eigentümer wurde, G. III 32 78 80.
Vermächtnisse beim Tode des Erben, G. II 232. Weshalb Gaius es so merkwürdig findet, daß man nichts vermachen darf „am Tage, bevor mein Erbe stirbt", ist nicht einzusehen – denn dieser Termin läßt sich wirklich meistens nicht mit Sicherheit voraussagen, abgesehen davon, daß es fraglich ist, ob der Erbe in diesem Augenblick zu solchen Transaktionen in der Lage wäre; letzteres gilt allerdings auch für die vorher gegebene gültige Bestimmung.

→ fideïcommissa nach dem Tode des Erben, G. II 269 277.
Klagen des Erben oder gegen den Erben, G. IV 112 114 172. Verbindlichkeiten durften nicht für den Erben eingegangen werden, G. III 100 158.
Der Erbe im → Obligationenrecht, G. III 114 117 120 151.
Ein (der Zahlungsunfähigkeit) verdächtiger Erbe, G. IV 102.
Der → Fiskus beerbte den Deportierten, D. 48,22,15,pr. Deportierte konnten u. U. erben, D. 48,22,15,1.
Vgl. auch Erbschaft, Enterbung, Ersatzerbe, hausfremder Erbe, Nacherbe, unmittelbarer Erbe, Zwangserbe.

Erblasser: Derjenige, der sein Vermögen bei seinem Tode einem anderen hinterläßt, G. II 103–270a.

Erbschaft (hereditas): Die Erbschaft rechnete zu den unkörperlichen Objekten, obgleich ihre einzelnen Bestandteile körperlich sind, G. II 14, denn sie ist das Recht auf Nachfolge. Die Vermögensbestandteile werden dagegen in der Übersetzung in dem Wort „Nachlaß“ zusammengefaßt, das im Lateinischen keine genaue Entsprechung hat. In G. II *99–289* und III *1–87* wird das Erbrecht dargestellt (aus diesem Bereich sind bloße Erwähnungen nicht angeführt). – G. I 123 165 167 176 192 II 9 54 55 III 151.
Abtreten der Erbschaft (cedere hereditatem) – meistens gegen Bezahlung einer Pauschalsumme –, G. II 34–37 252 257 III 85–87. Wie sich aus dem Text ergibt, ist in G. III 85 an einen Agnaten zu denken, dem die Erbschaft nach Intestaterbfolgerecht zusteht. Weshalb nur ihm und nicht dem testamentarisch eingesetzten oder → unmittelbaren Erben, so G. III 86 87, die Möglichkeit offenstand, die Erbschaft vor Antritt weiterzugeben, ist nicht klar. Dem Testamentserben war es vielleicht deshalb verwehrt, weil er, wenn er die Erbschaft ausschlug, den Ersatzerben oder den nächsten Intestaterben einrücken ließ, während bei Agnaten der Anspruch nicht weiterrückte, vgl. G. III 12. Weshalb die Schulden an die Erbschaft untergehen, wenn nach Antritt derselben die Abtretung erfolgt, ist unverständlich.
Antritt der Erbschaft, G. II 52 87 123 144 164–166 184 187–189 194 195 204 213 250 254 258 III 22 37 62 212.
Wer seinen Willen bekundet, Rechtsnachfolger des Verstorbenen zu werden, übernimmt damit auch dessen Schulden (das gilt noch heute), G. II 35–37 55 257, ein Rücktritt ist nachträglich nicht möglich, G. II 163, wohl aber eine Meinungsänderung innerhalb der → Bedenkzeit, G. II 168.
Beschränkungen bei der Annahme von Erbschaften, G. II 110 111 114 148–149a 226 227 286 286a 287.

Nachteilige, d. h. überschuldete Erbschaft, G. II 153–155 158 bis 160 163 258.
Ausschlagen der Erbschaft, G. II 158–160 162 163 168 III 62 67 201.
Ausschluß von der Erbschaft, G. II 125 164–166 168 169 176 177 III 66.
Herausgabe der Erbschaft an einen Dritten, G. II 184 248–259 273 276 277.
Übernahme der Erbschaft als → fideïcommissum, G. II 251 bis 258.
Berufung zur Erbschaft, G. III 40 85. → Intestaterbfolge.
Aufteilung der Erbschaft, → Intestaterbfolge.
Ein Versuch, eine Vorentscheidung über eine Erbschaft durch eine andere Klage herbeizuführen, G. IV 133.
Verfall der Erbschaft an den → Fiskus bei Verurteilten in bestimmten → Kapitalverfahren, D. 48,4,9.11; besondere Bestimmungen dazu, D. 48,20,1 48,22,3.
Definitionsfragen, D. 50,16,3,1.
Vgl. auch Bedenkzeit, Frau, Freigelassene, Minderjährige, Vormund.

Erbschaftsklage (hereditatis petitio): Der Antrag auf Herausgabe der Erbschaft, G. II 57.

Erbschaftssteuer (vicesima = Zwanzigstel): Eine Erbschaftssteuer von 5% wurde von → Augustus eingeführt, G. III 125.

Erbzins (vectigal): Wenn Städte ihr Land an Privatpersonen zu erblichem Besitz überließen, blieb er unkündbar, solange die Pacht, der sogenannte Erbzins, regelmäßig gezahlt wurde. Im Gegensatz dazu konnten andere Pachtverträge vom Eigentümer gelöst werden. Der Pächter konnte in jedem Falle kündigen, G. III 145. Das Wort vectigal wird auch für → Zoll und Steuer gebraucht, G. IV 28A.

ercto non cito: Die Erbengemeinschaft, die in altrömischer Zeit unter den → unmittelbaren Erben eines → paterfamilias bei dessen Tode entstand, falls er kein Testament hinterlassen hatte, G. III 154a. Gaius' etymologische Erklärung läßt sich nicht mit der in G. II 219 zu hereditate erciscunda gegebenen Etymologie in Übereinstimmung bringen. Offensichtlich war der ursprüngliche Wortsinn schon damals nicht mehr klar. Die sachliche Erläuterung trifft jedoch zweifellos zu.

Erklärung (intentio), *erklären* (intendere): Der juristische Fachausdruck für die im Edikt vorgesehenen Formulierungen, mit denen der Kläger den Tatbestand fixierte, auf Grund dessen er die Klage erhob. Das geschah meist in Form eines Bedingungssatzes: „Wenn der und der Tatbestand vorliegt..." (dann soll der Beklagte verurteilt werden), G. IV 2 3 18 33 34 36–39 *41* 44–47 53–55 60 64 86 87 107 116bÜ. 131 131a 134.

Erlaß: → kaiserlicher Erlaß.

Ermessensformel (formula arbitraria): Bei → restitutorischen und → exhibitorischen Interdikten konnte der Beklagte am gleichen Termin, an dem das Interdikt ausgesprochen wurde, die Einsetzung eines → Schiedsmannes verlangen, der dann bestimmte, ob und was er vorlegen oder herausgeben mußte. Wenn er diese Möglichkeit versäumte und dem Gebot des Interdikts dennoch nicht nachkam, so mußte er das Risiko einer Klage mit → Prozeßwette (2) auf sich nehmen, G. IV 141 163–165.

Eros: In der Mythologie Begleiter der Liebesgöttin; ein häufiger Sklavenname, der von Gaius in Rechtsbeispielen eingesetzt wird, G. IV 55 59.

Erpressung (concussio): Eine Straftat, die darin bestand, daß jemand unter Mißbrauch seiner Amtsgewalt einen anderen durch Einschüchterung dazu brachte, ihm Vorteile einzuräumen. In republikanischer Zeit gab es gegen solchen Mißbrauch nur die Repetundenklage, D. 47,12,1.2. Vgl. Lex Iulia über unerlaubte Geldannahme.

Ersatzerbe (substituere heredem): Ein Ersatzerbe wurde eingesetzt für den Fall, daß der erste Erbe die Erbschaft ausschlug, G. II *174–178* III 72, oder nicht erlebte, G. II *179–184*.

ersitzen, Ersitzung: 1. (usus) Eine Art, die → manus zu erwerben, G. I 110 111.

2. (usucapio) Verwandlung von → bonitarischem in → quiritisches Eigentum durch längeren Besitz, G. I 111 II 41–44. Hinderungsgründe, G. II *45–50* III 80; D. 50,17,118. Verwandlung von bloßem Besitz in Eigentum, G. II 51–61 89 93 94 204. Ersitzung einer Erbschaft, G. II 52–56 III 201. Gewinnbringende Ersitzung (usucapio lucrativa), G. II 56 57 60. Fingierte Ersitzung für eine Klage, G. IV 36.

Erucius: Gaius Erucius, der Ankläger im Prozeß gegen Roscius aus Ameria. Über ihn wissen wir nur das, was Cicero selbst sagt, und das ist nicht unbedingt die Wahrheit, kann andererseits aber nicht so falsch sein, daß es allgemeinen Protest hervorgerufen hätte. Erucius war offenbar ein gewerbsmäßiger → Ankläger, Ro. 35 36 38 39 42–44 52 55 (in der Antike betonte man sein persönliches Interesse an der Klageerhebung, um den Verdacht gewerbsmäßiger Anklägerei zu entkräften) 58 61 62 72 73 78–80 82 83 88 91 93 101 104 122 127 132.

erwerben (acquirere): Ein allgemeinerer Ausdruck als „kaufen“, er umfaßt z. B. auch das Erben und das, was durch die Arbeit des Sklaven etc. dem paterfamilias zufällt, G. II *66–79* 86 97 98. Erwerb durch andere, G. I 52 II *86–95* IV 153. Vgl. Besitz ergreifen, der Erbe, kaufen, Vermächtnisempfänger.

Erzieher (paedagogus): Ein Sklave, der den jungen Römer zur Schule begleitete, seine Hausaufgaben überwachte etc. Der eigene Erzieher wird kaum in die Kategorie „unter 30 Jahre“ gefallen sein, deshalb sind wir in diesem Falle Zuluetas kommentierender Übersetzung gefolgt, G. I 19.

Eutychus: Eine Komödienfigur des → Caecilius Statius, Ro. 46 47.

exhibitorisches Interdikt (interdictum exhibitorium): Das Gebot des Magistrats, das die Vorlage erzwingt. Das bedeutet die Vorlage eines Testaments oder einer anderen Urkunde zur Einsichtnahme oder die Vorführung eines Menschen vor den Richter, um zu beweisen, daß er lebt, entweder eines Sklaven (von dem vermutet wird, er sei frei) oder der Kinder (bei einer Scheidung) oder der Ehefrau (bei dem Verdacht, daß sie gegen ihren Willen festgehalten werde), G. IV 140–142 157. Exhibitorisches Interdikt im Interdiktenverfahren, G. IV 162.

Fabius Cilo: Lucius Fabius Cilo Septimius Catinius Acilianus Lepidus Fulcinianus, Konsul 192/93 und 204 u. Z., Statthalter in mehreren Provinzen, Präfekt der Stadt Rom, D. 48,19,8,5 48,22,6,1.

Fahrlässigkeit (culpa): Verschulden ohne böse Absicht, im Gegensatz zur → Arglist, G. III 202 211.

familia: D. 50,16,40,2.3 50,16,195 50,16,196. → Gesinde, → Nachlaß.

Fannius: Marcus Fannius, der Prätor, der das Verfahren gegen Sextus Roscius leitete. Er hatte schon früher als → Untersuchungsrichter gewirkt; das war möglich, auch wenn man noch nicht die Prätur bekleidete, da der Prätor, falls viele Prozesse anlagen, dies Amt weiterdelegieren konnte, Ro. 11 12.

feierliches Versprechen (sponsio): Das Gegenstück zur → förmlichen Forderung. Der Schuldner verpflichtete sich mit einer stereotypen Wendung (spondeo = ich gelobe) auf die ebenso stereotype Frage (spondesne = gelobst du?), G. II 254Ü. 257Ü. 258Ü. IV 17a; D. 23,3,41. Vgl. Prozeßwette.

Feststellungsurteil (praeiudicium = Vor-Urteil): In einem Verfahren, das dem Prozeß vorausging, wurde ein Sachverhalt geklärt, der für die Entscheidung im Hauptfall wichtig war, G. III 123 IV 44 94. In G. IV 133 handelt es sich um einen ungerechtfertigten Versuch, eine Vorentscheidung zu provozieren; ähnlich D. 1,6,10A.

Feuertod: Strafe bei Brandstiftung, D. 47,9,9; für Überläufer und Staatsfeinde, D. 48,19,8,2. – D. 48,19,28,pr. 48,24,1.

Fichtenraupe (pituocampa): Vermutlich die Raupe eines Schmetterlings aus der Familie der Prozessionsspinner (Thaumatopoeidae). Diese Tiere haben sehr spitze Haare, die gefährliche Hautentzündungen hervorrufen. Plinius d. Ä. empfiehlt sie gegen Ekzeme – aber das verspricht keine günstige Wirkung, D. 48,8,3,3.

fideïcommissum: Eine testamentarische Bitte an den Erben, deren Erfüllung seiner Rechtlichkeit überlassen (fideï commissum) war, G. I 24 II 184 *246–283*; D. 24,2,10. Fideïcommissa wurden in außerordentlichen → Kognitionsverfahren eingeklagt, G. II 278 279 282. Ungültige fideïcommissa, G. II 284–289. Betrügerische Zuschreibung eines fideïcommissum, D. 48,10,1,7.

Fidepromissor: G. III 115–127; sein Erbe haftete nicht, G. IV 113. Vgl. Bürge.

fiduziarisch (fiduciarius): Ein Treuhandverhältnis betreffend. Es gab einen fiduziarischen → Scheinkauf, im Gegensatz zu dem, der eine Ehe begründete, G. I 114 115 115a; mit seiner Hilfe wechselte die Frau den Vormund oder erlangte die Möglichkeit, ein Testament zu machen. → Vormund.

Fimbria: Gaius Flavius Fimbria, ein Anhänger des → Marius, der später bei dem Versuch, → Sulla in Kleinasien in der Heerführung gewaltsam abzulösen, scheiterte und sich das Leben nahm (85 v. u. Z.). Der Anschlag auf → Mucius Scaevola fand 86 v. u. Z. statt. Zu der angedrohten Anklage kam es nicht. Ein Menschenleben war dem Fimbria offenbar wirklich nicht viel wert, denn er tötete den Konsul Valerius Flaccus, seinen eigenen Parteigänger, und übernahm dessen Kommando, als dieser Schwierigkeiten mit den Soldaten hatte. Cicero nennt ihn als einen verabscheuungswürdigen Vertreter der Gegenpartei, von dem er sich distanziert, stellt dann aber die Prozeßgegner (Sullaner!) mit ihm in eine Reihe, Ro. 33 34.

Fiskus: Die kaiserliche Kasse im Gegensatz zum aerarium, der Kasse, in die die Einkünfte des römischen Volkes flossen, G. II 285. Im Laufe der Kaiserzeit verschwand das aerarium; Fiskus ist dann gleichbedeutend mit Staatskasse, D. 24,3,36 48,4,9.11 48,14,1,4 48,17,2,2 48,20,11,1Ü. 48,23,3. Daneben gab es dann die Privatschatulle des Kaisers, in die z. B. die Einkünfte aus den riesigen Ländereien flossen, die sein Eigentum waren, aber dem nächsten Herrscher vererbt werden mußten. Der Fiskus galt in vermögensrechtlichen Auseinandersetzungen als Person, D. 48,22,15,pr.

Flamen: Einzelpriester einer Gottheit. Der Flamen Dialis diente dem → Jupiter, der Flamen Martialis dem Fruchtbarkeits- und Kriegsgott Mars, der Flamen Quirinalis dem unter dem Namen Quirinus göttlich verehrten mythischen Stadtgründer Romulus. Die Flamines standen unter allerlei lästigen Tabus, der Flamen Dialis durfte z. B. kein Heer unter Waffen sehen, keinen Ring oder Gürtel tragen, auch seine Frau hatte viele Gebote einzuhalten. Diese Priesterämter waren eine hohe Ehre, aber nicht mit politischer Macht verbunden, G. I 112 130 136. Wer zum Flamen Dialis erkoren wurde, wurde dadurch → rechtlich selbständig, G. III 114. Vgl. confarreatio.

Florentinus: Römischer Jurist, der frühestens unter Marc Aurel (161–180) schrieb; über seine soziale Stellung ist uns nichts bekannt. Texte, D. 1,5,4 23,1,1.3.

Folgeklage (iudicium secutorium): 1. → iudicium Cascellianum, G. IV 166a.
2. Auch der Betrag der → Nutzensversteigerung konnte durch eine Folgeklage eingetrieben werden, wenn nicht eine → förmliche Forderung vorher erhoben worden war, G. IV 169.

Folter: → peinliche Befragung, Sklave.

formale Quittierung (acceptilatio): Ein Mittel, um jemandem eine → Verbindlichkeit zu erlassen, G. II 85 III *169–172*.

formaler Besitz (sine re possessio), *formaler Erbe* (sine re heres): Wörtlich: Besitz bzw. Erbe ohne die Sache, → Besitz des Gesamtnachlasses. Auf diese Weise hielt der Prätor den einmal geschaffenen Rechtsstand de iure aufrecht, hob ihn aber de facto auf. Es widersprach nämlich den römischen Rechtsprinzipien, rechtliche Transaktionen geradezu rückgängig zu machen, G. II 125 148 149 III 35–37.

förmliche Forderung (stipulatio, stipulare): Eine vor dem Prätor oder Statthalter in vorgeschriebener Form erhobene und vom Geschäftspartner durch → feierliches Versprechen bestätigte Forderung zur Begründung einer → Verbindlichkeit, G. III *92–94*. Formalitäten bei der Abtretung einer Erbschaft, G. II 252 254 257 258. Unwirksame Forderungen, G. III 97–109. Löschung einer förmlichen Forderung, G. III 168–170 215. Förmliche Forderung im → Formularprozeß bei der Sachklage, G. IV 91; bei der Mitgiftvereinbarung, D. 23,3,41. – G. II 31 38 87 III 103 103a 114 124 134 167 167a 176 177 179 IV 17a 31 53c 53d 55 116a 131. Vgl. Nebenforderung, Verbalkontrakt.

formloses Übereinkommen: → Übereinkommen.

formlose Übergabe: → Übergabe.

Formularprozeß (per formulam agere): Eine Form der Prozeßführung in privatrechtlichen Streitigkeiten, die römischen Bürgern und → Peregrinen offenstand und den schwerfälligen, nur Bürgern zugänglichen → Legisaktionenprozeß bis zum 1. Jh. u. Z. praktisch verdrängt hatte. Vor dem Prätor einigten sich die Parteien auf eine → Prozeßformel, die dem → Privatrichter schriftlich mitgeteilt wurde und an die er bei der Urteilsfindung streng gebunden war. Alle Strafen, überhaupt alle Verurteilungen wurden zu Geldsummen ausgesprochen, G. II 278 IV 18Ü.

Forum: Marktplatz, der Mittelpunkt des politischen und bürgerlichen Lebens in jeder römischen Stadt. Auf dem Forum wurden auch Gerichtsverhandlungen abgehalten. Seit der Kaiserzeit gab es in Rom mehrere Fora, Z. I 7; Ro. 12 16 88 135.

Frauen: Geschäftsfähigkeit von Frauen, G. II *47 80–83 85 112* 113 *118 119 121 122* III 83 84 91 95a 104 108 119 171 176 IV 172. Rechtslage der Frauen allgemein, D. *1,5,9 50,17,2,pr.* Verwendung des Wortes „Frau“, D. 50,16,13.

Die Frau, die nicht als Ehefrau gilt, G. II 241, vgl. Ehe, Konkubinat.

Erbfähigkeit, G. II 274 III 3 14 24 46 47. Erbschaften von weiblicher Seite, G. III 14 24.

Beleidigung einer verheirateten Frau, G. III 220 221.

Falls die Ehefrau durch ihr Verhalten zu Klagen Anlaß gegeben hatte, konnte bei der Scheidung ein Teil der Mitgift vom Manne einbehalten werden, G. IV 102.

Klage und Gegenklage wegen Verschiebung des Erbes ihres Kindes, G. IV 177. Ungeborene Kinder als Erben des Vaters, D. 50,17,187.

Vor Gericht konnten Frauen als Kläger normalerweise höchstens in eigener Sache auftreten, Ausnahmen, D. 48,4,8 48,12,3,2.

Kuppelei, D. 48,5,11(10); Anwendung der Folter, D. 48,19,3; Bergwerksstrafe, D. 48,23,4.

Vgl. Bürgerin, Ehe, Freigelassene, Gewalt (1), Konkubinat, Lex Iulia über die Bestrafung des Ehebruchs, Lex Iulia und Papia Poppaea, manus, Mitgift, Patron(in), Scheidung, stuprum, Testament, Intestaterbfolge, Verlöbnis, Verstoßung, Vestalin, Vormund.

freier Besitz (vacua possessio): Der Verkäufer mußte dem Käufer eines Grundstückes freien, d. h. von Dritten ungestörten Besitz garantieren und war, falls dieser angefochten wurde, zur Hilfe im Prozeß und, falls der verlorenging, zu Schadenersatz verpflichtet, G. IV 131a.

Freigelassene (liberta), *Freigelassener* (libertus), *freilassen* (manumittere), *Freilassung* (manumissio): Im Laufe der wirtschaftlichen Entwicklung Roms erwies sich die Freilassung von Sklaven als höchst wirksames Mittel zur Intensivierung der Ausbeutung, insbesondere

der von hochqualifizierten Kräften im Handel, Bankfach etc. Die Freigelassenen arbeiteten mit größerem Interesse als Sklaven, sie konnten außerdem als Strohmänner benutzt werden, wenn der Patron z. B. als Senator selbst keine Geldgeschäfte betreiben durfte. Freigelassene waren zu Arbeitsleistungen für den Patron verpflichtet, G. III 83 96 IV 162, und befanden sich ihm gegenüber rechtlich schwer im Nachteil, G. IV 46 (→ Patron), standen zum Teil sogar unter seiner Vormundschaft, G. I 165 167 174–176 179 194 195 195a–c. Das Vermögen Freigelassener fiel, falls sie Junianische → Latiner waren, bei ihrem Tode dem Patron wieder zu. Verfügung über den Nachlaß Freigelassener, G. III 39–42; bei weiblichen Freigelassenen, G. III 43–45 47 51 52; bei Freigelassenen Latinischen Rechts, G. III 55–76.
Einzelheiten über die Freilassung, G. I *10–35* 44 45 167 II *263–267* III 72 75 76. Gegen allzu zahlreiche Freilassungen, die häufig testamentarisch vorgenommen wurden, um sich einen eindrucksvollen Leichenzug zu sichern, und gegen unüberlegte Freilassungen durch junge Leute suchte der Staat sich zu schützen, G. I 36–43 46 47 II 224Ü. 228Ü. 230 233Ü. 236 239 272.
Auswirkung der Freilassung auf die rechtliche Stellung von Kindern, G. I 88 89; D. 1,5,5,3 1,7,46. Freilassung eines Sklaven als → Zwangserben, G. I 21 II 153 154 161. Bedingte Freilassung, G. II 200. Freigelassene als Patronin, G. III 50. Beschränkungen beim Prozessieren, G. IV 46.
Die Verwandtschaft zwischen Sklaven und Freigelassenen, soweit sie aus der Zeit vor der Freilassung herrührte, bestand juristisch nicht, wurde aber de facto in bestimmten Fällen, z. B. Eheverbot, anerkannt, D. 23,2,8.
Der Patron konnte seine Freigelassene heiraten, D. 23,2,28.29, nur Senatoren unterlagen in dieser Hinsicht Beschränkungen, D. 23,2,23.31. Eine Heirat der Patronin mit ihrem Freigelassenen wurde dagegen entschieden entmutigt, denn ihr Vermögen wäre damit ihrer Familie entgangen, D. 23,2,16.42; Ausnahme, D. 23,2,13. Scheidung, D. 24,2,10 24,3,35.
Freilassung eines gestohlenen Sklaven, D. 47,2,46. Über den Freigelassenen behielt der Patron das Züchtigungsrecht wie über einen Sklaven, D. 47,2,90(89). In einigen wenigen Fällen nur durfte der Freigelassene seinen Patron vor Gericht ziehen, D. 47,2,92(91). Hochverrat Freigelassener, D. 48,4,9. Freilassung durch Verurteilte u. ä., D. 48,22,2.3.13 48,23,1.
Ressentiments gegen mächtige Freigelassene, Ro. 141. – G. II 266 267 III 72 73 IV 44; D. 1,5,5,pr. 1,5,21 48,5,25(24),pr. 50,16,58

50,16,172 50,16,195,1 50,17,20.146.179; Ro. 19 22 130. Auch aus der → manus und dem → mancipium konnte man freilassen, diese Stellen sind hier nicht berücksichtigt (z. B. G. I 162).
Vgl. Patron, Kinderrecht, Vormund, Lex Iulia und Papia Poppaea, Lex Aelia Sentia, statuliber, manzipieren, mancipium, Junianische → Latiner; Mallius Glaucia, Chrysogonus.

Freiheitsvertreter (adsertor in libertatem o. ä.): Da ein Sklave keine juristische Person war, konnte er vor Gericht nicht auftreten. Wenn daher der Verdacht bestand, daß jemand unrechtmäßig in der Sklaverei gehalten wurde, mußte ein Freier für ihn sprechen, G. IV 14. In G. IV 175A. ist der Zusammenhang nicht ganz klar.

fremder Nachgeborener (aliënus postumus): → Nachgeborene.

Fremdenprätor (praetor peregrinus): → Prätor, G. I 6 IV 31.

Fufidius: Römischer Jurist, der → Sabinus vor Gaius kommentierte, also etwa im 2. Jahrhundert u. Z. lebte, G. II 154.

Fulvia: Vornehme Römerin, die im Jahre 63 v. u. Z. dem Konsul Cicero durch den Verrat der Verschwörung des → Sergius Catilina wertvolle Dienste leistete. Sie hatte davon durch ihren Geliebten Quintus Curius Kenntnis erhalten, der selbst in das Komplott verwickelt war, D. 48,4,8.

Fulvius: Servius Fulvius Flaccus, Konsul 135 v. u. Z.(?); wegen Blutschande angeklagt, von Curio verteidigt, Rh. I 80.

Furien: Das lateinische Wort bedeutet „die Wütenden“, grauenvolle Töchter der Nacht. Sie rächten nach antiker Vorstellung die Blutschuld, Ro. 66 67.

Gaius: 1. Römischer Jurist, vgl. Einleitung. In Justinians Digesten sind über 500 Fragmente aus seinen Schriften enthalten. Texte, D. 23,1,8.17 23,2,30.53 23,3,54 24,2,2 47,2,2 47,8,5 47,9,2.9 48,19,29 50,16,11.16.41.44.51.58.152.196 50,17,55.56.57.107.125. 132.133.
2. Römischer Vorname, → Fimbria, → Marius, → Seius.

Galater: Ein keltischer Volksstamm in Kleinasien, G. I 55.

Gegeneinrede (replicatio): Eine Abwehr des Klägers auf eine → Einrede des Beklagten hin, die in die → Prozeßformel aufgenommen wurde, G. IV *126*. Der Text der Formel ist bei Gaius nicht korrekt. Er muß, da die Einrede negativ gewandt ist, notwendig positiv gewesen sein. Im deutschen Text ist die Konjektur Küblers benutzt, G. IV 126a 127.

Gegengebot (restipulatio): 1. Ein Einsatz des Beklagten im → Interdiktenverfahren, der an den Kläger fiel, wenn sich herausstellte, daß die Klage begründet war, G. IV 165 166 166a. Vgl. Prozeßwette (2).

2. Eine Erwiderung auf die → Prozeßwette (3) zur Verhinderung leichtfertigen oder böswilligen Prozessierens, G. IV 13 *174 180 181.*

3. Vgl. Prozeßwette (1), G. IV 94A.

Gegenklage (iudicium contrarium): Um böswilliges Prozessieren zu bestrafen, wurde in manchen Fällen eine Gegenklage zugelassen, G. IV 174 *177–181.*

geheiligt (sanctus): G. II 8.

Geisteskranke (furiosi): Rechtslage, Z. V 7a; G. I 197 II 64 III 106 109; D. 1,5,20 23,2,9.16 23,4,8 50,17,5.40. Fortbestehen einer Ehe, D. 1,6,8; der Verlobung, D. 23,1,8 24,2,4. Tötung eines Menschen im Wahnsinn, D. 48,9,9,2.

Geldbuße (multa), *Geldstrafe* (damnum): D. 48,1,2 48,13,15(13) 48,14,1,1.4 48,19,8,pr. Unter welchen Umständen ein Teil des Vermögens oder das ganze konfisziert wurde und welche Ausnahmebestimmungen bestanden, zeigen D. 48,7,1 48,8,6 48,22,7,4 48,20,1,3 48,8,3,5 48,10,1,13 48,13,3 48,17,2,pr. 48,20,1,1 48,20,2.3.11 48,22,7,4 48,22,14,1.

Geminus: Ein höherer Beamter, wahrscheinlich Statthalter, Empfänger eines Schreibens des Kaisers Antoninus Pius, D. 48,6,6.

gens: D. 50,16,195,2. Vgl. Gentilgenossen.

Gentilgenossen (gentiles): Die Angehörigen einer gens, des alten Geschlechtsverbandes, der in der Urgesellschaft die Grundform der gesellschaftlichen Ordnung war, sich aber beim Übergang zur Klassengesellschaft auflöste. In der Zeit der Gentilordnung spielte die Einzelfamilie noch keine Rolle, Z. V 5 7a; G. III 17. Die von Gaius erwähnte Darstellung im ersten Buch ist leider nicht erhalten.

Gentilrecht (ius gentilicium): Der Ausdruck ist ein Widerspruch in sich, denn das Recht entsteht erst mit dem Staat und seiner Zwangsgewalt, vorher gab es nur gewisse Verhaltensnormen. Das Zwölftafelgesetz bewahrte aber noch Spuren der Gentilordnung, G. III 17.

gerichtlich fordern (petere): 1. Eine → Sachklage anstrengen, bei der die → Erklärung lautet, „daß das Objekt Titus gehört"; die Entscheidung wurde vom → Privatrichter gefällt, G. II 76 77 82 194 IV 131 148.

2. Eine → Personalklage anstrengen, bei der die → Erklärung lautet, „daß der Gegner… geben, tun, leisten muß", G. II 79 84 283 III 121 179 IV 17A. 50 53d 116a 116b. → Erbschaftsklage.

gerichtlich zugesprochene Schuld (iudicatum): Z. III 1. Erlassen einer gerichtlich zugesprochenen Schuld, G. III 173A. 174 175A. IV 9A.

Gegen denjenigen, der nach dem Urteil nicht zahlte, konnte der Gegner mit → Handanlegen (2) vorgehen, G. IV 21 25. → Schuldner (2). Nach dem Vorbild dieser Legisaktio waren noch einige andere geschaffen, z. B. für den Sponsor, G. IV 22 24. Legisaktio und Formularprozeß im Verhältnis zur gerichtlich zugesprochenen Schuld, G. IV 9A. 25 102 171 186.

(Gerichtsherr): Die allgemeine Bezeichnung für den, der einen Prozeß leitete oder den → Privatrichter einwies; das konnte der Prätor, der Statthalter oder in der Kaiserzeit ein Beamter sein.

Geschäftsführerklage (actio institoria): Klage gegen den Eigentümer einer Gastwirtschaft oder eines anderen Betriebes (Laden oder Werkstatt) auf Grund von Geschäften, die sein Sohn, Sklave oder Beauftragter als Geschäftsführer abgeschlossen hatte, G. IV 71 74.

Geschäftsführung (negotiorum gestio): Unter diesem Fachausdruck wurde in Rom sowohl die Geschäftsführung ohne Auftrag (im Gegensatz zur → unentgeltlichen Geschäftsführung) gefaßt, die vorliegt, wenn jemand spontan für einen Abwesenden oder Handlungsunfähigen eintritt, als auch die Tätigkeit des → Bevollmächtigten (1), G. IV 33 62.

Geschäftsführungsklage (actio, iudicium mandati): Auch aus der → unentgeltlichen Geschäftsführung erwuchs dem Auftraggeber ein einklagbarer Anspruch, G. III 111 117 127 160–162 216 (der Einwand dort ist gegenstandslos, weil die Geschäftsführungsklage später eingeführt wurde als die Lex Aquilia) IV 61–63 182; aber es bestand auch ein Ersatzanspruch des Beauftragten, G. III 155 161. Notwendigkeit strenger Bestrafung des ungetreuen oder fahrlässigen Beauftragten, Ro. 111–113.

Geschäftsherr (dominus): Derjenige, der in ein Rechtsgeschäft verwickelt ist, sich aber von einem anderen vertreten läßt. Es mußte gesichert werden, daß er die Entscheidung des Vertreters auch anerkannte, G. IV 84 86 87 97 98 101.

Geschworener (iudex): In Kriminalprozessen konnten zur Zeit der Rosciusrede nur Senatoren als Geschworene wirken. Aus einer Liste von 450 Namen wählte der Ankläger 100 aus, von denen der Angeklagte 50 ausscheiden durfte. In Mordprozessen und einigen anderen Verfahren hatten die Geschworenen einen Eid abzulegen, daß sie nach bestem Wissen und Gewissen urteilen und ihre Abstimmung geheimhalten würden, Ro. 1 7 8 10 12 14 17 21 23 25 26 29 30 31 34 58 59 60 62 65 66 68 71 76–78 82 88 98 101 105 107–109 116–118 121–125 128 129 131 134–136 142 149–154; auf Griechenland bezogen, Rh. I 68.

Geschworenenbänke: Das Tribunal wurde in republikanischer Zeit unter freiem Himmel aufgeschlagen; meistens tagten auf dem Forum mehrere Verhandlungen gleichzeitig, Ro. 12 91.

Gesellschaft (societas), *Gesellschafter* (socius): Eine durch → Konsensualkontrakt begründete Gemeinschaft mehrerer Personen in Hinblick auf ihr Vermögen, i. a. zu Erwerbszwecken, G. III 122 129 135 *148–154* IV 42 61–63. Klagen auf Grund dieses Vertrages, G. IV 62 182. Strafbare Gesellschaft, D. 48,12,2,pr. Auch in Ro. 20 geht es um eine Gesellschaft zu verbrecherischem Zweck, und Cicero läßt diesen Gedanken immer wieder anklingen, obwohl es ihm sicher kaum möglich gewesen wäre, etwas Derartiges tatsächlich nachzuweisen, Ro. 58A. 60A. 87 93 96 99 116.

Gesetz (lex): In Rom wurden nur die von der Volksversammlung auf Antrag eines Magistrats beschlossenen Gesetze als „lex" bezeichnet; die späteren Kaisergesetze (constitutio) heißen → „kaiserlicher Erlaß". Seit Tiberius (14–37) wurden kaum noch Volksgesetze angenommen, vorhandene behielten aber Geltung. Jedes Gesetz wurde mit dem Namen des (oder der) Antragsteller(s) in adjektivischer Form bezeichnet, z. B. Lex Minicia = Gesetz des Minicius, minizisches Gesetz.

Einzelne Gesetze, G. I 1–3 26 83 111 160 II 5 III 32 194 IV 11 37 76 118; Ro. 126 131 139; Rh. I 43 81 100. → Lex…

In den Digesten wird das Wort in allgemeinerer Bedeutung verwendet, D. 1,3,1.7.10.17.18.19.22.24.26.28.29.31.33.37.38. – D. 1,4,1,pr. 23,2,8.

Das Gesetz steht oft auch synonym für das → Zwölftafelgesetz, z. B. G. I 200 (die Stellen sind dort aufgeführt).

Auf die Gesetze in Athen wird in Ro. 70 verwiesen; ein Einfluß auf die römische Gesetzgebung ist nicht auszuschließen, freilich nicht in Form direkter Übernahme. Die Frage, ob Gesetze nach dem Buchstaben oder nach der (vermutlichen) Absicht des Gesetzgebers interpretiert werden sollten, war zu Ciceros Zeit heiß umstritten – dahinter stand natürlich das Problem, daß viele Gesetze veraltet waren und man versuchte, sie den gewandelten ökonomischen und politischen Verhältnissen durch Interpretation anzupassen, Rh. 68 69.

Gesinde (familia): Für den römischen Begriff familia, der die Gesamtheit der Gewaltunterworfenen umfaßt, in der jüngeren Republik und der Kaiserzeit aber meistens nur die Sklaven ein und desselben Herrn bezeichnet, gibt es keinen völlig passenden deutschen Ausdruck, G. I 44 A.; D. 1,6,2 47,9,1,pr. 48,8,3,4; Ro. 77 145.

Gestellungsbürge (praes): 1. Im Legisaktionenprozeß mußten beide Parteien einen Bürgen für den → Einsatz, der zeitweilige Besitzer auch für den Streitgegenstand stellen. „Sicherheit", die im kapitalistischen Recht i. a. dinglichen Charakter hat (hinterlegte Wertpapiere etc.), war in der stark durch persönliche Bindungen bestimmten römischen Gesellschaft meistens personal. Der Ausdruck „Gestellungsbürge" wird gebraucht, weil die Bürgen dafür gutsagten, daß der Verlierer das Streitobjekt oder dessen Wert tatsächlich stellen werde, G. IV 16.

2. „Anstatt des Gestellungsbürgen" (pro praede litis ac vindiciarum) hieß im Formularprozeß eine → förmliche Forderung an den Besitzer des strittigen Objekts, G. IV 91 94.

Gewalt (potestas): 1. Der Gewalt des →paterfamilias unterstanden sowohl seine Nachkommen aus rechtlich anerkannter Ehe, soweit sie nicht → emanzipiert waren, als auch seine Sklaven; weder die einen noch die anderen konnten ein eigenes Vermögen haben. Der paterfamilias hatte das Recht, sie zu strafen, zu verkaufen, sogar zu töten, D. 48,5,21(20) – in der Kaiserzeit trat hier eine Beschränkung ein, → Antoninus Pius. – Z. IV 2Ü.; G. I 49 *51–107* 109 117 142 144–147 189 II 86–90 96 105–108 123 126 135a 147 156 161 179 244 245 III 2–5 20 26 41 84 103 104 163 199 221 IV 73 80; D. 1,5,18.20 1,6,4,5.8 1,7,17,2 1,7,36,pr. 1,7,40,pr. 1.7,46 23,1,10 23,2,2.3 24,3,10,pr. 50,16,195,2 50,16,215.239,pr.

Entlassen aus der Gewalt, → Emanzipation. Freiwerden von Gewalt, G. I 124–136 II 114 IV 77–79; D. 1,7,12.13.36 50,16,195,2 50,16,239.

Gewaltunterworfene als Miteigentümer, G. II 157.

Entführung eines Hauskindes, G. III 199. → Delikte von Gewaltunterworfenen, G. IV 75–79. Begrenzung der Gewalt über Sklaven, G. I 53 54. Sonderfälle, D. 48,22,4.18.

2. Allgemeine Verwendung des Wortes, D. 24,2,6; im Sinne von Amtsgewalt eines Beamten, D. 50,16,173,pr. 50,16,215; Rh. I 35A.

Gewalt (vis), *gewaltsam*: Die gewaltsame Einwirkung auf einen anderen, insbesondere zum Zwecke der Aneignung seiner Habe, war strafbar, und der auf solche Weise erworbene Besitz blieb „mangelhaft". Daß gewaltsame Aneignung fremden Eigentums, vor allem von Land, verhältnismäßig oft vorkam – auch unter den Mitgliedern der herrschenden Klasse gegenseitig –, war nicht für alle geschichtlichen Perioden Roms typisch. Allgemeine Rechtsunsicherheit herrschte während der letzten anderthalb Jahrhunderte v. u. Z. durch die Bürgerkriege, in der Kaiserzeit dann wieder zu Zeiten von Thronfolgekämpfen, G. II 45 49 51 III 209 IV 150 151 166a 170. Bei gewaltsamer Vertreibung aus dem Besitz wurde das Interdikt → unde vi gewährt, G. IV 154 155.

„Verabredete Gewalt“ in symbolischer Form wurde geübt, um ein → Interdiktenverfahren in Gang zu bringen, G. IV 166 166a. – D. 47,8,1A.5. Einbruchsdiebstahl, D. 47,18,1.2, vgl. Raub.

Gladiator: Die meisten Gladiatoren waren Sklaven, G. III 146, es kam aber auch vor, daß Freie, die vom Ruin bedroht waren, sich selbst als Gladiatoren verdingten (sie hießen dann auctorati); ein Rücktritt war ihnen kaum möglich, da das Handgeld gewöhnlich bald verbraucht war, G. III 199. Cicero gebraucht das Wort in der Rosciusrede vermutlich nur als Schimpfwort im Sinne von Halsabschneider, aber er läßt immer gerade so viel Spielraum, daß auch eine wirkliche Tätigkeit als Gladiator bei Titus Roscius Magnus nicht ganz ausgeschlossen erscheint, Ro. 8 17.

Gladiatorenschule (ludus gladiatorius): Festes Lager, in dem Sklaven für den Kampf in der Arena (gegeneinander oder gegen wilde Tiere) ausgebildet wurden. Der Eigentümer vermietete sie an die Veranstalter von Spielen, G. I 13. Cicero bewegt sich bei seinen Ausführungen in Ro. 118Ü. auf des Messers Schneide zwischen Sarkasmus und ehrenrühriger Behauptung: Daß ein lanista, ein Fechtmeister aus der Gladiatorenschule, damals tatsächlich den Rang eines Dekurio erreicht haben sollte, erscheint nicht sehr wahrscheinlich, aber möglich wäre es; erst 44 v. u. Z. wurde es ausdrücklich durch die Lex Iulia municipalis verboten.

Gläubiger (creditor): Die Person, der von einer anderen auf Grund eines Rechtsgeschäftes Geld oder andere Werte geschuldet wurden. Das römische Recht war stark auf den Schutz des Gläubigers hin orientiert, G. I 37 47 139 II 35 55 60 64 154 167 220 III 79 84 85 121 200 201 204 215 IV 25; D. 48,22,14,3 48,22,15,pr. 48,23,2.3.

Schutz des Bürgen gegen den Gläubiger des eigentlichen Schuldners, G. III 122–124. Selbsthilfe des Gläubigers war verboten, D. 48,7,8.

Worterklärung, D. 50,16,11.12,pr. Vgl. Schuldner.

Glaucia: → Mallius Glaucia.

Goldstück (aurëus): Eine Münze, die in der Zeit Diokletians (um 300 u. Z.) neu geschaffen worden war, D. 48,14,1.4 50,16,202. Der Aurëus wog 4,55 g.

Gorgias: Berühmter Redner aus Sizilien (um 485–um 380 v. u. Z.). Er brachte die in Sizilien entwickelte kunstmäßige Rhetorik nach Griechenland und fand viele Schüler. Von seinen Reden ist nur wenig erhalten, Rh. I 7.

Grieche: G. III 141; Rh. I 35.

griechisch: G. III 93; D. 48,3,3.

grundsteuerpflichtig (stipendiarius): G. II 14a *21.* „Eigentum des römischen Volkes" waren diejenigen → Provinzen, die vom Senat verwaltet wurden, d. h. die, in denen keine Truppen stationiert waren. Seit → Augustus gab es daneben die „kaiserlichen Provinzen".

Gutachten der Rechtsgelehrten (responsa prudentium): Die Gutachten berühmter Juristen zu bestimmten Streitfällen wurden schon in republikanischer Zeit veröffentlicht. Sie galten auf Grund der Autorität der betreffenden Rechtsgelehrten als Rechtsquellen. Die ersten Kaiser erteilten bestimmten Juristen das Recht, verbindliche Gutachten zu erteilen, und erkannten nur noch die Gutachten dieser sogenannten Respondierjuristen an. Um 200 u. Z. hört die private Gutachtertätigkeit auf bzw. findet keinen Niederschlag mehr in den uns erhaltenen Texten. Anfragen wurden von der kaiserlichen Kanzlei beantwortet, G. I 2 7; D. 1,3,1.

guter Glaube (bona fides): 1. „Guter Glaube" ist eine unter christlichem Einfluß zustande gekommene, ungenaue, aber allgemein eingebürgerte (und ins BGB übernommene!) Übersetzung des römischen Begriffs, der besagt, daß der Besitzer eines Gegenstandes, wenn auch vielleicht objektiv nicht berechtigt, subjektiv „in redlicher Gesinnung" (bona fide) seinen Besitz ausübt. Entsprechendes gilt für die Ausübung von Rechten, G. II 43 45 49–51 76 78 86 93 94 III 164 166 200 IV 84; D. 48,20,11,1 48,22,15,pr. Besitz an einem Freien, im guten Glauben, er sei ein Sklave, G. II 86 92–95 III 164. Gegensatz → mala fides. Allgemeine Erwähnung im Sinne von „Anstand, Rechtlichkeit", D. 50,17,57A.
2. Im Formularprozeß diejenigen Verfahren, bei denen der → Privatrichter nach eigenem Ermessen oder innerhalb eines bestimmten Limits die zu zahlende Summe selber festsetzen konnte, G. IV 47, → bona fides (2).

Hadrian: Imperator Caesar Traianus Hadrianus Augustus (76 bis 138), römischer Kaiser seit 117 u. Z.
Ein Reskript über Gutachten von Juristen, dessen Inhalt nicht näher bekannt ist, G. I 7. Eingehend befaßte sich der Kaiser mit Bürgerrechtsproblemen, wie z. B. dem Erwerb des Bürgerrechts und der rechtlichen Stellung von Kindern aus Verbindungen, in denen nur ein Partner römischer Bürger war. Zu dieser Problematik äußern sich Edikte des Kaisers, G. I 55 93, diverse Senatsbeschlüsse auf sein Anraten, G. I 30 77 80 81 84 92, ein Reskript, G. I 73, und ein Aktenvermerk, G. I 94. Ausweitung des Verbots der Freilassung zum Zwecke des Betrugs an Gläubigern auf → Peregrinen durch einen Senatsbeschluß, G. I 47.

Aktenvermerk über die rechtliche Stellung der Kinder, wenn der Vater das Bürgerrecht erwarb, G. I 94.
Senatsbeschluß über die Testierunfähigkeit der Frauen, G. I 115a II 112.
Senatsbeschluß über die Möglichkeit, die → Ersitzung von Erbschaften rückgängig zu machen, G. II 57.
Senatsbeschluß über die Gültigkeit des Testaments bei nachgewiesenem Irrtum über das Bürgerrecht bei einem Elternteil, G. II 143.
Hadrian gewährte einem Erwachsenen die Vorteile der → Minderjährigen, G. II 163; bestätigte vermutlich die Ansichten der → Prokulianer über das Duldungsvermächtnis, G. II 221.
Reskript über Vermächtnisse und fideïcommissa, G. II 280.
Zwei Senatsbeschlüsse über zwei fideïcommissa, G. II 285 287.
Senatsbeschluß über Freigelassene, die gegen den Willen des Patrons volles Bürgerrecht erlangt haben, G. III 73.
Schreiben, das die Teilhaftung von Bürgen festlegt, G. III 121 121a 122.
Reskript über die Kinder zu Tode verurteilter Frauen, D. 1,5,18.
Verweisung einer Frau wegen Sklavenmißhandlung, D. 1,6,2.
Verweisung wegen Verstoßes gegen die guten Sitten, D. 24,2,8.
Reskripte über Viehdiebe, D. 47,14,1; über Grenzsteinverrückung, D. 47,21,2; über die Berücksichtigung des Willens bei der Verurteilung, D. 48,8,14 (Hier geht es um den Unterschied zwischen Körperverletzung mit tödlichem Ausgang in einem Streit ohne Tötungsabsicht und einer Körperverletzung, die keine tödliche Wirkung hat, obwohl sie in mörderischer Absicht beigebracht wurde. Der Kaiser bestimmte, daß im ersten Fall die Strafe leichter sein müsse als im zweiten. Die bloße Absicht, der keine Tat folgte, war auch in Rom nicht strafbar.). Erlaß über Verwandtenmord, D. 48,9,9,pr. Verfügung über die Anwendung der Folter, D. 48,18,1,1. Edikt über Strafen bei der Flucht aus der Deportation etc., D. 48,19, 28,13.14. Reskript über Vermögenskonfiskation, D. 48,20,2.

Hafenzoll (portorium): Ähnlich wie Steuern und Landzölle wurden auch Hafenzölle (Gebühren für den Umschlag) vielfach gegen eine vorausgezahlte Pauschale in Pacht gegeben, Rh. I 47.

Handanlegen (manus iniectio): 1. Das Recht, den Beklagten gewaltsam vor den Prätor zu führen. Gegenüber Zuständen, in denen die Selbsthilfe bei Beleidigung, Diebstahl etc. die Regel war, ist diese Regelung für den Beklagten durchaus ein Fortschritt, Z. I 2.
2. Im Legisaktionenprozeß wurde der zahlungsunfähige → Schuldner dem Gläubiger ausgeliefert, Z. III 2–4 6; G. IV 12 *21 22*; eine gemilderte Form, G. IV 23–25.

Hauptschuld (principalis obligatio): Die ursprüngliche → Verbindlichkeit, die unter Umständen von einem oder mehreren Bürgen garantiert wurde, G. III 126.

hausfremd, Hausfremder (extranëus): Jede Person, die nicht der → Gewalt (1), der → manus oder dem → mancipium des → paterfamilias unterstand, der als Geschäftsherr fungierte, G. II 218A. 221A. 222A. 223A. III 103 119aA. IV 71.

hausfremde Erben (extranëi heredes): Erben, die beim Tode des Erblassers weder seiner väterlichen Gewalt unterstanden noch seine Sklaven waren, G. II 124 125 137 152 *161.* → Emanzipierte Kinder nahmen eine Sonderstellung ein. Nach → ius civile waren sie hausfremd, da die Emanzipation, wie jede → Schmälerung der Rechtsfähigkeit, die → agnatische Verwandtschaft zerriß; vom Prätor wurden sie jedoch berücksichtigt, G. II 162 164–166 184. Ein fremder Sklave als Erbe, G. II 189 190 III 212. → Bedenkzeit, Sklave.

Hausfremde Erben des Patrons und die Erbschaft von Freigelassenen, G. III 48 58 64–66 69 71.

Hausmutter (materfamilias): Die rechtmäßige Ehefrau eines → paterfamilias, D. 1,6,4 48,5,9(8). Wenn keine → manus-Ehe geschlossen wurde, so blieb die Frau in der Gewalt ihres Vaters, falls sie bei der Eheschließung nicht → rechtlich selbständig gewesen war, D. 48,20,5,pr.1 (Die Ehe einer Haustochter wurde durch die Deportation eines der Ehegatten nicht automatisch getrennt, wie das bei der manus-Ehe der Fall war, da die Frau durch die manus juristisch Tochter des Mannes wurde und agnatische Verwandtschaft durch Verlust des Bürgerrechts aufgehoben wurde.). – D.50,16,195,2 50,16,225.

Haussohn (filius familias): Eine männliche Person, die in der → Gewalt (1) eines Verwandten in aufsteigender Linie steht, ohne daß der Grad der Verwandtschaft (Sohn, Enkel...) genau bestimmt sein müßte. Der Haussohn konnte für das Familienoberhaupt Geschäfte tätigen. Umfang der Haftbarkeit des Gewalthabers, G. IV 69 bis 79.

Ehe des Haussohnes, D. 23,1,13 23,2,21 23,4,8. – D. 1,6,4 1,7,1,pr. 23,2,51,1 47,2,16.17 48,5,21(20) 50,16,195,2.

Haussuchung: → licium.

Haustochter (filia familias): Eine weibliche Person, die in der → Gewalt (1) eines Verwandten in aufsteigender Linie steht, ohne daß der Grad der Verwandtschaft (Tochter, Enkelin...) genau bestimmt sein müßte, G. I 137; D. 1,6,4 23,1,11.12 23,4,8 48,20,5,1 50,16, 195,2. Vgl. Enterbung.

Hausvater: → paterfamilias; der Plural ist in D. 1,6,4; Ro. 43 in der deutschen Form gegeben.

Herkules: Griechischer Heros, der für seine Heldentaten unter die Götter erhoben wurde. Er wurde auch in Rom gern bei Beteuerungen als Zeuge angerufen, Ro. 31 50 58 89 141.

Hermocreon: Ein Rhodier, Rh. I 47.

Hermogenian: Hermogenianus gehört zu den wenigen namentlich bekannten nachklassischen römischen Juristen. Sein Wirken liegt zur Zeit des Kaisers Diokletian (284–305). Er ist wahrscheinlich identisch mit dem Prätorianerpräfekten Eugenius Hermogenianus und dürfte 293/94 u. Z. dem Konsilium Diokletians angehört haben; Autor des Codex Hermogenianus, einer Sammlung von Erlassen des Kaisers Diokletian. Texte, D. 1,3,35 48,4,9.10 50,16,222.

hinterlegen (deponere), *Hinterlegung* (depositum): Jemandem einen Gegenstand in Verwahrung geben, G. II 50 III *196* 207 IV 40A. 47 62 153 182; D. 47,2,1,2 48,10,1,6.

Hinterlegungsklage (actio depositi): Eine Klage gegen den, der ein ihm zur Verwahrung gegebenes Objekt arglistig veruntreut oder sonst zu Schaden bringt, G. III 207 IV 47 59 60 62 182A.

Hippokrates: Berühmtester Arzt der Antike (um 460–um 370 v. u. Z.), Begründer der wissenschaftlichen Medizin, D. 1,5,12.

Homer: Homeros (8. Jh v. u. Z.), Verfasser der Ilias, des Epos vom Kampf um Troja. In G. III 141 wird er (durchaus zu Recht) für die Ansicht, daß Tausch dem Kauf vorangehe und gewissermaßen die älteste Form des Kaufes sei, als Zeuge herangezogen. Die zitierte Stelle findet sich in der Ilias 7,472–475 und ist in der Übersetzung von Ebener wiedergegeben. Das Zitat fehlt im Gaiustext; ein Abschreiber hat die griechischen Zeilen überschlagen. Es ist aus den Institutionen des Corpus Iuris übernommen, die sich in vielen Punkten mit denen des Gaius berühren und vermutlich auf sein vorliegendes Werk zurückgehen.

humiles, humiliores: Personen „niederen Standes", sie wurden in der römischen Rechtsprechung nicht nur faktisch, sondern auch de iure schlechter behandelt als andere, G. III 225; D. 48,8,3,5A. Vgl. aequitas.

Hundertmänner (centumviri): Geschworene, zuerst waren es 105, die vom Prätor ohne Befragung des Volkes ausgewählt wurden. Seit → Augustus wurden sie aus der Geschworenenliste ausgelost. Ihre Zuständigkeit umfaßte privatrechtliche → Vindikationen und die Klage wegen lieblosen Testaments. Sie bildeten kein Gesamtkollegium, sondern wurden in vier Tribunalen tätig, G. IV 16Ü. 31 95.

Iavolenus Priscus: Römischer Jurist, der als hoher Offizier in verschiedenen Provinzen stand, 83 u. Z. Statthalter von Numidien, Konsul 86 u. Z. Später wirkte er in weiteren Provinzen als Statthalter und war gegen Ende seines Lebens Mitglied des Konsiliums unter Trajan und Hadrian, G. III 70. Texte, D. 1,4,3 1,7,16 23,4,32 50,16,114 50,17,199.

Immobilien (quae solo tenentur u. ä.): Unbewegliches Gut wie Land, Gebäude, G. II 54 59 204 und öfter.

Induktion: Logisch gesehen „führen Induktionsschlüsse vom Besonderen zum Allgemeinen, von Aussagen über einzelne Elemente einer Klasse zu Aussagen über alle Elemente dieser Klasse“ (Segeth). Zu der besonderen Gruppe der ausschaltenden Induktionsschlüsse gehört die in Rh. I 45 erwähnte „Aufzählung“. Was Cicero in Rh. I 51 mit der Bezeichnung inductio belegt und erläutert, ist nach modernen Begriffen ein Analogieschluß. Cicero geht es nur um die technisch-rhetorische Seite, und dabei ist das Wesentliche, daß man den Gegner durch echte oder scheinbare Analogien zur Anerkennung einer Behauptung bringt, die er sonst nicht anerkannt hätte. Je überraschender die Parallele, desto besser – daß tatsächlich Wahrheit gefunden wird, ist nicht das Wesentliche.

Infamierter (infamis): D. 48,7,1, → ehrlos.

ingenuus: Freigeboren, G. I 10 11; D. 1,5,5,pr.2.

in procinctu (procinctus = das Gürten, die Kampfbereitschaft): Unter einem Testament in procinctu versteht man ein Testament vor der Schlacht, G. II 101 102.

institor: Ursprünglich ein abhängiger Schankwirt, G. IV 71.

Interdikt (interdictum): Bestimmte Rechtsansprüche, für deren schnelle Befriedigung ein staatliches Interesse vorlag, konnten vom Prätor oder vom Statthalter durch Interdikt entschieden werden. Kläger und Beklagter erschienen vor dem Magistrat, der nach summarischer Prüfung des Falles ein Gebot (Dekret) oder Verbot (Interdikt im engeren Sinne) aussprach. Wenn der Beklagte sich fügte, z. B. den eigenmächtig okkupierten Besitz aufgab, war der Fall geklärt. Es stand dem Beklagten aber frei, sich zu weigern, mit dem Einwand, der im Interdikt genannte Tatbestand treffe auf ihn nicht zu, d. h., er habe z. B. nicht eigenmächtig okkupiert, sondern besitze mit gutem Rechtsgrund. In diesem Falle lud der Kläger den Beklagten vor den Prätor, und es wurde ein → Interdiktenverfahren eingeleitet, meistens mit einer → Prozeßwette (2), die, im Gegensatz zu den bei Sachklagen vorkommenden → Prozeßwetten (1), dem Gewinner zufiel und, da sie sehr hoch war, eine empfindliche Buße für den Verlierer bedeutete. Vgl. Gegengebot.

Der Vorteil des Interdikts lag zunächst in der Möglichkeit schneller Entscheidung; oftmals fügte sich der Beklagte wahrscheinlich, wenn er einsah, daß der Gegner zu ernstlichem Vorgehen entschlossen war und der Magistrat seinen Anspruch glaubhaft fand.

Im Laufe der Entwicklung aber wurde es, nach Gaius' Ausführungen zu urteilen, zur Regel, daß das Interdikt zum Ausgangspunkt eines Prozesses genommen wurde. In diesem Fall lag der Vorteil möglicherweise in einer Beschleunigung des Verfahrens und – meiner Ansicht nach – darin, daß beim Interdikt → utrubi und → uti possidetis die Fragestellung auf die Besitzdauer hin vereinfacht wurde, während sonst bei einer Sachklage der Beweis, wer das bessere Anrecht auf das Streitobjekt hatte, umständlicher gewesen wäre, G. III 34 IV *138–170* (die Lesung „Interdikt" am Ende von 155 ist sehr unsicher).

Interdikt als *Ver*bot des Magistrats im Gegensatz zum *Ge*bot (→ Dekret), G. IV 139 140.

Zu den verschiedenen Interdikten → restitutorisch, exhibitorisch, prohibitorisch, Sektor, possessorisch, Salvianisch, unde vi, quorum bonorum, utrubi, uti possidetis, sekundär, einseitig, zweiseitig.

Interdiktenverfahren: Das → Interdikt konnte nicht nur streitentscheidend angewandt werden, sondern wurde in manchen Fällen benutzt, um einen Prozeß in Gang zu bringen. Dabei wurde durch das Intedikt (→ uti possidetis, → utrubi) entschieden, welche der beiden Parteien im folgenden Prozeß die günstigere Rolle des Beklagten übernehmen sollte, d. h. des Besitzers, dessen Besitz angefochten werden mußte. Günstiger war sie deshalb, weil die Beweislast (wie auch im modernen Recht) beim Kläger lag, G. IV 141 148.

Wenn ein → einseitiges Interdikt erteilt wurde, konnte der Beklagte die Einsetzung eines Schiedsmannes verlangen, der die Angelegenheit überprüfte, ohne daß Kosten entstanden. Wenn er das versäumte, blieb auch in diesem Falle nur das Verfahren mit der hohen → Prozeßwette (2), G. IV *161–169*.

Um ein Interdiktenverfahren in Gang zu setzen, mußte das Interdikt gebrochen werden; beim Interdikt → uti possidetis und → utrubi verabredeten die Parteien daher einen symbolischen Gewaltakt, bei dem z. B. ein Stein auf den umstrittenen Acker geworfen wurde. Wenn sich eine Partei trotz vorheriger Verabredung weigerte, die nachfolgenden Schritte zu unternehmen, weil das erste Interdikt zu ihren Gunsten ausgefallen war, erzwang der Prätor Prozeß oder Rücktritt von der Forderung mit dem → sekundären Interdikt, G. IV 170 (der Text ist unvollständig).

Intestaterbfolge (recht) (ab intestato): Die Regelung der Erbfolge für den Fall, daß der Verstorbene ohne Testament bzw. ohne gültiges Testament gestorben war. Als erste waren die → unmittelbaren Erben erbberechtigt, G. II 157 III *1–37*. Erbfolge bei Freigelassenen, z. T. unter Umgehung des Testaments, zugunsten des Patrons, G. III *39–54 55–76*. – G. I 165A. 167 II 35A. 36A. 99 119 120 123 124 149 151a 167 169.

Italien, italisch: Grundstücke auf italischem Boden, G. I 120 II 14a 27 31 63. Gültigkeit eines Gesetzes nicht auf Italien beschränkt, G. III 121a 122. – D. 47,18,1,2.

iudicium Cascellianum: Eine nach dem Juristen Aulus Cascellius (Zeitgenosse des → Augustus) benannte Klage, mit deren Hilfe der Zustand, der dem Interdikt entsprach, hergestellt oder eine Geldentschädigung erlangt wurde, nachdem die Vorentscheidung über die → Prozeßwetten gefallen war, daher auch „Folgeklage" genannt, G. IV *166a* 169.

Iulius Sabinus: Ein besonders roher Sklavenhalter, D. 1,6,2.

ius civile: Das in seiner Anwendung auf die römischen Bürger (cives) beschränkte Recht. In der Antike war das Recht an die Person gebunden, während sich in moderner Zeit der Grundsatz durchsetzt, daß das Recht innerhalb von territorialen Bereichen Gültigkeit besitzt. Gaius leitet das Wort von civitas = Staat, Stadtstaat ab und hat insofern recht, als jeder selbständige Staat der Antike solche Rechtssatzungen hatte, die auf seine Bürger im Verkehr untereinander beschränkt waren, G. I 1. In der Folge wird unter diesem Begriff aber nur das römische Recht behandelt, G. I 108 109 II 65 III 93; D. 1,5,5,1. Der Ausdruck ius civile als Gegensatz zu dem auch den → Peregrinen zugänglichen „Honorarrecht" des prätorischen Edikts ist auch mehrfach in den Text aufgenommen worden, wo Gaius eine Umschreibung (z. B. ipso iure, iure legitimo etc.) gebraucht, die bei wörtlicher Übersetzung nicht eindeutig wäre, G. II 35Ü. 36Ü. 58Ü. 110Ü. 114 115 118 119Ü. 128 135 136 149 149aÜ. 167Ü. 170 197 198 206 218 220 241 253 255 III 10Ü. 22Ü. 25Ü. 26Ü. 27Ü. 28Ü. 32Ü. 34 36 37 51Ü. 66 71 81Ü. 85Ü. 119aÜ. 133 153Ü. 168Ü. 181Ü. IV 38 45 106Ü. 107 108Ü. 110Ü.–112Ü. 116; D. 1,7,27 48,10,7 48,22,15,pr. 50,17,8,32; Ro. 143. → quiritisches Recht.

ius gentium: 1. Eine bei allen (in der Antike) bekannten Völkern gültige Rechtsauffassung, G. I 52 78 80 82–86 189; D. 1,5,4,1 1,5,5,1; Ro. 143.
2. Das Recht, das im privatrechtlichen Verkehr zwischen Römern und Nicht-Römern angewandt wurde. Die beiden Bedeutungen des

Begriffs sind bei Gaius nicht immer klar geschieden, besonders zur ersten hat er nur oberflächliche Vorstellungen, G. III 93 132 154; D. 48,22,15,pr. → Naturrecht, Formularprozeß.
Ein „Völkerrecht" im modernen Sinne gab es in der Antike nicht!

Juden: D. 48,8,11,pr.
Julian: Lucius Salvius Iulianus, geboren um 100 u. Z. bei Hadrumetum in der Provinz Africa, ein berühmter Rechtsgelehrter, Konsul 148 u. Z., Statthalter in Germanien, später in Spanien und Africa, Endredaktor des → Edikts, Schulhaupt der → Sabinianer, G. II 218. Er widersprach Hadrian in einer Rechtsfrage, G. II 280. – D. 1,6,6 23,1,7,1 23,2,51 47,2,3 50,16,9. Von einem größeren Werk Julians, den → Digesten, sind nur Fragmente erhalten, D. 24,2,4.
Texte, D. 1,3,10.11.20 1,7,26.27 23,1,11 23,2,18 23,3,44 23,4,21 24,2,6 50,17,62.
Junggesellen: Sie wurden finanziell benachteiligt mit dem Ziel, sie zum Heiraten zu veranlassen, G. II 111 144 286.
Junianische Latiner: → Latiner (2).
Jupiter: Der oberste Gott der Römer. Iuppiter Farrëus heißt er als Schützer der Ehe, G. I 112, vgl. confarreatio. „Der Beste und Größte" (optimus maximus) ist stehendes Attribut des Gottes, Ro. 131. Eine Betrachtung über die Grenzen seiner Macht steht in Ro. 131.

Kaiser: Das deutsche Wort Kaiser ist aus dem Namen Caesar entstanden, den jeder römische Militärmonarch in Berufung auf Caesar → Augustus (31 v. u. Z. – 14 u. Z.) in seinen Namen einfügte. Der offizielle Titel der Kaiser war princeps, „der Erste", was darauf hinweist, daß der Kaiser formal nur kraft seiner Autorität herrschte, und imperator, „Feldherr", ein Titel, den sich bereits Augustus auf Lebenszeit zulegte und der die wirkliche Grundlage der kaiserlichen Macht, das Heer, sichtbar macht. „Divus", d. h. „der zum Gott Erhobene", ist als „der verstorbene Kaiser ..." übersetzt. Mit wenigen Ausnahmen, z. B. Nero, erhielten alle Kaiser diesen Titel bei ihrem Tode. Mit „zu den Göttern erhoben" ist das Beiwort „sacratissimus", wörtlich „der Hochheilige", wiedergegeben, G. I 5 7 53 93 II 21 135a III 20 72 73.
Vertrag mit einem ausländischen Fürsten, G. III 94. Die Aussage, daß der Kaiser über dem Gesetz stehe, war in dieser scharfen Form erst in der Dominatszeit möglich, D. 1,3,31. Die in den Digesten verarbeiteten Zitate aus früheren Perioden sind auf die Machtfülle des Kaisers im Ostreich umgedeutet. Ob die einzelnen Kaiser sich

entsprechend durchsetzen konnten, lag an vielen äußeren und inneren Faktoren.
Möglichkeiten der Gesetzgebung, D. 1,4,1. Gnadenerweise, D. 1, 4,3 1,7,46. Statuen, D. 48,4,6. Recht zum Verhängen der Deportations- und Verweisungsstrafe, D. 48,19,2,1 48,22,6,1 48,22,7,1 48,22,14,2 48,22,15,1. Begnadigung, D. 48,23,2.4. Freigabe der Leiche, D. 48,24,2. – D. 48,4,1.3.6.11 48,14,1,pr. 48,22,19 50,16,21. Stellen mit folgendem Namen des Kaisers sind nicht aufgeführt.

Kaiserin (Augusta): Augusta ist ein sakraler Ehrenname, der zuerst der Witwe des Kaisers Augustus, Livia, verliehen wurde und der seit Kaiser Domitian (81 – 96) der Titel der Gattin des jeweils herrschenden Kaisers war, D. 1,3,31.

kaiserliche Brüder: Offizielle Bezeichnung für die in den Jahren 161–169 gemeinsam herrschenden Kaiser → Marc Aurel und Imperator Caesar Lucius Aurelius Verus. Beide waren von → Antoninus Pius adoptiert worden, aber nicht blutsverwandt. Reskripte über die Bestrafung von Ausbrechern aus dem Gefängnis, D. 47,18,1; über Tötung im Wahnsinn, D. 48,9,9,2; zur Lex Iulia über Kornaufkauf, D. 48,12,3. Ein Schreiben über falsche Geständnisse, D. 48,18,1,27. Reskripte über Todesstrafen, D. 48,19,8,1; über das Vermögen Verurteilter, D. 48,20,1,3; über Deportationen, D. 48,22,6,2.

kaiserlicher Erlaß (constitutio principis): Allgemeine Rechtssätze gab der Kaiser mittels → Edikt oder Erlaß bekannt, dabei bezeichnete man mit Erlaß umfangreichere, prinzipielle Darlegungen; aber auch kaiserliche Entscheidungen in Einzelfällen schufen geltendes Recht. Es gab mündliche Entscheidungen (Dekret), Schreiben an Beamte oder Privatpersonen (epistula), Antworten (Reskripte) auf Anfragen rechtlicher Art und Randnotizen mit Entscheidungscharakter („Aktenvermerk" = subscriptio). Alle diese Einzelformen können allgemein mit dem Wort „Erlaß" bezeichnet werden, so D. 1,4,1,1. Wir finden die gleiche Entscheidung von Gaius gelegentlich sowohl als Reskript o. ä. und an anderer Stelle allgemein als Erlaß bezeichnet, z. B. G. II 120 121 (Reskript), G. II 149a (Erlaß). Die allgemeine Bedeutung ist in G. I 2 5 57 vorausgesetzt, ebenso G. I 53 (zweite Stelle in diesem Kapitel) II 195; D. 1,6,2; hier dürften Reskripte vorliegen, da es sich um Entscheidungen von Einzelfällen handelt.
Prinzipielle Willenskundgebungen (Erlasse im engeren Sinne), G. I 53 (erste Stelle in diesem Kapitel), 109 (über das Soldatentestament, obwohl auch in diesem Falle mehrere Einzelentscheidungen möglich wären) II 221 III 72 73. → Trajan, Hadrian, Caracalla, Severus und Caracalla.

Allgemeine Erwähnung ohne genauere Einordnungsmöglichkeit, G. I 26 62 III 32; D. 1,3,11 48,10,1,3 48,18,1,23.
Falsche Erlasse konnten leicht in Umlauf kommen, da die Sammlungen bis zu Justinian alle aus Privathand stammten, D. 48,10,33.

kaiserliches Schreiben (epistula): G. I 5 96; D. 1,4,1,1.
Schreiben des → Hadrian, G. III 121; D. 48,18,1,1;
des → Antoninus Pius, G. I 102;
der kaiserlichen Brüder, D. 48,18,1,27A.;
des → Severus, D. 48,19,8,5 48,22,6,1.

Kalatkomitien: Zweimal jährlich stattfindende Zusammenkünfte der Kuriatkomitien (→ Pontifices) zum Zwecke der feierlichen Vornahme von Adoptionen und Testamentserrichtungen. Die Kuriatkomitien waren ursprünglich die Versammlung der Gentilgenossen, die in der Zeit des Überganges von der Urgesellschaft zum Staat den König wählten und über Krieg und Frieden entschieden. Nach der Konsolidierung des Staates wurden sie praktisch durch die nach dem Vermögen gegliederten Centuriatkomitien ersetzt, doch erhielten sich Reste mit kultischen Funktionen noch längere Zeit. Daß die Gentilgenossen Testament und Adoption bestätigten, weist auf die Tatsache hin, daß das Vermögen ursprünglich bei der gens, nicht beim einzelnen lag, G. II 101 102.

Kalenden: Name des ersten Tages im Monat. Cicero spielt auf den gleichen Anfangsbuchstaben wie bei kalumniator = Verleumder an, Ro. 57 128A. → Lex Remmia.

Kallistrat: Callistratus, römischer Jurist griechischer Herkunft zur Zeit der Kaiser Septimius Severus und Caracalla (um 200 u. Z.), Texte, D. 1,3,38 1,7,29 47,21,2 48,8,14 48,15,6 48,18,15 48,19,7 48,19,28 48,20,1.2 48,22,19.

Kapitalsache, Kapitalverbrechen, kapitales Verfahren: Verbrechen bzw. Prozesse, bei denen eine → Kapitalstrafe zu erwarten war, D. 23, 1,17 48,1,2.9 48,8,1,1 48,15,1 48,18,8 48,19,2,2 48,22,6,2.

Kapitalstrafe (poena capitalis): D. *48,19,2,pr. 48,19,28,pr.* Nicht nur die Todesstrafe, sondern auch der Verlust der Freiheit und des Bürgerrechts gehören in diese Kategorie, G. III 189 IV 111; D. 1,5,18 48,13,11(9) 48,17,1,1 48,19,8,1. → Todesstrafe, Feuertod, Deportation, Sklave, Schmälerung der Rechtsfähigkeit.

Kapitol: Der Burgberg von Rom mit den Tempeln der obersten Götter. Da Götterbilder und Weihgeschenke aus Edelmetallen eine Art Edelmetallreserve für den Staat bildeten, auf die in Notzeiten zurückgegriffen wurde, ist die gute Bewachung verständlich, Ro. 56.

Kastration, kastrieren: Eunuchen waren in Rom durch die Berührung mit dem Orient bekannt geworden und wurden auch von dort importiert; sie waren sehr teuer, denn die Sterblichkeitsrate bei der Operation war sehr hoch (über 50%). Da zwar die Kastration, aber nicht der Handel mit Eunuchen verboten war, gab es einen steten Anreiz, das Gesetz zu übertreten. Gebraucht wurden Eunuchen als Diener (und Wächter) vornehmer Damen und als Leibgarde. Sie waren sozial völlig aus der Gesellschaft ausgestoßen und deshalb auf ihrenHerrn allein angewiesen und ihm daher meistens treu ergeben. Mehrere Kaiser hatten Eunuchen in ihrem Dienst, seit Diokletian waren einige Kämmererstellen ihnen vorbehalten, D. 48,8,3,4 48,8,6.11,pr.

Kauf (emptio), *kaufen* (emere) – *Verkauf* (venditio), *verkaufen* (vendere): Kauf und Verkauf sind die beiden Seiten eines Vorgangs, und die Römer sprachen dementsprechend von emptio–venditio (Kauf–Verkauf) als *einem* Geschäft. Daher sind die Stellen unter einem Stichwort gesammelt. Zu Z. IV 2 → mancipatio.
Kauf–Verkauf gehören zu den → Konsensualkontrakten, G. III 135, und den → bonae-fideï-Geschäften, G. IV 62 63. Nur bestimmte Formen der Eigentumsübertragung (→ mancipatio, → Abtretung vor Gericht) waren auf römische Bürger beschränkt, sonst war das Geschäft auch → Peregrinen zugänglich, G. III *139–141* 145–147. Beim Kauf eines Grundstückes war der Verkäufer nur verpflichtet, dem Käufer „freien Besitz“, d. h. von Dritten ungestörten Genuß zu garantieren. Beim Verkauf unter Bürgern konnte die mancipatio als sichere Gewähr dafür hinzukommen, daß der Verkäufer selbst → quiritisches Eigentum gehabt hatte. Das war aber eine sekundäre Forderung, die offenbar von der ersten zu trennen war, G. IV 131a. Verkauf der Erbschaft, G. II 252. Kauf im Auftrage eines anderen, G. III 161. Objekte, um die prozessiert wurde, durften nicht verkauft werden, G. IV 117a. Selbstverkauf eines Freien, D. 1,5,21. – G. II 20 49 50 64 262 265 III 129 161; D. 48,22,15,pr. 50,16,12.

Käufer (emptor), *Verkäufer* (venditor): Beide sind haftbar bei ungesetzlichen Verkäufen, D. 48,8,11,1 48,15,1.

Kauf–Verkauf der gesamten Habe (bonorum emptio–venditio), *Käufer–Verkäufer der gesamten Habe* (bonorum emptor–venditor): Das gesamte Hab und Gut eines zahlungsunfähigen Schuldners wurde in Rom verkauft, es gab nur Totalvollstreckung, auch wenn eine Teilvollstreckung zur Befriedigung der Gläubiger genügt hätte. Auch wirkte sich die Versteigerung en bloc ungünstig für den Schuldner aus, da dabei selten der höchstmögliche Erlös erzielt wurde. Das Schuldrecht war sehr hart und stets zugunsten des Gläubigers formuliert, G. II 98 154 155 158 167. Zu einer Verhandlung

vor dem Prätor und später vor dem → Privatrichter war die Mitwirkung des Beklagten erforderlich, konnte aber nicht erzwungen werden. Der zahlungsunfähige Schuldner zog es gelegentlich vor, den Ort zu verlassen und den Verkauf seiner gesamten Habe in Abwesenheit hinzunehmen, um nicht verurteilt zu werden. Denn im letzteren Fall konnte alles, was er nach dem Zwangsverkauf wieder erwarb, so oft von neuem zum Verkauf kommen, bis die Urteilssumme abgedeckt war, G. III *77–81* 84 154 IV 35. Der zahlungsunfähige Schuldner ist für Gaius ein „Betrüger", denn daß es subjektiv für ihn Entschuldigungsgründe geben könnte, stellt er nicht in Rechnung, er sieht nur, daß er seinen Verpflichtungen nicht nachgekommen ist, G. IV 65. – G. IV 66 68 80 102.
Ein → possessorisches Interdikt stand dem Käufer der gesamten Habe zur Verfügung; über die Anwendung ist nichts Näheres bekannt, G. IV 145. Ein Sonderfall, G. I 27. Auch bei Proskribierten wurde die gesamte Habe verkauft, Ro. 24 28 60 72 125 126 128 130 153. → Sektor, Magister.

Kentaur: Ein Fabelwesen, halb Pferd, halb Mensch, G. III 97a.

Kerkerstrafe (carceris poena u. ä.): D. 48,3,3 48,19,28,14 48,20,2.

Kinder (liberi): In D. 50,16,56.84.104 wird die juristisch übliche Begriffserweiterung erläutert. In der Übersetzung ist im gegebenen Fall gleich „Nachkommen" eingesetzt.

Kinderrecht (ius liberorum): Nach der → Lex Iulia und Papia Poppaea wurden Männern und besonders Frauen, die mehrere Kinder hatten, rechtliche Vorteile, vorwiegend finanzieller Art, gewährt, vor allem im Zusammenhang mit der Möglichkeit, Erbschaften zu empfangen, G. I 145 III 51–53. Vgl. Zwei-, Drei-, Vierkinderrecht.

Klage (actio), *klagen* (agere): Mit dem Wort wird die konkrete Klage vor dem Prätor im Formularprozeß bezeichnet, aber auch das Recht, eine Klage zu erheben (jemand „hat eine Klage"), das durch Gesetz oder das Edikt des Prätors gewährleistet war (für einen bestimmten Tatbestand „wird eine Klage eingeführt"), und schließlich auch die Form, in der diese Klage vorgebracht werden muß (eine Klage „wird im Edikt bereitgestellt"). Wenn der Tatbestand dem im Edikt beschriebenen nicht genau entsprach, konnte der Prätor eine → Klage mit abgeänderter Grundformel erteilen, G. II 82 III 103 111 114A. 122. Einteilung der Klagen, G. IV *1–10* 11 13.
Das Prozeßrecht wird ausführlich in G. IV *32–186* behandelt (Einzelstellen aus diesem Bereich sind nicht aufgeführt).
Ein Anspruch war für den Erben des Klägers und gegen den Erben des Beklagten nur unter bestimmten Umständen durchzusetzen, G. II 252 253 255 258 IV 112 113.

Klage auf geschuldete Vermächtnisse, G. II 282. Klage (petitio) allgemein, Rh. I 7.
Einzelne → Klagen sind im Folgenden aufgeführt. Vgl. actio…, Aufwandsklage, Beleidigungsklage, Diebstahlsklage, Dienstvertragsprozeß, Erbschaftsklage, Folgeklage, Gegenklage, Geschäftsführerklage, Hinterlegungsklage, iudicium Cascellianum, negatorische Klage, Nutzensklage, Personalklage, privatrechtliche Klagen, Sachklage, Schadensklage, Schiffsführerklage, Strafklage, Verteilungsklage.

Klage mit abgeänderter Grundformel (actio utilis): Für viele Klagen waren → Prozeßformeln im Edikt des Prätors veröffentlicht. Wenn der Tatbestand aber in nebensächlichen Punkten abwich, konnte der Prätor eine vorhandene Formel der Situation anpassen und brauchte keine neue Prozeßformel zu schaffen, G. II 78 253 III 81 202 219; D. 48,22,14,3 48,23,3. Dabei konnten Fiktionen eingebaut werden, um einen nach → ius civile unmöglichen Prozeß doch zu ermöglichen, z. B. „als ob keine → Schmälerung der Rechtsfähigkeit erfolgt wäre", G. III 84 IV 38.

Klage, die (Prozeß, der) von der Amtsgewalt abhängig ist (actio, iudicium imperio continens): G. IV *103–109.* – G. III 181 IV 80.

Klage wegen Behinderung bei der Haussuchung (actio prohibiti furti): G. III 188. Der Geschädigte mußte selbst das gestohlene Objekt suchen; der Staat gewährte ihm dabei lediglich Schutz, G. III 192.

Klage wegen böswilligen Prozessierens (calumniae iudicium): Es wurde auf einen Betrag von einem Zehntel des Wertes des Streitobjektes geklagt; die Klage stand sowohl dem Kläger als auch dem Beklagten offen. Die Summe wurde fällig, wenn einer gegen besseres Wissen geklagt oder die Schuld abgestritten hatte, G. IV 163 172 174 176 178 179 181. Gegen den → Freiheitsvertreter war die Strafe aus dieser Klage noch höher, G. IV 175. Mit calumnia wird auch das böswillige Erheben einer Anklage bezeichnet, Ro. 55A. → Lex Remmia.

Klage auf den doppelten Betrag (actio dupli): Sie stand dem Kläger gegen den abstreitenden Beklagten in manchen Fällen zu, G. II 282 III 127 IV 9 171 172. Bei nicht-offenkundigem Diebstahl, G. IV 173; D. 47,8,1; bei Gewalttaten anläßlich eines Straßenauflaufs, D. 47,8,4.

Klage auf den dreifachen Wert (actio tripli): G. IV 173.

Klage auf Erbteilung (actio de hereditate erciscunda): Ein Überrest aus der Zeit der frühen Republik, als die der Gewalt des → paterfamilias Unterstehenden bei seinem Tode gemeinsam Eigentümer des Familienvermögens wurden, G. II 219 IV 17a.

Klage wegen Erpressung (concussionis iudicium): Eine Privatklage, der sich nur unter bestimmten erschwerenden Umständen eine strafrechtliche Verfolgung anschloß, D. 47,13,2. Vgl. Erpressung.

Klage auf gefundenes Diebesgut (actio concepti): G. III 183 *186* 191 IV 173.

Klage auf gewaltsam geraubte Güter (actio vi bonorum raptorum): G. III *209* IV 8 76A. 112A. 182A.; D. 47,8,1. → Raub.

Klage wegen Korrumpierung eines Sklaven (actio servi corrupti): Sie war möglich, wenn ein Sklave moralisch korrumpiert (z. B. zum Diebstahl überredet) oder zum Geschlechtsverkehr verführt worden war. Der Tatbestand war eine Entwertung des Sklaven; die Buße betrug den doppelten Wert des Sklaven bzw. der Sklavin, D. 48,5,6. → Sklave.

Klage auf Nachlaßteilung (actio familiae erciscundae): G. II *219* 222 IV 42.

Klage auf nicht-offenkundigen Diebstahl (actio nec manifesti furti): G. IV 173; D. 47,8,1.

Klage auf offenkundigen Diebstahl (actio manifesti furti): G. IV 111 173.

Klage auf das Peculium (actio de peculio): Eine Klage bei Geschäften des Sklaven oder Haussohnes, G. IV 69 73 74 74a. Bemerkenswert ist die Tatsache, daß de facto die Trennung der Vermögen von paterfamilias und Sohn und selbst Sklaven rechtlich anerkannt wurde. → Peculium.

Klage wegen schuldhafter Schädigung (actio damni iniuriae): Eine Klage nach der → Lex Aquilia, G. III *210–219.* Sie wurde gegen den → Adstipulator gewährt, der fälschlich quittiert hatte, diese Klage ist älter als die Geschäftsführungsklage; der von Gaius vorgebrachte Einwand ist also unberechtigt, G. III 215 216. – G. IV 9 171; D. 47,11,11.

Klage stricti iuris: Klagen, bei denen der → Privatrichter an eine bestimmte Summe in der Urteilsanweisung des Prätors gebunden war, G. IV 50 52 114. Wenn sich die Summe als unzutreffend erwies, mußte er freisprechen, eine andere Summe durfte er nicht einsetzen.

Klage wegen Unterschiebung von Diebesgut (actio oblati): G. III 187 191 IV 173. Sie ging auf den dreifachen Wert.

Klage auf das, was dem Vater zugeflossen ist (actio de in rem verso): Wenn aus Geschäften des Sklaven oder Sohnes dem Gewalthaber ein Anteil zugeflossen war, so konnte er auf Forderungen hin verklagt werden, auch wenn er dem Geschäft nicht ausdrücklich zugestimmt hatte, G. IV 72a 74 74a.

Klage auf den vierfachen Wert (actio quadrupli): Bei offenbarem Diebstahl, G. III 189 192 IV 173; bei Raub, G. III 209; D. 47,8,1; bei Plünderung, D. 47,9,1,pr.

Klage auf Vorlage (actio ad exhibendum): 1. Eine Vorklage, durch die bewirkt wurde, daß der Gegner einen Gegenstand oder einen Menschen dem Richter vorführen mußte, damit der Kläger sein Recht daran mit einer zweiten Klage gehörig verfolgen konnte.
2. Klage auf Herausgabe einer Sache bzw. eines Menschen, die durch Zufall (z. B. Naturereignisse) oder auf unrechtmäßige Weise in den Besitz einer Person geraten waren, G. IV 51.

Klient: Ein Freier, der sich in ein Schutzverhältnis zu einem angesehenen Bürger begab und dafür gewisse Verpflichtungen ökonomischer Art übernahm. Die Bindung hatte in früher Zeit sakralen Charakter; das weist darauf hin, daß sie vor die Entstehung des Staates zurückreicht, in eine Zeit, als u. U. zugewanderte Fremde „Schutzverwandte" einer gens, nicht einer Person wurden, Z. VIII 21; Ro. 19 96; Rh. II 35Ü. In späterer Zeit wurde der Freigelassene automatisch Klient seines Patrons, der noch zu Justinians Zeit ein Züchtigungsrecht über ihn hatte und deshalb bei Diebstahl keine Klage erheben konnte, D. 47,2,90(89).

Klientel: Das Verhältnis des → Klienten zu seinem Patron, Ro. 106.

Kodizill (codicillum = Büchlein): Eine letztwillige Anordnung in Form eines Briefes an den Erben. Sie konnte zusätzlich zum Testament erfolgen, aber auch dann, wenn gar kein Testament bestand, G. II 270a 273.

Kognaten (cognati), *kognatisch* (cognatus): Blutsverwandte (auch in weiblicher Linie), G. I 156 158. Soweit sie nicht gleichzeitig → Agnaten waren, spielten ihre Beziehungen zunächst rechtlich keine Rolle. Erst seit der Kaiserzeit wurde die kognatische Verwandtschaft stärker berücksichtigt, bei der Erbfolge standen sie hinter den Agnaten zurück, G. II 149 238 III 24 27 30 37 51. Durch Adoption wurde kognatische Verwandtschaft nicht berührt, D. 1,7,23A.

Kognitionsverfahren (cognitio extra ordinem): Seit → Augustus wurden bestimmte Prozesse, zunächst auf direkte Anordnung des Kaisers, vor ihm selbst oder vor einem Beamten, nicht vor dem → Privatrichter oder der → quaestio (1) verhandelt. Zuerst waren dies Ausnahmefälle, in der Folgezeit verdrängte dieses Verfahren den Formularprozeß, z. B. bei Ansprüchen auf fideïcommissa, G. II 278 282Ü.; D. 48,10,7 48,13,4,2.

Koloniallatiner(in): Die Privilegien, die die → Latiner den → Peregrinen gegenüber gehabt hatten, existierten in der frühen Kaiserzeit noch für die Bürger von Provinzstädten, denen das Latinische Recht verliehen war (sog. municipia Latina), → Kolonie. Nach → Caracallas „Constitutio Antoniniana" erhielten 212 u. Z. *alle* freigeborenen Einwohner des Reiches das römische Bürgerrecht, G. I 22 29 III 56.

Kolonie: 1. Von Rom aus angelegte Pflanzstädte mit römischem Bürgerrecht (coloniae civium Romanorum), politische, militärische und kulturelle Außenposten Roms, z. B. der Hafen Ostia, später besondere Veteranensiedlungen in den Provinzen, G. II 195; D. 50, 16,239,5.

2. Siedlungen, die von Rom aus gegründet, aber nur mit der Stellung eines latinischen Munizipiums ausgestattet wurden (seit 388 v. u. Z.). Die Bürger waren vom Standpunkt des → ius civile aus nicht-römische Ausländer. Nach dem Bundesgenossenkrieg (90—88 v. u. Z.) erhielt ganz Italien das römische Bürgerrecht; damit erlosch diese Form der Kolonien, G. I 131 III 56.

Komitium: Der zur Abhaltung der Volksversammlungen bestimmte Teil des Forums in Rom, Z. I 7.

Konfiskation des Vermögens: → Geldbuße, Geldstrafe. In manchen Fällen war die Aussicht auf Konfiskation geradezu ein Anreiz zur Verurteilung eines reichen Mannes, da auf diese Weise die kaiserliche Kasse aufgefüllt werden konnte (→ Fiskus).

Konkubinat (concubinatus): Peregrinen und Ausländerinnen konnten mit römischen Bürgern, Freigelassene seit → Augustus mit Senatoren keine rechtlich anerkannte Ehe schließen; eine dauernde Lebensgemeinschaft hieß in diesem Fall Konkubinat. Die Kinder aus einer solchen Verbindung galten als unehelich (d. h., sie waren nicht erbberechtigt). Freigeborene Bürgerinnen kamen für eine derartige Gemeinschaft nur in Frage, wenn sie sozial deklassiert waren: Dirnen, Schauspielerinnen, Ehebrecherinnen, kriminell Bestrafte — sie setzten sich sonst einer Strafverfolgung wegen → stuprum aus.

Soldaten durften bis zur Zeit Caracallas, höhere Beamte in den Provinzen auch ferner gar nicht heiraten. Der Patronin war die Ehe mit ihrem Freigelassenen untersagt; in diesem Fall hätte der Konkubinat theoretisch auch für eine Bürgerin eine Alternative geboten, D. 23,2,24.

Konsensualkontrakt (obligatio consensu contracta): G. III 89 119a *135—162*; D. 50,17,35. Die Konsensualkontrakte sind Ergebnis der Entwicklung des Rechtes, da sich die an feste Formeln gebundenen Verbalkontrakte als zu umständlich und schwerfällig erwiesen. Es handelt sich u. a. um → Kauf, Miete, Gesellschaft und unentgeltliche Geschäftsführung.

(Konsilium): Ein den Kaiser beratendes Organ, das aus hohen Beamten bestand. Viele der berühmten Juristen waren Mitglieder eines solchen Beirates.

Konstitution (constitutio): → kaiserlicher Erlaß, D. 1,4,1. Die Konstitution des Kaisers → Caracalla, meistens Constitutio Antoniniana genannt, stammt aus dem Jahre 212 u. Z. Sie erteilte allen freien Reichseinwohnern das Bürgerrecht und unterwarf sie damit alle z. B. der → Erbschaftssteuer; die Vorteile, die sich für die Betroffenen ergaben, waren in dieser Zeit schon sehr gering und beschränkten sich praktisch auf das → Berufungsrecht und das → conubium, D. 1,5,17.

Konsul: Die beiden Konsuln waren die höchsten Magistrate der römischen Republik, Feldherrn im Kriege. Als Zeichen ihrer Würde gingen ihnen zwölf Liktoren mit Rutenbündeln und Beilen (Fasces) voraus. In der Kaiserzeit war das Konsulat nur noch eine Ehre; die mit dem Amte verbundene Macht war sehr beschränkt, G. II 238. Der Konsul setzt einen Vermögenspfleger ein, G. I 200, spricht Recht bei → fideïcommissa, G. II 278; D. 48,18,8 (vgl. Konsulat) 48,22,14,2; Ro. 50.

Konsulat: Die Amtszeit eines Konsulpaares, die in der Republik ein Jahr dauerte; Grundlage der römischen Zeitrechnung. In der Kaiserzeit wurden jedes Jahr mehrere Paare gewählt, um mehr Personen mit diesem Amt auszeichnen zu können; nur das erste Paar gab dem Jahr den Namen. In der Zeit der Republik wählte die Volksversammlung die Konsuln, seit Augustus der Senat auf Vorschlag des Kaisers, G. I 31 II 253 254 III 63.

korinthische Vasen: Kostbare Gefäße aus einer Gold-Silber-Kupfer-Legierung, Ro. 133.

(Körperbehinderte): → Stumme und Taube, Blinde.

körperliche Objekte (res corporales): G. II *12–14*. – G. II 19 38 III 83 85.

Korrumpierung: Moralische oder körperliche Verführung eines Sklaven, G. III 198; D. 47,2,36 48,5,6. → Klage wegen Korrumpierung.

Kuppler (leno): Jemand, der Sklavinnen zur Prostitution vermietete. Dies Gewerbe war lukrativ, aber sozial nicht geachtet und mit einigen rechtlichen Nachteilen verbunden, D. 48,5,25(24). Justinian stellte die Aufnahme freier Mädchen in ein Bordell, besonders den Mädchenhandel unter falschen Vorspiegelungen, unter Strafe.

kurulisch: → Ädil.

Labeo: Marcus Antistius Labeo (gestorben nach 10 u. Z.), einer der besten Vertreter der frühklassischen Rechtswissenschaft. Er war Prätor, lehnte aber unter Augustus ein Konsulat ab, da er aus seiner republikanischen Einstellung kein Hehl machte. Er soll 400 Bücher geschrieben haben, aus denen ca. 500 Entscheidungen in den Digesten erwähnt werden, G. I 135 188 II 231 III 140 183 IV 59; D. 23,4,32 48,5,24(23) 50,16,14,pr. 50,16,43. Text, D. 47,2,92(91).

Ladung vor Gericht (in ius vocare): In Rom lud der Kläger den Beklagten vor den Prätor, eine amtliche Vorführung gab es im Privatprozeß nicht, wohl aber half der Staat bei renitenten Beklagten mit Strafen nach, bzw. es erfolgte eine Verurteilung in Abwesenheit, Z. I *1–3* 8; G. IV 46 *183–187*. Öffentliche Ladung in Kriminalverfahren, D. 48,17,1.2.5.

Largus: Gaius Caecina Largus, Konsul 42 u. Z., G. III 63.

Latiner(in): 1. Ursprünglich Bewohner der mit Rom verbündeten Städte in Latium, G. I 79. Sie hatten das Recht, privatrechtliche Verträge nach den Bestimmungen des → ius civile mit Römern abzuschließen, besaßen aber nur in Ausnahmefällen das → conubium, G. I 56 57.

2. Freigelassene mit Latinischem Recht (Junianische Latiner) nach den Leges Iunia und Aelia Sentia. Sie hatten eine ähnliche Rechtsstellung wie die → Latiner (1), durften aber nicht testamentarisch zu Erben eingesetzt werden, und ihre Freiheit erlosch mit ihrem Tode, d. h., ihr Vermögen wurde behandelt wie das → Peculium eines Sklaven. Sie hatten aber das conubium, G. I 12 22 35 80 167 II 110 155. Bedingungen, unter denen ein Freigelassener nicht Latiner wurde, G. I 15 III 76; Bedingungen, unter denen er es wurde, G. I 16 17; Bedingungen, unter denen ein Latiner das volle römische Bürgerrecht erwarb, G. I 28–35 66 III 72 73. Heirat und rechtliche Stellung der Kinder, G. I *66–73* 79–81 II 142. Wenn der Patron der Kolonie, vermutlich seiner Heimatstadt, „einen Latiner vermacht", so in dem Sinne, daß dessen Vermögen bei seinem Tode der Stadt zufallen soll, G. II 195. Latiner konnten zwar nicht erben, aber → fideïcommissa empfangen, G. II 275. Bestimmungen über die Erbschaften von Junianischen Latinern, G. III 55–72 74–76. → Vormund (gesetzlicher, fiduziarischer), Patron.

Latinisches Recht (Latii ius): Ein Vorzug, der bestimmten Provinzstädten seit Augustus nach dem Vorbild der → Kolonie (2) verliehen wurde; es gab volles und geringeres Latinisches Recht, G. I 95 *96* III 72Ü. Freigelassene Latinischen Rechts → Latiner (2).

Legat: Ursprünglich ein höherer römischer Offizier, der vom Feldherrn auch als Stellvertreter eingesetzt wurde. In die Provinzen nahmen die Statthalter in republikanischer Zeit Legaten ihrer Wahl mit, von denen sie auch in bestimmten Gerichts- und Verwaltungsfunktionen vertreten und unterstützt wurden. Der Statthalter einiger kaiserlichen → Provinzen, d. h. derer, in denen Truppen standen und die dem Kaiser direkt unterstanden, hieß Legat (legatus pro praetore), G. I 101 102; D. 48,6,7.

Leges Iuliae: Gemeint sind die beiden Gesetze des Augustus über die Gerichtsordnung aus den Jahren 17 und 16 v. u. Z., in denen die → Legisaktionen bis auf wenige Ausnahmen abgeschafft wurden, G. IV 30. Vgl. Lex Iulia über die Gerichtsordnung.

Legisaktio: Die älteste Form des Prozesses nach → ius civile. Wegen ihrer Umständlichkeit und Schwerfälligkeit wurde sie mehr und mehr von den auch Ausländern zugänglichen Formen des Formularprozesses verdrängt und fiel schließlich bis auf wenige Ausnahmen fort, vgl. Leges Iuliae, G. I 184 II 24 III 154b IV *10–31* 82 94 *108*. Prozesse nach dem Vorbild der Legisaktionen, G. IV 32 33. Später noch erhaltene Legisaktionen, G. IV 31 95. → condictio, Einsatz, Pfandnahme.

Leihvertrag (commodatum), *(ver)leihen* (commodare): Abmachung, daß eine Sache vom anderen unentgeltlich auf gewisse Zeit benutzt werden darf (Gegensatz → Darlehen); Mißbrauch oder Verlust zieht die Pflicht zum Schadenersatz nach sich, G. II 50 III 196 197 206 IV 33 47 59 153.

Leontinoi: Stadt in Sizilien. Dort waren seit dem 7. Jahrhundert v. u. Z. Griechen ansässig; ihre Städte überflügelten vielfach zunächst das Mutterland in ökonomischer und kultureller Hinsicht, Rh. I 7.

Lex...: Ein Gesetz über die Rechtsstellung von Kindern eines Freien und einer von ihm fälschlich für frei gehaltenen Sklavin, der Urheber ist unbekannt, G. I 85. Es wurde von Vespasian teilweise aufgehoben, G. I 86A.

Lex Aebutia: Vermutlich kurz vor 125 u. Z. erlassen; der Inhalt dürfte die Einführung des Formularprozesses neben den Legisaktionen gewesen sein, G. IV 30.

Lex Aelia Sentia: 4 u. Z. von den Konsuln S. Aelius Catus und C. Sentius Saturninus eingebracht; es enthält Bestimmungen über die Rechtsstellung von Freigelassenen verschiedener Kategorien, G. I 13 18 27 29 31 III 74; über Beschränkungen der Freilassungsmöglichkeit, G. I 37 38 40 41 47; über nachträglichen Erwerb des Bürgerrechts, wenn Latiner unter der Lex Aelia Sentia einen einjährigen Sohn oder eine einjährige Tochter hatten, G. I 29 66 71–73 III 5 73. Sie gewährte das → conubium, G. I 80, kam bei Freilassung aus dem → mancipium aber nicht zur Anwendung, G. I 139. – G. I 68–70 73 80.

Lex Appuleia: Erlassen vor 241 v. u. Z.; sie erleichterte die Lage des einzelnen → Sponsors oder Fidepromissors, G. III 122.

Lex Aquilia: Genaueres Datum unbekannt, jedenfalls vor 150 v. u. Z. Es handelt sich nach Ulpian um einen → Volksbeschluß, durch den die früheren Bestimmungen über Schadenersatz ungültig gemacht oder modifiziert wurden, G. III 202 IV 9 37. Das Gesetz hatte drei Abschnitte, der erste behandelte die Tötung eines fremden Sklaven oder Haustiers, G. III 210–214; D. 48,5,6 (→ stuprum), der dritte Abschnitt die Beschädigung eines anderen Vermögensteils, G. III 217Ü.–219, der zweite die Befreiung eines Schuldners durch den → Adstipulator zum Schaden des Gläubigers, G. III 215. Vermutlich waren der erste und zweite Abschnitt Teile eines früheren Gesetzes, und der dritte, obwohl inhaltlich zum ersten gehörig, wurde nur angehängt statt eingearbeitet. – G. IV 76 109.

Lex Atilia: Vielleicht um 200 v. u. Z. erlassen; sie regelte die Einsetzung eines Vormundes durch den Prätor, G. I 185 195 195b–c.

Lex Calpurnia: Datum unbekannt; sie führte die → condictio (2) auf bestimmte Objekte ein, z. B. auf Getreidedarlehen, G. IV 19.

Lex Cicereia: Datum unbekannt; um dem → Sponsor oder Fidepromissor Klarheit über die anteilige Höhe ihrer Verpflichtungen zu schaffen, mußte der Gläubiger, der Bürgschaft forderte, nach diesem Gesetz die Summe und die Zahl der Bürgen publizieren, G. III 123.

Lex Claudia: Von Kaiser → Claudius zwischen 41 und 54 u. Z. eingebrachtes Gesetz, das die agnatische Vormundschaft über die Frauen aufhob, G. I 157 171.

Lex Cornelia: Gesetz, das auf den Diktator Lucius Cornelius → Sulla zurückgeht.

1. Die Lex Cornelia über Hochverrat aus dem Jahre 81 v. u. Z. oder die → Lex Cornelia über Mörder und Giftmischer, die beide Verbannung als Strafe androhten, G. III 128.

2. Die Lex Cornelia über Bürgschaften, die eine Verbürgung für zu hohe Beträge verbot, G. III 124 125.

3. Die Lex Cornelia über unerlaubte Geldannahme (repetundarum) aus dem Jahre 81 v. u. Z., D. 47,13,2; vgl. Lex Iulia über unerlaubte Geldannahme. Die erwähnten Senatsbeschlüsse hatten offenbar Ausführungsbestimmungen gegeben.

Lex Cornelia über Fälschungen (de falsis, von fallere = täuschen): Das deutsche Wort Fälschung ist in seinem Inhalt enger als das lateinische. Dort fallen auch Verbrechen wie Unterschlagung von Dokumenten, Richterbestechung, falsches Zeugnis vor Gericht unter die verfolgten Tatbestände. Das Gesetz war ein Versuch Sullas, mit drastischen Maßnahmen die im Bürgerkrieg stark erschütterte Rechtssicherheit wiederherzustellen, D. *48,10,1.2.7.8.33.* In D. 48,10,13 geht es um die Annahme eines falschen Namens zum Zwecke unrechtmäßiger Bereicherung, z. B. indem man als Erbe auftrat. Sonst war es nicht strafbar, seinen Namen zu wechseln. Fälschung öffentlicher Urkunden fiel auch unter die → Lex Iulia über die Unterschlagung öffentlicher Gelder, D. 48,13,10(8).

Lex Cornelia über Mörder und Giftmischer (de sicariis et veneficiis): Erlassen 81 v. u. Z., D. 48,1,1 *48,8,1.3.4.6.8.10.14* 48,9,1. Körperverletzung mit tödlichem Ausgang, D. 48,8,15.

Lex Cornelia über die Proskriptionen (de proscriptionibus): Sie gab Ausführungsbestimmungen zur → Lex Valeria aus dem Jahre 82 v. u. Z. und setzte vor allem einen Schlußtermin für die Verfolgungen fest, Ro. 125 126 128 130.

Lex Cornelia über Testamente: Erlassen 81 v. u. Z., D. 48,1,1, → auch Lex Cornelia über Fälschungen.

Lex Crepereia: Datum unbekannt; sie enthielt Bestimmungen darüber, wie man einen Streitfall vor die → Hundertmänner brachte, G. IV 95.

Lex Fabia über Menschenraub (de plagio): In republikanischer Zeit war die Strafe für Menschenraub sehr milde; ihre drastische Verschärfung in der späteren Kaiserzeit (Bergwerksarbeit) zeugt von der wachsenden Rechtsunsicherheit – und von der Schwierigkeit, den Bedarf an Sklaven auf normalem Wege zu decken, D. 48,15,1.6. Der Herr der Prostituierten in D. 47,2,39 hätte nach der → Lex Aquilia auf Schadenersatz klagen können, wenn ihr etwas zugestoßen wäre.

Lex Falcidia: Erlassen 40 v. u. Z., sie sicherte dem Erben ein Viertel der Erbschaft, G. II 227 254.

Lex Fufia Caninia: Erlassen 2 v. u. Z., sie enthielt Bestimmungen über die Anzahl von Sklaven, die testamentarisch freigelassen werden durften, G. I *42–46* II 228 239. Sie traf auf Personen im → mancipium nicht zu, G. I 139.

Lex Furia: 1. Die Lex Furia über Testamente, erlassen zwischen 204 und 169 v. u. Z.; sie sollte verhindern, daß ein geerbtes Vermögen durch zu viele Vermächtnisse erschöpft wurde, G. II 225. Sie wurde später durch die → Lex Falcidia ersetzt, G. IV 23 24.

2. Eine Lex Furia über Bürgschaften, erlassen nach 241 v. u. Z.; sie erleichterte die Haftungsbedingungen der → Sponsoren und → Fidepromissoren. G. III *121–122*; sie erlaubte das → Handanlegen gegen den säumigen Hauptschuldner, G. IV 22. – G. IV 109.

Lex Hortensia: Ein → Volksbeschluß aus dem Jahre 284 v. u. Z., der festlegte, daß Volksbeschlüsse den Gesetzen gleichgestellt werden sollten. Die Lex Hortensia ist ein wichtiger Markstein im Kampf der Plebejer um Gleichberechtigung mit den Patriziern, G. I 3.

Lex Iulia: Von → Caesar wie auch von → Augustus eingebrachtes Gesetz.

1. Eine Lex Iulia, deren Urheber nicht feststeht, verbot die → Ersitzung gewaltsam angeeigneten Gutes – durch die Bürgerkriege hatte sich dafür nur zu oft Gelegenheit geboten, G. II 45.
2. Die Lex Iulia caducaria (vielleicht ein Teil der → Lex Iulia über Eheschließungen), die den Verfall von Erbschaften an das Volk regelte, G. II 150.
3. Die → Lex Iulia und Papia Poppaea, G. II 111 144 150 286.

Lex Iulia über Amtserschleichung (de ambitu): Erlassen 18 v. u. Z. In der Zeit der Republik gab es harte Kämpfe um die Magistraturen, die dem Inhaber außer politischem Einfluß auch die Möglichkeit boten, sich nach Ablauf der Amtszeit in einer Provinz finanziell zu sanieren. Daher gab es mehrere republikanische Gesetze gegen Wahlbestechung, für die u. a. die Lex Calpurnia sehr strenge Strafen festlegte: Ausschluß aus dem Senat auf Lebenszeit, d. h. Verlust des passiven Wahlrechts, und eine massive Geldbuße. In der Kaiserzeit war der Drang zu den Ämtern bei weitem nicht mehr so groß, da sie immer mehr zu Formalitäten wurden und nur Aufwand verursachten. Die Strafen wurden bereits in dem Gesetz des Augustus sehr gemildert. Es kam zudem hauptsächlich in den → Munizipien in Anwendung, die zunächst noch gewählte Beamte hatten, D. 48,1,1 48,14,1.

Lex Iulia über die Bestrafung des Ehebruchs (de adulteriis coercendis): Erlassen 18 v. u. Z. Das Gesetz ist ein Teil der Maßnahmen des Augustus zur Hebung der Moral der herrschenden Klasse. Entsprechend dem Klassencharakter der Geschlechterbeziehungen in der römischen Ehe wurde die Frau wesentlich härter getroffen als der Mann, dem z. B. nebeneheliche Beziehungen zu Sklavinnen stets erlaubt blieben. Strafbar war Ehebruch der Frau in jedem Fall, der des Mannes dann, wenn er in eine fremde Ehe einbrach, D. 48,1,1 *48,5,1.6.9(8).10(9).11(10).12(11).14(13).21(20).24(23).25 (24).26(25).37(36).*

Dies Gesetz war ein energischer Eingriff in das Privatleben, da es dem Ehemann die Strafverfolgung zur Pflicht und ihn im Unterlassungsfalle selbst wegen Kuppelei haftbar machte; er mußte seine schuldige Ehefrau verstoßen. Umgekehrt hatte die Frau aber nicht das Recht, Klage zu erheben, sie konnte nur die Scheidung aussprechen. Die Ehegesetze (vgl. auch Lex Iulia und Papia Poppaea) waren höchst unbeliebt und nicht sehr wirkungsvoll; trotzdem wurde immer wieder der Versuch gemacht, sie durchzusetzen.

Lex Iulia über Eheschließungen (de maritandis ordinibus): → Lex Iulia und Papia Poppaea, G. I 178.

Lex Iulia über die Erbschaftssteuer (vicesimaria, von vicesimum = Zwanzigstel): Ein Gesetz des Augustus, das eine 5-prozentige Erbschaftssteuer einführte, G. III 125.

Lex Iulia über die Gerichtsordnung (iudiciaria oder iudiciorum privatorum): Eigentlich ein Doppelgesetz – Gaius nennt in II 30 zwei → Leges Iuliae –, eines für das Verfahren vor dem Stadtprätor, eines für die Munizipien, die inhaltlich offensichtlich parallel angeordet waren, so daß bald nur noch von *einer* Lex Iulia dieses Inhalts die Rede war, D. 48,14,1,4. Nach diesem Gesetz konnte der Prätor erlauben, daß ein zahlungsunfähiger Schuldner den Gläubigern seinen Besitz überließ, ohne daß ihn die Schande eines → Zwangsverkaufes traf. Unter welchen Bedingungen der Prätor zustimmte (z. B. unverschuldetes Mißgeschick), ist nicht bekannt. Diese sogenannte cessio bonorum hatte auch den Vorteil, daß erneute Zwangsvollstreckungen nicht ohne weiteres möglich waren, G. III 78. Das Gesetz regelte auch die Laufzeit von Klagen, G. IV 104.

Lex Iulia über den Getreideaufkauf (de annona): Es ist umstritten, ob dies Gesetz von Caesar oder erst von Augustus herrührt; es stellte den Kornwucher unter Strafe. Da Rom seit dem 1. Jahrhundert v. u. Z. von der Einfuhr von Getreide abhängig war, bildete eine Kornknappheit eine ernste Gefahr, D. 48,1,1 *48,12,1.2.3.*

Lex Iulia über Hochverrat (de maiestate): Ein Gesetz des Augustus. Es stellte neben Handlungen, die sich gegen den Staat richteten, auch jede Ehrenkränkung des Kaisers unter Strafe, D. 48,1,1 *48,4,1.2.3.4.6.8.9.10.11.*

Lex Iulia über die Mitgift (de fundo dotali): Wahrscheinlich ein Kapitel aus der → Lex Iulia über die Bestrafung des Ehebruchs. Es wurde darin festgelegt, bis zu welchem Umfange der Mann über die Mitgift der Frau verfügen konnte, G. II 63.

Lex Iulia über öffentliche Gewalttätigkeit (de vi publica): Es ist zweifelhaft, ob es ein oder zwei Gesetze über Gewalttätigkeit gab und ob Caesar oder Augustus der Urheber war. Vielleicht ist auch die Lex Iulia (oder Leges Iuliae) über die Gerichtsordnung gemeint. Ungeklärt bleibt ebenfalls, was der Unterschied zwischen „öffentlicher" und „Privatgewalttätigkeit" war – in den Digesten wird es jedenfalls nicht deutlich. Da das Gesetz ebensowenig wie ein anderes der hier erwähnten Gesetze im Wortlaut erhalten ist, bleibt der Vermutung ein weiter Spielraum. Festhalten läßt sich jedoch, daß im Laufe der Zeit eine Reihe von Tatbeständen, die ursprünglich Privatgewalttätigkeit waren, zur öffentlichen Gewalttätigkeit hinübergezogen und infolgedessen strenger bestraft wurden als vorher. Außerdem schloß man andere Tatbestände, die ursprünglich nicht erfaßt waren, nachträglich an, D. 48,1,1 48,*6,1.3.4.5.6.7.8.10.11.* Vgl. Lex Iulia über Privatgewalttätigkeit.

Lex Iulia und Papia Poppaea: Zwei inhaltlich zusammengehörige und schon in der Antike oft zusammen zitierte Gesetze zur Eindämmung der Tendenz zur Ehe- und Kinderlosigkeit in der römischen Oberschicht, G. I 145. Die Lex Iulia stammte aus dem Jahre 18 v. u. Z. und war von → Augustus als Volkstribun eingebracht worden, die Lex Papia ergänzte sie im Jahre 9 u. Z. Es wurden Eheverbote angeordnet – z. B. durften Senatoren keine Freigelassenen oder Schauspielerinnen heiraten, D. 23,2,23. Beide Gesetze fixierten eine Ehepflicht: Männer von 25 bis 60, Frauen von 20 bis 50 Jahren haben in einer den Gesetzen entsprechenden Ehe zu leben, bei Tod des Ehegatten oder Scheidung müssen sie wieder heiraten. Vorteile gab es für Kinderreiche. Freigeborene Frauen, die dreimal geboren, Freigelassene, die viermal geboren hatten, wurden von der Geschlechtsvormundschaft bzw. gesetzlichen Vormundschaft frei, G. I 145 (→ Drei- bzw. Vierkinderrecht). Ausnahmen, G. I 194.
Sanktionen gegen Ehe- und Kinderlose gab es hauptsächlich beim Erbschaftserwerb; Ehelose konnten gar nicht, Kinderlose nur die Hälfte des ihnen testamentarisch Zugedachten erben, der Rest ging an kinderreiche Miterben oder an die Staatskasse, G. II 111 144 206–208 286a. Verfügungen des Gesetzes über den Nachlaß Freigelassener, G. III 42 52 53.
Wirkungen auf Testier- und Erbfähigkeit bei freigelassenen und freigeborenen Frauen, G. III 44 46 47 49–51. Freigelassene mit drei und Freigeborene mit zwei Kindern hatten ebenfalls schon gewisse Vorteile, G. III 50.

Lex Iulia über Privatgewalttätigkeit (de vi privata): Was „Privatgewalttätigkeit" war bzw. wie sie sich von „öffentlicher Gewalttätigkeit" unterschied, darüber war man sich offensichtlich schon in der Antike nicht ganz klar. Man hat unter Zugrundelegung der Ulpianstelle in D. 48,7,5 erklärt, wenn keine regulären Waffen (sondern z. B. Knüppel) angewandt würden, sei Privatgewalttätigkeit anzunehmen, aber aus anderen Verfügungen ergibt sich, daß die Trennung nicht so gezogen wurde, D. 48,1,1 48,7,1.2.8.

Lex Iulia et Titia: Vielleicht 31 v. u. Z. erlassen; die genaueren Umstände dieses Gesetzes oder dieser Gesetze über die Einsetzung eines Vormundes von Amts wegen durch den Statthalter sind unbekannt, G. I 185 195 195b.

Lex Iulia über unerlaubte Geldannahme (repetundarum): Erlassen 59 v. u. Z.; eine Modifizierung des Gesetzes gleichen Titels von Sulla, die von Caesar herrührt. Die Strafen wurden verschärft. Es ging dabei um Amtsmißbrauch in den Provinzen, → Erpressung. „Repetunden" sind vom Statthalter etc. in Übertretung seiner Amtspflicht durch Bestechung, Erpressung, unerlaubte Geschenkannahme und anderes erlangte Vermögensvorteile, die man zurückfordern (repetere) konnte. Zunächst war nur eine Privatklage möglich, seit Sulla wurde ein strafrechtliches Verfahren eingeführt. Wenn der Schuldige verurteilt wurde, hatten die Provinzialen in den meisten Fällen nicht viel Nutzen davon, da er sich durch freiwilliges Exil auch der Rückzahlungspflicht entziehen konnte, nur wenige Kaiser griffen ganz hart durch, D. 48,1,1 *48,11,1.3.6.7.*

Lex Iulia über die Unterschlagung öffentlicher Gelder (de peculatu): Diebstahl am beweglichen staatlichen Eigentum wurde wohl seit früher Zeit strafrechtlich verfolgt und mit hohen Strafen (Kerker, Verbannung) belegt. Die eigentliche gesetzliche Grundlage der Verfolgung schuf aber wahrscheinlich erst dies Gesetz, bei dem nicht feststeht, ob es von Caesar oder von Augustus herrührt, D. 48,1,1 *48,13,1* (widerrechtliche Legierung – mit Zinn – zum Nutzen des Münzmeisters kam auch bei Kupfermünzen nicht selten vor) *48,13,3.4.10(8).11(9).13(11)* (es geht um einen Einbruch in die Staatskasse) *48,13,15(13).*

Lex Iunia (Norbana): Datum unbekannt, wahrscheinlich vor der → Lex Aelia Sentia (4 u. Z.). Dies Gesetz gewährte Sklaven, die formlos freigelassen oder nicht → quiritisches Eigentum ihres Herrn gewesen waren, ein beschränktes Latinisches Bürgerrecht auf Lebenszeit, G. I 22 167 III 70, einschließlich des → conubiums, G. I 80. Beschränkungen, G. I 23 II 110 275 III 56 57A. Vgl. Latiner (2).

Lex Iunia Vellaea: Wahrscheinlich 26 u. Z. erlassen; sie regelte die Erbeinsetzung von → Nachgeborenen, G. II 134.

Lex Licinnia: Vermutlich 210 v. u. Z. erlassen; sie ordnete die Anforderung eines → Privatrichters bei der Vermögensteilung an, G. IV 17a.

Lex Marcia gegen die Wucherer: Dies Gesetz war ein kurzlebiger Erfolg der Plebs im 2. Jahrhundert v. u. Z., die zwar ein Gesetz gegen den Wucher durchsetzen, aber seine Einhaltung nicht erzwingen konnte, da sich die ökonomischen Verhältnisse nicht änderten und die Plebejer selbst immer wieder auf Darlehen angewiesen waren, die Reichen aber nicht zum zinslosen Verleihen veranlassen konnten, G. IV 23.

Lex Minicia: Ein Gesetz aus der Zeit vor dem Bundesgenossenkrieg (90–88 v. u. Z.), durch das der Erwerb des Bürgerrechts erschwert werden sollte; es wurde in der Kaiserzeit durch Entscheidungen Hadrians (vgl. G. I 77) praktisch außer Kraft gesetzt, G. I 78 79.

Lex Ollinia: Ein Gesetz aus unbekannter Zeit und unbekannten Inhalts, G. IV 109.

Lex Papia: → Lex Iulia und Papia Poppaea.

Lex Petronia: Ein Volksbeschluß aus der Zeit des → Augustus oder des Tiberius, der den Verkauf von Sklaven zur Tierhetze ohne richterliches Urteil verbot, D. 48,8,11,2.

Lex Pinaria: Datum ungeklärt, sie setzte eine Frist von 30 Tagen zwischen das Verfahren vor dem Prätor und die Einsetzung des → Privatrichters im Legisaktionenprozeß mit → Einsatz, vermutlich, um den Parteien Gelegenheit zum Vergleich zu bieten, G. IV 15.

Lex Plautia: Vielleicht 77 v. u. Z. erlassen; sie verbot die Ersitzung gewaltsam angeeigneter Güter, um der in den Bürgerkriegen einreißenden Rechtsunsicherheit zu steuern, G. II 45.

Lex Pompeia über Verwandtenmord (parricidii): Erlassen 70 v. u. Z., D. 48,1,1. Allem Anschein nach wurde in diesem Gesetz die alte Strafe für Verwandtenmord (Einnähen in einen Sack und Versenken ins Wasser) abgeschafft, D. 48,9,1.2.6. Aber unter Augustus wie unter Hadrian wurde die Säckung für Mord an Verwandten direkt aufsteigender Linie wieder eingeführt, D. 48,9,9,pr., und später von Justinian ausdrücklich bestätigt, D. 48,9,10. Die alte Bestrafung wird von Cicero (noch 80 v. u. Z.) in Ro. 30 genau beschrieben und begründet.

(lex publica): Wahrscheinlich ist das Zwölftafelgesetz gemeint, G. III 174A.

Lex Publilia: Erlassen zwischen 220 und 180 v. u. Z.; sie gab dem → Sponsor das Recht auf eine → Aufwandsklage gegen den säumigen Schuldner, G. III 127, wie auch das Recht auf → Handanlegen, G. IV 22.

Lex regia: Nach der Tradition gab es in der von 753–510 v. u. Z. anzusetzenden Königszeit in Rom sieben Könige. Diesen Herrschern wird von späteren antiken Autoren der Erlaß bestimmter Rechtssätze, der sogenannten leges regiae (Königsgesetze), zugeschrieben; ein → Pontifex soll in der Regierungszeit des letzten Königs diese Gesetze veröffentlicht haben, D. 1,4,1,pr.

Lex Remmia: Datum unbekannt. Wer wissentlich falsche Anklage erhob, machte sich strafbar. Er durfte in Zukunft nicht wieder Klage erheben, und man brannte ihm – nach einer antiken Anmerkung zu Cicero, die aber auch einfach auf Interpretation des Textes beruhen kann – ein K (Kalumniator in altertümlicher Schreibung = Verleumder) auf die Stirn, Ro. 55 57. Für den Privatprozeß vgl. Prozeßwette (2) und (3).

Lex Silia: Vermutlich vor 204 v. u. Z. erlassen; sie führte das Legisaktionenverfahren der → condictio ein, G. IV 19.

Lex Valeria: Erlassen 82 v. u. Z.; sie legalisierte die → Proskriptionen Sullas, Ro. 125.

Lex Vallia: Nur aus G. IV 25 bekannt; sie milderte die Bedingungen bei der → Legisaktio durch → Handanlegen.

Lex Visellia: Erlassen 24 u. Z.; sie gab Bedingungen an, unter denen Freigelassene zu römischen Bürgern wurden, G. I 32b.

Lex Voconia: Erlassen 169 v. u. Z.; sie sollte verhindern, daß ein geerbtes Vermögen durch zu viele Vermächtnisse erschöpft wurde, G. II 226 274.

libertinus: → Freigelassener, G. I 10 11.

Licinnius Rufinus: Marcus Licinnius Rufinus (um 200 u. Z.), ein römischer Jurist, Angehöriger des Senatorenstandes, D. 23,2,51.

licium: Der Schurz, mit dem derjenige bekleidet war, der eine rituelle Haussuchung durchführte. Den magischen Charakter dieses Unternehmens verstand Gaius nicht mehr, deshalb findet er es lächerlich. Es ist wahrscheinlich, daß eine Behinderung der rituellen Haussuchung in alter Zeit als Schuldbekenntnis aufgefaßt und entsprechend geahndet wurde. Man nimmt an, daß zur Zeit der Zwölftafelgesetzgebung die Suche in Gegenwart von Zeugen, formal, aber ohne magischen Charakter, mit einer Klage auf den dreifachen Wert eingeführt wurde, und nur wenn der paterfamilias sich weigerte, kam noch die rituelle Form in Anwendung, G. III 192 193.

Literalkontrakt (obligatio litteris contracta): Schriftlich fixierter Vertrag. Er kam in Rom erst in nachklassischer Zeit unter griechischem Einfluß zu größerer Verbreitung. In der Übersetzung ist meistens „schriftliche Verpflichtung" gebraucht, G. III 89 119a *128–134* 137 138.

Lucius: Römischer Vorname, → Apronianus, Cassius, Chrysogonus, Sulla, Titius, Verus.

Lupus: Cornelius Lupus, Konsul 42 u. Z., G. III 63.

Macer: Aemilius Macer (1. Hälfte des 3. Jh. u. Z.), ein römischer Jurist, dessen Werke unter den Kaisern Caracalla und Alexander Severus entstanden. Texte, D. 47,13,2 48,1,1 48,5,25(24) 48,11,3.7 48,17,2.

Maecian: Lucius Volusius Maecianus, ein römischer Jurist aus dem Ritterstande. Er bekleidete zahlreiche Staatsämter, war um 161 u.Z. Präfekt von Ägypten, juristischer Lehrer des Kaisers Marc Aurel und Mitglied des Konsiliums unter Antoninus Pius und den kaiserlichen Brüdern, D. 48,9,6. Text, D. 48,6,8.

Magister (magister bonorum): Der Gläubigervertreter, der im Auftrage der übrigen Gläubiger die gesamte Habe des zahlungsunfähigen Schuldners an den Meistbietenden verkaufte. Diese Art der Zwangsvollstreckung war sehr hart gegen den Schuldner, aber auch für die Gläubiger nicht unbedingt vorteilhaft, da sich bei einem gesonderten Verkauf der einzelnen Vermögenswerte (Haus, Schmuck etc.) oft mehr hätte realisieren lassen. Diese Variante setzte sich erst im nachklassischen Recht durch, G. III 79.

Magistrat: Die hohen Beamten der römischen Republik, → Konsul, Prätor, Ädil, Quästor, heißen Magistrate. Sie wurden gewählt und nicht besoldet, so daß die Ämter praktisch nur den Wohlhabenden vorbehalten waren. Auch in der Kaiserzeit wurden die Magistrate noch gewählt, verloren aber ihre reale Bedeutung. Der Kaiser hatte ihre Einsetzung in der Hand, G. I 98 II 24; D. 48,8,1,pr.1 48,14,1,pr. 48,17,1,2 50,17,199; Ro. 139. G. I 6 schildert schon historisch gewordene Verhältnisse; zu Gaius' Zeit waren die Texte der → Edikte bereits festgelegt. Beleidigung eines Magistrats, G. III 225. Ermordung, D. 48,4,1. Wenn in den Erläuterungen des Registers von *Beamten* die Rede ist, handelt es sich um die kaiserzeitlichen Statthalter, die je nach der Bedeutung der Provinz, die sie verwalteten, verschiedene Rangstufen und Gehaltsstufen hatten. Oft kamen sie aus dem Ritterstand. In der Stadt Rom verdrängte seit dem 3. Jahrhundert u. Z. der Präfekt der Stadt Rom den Prätor aus der Rechtsprechung; er war stets Ritter und nicht Senator. Alle diese Beamten erhielten ihre Anweisungen (Mandat) direkt vom Kaiser und waren ihm verantwortlich. Auch in den zunächst noch (bis zur Zeit Diokletians, 284—305) dem Senat unterstehenden und von Senatoren verwalteten Provinzen, für deren Statthalter der alte Name Magistrat passen würde, glich sich die Verwaltung mehr und mehr der der kaiserlichen Provinzen an.

Magistratur: Ein hohes Amt, → Magistrat. Auch in den italischen Städten gab es entsprechende Ämter, G. I 95; D. 1,5,20 1,6,9 48,8,4 48,11,1 50,17,2,pr.

Makedonien: Römische Provinz im Norden Griechenlands, D. 48,22,7,6.

mala fides: Bewußtsein der Unrechtmäßigkeit, Gegensatz → guter Glaube, G. II 49.

Mallius Glaucia: Ein Klient des Titus → Roscius (3) Magnus. Cicero betont das Klientelverhältnis ebenso wie die Armut des Mannes, um zu zeigen, daß er von Titus abhängig war. Sein Freilasser kann Titus Roscius aber nicht gewesen sein, sonst müßte Mallius den gleichen Gentilnamen (Roscius) tragen, Ro. 19 96–98. Vgl. cognomen.

mancipatio, manzipieren: 1. Die feierliche, formgebundene, nur unter römischen Bürgern mögliche Übertragung von Eigentum, Z. VI 1. Der Kauf, sofern einer zugrunde lag, wurde separat abgeschlossen; die mancipatio war nur die formale Bestätigung. Deshalb wurde bei der mancipatio selbst nur ein symbolischer Preis gezahlt, und sie eignete sich so auch zur Übertragung von Eigentum aus anderen Gründen. Wegen der Umständlichkeit des Verfahrens wurden nur wertvolle Objekte (Sklaven, Großvieh, Grundbesitz) manzipiert, andere dagegen formlos verkauft (→ Übertragung). Die Tatsache, daß Gold, Schmuck und einige andere wertvolle Dinge nicht manzipierbar waren, weist darauf hin, daß die mancipatio aus einer sehr frühen Periode der römischen Geschichte stammt und später nicht mehr auf neue Gegenstände übertragen wurde. Verkaufsvorgang, Schilderung des Verfahrens, G. I *119*. – G. I 113 117 120–123 II 22–27 29 31 41 65 87Ü. III 166Ü. 167Ü. 167aÜ. IV 117Ü. 131a, vgl. Kauf.

Formale mancipatio eines Nießbrauchs, G. II 33. Mancipatio zur → Sicherheitsübereignung, G. II 59Ü. 220 III 201; zur Errichtung einer Mitgift, G. II 63; bei Erbschaft und Vermächtnis, G. II 102 103Ü. 104 105Ü. 204 213 214.

2. Mancipatio des Sohnes wegen eines Delikts an den Geschädigten, → mancipium, G. I 162 II 141 III 6. Der paterfamilias hatte das Recht, seine Kinder in einen der Sklaverei ähnlichen Zustand, das → mancipium, zu verkaufen, G. I 117 123. Zu Gaius' Zeit wurde die alte Anweisung des Zwölftafelgesetzes, daß der Sohn nach dreimaligem Verkauf (und dazwischen erfolgter Freilassung in die Gewalt des Vaters) rechtlich selbständig wurde, Z. IV 2, andere Nachkommen bereits nach einer mancipatio, hauptsächlich benutzt, um Kinder aus der väterlichen Gewalt zu entlassen (zum Zwecke der Adoption oder der Heirat, u. U. auch, um ihnen die Einrichtung einer eigenen Wirtschaft zu ermöglichen), G. I *132 134* 135 135a 141 166 (hier heißt es sinngemäß „manzipiert bzw. remanzipiert", denn nach dem → Scheinkauf ist nur noch eine → remancipatio möglich).

Eheschließung und andere Formen des → Scheinkaufs, G. I 118 118a. Aufhebung der → manus-Ehe, G. I 137.

mancipium: 1. Gewalt, die derjenige empfängt, der eine freie Person vom Inhaber der väterlichen Gewalt auf dem Wege der → mancipatio erwirbt. Zu Gaius' Zeit war dies meistens eine Formsache mit dem Ziel der → Emanzipation, G. I 49 116 117 119 123 132 134 137 142 162 172 II 86. Nur bei einer → Schadensklage hatte das mancipium noch praktische Bedeutung, wenn der Vater den Sohn an den Geschädigten auslieferte, weil er nicht zahlen wollte oder konnte, G. I 140 141 IV *75* 79.

Rechtliche Wirkungen des mancipium, G. I 123 135 135a 138 140 141 II 86 96 160 III 104 114 163 IV 80.

Freilassung aus dem mancipium, G. I 138 140 141 168; Erbschaft, G. II 160.

2. „In mancipium geben bzw. empfangen" kann auch bei einer mancipatio → manzipierbarer Objekte (Vieh, Sklaven, Grundbesitz) gesagt werden. In diesem Fall ist meistens „manzipieren" u. ä. übersetzt, Z. VI 1; G. I 121 II 59A. 87A. 102A. 103A. 105A. 204A. 214A. 220A. III 6A. 166A. 167A. 167aA. IV 79A. 117A. 131aA. In D. 1,5,4,3 werden Sklaven als mancipia, d. h. als vom Feind mit der Hand Gefangene, bezeichnet. Es handelt sich hierbei um eine Volksetymologie.

Mandant: Auftraggeber (eines Anwalts). Der Ausdruck ist in der Übersetzung überall dort verwendet, wo im lateinischen Text mit Hilfe eines Pronomens verdeutlicht ist, wer gemeint ist, Ro. 6 13 (die Stellen sind nicht vollständig aufgeführt).

Mandat: Generelle Anordnung des Kaisers für Beamte, D. 48,13,4 48,17,5,pr.

manus: Wörtlich: Hand; die eheherrliche Gewalt des Mannes über seine Ehefrau, die besonders in vermögensrechtlicher Hinsicht bedeutsam war, G. I 49 *108–115b* 118 136 137a 142 148 150 II 86 90 96 98 139 159 III 3 14 24 40 41 46 49Ü. 83 84 104 114 163 IV 80. Ausscheiden aus der manus, G. I 137 137a. G. II 139 ist unklar, vielleicht hat zu dieser Frage etwas in dem fehlenden Stück nach G. II 132 gestanden. Bei einem → Scheinkauf zu → fiduziarischem Zweck blieb die Frau anscheinend nicht längere Zeit in der manus des Scheinkäufers; es handelt sich also offenbar an dieser Stelle um einen Sonderfall.

Entführung der Ehefrau als Diebstahl, G. III 199.

Zu Gaius' Zeit spielte die manus-Ehe praktisch keine größere Rolle mehr, die Frau blieb → rechtlich selbständig oder sogar in der → Gewalt (1) ihres Vaters, wenn sie heiratete.

manzipierbar (res mancipi), *nichtmanzipierbar* (res nec mancipi): Objekte, die auf dem Wege der → mancipatio den Eigentümer wechseln können bzw. nicht wechseln können, G. I 120 192 II *14a–27* 41 43 47 80 81 83 85 204.

Marc Aurel: Imperator Caesar Marcus Aurelius Antoninus Augustus (121–180), 146 u. Z. von Kaiser Antoninus Pius adoptiert, seit 161 u. Z. römischer Kaiser, zuerst zusammen mit seinem Adoptivbruder Lucius Verus (vgl. kaiserliche Brüder), seit 176 u. Z. mit seinem Sohn Commodus (ermordet 192 u. Z.). Als Philosoph war Marc Aurel einer der bedeutendsten Vertreter des jüngeren Stoizismus, sein Hauptwerk sind die „Selbstbetrachtungen".
Eine Bestimmung über Senatorenehen, D. 23,1,16 (mit Commodus) 23,2,16 (allein). Ein Urteil über einen Einbruch, D. 47,18,1,2 (der Fall kam wahrscheinlich vor den Kaiser, weil der Täter ein vornehmer Mann war). Ein Reskript, das Sklaven erlaubte zu klagen, D. 48,10,7 (mit Commodus). Ein Reskript zur Lex Iulia über Kornaufkauf, D. 48,12,3 (mit Lucius Verus). Vgl. kaiserliche Brüder.

Marcellus: Ulpius Marcellus, ein hervorragender Jurist unter → Antoninus Pius und → Marc Aurel, deren Konsilium er angehörte, D. 48,20,5,1 50,16,9.

Marcian: Aelius Marcianus (1. Hälfte des 3. Jh. u. Z.), ein berühmter römischer Jurist; wegen seiner genauen Kenntnis der kaiserlichen Reskripte ist anzunehmen, daß er eine Stellung in der kaiserlichen Kanzlei bekleidete. Texte, D. 1,5,5 1,7,31 23,2,28 24,3,35 47,11,4 48,1,9 48,4,3 48,5,9 48,6,1 48,6,3.5 48,7,1 48,8,1.3 48,9,1 48,10,1.7 48,11,1 48,12,1 48,13,4 48,17,1 48,18,9 48,20,11 48,22,2.4.5.7.15 48,24,2 50,16,210.

Marcus: Römischer Vorname, → Fannius, Messalla, Metellus.

Marius: 1. Gaius Marius (156–86 v. u. Z.), römischer Feldherr und Politiker, Sieger über die germanischen Kimbern und Teutonen. Als Politiker verhielt er sich schwankend und unklar; oft war er Instrument in den Händen anderer. Marius war aus einfachen Verhältnissen wegen seiner militärischen Tüchtigkeit zu den höchsten Stellen aufgestiegen – aber er war kein konsequenter Vertreter der Interessen der ärmeren Schichten. Die Kämpfe zwischen ihm und Sulla (bzw. zwischen den beiderseitigen Anhängern) waren im Grunde Machtkämpfe innerhalb der Oberschicht, aber sie wurden mit grausamer Konsequenz ausgefochten und führten – durch die wechselseitigen Proskriptionen – zu einer Dezimierung dieser Oberschicht, die der Militärmonarchie den Weg frei machte. Gegenüber der streng aristokratischen Richtung Sullas war die des Marius demokratischer, Ro. 33.
2. Ein Ankläger aus der Zeit vor Sulla, Ro. 90.

Markttage (nundinae): Alle neun Tage war Markttag in Rom. An diesem Tage wurden auch Rechtsgeschäfte abgewickelt, Z. III 6.

Masurius Sabinus: → Sabinus.

Matrone: Verheiratete römische Bürgerin, D. 1,6,2.
Maximus: Es läßt sich nicht mit Sicherheit entscheiden, wer gemeint ist, da eine Zeile im Text unlesbar ist. Entsprechende Verfügungen wurden 11 und 23 u. Z. getroffen, demnach könnte Paullus Fabius Maximus, Konsul 11 u. Z., in Frage kommen, G. I 136.
Meile: Eine römische Meile hatte etwa 1500 m, Ro. 19.
Mela: Fabius Mela, ein Jurist zur Zeit des Augustus, der das → Edikt des Prätors kommentierte, D. 50,16,207.
Menschenräuber (plagiarius): Schon gegen Ende der Republik fingen die Großgrundbesitzer Reisende von den Straßen weg und sperrten sie in ihre Sklavenkasernen. Je knapper die Sklaven wurden, desto größer wurde die Gefahr, daß Freie auf solche Weise in die Sklaverei gerieten, D. 48,13,4,2.
Messalla: Marcus Messalla; ob Marcus Valerius Messalla Niger (der Schwarze) oder sein zwei Jahre jüngerer Vetter Marcus Valerius Messalla Rufus (der Rote) gemeint ist, läßt sich nicht sicher entscheiden. Die Gründe, die ihn hinderten, Sextus Roscius vor Gericht persönlich zu verteidigen, mögen nicht so sehr von seiner Jugend bestimmt gewesen sein, eher waren sie politischer Natur: denn Sulla heiratete im folgenden Jahr (79 v. u. Z.) eine junge Verwandte der beiden, Valeria, in fünfter Ehe, Ro. 149.
Meteller: Ein Zweig des angesehenen plebejischen Geschlechts der Caecilii, die zu Ciceros Zeit längst zur Nobilität gehörten, Ro. 15. Sullas vierte Frau, die 81 v. u. Z. starb, war eine Metellerin, vgl. Caecilia.
Metellus: Marcus Metellus, ein jüngeres Mitglied der mächtigen Familie der → Meteller, vielleicht der Neffe → Caecilias, Marcus Caecilius Metellus Nepos d. Jüngere, Ro. 77.
Mevius: Publius Mevius, römischer Name, mit dem Gaius einen der Geschäftspartner in den Musterformeln bezeichnet, G. II 166 174 177 IV 83 86.
Miet-, Pacht-, Dienst- und Werkvertrag (locatio-conductio): Diese vier Verträge waren in Rom nicht differenziert; Gesetze gab es zu dieser Problematik offensichtlich nicht, die Gestaltung der Verhältnisse blieb den Juristen überlassen. Der sozial schwächere Teil war dabei entschieden benachteiligt. In der Handhabung des Rechts auf diesem Gebiet – schon das Fehlen durchgearbeiteter Regelungen, wie sie z. B. für die Testamentserrichtung vorlagen, ist bemerkenswert – zeigt sich die Härte des Klassenkampfes zwischen armen und reichen Freien, G. III 135 145 IV 62. Im Lateinischen ist locatio-conductio (Vermietung–Miete) wie → Kauf–Verkauf zu einem Begriff vereint; alle Stellen sind hier gesammelt. In der Übersetzung ist

jeweils der passende Ausdruck eingesetzt, G. III *142–147.* – G. II 50 III 129 135 162 IV 61–63 153; D. 48,22,15,pr. 50,16,12.

Militärdienst: Zur Zeit des Gaius hatte Rom bereits ein Berufsheer, → Veteranen, G. I 57 106.

Minderjährige (minores XXV annis): In Rom wurden Jungen mit 14, Mädchen mit 12 Jahren heiratsfähig (puberes) und damit auch prinzipiell geschäftsfähig. Es erwies sich aber schon um 200 v. u. Z., daß sie in diesem Alter nicht wirklich in der Lage waren, ihr Vermögen zu verwalten, und die Lex Plaetoria schuf eine Strafklage gegen den, der eine Person unter 25 Jahren übervorteilt hatte. Der Prätor baute diesen Schutz aus, G. II 163 IV 57A. Während Frauen auch nach erreichter Mündigkeit den Geschlechtsvormund behielten (Kritik daran G. I 190), wurden Knaben mit 14 Jahren von der Vormundschaft frei, konnten aber einen → Vermögenspfleger erbitten. Der Abschnitt, der das behandelte, ist bei Gaius am Ende des ersten Buches ausgefallen. Minderjährige Ehebrecher, D. 48,5,37(36).

Mitgift (dos): Der Beitrag der Frau zur gemeinsamen Wirtschaft. Die Mitgift konnte vom Vater der Frau, einem Dritten oder auch von ihr selbst bestellt werden und fiel bei einer Scheidung an sie zurück; während der Ehe war die Mitgift Eigentum des Mannes. Gaius berührt dies Problem nur am Rande, G. I 178 180 III 95a 125 IV 44.

Zur Eheschenkung (donatio ante nuptias) des Mannes an die Frau vgl. D. 24,1,5.27.

Beschränktes Verfügungsrecht des Ehemannes über die Mitgift, G. II 63. Klage auf Herausgabe der Mitgift, G. IV 61–63, → Lex Iulia über die Mitgift.

Bei der Scheidung konnte ein Abzug von der Mitgift gerichtlich festgestellt werden, wenn die Ehefrau der schuldige Teil war, G. IV 102Ü. – D. 23,1,10 *23,3,1.3.7.10.28.41.44.54.70.*

Die Frau war bei einer Scheidung durch die Verpflichtung des Mannes, die Mitgift zurückzuzahlen, ökonomisch einigermaßen gesichert, sie hatte sogar einen Vorrang vor anderen Gläubigern, D. *23,4,8.21.31.32 24,3,1.10.35.36.* Behandlung der Mitgift bei einer Verurteilung der Frau oder des Mannes, D. 48,20,3.5.

Modestin: Herennius Modestinus, der letzte bedeutende klassische römische Jurist, zwischen 224 und 244 u. Z. Kommandant der Schutz- und Löschtruppe in Rom. Er besaß das Recht, → Gutachten zu erteilen, und war juristischer Lehrer des Sohnes von Kaiser Maximinus Thrax, der 238 u. Z. zusammen mit seinem Vater von den eigenen Soldaten getötet wurde. Texte, D. 1,3,7.40 1,4,4 1,5,21.23 1,6,11 1,7,1.40.42 23,1,14.15 23,2,1.24.25.42 24,1,27 24,2,10

48,3,14 48,7,8 48,8,11 48,9,9 48,10,33 48,13,15(13) 48,14,1 48,17,5 50,16,104.108 50,17,195.197.

modius: Römisches Hohlmaß, 8,75 Liter, G. I 32c 34.

Mord, Giftmord: → Lex Cornelia über Mörder und Giftmischer, D. 48,8,3,2 48,20,3 48,22,6,2.

Mörder (homicida, sicarius, veneficius, parricida): G. III 194; D. 24,3,10,1 48,4,1 *48,8,1.3.4.6.8.10.11.14.15;* Ro. durchgehend, Rh. I 80. → Lex Cornelia über Mörder und Giftmischer, Lex Pompeia über Verwandtenmord, parricidium.

Mucius: Quintus Mucius Scaevola (140–82 v. u. Z.), ein berühmter Jurist der republikanischen Zeit, der das römische Recht als erster systematisch bearbeitete. Von seinen Werken sind nur einzelne Fragmente erhalten, G. I 188 III 149. In der Politik vertrat Scaevola die Senatsinteressen. Nachdem der Mordanschlag des → Fimbria auf ihn gescheitert war, wurde Scaevola auf Befehl des Sohnes von → Marius (1) zusammen mit einer ganzen Reihe von Senatoren getötet, kurz bevor die Marianer dem → Sulla und seinen Anhängern endgültig unterlagen. Mucius Scaevola war Ciceros verehrter Lehrer, und dieser traute ihm zu, daß er die gegnerischen Parteien in Rom hätte versöhnen können, Ro. 33 34.

Mündel (pupillus): D. 50,16,239,pr. → Unmündige.
Die erwachsene Frau unter Vormundschaft ist allein gemeint oder mit inbegriffen, G. I 179Ü. 184Ü. 192Ü.

Mündiger, mündig (pubes): Die Mündigkeit wurde bei Jungen mit dem 14. Lebensjahr erreicht, G. I 196; D. 48,6,3. Vgl. Minderjährige.

mündliche Verpflichtung: → Verbalkontrakt, G. III 89.

Munizipale: Bürger eines Munizipiums, einer Stadt mit vollem oder unvollständigem römischem Bürgerrecht, die es zunächst nur in Italien, in Gaius' Zeit aber bereits auch in den Provinzen gab, G. III 145.

Munizipium: Eine Stadt mit vollem oder unvollständigem römischem Bürgerrecht und Selbstverwaltung, D. 48,14,1,1; Ro. 15 43. Diese Städte hatten alle enge Beziehungen zur Landwirtschaft; der Reichtum ihrer vornehmen Bürger gründete sich auf Landbesitz, Ro. 48.

mutuum: Darlehen, G. III 90. Gaius' etymologische Erklärung ist wissenschaftlich unhaltbar, das Wort bedeutet ursprünglich „auf Tausch gegeben".

Nacherbe(n) einsetzen (substitutio heredis): Nur für den Fall, daß der vorgesehene Erbe minderjährig war, bestand im römischen Recht die Möglichkeit, einen Nacherben einzusetzen, der an die Stelle des

Erben trat, falls dieser nach Antritt der Erbschaft, aber vor Erreichung der Mündigkeit starb, G. II *179–184;* D. 1,7,17,1. Ein besonderes Wort für Nacherbe gibt es im Lateinischen nicht, vgl. Ersatzerbe. Wenn man sonst über den Tod des Erben hinaus eine Verfügung treffen wollte, mußte es in Form eines → fideïcommissum geschehen.

Nachgeborene (postumi): Der lateinische Ausdruck postumus bedeutet „der letzte"; es handelt sich um Personen, die nach dem Tode des Vaters bzw. nach der Testamentserrichtung geboren wurden oder in die Rechtsstellung unmittelbarer Erben auf andere Weise einrückten; der deutsche Ausdruck deckt also nicht den ganzen Begriff, G. I 147A. II 130–134 183.

Fremder Nachgeborener (alienus postumus), G. II *241 242* 287 III 4. → Quasi-Agnation.

Nachkommen: Liberi (Kinder) bezeichnet juristisch nicht nur die leiblichen Söhne und Töchter, sondern alle Nachkommen in gerader Linie, auch Enkel und Urenkel, z. B. G. II 157; D. 1,6,4Ü.5 23,2,53. → Gewalt (1), unmittelbarer Erbe, Kinder.

Nachlaß: Mit diesem Wort des deutschen Rechts, das die Gesamtheit der Vermögensbestandteile umfaßt, die jemand hinterläßt (anders als → Erbschaft), werden zwei lateinische Ausdrücke wiedergegeben:

1. familia, Z. V 4 5. Der Begriff wird insbesondere beim formalen → Nachlaßverkauf zur Errichtung eines Testaments verwandt (→ Nachlaßkäufer), ebenso zur Bezeichnung der Gesamtheit der Sklaven *eines* Eigentümers (zu famulus = Diener), G. I 44A.; D. 1,6,2A. → Gesinde.

2. bona, → Besitz, Besitzer des Gesamtnachlasses. Die Verwendung des Begriffs in D. 50,16,208, mit einer Erklärung aus nachgaianischer Zeit, nähert das Wort an → Erbschaft an. Seine Bedeutungsbreite und seine etymologische Entwicklung sind Gegenstand lebhafter und keineswegs abgeschlossener Diskussionen. Vgl. auch die Verwendung des Begriffs im Sinne von Besitzungen, Hab und Gut eines Lebenden, z. B. in → Kauf der gesamten Habe.

Nachlaßkäufer (familiae emptor): Eine Person, die zur Errichtung eines nach ius civile gültigen Testaments nötig war, G. II *102–106* 115 116 119 121.

Naturrecht (ius naturale, naturalis ratio u. ä.): Bei Gaius ein Synonym für → ius gentium, d. h. die Rechtsprinzipien, die in aller Welt angewandt werden, soweit seine Kenntnis reicht, G. I 1 89A. 145A. II 65 66 73 79; D. 50,17,32.206.

Nebenforderung (adstipulatio): Zur Absicherung einer Verbindlichkeit, damit auch in Abwesenheit des Hauptgläubigers Zahlungen geleistet werden konnten, zog man einen → Adstipulator hinzu, G. III *110–114*.

Nebenverbindlichkeit (accessio): Die Verpflichtung einer Person, welche die Schuld des Hauptschuldners gegenüber dem Gläubiger mit übernimmt, G. III 126. Vgl. Bürge.

negatorische Klage (actio negatoria): Eine Klage, in der man erklärt, dem Gegner stehe ein von ihm beanspruchtes Recht nicht zu, G. IV 3.

Negidius: → Numerius.

Nepos: Quintus Caecilius Metellus Nepos, Konsul 97 v. u. Z., Bruder der → Caecilia, Ro. 27 147.

Neratius Priscus: Römischer Jurist, Konsul 83 oder 87 u. Z. zusammen mit Annius Verus, Statthalter von Pannonien 96/97, Mitglied des kaiserlichen Konsiliums unter Trajan und Hadrian (zwischen 98 und 138 u. Z.). Er war Schulhaupt der → Prokulianer, D. 48,8,6.

Nero: Nero Claudius Caesar Augustus Germanicus (37–68), römischer Kaiser seit 54 u. Z. Er endete bei einem Aufstand durch Selbstmord. Eine Verfügung des Kaisers zur Stimulierung des Bauwesens, vermutlich nach dem Brand Roms im Jahre 64 u. Z. erlassen, G. I 33.
Senatsbeschluß über Gültigkeit von Vermächtnissen, G. II 197 198. → Senatusconsultum Neronianum.

Nerva: Marcus Cocceius Nerva (gestorben 33 u. Z.), ein juristischer Berater des Kaisers Tiberius, er endete durch Selbstmord. Nerva war das erste Schulhaupt der späteren → Prokulianer, G. II 15 195 III 133.

Nicht-Gerichtstag (dies nefastus): Es gab in Rom keine regelmäßigen „Sonntage“, aber viele Tage, an denen aus religiösen Gründen keine Amtshandlungen durchgeführt werden durften, G. IV 29.

nicht-offenkundiger Diebstahl (furtum nec manifestum): Z. VIII 16; G. III *183–185* 190; D. 47,2,2A. 47,8,1.

Nießbrauch (ususfructus): Das Recht, ein fremdes Eigentum zu nutzen, G. II 7A. 14 93 III 83 166 IV 3Ü. 153.
Übertragung des Nießbrauchs an einen anderen, G. II 30 31. Begründung des Rechtes, G. II 32 33. Nießbrauch an Sklaven, G. II 50 86 *91–95* III 165 166.

Nobilität: Der Amtsadel in Rom, der aus reichen Patriziern und Plebejern bestand und sich aus den Personen zusammensetzte, die hohe Magistraturen bekleidet hatten; es waren verhältnismäßig wenige Familien, die diese Ämter (→ Konsul, Prätor, Ädil) immer wieder innehatten, nur selten gelang einem Außenstehenden, wie z. B. Cicero, der Aufstieg in ihre Reihen, Ro. 16 21 135 138 *139* 141 142 149.

Notzucht (per vim stuprare): D. 48,6,3,4. Vgl. stuprum.

Numerius Negidius: Fiktiver Name des Beklagten in den Prozeßformeln (Numerius hat einen Anklang an numerare = zählen, zahlen; Negidius = der Neinsager), G. IV 34 40 41 43 47 50 51 86 119 131a 136 137.

Nutzensforderung (fructuaria stipulatio): Die Sicherung der → Nutzensversteigerung durch eine → förmliche Forderung (und ein entsprechendes feierliches Versprechen zu zahlen), G. IV 166. Sie konnte aber auch unterbleiben, dann wurde das Geld durch eine Klage eingetrieben, G. IV 169.

Nutzensklage (iudicium fructuarium): Eine → Folgeklage im Interdiktenverfahren, falls die → Nutzensversteigerung nicht durch eine → Nutzensforderung abgesichert war, G. IV 169.

Nutzensversteigerung (fructus licitatio): Im → Interdiktenverfahren wurde der zeitweilige Besitz des Streitobjektes, wenn die Parteien sich entschlossen hatten zu prozessieren und das Interdikt → utrubi oder → uti possidetis vereinbarungsgemäß übertreten worden war, demjenigen zugesprochen, der eine größere Summe als Strafe zu zahlen anbot, wenn er unterliegen sollte; den Ertrag mußte er in diesem Falle ohnehin herausgeben, G. IV 166–170.

Objekt (res): Im römischen Recht fallen unter das Sachenrecht auch Grundeigentum, Tiere und selbst Sklaven, die juristisch keine Personen waren, G. II 3 (die Stellen sind nicht vollständig aufgeführt).

Obligationenrecht: Der gesamte Bereich der → Verbindlichkeiten aus → Vertrag oder → Delikt (im BGB entspricht etwa das Recht der Schuldverhältnisse). Das Obligationenrecht ist Gegenstand des dritten Buches des Gaius vom 88. Kapitel an. – G. IV 53d.

offenkundiger Diebstahl (furtum manifestum), *offenkundiger Dieb* (fur manifestus): G. III *183–185* 189 192 194. Die von Gaius abgewiesenen Argumente finden sich wieder in D. 47,2,2.3. → Klage auf offenkundigen Diebstahl.

öffentliche Gewalttätigkeit (vis publica): → Lex Iulia über öffentliche Gewalttätigkeit, D. 48,20,3.

öffentliches Verfahren (iudicium publicum): Verfahren im öffentlichen Interesse, D. 48,1,1.2.9.

Ofilius: Ein Jurist, Schüler des → Servius Sulpicius Rufus, G. III 140.

Opferkönig (rex sacrorum): Nach dem Sturz der Könige wurden die kultischen Funktionen, die der König gehabt hatte, einem Opferkönig übertragen, da man glaubte, die Götter, die gewisse Opfer vom König zu empfangen gewohnt waren, könnten über deren Ausbleiben erzürnt sein. Der Opferkönig war von allen staatlichen Machtpositionen ausgeschlossen, G. I 112.

oppidum: Eine kleine Stadt; die etymologische Erklärung in D. 50,16,239,7 ist unhaltbar, die Wurzel des Wortes ist -ped- (bauen).

orbi: Wörtlich: Verwaiste, Leute ohne Anhang, G. II 111 286a.

Pachtvertrag: → Miet-, Pacht-, Dienst- und Werkvertrag.

Pächter (colonus): Bei Gaius ist mit dieser Bezeichnung ein freier, rechtlich unabhängiger Mann gemeint, der das Verhältnis zum Grundherrn nach eigenem Ermessen schließen und aufheben kann, G. IV 153. Der Weg in stärkere Abhängigkeit zeichnet sich in G. IV 147 ab, vgl. Salvianisches Interdikt. Es ist nicht zu erkennen, ob es bei Gaius um einen Pächter mit ordentlichem Vertrag geht oder ob eine „Bittleihe" auf Widerruf vorliegt; jedenfalls ist nicht an einen Pächter auf → Erbzins zu denken.

Palatin: Einer der sieben Hügel Roms, ein vornehmer Stadtteil, Ro. 133.

Pallacinische Bäder: Sie lagen in dem vicus Pallacinus genannten Stadtteil, nicht weit vom Kapitol, aber schon außerhalb der Stadtmauer, Ro. 18.

Papinian: Aemilius Papinianus, wohl der berühmteste römische Jurist, unter dem die klassische römische Jurisprudenz den Höhepunkt ihrer Entwicklung erreichte. Unter Kaiser Septimius Severus, dessen Schwager er gewesen sein soll, erreichte er das hohe Amt des Prätorianerpräfekten und wurde von Caracalla kurz nach dessen Regierungsantritt (212 u. Z.) hingerichtet, da er sich weigerte, den Mord an dessen Bruder und Mitregenten Geta juristisch zu rechtfertigen. Die Digesten enthalten rund 1000 Stellen aus Papinians Werken. Texte, D. 1,3,1 1,5,8.9 1,7,13 24,2,7.8 48,4,8 48,5,6.11(10).12(11).21(20) 48,5,37(36) 48,10,13 48,23,3 50,17,75.82.

Papirius Iustus: Ein römischer Jurist (2. Hälfte des 2. Jh. u. Z.), von dem eine Sammlung kaiserlicher Erlasse der → kaiserlichen Brüder und des Marc Aurel stammt; aus ihr sind in den Digesten 18 Fragmente erhalten. Text, D. 48,12,3.

parricidium: Die Römer selbst wußten das Wort nicht mehr recht zu deuten, die Ableitung von patri-cidium (Vatermord) ist eine Volksetymologie. Wie sich auch aus den Ausführungen Ciceros ergibt, ist Verwandtenmord gemeint, Ro. 28A. 61A. 62A. 64A. 68A. Ein großer Exkurs mit quasi-philosophischer Begründung der Strafe des Säckens, Ro. *69–72* 73A. 76A. → Lex Pompeia über den Verwandtenmord.

paterfamilias: Ein → rechtlich selbständiger Bürger, der normalerweise das Haupt einer Familie ist. Der Haussohn in der Gewalt seines Vaters konnte zwar heiraten, wurde aber dadurch nicht paterfamilias, G. II 144 III 83 IV 77; D. 1,6,4A.9 1,7,40 47,2,16 50,16,182 50,16,195,2. → Gewalt (1).

Patrizier: Aus dem alten Gentiladel hervorgegangene bevorrechtete Schicht, in frührepublikanischer Zeit Klasse der Großgrundbesitzer, die zunächst alle hohen → Magistrate und die Priester stellte und allein Zugang zum → Senat hatte. In langen Kämpfen erreichte die → Plebs politische Gleichstellung, und die reichsten Plebejer verschmolzen mit den Patriziern zur neuen Oberschicht der → Nobilität, G. I 3.

Patron(in): 1. Vornehme Römer hatten in der plebejischen Bevölkerung → Klienten, die zu ihnen in einem rechtlich nicht scharf definierten gegenseitigen Treueverhältnis standen und ökonomisch von ihnen abhängig waren, Z. VIII 21.

2. Wer einen anderen vor Gericht verteidigte bzw. vertrat, wurde in einem erweiterten Sinne sein patronus, und die Vertretenen wurden seine Klienten, auch wenn sonst kein Abhängigkeitsverhältnis bestand. Da kein Honorar gezahlt wurde, versuchten sich die Klienten in anderer Weise erkenntlich zu zeigen – Cicero z. B. verdankte seine politische Karriere zu einem bedeutenden Teil den von ihm vertretenen → Rittern und ihrem politischen Einfluß, Ro. 5A. 28A. 30A. 34.

3. Im klassischen römischen Recht war der Patron der ehemalige Eigentümer eines freigelassenen Sklaven, dem dieser auch nach der Freilassung Ehrerbietung, Gehorsam und gewisse Arbeitsleistungen schuldete, G. III 83 96 IV 162; Rh. II 35Ü. Beim Tode des Freigelassenen standen dem Patron gewisse Erbrechte zu; über weibliche Freigelassene hatte er auch die gesetzliche Vormundschaft zu Lebzeiten, G. I 37 139 *165–167* 172 174 175 181 192 195a II 122 155 176 IV 183; D. 50,16,52; Ro. 130.

Kinder des Patrons traten in die Rechte des Vaters ein, G. I 175 179 181 IV 183. Weiblicher Patron, G. I 195 IV 183.

Rechte des Patrons auf den Nachlaß seines Freigelassenen, G. III *41–44* 74–76; Rechte seiner Nachkommen, G. III *45–47* 53. → Hausfremde Erben des Patrons, G. III 48. → Erben. Rechte der Pa-

tronin auf die Erbschaft ihrer Freigelassenen, G. III 49 50–52; Rechte der Kinder, G. III 53.
Patron und Nachlaß von Junianischen → Latinern, G. III 56–73.
Der Patron durfte vom Freigelassenen nicht ohne spezielle Erlaubnis des Prätors vor Gericht gezogen werden, G. IV 46 183. Weitere Rechte des Patrons, G. IV 162.
Eine Ehe zwischen Patronin und Freigelassenem wurde i. a. abgelehnt, eine Ausnahme, D. 23,2,13. Ehe des Patrons mit der Freigelassenen, D. 23,2,28.29. Der Herr konnte eine Sklavin ohne weiteres zur Konkubine nehmen; wenn er sie also freiließ, um sie rechtmäßig heiraten zu können, konnte sie auch als Freigelassene nicht widersprechen. Anders lag die Sache, wenn sie die Freiheit vorher aus anderen Gründen erhalten hatte, dann konnte sie sich weigern, ihn zu heiraten, D. 23,2,51. Scheidung einer solchen Ehe, D. 24,2,10 24,3,35. Diebstahl des Patrons an seinem Freigelassenen, D. 47,2,92(91). Das Züchtigungsrecht des Patrons enthob ihn der Notwendigkeit, gegen den Freigelassenen Klage zu führen, D. 47,2,90(89).

Paulus: Iulius Paulus, ein hervorragender römischer spätklassischer Jurist aus dem Ritterstand. Seine Lebenszeit reichte bis in die Regierungszeit des Alexander Severus (222–235). Unter Septimius Severus oder Caracalla war er Mitglied des Konsiliums, unter Elagabal (218–222) wurde er verbannt, unter Alexander Severus war er jedoch wieder Mitglied des Konsiliums und Prätorianerpräfekt. Texte, D. 1,3,14.16.23.26.28.29.36.37 1,5,12 1,7,6.23.30.35.36.45 23,1,7.13 23,2,2.3.16.20 23,3,1.28.41.70 23,4,8 24,1,2.28.59 24,2,1.3 24,3,36 47,2,1.16 47,2,90(89).92(91) 47,8,1 47,11,1.11 47,18,2 48,1,2 48,6,11 48,9,10 48,10,2 48,13,11(9) 48,18,8 48,19,20 48,22,13 48,23,4 48,24,3 50,16,2.14.21.74.84.92.137.191.204.215 50,17,1.5.10.29.50.69.90.101.103.106.108.109.114.121.142.146.148.151.170.173.177.179.211.

Peculium: Eine Geldsumme, die der Herr seinem Sklaven zur freien Verfügung auf Widerruf überließ, damit dieser eigene Geschäfte tätigen konnte. Dadurch war ein Anreiz für größere Initiative des Sklaven gegeben, da es ihm in vielen Fällen möglich war, sich mit Hilfe dieses Geldes die Freikaufsumme zu ersparen. Es gab aber keine rechtliche Handhabe für ihn, zu verhindern, daß der Herr den ganzen Betrag einschließlich des Gewinns an sich zog. Entsprechendes galt für den Haussohn in der Gewalt seines Vaters, der bei dessen Lebzeiten kein eigenes Vermögen haben konnte, G. III 56 58 IV 69 72 72a. Es war möglich, daß ein Sklave noch einen Untersklaven (vicarius) besaß, und wie aus G. IV 73 hervorgeht, konnten zwischen ihnen jedenfalls de facto Schuldverhältnisse bestehen, ebenso wie zwischen dem Vermögen des Herrn und dem Peculium, obgleich letzteres de iure Bestandteil des ersten war und ein Sklave eigentlich kein Eigentum haben konte, D. 50,16,182. Der Prätor erkannte bei Klagen den Brauch in einem bestimmten Umfange an, G. IV 74 74a. → Klage auf das Peculium.

peculium castrense: Das vom Haussohn, der der väterlichen Gewalt unterstand, beim Militär erworbene Vermögen. Nur hierüber durfte er bei Lebzeiten des Vaters letztwillig verfügen, G. II 106.

Pegasus: Ein römischer Jurist der vorklassischen Periode (2. Hälfte des 1. Jh. u. Z.), wegen seiner Gelehrsamkeit hatte er den Beinamen „das Buch". Der ganz unrömische Name zeugt von seiner niedrigen Abkunft; sein Vater nannte sich nach dem Musenroß, der Galionsfigur des Schiffes, dessen Kapitän er war; er ist also wohl Freigelassener gewesen, G. I 31 II 254 III 64. → Senatusconsultum Pegasianum.

peinliche Befragung (quaestio): Das Wort quaestio bedeutet in republikanischer Zeit auch den Kriminalprozeß; in den Digesten wird es für die Befragung auf der Folter im Kriminalprozeß verwendet, D. *48,18,1.3.8.9.10.15*; Ro. 77 78 119–123.

Penaten: Die Götter des häuslichen Herdes, oft Synonym für Haus und Heimat, Ro. 23.

Peregrine, der, die (peregrinus, -a): Die Peregrinen waren die Angehörigen der von Rom unterworfenen Gemeinwesen und Völker, später bezeichnete man so alle Freien, die nicht römische Bürger waren. Im Rechts- und Geschäftsverkehr mit den Römern standen ihnen nur die Einrichtungen des → ius gentium (2) zur Verfügung, G. I 25 II 218 III *93* 94 96 119. Eine Verfügung der → Lex Aelia Sentia war auch für sie gültig, G. I 47.

Nur besonders begünstigte Peregrinen erhielten das → conubium, G. I 56 57 76 77. Heirat, G. I *67–71 74 75* 193; rechtliche Stellung der Kinder, G. I *75–79* 81 *92–94* II 142.

Der verbannte römische Bürger wurde Peregrine, G. I 128. Von Bürgern können Peregrinen normalerweise nicht erben, G. II 110 285.

Peregrinen im Geschäftsleben Roms, G. III *132–134* IV 105 109. Eine irrtümlicherweise nach einer auf Bürger beschränkten Formel erhobene → förmliche Forderung gegen einen Peregrinen war wirkungslos, G. III 179. Fiktion des Bürgerrechts für Peregrinen zum Zwecke der Klage, G. IV *37*. – G. I 197 II 40.

Im Jahre 212 u. Z. wurden alle Peregrinen zu römischen Bürgern erklärt, → Konstitution.

peregrini dediticii: → dediticii, G. I 13 14.

Personalklage (condictio): 1. Condictio im Legisaktionenprozeß, G. IV 15. Die Darstellung ist unvollständig, nur die Richtereinsetzung ist erhalten, G. IV 16.
2. Condictio, actio in personam, eine Klage im Formularprozeß, in der die → Erklärung lautete, „daß der Beklagte... geben oder tun oder leisten müsse", G. IV *1 2 4 5 8*. – G. II 79 82 204 213 III 91 IV 18 106 107 114 117; D. 50,16,36. → Sicherheitsleistung in Personalklagen, G. IV 100–102.

petitorische Prozeßformel (formula petitoria): Eine → Prozeßformel, mit der ein Eigentum herausverlangt wird. „Wenn es sich erweist, daß das Objekt, um das es geht, nach → quiritischem Recht Aulus Agerius gehört und dies Objekt nach dem Urteil des Schiedsmannes dem Aulus Agerius nicht zurückgegeben wird (→ Erklärung), so sollst du, Richter, den Numerius Negidius zur Zahlung des Betrages, den das Objekt wert sein wird, verurteilen, wenn es nicht so ist, so sprich ihn frei" (→ Urteilsanweisung), G. IV 91 92.

Pfand (pignus): 1. Sicherheit für eine Schuld, ein wertvoller Gegenstand, der dem Gläubiger überlassen wird, G. II 60A. III 200; D. 50,17,25Ü. Verkauf des Pfandes, G. II 64A. Diebstahl des Pfandes, G. III 200 204.
2. → Pfandnahme, G. IV 26 29 32.

Pfandnahme (pignoris captio): Ein Verfahren im Legisaktionenprozeß, G. IV 12 *26–29*. Das Besondere daran ist die Erlaubnis für den Gläubiger, das Pfand in Selbsthilfe zu nehmen; sie ist nur in solchen Fällen erteilt worden, in denen der Staat ein direktes Interesse an der Leistung der Zahlung hatte, G. IV 31.

Pflegekind (alumnus – alumna): Ein aufgenommenes Findelkind wurde zum Sklaven dessen, der es aufzog. Gegen Erstattung der Unterhaltskosten konnten seine Eltern es aber später auslösen, G. I 19.

Pflegschaft (curatio), *Vermögenspfleger* (curator): 1. Geisteskranken wurde schon nach dem Zwölftafelgesetz ein Vermögenspfleger bestellt, Z. V 7a. Die von dieser Pflegschaft handelnden Kapitel bei Gaius sind unlesbar, G. I 142. Auch Verschwender konnten unter Pflegschaft gestellt werden, G. I 53.
2. Knaben, die älter waren als 14 Jahre, waren der Vormundschaft entwachsen, konnten aber für die Zeit ihrer Minderjährigkeit, bis zum 25. Jahre, einen Vermögenspfleger beantragen. Davon hat anscheinend der Anfang von G. I 197 gehandelt, G. I 198 bis 200 II 64.
Der Vermögenspfleger im Prozeß, G. IV 82 85 89 101. Verhinde-

rung von Mißbräuchen und Betrug, D. 1,7,17,pr. Pflichten des Vermögenspflegers, D. 23,2,20 24,2,4.

Phrygerschwert: Als Phryger wurden poetisch die Trojaner bezeichnet. Das Zitat soll aus einer Tragödie des Ennius stammen, die Rede war von einer Schlacht, die die belagernden Griechen gegen die Trojaner verloren hatten, Ro. 90.

phthora: → Verführung.

Pius: → Antoninus Pius.

Plebejer: Angehörige der → Plebs, D. 1,7,35.

plebiscitum: → Volksbeschluß, G. I 3.

Plebs: Eine Bevölkerungsschicht umstrittener Herkunft, die zu Anfang der römischen Geschichte den → Patriziern gegenüber minderberechtigt war. Sie stellte vor allem die Kleinbauern und Handwerker. Im Laufe langer innerer Kämpfe erzwang sie die rechtliche Gleichstellung (→ Lex Hortensia), die jedoch praktisch nur den reichsten Plebejern zugute kam, G. I 3.

Pomponius: Sextus Pomponius, römischer Jurist, der zwischen 120 und 180 u. Z. wirkte. Er schrieb u. a. ein „Handbüchlein" (liber singularis enchiridii), das für die Geschichte der Rechtswissenschaft sehr wichtig ist, D. 23,2,3 47,2,36 48,5,24(23). Texte, D. 1,3,3 1,6,9 23,1,5 23,2,4.8 24,3,1.10 48,22,17.18 50,16,118.239 50,17,8.11.14.20.25.36.40.203.206.

Pontifices: Ein Priesterkollegium in Rom (Singular: Pontifex), das die Einhaltung der religiösen Riten überwachte und die beweglichen Feiertage sowie die Schalttage festlegte. Die Pontifices prüften u. a. auch die Zulässigkeit von Adoptionen „vor dem Volke", das schon seit dem Ende der Republik in den sogenannten Kuriatkomitien, die für die → adrogatio zuständig waren, nur noch durch 30 Liktoren (Amtsdiener) vertreten wurde. Bei der adrogatio sollte der Adrogierende normalerweise weder leibliche Kinder haben noch zu erwarten haben, sollte also mindestens 60 Jahre alt und keinesfalls jünger als der Adrogierte sein und nicht mehr als einen Sohn annehmen, welcher überdies nicht Mündel des Adrogierenden sein durfte. Es wurde auch darauf gesehen, daß sich hinter der Adoption nicht ein Geldgeschäft verbarg. Ein Schreiben des Antoninus Pius an die Pontifices, G. I 102.

populus: 1. Volk als ethnische Gruppierung, G. I 1A.
2. Populus Romanus. Der römische populus umfaßte → Patrizier und → Plebs. Zu Gaius' Zeit war die politische Rolle und die gesetzgeberische Tätigkeit des populus bereits eine Sache der Vergangenheit, G. I 3 131A. II 40A. 104A.; Ro. 11 29 33 36 50 84 119 136 137 142 154 (alles A!). Vgl. adrogatio.

3. Römisches Volk (auch wenn das Adjektiv im lateinischen Text fehlt) als Umschreibung für Staat (oft ist die Staatskasse im stillschweigenden Gegensatz zur kaiserlichen Kasse gemeint, vgl. Fiskus), G. II 21 61 150 151a 286aÜ. III 62 IV 28; D. 48,4,1.3.4.

possessorische Interdikte: Sie zerfallen in drei Gruppen: Interdikte, die erteilt wurden, um Besitz zu erlangen (→ quorum bonorum, sektorisches, Salvianisches Interdikt), G. IV *143–147*. Interdikte, die bestehenden Besitz erhalten sollten (→ uti possidetis, → utrubi), G. IV 143 *148–153*.
Interdikte, die gegeben wurden, um verlorenen Besitz wiederzuerlangen (→ unde vi), G. IV 143Ü. *154–155*.

Praediator, Praediatur: G. II 61.

Präfekt: Titel höherer Beamter in der Kaiserzeit, D. 48,22,14,2.

Präfekt von Ägypten: In Ägypten gab es keinen Statthalter, sondern einen direkt dem Kaiser unterstellten Präfekten aus dem → Ritterstande, D. 48,10,1,4.

Präfekt des Kornmarkts (praefectus annonae): Ein wichtiges Amt im kaiserlichen Rom, wo die Versorgung der Bevölkerung mit Getreide stets ein Problem war. Auch in Konstantinopel gab es später einen Präfekten des Kornmarktes, D. 48,12,3,2.

Präfekt der Stadt Rom (praefectus urbi): Ein hoher Beamter, der stets dem → Ritterstand entstammte und für Ruhe und Sicherheit in Rom verantwortlich war. Im Stadtgebiet war er Stellvertreter des Kaisers und hatte daher auch die Möglichkeit, höchste Strafen zu verhängen, D. 48,19,2,1 48,19,8,5 48,22,6,1.

Prätor: Der zweithöchste römische Magistrat. Er war für die Aufrechterhaltung der Ordnung in der Stadt verantwortlich und wurde dadurch zum obersten Gerichtsherrn, einer Art Justizminister, im republikanischen Rom. Die Prätur war ursprünglich den Patriziern vorbehalten, seit 337 v. u. Z. auch den Plebejern zugänglich. Dem Stadtprätor (praetor urbanus) wurde 242 v. u. Z. ein Fremdenprätor (praetor peregrinus) zugesellt, der die Beziehungen zwischen Römern und Nichtrömern zu regeln hatte. Beide Prätoren erließen zu Beginn ihrer Amtszeit ein → Edikt. Im Laufe der Zeit wurde die Zahl der Prätoren auf sechs erhöht, da auch für die Verwaltung von Provinzen Prätoren als Statthalter benötigt wurden. Im Kriege waren sie hohe Offiziere. Am Ende der Republik stieg die Zahl der Prätoren bis auf 20; zur selben Zeit wurde es auch Sitte, daß → Konsuln und Prätoren nach Ablauf ihrer Amtszeit als Statthalter in eine Provinz gingen. In Z. I 6 8 ist „Prätor“ ergänzt; es ist wahrscheinlich, aber nicht völlig sicher, daß dem Gesetzgeber der Prätor als Subjekt des Satzes vorschwebte. – G. I 6 20 29 III 82 84 IV 35.

Vor dem Prätor wurden → Adoptionen durchgeführt, G. I 98 101 134 II 138. Einsetzung eines Vormundes durch den Prätor, G. I 184 185. Der Prätor konnte den Vormund einer Freigeborenen zwingen, seine Zustimmung zu Rechtsgeschäften des Mündels zu geben, G. I 190 192. Er setzte einen → Vermögenspfleger ein, G. I 200.
Vor dem Prätor fand die → Abtretung vor Gericht statt, G. II 24 25.
Er gewährte → Besitz des Gesamtnachlasses, G. II 98 119 120 125 129 135 147 III 32 33 33b 34 71, und gab andere Anweisungen über die Erbfolge etc., G. II 135 136 158 167 170 253 255 258 III 25–27 32 33 41 49 50 71.
Klagen wegen → fideïcommissa wurden vor einem dafür zuständigen Prätor eingebracht, G. II 278.
Der Prätor schützte die Freiheit der Junianischen → Latiner (2), G. III 56.
Er gab Anordnungen über die Zwangsvollstreckung, G. III 78 79. Er gewährte eine dem → ercto non cito entsprechende Form der Vermögensgemeinschaft, G. III 154b.
Verfügungen im Edikt über → Diebstahl, G. III 189 190 191 192; Raub, G. III 209; Beleidigung, G. III 224 IV 182. Klageformeln für die Beleidigung eines Sklaven gab es nicht im Edikt, G. III 222.
Der Prätor setzte eine Strafe fest, falls der Beklagte nicht zum Termin beim → Privatrichter erschien, G. III 224 IV 183 185. Einzelne Verfügungen des Prätors im Edikt in bezug auf die Prozeßordnung, G. III 84 IV 11 46 53 57 76 102 109 110–112 118; D. 47,8,4 47,9,1,pr.5.
Der Prätor im Legisaktionenprozeß, Z. XII 3; G. IV 16 17b 29. Man durfte nicht zwei Klagen in der gleichen Sache vor den gleichen Prätor bringen, G. IV 56.
Der Prätor gewährte eine Klage gegen den Herrn, wenn jemand Schaden aus Geschäften mit seinem Sklaven erlitten hatte, G. IV 70 72 72a.
Die → Einreden mußte der Prätor von Fall zu Fall gewähren, auch wenn sie im Edikt vorgesehen waren. Er konnte es also auch ablehnen, wenn es ihm unberechtigt erschien. Auch wenn die Einrede gewährt wurde, lag die Beweislast für ihre Berechtigung beim Beklagten, G. IV 118.
Der Prätor im → Interdiktenverfahren, G. IV 139 141 159 164 165–166a 170.
Verhinderung leichtfertigen Prozessierens, G. IV 172 177.
Ehrlosigkeit und ihre Folgen wurden im Edikt indirekt bestimmt, G. IV 182.

Der Prätor konnte in gewissen Fällen dem Freigelassenen oder den Kindern gestatten, den → Patron bzw. die Eltern vor Gericht zu laden, G. IV 187.

Der Prätor als Vorsitzender im republikanischen Kriminalprozeß mit Geschworenen (quaestio), Ro. 11. Die → Geschworenen als „Beirat des Prätors“ (consilium publicum) sind eine sprachliche Reminiszenz an Verhältnisse, unter denen der Prätor selbst die Entscheidung fällte und sich dabei nur unverbindlich beraten ließ – in Kapitalfällen kam das zu Ciceros Zeit nicht mehr vor, Ro. 151. Allerdings wird auch der Senat als „consilium publicum“ bezeichnet, und die Geschworenen waren in diesem Falle ausnahmslos Senatoren.

(Prätorianerpräfekt): Der Kommandant der kaiserlichen Garde entstammte immer dem Ritterstande. Er verfügte über große Machtbefugnisse und entwickelte sich im Laufe der Zeit zu einer Art Justizminister – daher bekleiden viele berühmte Juristen diese Funktion. Nach der Auflösung der kaiserlichen Garde in Rom durch den Kaiser Konstantin im Jahre 312 u. Z. war der Prätorianerpräfekt der höchste Zivilbeamte des Reiches.

prätorische Klage: Eine vom Prätor im → Edikt veröffentlichte Klage im Gegensatz zu einer Klage, die sich aus dem Gesetz ergab, G. IV 71; D. 48,5,6.

prätorisches Recht: Das vom Prätor im → Edikt fixierte Recht im Gegensatz zu den Gesetzen, G. IV 34, D. 48,10,7. Üblicher ist der Ausdruck „Honorarrecht“.

Priamus: Der Sage nach der hochbetagte letzte König von Troja, der bei der Erstürmung der Stadt durch die Griechen umkam; Cicero spielt auf das Alter des Anklägers → Antistius an, Ro. 90.

Priscus: 1. Ein Mörder und Brandstifter, D. 48,22,6,2.
2. → Neratius.

privatrechtliche Klagen (actiones forenses): Alle Klagen, in denen es um Vermögenswerte geht, also auch die, in denen Schadenersatz gefordert wird (vgl. Obligationenrecht), D. 47,9,1,1.

Privatrichter (iudex): Sowohl im → Legisaktionenprozeß wie im Formularprozeß war der Richter ein Privatmann, der vom Prätor aus einer Liste der in Frage kommenden Personen vorgeschlagen und von den Parteien gebilligt wurde. Im → Kognitionsverfahren dagegen, das sich in der Kaiserzeit mehr und mehr durchsetzte und zur Zeit Justinians die beiden anderen Verfahren völlig verdrängt hatte, war ein Beamter Richter. Im Lateinischen wird keine Unterscheidung gemacht, um aber im Deutschen falsche Assoziationen zu vermeiden, ist es üblich, den Privatrichter besonders zu bezeichnen, → auch Schiedsmann, Geschworener.

1. Der Privatrichter im Formularprozeß, G. II 219 220 222. Bürgschaft auf Befehl des Richters, G. III 125. Festsetzen des Preises, G. III 218; der Strafe, G. III 224. Einsetzung des Privatrichters und Urteilsanweisung in der → Prozeßformel, G. IV 34 36 37 42 43 46–48 50 51 136.

Der Privatrichter, der die Urteilssumme über- oder unterschritt, die ihm vom Prätor vorgegeben war, machte „den Prozeß zu seinem eigenen“, d. h., er wurde haftbar, G. IV 52.

Befugnisse des Privatrichters in → bonae-fideï-Klagen, G. IV 61–63.

Der Privatrichter in → satzungsgemäßen oder von der → Amtsgewalt abhängigen Klagen, G. IV 104 105 109.

Möglichkeit eines Vergleichs der Parteien, G. IV 114 119.

Der Privatrichter im → Interdiktenverfahren, G. 141 166a.

2. Der Privatrichter im Legisaktionenprozeß, Z. II 2; G. IV 15 (die Schilderung des vorausgehenden Verfahrens vor dem Prätor ist leider verloren, → Personalklage) 17a 17b 18 20.

Proculus: Römischer Jurist (geboren zwischen 20 und 10 v. u. Z., gestorben zwischen 50 und 70 u. Z.); er gehörte vermutlich dem Senatorenstand an und war Konsul. Seit 33 u. Z. war er als Schulhaupt der Nachfolger → Nervas; seine Anhänger wurden später als → Prokulianer bezeichnet, G. II 15 195 231 III 140 IV 163; D. 24,3,10.

prohibitorisches Interdikt: Ein Interdikt, in dem der Prätor verbot, daß etwas geschehe, insbesondere, daß Gewalt angewandt werde; bei Zuwiderhandlung gab es hier nur die Klage mit → Prozeßwette (2), keine risikolose schiedsrichterliche Entscheidung, G. IV 140 142 159.

Prokonsul: Ein ehemaliger Konsul, der eine Provinz verwaltete. In republikanischer Zeit benutzten die Prokonsuln ihr Amt öfter dazu, sich für den Aufwand ihrer Magistraturen schadlos zu halten. In der Kaiserzeit hieß der Statthalter einer Senatsprovinz Prokonsul, G. I 20 101 102; D. 1,6,2. Vgl. Provinz.

In G. IV 39 ist allgemein der oberste Beamte einer Provinz gemeint. Der Prokonsul konnte Emanzipationen und Adoptionen auch außerhalb seines Amtsbereiches sanktionieren, D. 1,7,36,1. Der Prokonsul im Kriminalprozeß, D. 48,3,1 (zur Zeit Justinians gab es keine „Senatsprovinzen“ mehr, der Titel aber blieb bestehen).

(Prokulianer): Eine der beiden Rechtsschulen der frühen Kaiserzeit, die auf → Labeo zurückgeführt wurde und bis zur Zeit des Gaius bestand. Über Organisation und Charakteristik der Schule besteht trotz umfänglicher Forschungsarbeit keine Einigkeit. „Schule“ ist

wohl so zu verstehen, daß sich die Rechtslehrer vorzugsweise auf Bücher der einen oder der anderen Gruppe von Juristen (vgl. Sabinianer) stützten und daß es zu Kontroversen kam, für die aber keine prinzipielle Grundlage ersichtlich ist; wir erkennen nur Einzelprobleme.

proletarius: „Einer, der nur seinen Nachwuchs (proles) hat", also keine eigene Rüstung für den Kriegsdienst stellen kann; ein Bürger, dessen Vermögen niedriger war als das der untersten Steuerklasse, die bei der Abstimmung in den Zenturiatkomitien zugelassen war, Z. I 4.

pro lite et vindiciis: G. IV 94. → Gestellungsbürge.

proskribieren (proscribere, proscriptio): Wörtlich: öffentlich ausschreiben.

1. Die Güter eines zahlungsunfähigen Schuldners zum Zwangsverkauf aufbieten, G. III 79A. 220A. IV 102A.

2. Die Namen von politischen Gegnern auf eine Ächtungsliste bringen. Auf den Kopf der Geächteten wurde ein Preis ausgesetzt, ihr Vermögen beschlagnahmt und im Ganzen versteigert, Ro. 16 21 24 27 32 80Ü. 93 125 130 145 153. Eine → Wiedereinsetzung in den vorigen Stand für den Proskribierten oder seine Nachkommen hätte dem → Käufer der gesamten Habe theoretisch gefährlich werden können. In der Praxis wurde das Vermögen allerdings meistens nicht zurückgegeben, sondern der Betroffene anderweitig entschädigt. Bei dem mehrfachen Hin und Her der Bürgerkriege kam es nicht ganz selten vor, daß Gewinner einer Phase später zu Proskribierten wurden, Ro. 152.

Proskribierter, Proskription: → proskribieren (2).

Proskriptionsgesetz: Ro. 125, vgl. Proskriptionsliste.

Proskriptionsliste (tabula): Sulla hatte zunächst als Diktator ohne gesetzliche Grundlage drei Tafeln mit den Namen derer aufstellen lassen, die er zum Tode bestimmte. Diese Proskriptionslisten wurden 82 v. u. Z. durch die Lex Valeria legalisiert. In der späteren → Lex Cornelia über die Proskriptionen wurden Ausführungsbestimmungen gegeben und die Güterbeschlagnahmung auch auf die im Kampf gegen Sulla Gefallenen ausgedehnt. Als Endtermin für Hinrichtungen und Verkäufe wurde der 1. 6. 81 v. u. Z. festgesetzt, Ro. 26 32 128.

Prostituierte: D. 47,2,39. Vgl. Sklave.

Provinz, provinzial u. ä.: Die von den Römern eroberten Gebiete außerhalb Italiens hießen Provinzen. Sie blieben unter Kriegsrecht und wurden in der Zeit der Republik bis zur völligen Verelendung ausgebeutet. Seit Augustus waren einige Provinzen (z. B. das reiche und für die Getreideversorgung Roms wichtige Ägypten und die Grenzprovinzen, in denen größere Truppenkontingente lagen) der Verwaltung durch den Senat entzogen. In diese „kaiserlichen Provinzen" entsandte der Kaiser selbst Statthalter, besoldete Beamte, z. B. den → Präfekten von Ägypten. Einige kleinere Provinzen wurden von sogenannten Prokuratoren aus dem Ritterstand, die größeren kaiserlichen Provinzen von einem dem Senatorenstande entstammenden „legatus pro praetore" verwaltet. Da die Ausbeutung nun wenigstens geregelt war, erholten sich diese Gebiete ökonomisch etwas. Die Statthalter der dem Senat unterstellten Provinzen hatten den Titel → Prokonsul. Als allgemeiner Ausdruck wird „Statthalter" (praeses provinciae) verwandt. Zur Zeit Diokletians (284–305) wurde eine Neuaufteilung des Reiches vorgenommen. Die Senatsprovinzen verschwanden; der Bestand an wohlklingenden Titeln nahm in der Spätantike aber eher noch zu. In den Digesten sind die Erwähnungen aus historisch früher liegender Zeit alle auf das bestehende straff zentralisierte System des oströmischen Reiches umgedeutet, G. I 6 20 29; D. 1,7,36 48,4,10 48,22,7.14.19. Der Statthalter hielt periodisch Gerichtstage (conventus) ab, G. I 20Ü. Anfragen einiger Statthalter über die Behandlung von Sklaven, G. I 53; D. 1,6,2.

Adoption von Kindern oder Erwachsenen vor dem Statthalter, G. I 100–102 105. Beantragung eines Vormundes beim Statthalter, G. I 183. Einsetzung eines Vormundes, G. I 185; eines Vermögenspflegers, G. I 198 200.

Sacer und religiosus in der Provinz, G. II 7. Das Land war dort Eigentum des römischen Volkes oder des Kaisers, nur im → Besitz des Inhabers. Grundstücke in den kaiserlichen und den Senatsprovinzen (Gaius nennt letztere „Eigentum des römischen Volkes"), G. II 21 27 31 46.

Eigentumsabtretung in der Provinz, G. II 24 25 27 46. → Dienstbarkeiten an Provinzialgrundstücken, G. II 31, → Nießbrauch in der Provinz, G. II 31 32. Grundstücke aus der Mitgift, G. II 63. Interdikt in der Provinz, G. IV 139. Rechtsprechung über → fideïcommissa, G. II 278. Gültigkeit eines Gesetzes (nicht) auf die Provinz ausgedehnt, G. III 121a 122. Bestrafung von → Abtreibung durch den Statthalter, D. 47,11,4 48,8,8. Weigerung des Statthalters, seine Provinz nach Ablauf der Amtszeit zu verlassen, D. 48,4,2.

Kriminalgerichtsbarkeit des Statthalters, D. 48,13,4,2 48,17,1,2 48,19,2,1 48,19,6,2 48,19,8,1.4 48,22,6,1 48,22,7,1.6.7.8.9 48,22,9 48,22,14,2 48,22,15,1.

Provinzlandtag (consilium, concilium): Eigentlich ein Städtetag, auf dem jedes Jahr Vertreter der Städte einer Provinz zu Opfern, Festen und zur Ausübung des Petitions- und Beschwerderechts zusammenkamen, D. 47,14,1.

Prozeßformel (formula): Im Formularprozeß wurde vor dem Prätor eine genaue Angabe des Tatbestandes und des Rechtsproblems sowie die Urteilsanweisung an den → Privatrichter oder Schiedsmann bzw. die → Rekuperatoren ausgearbeitet, auf die beide Parteien sich einigen mußten. Gegebenenfalls wurden auch → Einreden und → Gegeneinreden aufgenommen. Der Privatrichter konnte bei Prozessen stricti iuris nur zu der vom Prätor eingesetzten Summe verurteilen (in allen privatrechtlichen Klagen wurde das Urteil in einer Geldsumme ausgedrückt) oder völlig freisprechen. Bei den → bonae-fideï-Prozessen (→ bona fides 2) konnte er selbst die Summe festsetzen.

Für die einzelnen Teile der Prozeßformel gab es Schemata, die im → Edikt veröffentlicht waren, G. II 278A. III 83 180 (→ vereinbarte Prozeßformel) 224 IV 30. Der Formularprozeß wird G. IV *32–137* behandelt.

Eine Reihe von Formeln schlossen sich an Gesetzestexte an und gewährten Rechtsschutz, indem sie rechtliche Fiktionen aufstellten, z. B. „als ob" jemand Erbe sei etc., G. IV 34–38. Die einzelnen Teile der Prozeßformel (→ Einsetzung des Privatrichters, Beschreibung, Erklärung, Teilungsermächtigung, Urteilsanweisung) sind nie alle gleichzeitig in einer Formel vorhanden, G. IV 39. Eine komplette Prozeßformel sieht beispielsweise folgendermaßen aus: „X. soll Privatrichter sein (Richtereinsetzung). Da Aulus Agerius dem Numerius Negidius den Sklaven, um den es geht, verkauft hat (Beschreibung), sollst du, Richter, das, was aus diesem Grunde Numerius Negidius dem Aulus Agerius zu zahlen oder zu leisten nach gutem Glauben verpflichtet ist (Erklärung), den Numerius Negidius dem Aulus Agerius zu zahlen verurteilen. Wenn es sich nicht erweist, sprich ihn frei (Urteilsanweisung)." Die Beschreibung und die Urteilsanweisung passen nicht nahtlos aneinander. Das liegt vielleicht daran, daß ursprünglich nur eine Anweisung zur Einschätzung des Streitgegenstandes vorlag, später aber der Richter auch über den in der Beschreibung vorgegebenen Tatbestand zu befinden hatte – daher die abschließende Anweisung: „Wenn es sich nicht erweist, sprich ihn frei", die eigentlich im Vordersatz eine hypothetische Wendung voraussetzt, wie sie z. B. in der → petitorischen Formel in der Erklärung vorliegt. Einzelheiten zu den Teilen der Prozeßformel, G. IV *40–68 115–137*. – G. IV 86 87 91 93 95 114.

Eine → Einrede des Beklagten wurde als negativer Bedingungssatz in die Prozeßformel eingefügt, G. IV 119; der Kläger konnte mit einer → Gegeneinrede erwidern, G. IV 126, der Beklagte wiederum mit einer → Duplik, G. IV 127, der Kläger darauf mit einer → triplicatio, G. IV 128.

Um nicht das gesamte Klagerecht zu verbrauchen, wenn z. B. nur um eine fällige Rate der Schuld prozessiert wurde, mußte der Kläger einen → Vorbehalt in die Prozeßformel einbauen, G. IV 131 132 134 136.

Auch im → Interdiktenverfahren gab es Prozeßformeln, G. IV 141 163 165 166a. Man unterschied

a. auf die Rechtslage hin formulierte Prozeßformeln (formulae in ius conceptae), G. IV *45*. Ursprünglich waren dies Formeln, die nur als Muster im → Edikt standen, in ihrer Substanz aber auf Gesetze zurückgingen. Die in G. IV 47 angeführte Formel dieser Art ist der auf den Tatbestand hin formulierten insofern überlegen, als das Hinterlegte nicht nur durch Arglist des Verwahrers abhanden kommen kann, was in jener Formel allein berücksichtigt wird. – G. IV 60 106 107Ü. 134.

b. auf den Tatbestand hin formulierte Prozeßformeln (formulae in factum conceptae), G. IV *46*. Sie erlaubten dem Prätor, in die Formel die Forderung nach der Überprüfung eines Tatbestandes einzufügen und davon das Urteil abhängig zu machen. Er konnte so Verhaltensweisen ahnden, die er mißbilligte, gegen die sich aber keine gesetzliche Handhabe fand (Nötigung, Arglist). Die Grenze zur auf die Rechtslage hin formulierten Prozeßformel ist aber fließend. – G. IV 47 60 106 107Ü. 134.

Prozeßvertreter (cognitor): Ein förmlich eingesetzter Vertreter des Klägers oder des Beklagten, G. IV *83 97 98*. – G. II 39 252 IV 55 82 101. Wer als → ehrlos galt (z. B. infolge der Verurteilung bei bestimmten Delikten oder weil er ein bestimmtes Gewerbe betrieb, → Kuppler), durfte keinen Prozeßvertreter stellen und auch selbst nicht für einen anderen Prozeßvertreter sein, G. IV 182, letzteres war auch Frauen und Soldaten untersagt. Einreden wegen des Prozeßvertreters, G. IV 124.

Prozeßwette (sponsio): 1. Bei Sachklagen im Formularprozeß wurde gelegentlich ein nominaler Einsatz (25, maximal 125 Sesterzen) gefordert, der nur dazu diente, den Prozeß in Gang zu setzen, G. IV 91 *93–95*.

2. Bei Formularprozessen im → Interdiktenverfahren war die Prozeßwette hoch; der Betrag fiel an den Gewinner. In diesem Falle diente sie zur Abschreckung vor leichtfertigem Prozessieren, G. IV

13 141 165 170. Die Entscheidung über die Prozeßwette (in der geklärt wurde, welche der Parteien gegen das → Interdikt gehandelt hatte) war ein Vorentscheid über das eigentliche Rechtsproblem, über das von dem gleichen → Privatrichter bzw. den gleichen → Rekuperatoren geurteilt wurde. Daher gab es bei → einseitigen Interdikten drei Prozeßformeln (für die Prozeßwette des Klägers, das Gegengebot des Beklagten und die eigentliche Klage), G. IV 165, bei → zweiseitigen Interdikten waren es fünf Formeln (zwei Prozeßwetten, zwei Gegengebote und das Rechtsproblem selbst), G. IV 166. Das Rechtsproblem wurde erst im zweiten Gang, nach Behandlung der vier Wetten entschieden, aber vorm gleichen Richter, G. IV 166a. Inwieweit das beim einseitigen Interdikt ebenso war, ist unklar, da bei Gaius eine Seite unlesbar ist.
3. In einigen Formularprozessen dienten Prozeßwetten zur Verhinderung böswilligen oder leichtfertigen Prozessierens, G. IV *171 172* 180Ü. Vgl. Einsatz.

Prügelstrafe (fustibus caedere): Eine Strafe, die nur an freien Personen niederen Standes (→ humiliores) vollzogen werden durfte und überhaupt erst in der Kaiserzeit üblich wurde, D. 47,18,2 48,19,28,1.2. → Züchtigung.

Publicius Marcellus: Empfänger eines Reskriptes von Kaiser Hadrian, D. 1,5,18.

Publius: Römischer Vorname, → Mevius, Rutilius, Scipio.

puer: D. 50,16,204. Die Grundbedeutung ist „Junge“, vgl. die Entwicklung des englischen Wortes boy.

Purpur: Farbe, die aus Purpurschnecken gewonnen wurde, dunkelrot bis schwarz, G. IV 53d.

Pusio: Konsul in der Regierungszeit → Vespasians (69–79), sonst unbekannt, G. I 31 254.

quaestio: 1. Gerichtshof, der sich mit bestimmten Kriminalklagen befaßte und normalerweise unter dem Vorsitz eines Prätors tagte. Bei größerem Drang der Geschäfte konnte der Prätor den Vorsitz an einen gewesenen Ädil delegieren, Ro. 11A.
2. Speziell: die Befragung auf der Folter, → peinliche Befragung, Ro. 77 78 119–123 (alles A.).

Quästor: Quästoren verwalteten in republikanischer Zeit den Staatsschatz, waren Kustoden des Staatsarchivs, begleiteten die Konsuln auf Feldzügen und verwalteten die Kasse der Armee. Die Zahl der Quästoren, die zunächst vier betrug, wurde im Laufe der Zeit so erhöht, daß in jede Provinz ein Quästor mitgeschickt werden konnte. Seit Augustus wurden sie nur noch in den senatorischen → Provinzen eingesetzt, aber die Bestimmungen des → Edikts der Ädilen waren auch für die kaiserlichen Provinzen gültig, G. I 6.

Quasi-Agnation (quasi-agnatio): Das Hinzukommen eines → unmittelbaren Erben nach dem Tode des Erblassers oder nach der Testamentserrichtung. Dies konnte durch Adoption oder durch den Ausfall eines im Verwandtschaftsgrad näher stehenden unmittelbaren Erben geschehen, wodurch dessen Kinder bzw. Ehefrau in der → manus an seine Stelle rückten, G. II 133 138.

Quasi-Besitz (quasi-possessio): Es ist behauptet worden, der Ausdruck sei eine spätere Glosse, die versehentlich in den Text geraten sei. Er bezieht sich auf den De-facto-Genuß von Besitz ohne Eigentumsanspruch, z. B. bei Nießbrauch, G. IV 139.

Quintus: Römischer Vorname.

Quintus Mucius, Quintus Scaevola: → Mucius.

Quiriten: Altertümliche Form für „römische Bürger", vor allem in den vorgeschriebenen Formeln für Rechtsgeschäfte, G. II 104.

quiritisches Eigentum (meus ex iure Quiritium): Nur den → Quiriten, d. h. den römischen Bürgern, war das quiritische Eigentum zugänglich, das die höchste Stufe des Eigentums darstellte. Auch das → bonitarische Eigentum wurde aber vom Prätor gegen fremden Eingriff geschützt. Auswirkungen, G. I *17* 35 54 167 II 40 88 196 222 III 267. Entstehung, G. II *40 41* 194 III 80. Bloßes quiritisches Eigentum ohne tatsächlichen Besitz, G. I 54 III 166. – G. II 82 204 Ü.

quiritisches Recht (ius Quiritium): 1. Ein anderer Ausdruck für römisches Bürgerrecht, G. I 33b–35 66 III 72 73. „Quiritisches Recht unter Wahrung der Rechte des → Patrons" für einen Freigelassenen, G. III 72.

2. Ein anderer Ausdruck für → ius civile, besonders in der → Legisaktio, der → mancipatio und in einigen Klagen verwandt, G. I 119 II 24 40 194 III 56 72 167 IV 16 34 36 41 45 86 93.

quorum bonorum: Ein → possessorisches Interdikt, mit dem der „anstelle des → Erben" Besitzende aufgefordert wird, zugunsten dessen, dem der Besitz des Gesamtnachlasses vom Prätor gewährt wurde, zu räumen. Die Interdikte wurden mit den Anfangsworten der im → Edikt veröffentlichten Grundformel zitiert, in diesem Falle lautet der Text in Übersetzung: „Was du von dem Besitz, der ihm nach meinem Edikt zuerkannt ist, anstatt des Erben ... innehast ..., sollst du zurückgeben", G. II 149 III 34 IV *144*.

Raub (raptum), *rauben* (rapere): Im Gegensatz zum → Diebstahl das gewaltsame Wegnehmen fremden Eigentums, G. III 182 *209* IV 182. Der Vorteil, den die Klage wegen Raub gegenüber der Dieb-

stahlsklage bot, lag nicht in der Höhe der Strafe, sondern darin, daß die Verhandlung nicht vor dem → Privatrichter, sondern vor → Rekuperatoren geführt wurde. Denn die kritischen Fälle waren Bandenüberfälle oder Plünderung im Gefolge von Unruhen. Da bot dieser einflußreichere Gerichtshof dem Kläger eher die Aussicht, sein Eigentum zurückzuerhalten (es liegt ja eine Privatklage vor, kein Kriminalverfahren!). Raub, der von einem Sklaven oder Haussohn begangen war, G. IV 76. Vererbung von Klagen wegen Raub, G. IV 112. Vgl. Klage auf gewaltsam geraubte Güter.
Kriminalverfahren staatlicherseits wegen Raub, D. 47,9,1. Raub abgesetzt gegen Diebstahl (nach heutigem Recht Fundunterschlagung), D. 47,9,2,3; gegen Viehdiebstahl, D. 47,14,1. Raub, d. h. gewaltsame Entführung eines Menschen, D. 48,6,6 – D. 47,8,1.5.

Realkontrakt (obligatio re contracta): G. III *89* 90 91 119a 131. Vgl. Darlehen.

rechtlich selbständig (sui iuris): Rechtlich selbständig war ein Bürger (eine Bürgerin), der (die) weder unter der → Gewalt (1) noch in der → manus noch im → mancipium eines anderen war, G. I 48 50 127 137 142 II 112 147 IV 77 78; D. 1,5,23 1,6,4 1,7,1.5 50,16,56 50,16,195,2.

rechtmäßige Kinder (iusti liberi): Kinder, die einer nach ius civile gültigen → Ehe entstammten und der → Gewalt (1) ihres Vaters (beziehungsweise ihres Großvaters, falls der Vater selbst noch in der Gewalt war) unterstanden, D. 1,5,12. Vgl. Ehe.

Rechtslage: → Prozeßformel.

Rechtsregel (regula): D. 50,17,1. Die Regeln sind aus einer Fülle von Einzelfällen und den sie regelnden Gutachten abstrahiert und formulieren die leitenden Gesichtspunkte in kurzen, schlagwortartigen Sätzen. Im Rechtsunterricht waren sie eine willkommene Hilfe und Gedächtnisstütze. Viele der in D. 50,17 zitierten Rechtsregeln gehen schon auf republikanische Zeiten zurück; es werden rechtliche Verhältnisse der einfachen Warenproduktion unter den besonderen Bedingungen der Sklavenhaltergesellschaft auf einfache Formeln gebracht, oft in so allgemeingültiger Form, daß viele auch weiterhin Gültigkeit behalten, solange Privateigentum an Produktionsmitteln und kleine Warenproduktion bestehen. Einige Regeln gelten sogar noch länger, z. B. D. 50,17,125, wo die Beweislast dem Kläger auferlegt wird; D. 50,17,132, was unserem Grundsatz „Unkenntnis des Gesetzes schützt nicht vor Strafe" entspricht; D.50,17,29.114 und andere.

Rekuperatoren: Ein Kollegium von Privatrichtern, die von den Prozeßparteien gewählt oder vom Gerichtsmagistrat berufen wurden,

G. I 20 IV 46 105 109 185. Rekuperatoren im Interdiktenverfahren, G. IV 141. Vgl. Raub.

religiosus: G. II *3 4 6 7* 48 III 97. D. 48,13,1A. ist schon christlich umgedeutet. Es kann sich hier z. B. um für Totenmessen bestimmtes Geld handeln.

remancipatio, remanzipieren (remancipare): Wenn ein Hauskind durch → mancipatio ins → mancipium gegeben war, wurde es durch Freilassung dem Vater remanzipiert, der es dann erst seinerseits förmlich aus seiner Gewalt entließ und dadurch bestimmte Erbrechte und bei Töchtern die Vormundschaft für sich wahrte. Bei einem Sohn mußte der Vorgang dreimal wiederholt werden, bei Enkeln und weiblichen Nachkommen genügte die einmalige mancipatio und remancipatio. Genaugenommen war die remancipatio zur Erlangung der Freiheit nicht notwendig, sie wurde lediglich im Interesse des ursprünglichen Gewaltinhabers in den Freilassungsakt eingebaut, G. I 134 140 172 175. Ein entsprechendes Verfahren wurde beim Wechsel des Vormundes, G. I 114 115 166Ü. 195a, und bei der Scheidung einer manus-Ehe angewandt, G. I 137a, in vorklassischer Zeit auch noch, um der Frau die Möglichkeit zu geben, ein Testament zu errichten, G. I 115a. In diesen drei Fällen ging der remancipatio ein → Scheinkauf voraus.

replicare: Erwidern (wörtlich: zurückbiegen), G. IV 126A.

Replik: Erwiderung des Klägers auf eine → Einrede, G. IV 126.

Reskript, reskribieren: Schriftliche Antwort des Kaisers auf eine Anfrage juristischer Art. Zum Inhalt der Reskripte sind bei den einzelnen Kaisern Ausführungen gemacht. Reskripte wurden dem Fragesteller zugeschickt und außerdem publiziert. Reskripte der einzelnen Kaiser:

1. Trajan, D. 48,17,5,2;
2. Hadrian, G. I 7 73 II 280; D. 1,5,18 47,14,1 47,21,2 48,8,14 48,18,1,1 48,20,2;
3. Antoninus Pius, G. I 74 II 120 126 149a 151a; D. 1,5,8 1,6,2 48,3,3 48,6,6 (genaugenommen ein Schreiben, das nicht an den Anfragenden gerichtet ist) 48,8,11 48,18,9,2 48,18,10 48,22,2;
4. kaiserliche Brüder, D. 47,18,1 48,9,9,2 48,12,3 48,19,8,1 48,20,1,3 48,22,6,2;
5. Marc Aurel und Commodus, D. 48,10,7;
6. Severus, D. 1,3,38 48,18,1,17;
7. Severus und Caracalla, D. 23,2,20 47,11,4 48,17,1,pr. 48,24,2 50,17,101;
8. ohne Verfasserangaben, D. 47,18,1,1 48,19,28,2 48,22,7,4.

restitutorisches Interdikt: Ein auf Wiederherstellung des vorigen Zustandes oder auf Herausgabe von Sachen gerichtetes → Interdikt, G. IV *140–142* 154 155. Restitutorisches Interdikt im Interdiktenverfahren, G. IV 162. → unde vi.

Rhodier: Die Einwohner der Insel Rhodos vor der kleinasiatischen Küste, Rh. I 47.

Richter: 1. → Privatrichter.
2. → Geschworene.
3. In den Digesten ist durchweg der Richter im Kognitionsverfahren gemeint – entweder der Statthalter oder ein von ihm beauftragter Beamter oder Privatmann. Wenn auch die zitierten Juristen der frühen Kaiserzeit mit iudex noch den → Privatrichter gemeint haben, so wurde das Wort von Justinians Kommission umgedeutet. Seit dem 3./4. Jahrhundert hatte das Kognitionsverfahren den → Formularprozeß abgelöst. Auch der Kaiser selbst konnte als Richter entscheiden, D. 1,4,1,1. – D. 1,6,10 23,2,13 47,18,1,1 48,6,10 48,7,1.8 48,8,11,2 48,18,1,17 48,19,19 50,17,170.
Strafbare Handlungen des Richters, D. 48,8,1,pr.1 48,10,1,2.3. Nach gewissen Verurteilungen durfte der Gestrafte nicht als Richter amtieren, D. 48,11,6. Frauen waren vom Richteramt ausgeschlossen, D. 50,17,2,pr.

Ritter (eques): Die reichsten Plebejer, ursprünglich diejenigen Bürger, die verpflichtet waren, als Reiter zu dienen. Seit der Kaiserzeit mußte man ein Vermögen von 400000 Sesterzen (82000 Goldmark) nachweisen, um die Berechtigung zum Tragen des Ritterrings zu erhalten. Die Kaiser stützten sich vielfach auf die Ritter, um ein Gegengewicht gegen den → Senat zu haben, und wählten oft hohe Würdenträger (z. B. den → Präfekten von Ägypten, den → Präfekten der Stadt Rom) aus dieser Schicht, G. I 20; D. 47,18,1,2.
Zu Ro. 140: Gaius Gracchus hatte 129 v. u. Z. die Macht der Ritter im Staate dadurch gestärkt, daß er ihnen allein das Recht gab, in Prozessen wegen unerlaubter Geldannahme, die sich meistens gegen die aus dem Senatorenstand kommenden Provinzstatthalter richteten, Geschworene zu sein. Sulla machte die Verfügung rückgängig und gab die Gerichtsbarkeit den Senatoren zurück.

Rom: Die Hauptstadt behielt bis in die Kaiserzeit hinein bestimmte Vorrechte, und einige Rechtsverfahren waren dort allein möglich, G. I 20 27 32b 33 100 183 185 II 278 IV 53c 104 105 109; D. 47,18,1,2 48,4,1 48,6,8 48,14,1,pr. 48,22,13.14,pr. 48,22,19 50,16,2; Ro. 16 18 74 76 79 81 88 92 94 96 100 127. Vgl. Präfekt der Stadt Rom.

römisches Volk: → populus.

Roscier: Mitglieder der Familie → Roscius, gemeint sind Titus → Roscius (3) Magnus und Titus → Roscius (4) Capito, Ro. 17 35 78 106 107 108 122.

Roscius: Gentilname einer Familie, die auch inschriftlich in Ameria nachgewiesen ist. Über die von Cicero erwähnten Roscier sind wir leider nur auf seine Angaben angewiesen.

1. Sextus Roscius der Ältere, ein reicher Grundbesitzer, der 81 v. u. Z. ermordet wurde. Er hatte außer seinem angeklagten und einem verstorbenen Sohn mindestens noch Töchter, denkbar wäre, daß die Ro. 96 erwähnten Kinder aus einer zweiten Ehe stammten, denn der jüngere Roscius war immerhin schon über 40 Jahre alt. Das würde auch das kühle Verhältnis zwischen Vater und Sohn erklären, Ro. 15 17 18 19 21A. 24–26 43 78 87 92 94–96 99 105 125 127 145.

2. Sextus Roscius der Jüngere, Sohn von → Roscius (1), des Mordes an seinem Vater angeklagt, von Cicero verteidigt, Ro. 2 5–9 13 18 20 24 26–28 32 34 35 37–40 48 49 55 58 61 73 74 76 77 79 81 84 93 101 102 114 115 120 128–130 132 143 149 150 152.

3. Titus Roscius Magnus („der Große"), nach Cicero ein armer und mißgünstiger Verwandter des → Roscius (1), Ro. 17–19 20 23 (→ Bevollmächtigter!) 24 30. Die Forderung nach Herausgabe der Sklaven wurde an ihn als Bevollmächtigten des → Chrysogonus gerichtet, Ro. 77 84 92 95 98 104 108 119.

4. Titus Roscius Capito, ein angesehener Bürger von Ameria, einer der → Dekurionen, Verwandter des Sextus → Roscius (1), Ro. 17 19 20. Die in Ro. 21 erwähnten Güter dürften Capito erst später, *nach* der in Ro. 25 erwähnten Gesandtschaft übereignet worden sein, denn diese Tatsache wäre kaum verborgen geblieben, und man hätte ihn dann nicht mit dieser Aufgabe betraut; überhaupt muß die Verbindung zu Titus → Roscius (3) sehr unauffällig gewesen sein, Ro. 26 84 96 98–100 108–110 115 117.

Rückerwerb durch Ersitzung (usureceptio): G. II 59 61.

Rückkehrrecht (ius postliminii): Der Kriegsgefangene als ungeschützter Ausländer wurde bei seiner Gefangennahme Sklave, das galt nach → ius gentium (1) für alle Völker. In Rom ruhten während der Zeit der Gefangenschaft seit dem 3. Jahrhundert v. u. Z. die Rechte des gefangenen Mitbürgers; kehrte er zurück, so hatte er sie inzwischen behalten, starb er in der Gefangenschaft, waren sie erloschen, G. I 129 187. In D. 47,2,41 liegt ein unglücklicher Ausdruck vor, der vielleicht durch eine ungeschickte Kürzung der Stelle durch die Digestenkommission entstanden ist. Der Gefangene kehrte durch Austausch oder Auslösung heim, durch das Rückkehrrecht war ihm lediglich die Klage gestattet.

Rutilius: Publius Rutilius, vermutlich Konsul 105 v. u. Z. Die actio Rutiliana muß er also noch davor geschaffen haben, G. IV 135.

(*Sabinianer*): Rechtsschule der frühen Kaiserzeit, die auf Masurius → Sabinus zurückgeführt wurde, als deren erstes Schulhaupt aber → Cassius galt. Vgl. Prokulianer.

Sabinus: Masurius Sabinus (1. Jh. u. Z.), ein berühmter Jurist, vgl. Cassius. Da außer ihm noch ein anderer Sabinus (→ Caelius) ein bedeutender → Sabinianer war, sind die Zitate bei Gaius nicht ganz eindeutig, G. I 196 II 79 154 178 195 244 III 133 156 161 183 218 IV 79 114; D. 47,2,36,2 50,16,14,pr. 50,17,1. → Prokulianer.

sacer: „Geweiht" oder „verflucht" – je nachdem, welchen Göttern jemand oder etwas zugesprochen wurde. Der treubrüchige → Patron in Z. VIII 21 wurde den Unterweltsgöttern zugesprochen, d. h., er wurde praktisch aus der Gemeinschaft der Bürger ausgestoßen und war damit vogelfrei. Bei Gaius ist die zweite Bedeutung nicht nachweisbar (die Verfluchung war zu seiner Zeit längst durch Prozeß und Strafverfahren ersetzt), bei ihm bezeichnet das Wort nur noch die Weihung. Land, das den Göttern geweiht ist, ist sacer, G. II *3–5 7* 48 III 97 IV 140 159. In D. 48,13,1A. ist eine Umdeutung des Begriffs auf christliche Verhältnisse erfolgt, hier bezieht sich das Wort auf Kirchenstiftungen etc.

Sachklage (actio in rem, vindicatio): 1. Eine Klage im → Formularprozeß, in der die → Erklärung lautete: „... daß der Gegenstand Eigentum des Klägers ist", G. IV *1 3–7.* Vgl. gerichtlich fordern. Zu G. II 82: Das Mündel konnte nur die Münzen, die es verliehen hatte, ohne die Zustimmung des Vormundes einzuholen, einklagen, nicht das → Darlehen an sich. – G. IV 51 54. Sachklage und Prozeß, G. IV 86 87 106 107. Sachklage mit Prozeßwette oder petitorischer Prozeßformel, G. IV 91–95. Sicherheitsleistung, G. IV 89 96–100. Die Prozeßformel, die in G. IV 114 erwähnt wird, ist die → petitorische Prozeßformel. – D. 50,16,36.
2. Sachklage im Legisaktionenprozeß, G. IV 16.

Sacrilegium: Entweihung von Heiligem, wie z. B. Tempelschändung, Diebstahl von Tempelgut, aber auch Verletzung der Ehrfurcht gegen den Kaiser, D. 48,4,1.

Salamander: Asche von Salamandern wurde bei der Herstellung einer Salbe verwendet, die das Nachwachsen ausgerupften Bartes verhindern sollte, aber sicher eher Ekzeme hervorgerufen hat. Die Giftigkeit des Tieres wurde in der Antike sehr überschätzt, D. 48,8,3,3.

Sal(l)entinergebiet: Die Salentiner, eine ethnische Gruppe, lebten in Kalabrien an der Südostküste Italiens, Ro. 132.

Salvianisches Interdikt: Es ist vermutlich nach dem Prätor benannt, der es ins Edikt einfügte; die Entstehungszeit ist unbekannt. Die Verpfändung des vom Pächter selbst zu stellenden Inventars (Geräte, Zugvieh) als Sicherheit für die Pacht mußte den Pächter im Falle einer Mißernte in absolute Abhängigkeit vom Grundherrn bringen, der die Übereignung mit Hilfe dieses Interdikts erzwingen konnte, G. IV 147.

Saturninus: Venuleius Saturninus, ein römischer Jurist zur Zeit des → Antoninus Pius und der → kaiserlichen Brüder, D. 47,18,1 48,3,14,7.

satzungsgemäße Klage, satzungsgemäßer Prozeß (actio legitima, iudicium legitimum): G. I 184 III 83 180 181 IV *103–109.*

Scaevola: 1. → Mucius Scaevola.

2. Quintus Cervidius Scaevola, ein römischer Jurist, 175 u. Z. Kommandant der → Schutz- und Löschtruppe, später wohl auch Prätorianerpräfekt, unter Kaiser → Marc Aurel Mitglied des Konsiliums; er gehörte dem Ritterstand an, D. 1,6,6. Texte, D. 23,2,54 23,4,31 48,4,4 48,7,2 48,9,2 50,17,88.

Schaden (damnum): G. III 160 182; D. 47,9,1. Vgl. schuldhafte Schädigung.

Schadensklagen (actiones noxales): Die aus dem Delikt des Sklaven oder Haussohnes entspringenden Klagen gegen den Gewalthaber, Z. XII 2; G. I 13 140 IV *75–79.*

Schauspieler: Während im griechischen Kulturgebiet sowohl in klassischer wie in hellenistischer Zeit die Schauspieler durchaus geachtet waren, wurden sie in Rom sehr gering geschätzt und rekrutierten sich nur aus Sklaven und Freigelassenen, nicht zuletzt deshalb, weil das Theater in Rom nicht bodenständig war und die Darsteller zunächst mitsamt den Stücken– ebenso wie die Dichter – importiert wurden. Im römischen Theater traten auch Frauen auf, D. 23,2,42 48,5,25(24).

Scheidebrief schicken (repudium, libellum divortii mittere): Zunächst war diese Handlung nur ein Beweis für die → Aufkündigung der Ehe, später, besonders in der östlichen Reichshälfte, eine Bedingung dafür, D. 24,2,3.4.7.8.

Scheidung: Wie die Ehe ohne besondere Förmlichkeiten durch die bloße Tatsache des Miteinanderlebens begründet wurde, so konnte auch die Scheidung durch einfaches Aufheben der Lebensgemeinschaft vollzogen werden. Rechtliche Probleme entstanden nur durch die Herausgabe der → Mitgift und gegebenenfalls durch die Frage nach Verbleib und Unterhalt der Kinder. Auch nach der Erhebung des Christentums zur Staatsreligion (384 u. Z.) blieb die Scheidung im gegenseitigen Einverständnis noch längere Zeit möglich. Ein Versuch, sie zu unterbinden, wurde bald rückgängig gemacht, da das, wie der Gesetzgeber bedauernd erklärte, zu vielen Unzuträglichkeiten und selbst zu Morden führte, D. 24,2,1.2.3.4.6.7.8.10 50,16,191. Schwieriger war die Scheidung einer → manus-Ehe. In diesem Falle war eine → Emanzipation der Frau erforderlich, G. I 137. Vgl. Verstoßung, Aufkündigung, Scheidebrief.

Scheinkauf (coëmptio): 1. Eine Form der Eheschließung, G. I 110 114–115b 118 123 136 137a 162 166 195a III 83 IV 38. Über diese Zeremonie, die die → manus des Mannes über die Ehefrau begründete, gibt es eine Fülle von Literatur, wozu die Tatsache wesentlich beiträgt, daß in G. I 113 ein offensichtlicher Schreibfehler steckt, über dessen Berichtigung es die mannigfachsten Ansichten gibt. Die im selben Kapitel gegebene Ergänzung, durch die auch der Frau eine aktive Rolle zugebilligt wird, empfiehlt sich durch Vergil, Georgica I 31: „... und dich sich Tethys erkauft mit allen Wogen als Eidam", eine Stelle, die bereits von den antiken Kommentatoren als Anspielung auf die coëmptio angesehen wurde, gestützt durch eine Beschreibung der Zeremonie, die Varro im ersten Buch seiner Schrift De vita populi Romani (Über das Leben des römischen Volkes) gibt, zitiert bei dem Lexikographen Nonius unter dem Stichwort nubentes.

2. Ein Scheinkauf konnte auch zu fiduziarischem Zweck durchgeführt werden, wenn die Frau den Vormund zu wechseln wünschte, G. I 114 115 118 137a 162 166 195a.

3. Bis zur Zeit → Hadrians mußte eine freigeborene Frau, die ein Testament errichten wollte, zuvor einen Scheinkauf durchgeführt haben, da durch die damit verbundene → Schmälerung der Rechtsfähigkeit die → agnatische Verwandtschaft (und damit die Erbansprüche der Agnaten) zerstört wurde, G. I 115a II 112.

Scheinverkauf (imaginaria venditio): Zum Zwecke der Übertragung von Eigentum wurden Scheinkäufe (→ mancipatio) auch dann durchgeführt, wenn z. B. eine Schenkung beabsichtigt war. Dabei wurde ein symbolischer Preis von einer Kupfermünze bezahlt, D. 50,17,16.

Schenkung (donatio), *(ver)schenken*: G. II 20 50 182 226Ü. IV 151. Eine „Schenkung von Todes wegen" war ein Mittel, Bestimmungen über das Testament und die Erbschaftssteuer zu umgehen, G. II 225 226Ü. IV 23Ü. (im Lateinischen steht nur mortis causa =

von Todes wegen). Schenkungen unter Eheleuten waren ungültig, D. 24,1,1.2.3.5.27.28.59.

Schiedsmann (arbiter): Ein vom Magistrat bestellter Richter, der ein rechtlich feststehendes, aber faktisch unklares Vermögensverhältnis der Parteien durch seine Vermittlung aufklärte, während der → Privatrichter strittige Tatsachen und strittiges Recht zu ermitteln hatte. Ein Schiedsmann wurde besonders dann angefordert, wenn Abschätzungen und Berechnungen nötig waren, z. B. bei Teilungsklagen, aber auch in Fällen, wo es um die Vermeidung eines Prozesses ging (Prüfen von Rechnungen und Vermögensverhältnissen etc.), G. IV 17a. Ein Schiedsmann war stets auch → Privatrichter, nicht umgekehrt, Z. XII 3, Ro. 114. Im → Interdiktenverfahren war es bei → restitutorischem oder exhibitorischem Interdikt möglich, einen Schiedsmann anzufordern, der das Rechtsverhältnis prüfte, ohne daß die Parteien das Risiko der → Prozeßwette (2) eingehen mußten, G. IV 141 163–165.

Schiffsführer (exercitor): Beauftragter des Schiffseigentümers, der für ihn die Geschäfte abwickelte. Er konnte, mußte aber nicht der Kapitän des Schiffes sein, G. IV 71.

Schiffsführerklage (actio exercitoria): Eine Klage gegen den Schiffseigentümer als den Verantwortlichen, wenn jemand mit seinem Sohn, Sklaven oder Beauftragten ein Geschäft abgeschlossen hatte, G. IV 71 74.

Schmälerung der Rechtsfähigkeit (capitis deminutio): Die Erklärung in G. I *158–162* zeigt, daß weder der lateinische noch der deutsche Ausdruck den Begriff völlig deckt; man faßte unter der Bezeichnung Fälle zusammen, in denen ein Freier seine Gliedstellung im Bürgerverband oder in der Familie einbüßte, G. I 170 II 145–147 III 21 27 51 83 84 101 114 153 IV 38 80.

schriftliche Verpflichtung (obligatio litteris facta): Der in der Literatur übliche Ausdruck ist → Literalkontrakt, G. III *128–131* 134.

Schulden (debitum, aes alienum), *schulden* (debere): G. III 81 83–85 121 121a IV 34; D. 50,16,12.
Erbliche Schuld, G. III 84. Versehentlich gezahlte Schulden, G. III 91. Schulden bei der Bank. G. IV 64. Übertragung von Schulden auf einen anderen, G. III 95a. → Obligationenrecht, Bürge, Sponsor, Fidepromissor, Schuldner, Schulderneuerung, gerichtlich zugesprochene Schuld.

Schulderneuerung (novatio): G. III *38 39* 176–179. Die Schulderneuerung spielte in Rom eine so große Rolle, weil es nach römischer Auffassung unmöglich war, an einer Verbindlichkeit nachträglich etwas zu ändern oder eine der beteiligten Personen auszuwechseln. Wenn das nötig wurde, mußte eine neue Verbindlichkeit begründet und die alte aufgehoben werden. Entsprechend der streng formalen Rechtsauffassung konnte es bei Formfehlern geschehen, daß der Akt zwar zur Tilgung der alten, aber nicht zur Herstellung der neuen Verbindlichkeit ausreichte; G. III 179 zeigt, daß man zu Gaius' Zeit bemüht war, solche Mißlichkeiten auszuschalten.

schuldhafte Schädigung (damnum iniuria datum): G. III 182 202 *210–219* IV 37. Schädigung durch einen Gewaltunterworfenen, G. IV 76. Klage der Erben oder gegen die Erben, G. IV 112. → Klage wegen schuldhafter Schädigung.

Schuldner: 1. (debitor) G. II 35 60 64 84 85 III 78Ü. 84Ü. 85 176 180 200 201 204 IV 32Ü.; D. 48,17,5,3 50,16,108. Schutz des Schuldners, G. III 79 160; D. 48,7,8. Übertragung der Schuld auf einen anderen, G. III 95a 130Ü. 171, → Umschreibung, Schulderneuerung. Schutz des → Bürgen dem Schuldner gegenüber, G. III 127, → auch Beklagter, formale Quittierung, förmliche Forderung, Gläubiger, Verbindlichkeit.

2. (iudicatus) Der zur Zahlung verurteilte, nicht unbedingt zahlungsunfähige Schuldner, Z. III 1 2; G. IV 21 25 III 180.

3. (adiudicatus) Der verurteilte zahlungsunfähige Schuldner; er wurde in frührepublikanischer Zeit dem Gläubiger ausgeliefert, der ursprünglich das Recht hatte, ihn zu töten oder in die Sklaverei zu verkaufen, wenn ihn seine Verwandten nicht innerhalb eines Monats (bis zum dritten → Markttag) auslösten, Z. III 3–6. Das Recht, ihn bei sich einzusperren und sogar zu fesseln und ihn – wenn daraufhin dennoch keine verborgenen Werte ans Licht kamen – die Schuld abarbeiten zu lassen, blieb bis in die Kaiserzeit erhalten. Daneben gab es eine Zwangsvollstreckung nach → prätorischem Recht, G. III 189Ü. Zahlungsunfähig war der Schuldner juristisch schon, wenn er nicht in der Lage war, den ganzen Schuldbetrag zu bezahlen, D. 50,16,14. Die Entführung des verurteilten Schuldners galt als Diebstahl am Gläubiger, G. III 199.

Schuldschein (griech. cheirographon = Handschrift): Im griechischen Recht war schriftliche Begründung einer Verbindlichkeit üblich, erst langsam setzte sich das auf römischem Gebiet durch, G. III 134.

Schuldsumme (pecunia credita): G. III 124. Die „gesamte Schuldsumme" (solidum), G. III 121 121a.

Schuldverschreibung (griech. syngraphe): Synonym für → Schuldschein, G. III 134.

Schutztruppe (praesidia): Die Heere des Marius und Sulla waren reguläre Heere des römischen Staates, zum Teil gingen die gleichen

Kontingente von einem zum anderen über. Außerdem aber verfügten die römischen Nobiles über Garden, die sich aus ihren → Klienten und → Pächtern und anderen Anhängern rekrutierten. Der Ausdruck für sie ist so allgemein gewählt (das gleiche Wort ist in Ro. 13 mit „Leibwache" übersetzt), weil damit die Möglichkeit eröffnet wurde, je nach Wunsch einen Mann zu belangen – oder nicht zu belangen, Ro. 126 130.

Schutz- und Löschtruppe (vigiles): Sieben Kohorten zu je 1000 Mann, die unter einem Präfekten standen, sie wurden 6 u. Z. von Augustus eingerichtet. Bei der großen Brandgefahr in Rom war eine solche Feuerwehr sehr nötig. Die Truppe konnte aber auch gegen Unruhen eingesetzt werden. G. I 32b. Der Kommandant der Schutz- und Löschtruppe hatte in der späten Kaiserzeit auch Befugnisse in der Rechtsprechung.

Schwertrecht (ius gladii): Das Recht, Todesurteile zu fällen (die Hinrichtung erfolgte nach römischem Recht mit dem Schwert, nicht mit dem Beil), D. 50,17,70.

Scipio: Publius Scipio, ein Mitglied der mächtigen Familie der → Scipionen, die anfangs als Freunde des → Roscius (1) erwähnt sind. Wen Cicero meint, ist nicht genau auszumachen, da er keinen Beinamen nennt, vermutlich Scipio Nasica, der 93 v. u. Z. Prätor gewesen war, Ro. 77.

Scipionen: Ein Zweig des Cornelischen Geschlechts, dem mehrere berühmte Feldherren angehörten, Ro. 15.

Seius: Gaius Seius, fiktiver Name, der von Gaius in den Musterformeln eingesetzt wird, G. II 179 199 235 250. In G. IV 42 ist der Name eine Konjektur, die Formel wäre mit der Nennung nur eines Namens nicht richtig.

Sektor: 1. Käufer eines dem Staate verschuldeten Besitztums. Ihm stand ein → possessorisches Interdikt, das „sektorische", zur Verfügung, über das nichts Näheres bekannt ist, G. IV 146.
2. Zur Zeit der ausgehenden Republik waren die Sektoren die Aufkäufer der Güter von → Proskribierten; sie waren verhaßt, weil sie oft große Besitzungen für ein Spottgeld an sich brachten. Manchmal lag auch der Verdacht nicht fern, daß sie die Eigentümer vorher mit mehr oder weniger triftigen Gründen angezeigt hatten, Ro. 80 88 94 103 124 149 151 152.

sekundäres Interdikt: Wenn eine Partei sich weigerte, das → Interdiktenverfahren in Gang zu bringen, nachdem darüber zunächst eine Abrede erzielt war, konnte der Gegner beim Prätor wegen dieser Obstruktion ein neues Interdikt erwirken, das u. U. sogar die Auswirkung des ersten umkehrte. Das zeigt, daß zu Gaius' Zeit die sofortige streitentscheidende Wirkung des Interdiktes schon sehr zurückgetreten war, denn das erste Interdikt war in diesem Falle ja nur gegeben, damit es symbolisch verletzt werden sollte, G. IV 170.

Senat: Eine Körperschaft aus gewesenen Magistraten, dem Namen nach eine Institution zur Beratung der Magistrate, faktisch das oberste Organ der Republik, das etwa die Funktionen des Außen- und Finanzministeriums ausübte und auch den Kult beaufsichtigte. Durch Verweigerung seiner Zustimmung konnte der Senat in der frühen Republik Gesetze zu Fall bringen, später mindestens ihr Inkrafttreten verzögern. Der Senat war das Bollwerk der Aristokratie in Rom. Die Senatoren waren durch ein Gesetz aus dem 3. Jahrhundert v. u. Z. vom Fernhandel ausgeschlossen und legten ihr Vermögen folglich in Landbesitz an. In den Bürgerkriegen des 1. Jahrhunderts v. u. Z. kamen viele Senatoren um. Caesar und die folgenden Kaiser füllten den Senat mit ihren Gefolgsleuten auf und versuchten ihn so zum Werkzeug ihrer Politik zu machen. Trotzdem blieben die Senatoren bis in die Spätantike Vertreter der republikanischen (im Grunde aristokratischen) Tradition und gerieten oft in Widerspruch zu den Kaisern, obwohl die Macht des Senats als Körperschaft in der Kaiserzeit unbedeutend war, G. I 4 177 182 II 254 III 63 71 (→ dazu auch Senatsbeschluß). Der Senat konnte Rechtsbestimmungen treffen, D. 1,3,9, und hatte das Recht, → Verweisungen auszusprechen, D. 48,22,14,2. Zur Zeit der Verhandlung gegen → Roscius (2) hatte → Sulla die Geschworenengerichte wieder mit Senatoren statt mit Rittern besetzt, Ro. 8 153.

Senator: Mitglied des → Senats, G. I 20. Beleidigung eines Senators, G. III 225. Adoption eines Senators, D. 1,7,35. Ehebestimmungen für Senatoren und ihre Angehörigen, D. 23,1,16 23,2,16.23.31.42. Ausstoßung aus dem Senat, D. 48,7,1. Ausschluß von der Ämterlaufbahn, D. 48,22,7,21.

Senatsbeschluß (senatusconsultum): In republikanischer Zeit hatte der Senat nicht das Recht, Gesetze zu erlassen. In den beiden ersten Jahrhunderten der Kaiserzeit wurde es üblich, daß der Senat auf Anregung oder mit Billigung des Kaisers Beschlüsse faßte, die dann, zunächst auf dem Wege einer Anregung zur Änderung des → Edikts, später unmittelbar, das geltende Recht änderten, G. I 2. Daß die neue Praxis sich gegen einigen Widerstand durchsetzte, zeigt der Nachsatz in G. I 4: „wenn das auch angezweifelt worden ist". Bald nach Gaius' Zeit wurden keine Senatsbeschlüsse mehr gefaßt, und die Kaiser arbeiteten unmittelbar mit → kaiserlichen Erlassen, G. I 26 III 32 IV 110 121; D. 1,3,9.10.

1. Datierbare Senatsbeschlüsse:
unter Tiberius (um 20 u. Z.) das → Senatusconsultum Libonianum;
unter → Claudius, im Konsulat des Lupus und Largo (42 u. Z.), ein Beschluß über das Erbe von Junianischen → Latinern, G. III 63 64 64a 69–71; außerdem das → Senatusconsultum Claudianum;
unter Nero das → Senatusconsultum Neronianum und das → Senatusconsultum Trebellianum;
unter Vespasian (um 75 u. Z.) ein Beschluß über Bürgerrechtsprobleme, G. I 31; außerdem das → Senatusconsultum Pegasianum;
unter Domitian im Konsulat des Neratius und Annius (83 oder 87 u. Z.) ein Senatsbeschluß gegen Kastration, D. 48,8,6;
unter → Hadrian verschiedene Senatsbeschlüsse, G. I 30 47 77 80 81 92 115a II 57 112 143 285 287 III 73;
unter → Marc Aurel ein Beschluß über Ehen von Senatorentöchtern, D. 23,2,16.
2. Undatierbare Senatsbeschlüsse:
über die Schutz- und Löschtruppe, G. I 32b;
zur → Lex Fufia Caninia, G. I 46;
zur Richtigstellung von Irrtümern über das Bürgerrecht, G. I 67–74 II 142 III 5 73;
über die Einsetzung eines Vormundes durch einen anderen, G. I 173–177 180 182;
über die Einsetzung von Zwangserben, G. II 276;
über Erpressung, D. 47,13,2;
über einen Zusatz zur → Lex Iulia über Privatgewalttätigkeit, D. 48,7,1;
zur → Lex Cornelia über Mörder und Giftmischer, D. 48,8,3,2.3.4;
zur → Lex Petronia, D. 48,8,11,2;
zur → Lex Iulia über Amtserschleichung, D. 48,14,1,1.3.

Senatusconsultum (oft abgekürzt SC): Ebenso wie Gesetze werden bekannte Senatsbeschlüsse in der Literatur mit ihrem lateinischen Titel zitiert, in dem der Urheber in adjektivischer Form genannt ist:
Senatusconsultum Claudianum (54 u. Z.) über die Rechtsstellung von Frauen, die mit Sklaven zusammen lebten, und ihrer Kinder, von → Claudius angeregt, G. I 84 91 160;
Senatusconsultum Neronianum (um 60 u. Z.) über die Gültigkeit von Vermächtnissen, G. II 197 198 212 218 220 222;
Senatusconsultum Trebellianum (56 u. Z.); der Empfänger des → fideïcommissum rückt rechtlich an die Stelle des Erben, G. II 253 255 258;

Senatusconsultum Pegasianum (um 75 u. Z.) über fideïcommissa, G. II 254 256 258 259 286a;
Senatusconsultum Tertullianum aus der Zeit Hadrians; es gab der Mutter, die das Kinderrecht hatte, ein Erbrecht hinter den → unmittelbaren Erben, dem Vater und den Brüdern vom gleichen Vater, während sie vorher, falls sie nicht in der → manus stand, ihre Kinder nicht beerbte. Umgekehrt gab das Senatusconsultum Orfitianum (178 u. Z.) den Kindern ein Erbrecht vor den → Agnaten der Mutter, G. III 33a.
Senatusconsultum Libonianum (um 20 u. Z.); es erweiterte den Geltungsbereich der → Lex Cornelia über Fälschungen, D. 48,10,1,1.7.

Seneca: → Annaeus.

Sennius Sabinus: Statthalter einer Provinz zur Zeit des Hadrian und Antoninus Pius (zwischen 117 und 161 u. Z.), D. 48,18,1,1.

Septimius Severus: Römischer Kaiser 193–211, → Severus.

Sergius Catilina: Lucius Sergius Catilina, Prätor 68 v. u. Z., wurde nach seiner Statthalterschaft in Africa wegen unerlaubter Geldannahme angeklagt, kam aber durch Bestechung frei. Er versuchte im Jahre 63 v. u. Z. einen Staatsstreich, der ihm das Konsulat bringen sollte, aber der Konsul Marcus → Tullius Cicero deckte die Verschwörung rechtzeitig auf. Catilina fiel im Kampfe, D. 48,4,8.

Servilier: Ein römisches Geschlecht, Ro. 15.

Servilischer See: Ein künstliches Wasserbassin in Rom, in der Nähe des → Forums. Dort ließ Sulla zur Warnung und Abschreckung die Köpfe von hingerichteten Proskribierten aufstellen; Männer, die während der Herrschaft seiner Gegner als Ankläger den Tod seiner Parteigänger erwirkt hatten, waren natürlich mit Sicherheit auf der Proskriptionsliste zu finden, Ro. 89.

Servius: Römischer Vorname, → Sulpicius.

Sesterz: Römische Silbermünze, 2½ As, ca. 20,5 Pfennig. Gelegentlich steht in lateinischen Zahlbeispielen nur die Summe, z. B. 10000, und „Sesterzen" wird ergänzt, G. I 33 III 102 113 124 161 174 IV 17a 17b 21 41 43 46 50 51 53a 53d 64 86 93 186; Ro.6 21.

Severus: Imperator Caesar Lucius Septimius Severus Pertinax Augustus (146–211), römischer Kaiser seit 193 u. Z., seit 198 zusammen mit seinem Sohn → Caracalla. Er stammte aus dem afrikanischen Leptis Magna. Reskript über Auslegungsschwierigkeiten bei Gesetzen, D. 1,3,38. Dekret über das Vermögen von Hochverrätern, D. 48,4,9. Bestrafung eines Fälschers, D. 48,10,1,4. Reskript über die Bewertung der Folter, D. 48,18,1,17. Schreiben an Cilo über Rechte des Präfekten der Stadt Rom, D. 48,19,8,5 48,22,6,1.

Severus und Caracalla: Von 198–211 u. Z. regierte → Severus zusammen mit seinem Sohn → Caracalla. Reskripte über die Pflichten eines Vermögenspflegers, D. 23,2,20; gegen Abtreibung, D. 47,11,4; Reskript, daß kein Abwesender im Kriminalprozeß verurteilt werden solle, D. 48,17,1,pr. Eine Anordnung über die Behandlung des Vermögens von vor Gericht Geladenen, D. 48,17,5,1. Erlaß über die Anwendung der Folter, D. 48,18,3 („unser Kaiser" = Caracalla). Reskripte über die Auslieferung der Leichen Verurteilter, D. 48,24,2; über Fristen, D. 50,17,101.

Sextus: Römischer Vorname, → Roscius. Wer in G. II 218 gemeint ist, ist nicht zu bestimmen, da mehrere Juristen diesen Vornamen tragen. Mommsen meinte (Zeitschrift für Rechtsgeschichte VII 479), es sei Sextus Caecilius Africanus. Auch in D. 24,1,2 wird ein Sextus erwähnt, auch hier ist es nicht sicher, wer gemeint ist.

Sicherheit stellen (satisdatio, satisdare): In bestimmten Fällen erzwang der Prätor (die durch → Bürgen abgesicherte) Sicherheitsleistung, um den Fortgang des Verfahrens zu sichern. Diese „cautiones" wurden → förmlich gefordert und versprochen, nicht in bar hinterlegt, G. IV 25 III 125A. → Bürgschaft.

Wer im Auftrag eines anderen prozessierte, mußte Sicherheit dafür stellen, daß der Auftraggeber das erzielte Ergebnis anerkennen werde, G. IV 84 90; Ro. 114.

Sicherheitsleistung von seiten der Prozeßparteien, G. IV 88 89 *96–102* 169 185.

Sicherheit für das Erbe, falls ein Ärmerer einen Reicheren adoptierte, D. 1,7,17,5.

Sicherheitsübereignung (fiducia): G. II *59 60* 220 III 201 IV 33 61 62 182.

Sklave (servus, homo, mancipium, puer), *Sklavin* (meistens ancilla), *Sklaverei* (servitus): G. I 9 120 III 59 114 124 141 IV 40 41 48 53d 93; D. 23,3,10,2 23,4,21 47,9,1 48,5,25(24) 48,22,13 50,16,40.174. 195,3 50,16,204.207.210.215.225 50,17,107.118.146.149.209.211; Ro. 22 59 64 74 77 79 140 141; Rh. I 28 35.

Die etymologische Erklärung des Wortes in D. 1,5,4,2 hat einen richtigen Kern; servare und servus haben die gleiche Wurzel serv-. Die Grundbedeutung des Wortes servus ist aber „der Fortgeschleppte, Gefangene".

Rechtslage, G. I *52-54* II 200; D. *1,5,4.5 50,17,32.*

Kinder von Sklaven oder Sklavinnen, G. I 82 84–86 88 89 91; D. 1,5,5.

Sklavenähnliche Stellung der Personen im → mancipium, G. I 117 123 II 160 III 114.

Sklave als Kassenverwalter, G. I 122Ü. III 160Ü.
Verschiedene Arten von Sklaven, Ro. 133 134.
Versklavung der Kriegsgefangenen, G. I 129; von Dieben, G. III 189; als Strafe für andere Delikte, G. I 160 IV 77; oder Verbrechen, D. 1,6,7 48,9,9,1 48,19,2,pr. 48,19,6,2 48,19,29 48,20,1,pr. 48,20,5,pr.
Der Gefangene galt als Sklave, D. 50,16,3.
Verkauf von Sklaven, G. II 14a 24 (vgl. III 146); Nießbrauch an Sklaven, G. II 50 86 91–95 III 165 166.
Erwerb durch Sklaven, Geschäftstätigkeit von Sklaven, G. II *86–96* III 104 119 119a 164 166 167 167a 176 179 IV 134 135. Sklaven als → Zwangserben, G. II *153–155* *185–190* 276; als → hausfremde Erben, G. II 185 *189* 190 245 III 212.
Sklaven als Vermächtnis, G. II 193 199 203 209 216 221.
Testamentarische Freilassung, G. II 239 *263–267* 272 276; aus → ercto non cito, G. III 154b.
Sklave und → Peculium, G. III 56 58.
Im guten Glauben besessener fremder Sklave, III 164 166.
Gemeinsamer Sklave, G. III 167 167a.
Gesellschaft zum Kauf von Sklaven, G. III 148.
Sklave als Dieb, Z. XII 2; G. III 189; D. 47,2,17.36.
Korrumpierung eines Sklaven, G. III *198*; D. 47,2,36 48,5,6.
Schadenersatz für Tötung oder Verletzung eines Sklaven (ganz typisch für seine Behandlung als Sache), Z. VIII 3; G. III *210–219;* D. 48,5,6.
Ein Sklave ist nicht zu beleidigen, G. III 222.
Prozeß um die Freiheit, G. IV 14.
Ersitzung von Sklaven, G. IV 36.
Haftung des Herrn für Geschäfte oder Delikte des Sklaven, Z. XII 2; G. IV 69–78.
Der Sklave konnte de facto Schuldner (und Gläubiger) sein, und diese Tatsache wurde vom Prätor anerkannt, obwohl sie den Prinzipien des römischen Rechts widersprach, G. III 119a IV 74. In G. IV 134 und 135 geht es darum, daß der Sklave juristisch keine Person ist, de facto aber doch – das wirkt sich auf die Gestaltung der Prozeßformel aus. „Keine Person" steht auch in D. 48,10,7 mit weiteren Ausnahmen.
Nachträglicher Gewalterwerb eines Freigelassenen über seinen Sohn, den er als Sklave zeugte, D. 1,7,46.
Jede Sklavin stand ihrem Herrn als Konkubine zur Verfügung; sie konnte sich also erst recht nicht weigern, wenn er sie freiließ, um sie zu heiraten, D. 23,2,28.29.51.

Sklavinnen als Prostituierte – in diesem Falle war selbst der Rechtsschutz ihres Herrn (sie selbst hatten natürlich keinen) mangelhaft, wie aus D. 47,2,39 hervorgeht. Der Herr hätte höchstens nach der → Lex Aquilia klagen können, wenn ihr etwas zustieß.
Diebstahl eines Sklaven bzw. „Diebstahl seiner selbst", D. 47,2,36. 39.46.61(60). Entlaufener Sklave, D. 48,3,14,7.
Sklave unter Anklage auf ein Kapitalverbrechen (eigentlich im Widerspruch zu der Tatsache, daß er nicht juristische Person war!), D. 48,1,9.
Bewaffnung von Sklaven, D. 48,6,3.
→ Kastration von Sklaven war verboten, D. 48,8,6; der Verkauf zu Tierhetzen nur bedingt gestattet, D. 48,8,11,1.2.
Todesstrafe für Testamentsfälschung, D. 48,10,1,13. Sklaven hatten z. B. als Kassenverwalter Vertrauensstellungen inne und konnten in Versuchung kommen, Fälschungen vorzunehmen, besonders da man in der Antike Schriftstücke einem Sklaven zu diktieren pflegte.
Berechtigung zum Auftreten vor Gericht, D. 48,10,7 48,12,1.
Verteidigung des Sklaven durch einen Freien, D. 48,19,19.
Überredung eines Sklaven zur Flucht, D. 48,15,6,2 (vgl. auch oben Korrumpierung).
Folterung von Sklaven, D. 48,18,1,1 48,18,3.8.
Ein Sklave konnte normalerweise nicht als Zeuge vernommen werden; Aussagen von Sklaven waren nur auf der Folter möglich, da die Römer voraussetzten, der Sklave sei immer der Feind des Freien und werde sonst nicht die Wahrheit sagen (Ausnahmen gab es z. B., wenn ein Sklave einen Hochverräter anzeigte). Die Befragung im Falle des Roscius wäre vor Zeugen (dafür waren Scipio und Metellus hinzugezogen worden) im Beisein des Untersuchungsrichters *vor*, jedenfalls aber außerhalb der Verhandlung durchgeführt worden, Ro. 77 78 119. Wenn Titus Roscius der Einwand in Ro. 120 tatsächlich entschlüpfte, so war das höchst verdächtig: wer hatte denn gesagt, daß die Sklaven gegen ihn aussagen würden? Nach seiner Angabe hätten sie ja höchstens S. Roscius den Jüngeren belasten können, Ro. 121–123.
Bestrafung im Vergleich zu Freien, D. 48,10,1,13 48,10,8 48,19,28,16 (in der späteren Kaiserzeit griff der Staat also in das Züchtigungsrecht des paterfamilias ein!).

Sklaverei (servitus): Worterklärung, D. 1,5,4,1; die Stellen sind sonst unter → Sklave aufgeführt.

Sokrates: Griechischer Philosoph (469–399 v. u. Z.). Er war vor allem an ethischen Problemen interessiert. Berühmt – und verhaßt – hatte ihn seine Kunst gemacht, Gesprächspartner in Widersprüche zu verwickeln und zum Eingeständnis ihres Nicht-Wissens zu führen bzw. zu Erkenntnissen zu bringen. Er hinterließ nichts Schriftliches, und das Bild, das seine Schüler (→ Xenophon, → Aeschines, besonders aber Platon) von ihm geben, ist recht unterschiedlich, Rh. I 51.

Sokratiker: Schüler des → Sokrates, Rh. I 51.

Soldaten (milites): G. IV 27. Soldaten als Wächter bei Gefangenen, D. 48,3,1.3.14 48,22,7,1. Aufwiegelung von Soldaten, D. 48,4,1. Desertion, D. 48,4,2.3 48,8,3,6 48,19,8,2,pr. Unbefugte Aushebung von Soldaten, D. 48,4,3. Ehebruch, D. 48,5,12(11).

Soldatentestament: Seit Trajan war es Soldaten erlaubt, ein formloses Testament zu machen, eine Berücksichtigung der Tatsache, daß zunehmend Nichtrömer im Heer dienten, denen die Rechtskenntnisse fehlten, die zur Errichtung eines ordentlichen Testamentes nötig waren. Der Haussohn in der Gewalt seines Vaters durfte über das im Militärdienst Erworbene ohne Zustimmung des Vaters testamentarisch verfügen, G. II 106 109–111 114. Da viele der barbarischen Soldaten (Germanen, Thraker, Araber etc.) nicht schreiben und lesen konnten, war die Gefahr, daß derjenige, dem sie ihr Testament diktierten, sich selbst als Vermächtnisempfänger einsetzte, groß und die Strafe entsprechend hart, D. 48,10,1,7.

Solon: Berühmter athenischer Gesetzgeber (etwa 640–560 v. u. Z.). Er stammte aus einem alten Adelsgeschlecht und wurde 594 v. u. Z. mit außerordentlichen Vollmachten als Archont eingesetzt. Solons erste Maßnahme war ein Erlaß aller Schulden; auf politischem Gebiet ersetzte er das Privileg der Geburt durch das des Besitzes und teilte die athenische Bevölkerung nach dem Besitz in vier Vermögensklassen ein. Eine ganze Reihe von Gesetzen in privat- und strafrechtlichen Fragen wurde ihm ebenfalls zugeschrieben, es ist aber umstritten, inwieweit sie wirklich auf ihn zurückgehen, Solon galt als einer der „Sieben Weisen", D. 48,5,24(23),pr.; Ro. 70.

Spanische Fliegen (Kanthariden): Eine Käferart (Lytta vesicatoria), die das Gift Kantharidin enthält. Getrocknet und zerstoßen, wurden sie bis ins 18. Jahrhundert als – allerdings gesundheitsschädliches – Aphrodisiakum gebraucht, D. 48,8,3,3. In der Antike empfahl man sie auch gegen Ekzeme und Flechten; eine positive Wirkung ist nicht auszuschließen, wenn die Dosis klein genug ist.

Spartaner (Lacedaemonii): Die Seemacht Athen und die Landmacht Sparta waren im 5. und 4. Jahrhundert v. u. Z. Rivalen gewesen. Das spielte zwar zur Zeit Ciceros längst keine Rolle mehr, wird aber als typisches Beispiel immer noch angeführt. Zwischen beiden Städten bestanden auch Unterschiede in der Staatsform und im gesamten Lebensstil, Rh. I 35 69.

Spiele (ludi): Gemeint sind Gladiatorenspiele oder Tierhetzen zur Volksbelustigung, eine sehr schwere finanzielle Belastung für den, der sie ausrichtete, D. 48,6,10,pr.

spondeo: Wörtlich: ich gelobe (Antwort auf die Frage *spondesne?* = gelobst du?), Formel bei der Begründung einer → Verbindlichkeit. Das Wort ist nicht, wie Gaius zweifelnd anführt, aus dem Griechischen abgeleitet, sondern hat eine gemeinsame indoeuropäische Wurzel mit dem griechischen Wort spendo = spenden, G. III 93. Die Formel war auf den Verkehr zwischen römischen Bürgern beschränkt, G. III 94 179.

Sponsor: G. III *115–127* IV22 25 137, vgl. Bürge. Das Wort bedeutet „der Versprecher", d. h. derjenige, der für den Schuldner notfalls einzutreten verspricht. Die sponsorische Bürgschaft war auf römische Bürger beschränkt, vgl. Fidepromissor. Der Erbe des Sponsors haftete nicht, G. IV 113. – G. III 177 178 IV 89.

spurii: Uneheliche Kinder von unbekanntem Vater, die gegebenen Worterklärungen sind unhaltbar; *s*ine *p*atre *f*ilii heißt „Söhne ohne Vater", G. I 64.

Staatsfeind (hostis): Der auf dem Landesgebiet betroffene auswärtige Feind durfte von jedem getötet werden. In D. 48,19,8,2 ist aber der Verräter gemeint, denn der gefangene Feind wurde, falls bei Kriegsende kein Austausch der Gefangenen erfolgte, zum Sklaven. – Rh. I 105.

Staatssklaven (servi publici): G. I 27. Sie wurden für unangenehme Arbeiten (z. B. Reinigung der Kloaken) eingesetzt, arbeiteten andererseits aber auch in der Verwaltung.

Stadtprätor (praetor urbanus): G. I 6, → Prätor. Er setzte einen stellvertretenden Vormund, G. I 178; den prätorischen → Vormund, G. I 184; den atilianischen → Vormund, G. I 185, ein. Vor ihm wurde eine → Legisaktio durchgeführt, G. IV 31.

Statthalter (allgemein „praeses provinciae"): G. I 6. Oft wird der Titel angegeben, → Legat, Prokonsul; die Stellen sind sonst unter → Provinz aufgeführt.

statuliber: Ein bedingt freigelassener Sklave, solange die Bedingung noch nicht erfüllt ist, G. II 200.

Status: Der Personenstand im Hinblick auf Freiheit, Bürgerrecht, Vermögen, D. 48,4,11 48,22,18.

stehlen, gestohlen: → Dieb.

Steuerpächter (publicanus): Das Steueraufkommen eines Gebietes wurde geschätzt und von dem Steuerpächter – meistens tat sich eine Gesellschaft zusammen – im voraus an den Staat bezahlt. Wenn er mehr eintrieb, als er verauslagt hatte, war das sein Gewinn. In der

Kaiserzeit wurden die Steuerpächter einigermaßen kontrolliert, G. IV 28 32; D. 50,16,16. Auch Zölle und → Hafenzölle wurden in entsprechender Weise verpachtet.

steuerpflichtig (tributarius): Die Grundstücke in den sogenannten kaiserlichen → Provinzen waren „steuerpflichtig", G. II 14a 21, vgl. grundsteuerpflichtig. Der Unterschied zwischen den beiden Besteuerungsarten lag darin, daß das Geld in verschiedene Kassen floß.

Stichus: Name eines Sklaven, Titelfigur einer bekannten Komödie des Plautus. Gaius setzt diesen Namen in den Musterformeln für einen Sklaven ein, G. I 186 193 199 201 209 216 221 267 IV 53d 59.

Strafklage (actio poenalis): Privatklagen, bei denen über die Schadloshaltung des Verletzten hinaus noch eine Strafe eingeklagt wurde, die ebenfalls an den Gegner (nicht etwa an die Staatskasse) zu zahlen war, G. IV 6 8 112.

strafrechtliche Verfolgung (ex(s)ecutio criminum): In der Kaiserzeit wurden die als Straftaten (nicht nur als → Delikte) angesehenen Handlungen, die von Amts wegen verfolgt wurden, gegenüber der republikanischen Zeit vermehrt; die Strafen wurden verschärft, D. 47,9,1,1. Vgl. Strafklage.

Straßenräuber (latro): Nicht alle, die mit diesem Wort bezeichnet wurden, waren wirklich asoziale Elemente. Auch entflohene Sklaven, verarmte Bauern etc. vereinigten sich zu Banden und führten eine Art Guerillakrieg gegen die herrschende Klasse, die alle derartigen Gegner mit dem diffamierenden Ausdruck „Straßenräuber" belegte, so daß die Einordnung im einzelnen Fall oft Schwierigkeiten bereitet, D. 48,13,4 48,19,28,15 50,16,118.

Stumme und Taube: Rechtsbeschränkungen, G. III 105; keine Rechtsbeschränkung, D. 1,7,29.

stuprum: „Unzucht", unerlaubter Geschlechtsverkehr mit Ausnahme des Ehebruchs. Der Begriff umfaßte auch die Knabenliebe, soweit freie Knaben betroffen waren, D. 48,5,6.9(8).10(9).11(10). Wenn Gewalt angewandt worden war, hatte der Täter eine härtere Strafe zu gewärtigen, D. 48,6,3,4. Vgl. Verführung.

Substitution: Einsetzung eines → Nacherben für den Fall, daß der unmündige Erbe starb, ehe er selbst testierfähig wurde. Bei einer Adoption des Mündels wäre diese Bestimmung dadurch hinfällig geworden, daß das Kind in die väterliche → Gewalt (1) des Adoptivvaters kam. Deshalb war ein Schutz gegen Mißbrauch wünschenswert, D. 1,7,17,1.

Sulla: Lucius Cornelius Sulla (138—78 v. u. Z.), römischer Staatsmann und erfolgreicher Feldherr. Er vertrat die Interessen der Senatsaristokratie mit rücksichtsloser Grausamkeit. Nach wechselvollen und blutigen Bürgerkriegen errang er die absolute Macht (Diktator auf unbestimmte Zeit im Jahre 82 v. u. Z.). Nach der gewaltsamen Beseitigung seiner Gegner (→ proskribieren 2) erließ er neue Gesetze; der Senat wurde gestärkt, die Zahl seiner Mitglieder auf 600 erhöht, die Macht der Volkstribunen beschnitten. Das Recht, die Geschworenen in wichtigen Prozessen (Giftmord, Fälschung, unerlaubte Geldannahme im Amt) zu stellen, wurde auf die Senatoren beschränkt. Etwa 100000 seiner Veteranen erhielten Land. In Rom stützte sich Sulla auf die etwa 10000 „Cornelier", wie die von ihm freigelassenen Sklaven seiner hingerichteten Gegner hießen, da sie als seine Freigelassenen alle seinen Gentilnamen Cornelius trugen. 79 v. u. Z. legte er sein Amt freiwillig nieder und lebte danach als Privatmann auf seinem Gut bis zu seinem Tode, Ro. 6 20 21 25 26 91 105 109Ü. 110 126 127 130 131 136 143 146.

Sulpicius: Servius Sulpicius Rufus, Konsul 51 v. u. Z., ein berühmter Rechtslehrer, Freund Ciceros. Er hinterließ 180 Bücher, von denen uns aber fast nichts erhalten ist, G. I 188 II 244 III 149 156 179 183.

Sycaminon: Maulbeerbaum, D. 47,11,10.

Syllogismus: „Ein Syllogismus ist ein Schluß aus zwei Aussagen auf eine dritte. In den Prämissen eines Syllogismus treten genau drei verschiedene Begriffe auf. Einer kehrt als Subjektsbegriff der Conclusio wieder, ein zweiter als Prädikatsbegriff, der dritte, der Mittelbegriff, kommt in beiden Prämissen, aber nicht in der Conclusio vor, er stellt eine Verbindung zwischen ihnen her, die den Schluß auf die Conclusio erst ermöglicht" (Segeth). Beispiel: 1. Prämisse: Alle Menschen (Mittelbegriff) sind sterblich (Prädikatsbegriff). 2. Prämisse: Sokrates (Subjektsbegriff) ist ein Mensch (Mittelbegriff). Conclusio: Also ist Sokrates (Subjektsbegriff) sterblich (Prädikatsbegriff). Die Aristotelische Logik – in der genau bestimmt wurde, welche Schlußfolgerungsformen möglich sind –, die viele Jahrhunderte lang als Vorbild galt, ist von der modernen Prädikatenlogik überholt. Von der Logik her ist der Syllogismus *drei*teilig; die Bestätigungen oder Ausführungen zu den Prämissen, die Cicero von einem fünfteiligen Syllogismus sprechen lassen, sind lediglich rhetorische Zutat, um so notwendiger, je anfechtbarer die Conclusio ist. Ebenso wie bei der → Induktion geht es dem Rhetor nicht darum, daß die Folgerung wahr, sondern darum, daß sie plausibel und für den Gegner nicht oder schwer widerlegbar ist. In dem → Epaminondas-Beispiel war die These von der willkürlichen Interpretierbarkeit der Gesetze z. B. keineswegs so allgemein anerkannt, wie Cicero vorgibt. Die Handlungsweise des Epaminondas war eindeutig ungesetzlich und bestenfalls aus dem Erfolg zu rechtfertigen, Rh. I 57 68.

Syrien: Römische Provinz, D. 48,22,7,6.

Tagelöhner (mercennarius): Der freie Lohnarbeiter trat zu dem Dienstherrn in ein Abhängigkeitsverhältnis, das sich, solange es dauerte, wenig von dem der Sklaven unterschied. Die vertragliche Absicherung war juristisch wenig durchgearbeitet, Schutz gegen Ungerechtigkeit schwer zu erlangen. Davon zeugt auch die Tatsache, daß dem Dienstherrn gegen den Tagelöhner das Züchtigungsrecht zustand und es keiner Klage bedurfte, D. 47,2,90(89).

Talion: Vergeltung „Auge um Auge, Zahn um Zahn" – eine Form der Strafe, die wir in allen primitiven Rechten finden, Z. VIII 2; G. III 223.

Tarracina: Heute Terracina, eine Stadt in Latium, nicht weit von Rom, Ro. 64.

Tatbestand: → Prozeßformel.

tatsächliches Schuldverhältnis (naturalis obligatio): Eine → Verbindlichkeit, aus der nicht geklagt oder doch nicht vollstreckt werden konnte, die aber in anderer Beziehung rechtliche Wirkung hatte, sie galt nicht nach → ius civile, G. III 119a.

Tausch: Tausch als Grundlage von Kauf und Verkauf, G. III 141.

Teilungsermächtigung (adiudicatio): Eine Anweisung in der → Prozeßformel an den Richter, eine Erbteilung oder andere Vermögensteilung vorzunehmen (sie ist also nur Bestandteil weniger Formeln), G. II 219 IV 39 42 44.

Terentius Clemens: Ein römischer Jurist, der unter → Antoninus Pius gewirkt haben dürfte. Text, D. 23,2,21.

Testament, testamentarisch: Eine einseitige letztwillige Rechtshandlung, mit welcher ein Erbe eingesetzt wird. In Rom war das Testament streng an bestimmte Formen gebunden. Außer der Erbeinsetzung konnten noch andere Verfügungen getroffen werden (→ Vermächtnis, fideïcommissum, Kodizill).
In Z. V 3 ist die volle Verfügungsgewalt des → paterfamilias über sein Vermögen festgelegt, d. h., der Erstgeborene hatte in Rom keinen bevorzugten Anspruch, und der Vater war auch nicht gezwungen, das Erbe gleichmäßig auf seine Kinder aufzuteilen. Zwar wird die Meinung vertreten, das Wort „pecunia", das mit „Vermögen" wiedergegeben wird, bedeute lediglich → nichtmanzipierbare Güter, sozusagen ein privates Eigentum des paterfamilias im Gegensatz zu dem den Erben zufallenden Grundstock des Vermögens, aber die

These ist nicht zu halten (Diósdi, Ownership, 1970). Die Römer selbst führten jedenfalls auf diese Bestimmung die völlige Testierfreiheit zurück, spätere Beschränkungen sind weiter unten aufgeführt. G. II *99–289* ist dem Erbrecht nach Testament gewidmet.
Der Erblasser mußte → testierfähig sein, und auch der Testamentserbe mußte das Recht haben, zum Erben berufen zu werden, wenn das Testament gelten sollte. → Peregrinen und → dediticii hatten dies Recht z. B. nicht, G. I 25. In vorklassischer Zeit hatten die Frauen nur unter besonderen Bedingungen die Möglichkeit, ein Testament zu errichten, G. I 115a, aber G. II 112.
Bei Tod ohne Testament trat → Intestaterbfolge ein, Z. V 4 5; G. I 165 II 34 36 III *1–84*.
Freilassung von Sklaven durch Testament kam oft vor. Die ökonomischen Nachteile trafen den Erblasser nicht mehr, und es erhöhte sein Ansehen, wenn viele Freigelassene im Trauerzuge gingen. Wenn ein Sklave freigelassen und gleichzeitig zum Erben eingesetzt wurde, konnte er sich nicht weigern, die Erbschaft anzutreten, auch wenn sie aus einer Schuldenlast bestand, →Zwangserbe, G. I 17 21 35 42 43 II 152–155 188 267 272. Freilassung von Personen im → mancipium durch Testament, G. I 123 138. Vgl. Lex Aelia Sentia.
Beschränkung der Testier- und Erbfähigkeit bei Freigelassenen, G. I 23–25 III *40–76*. Die Freilassung war eine verschleierte Form der Ausbeutung, da der Patron beim Tode des Freigelassenen, der als solcher oft größere Initiative entwickelte als im Sklavenstand, die Hand auf dessen Vermögen legen konnte. Der Umfang und die Genauigkeit der Darstellung zeigt, wie wesentlich dies Problem war.
Beschränkung der Testierfähigkeit für → Minderjährige, G. I 40, für Mündel allgemein, G. I 192 II 113 118.
Ungültige Testamente, G. II *138–141* *143–145* 151 248. Ausdrücke für „ungültig", G. II 146. Ungültige Bestimmung, D. 50, 17,188.
Anerkennung formal ungültiger Testamente durch den Prätor, G. II 147 148 149 (eine umstrittene Stelle; es könnte gemeint sein, daß für den Fall, daß ein nach → ius civile gültiges Testament besteht, während ein zweites nur prätorisch anerkannt würde, weil der Erblasser z. B. versäumt hat, das überholte zu vernichten, der Erbe nach ius civile vorgezogen würde; es ist aber auch vorgeschlagen worden, die Passage „entweder im ersten oder im zweiten Testament" als in den Text geratenen Kommentar zu tilgen) 151 151a.
Testamentarische Einsetzung eines Vormundes, Z. V 3; G. I *144–154* 186 189 200 II 231 234 236 237 240 289.
Vernichtung des Testaments, G. II 151 151a.

Wichtige Formvorschriften bei Errichtung des Testaments, G. II *99–118.* Das Testament wurde auf mit Wachs bestrichene Holztafeln geschrieben, die paarweise, Schrift nach innen, verschnürt und versiegelt wurden. – G. III 13 33b 34 36 37 65 67 125 IV 55; D. 48,22,15,1.

Testamentsfälschung und ähnliche Straftaten, D. 48,10,1,5 48,10, 2.7.13.

Testament und Erbschaft Verurteilter, D. 48,20,11,pr. 48,22,3. Das in D. 50,16,202 gebrauchte Wort „dumtaxat" kann „mindestens" *und* „höchstens" heißen. Die zweite Bedeutung ist häufiger, deshalb die Erläuterung. Die Grundbedeutung „genaugenommen" war im Sprachgebrauch ganz verblaßt.

Vgl. Enterbung, testamentarisch eingesetzter → Erbe.

testierfähig sein (testamenti factionem habere): Das Recht haben, ein nach → ius civile gültiges Testament zu errichten, G. I 40A. II 112–114 218A. III 72 75; D. 48,22,7,3.

Thebaner: Einwohner von Theben in Böotien (Mittelgriechenland), Rh. I 69.

Theophrastus: Theophrastos (373–288 v. u. Z.), griechischer Philosoph aus Eresos auf Lesbos, Schüler und Freund des → Aristoteles, als Philosoph und Naturwissenschaftler einer der bedeutendsten Gelehrten der Antike; er entwickelte auch die Rhetorik des Aristoteles weiter, D. 1,3,3.

Tiber: Fluß in Mittelitalien, an dessen Unterlauf Rom liegt. Daß die Güter des älteren Roscius an den Tiber grenzten, erleichterte die Bewässerung und den Abtransport der Produkte zum Verkauf in Rom, Ro. 20.

Tiberbrücke: In Rom gab es das böse Sprichwort, man müsse die über Sechzigjährigen von der Brücke stürzen, darauf spielt Cicero in Ro. 100 an.

Tiere: 1. Haustiere: Verkauf, G. I 120 II 14a 15. Bienen und Tauben, G. II 68. Tötung oder Verletzung fremder Haustiere, G. III 210–212 217. Streit um Kleinvieh, G. IV 17.

2. Wilde Tiere: Verkauf, G. II 16. Fang etc., G. II 66 67. Tötung fremder wilder Tiere, G. III 217.

Titia: Weibliche Form des Gentilnamens Titius, von Gaius für eine Frau in einer Musterformel eingesetzt, G. I 150 152.

Titius: Lucius Titius, römischer Name, der von Gaius oft für einen der Geschäftspartner in den Musterformeln und Beispielen eingesetzt wird, G. I 149 II 117 165 174 179 193 199 209 216 221 235 250 277 289 III 103a 130 140 143 156 157 167 176 179 198 221 IV 34 37 42 64 83 86 137. Gleicher Gebrauch auch in D. 24,1,5.

Titus: Römischer Vorname, → Caelius, → Roscius.

Todesstrafe: Im Laufe der frühen Kaiserzeit und erst recht in der Spätantike wurden immer mehr Verbrechen mit der Todesstrafe belegt und immer schrecklichere Verschärfungen ersonnen, D. 47,11,1,2 47,14,1 47,18,1 48,1,2 48,3,14,2 48,6,11 48,8,3,5 48,8,10 48,9,2 48,9,9,1 48,10,1,13 48,10,8. Die als Alternative erwähnte Verurteilung zur Tierhetze war im Grunde eine Verschärfung: die Verurteilten waren unbewaffnet, oft sogar gefesselt. Es wurde dafür gesorgt, daß sie auf keinen Fall überlebten. Sklaven wurden bis zur Zeit Kaiser Konstantins (306–337) gewöhnlich gekreuzigt, nach der Anerkennung des Christentums stranguliert, D. 48,11,7 48,19,2,pr. 48,19,6,2 48,19,8,1.2.3 48,19,28,pr. 48,19,28,13.14.15 48,19,29 48,20,5,pr. Leiche des Hingerichteten, D. 48,24,1.3.

Todesurteil, zum Tode verurteilen: D. 1,5,18. Folgen des Todesurteils, D. 48,19,29 48,20,1,pr.

Toga: Das aus einem einzigen Stück weißen Wolltuchs bestehende, in kunstvolle Falten gelegte offizielle Gewand des römischen Bürgers. Arme Leute begnügten sich meistens mit der hemdartigen Tunika, die mehr Bewegungsfreiheit gab. Cicero weist darauf hin, daß es eine Schande sei, wenn vornehme Römer sich in die Klientel eines Freigelassenen begäben, Ro. 135.

Tote: Bestattung, Z. X 1 2 4 5 7 8; G. II 6 III 97 IV 81 (dies Kapitel ist, da aus dem Zusammenhang gerissen, nicht verständlich).

Trajan: Imperator Caesar Nerva Traianus Augustus (53–117), römischer Kaiser seit 98 u. Z. Unter ihm hatte das Römische Reich seine größte Ausdehnung. Ein Erlaß zur Stimulierung der Brotversorgung Roms, G. I 34; über Freigelassene, G. III 72. Ein Reskript über die Behandlung des Vermögens öffentlich vor Gericht Geladener, D. 48,17,5,2.

Trasimenischer See: See in Mittelitalien, nahe bei Arezzo. Dort unterlagen die Römer 217 v. u. Z. den Puniern unter Hannibal, Ro. 89.

Trebellius: Trebellius Maximus, Konsul 56 u. Z., G. II 253. Vgl. Senatusconsultum Trebellianum.

Tribus: Die wahlberechtigten römischen Bürger waren ursprünglich auf drei (tres – daher tribus), zu Ciceros Zeiten bereits auf 35 Wahlbezirke aufgeteilt, Ro. 47.

triplicatio: Der vom Kläger auf eine → Duplik des Beklagten hin in die Prozeßformel eingefügte Zusatz zu seinen Gunsten, G. IV 128.

Tryphonius: Claudius Tryphonius (um 200 u. Z.), ein Jurist unter Severus und Caracalla. Er stammte wahrscheinlich aus Kleinasien und war Mitglied des Konsiliums. Text, D. 50,16,225.

Tubero: Es gab mehrere Personen dieses Namens; eine Entscheidung ist nicht möglich, G. I 136. Vgl. Maximus.

Tullius: Marcus Tullius Cicero konnte als Konsul 63 v. u. Z. die Verschwörung des → Sergius Catilina niederschlagen, D. 48,4,8. Zur Person Ciceros vgl. die Einleitung.

Tumult (turba): Der Gesetzgeber sah zwei Möglichkeiten der Auslegung: a. Jemand hat Leute zusammengerottet mit der Absicht, einem anderen Gewalt anzutun – das hatte eine Klage auf das Vierfache zur Folge, auch wenn der Anstifter nicht selber mitging. b. Bei einem Auflauf, der aus einem anderen Grunde zustande kam, wurde durch die Schuld des Beklagten eine Gewalttat begangen (z. B. ein Laden geplündert oder ein Gebäude niedergebrannt). In diesem Falle war eine Klage auf den doppelten Wert möglich, D. 47,8,4. Neben diesen Privatklagen war noch eine – strafrechtliche Verfolgung möglich, bei der Kapitalstrafen (Tod oder Verbannung) drohten, D. 48,6,3,1 48,6,5.11 48,7,2.

tyrisch: Tyros, heute Sur im Libanon, war wegen seiner Purpurfärbereien berühmt, G. IV 53d.

übereinkommen (pangere), *formloses Übereinkommen* (pactio, pactum): Eine Abmachung, die im Gegensatz zur → förmlichen Forderung und zu anderen Kontrakten nur vom Prätor, nicht durch das → ius civile anerkannt wurde, G. II 31 64 III 94A. 149 IV 116b 119 126. → auch Einrede wegen getroffenen Übereinkommens. In G. IV 182A. ist der Vergleich *vor* Ausgang des Prozesses gemeint, wenn der Beklagte auf eine Verteidigung verzichtet und sich damit schuldig bekennt.
Übereinkommen über die Mitgift, D. *23,4,8.21.31.32.*; Rh. I 43.

überfordern (plus petere), *Überforderung* (plus petitio): In der → Erklärung zuviel verlangen, die Folge war Verlust des Prozesses, G. IV *53–60* 68.

Übergabe, formlose (traditio), *übergeben* (tradere): 1. Auch die formlose Übergabe eines Objektes schuf Eigentum am übergebenen Gegenstand, bei → manzipierbaren Objekten allerdings erst nach einer → Ersitzungsfrist, G. II 19–21 28 41 43 47 65 66 87, und wenn es sich nicht um unrechtes Gut handelte, G. II 50.
Formlose Übergabe von Vermächtnissen, G. II 204 213 214.
Fiktion der Ersitzung vor der Zeit, G. IV 36.
2. Durch Übergabe von Geld, Korn etc. als Darlehen entsteht ein → Realkontrakt, G. III *89–91Ü.* 131Ü.

Ulpian: Domitius Ulpianus, ein berühmter römischer Jurist, der zur Zeit der Kaiser → Severus, → Caracalla und Severus Alexander

(222–235) wirkte. Seit 222 u. Z. war er Mitglied des Konsiliums unter Alexander, → Präfekt des Kornmarktes und → Prätorianerpräfekt, 228 u. Z. kam er bei einem Aufstand der Prätorianer ums Leben. Mit fast 2 500 Zitaten ist Ulpian der in den Digesten am meisten benutzte Jurist. Texte, D. 1,3,8.9.22.31.33.41 1,4,1.2 1,5,10.17.18. 20 1,6,2.4.5.6.7.8.10 1,7,9.12.17.24.46 23,1,2.4.10.12.16.18 23,2,9. 13.29.31 23,3,3.7.10 24,1,1.3.5 24,2,4 47,2,3.17.36.39.41.46.52 47,8,4 47,9,1.3 47,11,10 47,13,1 47,14,1 47,18,1 48,3,1.3 48,4,1.2.11 48,5,1.10(9).14(13).24(23).26(25) 48,6,4.6.7.10 48,7,5 48,8,4.8.10.15 48,9,6 48,10,8 48,12,2 48,13,1.3.13(11) 48,15,1 48,18,1.3 48,19,2.3.6.8.19 48,20,3.5 48,22,6.9.14 48,23,1.2 48,24,1 50,16,1.3.9.12.13.23.36.40.43.52.56.136.172.173.174.182. 190.195.216 50,17,2.3.16.26.30.32.35.41.54.59.70.71.94.118.140. 145.149.163.207.209.

Umbrien: Mittelitalische Landschaft, in der → Ameria liegt, Ro. 48.

umbrisch: → Umbrien, D. 1,6,2.

Umschreibung von Schuldforderungen (transscripticium nomen): G. III *128–130* 133.

unbestimmte Person (persona incerta): G. II *238 239 242* 287.

unde vi: Wörtlich: woher gewaltsam. Das → Interdikt, das gewährt wurde, um jemandem gewaltsam weggenommenen Besitz zurückzugeben, G. IV 154. Es gab zwei Fassungen, je nachdem, ob es sich um „gewöhnliche“ oder „bewaffnete“ Gewalt gehandelt hatte, G. IV 155. Die Formel im letzteren Fall lautet: „Woher du ihn gewaltsam mit einer Rotte Bewaffneter vertrieben hast oder woher deine Sklaven ihn vertrieben haben, dort sollst du ihn wieder einsetzen und ihm wiedergeben, was er damals hatte.“ Das Interdikt bezog sich nur auf Immobilien, bei beweglichen Gütern mußte man sich des Interdikts → utrubi oder einer Klage wegen Raub bedienen. Wenn nur „gewöhnliche“ Gewalt angewandt worden war, wurde ins Interdikt die Klausel eingefügt, die in G. IV 154 erwähnt ist.

uneheliche Kinder (vulgo concepti): G. I 64 89–92; D. 1,5,23. → auch conubium, spurii, Konkubinat.

unentgeltliche Geschäftsführung (mandatum): Infolge der großen Bedeutung des → Klientenwesens und der persönlichen Bindungen überhaupt in der Antike kam unentgeltliche Geschäftsführung für einen anderen ungleich häufiger vor als etwa in der Periode des Kapitalismus. Auch dem Peregrinen gegenüber war der Auftrag bindend, G. III 135 *155–162* IV 61–63 182; Ro. 112 113. → Geschäftsführungsklage.

unkörperliche Objekte (res incorporales): G. II *12–15* 17 28 III 83.

unmittelbarer Erbe (suus heres): Ein Nachkomme im Mannesstamm, G. II *133 152 156–160,* der beim Tode des Erblassers, falls kein Testament mit ausdrücklicher → Enterbung im Wege stand, unmittelbar in dessen Rechte und Pflichten einrückte, Z. V 4; G. I 32. In G. II 58 steht → „Zwangserbe", es muß aber der unmittelbare Erbe gemeint sein. – G. II 124 135 138–140 160 III 1–9 15 16 19 26 27 29 34 37 40 41 43 51 66 87, → auch Intestaterbfolge.

Unmündige (impubes), *unmündiges Mündel* (pupillus, pupilla): Mündig wurde ein Junge in Rom mit 14, ein Mädchen mit 12 Jahren, G. I 196; vgl. aber → Minderjährige. Frauen blieben aber auch nach Erreichung der Volljährigkeit der → Vormundschaft unterworfen, G. I 145. In der Übersetzung sind die unmündigen Mündel einfach als „Unmündige" bezeichnet, da sie, falls sie nicht in der → Gewalt (1) des Vaters oder Großvaters waren, auf jeden Fall unter Vormundschaft standen (und nur diese Fälle interessieren juristisch). Als „Mündel" sind hier nur erwachsene Frauen unter Vormundschaft bezeichnet, G. I 144 168 177–179 182 184 191 199.

Einsetzung eines → Nacherben, falls der unmündige Erbe nach Antritt der Erbschaft, aber vor Erreichung der Mündigkeit sterben sollte, G. II 179–183. Die Sicherheitsmaßnahmen für das Leben des Kindes sind ein Zeugnis für die Zustände innerhalb der herrschenden Klasse, denn nur für sie können solche Vorkehrungen praktisch in Frage gekommen sein.

Geschäftstätigkeit von Unmündigen, G. II 80 82–84 113 III 91 107 109 119 176 IV 172. Strafmündigkeit, G. III 208 IV 172.

Adoption oder adrogatio Unmündiger und Vorsichtsmaßnahmen zu ihrem Schutze, D. 1,7,17.

Unmündige durften nicht gefoltert werden, D. 48,18,10. Auch ein unmündiges Mündel konnte paterfamilias sein, D. 50,16,195,2. – D. 50,16,239,pr. 50,17,2,1 50,17,5.

untergeschobenes Diebesgut, untergeschobener Diebstahl (furtum oblatum): G. III 183 *187* 191A. Der Doppelsinn von furtum oblatum, das sowohl den Diebstahl als auch das Diebesgut bezeichnet, läßt sich im Deutschen nicht wiedergeben.

Untersuchungsrichter (quaesitor ac iudex): Der Untersuchungsrichter hatte im Kriminalprozeß vor → Geschworenen (quaestio) eine doppelte Funktion. Er leitete die Untersuchung – dabei schaltete er sich aber nicht in die Befragung der Zeugen ein, das war Sache des → Anklägers und des → Verteidigers – und anschließend auch die Abstimmung, bei der er ebenfalls eine Stimme hatte. Der lateinische Ausdruck lautet daher „Untersucher und Richter", jedoch wurde manchmal eines der beiden Wörter ausgelassen, Ro. 11Ü. 85.

Urkundenfälschung: D. 48,4,2.
Urteilsanweisung (condemnatio): Im Formularprozeß lautete das Urteil stets auf einen Geldbetrag, dessen Höhe dem Richter entweder vom Prätor (beim Prozeß stricti iuris) vorgegeben wurde, G. IV 50, oder (bei bonae-fideï-Klagen) seinem Ermessen anheimgestellt war, G. IV 51. Der Privatrichter war aber mit dem Urteil streng an die vorgegebene Formel gebunden. Wenn sich z. B. erwies, daß der Kläger eine falsche Prozeßformel gewählt hatte, so mußte der Richter den Beklagten freisprechen, G. IV 39 43 44 48 49 51 57 68.
Der → Prozeßvertreter ließ die Urteilsanweisung auf seinen Namen ausstellen, G. IV 86, ebenso der → Käufer der gesamten Habe, G. IV 35.
Die → Einrede des Beklagten unterwarf die Urteilsanweisung einer Bedingung. Dabei war es ein Nachteil der klassischen Rechtslehre, daß der Privatrichter, wenn er die Einrede als berechtigt anerkannte, zum völligen Freispruch gezwungen war. Eine nur einschränkende Wirkung der Einrede gab es nicht, G. IV 119.
uti possidetis: Wörtlich: wie ihr besitzt. Ein → Interdikt, G. IV *148–150* 153 160 166a 170. Die lateinischen Anfangsworte des Interdikts galten als Überschrift, G. IV 160. Es war nur wirksam, wenn der Besitzer das Haus oder Grundstück dem Gegner nicht heimlich oder gewaltsam fortgenommen oder von ihm auf Widerruf bekommen hatte. Rechte Dritter wurden nicht berührt. Die Tatsache, daß es nur um Besitz, nicht um Eigentum geht, läßt den Schluß zu, daß dieses Interdikt geschaffen wurde, um Besitzrecht am ager publicus, dem Staatsland, das nur besitzweise vergeben wurde, zu schützen.
utrubi: Wörtlich: bei wem von beiden. Ein → Interdikt, G. IV 148–153 160. Die lateinischen Anfangsworte des Interdikts galten als Überschrift, G. IV 160. Es war nur dann wirksam, wenn der Besitzer des Streitobjekts dies dem Gegner nicht heimlich oder gewaltsam fortgenommen oder von ihm auf Widerruf bekommen hatte. Rechte Dritter wurden nicht berührt.

vadimonium: Das gerichtliche oder außergerichtliche Versprechen, sich am gesetzten Tage zur Fortführung des Gerichtsverfahrens wieder einzufinden, unter Umständen mit Stellung einer Sicherheit, G. IV 184–187, vgl. Vindex.
Varus: → Alfenus.
Vaterlandsverrat: Vgl. Lex Iulia über Hochverrat. Cicero umschreibt das juristische Fachwort, Rh. I 37.
Vatermord: Im Lateinischen allgemein umschrieben, Rh. I 37, vgl. parricidium.

Veji: Alte etruskische Stadt in der Nähe des heutigen Dorfes Isola, Ro. 47.

Venuleius Saturninus: Ein römischer Jurist zur Zeit des → Antoninus Pius und der → kaiserlichen Brüder (Mitte des 2. Jh. u. Z.), von manchen mit Claudius Saturninus gleichgesetzt, D. 47,18,1 48,3,14,7. Texte, D. 48,3,5 48,4,6 48,8,6 48,11,6 48,13,10(8) 50,16,224.

veräußern (alienare), *Veräußerung* (alienatio): Ein allgemeinerer Ausdruck als verkaufen; der Begriff umfaßt z. B. auch verschenken und vererben, G. I 192 II 62–65 80 84 198; D. 48,20,11,1 50,17,26.

Verbalkontrakt (obligatio verbo contracta): Im Lateinischen gibt es zwar den Begriff, aber kein Wort dafür. In der Übersetzung ist meistens „mündliche Verpflichtung" gebraucht. Mündliche Festlegung unter Hinzuziehung von Zeugen und mit bestimmten Worten war im römischen Recht die normale Form der Begründung einer Verbindlichkeit (→ förmliche Forderung), der Veräußerung (→ mancipatio, Abtretung vor Gericht) und anderer Rechtsgeschäfte, für die unter griechischem Einfluß erst in nachklassischer Zeit die Schriftform sich durchzusetzen begann, G. III 89 *92Ü.–127* 136–138 169.

Verbannung (exilium), *verbannen* (aqua et igni interdicere): Die Verbannung zog den Verlust des Bürgerrechts, aber nicht unbedingt den des Vermögens nach sich. Sie stand römischen Bürgern zur Zeit der Republik auch als Ausweg offen, wenn ihnen die Todesstrafe drohte, G.I 90 128 161; D. 1,5,18 47,11,4 48,1,2 48,6,10,2 48,8,8 48,11,7 48,13,3 48,19,2,1 48,19,6,2.
Ro. 6 ist in dieser Hinsicht umstritten, wir haben uns Mommsen angeschlossen. Diese Praxis rührt nicht erst von Sulla her, vielleicht ist die Bemerkung in G. I 128 deshalb eine fälschlich in den Text geratene Glosse.
Verbannen im übertragenen Sinne, Ro. 42.
Das Wort exilium ist juristisch nicht streng definiert, es kann in republikanischer Zeit auch die freiwillige Entfernung aus dem römischen Gebiet bedeuten. In D. 48,22,4,5 ist es synonym für → Verweisung gebraucht. → Deportation.

Verbindlichkeit: 1. (nexus, nexum) In der Anfangsperiode des römischen Staates herrschte Personalhaftung des Schuldners. Erst durch die → Lex Poetelia (326 v. u. Z.) wurde die Schuldsklaverei verboten, Z. VI 1.
2. (obligatio) G. III *88–225*. – G. I 192 II 14 81 82 84 85 IV 38 116b 131 131a; D. 50,16,21 50,17,14,35.185.186.

Übertragung einer Verbindlichkeit an andere, G. II 38 39 III 84. Das Versprechen einer Mitgift schuf eine Verbindlichkeit, D. 23,3,41.44. Unter Drohungen eingegangene Verbindlichkeiten waren ungültig, und der Versuch, die Erfüllung zu erzwingen, war strafbar, D. 48,6,5. Vgl. Einrede wegen Furcht.

Verbrauchsdarlehen (mutuum): G. III 90, → Darlehen.

Verbrechen (crimen): Im juristischen Sinne eine Tat, die der Strafverfolgung durch den Staat unterlag. Seit dem 2. Jahrhundert v. u. Z. gab es dafür in Rom die → öffentlichen Verfahren vor einem Geschworenengericht unter dem Vorsitz eines Prätors. Später konnte der Kaiser jeden Prozeß in einem außerordentlichen Verfahren an sich ziehen. In den Provinzen hatte der Statthalter die oberste Gerichtsbarkeit, D. *48* (in allen Abschnitten). „Crimen" kann im konkreten Fall auch nur die Anschuldigung bedeuten.

vereinbarte Prozeßformel (lites contestatae), *Vereinbarung der Prozeßformel* (litis contestatio): Kläger und Beklagter mußten sich vor dem → Gerichtsherrn mit der ausgearbeiteten → Prozeßformel einverstanden erklären, ehe die Sache zur Verhandlung an den Privatrichter überwiesen wurde (über die Einzelheiten besteht keine Klarheit). Nach der Vereinbarung (auch „Streitbefestigung" genannt) erlosch das Klagerecht. Wer sich also auf eine für ihn ungünstige Prozeßformel eingelassen hatte, konnte nicht mehr zurück und nicht noch einmal Klage erheben, G. III 180. Daß durch die → adrogatio vom Adrogierten früher vereinbarte Prozeßformeln ihre Wirkung verloren, erklärt man daraus, daß ein Haussohn weder für sich noch für den paterfamilias eine solche Vereinbarung bestätigen konnte und daß der Adrogierte gleichsam rückwirkend als Haussohn betrachtet wurde, G. III 83.

vereinbarte Worte (verba concepta): Beide Parteien mußten sich vor dem → Gerichtsherrn auf eine geeignete → Prozeßformel einigen, die dieser dann dem Privatrichter zur Entscheidung vorlegte, G. IV 30, → vereinbarte Prozeßformel.

verfallen (caducus): Erbschaften oder Erbschaftsteile sowie Vermächtnisse, für die kein Empfänger erstand (→ Erbe), verfielen der Staatskasse („dem römischen Volke"), G. II 150 206 207 286a III 62.

Verführung: Der griechische Ausdruck für → stuprum ist phthora, D. 48,5,6,1. Unter diesem Namen wurden alle unerlaubten Formen des außerehelichen Geschlechtsverkehrs zusammengefaßt, ob er durch Gewalt erzwungen oder durch Verführung und Bestechung erreicht war. Seit Augustus standen darauf hohe Strafen. Die gewerbsmäßige Prostitution wurde dabei nicht betroffen.

Verkauf: → Kauf.
verkündigen (nuncupare), *Verkündung* (nuncupatio): Eine Formalität bei der Testamentserrichtung, G. II *104* 109 115 116 119 121 149.
verleihen: → Leihvertrag, vgl. Darlehen.
Verlöbnis, Verlobung (sponsalia), *Verlobte(r)* (sponsa-sponsus): D. 23, 1,1–5.7.8.10–18.
vermachen (legare), *Vermächtnis* (legatum): Die testamentarische Vergabe einzelner Vermögensteile, die dem Erblasser gehört haben können, aber keineswegs müssen, an bestimmte Personen zu Lasten des Erben, G. II 87 91 97 110 111 137 182 *191–224* 245 254 *278*.
Beschränkungen, G. I 24 40 123 II 225–227 229–234 245 IV 23. Ungültige Vermächtnisse, G. II 235 238 241 243 244 275. Vermächtnis annehmen, G. II 195 199 200 IV 23. Vermächtnis ausschlagen, G. II 195.
Vermächtnis und → fideïcommissum, G. II 260 *278–281* 286 286a 287.
Gültigkeit, G. III 98. Wer sich ein Vermächtnis selbst zuschrieb, machte sich strafbar, D. 48,10,1,7. Deportierte konnten unter bestimmten Umständen Vermächtnisse annehmen, D. 48,22,15,pr.
Vermächtnisempfänger (legatarius): G. II 108 194 195 198 199 204 205–207 208Ü. 213 214 219Ü. 222 226 244Ü. 251 252 271 286aÜ. 287Ü. III 175. →Vermächtnis. Im Zusammenhang ist manchmal mit „der Bedachte" übersetzt.
Belastung des Vermächtnisempfängers mit fideïcommissa, G. II 260–265.
Vermögenspfleger (curator): → Pflegschaft.
Verpflichtung (onus): Das lateinische Wort bedeutet „Last". Da der Adoptierte sich in die → Gewalt (1) des Adoptierenden begab, verlor er die Verfügung über sein Vermögen und konnte daher auch seinen Verpflichtungen, z. B. Alimentenzahlungen, Verbindlichkeiten, Steuern, nicht nachkommen. Um eine Schädigung der Gläubiger zu verhindern, wurde die Bestimmung D. 1,7,45 geschaffen (vgl. auch G. IV 38).
Verpflichtungsvermächtnis (legatum per damnationem): G. II 192 197 198 *201–208* 210 212 213 215 218 262 282 283 III 175. Klagen auf ein solches Vermächtnis, G. II 282 283 IV 9 171.
versprochenes Geld (pecunia constituta): Bezeichnung für einen Betrag, der für eigene oder fremde Schuld durch formloses → Übereinkommen zu zahlen versprochen wurde, nicht auf → förmliche Forderung hin, G. IV 171.
Versteigerung (auctio): G. IV 126. Auch der → Kauf der gesamten Habe fand in Form eines Zuschlags an den Meistbietenden statt.

Verstoßung (repudium): In altrömicher Zeit konnte nur der Mann seine Frau verstoßen, und auch das nur bei triftigen moralischen Gründen. Erst später war die Scheidung wegen Kinderlosigkeit und die → Aufkündigung der Ehe durch die Frau erlaubt, der alte Name aber wurde beibehalten. Nach der Einführung des Christentums blieb die einseitig ausgesprochene Scheidung zwar wirksam, wurde aber mit Strafen belegt, die hauptsächlich das Vermögen trafen, aber auch die Möglichkeiten einer Wiederverheiratung beschränkten, D. 24,2,3.4.6 50,16,191A. Die in D. 24,2,2,1 zitierten Worte sind in dieser Form für eine manus-freie Ehe passend, in der beide Teile über ihr Vermögen verfügten.

verteidigen (defendere), *Verteidiger* (patronus): In Rom war es in republikanischer Zeit eine Ehrensache, die Verteidigung anderer zu übernehmen. Der → Patron war moralisch dazu verpflichtet, seinen Freigelassenen zu verteidigen. Der Ausdruck patronus wurde später auch dann gebraucht, wenn der Verteidigte nicht zur Klientel des Verteidigers gehörte. Die Annahme oder gar Forderung eines Honorars war verboten, jedoch wurde diese Bestimmung verständlicherweise oft umgangen. Ein guter Ruf als Verteidiger (bzw. Anwalt in Privatprozessen) zahlte sich aber bei der Werbung um Wählerstimmen bei der Kandidatur für eine Magistratur, überhaupt in politischem Einfluß aus, Ro. 5 12 36 58 95 148; Rh. I 7 30 II 33 35. In der Kaiserzeit gab es Anwälte, die für Honorar tätig wurden.

Verteilungsklage (actio tributoria): Eine Klage bei Geschäften des Sklaven oder Haussohnes, G. IV *72 74a.*

Vertrag (contractus): Für das kapitalistische, aber auch für das sozialistische Recht ist die Schriftform für Verträge das Normale – im römischen Recht bildete sie die Ausnahme. Die Begriffe sind also nicht deckungsgleich. Vertragsformen, Z. IV 1; G. III *88–162* 182 IV 2 7 38 61–74a 80 113 182; D. 50,16,12.
Vertrag mit einem Deportierten, D. 48,22,15,pr.

Verurteilung mit Höchstgrenze (taxatio): G. IV 43 *51.*

Verus: Lucius Verus, → kaiserliche Brüder, D. 48,12,3,pr.1.2.

Verwandtenmord: D. 48,20,3. → Lex Pompeia über Verwandtenmord, → parricidium.

Verwandtschaft nach den Normen des ius civile (legitima cognatio): Soviel wie → agnatische Verwandtschaft, G. III 10.

verweisen (relegare), *Verweisung* (relegatio), *Verwiesener* (relegatus): Eine mildere Form der → Verbannung, bei der dem Betroffenen Bürgerrecht und Vermögen erhalten blieben, D. *48,1,2 48,22,7. 14.17–19.* – D. 1,6,2 47,14,1 47,18,1,1.2 47,21,2 48,8,3,2 48,22,5 48,22,6,2 48,22,13.

Verweisung auf eine Insel, D. 48,19,28,1.13 48,22,4.5.
Verweisung im übertragenen Sinne, Ro. 42 44.

Vespasian: Imperator Caesar Vespasianus Augustus (9–79), römischer Kaiser seit 69 u. Z. Er annullierte teilweise ein Gesetz über die Kinder von Freien und Sklaven, G. I 85.

Vestalin: Priesterin der Göttin Vesta, der das Herdfeuer heilig war. Die Vestalinnen hatten das heilige Feuer zu hüten; sie waren sehr geachtet, hatten z. B. Ehrenplätze im Theater. Für die Dauer ihrer (zeitlich begrenzten) Priesterschaft waren sie zur Keuschheit verpflichtet, G. I 130 145.

Veteranen: Bezeichnung für altgediente Soldaten. Nach Ablauf der Dienstzeit (seit dem 1. Jh. v. u. Z. 16–20 Jahre) erhielten sie eine Landzuweisung. In der Kaiserzeit wurden zunehmend Barbaren (Germanen, Thraker etc.) ins Heer aufgenommen, die nach der Dienstzeit das Bürgerrecht erhielten. Heirat von Veteranen, G. I 57.

Vibius Habitus: Aulus Vibius Habitus, mit Lucius Apronius 8. u. Z. Konsul (in der 2. Jahreshälfte als sogenannter consul suffectus), 15–16 Prokonsul der Provinz Africa, D. 48,18,8.

Vierkinderrecht (ius quattuor liberorum): → Lex Iulia und Papia Poppaea, G. I 194. Freigelassene mußten vier Kinder haben, um in den Genuß der Vorteile (Freiwerden von der Vormundschaft) zu gelangen, die eine Freigeborene als Mutter von drei Kindern hatte, G. III 44 47.

Vindex: Bei der Ladung und beim Vollstreckungsurteil konnte ein Vindex für den Beklagten eintreten. Über seine Funktion bei der Ladung sind wir nur mangelhaft unterrichtet. Vielleicht übernahm er die Garantie dafür, daß der Geladene zu einem späteren Zeitpunkt erscheinen werde, Z. I 4.
Bei der Vollstreckung befreite der Vindex den Schuldner von der Haftung; wenn sich aber herausstellte, daß die Verurteilung zu Recht bestand, haftete der Vindex sogar für den doppelten Betrag, Z. III 3; G. IV 21 25 46.

vindiciae: Der für die Dauer des Rechtsstreites einer der beiden Parteien im Legisaktionenprozeß zugesprochene Besitz am Streitgegenstand, Z. XII 3; G. IV 16 91A. 94A.

vindicta: 1. Der Stab, mit dem der freigelassene Sklave in Anwesenheit des → Gerichtsherrn berührt wurde. Die genauen Formalitäten sind nicht mehr bekannt. Bei dieser Art der Freilassung, die dem Sklaven das Bürgerrecht verlieh (Einschränkungen in G. I 18), war eine Steuer von 5% seines Wertes zu entrichten, G. I 17 18 35 38 44. Auch ein manzipierter Freier wurde auf diese Art aus dem → mancipium freigelassen, G. I 115 132 138.

2. Im Legisaktionenprozeß mit → Einsatz wurde die vindicta (auch festuca) bei der Eigentumsbehauptung verwandt, G. IV 16; ob die Erklärung des Gaius, sie vertrete eine Lanze, in dieser Form richtig ist, ist umstritten. Der Text der Formel ist mit der Interpunktion von Max Kaser (Römisches Privatrecht, S. 69, Anm. 21) gegeben.

Vindikation, vindizieren (vindicare): Vor dem Prätor sein Eigentum an einer Sache behaupten, G. II 24 82A. 96A. 120A. 194 207 222 285. Die in G. IV 16 beschriebene Methode stammt vermutlich aus dem Diebstahlsprozeß, falls ein nicht-offenkundiger Diebstahl vorlag. Der Besitzer konnte dann den Beweis antreten, daß er den strittigen Gegenstand (durch → mancipatio) rechtmäßig erworben hatte, und lenkte damit den Verdacht auf den Verkäufer. – G. IV 17.

Vindikationsvermächtnis (legatum per vindicationem): G. II 192 *193–200* 204–206 208 210 218 221.

Voconius Saxa: Ein nicht näher bekannter Römer, D. 48,18,1,27.

Volaterra: Stadt in Etrurien, der heutigen Toscana, südlich des Arno, heute Volterra, ca. 250 km von Rom entfernt. Es war eine der letzten Städte, die sich Sulla ergaben; das geschah erst 80 v. u. Z. nach zweijähriger Belagerung, Ro. 20 105.

Volksbeschluß (plebiscitum): Ein auf Antrag eines Volkstribunen in einer Plebejerversammlung (concilium plebis) gefaßter Beschluß. Nach langen Kämpfen erreichten die Plebejer, daß Volksbeschlüsse Gesetzeskraft erlangten. Sie wurden später oft als → Lex bezeichnet, obwohl der Ausdruck nicht ganz korrekt ist, G. I 2 3. Vgl. Lex Hortensia, Lex Petronia.

Volkstribun (tribunus plebis): Dies Amt konnten nur Plebejer bekleiden. Die Tribunen (erst zwei, später zehn) wurden seit dem 5. Jahrhundert v. u. Z. von der Plebejerversammlung gewählt. Sie waren unverletzlich (sakrosankt) und hatten das Recht, sich im Interesse der Plebs in die Amtshandlungen aller Magistrate mit Ausnahme des Zensors und des Diktators einzumischen und durch ihr Veto Beschlüsse des Senats und der Volksversammlung aufzuheben. Augustus zog auch das Tribunat zeitweise an sich. In der Kaiserzeit verloren die Tribunen ihre Bedeutung fast völlig, G. I 185.

Vorausvermächtnis (legatum per praeceptionem): G. II 192 *216* bis *223*.

Vorbehalt (praescriptio): Im römischen Recht galt die Regel, daß um jede Sache nur einmal geklagt werden durfte; diese Regel wurde mit dem Vorbehalt außer Kraft gesetzt. Um nicht das gesamte Klagerecht bereits für einen Teil der geschuldeten Summe zu verbrauchen, wenn z. B. Ratenzahlung vereinbart war, baute der Kläger einen Vorbehalt in die Prozeßformel ein, G. IV *130–137*. Der Vorbehalt lautet: „soweit der Zahlungstermin dafür verstrichen ist“, G. IV 136 137. Gaius hatte, wie G. IV 137 zeigt, also übertrieben, als er in G. IV 132 sagte, der Vorbehalt werde immer *vor* die Formel gesetzt.

vorlegen (exhibēre): 1. Dem Prätor oder dem Privatrichter ein umstrittenes Objekt (das Objekt kann auch ein Mensch sein) vorlegen oder vorführen, damit über seinen Verbleib entschieden werden kann, G. IV 140 162 163 165.
2. Herausgeben an den Eigentümer, → Klage auf Vorlage, exhibitorisches Interdikt.

Vormund (tutor), *Vormundschaft* (tutela): Unmündige Knaben und Frauen jedes Lebensalters standen in Rom unter Vormundschaft, wenn der ursprüngliche Gewalthaber (Vater, Großvater, Ehemann in der manus-Ehe) gestorben war oder sie → emanzipiert hatte, G. I *142–196* II 47.
In Z. V 3 ist von der „Vormundschaft über seine Sache“ die Rede: der Gesetzgeber hatte die Verpflichtung des Vormundes, das Vermögen bis zur Mündigkeit des Sohnes zu verwalten, im Auge. Frauen konnten in der Kaiserzeit durch das → Kinderrecht von der Vormundschaft frei werden, G. I 194 III 44; für freigeborene Frauen hatte die Vormundschaft aber schon seit dem Ende der Republik nur noch formale Bedeutung, G. I 190 191; anders stand es mit den Freigelassenen, G. I 114 115 144.
Der Vormund war in bestimmten Fällen rechenschaftspflichtig, G. I 191 199 200. Er konnte beim Verdacht auf unrechtmäßige Bereicherung der Vormundschaft enthoben und zur Verantwortung gezogen werden, G. I 182 IV 61–63 182.
Vormundschaftsklassen, G. I 188 II 122.
Vormundschaft bei den → Peregrinen, G. I 193.
Nach der Art der Einsetzung unterschied man
den fiduziarischen Vormund, G. I 115 *166* 172 *175* 194 195a;
den Testamentsvormund, G. I *144–154* 186 189 200 II 231 234 240 289. Der Ehefrau konnte dabei die volle oder begrenzte Wahl des Vormunds, eines sogenannten Wahlvormunds, gestattet werden, G. I *150–154*. Der Schlußsatz von G. I 150: „... für alle Zwecke oder vielleicht nur für einen oder zwei“, ist als in den Text geratene Anmerkung angesprochen worden, andererseits war es, wie G. I 153 zeigt, möglich, daß die Frau lediglich für *eine* geschäftliche Transaktion einen Vormund nahm und ihn dann wechselte;
den gesetzlichen Vormund (tutor legitimus), G. I *155–165* 167 172 175–184 192 194 II 47 122 III 43;

den Vormund cessicius (von cedere = abtreten), G. I 168–172;
den Vormund zum Ersatz des abwesenden oder unfähigen Vormundes, G. I 173–181;
den prätorischen Vormund, G. I 184;
den atilianischen Vormund, G. I *185–187* 194 195b–c.
Aufhebung der Vormundschaft, G. I 194 196.
Anteil des Vormundes an Geschäften des Mündels, G. I 192 II 47 80–85 112 113 118 121 122 III 43 91 95a 107 108 119 171 176 IV 80 82 99 101; D. 50,17,5.
Schutz des Mündels, D. 23,1,15. – D. 1,6,9 48,22,3.

Waagehalter: Eine der für die → mancipatio notwendigen Personen, Z. VIII 22; G. I 113 *119* II 104 107 108. Ein Waagehalter wurde auch beim feierlichen Erlaß einer Schuld gebraucht, G. III 174.

Walker: Da die Römer keine Waschseife kannten, war das Reinigen der weißwollenen Toga schwierig. Der Walker besserte sie zuerst aus, dann wurde sie in einem großen Zuber mit Bleicherde, Lauge, Urin und Wasser geschwenkt und anschließend mit den Füßen getreten. Nach dem Trocknen wurde das Gewand, das aus einer elliptischen Stoffbahn ohne Ärmel etc. bestand, mit Bürsten aus Stachelschweinborsten bearbeitet, damit es flauschig wurde, auf runden Gestellen ausgebreitet, geschwefelt, um letzte Flecken zu entfernen, und schließlich gepreßt, G. III 143 162 205 206.

Werkvertrag: → Miet-, Pacht-, Dienst- und Werkvertrag.

Wiedereinsetzung in den ursprünglichen (Rechts)stand (restitutio in integrum): Geschäfte nach → ius civile konnten legal nicht ungeschehen gemacht werden. Dennoch gewährte der Prätor in manchen Fällen die Wiedereinsetzung in den ursprünglichen Rechtsstand, besonders → Minderjährigen, wenn sie übervorteilt worden waren oder selbst ungeschickt gehandelt hatten, eine Vergünstigung, die praktisch auf die Annullierung des Geschäftes herauskam, G. IV 53 57. Dem Beklagten kam der Prätor in dieser Weise eher zu Hilfe als dem Kläger, G. IV 125. Für den Straffälligen, der gegen seine Komplizen aussagte, konnte auf diese Art die Strafe ausgesetzt werden, D. 48,14,1,2. Bei Verurteilten kam die Wiedereinsetzung in den ursprünglichen Rechtsstand infolge von Berufung oder Begnadigung in Frage, D. 48,23,1.2.3.4.

Xenophon: Griechischer Historiker (ca. 430–354 v. u. Z.), ein Schüler des Sokrates, aber kein Philosoph. Als Söldnerführer beteiligte er sich an dem Aufstand des jüngeren Kyros gegen seinen Bruder, den persischen Großkönig, und brachte nach dem Tode des Kyros

401 v. u. Z. die Truppen ans Schwarze Meer zurück. Wegen seiner spartafreundlichen Haltung war er aus Athen verbannt, Rh. I 51.

zahlen, bezahlen (solvere): 1. Den Kaufpreis für eine Sache bezahlen, G. II 83.
2. Eine Schuld bezahlen, G. II 84 85 283 III 168 169. Zuviel bezahlen, G. II 283. Das Wort „solvere" wird auch für das bloße Auflösen einer Verbindlichkeit gebraucht, selbst wenn keine Zahlung erfolgt, G. III 160A. 173–175, vgl. förmliche Quittierung. Teilzahlung, G. III 172.

Zahlungsurteil (iudicatus = ein zur Zahlung Verurteilter): Nach dem klassischen römischen Recht lauteten alle Urteile auf bestimmte Geldbeträge. Wer sie weder zahlen noch einen Bürgen stellen konnte, an den sich die Gläubiger zunächst hielten, hatte einen Zwangsverkauf seiner gesamten Habe zu erwarten, G. III 78. → auch Schuldner (2).

Zensor: Die Steuerpachten wurden (in republikanischer Zeit) vor dem Zensor abgeschlossen. Die in G. IV 28 genannte „Anweisung des Zensors" war eine Klausel im Vertrag. Vgl. Steuerpächter, Zensur.

Zensur: Seit 443 v. u. Z. wurden alle fünf Jahre zwei Zensoren gewählt, seit 351 v. u. Z. stand das Amt auch Plebejern offen. Sie hatten die Bürger nach dem Vermögen, nach Stadtbezirken und Zenturien („Hundertschaften" für die Wahl und für den Kriegsdienst) einzuteilen und überwachten die Führung der → Bürgerlisten. Seit 312 v. u. Z. stellten sie die Liste der Senatoren auf und hatten das Recht, Senatoren wegen unmoralischen Lebenswandels oder Verschuldung aus dem Senat auszuschließen. Der Kaiser nahm später das Zensorenamt für sich in Anspruch und hatte so die Möglichkeit, auf die Zusammensetzung des Senats einzuwirken. Wer sich der Vermögensschätzung zu entziehen suchte, verlor Bürgerrecht und Freiheit, G. I 160.

Zensusordnung: → Zensur.

Zeuge (testis): Da die Schriftform im Gegensatz zum griechischen und babylonischen Recht in Rom erst spät und sekundär auftrat, spielten bei wichtigen Rechtsgeschäften die Zeugen eine große Rolle. Bei Geschäften nach → ius civile mußten sie römische Bürger und über 25 Jahre alt sein, Z. I 1 III 3 VIII 22; G. II 104–109 115 116 147 III 174, vgl. mancipatio, Testament. Die Zeugen im Kriminalprozeß wurden im Anschluß an die Eröffnungsplädoyers des Anklägers und des Verteidigers von beiden Anwälten verhört, zuerst immer von dem, der den Zeugen benannt hatte. Die Anzahl der Zeugen war theoretisch nicht begrenzt, der → Untersuchungsrichter entschied aber über die Zulassung. Cicero tut in Ro. 84 sein möglichstes, um den Zeugen der Anklage im voraus zu diskreditieren. Niemand konnte Zeuge in eigener Sache sein, Ro. 102 103. – Ro. 100 101 104 124Ü. Vgl. Sklave.

Zinsen (usurae): Der Zinssatz war in der Antike sehr hoch. Zinsen bei fideïcommissa, G. II 280. Es gab zeitweise ein Verbot, Zinsen zu fordern, G. IV 23, vgl. Lex Marcia.

Zoll (vectigal): Die ungesetzliche Einführung von Zöllen wurde merkwürdigerweise nach der → Lex Iulia über Amtserschleichung bestraft, D. 48,14,1,3.

Zollpächter (publicanus): Die Zolleinnahmen (vectigalia) einer bestimmten Zollstelle wurden geschätzt und im voraus an den Staat bezahlt. Der Zollpächter (oft eine Gesellschaft) trieb sie dann ein und behielt etwaige Überschüsse, G. IV 28 32.

züchtigen, (körperliche) Züchtigung: Eine Zusatzstrafe bei manchen schweren Strafen, wie etwa Bergwerksarbeit oder Todesurteil. Es konnten Auspeitschung oder Stockprügel angeordnet werden, beides i. a. nur für Personen niederen Standes. Außerdem kam körperliche Züchtigung als erschwerte Strafe statt einer Geldbuße in Frage. Gegen Sklaven wurde die körperliche Züchtigung häufig angewandt, bei ihnen und bei mittellosen Freien trat sie auch statt einer Geldstrafe ein, D. 47,9,9A. 47,21,2 48,6,7 48,19,6,2 48,19,7Ü. Beschränkungen in der Anwendung, D. 48,19,28,1.2.

Zwangsarbeit, öffentliche (opus publicum): In der Kaiserzeit Strafe für bestimmte Verbrechen. Es kamen in Frage: Tiefbauarbeiten, Kloakenreinigung, Arbeit in den öffentlichen Bädern und bei den Pumpen; Frauen mußten gewöhnlich in den kaiserlichen Webereien arbeiten. Personen höheren Standes wurden auch hier (in der Regel) nicht betroffen, D. 47,11,10 47,14,1 47,18,1,1.2 47,18,2 47,21,2 48,19,28,1.

Zwangserbe (necessarius heres): G. II 37 *152–155* 188 III 87 201. Manchmal werden auch die → unmittelbaren Erben „Zwangserben" genannt, G. II 58 156–158, aber sie sind nicht, wie der Sklave, tatsächlich gezwungen, die Erbschaft anzutreten. Freier im → mancipium als Zwangserbe, G. II 160. Rücksichten auf Alter, G. II 276.

Zwangsverkauf: → Kauf der gesamten Habe.

Zweikinderrecht (ius duorum liberorum): G. III 50, → Lex Iulia und Papia Poppaea.

zweiseitiges Interdikt (interdictum duplicium): G. IV 156 158. Wenn Gaius in G. IV 160 sagt, beim zweiseitigen Interdikt gebe es nicht

Kläger und Beklagte, so gilt das insofern, als im folgenden Interdiktenverfahren auch der Kläger verurteilt werden konnte, ohne daß eine Gegenklage oder eine → Klage wegen böswilligen Prozessierens erhoben wurde. In bezug auf den umstrittenen Besitz aber versetzten diese Interdikte sehr wohl eine der Parteien in die angenehmere Beklagtenrolle, indem sie sie zum Besitzer erklärten. Den Beweis für eine Behauptung mußte immer der Kläger führen, G. IV 166 166a.

Zwitter (hermaphroditus): Zurechnung zum männlichen oder weiblichen Geschlecht, D. 1,5,10.

Zwölftafelgesetz (Lex duodecim tabularum): Vgl. die Einleitung. Alle Zitierungen sind rechtsgeschichtlich sehr wichtig, weil der Wortlaut des ursprünglichen Gesetzeswerks nur aus solchen Fragmenten und Hinweisen erschlossen werden kann; im Lateinischen steht manchmal nur „Gesetz".
Eherecht, G. I 111;
Münzen, G. I 122 III 223;
Emanzipation, G. I 132 IV 79;
Vormundschaft, G. I 145 155 157 165;
Ersitzung, G. II 42 45 47 49 (hier schreibt Gaius fälschlicherweise auch das Verbot der → Ersitzung gewaltsam geraubten Gutes dem Zwölftafelgesetz zu) 54;
Pflegschaft, G. I 200 II 64;
Erbrecht, G. II 224 III 1 9 11 12Ü. 17 18 21 23 27 28 40 46 49 51 82 85 IV 34; D. 50,16,195,1;
Zwangsvollstreckung, G. III 78;
Diebstahl, G. II 45 49 III 189–194 IV 76;
Beleidigung, G. III 223;
Legisaktionenverfahren, G. IV 11 14 17a 21 28;
Hochverrat, D. 48,4,3.

BIBLIOGRAPHISCHE HINWEISE

Folgende Textausgaben liegen den Übersetzungen zugrunde:

Das Zwölftafelgesetz, Texte, Übersetzungen und Erläuterungen von R. Düll, 4. verbesserte Auflage, München 1971.

Gaius, Institutiones, mit philologischem Kommentar von M. David und H. L. W. Nelson, Leiden 1954–1968. (Die Ausgabe ist erst bis zum zweiten Buch gediehen.)

The Institutes of Gaius (Text with Critical Notes and Translation, Commentary) by Francis de Zulueta, Oxford 1946, Nachdruck mit Korrekturen 1969 (2 Bde.).

Corpus Iuris Civilis, T. I: Institutiones recensuit, P. Krueger, Digesta recensuit Th. Mommsen, retractavit P. Krueger, 12. Auflage, Berlin 1911. (Diese Auflage ist seit 1954 wiederholt nachgedruckt worden.)

M. Tullius Cicero, Oratio pro Sexto Roscio Amerino, post A. Klotz recensuit Helmut Kasten, Leipzig 1968.

M. Tullius Cicero, Rhetorici libri duo, qui vocantur de inventione, recensuit Eduard Stroebel, Leipzig 1915. (Eine vollständige Übersetzung von De inventione gibt es in der Sammlung von Osiander Schwab: M. T. Cicero, Rhetorik, übersetzt von G. H. Moser, Stuttgart 1837.)

Zur Einführung in die Problematik sind geeignet:

Adam Wilinski, Das römische Recht, Geschichte und Grundbegriffe des Privatrechts mit einem Anhang über Strafrecht und Strafprozeß, Leipzig 1966.

Leopold Wenger, Die Quellen des römischen Rechts, Wien 1953.

Die grundlegenden Handbücher sind:

Max Kaser, Das römische Privatrecht, Bd. 1: Das altrömische, das vorklassische und klassische Recht, 2. Auflage München 1971; Bd. 2: Die nachklassischen Entwicklungen, 2. Auflage München 1975.

Max Kaser, Das römische Zivilprozeßrecht, München 1966.

Theodor Mommsen, Römisches Strafrecht, Leipzig 1899.

W. Kunkel, Untersuchungen zur Entwicklung des römischen Kriminalverfahrens in vorsullanischer Zeit, München 1962.

Zur Information über die geschichtlichen Hintergründe sind geeignet:

F. Engels, Über den Verfall des Feudalismus und das Aufkommen der Bourgeoisie, 1884, MEW 21, S. 392–402.

Horst Dieter/Rigobert Günther, Römische Geschichte bis 476, 2. Auflage Berlin 1981.

J. Irmscher, Einführung in die Byzantinistik, Berlin 1971.

P. Koschaker, Europa und das römische Recht, München/Berlin 1947.

Aus der überwältigenden Fülle der Literatur seien hier nur noch einige wenige Titel erwähnt, weil sie bei der Gestaltung der Einleitung oder des Registers mehrfach herangezogen wurden:

A. Berger, Tabulae duodecim, in: Realenzyklopädie der klassischen Altertumswissenschaft, Bd. IV A, Stuttgart 1932, Sp. 1900—1949 und Supplementband VII, 1940, Sp. 1275—76.

W. Kunkel, Herkunft und soziale Stellung der römischen Juristen, Weimar 1952.

Otto Lenel, Palingenesia iuris civilis, Leipzig 1889 (2 Bde.), seither nachgedruckt.

Otto Lenel, Das Edictum perpetuum, 3. Auflage Leipzig 1927, seither nachgedruckt.

Elemér Pólay, Differenzierung der Gesellschaftsformen im antiken Rom, Budapest 1964.

György Diósdi, Ownership in Ancient and Preclassical Roman Law, Budapest 1970.

György Diósdi, Gaius, Rechtsgelehrter oder Schulmeister?, in: Études offertes à Jean Macqueron, Aix-en-Provence 1971. (Dieser Artikel arbeitet die Literatur der letzten Jahre zu Gaius auf.)

H. L. W. Nelson, Die textkritische Bedeutung der ägyptischen Gaiusfragmente, in: Symbolae ... Martino David dedicatae, T. I, Ius Romanum, Leiden 1968.

Studien über die deutsche Geschichtswissenschaft, herausgegeben von J. S. Streisand, 2 Bde., Berlin 1963.

F. Wieacker, Privatrechtsgeschichte der Neuzeit, 2. Auflage München 1967.

Seither erschienen:

Aufstieg und Niedergang der römischen Welt, II Principat, 15. Band: Recht (Herausgeber: Hildegard Temporini), Berlin/New York 1976.

H. L. W. Nelson unter Mitwirkung von M. David, Überlieferung Aufbau und Stil von Gai Institutiones, Leiden 1981.

INHALTSVERZEICHNIS

Einleitung V

Zwölftafelgesetz 1
Gaius · Institutionen
Erstes Buch 11
Rechtsnormen und Rechtsquellen (1–8) – Personenrecht: Einteilung der Personen (9–12) – Dediticii (13–15) – Freilassung als Latiner oder römischer Bürger (16–27) – Erwerb des Bürgerrechts (28–35) – Freilassungsbeschränkungen (36–47) – Rechtlich selbständige und abhängige Personen (48–51) – Gewalt (52–57) – Ehehindernisse (58–64) – Nachträglicher Erwerb der väterlichen Gewalt (65–76) – Besondere Fälle (77–96) – Adoption (97–107) – Personen in der manus (108–115) – Personen im mancipium (116–123) – Freiwerden von der Gewalt (124–136) – Ausscheiden aus der manus (137–137a) – Ausscheiden aus dem mancipium (138–141) – Vormundschaft und Pflegschaft (142–143) – Einsetzung eines Vormunds (144–154) – Gesetzlicher Vormund – Agnaten, Kognaten (155–167) – Abtretung der Vormundschaft (168–172) – Beantragung eines anderen Vormunds (173–187) – Grundsätzliches zur Vormundschaft (188–196) – Pflegschaft – Rechenschaftspflicht (197–200)
Zweites Buch 51
Einteilung der Sachen nach dem Eigentümer (1–11) – Körperliche und unkörperliche Objekte (12–14) – Manzipierbare und nichtmanzipierbare Objekte (14a bis 39) – Quiritisches und bonitarisches Eigentum – Ersitzung (40–61) – Veräußerung (62–65) – Möglichkeiten des Erwerbs ohne Kauf (66–79) – Erwerb und Veräußerung durch Personen unter Vormundschaft (80–85) – Erwerb durch rechtlich abhängige Personen (86–97) – Erbschaft und Testamentserrichtung (98–122) – Enterbung (123–137) – Ungültige Testamente (138–146) – Prätorische Anerkennung von Testamenten mit Formfehlern (147–150) – Vernichtete

Testamente (151–152) – Zwangserben (153–155) – Unmittelbare Erben (156–160) – Hausfremde Erben (161) – Bedenkzeit zur Annahme des Erbes (162–173) – Erben verschiedenen Grades (174–178) – Einsetzung eines Nacherben für den minderjährigen Nachkommen (179–184) – Eigene und fremde Sklaven als Erben (185–190) – Vermächtnisse (191–192) – Vindikationsvermächtnis (193–200) – Verpflichtungsvermächtnis (201–208) – Duldungsvermächtnis (209–215) – Vorausvermächtnis (216–223) – Beschränkung des Verfügungsrechts über das väterliche Erbe (224–228) – Richtige Reihenfolge der testamentarischen Verfügungen (229–234) – Ungültige Vermächtnisse (235–245) – Fideïcommissa bei Erbschaften (246–252) – Senatusconsultum Trebellianum (253–259) – Vermächtnisse durch fideïcommissa (260–267) – Unterschiede zwischen fideïcommissum und Vermächtnis (268–283) – Ungültige fideïcommissa (284–289)

Drittes Buch 111

Intestaterbfolge (1–33a) – Besitz des Gesamtnachlasses (33b–38) – Nachlaß von Freigelassenen (39–54) – Nachlaß von Freigelassenen Latinischen Rechts, sogenannten Junianischen Latinern (55–76) – Rechtsnachfolge bei zahlungsunfähigen Schuldnern (77–81) – Rechtsnachfolge bei Adoption und manus-Ehe (82–84) – Rechtsnachfolge bei der Abtretung einer Erbschaft (85–87) – Verbindlichkeiten (88) – Verbindlichkeiten aus einem Vertrag (89) – Realkontrakte (90–91) – Förmliche Forderung (stipulatio) (92–109) – Nebenforderung (110–114) – Bürgschaft (115–127) – Literalkontrakte (128–134) – Konsensualkontrakte (135 bis 138) – Kauf und Verkauf (139–141) – Miet-, Pacht-, Dienst- und Werkverträge (142–147) – Gesellschaft (148–154b) – Unentgeltliche Geschäftsführung (155–162) – Geschäftstätigkeit rechtlich abhängiger Personen (163–167a) – Aufhebung von Verbindlichkeiten (168–181) – Deliktuale Verbindlichkeiten (182) – Diebstahl (183–208) – Raub (209) – Schuldhafte Schädigung (210–219) – Beleidigung (220–225)

Viertes Buch 165

Einteilung der Klagen (1–10) – Legisaktionen (11–31)

– Klagen nach dem Vorbild der Legisaktionen (32–33) – Klagen mit anderen rechtlichen Fiktionen (34–38) – Der Formularprozeß: die Prozeßformel (39–52) – Überforderung in der Erklärung (53–60) – Aufrechnung von Gegenforderungen (61–68) – Haftung des Gewalthabers für Geschäfte und Delikte von Sklaven und Haussöhnen (69–81) – Führung des Prozesses durch einen Beauftragten (82–87) – Sicherheitsstellung durch die Prozeßparteien (88–102) – Satzungsgemäße und von der Amtsgewalt abhängige Prozesse (103–109) – Klagfristen (110–113) – Befriedigung des Klägers vor der Verhandlung (114) – Einreden (115–125) – Gegeneinrede, Duplik etc. (126–129) – Vorbehalte (130–137) – Interdikte (138–160) – Das Interdiktenverfahren vor Gericht (161–170) – Strafen für leichtfertiges Prozessieren (171–173) – Strafen für böswilliges Prozessieren (174–182) – Von der Ladung vor Gericht (de in ius vocando) (183–187)

Aus den Digesten 217

Gesetze, Senatsbeschlüsse und Gewohnheitsrecht (1,3) – Kaiserliche Erlasse (1,4) – Stand der Menschen (1,5) – Rechtlich Selbständige und fremden Rechten Unterworfene (1,6) – Adoption, Emanzipation und andere Arten der Aufhebung der väterlichen Gewalt (1,7) – Verlöbnis (23,1) – Eheschließung (23,2) – Mitgiftrecht (23,3) – Übereinkommen über die Mitgift (23,4) – Schenkung zwischen Eheleuten (24,1) – Scheidung und Verstoßung (24,2) – Rückforderung der Mitgift nach aufgelöster Ehe (24,3) – Diebstähle (47,2) – Klage wegen Raubes und Delikten bei Tumult (47,8) – Raub bei Feuersbrunst, Einsturz, Schiffbruch und Raub von erstürmtem Floß oder Schiff (47,9) – Außerordentliche Verbrechen (crimina extraordinaria) (47,11) – Erpressung (47,13) – Viehdiebe (47,14) – Ausbrecher, Einbrecher und Plünderer (47,18) – Grenzzeichenverrückung (47,21) – Öffentliche Verfahren (iudicium publicum) (48,1) – Bewachung und Auslieferung der Angeschuldigten (48,3) – Die Lex Iulia über Hochverrat (48,4) – Die Lex Iulia über die Bestrafung des Ehebruchs (48,5) – Die Lex Iulia über die öffentliche Gewalttätigkeit (48,6) – Die Lex Iulia über die Privatgewalttätigkeit (48,7) – Die Lex Cornelia über Mörder und Giftmischer (48,8) – Die Lex Pompeia über Verwandtenmord (48,9) – Die Lex Cornelia über Fälschungen und das Senatusconsultum Libonianum (48,10) – Die Lex Iulia über unerlaubte Geldannahme (48,11) – Die Lex Iulia über den Getreideaufkauf (48,12) – Die Lex Iulia über Unterschlagung öffentlicher Gelder, Tempelraub und Kassenveruntreuung (48,13) – Die Lex Iulia über Amtserschleichung (48,14) – Die Lex Fabia über den Menschenraub (48,15) – Öffentliche Ladung der Angeschuldigten und Verurteilung der Abwesenden (48,17) – Peinliche Befragungen (48,18) – Strafen (48,19) – Das Vermögen der Verurteilten (48,20) – Verbannte, Verwiesene und Deportierte (48,22) – Wiedereinsetzung in den vorigen Stand nach einer Verurteilung (48,23) – Die Leichen der Bestraften (48,24) – Worterklärungen (50,16) – Verschiedene alte Rechtsregeln (50,17)

Cicero · Rede für Sextus Roscius aus Ameria 295

Cicero · Aus den Zwei Büchern Rhetorik

Erstes Buch 355

Zweites Buch 373

Anhang

Zur Textgestaltung 378

Anmerkungen 379

Register 386

Bibliographische Hinweise 519